Das Buch

Die Geschichte der deutschen Architektur im 20. Jahrhundert ist auch die
Geschichte ihrer Architekten: Werner Durth verfolgt in seiner grundlegenden Untersuchung ihren beruflichen Werdegang, ihre biographischen Verflechtungen und ihre politischen Verstrickungen in das NS-Regime. Als
der alliierte Bombenkrieg auf seinem Höhepunkt war, entwarfen die ehrgeizigen, jungen Technokraten des 1943 von Albert Speer gegründeten
»Arbeitsstabs zum Wiederaufbau bombenzerstörter Städte« die neuen
deutschen Nachkriegsstädte. Der totale Krieg wurde zur Vorgeschichte
des Wiederaufbaus und verursachte einen Modernisierungsschub ungea-
hnten Ausmaßes. Die Architektur der frühen fünfziger Jahre kam ähnlich
daher wie die der frühen dreißiger, denn in den Planungsbüros saßen dieselben Baumeister. In der Weimarer Republik inspiriert von Gropius' Neuem Bauen, hatten sie die vielgerühmte deutsche Moderne willig den grö-
ßenwahnsinnigen Ansprüchen des NS-Regimes angepaßt und machten
mit Effizienz und Einfallsreichtum im Nachkriegsdeutschland Karriere
als unangefochtene Experten für den Wiederaufbau. »Was Durths Buch zu
einer Lektüre von fast epischer Vergegenwärtigungskraft macht, ist das
Quellenmaterial, das er aufgespürt und umsichtig verarbeitet hat. Die lei-
denschaftslose Ausbreitung hält sich von der triumphierenden Rechthabe-
rei wie von der satten Selbstzufriedenheit der Spätgeborenen gleichermaßen fern.« (FAZ)

Der Autor

Dr. Werner Durth, geb. 1949, ist Architekt und Soziologe, Professor für
Umweltgestaltung an der Universität Mainz. Veröffentlichungen u.a.:
›Die Inszenierung der Alltagswelt. Zur Kritik der Stadtgestaltung‹ (1977);
›Träume in Trümmern‹ (zus. mit Niels Gutschow, 1988).

Werner Durth:
Deutsche Architekten
Biographische Verflechtungen
1900–1970

Deutscher
Taschenbuch
Verlag

September 1992
Deutscher Taschenbuch Verlag GmbH & Co. KG,
München
© Friedr. Vieweg & Sohn Verlagsgesellschaft mbH, Braunschweig 1986
ISBN 3-528-28705-5
Umschlaggestaltung: Celestino Piatti
Umschlagbilder: Zukunfts-Perspektive der Innenstadt Düsseldorf
(Kohlezeichnung 1949); Arbeitsstab Wiederaufbauplanung
zerstörter Städte vor der Baracke in Wriezen, September 1944
Gesamtherstellung: C. H. Beck'sche Buchdruckerei, Nördlingen
Printed in Germany · ISBN 3-423-04579-5

Inhalt

Dritter Teil
Wieder-Aufbau

Anhang

Abschied von der Nachkriegszeit

Als dieses Buch Anfang 1986 erstmals erschien, wurde im Erscheinungsbild der Städte ein Wandel sichtbar, der auf das Ende bisher gültiger Leitvorstellungen und Architekturkonzepte hindeutete. Weit über ein halbes Jahrhundert, über die Jahrzehnte zwischen 1920 und 1970 hinweg, folgte die
Stadtplanung in wechselnden Bahnen und Formen dem Wunschbild einer
rationell gegliederten, baulich aufgelockerten und lichtdurchfluteten Stadt
von zeitloser Modernität: Als helles Gegenbild zur düsteren Dichte der In-
dustriestädte des 19. Jahrhunderts war die Vision einer Stadt-Landschaft
entworfen worden, in der sich überschaubare Nachbarschaften um markante Bauten der Gemeinschaft gruppieren und durch ein weites Netz von Verkehrsadern mit den Orten der Arbeit und der Erholung verbinden sollten.

Doch je mehr sich die gebaute Umwelt nach Kriegszerstörung und Wiederaufbau solchen Vorstellungen anzunähern schien, um so stärker wurde
im städtischen Alltag die Kehrseite ideologischer Trugbilder und ökonomischer Zwänge sichtbar: Die Trennung der Funktionen ließ die Zentren
der Städte veröden und an ihren Rändern monotone Schlafstädte entstehen. Breite Verkehrsschneisen und Neubauten nach wechselnder Standort-
gunst zerschnitten das Gewebe der alten Quartiere. Statt der erhofften Versöhnung von Stadt und Natur zeichnete sich eine planlos auswuchernde
Landschaftszersiedelung ab.

Den Utopien des Aufbruchs in eine lichte Moderne folgte die Enttäuschung über die nicht eingelösten Versprechen. Nach Jahren harscher Architektenschelte schlug am Ende der siebziger Jahre die breite Kritik an
der *Unwirtlichkeit unserer Städte*[1] um in Sehnsucht nach den alten, vermeintlich besseren Zeiten bürgerlicher Stadtkultur. Vor dem Hintergrund
weltweiter ökonomischer Rezession und politischer Krisen wurde, insbesondere seit dem Denkmalschutzjahr 1975, die Rückwendung zu regionalen Bautraditionen und historischen Vorbildern gefordert, um nach den
Jahren expansiver Entwicklung den Niedergang der Städte durch Be-
standssicherung zu bremsen. Sinkendes Wirtschaftswachstum und verschärfte Verteilungskämpfe heizten indessen die Konkurrenz der Städte
an, die im grauen Einerlei auseinanderfließender Siedlungsstrukturen einprägsame Konturen zu gewinnen, ihre historisch überkommenen Qualitäten wiederzuentdecken und neu zu bewerten versuchten.[2]

Liebevoll herausgeputzt, wurden die vor wenigen Jahren noch verachte-
ten und vom Abriß bedrohten Altbauten wieder als Schmuckstücke im
Stadtbild geschätzt. Stolz erhob sich die alte Pracht wilhelminischer Architektur neben dem neuen Glanz altväterlicher Stadt-Bau-Kunst mit Alleen

und Achsen, Passagen, Plätzen und Fassadenfolgen, aufgefüllt mit den er-ker-, gauben- und bogenbestückten Hausscheiben neuester Spekulations-objekte. Programmatisch wurde nun von »Stadtreparatur« gesprochen, als hätte Planung zuvor hauptsächlich Zerstörung bewirkt, der endlich Ein-halt zu gebieten sei. Mit Gesten des Abscheus vor den gebauten Resulta-ten der Nachkriegszeit vollzog sich eine vordergründige Hinwendung zur Geschichte zugleich als Abkehr von der jüngsten Vergangenheit. Das Wort von der zweiten Zerstörung der Städte durch den Wiederaufbau machte die Runde.

Im weiten Rückblick auf die herrschaftliche Baukultur vergangener Epochen wurde die Sicht auf die letzten Jahrzehnte unscharf. Die Jahre vor der Proklamation der neuen Geschichtsträchtigkeit versanken im Ne-bel schneller Verallgemeinerung. Die kargen Bauten der Nachkriegszeit wurden nun als triste Versammlung von Kisten und Containern, als Sperr-müll der Moderne verachtet – trivialer Funktionalismus als mißratenes Erbe der zwanziger Jahre.

Indem vor allem über die *Formen der Architektur,* kaum aber über die Entstehungsbedingungen und die soziale *Gebrauchsfähigkeit gebauter Räume* gesprochen wurde, konnte mit dem Nachruf auf die nach dem Krie-ge angeblich mißbrauchte Moderne auch das Neue Bauen der Weimarer Republik und dessen politische Programmatik in Verruf gebracht werden.[3] Umgekehrt wurde nun unter wechselndem Vorzeichen Architektur aus der Zeit des Nationalsozialismus, vom politischen Kontext ihrer Entstehung getrennt, als »heroisches Bauen« neu gewürdigt.

In den Jahrzehnten nach dem Krieg bildete die epidemische Verdrän-gung der NS-Diktatur und ihre auf die Figur Hitler zentrierte Dämonisie-rung den dunklen Hintergrund, vor dem die kollektive Leistung des Wie-deraufbaus als Neubeginn aus der *Stunde Null* leuchtend abgehoben und pauschal heroisiert werden konnte; den Verführern und Kriegstreibern, die »im deutschen Namen« Weltherrschaft und Massenvernichtung plan-ten, wurden die anonymen Helden des Wiederaufbaus als Zeugen eines besseren, bescheidenen Deutschland gegenübergestellt. Doch seit die pro-grammatische Bescheidenheit des Anfangs mit wachsendem Wohlstand und erholtem Hochmut in Verruf geriet, wurde die absichtsvolle Verwand-lung wichtiger Figuren im Geschichtsbild der Nachkriegszeit sichtbar: In-zwischen kann etwa Albert Speer, Hitlers Architekt und als Rüstungsmini-ster an Kriegsverbrechen beteiligt, zur tragischen Lichtgestalt einer erlo-schenen, traditionsreichen Baukunst stilisiert werden.[4]

Provokativ wurden die bislang unbefragten, »volkspädagogisch« ver-breiteten Schwarz-Weiß-Kontraste der Geschichtsschreibung zur Negativ-folie umgedeutet und im Scheinwerferlicht einer neokonservativen Archi-tekturmodenschau neu belichtet. Auf Hochglanzpapier konnte nun die lange tabuisierte *Baukunst im Dritten Reich* als Ausdruck zeitweilig miß-brauchter Traditionen vorgestellt werden, die ein neues Deutschland diesseits der langen Schatten der Vergangenheit wieder aufnehmen könnte. Mit einer bisweilen frivolen Unbefangenheit wurden im laut behaupteten Übergang von der modernen zur postmodernen Architektur Kapitel der Baugeschichte unter andere Kategorien sortiert, im Licht aktueller Bedürfnisse und Interessen neu gewertet. Schuldzuweisungen und Glorifizierungen wurden umadressiert, ohne daß allerdings hinter der Schicht des bewegten Formenwechsels der gebauten Umwelt die Ursachen und Folgen der weiterhin spürbaren *Unwirtlichkeit* freigelegt wurden, die der rigorosen Modernismuskritik der siebziger Jahre den Anlaß gegeben hatte – und sich indessen nostalgisch verkleidete.

Im Versuch, hinter alten Klischees und frischen Abziehbildern ein differenzierteres Bild vom Neben- und Gegeneinander der Planungsideologien und Architekturkonzepte zu zeigen, ihre Überlagerungen, Kontinuitäten und Brüche im Laufe der letzten Jahrzehnte darzustellen, mußten insbesondere die magischen Daten deutscher Geschichte genauer untersucht werden: Die Zeit der sogenannten Machtergreifung Hitlers um 1933 und die Jahre des Neubeginns nach 1945. Mit der Feststellung einer erstaunlichen Kontinuität im Lebenswerk maßgeblicher Architekten und Stadtplaner über beide Schwellen politischen Umbruchs hinweg geriet dieses Buch indessen selbst in den Sog einer breiten Diskussion um neue Sichtweisen zur jüngsten Vergangenheit, die sich im sogenannten Historikerstreit auf die wenig produktive Konfrontation unterschiedlicher Lager hin zuspitzte.[5] Um einige strittige Punkte und Kontroversen in der Rezeption dieses Buches nicht ungenannt zu lassen und Mißverständnissen vorzubeugen, möchte ich unter den drei Stichworten Kontinuität, Historisierung und Personalisierung einige Bemerkungen anfügen.

Der Nachweis einer bisweilen geradezu erschreckenden *Kontinuität* in der Tätigkeit von Architekten über alle Katastrophen der Naziherrschaft, des Weltkriegs und der Städtezerstörung hinweg darf nicht den Blick darauf verstellen, unter welchen epochal unterschiedlichen, strukturell andersartigen gesellschaftlichen und politischen Verhältnissen sich diese Praxis vor und nach 1945 vollzog: So konnte etwa das Konzept der Stadtlandschaft vom selben Architekten am gleichen Reißbrett mal im Reformkurs der zwanziger Jahre, mal als rassistisches Siedlungsschema im eroberten Osten, mal als Vision eines bescheidenen Wiederaufbaus zerstörter Städte gezeichnet und erläutert werden. Und wenn etwa der Planer einer »Stadtlandschaft Auschwitz« von 1941 zehn Jahre später beim Wiederaufbau einer westdeutschen Großstadt erfolgreich in der ersten Reihe stand, bedeutet dies weder die geringste Relativierung seiner früheren Aktivitäten noch gar eine wechselseitige Nivellierung in einer fiktiven Normalität nach dem Motto »... wenn die Nachkriegszeit so eng mit der NS-Zeit verflochten war, dann kann diese so schlimm doch gar nicht gewesen sein.« Im Gegenteil: Gerade der Blick auf die gespenstische Normalität in Teilbereichen einer Gesellschaft, die noch im Vernichtungskrieg und in

Kenntnis eines rassistisch begründeten Völkermords den eigenen »Volksgenossen« vertraute Alltagsroutinen sicherte, läßt die Schleichwege und Durchsetzungskraft totalitärer Herrschaft – und Formen einer verdeckten Wiederkehr – im Kleinen erkennen. Winfried Nerdinger merkte an, daß die Auflösung der »Legende von der Stunde Null« zu einer fatalen Entlastung von Geschichte führen kann durch die Meinung, daß so schrecklich nicht gewesen sein kann, was so erfolgreich weitergeführt wurde: »Der argumentative Irrtum dieser neuen Entlastungslegende liegt darin, daß einerseits übersehen wird, daß nicht einzelne Leitbilder oder Personen, sondern das Ineinandergreifen verschiedenster Wirkungsfaktoren den Wiederaufbau bestimmten, (...) und daß andererseits nicht genug zwischen einer erschreckenden personellen und z. T. auch strukturellen Kontinuität und prinzipiellen Unterschieden differenziert und gewichtet wird.« Nerdinger verdeutlicht: »Auch wenn die meisten Volksgerichtshofrichter und Gestapobeamten in der Bundesrepublik wieder tätig waren, und das ist schlimm genug, so gab es doch keinen Volksgerichtshof und keine Gestapo mehr.«[6]

Die Forderung nach genauer Analyse des Wandels der Institutionen und der Arbeit der Menschen darin, ihrer Indienstnahme unter der Herrschaft der Nazis ab 1933 und die Untersuchung der langfristigen Auswirkungen ihrer Politik nach 1945 führten zu Ansätzen einer *Historisierung* des Nationalsozialismus, in der einzelne Sektoren wie Bildungs- und Sozialpolitik auch in den Übergängen zwischen Weimarer Republik, NS-Staat und Bundesrepublik untersucht wurden.[7] Wenn dabei, wie in der Stadtplanung, Tendenzen zur Modernisierung technischer und administrativer Systeme mit Verbindungslinien über 1933 und 1945 hinweg festzustellen sind, bedeutet dies nicht eine Relativierung der Monstrosität der NS-Diktatur gegenüber der vorhergehenden und nachfolgenden Gesellschaftsordnung.[8] Daß etwa die technische Modernisierung der Verkehrssysteme unter Aspekten von Kriegsvorbereitung und Weltmachtanspruch nach Zerstörung und Wiederaufbau schließlich der Wirtschaftsentwicklung der Bundesrepublik zugute kam, sollte nicht auf vermeintlich weitsichtige Intentionen und das Biertisch-Argument der angeblich positiveren Seiten einer blutigen Diktatur bezogen werden.

Selbst die nachträgliche Anerkennung technischer Leistungen bleibt eingefangen vom Kontext einer mörderischen Politik, in der gerade die ihrem Selbstverständnis nach unpolitischen Architekten und Ingenieure zu Komplizen des Terrors wurden – oftmals auch gegen ihre eigenen Intentionen. Bei genauerem Hinsehen lösen sich damit auch die einprägsamen Bilder von den »guten« modernen und »bösen« konservativen Architekten auf, mit denen die Nachkriegszeit historisch entsorgt wurde: Auch die Modernen waren fast alle mit dem NS-Staat verstrickt, sei es anfangs in der Erwartung von Aufträgen und entsprechendem Wohlverhalten, sei es später in Zugeständnissen zwecks Sicherung des beruflichen Überlebens. Wer wollte da den ersten Stein werfen und den trügerischen Burgfrieden der

Nachkriegszeit durch rigorose Aufklärung von Lebensläufen stören? Den Nachgeborenen indessen bleibt kaum ein anderer Weg, wollen sie Licht in jene dunkle Zeit bringen, um sich ohne Anmaßung auch die Verführungen jener Zeit erklären zu können – als Vorgeschichte ihrer eigenen Gegenwart.

Gerade im Bereich der Kunst- und Baugeschichtsschreibung, die sich allzu gern an den großen Gestalten des jeweiligen Metiers orientiert, liegt als Feind einer differenzierten Historisierung die Gefahr vereinfachender *Personalisierung* historischer Zusammenhänge nahe. Als im Herbst 1985 die Arbeit an diesem Buch abgeschlossen wurde, waren zugunsten einer konzentrierten Darstellung der biographischen Verflechtungen weite Teile der übergreifenden Betrachtungen gekürzt, Materialien und Recherchen eng auf die Handlungszusammenhänge der agierenden Personen bezogen worden. Bei aller Gefahr einer personalisierenden Verengung des Blickfelds, die mit der gebotenen sozialwissenschaftlichen Skepsis gesehen wurde, schien diese Eingrenzung jedoch erforderlich: Die Fülle des in fast einem Jahrzehnt intensiver Forschungsarbeit erschlossenen Materials und die Komplexität der dabei entschlüsselten Zusammenhänge entzogen sich einer Gesamtdarstellung, in der noch überschaubar Wechselwirkungen zwischen dem Wandel politischer Rahmenbedingungen, lokaler Machtstrukturen und Entscheidungsprozesse, planerischer Konzepte und ästhetischer Orientierungen hätten aufgezeigt werden können.

Schon früh war daher die Entscheidung gefallen, bei der Präsentation von Zwischenergebnissen der komplex angelegten – und weiterhin laufenden – Forschung in mehreren Schritten vorzugehen. Den *Biographischen Verflechtungen* folgte als nächster Schritt die Publikation von *Planungen zum Wiederaufbau zerstörter Städte* zwischen 1940 und 1950, mit der die in diesem Buch notwendigen Lücken geschlossen werden konnten. Viele der Diskussionen, Hinweise und Anregungen, die diesem Buch folgten, haben unsere Arbeit im Forschungsprojekt Wiederaufbauplanung, die von der Deutschen Forschungsgemeinschaft gefördert und vom Verfasser gemeinsam mit Niels Gutschow durchgeführt wurde, wesentlich bereichert.

Mit den beiden Bänden *Träume in Trümmern. Planungen zum Wiederaufbau zerstörter Städte im Westen Deutschlands 1940–1950* folgte 1988 dem *Längsschnitt* der biographischen Verflechtungen als *Querschnitt* die vergleichende Untersuchung der Stadtentwicklung und -planung in fünfzehn Städten der Bundesrepublik[9], in der trotz aller nachgewiesenen Kontinuität die Heterogenität der lokalen Bedingungen und realisierten Konzepte deutlich wird: Aus der Fülle der bis 1948 vorgelegten Planungen zum künftigen Wiederaufbau wurden nach den weltpolitischen Weichenstellungen, gemäß den außenpolitischen Konzeptionen der westlichen Alliierten und aufgrund der unterschiedlichen lokalen Machtkonstellationen, sehr unterschiedliche Vorstellungen im Spektrum zwischen radikalem Neubau und rekonstruierendem Wieder-Aufbau aktualisiert und durchgesetzt, die bis heute für die räumlichen und sozialen Strukturen der Städte prägend blieben.

Um die Vorgeschichte, Auswahl, Transformation und langfristige Wirkung einiger nach 1945 verwirklichter Planungen im je besonderen Kontext erfassen zu können, wurden entlang einer möglichst exakten Chronologie die wichtigsten Ereignisse in den einzelnen Städten verfolgt, wobei sich die Darstellung vor allem auf den Wandel der Organisationsformen, personellen Verflechtungen und Planungskonzepte konzentriert. Unter Ausbreitung des zumeist unbekannten Materials an Entwürfen, Plänen, Denkschriften etc. zeichnen die beiden Bände *Träume in Trümmern* Verbindungslinien aus den frühen in die späten vierziger Jahre nach und zeigen ihre Bedeutung für die Entwicklung der Städte bis in die Gegenwart auf – in der Hoffnung, damit auch zu einem bewußteren Umgang mit der Geschichte der Städte in der täglichen Planungspraxis beizutragen.

Mit der Einigung Deutschlands und den noch unabsehbaren Problemen der Stadterneuerung in den östlichen Bundesländern wurden unterdessen riesige Forschungsdefizite erkennbar, da Theorie und Praxis im Bauwesen der DDR mangels zugänglicher Materialien bisher kaum fundiert untersucht werden konnten. Im ersten Band von *Träume in Trümmern* sind Weichenstellungen der DDR-Baupolitik skizziert; das Buch *Neue Städte aus Ruinen* gibt 1992 einen ersten Überblick im Städtevergleich.[10] Wie schwer es sein wird, ein angemessenes Bild der Planungsgeschichte und der Lebensläufe maßgeblicher Architekten in der ehemaligen DDR zu zeichnen, zeigte sich bereits bei Besuchen in zentralen Planungsbüros und -archiven, die im Zuge der staatlichen Neuordnung schon kurz nach der Wende geräumt, im Personalverbund aufgelöst und im Aktenbestand vernichtet worden waren. Verstärkt durch die Berührungsangst gegenüber der eigenen Geschichte im Osten und durch Abwehr oder Verachtung im Westen gerät Forschung einmal mehr in jenen Wettlauf mit der Zeit, auf den ich – bezogen auf westdeutsche Städte – bereits 1986 hingewiesen habe: Mangels öffentlichen und wissenschaftlichen Interesses an der Vorgeschichte und Durchführung des Wiederaufbaus sind gerade in den letzten Jahren wichtige Planungsgrundlagen und -materialien abhanden gekommen bzw. von achtloser Vernichtung bedroht, da ihnen weder in privaten Nachlässen noch in den städtischen Ämtern die gebührende Aufmerksamkeit geschenkt wurde, zumal auch den Stadtarchiven solche Dokumente in der Regel nicht archivwürdig erscheinen.[11]

Zum Verständnis der Gegenwart in einem vereinigten Deutschland inmitten Europas, zur Erklärung unterschiedlicher Lebensverhältnisse, Erfahrungshintergründe und Zukunftserwartungen ist jedoch die Aufklärung der jüngsten Vergangenheit ebenso notwendig wie zur Bewältigung künftiger Aufgaben im Wandel der Städte, die mit wachsenden Spannungen zwischen dem Westen und Osten, Norden und Süden dieser Welt weit vom Traum postmoderner Idyllen entfernt sind.

März 1992   Werner Durth

Einleitung

Entwicklungslinien

Angesichts der Kurzatmigkeit aktueller Stildebatten und der Beliebigkeit historischer wie theoretischer Rückgriffe richteten sich Fragen nach den Aufgaben und Orientierungen von Architekten und Planern mit neuer Dringlichkeit auf die reale Geschichte dieser Profession, die in der Kontinuität von Konzepten und Personen eine erstaunliche Beständigkeit über die legendäre *Stunde Null* der Nachkriegszeit hinweg bis in die letzten Jahre aufzuweisen hat – auch wenn die terminologischen und stilistischen Verkleidungen je nach politischer und kultureller Konjunktur augenfällig wechseln. Die Zyklen ästhetischer Innovation werden kürzer und lähmen Erinnerung.

Wie in anderen Bereichen gesellschaftlichen Lebens – von Industrie und Wirtschaft über das Rechts- und Gesundheitswesen bis in die Verästelungen künstlerischen Schaffens – blieben auch beim Wiederaufbau der kriegszerstörten Städte in Westdeutschland neben den Versuchen eines radikalen Neubeginns nach 1945 Verbindungen, Einflußsphären und Machtpositionen erhalten, die genauer Untersuchung bedürfen, wenn die Kritik und Theorie von Architektur und Stadtplanung nicht nur an Oberflächenphänomenen festgemacht, nach rasch wechselnden Geschmackspräferenzen und Stilkriterien beurteilt und stets wieder neu ausgerichtet werden sollen.[12]

Um den Fragen nach Zusammenhängen zwischen materiellen Bedingungen und geistigen Orientierungen durch längere Zeiträume nachgehen und weiteres Nachfragen anregen zu können, wird in diesem Buch gezeigt, daß die konzeptionelle Vorbereitung des Wiederaufbaus der im Zweiten Weltkrieg zerstörten deutschen Städte weit in die Jahre vor 1945 zurückreicht und in langen Traditionen gründet. In den oft mühsamen Vorarbeiten zur Geschichte des Wiederaufbaus deutscher Städte mehrten sich die Hinweise darauf, daß viele der heute gängigen Annahmen über die Entwicklung und Durchsetzung von Architektur- und Planungskonzepten in der Zeit nach dem Zweiten Weltkrieg einer gründlichen Revision bedürfen.

Eine solche Untersuchung verdrängter Geschichte sprengte jedoch die bloß fachimmanente Betrachtung; führt doch jede Beschäftigung mit der jüngsten Vergangenheit in Deutschland – gleich in welchem Metier – hinter die mühsam aufgerichteten Gedächtnissperren zurück, hinter denen beim Erinnern andere Wände stehen: Angst, Trauer und Scham. Und bisweilen auch, in beklemmendem Ernst: der heimliche Stolz auf »Die große Zeit« vor 1945.

13

Die Suche nach den Grundlagen der deutschen Nachkriegsarchitektur führte durch tiefe Schichten des Schweigens und des Vergessens. Der Rückblick mußte lückenhaft bleiben, zumal kaum auf andere Untersuchungen zurückgegriffen werden konnte, nicht einmal auf systematische Sammlungen von Dokumenten und Materialien, die in Bereichen der Architektur- und Stadtplanung über jene dunklen Jahre um 1945 Auskunft geben könnten. Weite Forschungslücken wurden sichtbar.[13]

Neben einigen Fallstudien zur Geschichte des Wiederaufbaus einzelner Städte lagen zusammenfassende Arbeiten nicht vor. Die Spuren verloren sich, je dichter sich die Suche dem Jahr 1945 näherte, hinter dem sich der »Abgrund der jüngeren Vergangenheit«[14] öffnet. Doch könnte – umgekehrt – von dort aus, von den Untersuchungen zur Architektur und Planung im *Dritten Reich* Aufschluß über die Nachwirkungen gewonnen werden, über Verbindungslinien aus dem »Abgrund« in unsere Zeit? Auch hier war festzustellen, daß sich die meisten Publikationen streng an die scharfe Periodisierung hielten, die durch die Jahre 1933 und 1945 markiert ist. Vor 1933 steht das Neue Bauen im Mittelpunkt der Betrachtung, danach – in grellem Kontrast – »Hitlers Architektur«[15] als monumentale NS-Staatsbaukunst, die vor allem durch Albert Speer Gestalt gewann, auf den sich – mit merkwürdigem Wohlwollen und in individualisierender Sicht – die Neugier der Zeitgenossen und verstärkt auch der Nachgeborenen richtet; 1945 folgte dann angeblich der scheinbar voraussetzungslose Neubeginn.[16]

Nur wenig wurde auch in neueren Studien über die Struktur und Funktionen des Baugeschehens im *Dritten Reich* mit Blick auf dessen Vorgeschichte und Nachwirkungen ausgesagt; am ehesten Aufschluß über längerfristige Entwicklungszusammenhänge gaben immer noch die frühen Arbeiten von Hildegard Brenner (1963), Joseph Wulf (1963), Anna Teut (1967), Heide Berndt (1968); Barbara Miller Lanes Untersuchung *Architecture and Politics in Germany 1918-1945* (1968) erschien 1985 endlich in deutscher Übersetzung, da auch diese Arbeit mit wachsendem zeitlichen Abstand nicht an Bedeutung verloren, eher an Aktualität gewonnen hat.[17] 1976 gab Joachim Petsch im weiten Rückblick einige Hinweise auf die Nachkriegsentwicklung.[18]

Seit Ende der siebziger Jahre mehrten sich Einzelstudien zu Themen der Architektur und Stadtplanung im *Dritten Reich,* doch nur am Beispiel einzelner Städte werden Nachwirkungen aufgezeigt, allerdings kaum bezogen auf die Entwicklungen und Debatten der Nachkriegszeit.[19] Ausführlich wurden in diesen Studien Bauten, Projekte und Programme, auch einzelne Organisationen und Verbände vorgestellt, nicht aber die maßgeblich handelnden Personen, deren Wirken mit dem Ende des *Dritten Reichs* ja keineswegs ebenfalls beendet war.[20] Die Tabuzo-

nen der frühen Nachkriegszeit lassen sich bis in unsere Gegenwart verlängern.

So wuchs auf der Suche nach Verbindungslinien über 1945 hinweg das
Interesse an biographischen Notizen, in denen Probleme des Übergangs
und der Neuorientierung von Planern und Architekten durch diese selbst
zur Sprache kamen. Ein wichtiger Anstoß für weitere Recherchen ging
aus von dem in Anna Teuts *Architektur im Dritten Reich* nachgedruckten
Versuch einer Rechtfertigung, verfaßt von Rudolf Wolters, »dem ehemaligen Pressereferenten im ›Baustab Speer‹«, der die Zeit vor 1945 »aus der
Warte des Davongekommenen« reflektierte, wie Anna Teut kommentiert.[21] Er habe sich nach 1945 vor allem als Siedlungs-und Krankenhaus-
architekt betätigt und verkörpere »in gewisser Weise den ›Normalfall‹ des
deutschen Architekten mittleren Alters nach dem Krieg« – einen Vertreter
jener Generation also, die den Wiederaufbau maßgeblich prägte.

Wo und mit wem, an welchen Aufgaben arbeitete ein erfolgreicher
»Normalfall« wie Wolters – und viele andere seiner Kollegen – unmittelbar nach dem Krieg? Und umgekehrt: Wo waren die in der neuen Republik
nun erfolgreichen Architekten seiner Generation zuvor tätig gewesen? Wo
hatten sie ihre fachlichen Kompetenzen erworben, Erfahrungen gesammelt? Welche Konzepte und Vorstellungen für die Zeit danach hatten sie
schon vor und im Krieg entwickelt? Welche konnten übernommen, welche mußten modifiziert, welche aufgegeben werden? Zunehmend ver-
schob sich mein Interesse von den gebauten Objekten und dokumentierten
Planungen hin zu den handelnden Menschen, die selbst in den anonymen
Strukturen und Institutionen eines totalitären Staates Entscheidungen zu
treffen hatten, auch Hoffnungen und Visionen entwickeln konnten – in
welch engem Raum, unter welchem Druck auch immer. Neben den übergreifenden gesellschaftlichen *Verhältnissen* und ihren Wandlungen geriet
immer mehr das *Verhalten* konkreter Personen in den Blick. Er richtete
sich auf Momente des Engagements und der Distanzierung in Menschen,
die in wechselnden historischen Situationen die räumlichen Lebensbedingungen anderer planten. Zunehmend erweiterte sich das Forschungsinter-
esse von der abstrahierenden Analyse räumlicher Planungen, politischer
Strukturen und bürokratischer Organisationen aus auf die Untersuchung
konkreter *Figurationen von Menschen,* die im Laufe ihres Lebens in wechselnde Loyalitäten und wechselseitige Abhängigkeiten gerieten. Vor dem
Hintergrund sozialer Strukturwandlungen mußte die Geschichte konkreter Personen ins Blickfeld kommen – dies schien mir vor allem für die Erforschung der Vorgeschichte des Wiederaufbaus angemessen: Nachdem
1945 der organisatorische Rahmen der bisherigen planerischen Tätigkeit
zerschlagen war, mußten sich unter dem Druck neuer Aufgaben neue Figurationen bilden, die als »Geflecht der Angewiesenheiten der Menschen untereinander« am ehesten noch die Kontinuität der alten Verbindungen und
fachlichen Orientierungen sichtbar machen konnten.[22] Wie zu vermuten

war, kamen nach 1945 langjährige Bindungen, bewährtes Vertrauen und auch Verschwiegenheiten zum Tragen, auf denen sich neue Positionen aufrichten und alte verteidigen, neue Aufgaben angehen und alte Pläne weiter verfolgen ließen.

Durch die Lektüre von Tagebüchern, durch lange Gespräche, Archivbesuche, Entdeckung von Briefwechseln und persönlichen Notizen entfalteten sich mir unterhalb der Ebene offizieller Akten, Dokumente und Planungen labyrinthische Netze der Kooperation von Architekten und Planern verschiedenster Herkunft und fachlicher Ausrichtung, die sich unter dem Eindruck des Bombenkriegs seit Anfang der vierziger Jahre über Zukunftsperspektiven neu zu verständigen begannen. In der anfangs noch breiten Spannweite zwischen historischer Rekonstruktion und radikaler Modernisierung der Städte, zwischen improvisiertem Wiederaufbau und durchgreifender Neuplanung zeichneten sich dabei schon früh Kontroversen ab, die weit in die Nachkriegszeit hineinwirkten – obgleich durch die Politik der Alliierten, durch die Sicherung der Eigentumsverhältnisse sowie der überkommenen ökonomischen und sozialen Strukturen der Spielraum der Planung schon bald nach 1945 rigoros eingeschränkt wurde.

Differenzierungen

Während der Streifzüge durch die Labyrinthe beruflicher und privater Verflechtungen zeigten sich Zusammenhänge, die in deutlichem Kontrast zum gängigen Bild vom deutschen Faschismus standen. Statt des hermetischen Blocks eines totalitären Staates zeigte sich ein vielgestaltiger *Behemoth* [23], der in einem System kalt kalkulierter Rivalitäten und Ämterkonkurrenzen gerade den Planern und Architekten relative Autonomie, zumindest noch Nischen ließ, sofern sie die herrschenden Regeln nicht verletzten, nicht offen gegen den Terror auftraten, sondern ihn stillschweigend als Voraussetzung zur Realisierung ihrer weitreichenden Planungen duldeten. Auch die Bilder vom Bauen im *Dritten Reich* wurden vielgestaltiger, als die vorhandene Literatur zum Thema sie zumeist zeigt: Auch nach 1933 lassen sich die davor wichtigen Strömungen in der Architektur weiterverfolgen, allerdings mit deutlichen Gewichtsverschiebungen. Zunächst standen die konservativen Exponenten der Heimatschutz-Bewegung, des handwerks- und landschaftsgebundenen Bauens im Vordergrund der nationalsozialistischen Propaganda. Mit dem Ausbau der staatlichen Macht wurde demgegenüber eine monumentale Staatsarchitektur vorgeführt, die nach gigantischen Neugestaltungsplänen das künftige Bild der Gauhauptstädte prägen sollte. Gleichzeitig aber wurden auch die offiziell verpönten Ansätze des Neuen Bauens – vor allem im Bereich der Rüstungsindustrie – in ihren formalen Elementen partiell aufgenommen und in technischer Hinsicht sogar weiterentwickelt; die Stadt- und Verkehrs-

16

planung war am modernsten Stand internationaler Entwicklungen orientiert und konnte – nach »Entnazifizierung« der verräterischen Planerterminologie – bruchlos in die Nachkriegszeit übernommen werden.

Totaler Krieg und beschleunigte Rüstungsproduktion – nicht zufällig organisiert von dem Architekten Albert Speer – bewirkten einen *Modernisierungsschub,* in dem wesentliche Voraussetzungen für den später so erfolgreichen Wiederaufbau geschaffen wurden.[24] Dabei bewirkten die Zwänge der Kriegsführung und die Folgen der Luftangriffe um 1943 eine »luftschutzgerechte« Umorientierung der Stadtplanung von der monumentalen Neugestaltung hin zur Planung des Wiederaufbaus, gemäß dem Leitbild einer gegliederten und aufgelockerten Stadt mit höchst funktioneller Infrastruktur.

In manchen Gesprächen mit Zeitzeugen wurde das Unbehagen an der begonnenen biographischen Forschung schier unerträglich, da die selbstbewußte Schilderung ungetrübter Normalität des Alltags im Faschismus, in der manche Architekten rückblickend den Höhepunkt ihrer Machtfülle und Erfolge sahen, immer wieder zu reflektierender Distanz und konfrontierenden Fragen zwang – im Wissen um das Schicksal jener, die nicht den Alltag deutscher »Herrenmenschen« und deren Hoffnungen auf ein mächtiges Reich teilten. Immer wieder mußte Abstand genommen werden von jener Alltäglichkeit der dargelegten Lebensläufe, deren Anschaulichkeit leicht dazu verführen konnte, ungewollt Entlastungsstrategien aufzunehmen, sogar zu verlängern, und in die hermeneutische Falle distanzloser Verständnisbereitschaft zu geraten. Und immer wieder die Frage: Wie hätte man selbst gehandelt in vergleichbaren Situationen? Wie tief gründen sich in den eigenen Dispositionen und Wertorientierungen Momente des Widerstands gegen die Verführbarkeit durch Teilhabe an Macht? Oder auch: gegen die nackte Angst ums eigene Überleben, bereit, auf Kosten anderer die eigene Existenz zu sichern? Fragen ohne Antwort.

Die Spannungen waren bisweilen schwer auszuhalten. Und mit zunehmendem Einblick in die Geschichte jener Jahre zwischen 1933 und 1945 richtete sich angesichts der Diskrepanz zwischen dieser Geschichte und dem in Gesprächen geschilderten Geschehen und eingegrenzten Wahrnehmungen der Blick weiter zurück, einer Mahnung A. und M. Mitscherlichs folgend, die sie in ihrem Buch *Die Unfähigkeit zu trauern* formulierten: »Man darf die Problematik nicht erst in der Katastrophe, sondern muß sie in den Tagen des ungetrübten Einverständnisses zwischen Volk und Diktator beginnen lassen. Wir waren sehr einverstanden mit einer Führung, die typisch deutsche Ideale mit unserem Selbstgefühl aufs neue zu verbinden wußte: Da wurde die Chance zur uniformierten Darstellung unseres Selbstwertes gegeben. Sichtbar gegliederte Autoritätshierarchien traten plötzlich in Fülle vor das Auge des durch ›Parteiengezänk‹ enttäuschten Volksgenossen. Die Präzision unseres Gehorsams wurde gebührend erprobt, und der fast grenzenlose Wille, uns der Hoffnungen des Führers würdig zu erweisen, durfte ausschweifen. Angenommen, dieser Führer hätte sich mit kleineren Annexionen begnügt und auch in seiner Judenverfolgung gemäßigt bis zu jener Grenze der Infamie, zu der beträchtliche Gruppen in den übrigen christlichen Staaten ihm mit stillschweigender Billigung zu folgen bereit gewesen wären, das Ende des Tausendjährigen Reiches wäre wohl noch heute nicht abzusehen. Die Abschaffung der parlamentarischen Demokratie bei gleichzeitiger Ankurbelung des Arbeitsmarktes hätte keine deutsche Revolution ausgelöst. Auch noch das Funktionieren eines pedantisch gelenkten Apparates der Menschenvernichtung ist ein Stück Wirklichkeit, das keine tiefe Spaltung zwischen allgemeiner Wertschätzung der Pünktlichkeit, Zuverlässigkeit, dem Hang zur totalen Lösung einer Aufgabe und dem Spezialfall der Anwendung dieser Tugenden auf die Vernichtung eines ›karteilich erfaßten Personenkreises‹ erkennen läßt.«[25] Die Vernichtung als Teil einer gnadenlosen Ordnung, die in mörderischem Chaos endete: Kehrseite der sorgsamen Planung.

In Erinnerung an das unsagbare Leid, das sich hinter dürren Worten und Zahlen verbirgt, zerrissen mir stets wieder Momente des Schreckens die stolzen Bilder eines gelungenen Aufbaus wenige Jahre danach, der heute gern »Wiederaufstieg« genannt wird und die Opfer vergessen läßt. Wie hatte Otto Bartning 1946 gesagt? »Wiederaufbau? Technisch, geldlich nicht möglich, sage ich Ihnen; was sage ich? – Seelisch unmöglich!«[26]

Doch der Aufbau gelang. Seelenlos?

Wie sind sie zu deuten, die gesprochenen, geschriebenen, geplanten, schließlich auch gebauten Zeugnisse jener gesteigerten Leistungsfähigkeit, die nicht nur Architekten und Planer angesichts der Ruinen ringsum entwickelten? Wie läßt sich der selektive Blick der Beteiligten auf die Umstände ihrer Tätigkeit *damals* verschränken mit unserer Perspektive *von heute zurück,* die auch ohne unmittelbare Erfahrung das Wissen um die Leiden der Opfer jener Zeit mitzuerfassen hat, um der historischen Wahrheit gerecht zu werden?

So kann, in einem *Wechsel der Perspektive,* der totale Krieg nicht nur als Ende des Dritten Reichs, sondern auch als Vorgeschichte des Wiederaufbaus [27] betrachtet werden – und dies nicht allein durch die Zerstörungen, die er hinterließ. In der Perspektive der Beteiligten erscheinen die Jahre vor 1945 als eine Zeit, in der viele Angehörige jener Generation der gerade Vierzigjährigen sich zugleich auf dem Höhepunkt ihrer Einsatz- und Belastungsfähigkeit wissen, längst bereit, sich auf eine neue Lebensphase nach dem Krieg einzustellen, gleich unter welchen Bedingungen.

Freilich birgt der Versuch, in einer Untersuchung *ex post* zugleich auch die Ich-Perspektive der handelnden Personen aufscheinen zu lassen und *Geschichte* als deren damalige *Gegenwart* zu schildern, Gefahren – allererst die der partiellen Identifikation mit den Handelnden, auch die der Anerkennung ihrer nachträglich konstruierten Entlastungsstrategien – zumal sich die folgende Darstellung mangels anderer Quellen weitgehend auf mündliche und schriftliche Selbstzeugnisse, vor allem auf Tagebücher und Gespräche stützen muß.[28] Nicht immer konnten persönliche Mitteilungen anhand anderer Materialien überprüft, subjektive Einfärbungen durch andere Hinweise korrigiert werden. Doch trotz der Gefahr mangelnder Quellenkritik bleiben die Darstellungen der Zeitzeugen weitgehend unkommentiert, um dem Leser ein eigenes Urteil über die Glaubwürdigkeit der zitierten Zeugen und die Selektivität ihrer Wahrnehmung zu überlassen – Urteile, die älteren Lesern überdies eher anstehen mögen als dem Verfasser, Jahrgang 1949, der sich nur mühsam in Zeiten hineindenken, nicht aber auch hineinfühlen konnte, in Zeiten, in denen alltäglicher Terror und akribische Planung, Angst und Übermut, Schrecken und Größenwahn dicht nebeneinander standen. Oder soll man sagen: einander unauflöslich durchdrangen? Der Verfasser versucht, Berichterstatter zu bleiben – im schwierigen Versuch nüchterner Distanzierung, um weder einer Verurteilung noch gar einer Heroisierung der betrachteten Akteure das Wort zu reden, vor allem aber: um nicht zur Verharmlosung jener Zeit beizutragen, zur Bagatellisierung der *Banalität des Bösen,* die das Entsetzlichste möglich machte.[29]

Die Unmittelbarkeit des autobiographischen Materials, der Mitteilungen und Gespräche, brachte mich immer wieder in die Gefahr, an die Stelle theoriegeleiteter Analyse und Interpretation emotional gefärbte Kommentare zu setzen. Um dabei das eine mit dem anderen nicht zu vermengen, habe ich versucht, eine nahezu dokumentarische Sicht auf die handelnden Personen zu vermitteln und immer wieder allgemeine Strukturen und Prozesse sichtbar werden zu lassen, die ihr Handeln bestimmten und eingrenzten; dies vielleicht bisweilen zu knapp: Stark gekürzt wurden bei der Überarbeitung des Textes weite Teile der – einzelnen Kapiteln vor- und nachgeordneten – Darstellungen übergreifender gesellschaftlicher Wandlungsprozesse, die dem Handeln der einzelnen Grundlage und Rahmen gaben. Verwiesen wird daher auf Literatur, die Strukturen und Hintergründe der behandelten Zeiträume tiefer zu erfassen erlaubt. Und doch habe ich immer wieder gefragt, ob zur Darstellung und Deutung dieses Abschnitts der deutschen Geschichte nicht noch ganz andere Bilder – etwa die eines kollektiven Wahnsystems – an die Stelle objektivierender Betrachtung treten müßten, um auch jene Seite deutscher Ordnungsliebe und Gefügigkeit beleuchten zu können, die unter Hitler mörderische Dimensionen annahm und in Spuren auch heute unseren Alltag noch prägt.

Generationen

Der Alltag in den Städten der Bundesrepublik ist uns selbstverständlich geworden, zu selbstverständlich bisweilen. Die Spuren der Geschichte, des Grauens und Leidens früherer Generationen sind weithin verwischt. Die Bestimmungsfaktoren getroffener Entscheidungen und systematischer Nicht-Entscheidungen sind unsichtbar, die entwicklungsbestimmenden politischen Machtverhältnisse und ökonomischen Strukturen bleiben der konkreten Alltagserfahrung entzogen, dem bildhaften Denken von Architekten zumal. Auf der Suche nach Möglichkeiten anschaulicher Darstellung von Vermittlungsprozessen zwischen dem sozialen Verhalten einzelner und den übergreifenden Verhältnissen im gesellschaftlichen Entwicklungsprozeß trat das *Konzept der Generation,* das bereits bei der Erforschung der biographischen Verflechtungen zunehmend an Bedeutung gewonnen hatte, weiter in den Vordergrund.[30]

Fast alle in der Wiederaufbauphase – und lange danach noch – einflußreichen Architekten und Planer fühlen sich einer Generation zugehörig, die, bei aller Unterschiedlichkeit der individuellen Lebensläufe, in den wichtigen Lebensabschnitten prinzipiell gleichen Einschnitten, gleichen Gefährdungen und Versuchungen ausgesetzt war. Dieses Gefühl sichert gemeinsame Basiserfahrungen und Verständigungsmöglichkeiten noch vor den professionellen Bindungen und den damit weiter eingegrenzten Orientierungen und Wissensbeständen. Vergleichbare Sozialisationsbedingungen und Berufserfahrungen prägen bis heute das Selbstverständnis jener Planer, denen nach 1945 der Städtebau zur »Herausforderung« und Lebensaufgabe wurde.[31] Vor allem aus der Erfahrung eines strukturell gleichen »Schicksals« resultierte ihre für Nachgeborene bisweilen unglaubliche Bereitschaft, über die Gräben persönlicher Unterschiede und politischer Entscheidungen hinweg nach 1945 zu kooperieren, sich zumindest zu tolerieren.

Ohne an dieser Stelle eine entsprechende Theorie, gar Methodologie vorstellen zu wollen, sei nur darauf hingewiesen, daß in verschiedenen Bereichen der Geschichts- und Sozialwissenschaften das Konzept der Generation seit langem bedeutsam ist. Wilhelm Dilthey schrieb 1875: »Diejenigen, welche in den Jahren der Empfänglichkeit dieselben leitenden Einwirkungen erfahren, machen zusammen eine Generation aus. So gefaßt, bildet eine Generation einen engen Kreis von Individuen, welche durch Abhängigkeit von denselben großen Tatsachen und Veränderungen, wie sie im Zeitalter ihrer Empfänglichkeit auftraten, trotz der Verschiedenheit anderer hinzutretender Faktoren, zu einem homogenen Ganzen verbundeñ sind.«[32] Schon in diesem Zitat werden einige der Verkürzungen deutlich, die ein solches Konzept nahelegt, wenn es nicht in übergreifende wirtschafts- und sozialgeschichtliche Betrachtungen eingebunden wird. Bereits die Unterschiedlichkeit der Klassenlage und der entsprechenden Sozialisationsbedingungen läßt die Rede vom »homogenen Ganzen« einer Generation fragwürdig erscheinen, und der Hinweis auf den »engen Kreis von Individuen« verweist auf Traditionen personalisierender Geschichtsschreibung, wie sie in jener Schule des deutschen Historismus üblich war, die sich in der zweiten Hälfte des 19. Jahrhunderts herausbildete und die großen Individuen, die »Persönlichkeiten« der Geschichte, in den Mittelpunkt der Forschung stellte. Diltheys Methode ging dabei von einem individuellen »Verstehensprozeß« aus, vom Nacherleben innerer Erlebnisse – womit er zugleich Abstand nahm von den Wandlungen der Industrie, Ökonomie und sozialen Struktur insgesamt, die das individuelle Handeln prägen. Umgekehrt droht eine Strukturgeschichte, die gesellschaftliche Entwicklung vor allem in ökonomischen Kategorien zu erfassen versucht, blind zu werden für das Leben, Leiden und Wünschen der Menschen.

Da in diesem Buch sowohl die Subjektivität der handelnden Personen als auch die objektiven Rahmenbedingungen ihres Wirkens in den Blick kommen sollen, sind verschiedene Ansätze der Geschichts- und Sozialforschung aufeinander bezogen – ohne allerdings in der entsprechenden wissenschaftlichen Terminologie weiter ausgeführt zu werden: Dieses Buch richtet sich vor allem an Architekten, als Versuch der Verständigung zwischen verschiedenen Fachgebieten – und Generationen, im Blick zurück.

Umgangssprachlich ist längst von einer *Kette der Generationen* die Rede, darin beispielsweise von der Generation der *Stürmer und Dränger,* der *1848er,* der *Jugendbewegung,* der *verlorenen Generation* der jungen Kriegsteilnehmer am Ersten Weltkrieg und der *skeptischen Generation* nach dem Zweiten, der die *68er-Generation* folgte.

Jener *verlorenen Generation,* die als Jugendliche oder junge Erwachsene den Ersten Weltkrieg und den Zusammenbruch des Kaiserreichs erlebte, folgte die nächste, deren Weg in diesem Buch verfolgt werden soll: Der engere Kreis der betrachteten Personen ist zwischen 1900 und 1910 geboren, *zu jung,* um in den Ersten Weltkrieg zu ziehen, *jung genug,* um nach dem Zweiten einen neuen Anfang zu finden und neue Karrieremuster zu entwickeln. Sie erlebten die Kindheit im Kaiserreich, ihre Ausbildung in der Weimarer Republik, ihre beruflichen Erfolge im *Dritten Reich* und ihre »Bewährung« in der Nachkriegszeit. In der Betrachtung der Lebenswege überlagern sich nicht nur markante Phasen der Gesellschafts- und Individualgeschichte; auch professionssoziologisch ist gerade diese Gruppe äußerst interessant, da sie gleichsam das Erbe jener Generation verehrter Lehrer antrat, die um die Jahrhundertwende den Städtebau als eigenständige Disziplin etablieren halfen und die Realisierung ihrer Ansprüche auf gleichermaßen sozial wie räumlich wirksame Planung an ihre Schüler delegierten. In Verbindung mit schicht- und berufsspezifisch geprägten Einstellungen, Deutungsmustern und Gesellschaftsbildern bildeten sich Dispositionen aus, die eine nahezu systemunabhängige Funktionsfähigkeit einer selbstbewußten Expertenkultur garantierte. In Begrenzung auf die »fachliche Verantwortung« konnten sowohl im *Dritten Reich* als auch in der Zeit danach überzeugend und erfolgreich wechselnde Standpunkte vertreten werden, scheinbar unberührt vom gesellschaftlichen Geschehen ringsum. Im Zirkel instrumenteller Vernunft und technischer Rationalität ließen sich weite Bereiche gesellschaftlichen Lebens und historischer Erfahrung ausblenden, wodurch umgekehrt die Anfälligkeit für »weltanschauliche« Irrationalismen gefördert wurde. Doch genug. Derart komplexe Fragestellungen und Thesen können in der vorliegenden Untersuchung nicht weiter verfolgt werden, zumal die Auswahl der hier näher betrachteten Personen und die Eingrenzung der Untersuchungsdimensionen vor allem aus pragmatischen Gründen erfolgte.

Im Gewirr der anfangs erkundeten biographischen Verflechtungen sollte besonders jenen Linien nachgegangen werden, die sich kurz vor *und* nach 1945 in gemeinsamen Arbeitszusammenhängen verknüpften. Was anfangs nur eine vage Vermutung war, verdichtete sich im Verlauf der Recherchen zu einer überraschenden Entdeckung: Noch mitten im Bombenkrieg wurde der Wiederaufbau der deutschen Städte vorbereitet, wurden Konzepte und Richtlinien entwickelt für die Zeit danach. Schon vor 1945 waren einige der Lebenswege jener Planer eng verknüpft, die später den Städten ihre gebaute Gestalt gaben. Über solche Architekten berichtet das vorliegende Buch.

Hintergrund

Indem Albert Speer 1943 einige seiner engsten Mitarbeiter aus seiner Berliner Planungsstelle mit Kollegen aus anderen Städten in einem *Arbeitsstab zum Wiederaufbau bombenzerstörter Städte* zusammenfaßte und diese Mitarbeiter weitgehend vom Kriegsdienst freigestellt wurden, gelang es ihm, die personellen und konzeptionellen Bedingungen für einen zügigen Wiederaufbau zu schaffen. Trotz des Zerbrechens dieses organisatorischen Rahmens im Frühjahr 1945 gelang es den Angehörigen dieses Arbeitsstabs und ihren Kontaktpersonen in verschiedenen Städten, auch über das Jahr 1945 hinweg ihre Arbeitszusammenhänge aufrechtzuerhalten und in verschiedenen Großstädten, auch in kommunalen Spitzenpositionen, wirksam zu werden und die Richtlinien künftiger Stadtentwicklung sowie ihre architektonischen Erscheinungsformen entscheidend zu prägen. Trotz – oder wegen? – ihrer engen Zusammenarbeit mit Albert Speer oder ihrer Tätigkeit in der *Organisation Todt,* die vom Atlantikwall über die Autobahn bis hin zu den östlichsten Fronten plante und baute, wurden prominente Architekten des *Dritten Reichs* von den Alliierten als kompetente Fachleute geschätzt, geduldet und unterstützt; andererseits hatten sie gerade dadurch auch großen Einfluß im Rahmen der überkommenen Eigentumsverhältnisse und lokalen Machtstrukturen: Schließlich konnten gerade sie den Nachweis fachlicher Kompetenz mit dem Hinweis auf eine durchgängige Berufspraxis verbinden, in der sie Erfahrungen im Umgang mit unterschiedlichen Institutionen gesammelt, entsprechende Handlungs- und Durchsetzungsstrategien entwickelt hatten.

Leiter des *Arbeitsstabs* unter Speer und Organisator mancher Treffen nach dem Krieg war übrigens jener Rudolf Wolters, den Anna Teut als »Normalfall« des deutschen Architekten mittleren Alters vorgestellt hat. Und so soll er auch weiterhin betrachtet werden, als ein Akteur unter anderen, dessen Aufgaben wohl auch von anderen hätten übernommen werden können. Denn nicht um Belege für eine spektakuläre Verschwörungstheorie mit individualisierenden Schuldzuweisungen soll es im folgenden gehen, sondern um das Wirken einer Funktionselite in wechselndem historischen Kontext. Auch von einzelnen Personen unabhängig ließen sich typische »Qualifikationsprofile« zeichnen, Selbstbilder und Handlungsstrategien, Einstellungen und Verhaltensweisen, die in modifizierter Form auch in der nächsten Generation weiterwirken – einschließlich jener Neigung zu professionalisierter Wirklichkeitsverleugnung und partiellem Zynismus, der in Haltung und Ergebnis jeweils zeitgemäße Formen annehmen kann. Dies sei ohne denunziatorischen Unterton gesagt. Denn gleichsam berufsnotwendig sind Architekten und Planer zu wechselnden Bündnissen mit den jeweils Mächtigen gezwungen, wollen sie ihre Entwürfe nicht nur in unscheinbaren Bauten aufgehen oder gar als Makulatur verkommen sehen, sondern mit aufrechterhaltenem Kunstanspruch Realität werden lassen. So wird auch die Faszination des Faschismus gerade für die Berufsgruppen der Architekten und Ingenieure verständlich, da die NSDAP mit dem Versprechen einer großen Ordnung im Sinne eines abstrakten Gemeinwohls der technischen Intelligenz[33] anfangs weite Handlungsspielräume und künstlerischen Ambitionen große Gestaltungsmöglichkeiten zu bieten schien.[34]

Wer sich mit der inzwischen vorliegenden Literatur zur Architektur des *Dritten Reichs* beschäftigt, wird indes – in stets anderen Gestalten – drei Mythen begegnen, die sich besonders dicht um die Figur Albert Speers zusammenschließen: Mann, Macht, Technik. Gerade durch neuere Publikationen steht Speers Werk fast synonym für Architektur und Stadtplanung im *Dritten Reich;* neben ihm werden allenfalls noch Wilhelm Kreis, Paul Troost und Hermann Giesler genannt. Durch die Zurechnung einer fast unüberschaubaren Vielzahl von Projekten und Bauten zum Werk eines einzigen *Mannes,* seiner schier unerschöpflichen Organisationsfähigkeit und Arbeitskraft, wurde zum einen der Mythos eines – trotz aller politischen »Verführungen« – ingeniösen Baumeisters geschaffen, den gerade die

Nachgeborenen mit Neugier wieder zu entdecken beginnen, ohne die Hintergründe seines Wirkens zu kennen. Zum anderen blieben durch die Verdunkelung des Hintergrunds, aus dem dieser verhinderte Held der deutschen Baukunst strahlend hervortrat, jene Kollegen und Mitarbeiter der öffentlichen Aufmerksamkeit verborgen, die wenig später ins Rampenlicht der Nachkriegszeit traten. Keiner von ihnen konnte Interesse daran haben, das von Speer gehütete Inkognito zu lüften. Vielen konnte er ein bequemes Alibi bieten. So bleibt in der – wesentlich von ihm selbst geprägten – Literatur über Speer ein faszinierender Einzelgänger, allein verfallen der *Macht des Führers* und der *Faszination der Technik.* [35] Kaum aufgeklärt sind daher bislang die Zusammenhänge zwischen den Großprojekten und jenen Kollegen in verschiedenen Organisationen und modernen Büros mit vielen relativ selbständig arbeitenden Architekten, deren Leistungen den großen Namen zugerechnet wurden. Die Kontinuität des Wirkens der anderen blieb im Dunkeln.

Aus den Erfahrungen gemeinsam erlebter – wenn auch vereinzelt erlittener – Geschichte resultieren jedoch nicht zuletzt jene Kompetenzen und Leistungen, die während des raschen Wiederaufbaus von Zeitgenossen begeistert gefeiert wurden – und von der folgenden Generation inzwischen vermehrt mit negativen Pauschalurteilen bedacht werden. Beide Male stützen sich die schnell gebildeten Meinungen und Vorurteile auf die falsche Annahme einer schier voraussetzungslosen Planung nach der legendären *Stunde Null,* vor der es vor allem jene monumentale Staatsbaukunst gab, für die in erster Linie Speer und einige wenige prominente Erfüllungsgehilfen Hitlers zuständig waren. Um die Wege jener Männer aus der zweiten und dritten Linie, die nach dem Kriege nach vorne traten, in überschaubaren Linien verfolgen zu können, grenze ich das Blickfeld auf einige jener Mitarbeiter im *Arbeitsstab für den Wiederaufbau bombenzerstörter Städte* ein, die in den Jahren des Wiederaufbaus besonders bedeutsam wurden. Um gerade wegen des biographischen Ansatzes dieser Arbeit unzulässige Personalisierungen historischer Prozesse zu vermeiden, soll – mit gebührendem Mißtrauen gegenüber der Authentizität seiner »Erinnerungen« – Albert Speer nur soweit in Erscheinung treten, wie seine Notizen zum besseren Verständnis, zur Ergänzung und Verknüpfung der anderen Lebensläufe erforderlich sind. [36]

Ohne die großzügige Unterstützung durch Freunde und Kollegen, Zeitzeugen und die Angehörigen jener, deren Lebensabschnitte in diesem Buch beschrieben werden, hätte diese Untersuchung nicht durchgeführt werden können. In vielen persönlichen Gesprächen konnten Zweifel und Skrupel erörtert, Fragen vertieft und Lücken geschlossen werden. Freilich blieben viele Zweifel und Fragen offen; dieses Buch ist eine Zwischenbilanz, deren Abschluß zur Weiterarbeit notwendig war.

An erster Stelle gilt mein Dank jenen, die in – gleichermaßen nachdenklichen wie offenen – Gesprächen über ihr Leben Auskunft zu geben bereit waren, auch wenn die Fragen bisweilen schmerzhafte Erinnerungen und Tabuzonen berührten. Dabei wuchs in langen Stunden das wechselseitige Verständnis: für die Legitimität der Fragen einer jüngeren Generation auf der einen, für zuvor oft Unbegreifbares auf der anderen Seite. In gemeinsamen Rekonstruktionen konnten zumindest Fragmente der sozialen Logik von Handlungszusammenhängen dargelegt werden, die zuvor, im Licht der Akten und Dokumente, oft nur gespenstisch wirkten. Für ihre Geduld und Mithilfe bedanke ich mich bei Wolfgang Draesel, Max Guther, Hans von Hanffstengel, Hermann Henselmann, Helmut Hentrich, Bernhard Hermkes, Herbert Heyne, Rudolf Hillebrecht, Günter Kurnitzky, Josef Lehmbrock, Gerd Offenberg, Rolf Romero, Willi Schelkes, Heinz Schmeissner, Walther Schmidt, Erwin Schwarzer, Hans Simon, Wilhelm Wortmann.

Die Suche nach Plänen, Dokumenten, Mitteilungen und Aufzeichnungen jener, die ich nicht mehr persönlich sprechen konnte, führte mich zu deren Angehörigen. Wieder war es das Bemühen um ein besseres Verständnis der deutschen Geschichte und des Handelns der Menschen darin, das mir den Zugang zu Nachlässen, Briefen und Erinnerungen öffnete und deren Veröffentlichung zustimmen ließ. Als Beispiel sei aus einem Brief an den Verfasser zitiert, der auch die Einstellung anderer widerspiegeln mag: »Nachdrücklich möchte ich noch einmal sagen, daß ich nicht die Absicht habe, in irgendeiner Weise als Zensor aufzutreten. In den nachgelassenen Texten meines Vaters spiegelt sich nicht nur seine Arbeitsweise, sondern auch seine Persönlichkeit. Ich halte es deshalb für wichtig, alle Texte zugänglich zu machen, auch diejenigen, die ihn als Unterstützenden des Nazi-Systems ausweisen. Nur durch volle Offenheit werden wir lernen, zu verstehen.«

Mein herzlicher Dank gilt vor allem Niels Gutschow und Friedrich Wolters, ohne deren Hilfe und Hinweise diese Arbeit so nicht hätte beendet werden können, sowie Cornelia M. Korfsmeier-Döcker, Linda Dustmann und Elisabeth Schmitthenner; schließlich allen Freunden und Kollegen, die an dieser Arbeit beteiligt waren – durch Mitdenken, Lesen, Kommentieren, Recherchieren. Ich danke Karl U. Braasch, Ulrich Cartarius, Jeffry M. Diefendorf, Alfred Frei, Jochen Fritz, Peter R. Gleichmann, Roland Katz, Peter Neitzke, Thomas Sieverts, Hanni Skroblies, Manfred Teschner, Peter Zlonicky.

Viele Gespräche wurden nicht geführt, viele Dokumente nicht ausgewertet. Diese Arbeit konnte nur Anfang sein, muß Fragment bleiben. Ich hoffe, sie stößt andere an.

Juli 1985   Werner Durth

[1] A. Mitscherlich, Die Unwirtlichkeit unserer Städte. Anstiftung zum Unfrieden, Frankfurt am Main 1965; 10. Auflage, 110.– 129. Tausend 1971. Dieser Schrift folgte eine Reihe gesellschaftskritischer Untersuchungen, wie H. Berndt u. a., Architektur als Ideologie, Frankfurt am Main 1968, und H.G. Helms, J. Janssen (Hrsg.), Kapitalistischer Städtebau, Neuwied und Berlin 1970; breite Aufmerksamkeit fand Anfang der siebziger Jahre die Ausstellung ›Profitopolis – oder: der Mensch braucht eine andere Stadt‹, Katalog hrsg. von Die Neue Sammlung. Staatliches Museum für angewandte Kunst, München o. J.; vgl. dazu auch R. Keller, Bauen als Umweltzerstörung. Alarmbilder einer Un-Architektur der Gegenwart, Zürich 1973; 5. Auflage, 15. bis 19. Tausend 1977. Das Buch beginnt mit der Feststellung: »Auch Bauen ist – alles in allem und je länger, je mehr – zu einer eigentlichen Umweltzerstörung geworden.«

[2] Vgl. W. Durth, Die Stadt aus der Theaterwerkstatt. Zum Wandel städtebaulicher Leitbilder, in: Stadtbauwelt, Heft 48/1975; ders., Die Inszenierung der Alltagswelt. Zur Kritik der Stadtgestaltung, Braunschweig 1977, mit einem Nachwort versehene Neuauflage Braunschweig 1988; W.J. Siedler, Die verordnete Gemütlichkeit. Der gemordete Stadt II. Teil, Berlin 1985; D. Bartetzko, Verbaute Geschichte. Stadterneuerung vor der Katastrophe, Darmstadt und Neuwied 1986; H. Häußermann, W. Siebel, Neue Urbanität, Frankfurt am Main 1987

[3] Vgl. etwa T. Wolfe, Mit dem Bauhaus leben – »From Bauhaus to our house«, Frankfurt am Main 1984 (Originalausgabe New York 1981). In beißender Schärfe wird darin das Engagement der Architekten des Neuen Bauens als modische Konkurrenz-Attitüde verspottet, ihre Geschichte nach aktuellen Mustern gedeutet: »Es gehörte zu den brutalen Fakten des rauhen Lebens, daß es für Verbund-Architekten schwierig war, Arbeit zu bekommen, wenn es nicht eine Regierung – für gewöhnlich eine sozialistische – gab, die, allen Ernstes, beschloß: wir brauchen hier einen neuen Look, und ihr Burschen habt einen. Hier ist der Etat; macht was; macht, was ihr wollt.« A. a. O. S. 28. Zur populären Ablehnung moderner Architektur als internationale Bewegung gegen den Internationalen Stil siehe die Polemik von Prinz Charles: HRH The Prince of Wales, Die Zukunft unserer Städte. Eine ganz persönliche Auseinandersetzung mit der modernen Architektur, München 1990

[4] Vgl. hierzu die Auseinandersetzungen um L. Krier (Hrsg.), Albert Speer. Architektur, Brüssel 1985, in: Bauwelt, Hefte 28-29, 31, 40/1987

[5] Vgl. u. a. F. Fischer, Der ›Historikerstreit‹ und seine Relevanz für die Planungsgeschichte, in: F. Lüken-Isberner u. a., Stadt und Raum 1933–1949, Kassel 1991. Zum Hintergrund siehe D. Diner (Hrsg.), Ist der Nationalsozialismus Geschichte? Zu Historisierung und Historikerstreit, Frankfurt am Main 1987; W. Eschenhagen (Hrsg.), Die neue deutsche Ideologie – Einsprüche gegen die Entsorgung der Vergangenheit, Darmstadt 1988; I. Geiss, Die Habermas-Kontroverse. Ein deutscher Streit, Berlin 1988; J. Habermas, Eine Art Schadensabwicklung, Frankfurt am Main 1987

[6] W. Nerdinger, Materialästhetik und Rasterbauweise. Zum Charakter der Architektur der 50er Jahre, in: Nationalkomitee Denkmalschutz (Hrsg.)., Architektur und Städtebau der Fünfziger Jahre. Ergebnisse der Fachtagung in Hannover, Bonn

1990, S. 40. Zur Geschichte des Wiederaufbaus vgl. auch Klaus von Beyme, Der Wiederaufbau. Architektur und Städtebaupolitik in beiden deutschen Staaten, München 1987; E. Holtmann (Hrsg.), Wie neu war der Neubeginn? Zum deutschen Kontinuitätsproblem nach 1945, Erlangen 1989

[7] Vgl. M. Broszat, Plädoyer für eine Historisierung des Nationalsozialismus, in: H. Graml, K. D. Henke (Hrsg.), Nach Hitler. Der schwierige Umgang mit unserer Geschichte, München 1986; dazu auch S. Friedländer, Zur Historisierung des Nationalsozialismus, in: Freibeuter, Heft 36/1988. Als planungsgeschichtliche Forschung auch zur Stadt- und Raumplanung siehe G. Aly, S. Heim, Vordenker der Vernichtung. Auschwitz und die deutschen Pläne für eine neue europäische Ordnung, Hamburg 1991. Zur Kontroverse um dieses materialreiche Buch vgl. W. Schneider (Hrsg.), ›Vernichtungspolitik‹. Eine Debatte über den Zusammenhang von Sozialpolitik und Genozid im nationalsozialistischen Deutschland, Hamburg 1991

[8] Vgl. T. Harlander, G. Fehl (Hrsg.), Hitlers Sozialer Wohnungsbau 1940-1945, Hamburg 1986; G. Fehl, Die Moderne unterm Hakenkreuz, in: H. Frank, Faschistische Architekturen, Hamburg 1985; M. Prinz, R. Zitelmann, Nationalsozialismus und Modernisierung, Darmstadt 1991. Zur Kontroverse um den Begriff der Modernisierung siehe auch W. H. Pehle (Hrsg.), Der historische Ort des Nationalsozialismus, Frankfurt am Main 1990, sowie P. Reichel, Der schöne Schein des Dritten Reiches. Faszination und Gewalt des Faschismus, München, Wien 1991, bes. S. 101 ff.

[9] W. Durth, N. Gutschow, Träume in Trümmern. Planungen zum Wiederaufbau zerstörter Städte im Westen Deutschlands 1940-1950, Band I Konzepte, Band II Städte, Braunschweig 1988. Siehe dazu auch W. Durth, Wieder-Aufbau oder Neubeginn? Fragen an die Nachkriegs-Zeit, Einführung in Gespräche mit Max Guther, Rudolf Hillebrecht, Heinz Schmeissner und Walther Schmidt, in: Stadtbauwelt, Heft 72/1981; zum folgenden auch: J. Cramer, W. Durth u. a., Verdrängte Kontinuität, in: Stadtbauwelt, Heft 84/1984

[10] K. von Beyme, W. Durth, N. Gutschow, W. Nerdinger, T. Topfstedt (Hrsg.), Neue Städte aus Ruinen. Deutscher Städtebau der Nachkriegszeit, München 1992. Zur Planungsgeschichte der DDR vgl. T. Topfstedt, Städtebau in der DDR 1955-1971, Leipzig 1988; A. Schätzke, Zwischen Bauhaus und Stalinallee. Architekturdiskussion im östlichen Deutschland 1945-1955, Braunschweig, Wiesbaden 1991; T. Hoscilawski, Bauen zwischen Macht und Ohnmacht. Architektur und Städtebau in der DDR, Berlin 1991; H. G. Helms (Hrsg.), Die Stadt als Gabentisch, Leipzig 1992

[11] W. Durth, Nachwort zur zweiten Auflage 1986

[12] In diesem Buch kann nicht die mit der Sicherung der Eigentumsverhältnisse einhergehende Kontinuität der privaten Auftraggeber – auch: in Unternehmen, Banken und Versicherungen – untersucht werden, obgleich dadurch eine wichtige Dimension der Arbeitsbedingungen von Architekten ausgeblendet wird.

[13] Erst spät erschienen nach den bildreichen Erfolgsbilanzen der 50er und 60er Jahre fundiertere Untersuchungen zur Architektur- und Planungsgeschichte des Wiederaufbaus, zunächst jedoch fast ausschließlich als Monographien, so etwa: N. Gutschow, R. Stiemer, Münster, München 1982; J. Paczkowski, Der Wiederaufbau der Stadt Würzburg nach 1945, Würzburg 1982; W. Nerdinger (Hrsg.), Aufbauzeit – Planen und Bauen in München 1945-1950, München 1984. Eine erste Übersicht wurde in der Ausstellung ›Grauzonen‹ in Berlin 1983 versucht, vgl. B. Schulz (Hrsg.), Grauzonen-Farbwelten 1945-1955, Berlin 1983, darin bes. die Beiträge von H. Frank, U. Höhns. Daneben erschienen Artikel, etwa: M. Speidel

27

über Freudenstadt, W. Durth über Frankfurt am Main, Mainz, Stuttgart, alle in: ARCH +, 1983

Ab Mitte der achtziger Jahre motivierte die Auseinandersetzung mit der Architektur und Stadtplanung der Nachkriegszeit weitere Studien und Ausstellungen, vgl. u. a. Stadtkonservator der Stadt Köln (Hrsg.), Stadtspuren – Denkmäler in Köln: Architektur der 50er Jahre, Köln 1986; Stadtarchiv Dortmund, Dortmund im Wiederaufbau, Dortmund 1985; Stadtarchiv Wesel (Hrsg.), Wesel – Beiträge zur Stadtgeschichte, Wesel 1985; H. H. Hanke, Bochum – Wandel in Architektur und Stadtgestalt, Bochum 1985; A. Schildt, Die Grindelhochhäuser, Hamburg 1988; K. L. Sommer (Hrsg.), Bremen in den fünfziger Jahren, Bremen 1989; F. P. Mau, Flugdächer und Weserziegel. Architektur der 50er Jahre in Bremen, Worpswede 1990; H. Honnef, H. M. Schmidt (Hrsg.), Aus den Trümmern, Kunst und Kultur im Rheinland und Westfalen 1945-1952, Köln 1985; I. Flagge (Bearb.), 40 Jahre Nordrhein-Westfalen: Bauen und Stadtentwicklung von der Nachkriegszeit bis heute, Stuttgart 1987; K. W. Schmidt (Hrsg.), Architektur in Baden-Württemberg nach 1945, Stuttgart 1990; H. Glaser u. a. (Hrsg.), So viel Anfang war nie. Deutsche Städte 1945-1949, Berlin 1989; Bundesministerium für Raumordnung, Bauwesen und Städtebau u. a. (Hrsg.), Architektur und Städtebau in der Bundesrepublik Deutschland, Katalog deutsch/englisch, Berlin 1990; G. Rabeler (Bearb.), Wiederaufbau und Expansion deutscher Städte 1945-1960 im Spannungsfeld zwischen Reformideen und Wirklichkeit, Band 39 der Schriftenreihe des Deutschen Nationalkomitees für Denkmalschutz, Bonn 1990; W. Durth, N. Gutschow (Bearb.), Architektur und Städtebau der fünfziger Jahre. Ergebnisse der Fachtagung in Hannover, Band 41 der Schriftenreihe des Deutschen Nationalkomitees für Denkmalschutz, Bonn 1990. Zu weiteren Fragen der Denkmalpflege siehe E. Klueting (Hrsg.), Der Wiederaufbau nach dem 2. Weltkrieg und die Probleme des Denkmalschutzes, Münster 1990. Zur Planungsgeschichte Berlins vgl. H. Bodenschatz, Platz frei für das neue Berlin, Berlin 1987; J. F. Geist, K. Kürvers, Das Berliner Mietshaus 1945-1989, München 1989; zur Vorgeschichte siehe W. Schäche, Architektur und Städtebau in Berlin 1933-1945, Berlin 1991. In vergleichender Betrachtung: J. M. Diefendorf (Hrsg.), Rebuilding Europe's Bombed Cities, London 1990; zu den Voraussetzungen vgl. U. Hohn, Die Zerstörung deutscher Städte im Zweiten Weltkrieg, Dortmund 1991

[14] W. Wallmann, in: Die Umgebung der Paulskirche. Städtebaulicher Gutachterwettbewerb, hrsg. vom Magistrat der Stadt Frankfurt am Main, Dezernat Planung, Juni 1983, S. 6

[15] In personalisierender Schuldzuweisung wurde zur Exculpation der beteiligten Architekten schon bald nach Kriegsende die politische Instrumentalisierung der Architektur im Dritten Reich auf Repräsentationsbauten eingegrenzt und Hitler zugeschrieben. So heißt es etwa in A. Dehlinger, Architektur der Superlative, Manuskript im IfZ München, S. 9 f.: »Eine große Anzahl hervorragend ausgebildeter junger Architekten erhielt damals die Möglichkeit, ihr Können angesichts der Vielfalt der Aufgaben unter Beweis zu stellen und ging mit einem fachlichen Idealismus ohnegleichen ans Werk. (...) Sie brachten ihre angeborene Begabung und ihre berufliche Erfahrung mit, nicht ahnend, daß man damit Mißbrauch treiben würde.«

[16] Zur differenzierten Sicht auf die Übergangszeit siehe M. Broszat u. a. (Hrsg.), Von Stalingrad zur Währungsreform. Zur Sozialgeschichte des Umbruchs in Deutschland, München 1989

[17] H. Brenner, Die Kunstpolitik im Nationalsozialismus, Reinbek 1963; J. Wulf,

Die bildenden Künste im Dritten Reich, Gütersloh 1963, TB 1966, hierin bes. die Kurzbiographien; A. Teut, Architektur im Dritten Reich 1933-1945, Frankfurt am Main, Berlin 1967, darin bes. die informativen Kommentare; B. M. Lane, Architecture and Politics in Germany 1918–1945, Cambridge, Mass. 1968, deutsch: Braunschweig, Wiesbaden 1985; vgl. auch R. R. Taylor, The Word in Stone. The Role of Architecture in the National Socialist Ideology, Berkeley, Los Angeles, London 1974; J. Thies, Architekt der Weltherrschaft. Die ›Endziele‹ Hitlers, Düsseldorf 1976; J. Herf, Reactionary Modernism. Technology, Culture and Politics in Weimar and the Third Reich, Cambridge 1984; K. Backes, Hitler und die bildenden Künste. Kulturverständnis und Kunstpolitik im Dritten Reich, Köln 1988

Weitere Einsichten in das geistes- und kulturgeschichtliche Umfeld vermitteln F. Stern, Kulturpessimismus als politische Gefahr. Eine Analyse nationaler Ideologie in Deutschland, Bern, Stuttgart, Wien 1963, und G. L. Mosse, Die Nationalisierung der Massen. Von den Befreiungskriegen zum Dritten Reich, Frankfurt am Main, Berlin 1976, sowie ders., The Crisis of German Ideology. Intellectual Origins of the Third Reich, New York 1976

[18] J. Petsch, Baukunst und Stadtplanung im Dritten Reich, München, Wien 1976. Trotz der insgesamt materialreichen und breiten Darstellung wird der im Untertitel dieses Buches erhobene Anspruch, nach »Herleitung/Bestandsaufnahme/Entwicklung« auch über die »Nachfolge« zu berichten, im Kapitel »Architektur und Städtebau in der Bundesrepublik nach 1945« kaum erfüllt; siehe dazu W. und J. Petsch, Bundesrepublik – eine Neue Heimat? Städtebau und Architektur nach '45, Berlin 1983

[19] Vgl. etwa J. Dülffer u. a., Hitlers Städte. Baupolitik im Dritten Reich, Köln, Wien 1978; R. Mattausch, Siedlungsbau und Stadtneugründungen im deutschen Faschismus. Dargestellt anhand exemplarischer Beispiele, Frankfurt am Main 1981; M. L. Recker, Die Großstadt als Wohn- und Lebensbereich im Nationalsozialismus. Zur Gründung der Stadt des KdF-Wagens, Frankfurt am Main 1981; C. Schneider, Stadtgründung im Dritten Reich. Wolfsburg und Salzgitter, München 1979; M. Walz, Wohnungsbau- und Industrieansiedlungspolitik in Deutschland 1933-1939. Dargestellt am Aufbau des Industriekomplexes Wolfsburg – Braunschweig – Salzgitter, Frankfurt am Main, New York 1979. In weiterer Perspektive mit Blick auf Entscheidunsprozesse im nationalsozialistischen Herrschaftssystem vgl. E. Forndran, Die Stadt-und Industriegründungen Wolfsburg und Salzgitter, Frankfurt am Main, New York 1984. Zu Berlin vgl. den kenntnisreichen Katalog der Ausstellung ›Von Berlin nach Germania‹. Über die Zerstörungen der Reichshauptstadt durch Albert Speers Neugestaltungsplanungen, hrsg. von H. J. Reichhardt und W. Schäche, Berlin 1985, sowie die Beiträge in: B. Hinz u. a., Dekoration der Gewalt. Kunst und Medien im Faschismus, Gießen 1979. Im Buch von G. Albers, Entwicklungslinien im Städtebau. Ideen, Thesen, Aussagen 1875-1945: Texte und Interpretationen, Düsseldorf 1975, werden »Entwicklungslinien« theoriegeschichtlich vorgestellt und knapp kommentiert; die »spezifische Ausformung der Spannung zwischen aufeinanderfolgenden Generationen« im Wechsel der »Zielvorstellungen«, auf S. 11 angesprochen, wird leider nicht weiter dargelegt.

[20] Solche Kontinuität zeigt etwa D. Kautt, Wolfsburg im Wandel städtebaulicher Leitbilder, Wolfsburg 1983, am Beispiel des Architekten Peter Koller, dem Planer der Volkswagenstadt.

[21] A. Teut, a. a. O., S. 368 ff.

[22] Für diese Untersuchung wurden insbesondere die figurationssoziologischen

Überlegungen von Norbert Elias wichtig, die er u. a. in seinen Studien Die höfische Gesellschaft, Neuwied und Berlin 1969, und Über den Prozeß der Zivilisation, 2 Bände, Frankfurt am Main 1976, darlegte; vgl. darin bes. die Einleitung.

[23] Zur Charakterisierung des Nationalsozialismus erinnert Franz Neumann an zwei Gestalten der jüdischen Eschatologie, an zwei Ungeheuer, die der englische Philosoph Thomas Hobbes im 17. Jahrhundert zur Illustration seiner Staats- und Gesellschaftslehre zitierte: »Hobbes war es, der beiden, Leviathan und Behemoth, zur Popularität verhalf. Sein *Leviathan* ist die Analyse eines Staates, das heißt eines politischen Zwangssystems, in dem Reste der Herrschaft des Gesetzes und von individuellen Rechten noch bewahrt sind. Sein *Behemoth oder das lange Parlament,* in dem er den englischen Bürgerkrieg des 17. Jahrhunderts behandelt, schildert dagegen einen Unstaat, ein Chaos, einen Zustand der Gesetzlosigkeit, des Aufruhrs und der Anarchie. Da wir glauben, daß der Nationalsozialismus ein Unstaat ist oder sich dazu entwickelt, ein Chaos, eine Herrschaft der Gesetzlosigkeit und Anarchie, welche die Rechte wie die Würde des Menschen ›verschlungen‹ hat und dabei ist, die Welt durch die Obergewalt über riesige Landmassen in ein Chaos zu verwandeln, scheint uns dies der richtige Name für das nationalsozialistische System: Der Behemoth.« Neumanns grundlegende Untersuchung *Behemoth. Struktur und Praxis des Nationalsozialismus 1933-1944,* Originalausgabe 1942, in erweiterter Form New York 1944, erschien erst 1977 in deutscher Übersetzung; zur Rezeptionsgeschichte vgl. das informative Nachwort von G. Schäfer, Franz Neumanns ›Behemoth‹ und die heutige Faschismusdiskussion. Auch in der jüngeren Fachliteratur wird freilich wiederholt auf die partielle Anarchie, den »Ämterdarwinismus« und die chaotische Polykratie im NS-Staat hingewiesen. Siehe dazu auch N. Frei, Der Führerstaat. Nationalsozialistische Herrschaft 1933 bis 1945, München 1987; I. Kershaw, Der NS-Staat. Geschichtsinterpretationen und Kontroversen im Überblick, Hamburg 1988; E. Jäckel, Hitlers Herrschaft. Vollzug einer Weltanschauung, Stuttgart 1988; W. Wippermann, Der konsequente Wahn. Ideologie und Politik Adolf Hitlers, Gütersloh 1989

[24] Nach R. Dahrendorf, Gesellschaft und Demokratie in Deutschland, München 1965, erhielt die deutsche Gesellschaft insgesamt durch die Nazis einen »Stoß in die Modernität«; zusammenfassend heißt es auf S. 448 f.: »Das Kaiserreich brachte eine bis dahin unerhörte und noch heute von allen geltenden Theorien verbotene Verwerfung industrieller und vorindustrieller Strukturen mit sich, die es einer autoritären politischen Verfassung erlaubte, sich die neuen Lebensbedingungen der industriellen Welt anzupassen. Die Weimarer Republik hatte die Autorität verloren, die zu dieser Verfassung gehört; sie hielt aber zugleich die Revolution auf, die ihre Gesellschaft liberaleren Formen hätte öffnen können. Das war eine Sisyphos-Leistung, die zuletzt der Revolution doch die Bahn freigab. Nur zeigte diese nunmehr ihr häßlichstes Gesicht; die Moderne kehrte in Deutschland in ihrer totalitären Gestalt ein und verbot dadurch wiederum die Verfassung der Freiheit. Diese bislang teuerste Antwort der deutschen Gesellschaft auf ihre immer bohrendere Frage führte zu den Herausforderungen der totalen Niederlage im Mai 1945.« Zur Kritik der Modernisierungsthese vgl. u. a. R. Kühnl, Faschismustheorien. Texte zur Faschismusdiskussion 2, Reinbek 1979, bes. S. 152 ff.; auch: H. A. Turner jr., Faschismus und Kapitalismus in Deutschland, Göttingen 1972. Als Überblick siehe M. Prinz, R. Zitelmann (Hrsg.), Nationalsozialismus und Modernisierung, Darmstadt 1991.

Neben globalen Thesen zur Gesellschaftsentwicklung interessieren im folgenden eher Ergebnisse sektoraler Untersuchungen wie die von L. Herbst, Der Totale

Krieg und die Ordnung der Wirtschaft. Die Kriegswirtschaft im Spannungsfeld von Politik, Ideologie und Propaganda 1939-1945, Stuttgart 1982. Mit Blick auf den »Kompetenzenwirrwarr« der Ministerien heißt es auf S. 458: »Die wachsende Bedeutung der Technik und der modernen Industrie verändert die Prioritäten innerhalb der nationalsozialistischen Weltanschauung. Die Industrie hatte im Krieg eine Kapazität der Problembewältigung bewiesen, die es geraten erscheinen ließ, nach einer Integrationsformel zu suchen. Die Bewunderung der Technik, die als Ausdruck des Erfindergeistes hochstehender Rassen begriffen wird, führt unter dem Eindruck des technischen Krieges zu einem tendenziellen Wandel vom völkischen Ideal zum technokratischen Realismus. Dieser Wandel war keineswegs in erster Linie eine taktische Erscheinung, sondern ein genuines Problem der Herrschaftsausübung. Kein Regime, das in der Nachkriegszeit Anspruch auf Herrschaft erhob, konnte an der Tatsache vorbeisehen, daß Deutschlands Geltung und Lebensmöglichkeit in der Zukunft mehr denn je von seiner industriellen Leistungsfähigkeit abhängen werde. Daß man sich dessen zusehends bewußt wurde, zeigt die Analyse der ordnungspolitischen Kontroversen am Ende des Krieges.«

[25] A. u. M. Mitscherlich, Die Unfähigkeit zu trauern. Grundlagen kollektiven Verhaltens, München 1967, S. 28

[26] O. Bartning, Ketzerische Gedanken am Rande der Trümmerhaufen, in: Frankfurter Hefte, Heft 1, April 1946; vgl. darin auch: E. Kogon, Gericht und Gewissen.

[27] Von einer *Vorgeschichte* wird hier im Sinne einer noch ungeklärten Geschichte auch der *Vorbereitung* des Wiederaufbaus gesprochen, der vielerorts erst nach 1948 Realität werden konnte. Zur Eigenständigkeit ihres betrachteten Zeitraums vgl. M. Broszat u. a. (Hrsg.), Von Stalingrad zur Währungsreform (Anm. 16)

[28] Im Zuge des wachsenden Interesses an narrativen Interviews zur Erforschung gesellschaftlicher Wandlungsprozesse in Dimensionen subjektiver Erfahrung sowie klassenspezifischer Deutungsmuster und Wissensbestände werden in verschiedenen Bereichen der Geschichts- und Sozialwissenschaften zunehmend auch methodologische Fragen diskutiert. Darauf kann in diesem Buch nicht weiter eingegangen werden. Vgl. hierzu einerseits die neuere Literatur im Umfeld der *oral history;* eine Einführung gibt der Sammelband von L. Niethammer (Hrsg.), Lebenserfahrung und kollektives Gedächtnis. Die Praxis der ›Oral History‹, Frankfurt am Main 1980, darin bes. die Beiträge von R. J. Grele, R. Hochhuth, L. Steinbach, sowie W. Fuchs, Biographische Forschung, Opladen 1984. In den Versuchen, Geschichte »von unten« in den Blick zu bekommen, wird bisweilen die Diskrepanz zur Erfahrungswelt der Angehörigen jener Eliten deutlich, denen auch die Planungsexperten zuzurechnen sind; vgl. hierzu auch Studien zur Erforschung des Geschichts- und Gesellschaftsbildes im Arbeiterbewußtsein, etwa M. Osterland, Lebensbilanzen und Lebensperspektiven von Industriearbeitern, in: M. Kohli (Hrsg.), Soziologie des Lebenslaufs, Darmstadt und Neuwied 1978. Über neue Beiträge und sozialwissenschaftliche Perspektiven biographischer Forschung informieren M. Kohli und G. Robert (Hrsg.), Biographie und soziale Wirklichkeit, Stuttgart 1984, mit vielen Literaturhinweisen; ein breites Spektrum an Fragestellungen und Forschungsansätzen bieten K. Hurrelmann, D. Ulich (Hrsg.), Handbuch der Sozialisationsforschung, Weinheim und Basel 1980, darin bes. die Beiträge von U. Herrmann, P. Gstettner. Daß es sich bei den geschriebenen und gesprochenen Erinnerungen an die Lebensgeschichte jeweils auch um Teile subjektiver Konstruktionen im Rahmen korrigierter Lebensentwürfe handelt, die nicht naiv als objektive Information zu betrachten sind, sondern selbst stets Deutung sind und Deutung verlangen, wird

im folgenden auch dann vorausgesetzt, wenn die zitierten Aussagen unkommentiert bleiben und als bare Münze genommen sind.

[29] Die Wurzeln des Nazi-Terrors im Humus von Normalität, Pflicht und Ordnung zeigen etwa H. Arendt, Eichmann in Jerusalem. Ein Bericht von der Banalität des Bösen, Reinbek 1978, und G. Seleny, Am Abgrund, Berlin 1980. Saul Friedländers Studie: Kitsch und Tod. Der Widerschein des Faschismus, München, Wien 1984, zeigt den mörderischen Vernichtungswahn der Nazis auf der Folie einer romantischen Suche nach Harmonie: »Das Bild von Hitler als einem Jedermann paßt gut in diese Idylle; der Führer ist der Welt des gemütlichen Häuschens und den Herzen der einfachen Leute innig verbunden. Der Ästhetik des Kitsches steht jedoch die ergründliche Welt der Mythen gegenüber: hier die Visionen der Harmonie, dort das Wetterleuchten der Apokalypse; hier die blumenumkränzten Mädchen und die schneebedeckten Gipfel der bayerischen Alpen, dort der Totenruf vor der Feldherrnhalle, die Ekstase der Götterdämmerung und die Visionen vom Weltuntergang. Auf der einen Seite sehen wir Hitler als ›Herr Jedermann‹ – ein Kinderfreund mit einer Schwäche für Abenteuerfilme und Sahnetorte – auf der anderen Seite eine blindwütige Vernichtungsenergie, die Fleischerhaken und die Visionen von brennenden Städten. Einerseits wird die ruhige Kraft moralischer Werte beschworen, andererseits leuchtet das flackernde Licht der Vernichtungsfeuer auf. Es ist weder die eine noch die andere dieser grundsätzlichen Erscheinungen, die für sich allein genommen entscheidend ist: Nur ihre Koexistenz gibt dem Ganzen seine Bedeutung.« A. a. O., S. 114

[30] Während der Gespräche wurde auffallend oft die Ich-Perspektive des Erinnerns eingebunden in die Wir-Perspektive der Generation; auch die individuelle berufliche Erfahrung und Identität wurde wiederholt mit dem Geburtsjahrgang verknüpft, der zu spezifischen Begegnungen und Bindungen geführt habe. Dabei klangen in der Abbildung historischer Daten auf den individuellen Lebensweg bisweilen geradezu biologistische Deutungen des eigenen ›Schicksals‹ an.

[31] Vgl. R. Hillebrecht, Städtebau als Herausforderung. Ausgewählte Schriften und Vorträge, zusammengestellt von H. Adrian u. a., Schriftenreihe des Deutschen Städtetages, Stuttgart 1975, darin bes. R. Hillebrecht, Neuaufbau der Städte

[32] W. Dilthey, Über das Studium der Geschichte der Wissenschaften vom Menschen, der Gesellschaft und dem Staat, in: ders., Gesammelte Schriften, Band V, Stuttgart, Göttingen 1964[4]. Mit der Prägungs-Hypothese Diltheys setzt sich K. Mannheim auseinander, der von der besonderen »Erlebnisschichtung« jeder Generation spricht, jedoch soziologisch differenziert: »*Klassenlage* und *Generationslage* (Zugehörigkeit zu einander verwandten Geburtsjahrgängen) haben also das Gemeinsame, daß sie als Folge einer spezifischen Lagerung der durch sie betroffenen Individuen im gesellschaftlich-historischen Lebensraume, diese Individuen auf einen bestimmten Spielraum möglichen Geschehens beschränken und damit eine spezifische Art des Erlebens und Denkens, eine spezifische Art des Eingreifens in den historischen Prozeß nahelegen.« In speziellen Fällen jedoch könne der Generationszusammenhang »zur Veranlassung von konkreter Gruppenbildung« werden: »Die Einheit einer Generation ist zunächst gar *keine auf konkrete Gruppenbildung* hinstrebende soziale Verbundenheit, wenn es gelegentlich auch dazu kommen mag, daß das Faktum der Generationseinheit zur bewußten einheitsstiftenden Unterlage konkreter Gruppenbildungen wird (z. B. die Jugendbewegung in der Moderne). Ist dies der Fall, so sind diese Bildungen zumeist *Bünde* und bilden als solche nur dadurch ein Spezifikum, daß hier primär nicht irgendwelche objektiven Gehalte, son-

dern gerade der bewußtgewordene Generationszusammenhang zur Unterlage einer konkreten Gruppenformation wird.« K. Mannheim, Das Problem der Generationen, Kölner Vierteljahreshefte für Soziologie, Heft 7/1928

[33] Vgl. H. Berndt, Das Gesellschaftsbild bei Stadtplanern, Stuttgart, Bern 1968; G. Hortleder, Das Gesellschaftsbild des Ingenieurs, Frankfurt am Main 1970; K. H. Ludwig, Technik und Ingenieure im Dritten Reich, Düsseldorf 1974

[34] Die Programme der NSDAP und die Reden ihrer Propagandisten versprachen, jenem Lebensgefühl Raum zu geben, das O. Spengler 1931 in Der Mensch und die Technik, München 1932², S. 76 f., mit folgenden Worten umriß: »Gegenüber den Massen ausführender Hände, die der mißgünstige ›Blick der Kleinen‹ *allein* sieht, wird der *steigende Wert der Führerarbeit* weniger schöpferischer Köpfe der Unternehmer, Organisatoren, Erfinder, Ingenieure, nicht mehr begriffen und gewürdigt, am meisten noch im praktischen Amerika, am wenigsten im Deutschland der ›Dichter und Denker‹. Der alberne Satz: ›Alle Räder stehen still, wenn dein starker Arm es will‹ umnebelt die Gehirne von Schwätzern und Schreibern. *Das* kann auch ein Ziegenbock, der ins Getriebe gerät. Aber diese Räder erfinden und beschäftigen, damit jener ›starke Arm‹ sich ernähren kann, das vermögen nur wenige, die dazu *geboren* sind. Diese Unverstandenen und Verhaßten, das Rudel der starken Persönlichkeiten, haben eine *andere* Psychologie. Sie kennen noch das Triumphgefühl des Raubtieres, das die zuckende Beute unter den Klauen hält, das Gefühl des Kolumbus, als am Horizont das Land erschien, das Gefühl Moltkes bei Sedan, als er am Nachmittag von der Höhe von Frénois aus beobachtete, wie sich der Ring seiner Artillerie bei Illy schloß und damit den Sieg vollendete. Solche Augenblicke, der Gipfel dessen, was ein Mensch erleben *kann,* sind die, in denen ein großes Schiff vor den Augen seines Erbauers die Helling verläßt, eine neu erfundene Maschine tadellos zu arbeiten beginnt, oder der erste Zeppelin sich vom Boden erhob.«

[35] Vgl. A. Speer, Erinnerungen, Frankfurt am Main, Berlin, Wien 1969, S. 44: »Für einen großen Bau hätte ich wie Faust meine Seele verkauft. Nun hatte ich meinen Mephisto gefunden.« Weiter heißt es: »Angezogen und angefeuert durch Hitler, dem ich verfallen war, hatte die Arbeit nun mich – und ich nicht sie.« Vgl. auch ders., Technik und Macht, hrsg. von A. Reif, Frankfurt am Main, Berlin, Wien 1981, S. 26: »Ich bekenne, daß ich der Technik gegenüber eine schizoide Haltung einnehme. Selbst wenn ich an ihre Gefahren denke, kann ich mich ihrer Faszination nicht entziehen. Romantiker auf der einen, technischer Enthusiast auf der anderen Seite: Ich bin beides.«

[36] Zur Kritik an Speers »Erinnerungen« vgl. u. a. M. Schmidt, Albert Speer: Das Ende eines Mythos. Speers wahre Rolle im Dritten Reich, Bern und München 1982

Feierliche Eröffnung der Ausstellung der Künstler-Kolonie Darmstadt 1901

Schnelldampfer »Kronprinzessin Cecilie« vor den Wolkenkratzern in New York
Abbildung aus dem Jahrbuch des Deutschen Werkbundes von 1914

Erster Teil
Lehrjahre

Um 1900

Der Beginn des neuen, 20. Jahrhunderts war in Deutschland gefeiert worden wie der Beginn einer neuen Epoche, in der dem Deutschen Reich keine Grenzen mehr gesetzt sein sollten. Wie in vielen anderen Ländern der Welt hatten auch in Deutschland die Hoffnungen auf beschleunigten Fortschritt und wachsende Prosperität zu einem neuen Zeit-Bewußtsein beigetragen, in dem sich der Stolz auf das Erreichte mit ausgreifenden Erwartungen verband: Erfolg und Anspruch des zweiten Deutschen Reichs erschienen grenzenlos, unbegrenzt auch im politischen, wirtschaftlichen und kulturellen Expansionswillen der jungen Nation. Innerhalb weniger Jahrzehnte war seit der Reichsgründung 1871 bis zu dieser Jahrhundertwende aus einem Verbund deutscher Kleinstaaten ein mächtiges und geeintes Reich emporgewachsen, das als stärkste Militärmacht des Kontinents von anderen Staaten mit wachsendem Mißtrauen beobachtet wurde.

In kurzer Zeit hatte das Deutsche Reich in seiner industriellen und wirtschaftlichen Entwicklung den Vorsprung anderer Länder aufgeholt und begann, sich an die Spitze der Industrienationen zu setzen. Dabei hatte die beginnende Industrialisierung seit Mitte des 19. Jahrhunderts tiefgreifende soziale Wandlungen und räumliche Umverteilungen nach sich gezogen. Besonders rapide war in den neunziger Jahren die Beschäftigtenzahl in der Industrie, in Handel und Verkehr gestiegen, während die Zahl der in der Landwirtschaft Beschäftigten fast stagnierte. Diese sozialen Wandlungen schlugen sich auch räumlich nieder: Dörfer schwollen zu Städten an, aus kleinen Orten wurden Großstädte. Am schnellsten vollzog sich die Verstädterung in jenen Bergbau- und Industriegebieten, in denen sich seit der Mitte des 19. Jahrhunderts eine neue Wirtschafsstruktur entfaltete. Mit der Industrialisierung ging ein Urbanisierungsprozeß einher, der die Entwicklung in anderen europäischen Ländern weit übertraf.[1]

Während sich in Wirtschaft und Gesellschaft ein säkularer Modernisierungsprozeß vollzog, blieb der Staat in Politik, Bürokratie und Beamtenschaft von konservativen Machteliten bestimmt, die in wachsende Spannungen zur rasch sich entwickelnden Industriearbeiterschaft gerieten.[2] Dennoch konnte sich angesichts der wirtschaftlichen und militärischen Erfolge seit der Reichsgründung in Deutschland ein Nationalbewußtsein entwickeln, das in einem Hochgefühl an deutschem Patriotismus nahezu die gesamte Gesellschaft ergriff und bis weit in die Arbeiterschaft hineinwirkte.

Mit dem raschen Aufbau der Flotte und imposanten Reden hatte der deutsche Kaiser das Bild einer wehrhaften Nation effektvoll auch zu internationaler Geltung gebracht. Das zweite Reich der Deutschen war auf dem Weg, eine führende Stellung als imperialistische Großmacht neben England einzunehmen, nachdem der französische »Erbfeind« niedergezwungen war und die Hegemonie in Mitteleuropa vielen Deutschen bereits als gesichert galt. Im zweiten Flottengesetz von 1900 war eine weitere Stärkung der deutschen Seestreitkräfte vorgesehen; in China wurde von den europäischen Großmächten der Boxeraufstand niedergeworfen und eine »Politik der offenen Tür« vereinbart – mit Verspätung trat nun auch Deutschland in den Kreis der Kolonialmächte ein.

Ein großes Jahr, 1900.

Der erste Zeppelin zeigte sich am Himmel.

Mit einer Folge großspuriger Gesten – von der »Hunnenrede« 1900 bis zum »Panthersprung nach Agadir« 1911 – hatte das wilhelminische Deutschland die weltpolitische Bühne des neuen Jahrhunderts betreten. Im Vordergrund: der lärmende Kaiser. Wesentliche Voraussetzung seiner Großmachtgesten, die in der Welt das Bild der eitlen, neureichen Deutschen prägten, war indessen eine wahrhaft atemberaubende Expansion der deutschen Wirtschaft, die bereits die mächtigsten Konkurrenten zu überflügeln begann. Neben der offiziellen Politik entfalteten sich in Industrie und Handel Aktivitäten, die weit über die Grenzen des Reichs hinauswirkten. Deutlich trat dabei der Realitätsbezug der agilen Vertreter der deutschen Wirtschaft – besonders der weltoffenen »Handlungsreisenden« – in Kontrast zu den lähmenden Traditionen der herkömmlichen »Berufsdiplomatie«: Längst hatten die kommerziellen Verbindungen, der Einfluß der Industrie und des Handels durch Interessengruppen innenpolitisches Gewicht und internationale Geltung gewonnen. Mit weitreichenden Folgen für die Zukunft des Reichs drängte – trotz mancher obrigkeitsstaatlicher Reglementierung – in fast allen Wirtschaftsbereichen die deutsche Industrie auf den Weltmarkt. Neben der traditionellen Montanindustrie hatten inzwischen die Branchen modernster chemischer und elektrotechnischer Industrie an Boden gewonnen. Ein Großteil der technischen Neuerungen, die Ende des 19. Jahrhunderts und, weit darüber hinaus, der Weltwirtschaft neue Impulse gaben – Benzin-, Diesel- und Drehstrommotoren, Transformatoren, Kraftwerke und Turbinen – ging auf deutsche Erfinder zurück.[3]

Unter dem Druck der technischen und industriellen Entwicklung waren nun auch neue berufliche Qualifikationen gefragt: Die Spezialausbildung von Technikern und Ingenieuren konnte von den traditionellen Ausbildungsstätten nicht geleistet werden und verlangte nach einer Reform des Bildungssystems. Da auch der Kaiser in den Erfolgen der deutschen Technikentwicklung mittlerweile einen wesentlichen Motor der Expansion und eine Stütze innerer Stabilität und Prosperität sah, sagte er im Januar 1900 zu den Vertretern der Technischen Hochschulen Preußens, die sich für die Verleihung des Promotionsrechtes beim Kaiser bedankten: »Ich wollte die Technischen Hochschulen in den Vordergrund bringen; denn sie haben große Aufgaben zu lösen, nicht bloß technische, sondern auch große soziale Aufgaben. (...) Unsere technische Bildung hat schon große Erfolge errungen. Wir brauchen sehr viele technische Intelligenz im ganzen Lande; was brauchen schon die Kabellegungen und die Kolonien an technisch Gebildeten! Das Ansehen der deutschen Technik ist schon jetzt sehr groß. Die besten Familien, die sich sonst anscheinend ferngehalten haben, wenden ihre Söhne der Technik zu, und Ich hoffe, daß das zunehmen wird.«[4]

Mit diesem Zuspruch des Kaisers war nun auch offiziell die »technische Intelligenz« jenen Vertretern des Bildungsbürgertums gleichgestellt, die sich traditionsbewußt, kaisertreu und vaterländisch demonstrativ von den Niederungen der Industrie und Geschäftswelt fernhielten, um sich als konservative Elite mit dem Flair gesellschaftlicher Exklusivität zu umgeben und gerade dadurch ihre Zugangschancen zu höheren Staats- und Dienststellen zu sichern. Welche Hoffnungen sich demgegenüber mit der Steigerung des sozialen Ansehens gerade für angehende Techniker und Ingenieure verbanden, wird unter Bezug auf die zitierte Rede des Kaisers 1904 in den *Betrachtungen über die Zukunft des deutschen Volkes* ausgeführt, deren Autor über jene »Söhne der besten Familien« mutmaßt: »Es wird ihrem edleren Ehrgeize ein Sporn sein, wenn sie erfassen, daß in ihrer Hand die moderne Technik nicht nur zu einem Geldverdienautomaten, sondern zugleich zum Werkzeug der *Macht* und der *Schönheit* werden kann. Der Konstrukteur einer Bahnhofshalle darf durchaus hoffen, als Künstler nicht hinter dem Erbauer des Kölner Doms zurückstehen zu müssen. Es hängt unendlich viel davon ab, ob es uns gelingen wird, unsere Aristokratie des Blutes und des Geistes zugleich zu einer Aristokratie des Geldes und damit wieder zu einem wahren *Adel* zu erheben: zur Macht.«[5]

Tatsächlich hatten vor allem die Erfindungen der Techniker und Ingenieure der deutschen Wirtschaft rasante Produktionssteigerungen, internationales Ansehen und weiten politischen Einfluß verschafft. Die neuen Zweige der chemischen, optischen und elektrotechnischen Industrie mit ihren schon früh zentralisierten Verwaltungen und konzentrierten Betriebsformen galten weltweit als Vorboten weiteren kommerziellen und industriellen Fortschritts. Fast überall auf der Welt waren deutsche Konsortien und Unternehmen an wichtigen Vorhaben beteiligt: an Bergbauprojekten in China und Afrika, beim Bau der Bagdad-Bahn sowie von Bahnanlagen in Asien, Afrika, in Nord- und Südamerika. Deutsche Großbanken waren an allen wichtigen internationalen Handelsplätzen vertreten, eng verbunden mit den Interessen der Großindustrie.

Die Überschneidung deutscher Wirtschaftsinteressen mit denen anderer Nationen und die Krisenanfälligkeit der auswärtigen Beziehungen ließen eine weitere Aufrüstung und entsprechende Propaganda notwendig erscheinen. In einer engen Verknüpfung von Fortschrittshoffnungen, industriellem Expansionsanspruch und heroischem Nationalismus erfaßte fast die gesamte Gesellschaft der Glaube an eine deutsche »Weltmission«, dessen Gebote sich noch in den Kinderzimmern durchsetzten – und widerspiegelten: Seit 1900 schlängeln sich die Gleise der ersten elektrischen Spielzeugeisenbahnen an Schaukelpferden und Zinnsoldaten vorbei.

Nicht allein militärische Stärke, Wirtschaftsinteressen und -erfolge trugen das stolze Selbstverständnis der Großmachtstellung Deutschlands. Der unerschütterliche Glaube an eine geistige und kulturelle Mission der Deutschen ergänzte diese Haltung. Vor dem Hintergrund einprägsamer Bilder vom Wettkampf absterbender *schwacher* und aufstrebender *starker* Völker und Kulturen verbanden sich sozialdarwinistische Gedanken eng mit Theorien, die den deutschen Nationalismus als Motor des Fortschritts der Menschheit insgesamt erscheinen ließen; am deutschen Wesen, so hieß es, solle die Welt genesen. Innerhalb des ersten Jahrzehnts dieses neuen Jahrhunderts hatte sich das deutsche Machtstreben derart gesteigert, daß der Ausbruch des Ersten Weltkriegs im Sommer 1914 geradezu als Freisetzung aller nationalen Emotionen mit Jubel gefeiert wurde, zumal dieser Krieg der Öffentlichkeit als Verteidigungskrieg dargestellt wurde, den zu unterstützen die nationale Pflicht eines jeden Deutschen sei.

Die lauteste Propaganda für eine militärisch durchzusetzende deutsche Weltpolitik ging seit 1891 vom *Alldeutschen Verband* aus, der starken Einfluß auf den Staat und die Armee, auf die Wirtschaft und das gesellschaftliche Leben insgesamt ausüben konnte: Im Jahre 1901 waren unter den knapp 20 000 Mitgliedern 5 339 Universitätsprofessoren und -dozenten, 4 905 Geschäftsleute, 3 760 Beamte, Künstler und Lehrer; sechzig Reichstagsabgeordnete waren in den beiden Vorkriegsjahrzehnten beigetreten. In diesem Verband hatte man sich längst offen für deutsche Expansionspläne ausgesprochen; die Proklamation eines grenzenlosen Imperialismus war sein Programm.[6]

Berechtigter Stolz auf Erreichtes mischte sich mit Hoffnungen auf eine glänzende Zukunft. Das Gefühl, in eine neue Epoche aufgebrochen zu sein, wirkte wie eine Droge. Der begeisterte Nationalismus verband die unterschiedlichsten politischen Richtungen und gesellschaftlichen Gruppen. Besonders eng und folgenreich war das Zusammenspiel gleicher Anschauungen in Militär, Politik und Industrie. Und trotz gelegentlicher Kritik an den überzogenen Forderungen der Alldeutschen waren sich Industrielle, wie Gustav Krupp, Walther Rathenau und Robert Bosch, mit Politikern, wie Friedrich Naumann, und Gelehrten, wie Alfred und Max Weber, einig in der Meinung, daß der deutsche Einfluß auf dem Kontinent und in der ganzen Welt machtvoll zu mehren sei. Viele Vertreter dieser sogenannten gouvernemental-liberalen Gruppe vertraten ihre Argumente in der von Ernst Jäckh und Paul Rohrbach herausgegebenen Zeitschrift *Das größere Deutschland,* die zunehmend auch Gedanken der Alldeutschen vertrat. Daß dabei der vordrängende Missionseifer dieser Vorkriegsepoche nicht nur von Machtpolitik und Wirtschaftsinteressen getragen war, die dem Imperialismus der wilhelminischen Ära den entscheidenden Antrieb gaben, ließe sich in diesen Jahren deutlich auch am Werk vieler Wissenschaftler und Künstler belegen, die in den deutschen Hochschulen und Akademien zu den Lehrern jener Generation von Architekten und Städtebauern werden sollten, deren Prägung und Weg dieses Buch nachzuzeichnen beabsichtigt.

Perspektiven

Als in diesen Vorkriegs-Jahren die nach 1900 geborenen Kinder gerade lesen lernten, fanden sich in vielen Bürgerstuben patriotische Schriften vom *Wettkampf der Völker*[7], in dem Deutschland nur noch die Wahl zwischen Weltmachtanspruch oder Untergang blieb. In den *Betrachtungen über die Zukunft des deutschen Volkes* etwa liest man gleich zu Beginn: »Die Erde ist nicht mehr der Märchenwald von ehedem. Sie ist ›eine bekannte Größe‹, und die mächtigsten Völker schicken sich an, sie unter sich zu teilen. *Es gibt keine andere Politik mehr als Weltpolitik.* Das Deutsche Reich hat nur die Wahl, entweder einzutreten als gleichberechtigter Teilhaber in die große Firma, welche alle Werte, alle Kräfte der Erde kontrollieren wird, oder unterzugehen.«[8]

Um sich in dieser Welt-Firma neben den anderen Industrienationen als »Teilhaber« behaupten zu können, bedürfe es neben politischer Eigenständigkeit und militärischer Stärke auch der »werbenden Kraft nationaler Kultur«, die bis in die Gegenstände des täglichen Lebens hinein dem Machtanspruch der Deutschen einen verbindlichen Ausdruck zu verleihen und die überkommene Gegenstandswelt sichtbar zu verändern habe. Von hohen politischen Idealen und der Perspektive einer weltumfassenden Wirkung deutscher Kultur sollte die Erziehung einer Generation bestimmt sein, die ihre Kindheit inmitten aller Segnungen der modernen Zivilisation erlebe: Um der Sache des Deutschtums zu dienen, sollten die jungen »Idealisten« künftig nach einem eigenständigen »deutschen Stil« suchen, der auch ästhetisch von deutscher Kultur in der Welt kündigen könne.

Unter den Büchern, die den Zwiespalt zwischen deutschen Traditionen und beschleunigter Modernisierung überwinden helfen sollten, fand sich als besonders eindrucksvolles Beispiel ein Exemplar der weit verbreiteten *Blauen Bücher.* Ausnahmsweise ging es hier einmal nicht um deutsche Häuser, Schlösser und Burgen, sondern um Grundsätzlicheres. Im Jahre 1912 erschien ein vielgelesenes Buch, das Geist und Auftrag des ersten Jahrzehnts des neuen Jahrhunderts programmatisch schon im Titel zu fassen versuchte: *Der Deutsche Gedanke in der Welt.* Von Paul Rohrbach, dem weitgereisten Publizisten und einflußreichen Berater wichtiger Politiker geschrieben, war es zugleich Leistungsbilanz der älteren und Mahnung an die kommende Generation, das deutsche Volk endlich dem ihm angeblich gebührenden »Platz an der Sonne« der Weltgeschichte zuzuführen. Schon auf den ersten Seiten wird in einprägsamer Sprache die enge Verbindung von Vaterlandsliebe und deutscher Weltmission hergestellt, durch die der sittliche »Idealgehalt des Deutschtums als gestaltende Kraft im gegenwärtigen wie im zukünftigen Weltgeschehen« zur Geltung kommen sollte. Voraussetzung künftiger Expansion sei das Nachwachsen einer jungen Generation, die in der Entscheidung zwischen Wachstum oder »Verdorren der deutschen Kraft« eine eindeutige Wahl zu treffen habe. In der »Schaffung lebendiger Werte« sollte der Erziehung tapferer Kinder eine hervorragende Bedeutung zukommen.[9]

Wie eng das Netz von Wirtschaft und Politik, Wissenschaft, Kunst und Kultur in jenen Jahren auch organisatorisch und personell im Zeichen des aufblühenden Nationalismus geknüpft war, läßt sich besonders anschaulich an einer kulturpolitischen Vereinigung zeigen, in der sich schon früh einige der Männer zusammenfanden, die nach dem Krieg die Ausbildung von Architekten maßgeblich bestimmen werden. Im 1907 gegründeten *Deutschen Werkbund* kamen Künstler verschiedener Fachrichtungen mit Industriellen, Politikern und Publizisten zusammen, und zwar in der gemeinsamen Absicht, durch eine künstlerische »Veredelung der Arbeit« die Qualität deutscher Produkte und deren Absatzchancen auf dem Weltmarkt zu steigern. Kulturelle Tendenzen sollten gezielt auf technischen Fortschritt bezogen, die Ungleichzeitigkeit der Entwicklungen in Kunst und Industrie sollte aufgehoben werden.

Die Leitung des neuen Vereins übernahm Ernst Jäckh, unterstützt von Friedrich Naumann, Sohn eines Pastors, der sich nach seiner Tätigkeit als Pfarrer und in der *Inneren Mission* mit der Gründung der *National-Sozialen Partei* den Ruf eines liberalen Politikers mit starkem sozialen Engagement erworben hatte. Naumann zeigte sich nicht nur als engagierter und fähiger Organisator, der erfolgreich Industrielle, Politiker, Künstler und Publizisten an den Werkbund zu binden wußte; rasch wird er der eigentliche »Chefideologe« des Werkbundes, wie Julius Posener später schreibt.[10] 1908 ist er maßgebend an der Satzung beteiligt, die dem Werkbund auf seiner ersten Jahrestagung gegeben wird. Im selben Jahr verfaßt er die Broschüre *Deutsche Gewerbekunst* als erste Werbeschrift, in der soziale und nationale Ziele des Werkbundes skizziert werden; aus der Perspektive eines ebenso nationalistisch wie liberal gesinnten Politikers beschreibt Naumann diese Ziele als Teil eines Programms zur Überwindung der Schattenseiten des Kapitalismus. Das »Qualitätsprinzip« würde den Proletarisierungstendenzen entgegentreten; das Ansehen des Arbeiters und seine Freude an der Arbeit würden zunehmen. Die damit wachsende Schaffenskraft des Einzelnen komme durch Steigerung der Konkurrenzfähigkeit deutscher Exporte gleichwohl auch der gesamten Nation zugute. Naumann geht so weit, den *Deutschen Werkbund* mit dem *Deutschen Flottenverein* zu vergleichen, in dem er gleichfalls engagiert war: Wie in diesem durch lautes Verlangen nach einer »schimmernden Wehr« für eine politische Weltmachtstellung gekämpft würde, sei der Werkbund Forum zur Förderung deutscher Wirtschaftskraft.[11] Naumanns politischen Vorstellungen, eine Minderung der Klassengegensätze durch Proklamation vaterländischer Ideale bei gleichzeitiger Kritik marxistischer Lehren zu bewirken und so zur Stärkung deutscher Wehr- und Wirtschaftskraft beizutragen, stand auch der Architekt Fritz Schumacher nahe, der in Dresden lehrte und mit seinen Kollegen Theodor Fischer, Hermann Muthesius, Richard Riemerschmid und Peter Behrens zu den Gründungsvätern des *Deutschen Werkbundes* gehörte.

Vom Traditionalismus eines Paul Schultze-Naumburg, der als prominenter Gründer des Heimatschutz-Bundes auch dem Werkbund zugehörte, bis zum modernen Industriedesign reichte die schillernde Vielfalt der Tätigkeiten der auf nationale Zukunftshoffnungen verpflichteten Vereinigung. Geradezu als Beweis einer gelungenen Liaison der unterschiedlichen Kräfte von Kunst und Wirtschaft im gemeinsamen Kampf um die Hegemonie deutscher Kultur in der Welt galt die Ernennung des Werkbund-Mitgliedes Peter Behrens zum offiziellen Gestalter der industriellen Produkte der AEG: 1907 wurde hier ein Künstler in die Führung eines expandierenden Konzerns aufgenommen, dessen Produkte in aller Welt Absatz fanden. Eng arbeitete Behrens erst mit dem Firmengründer Emil Rathenau, dann mit dessen Sohn Walther zusammen, der im Laufe seines Lebens über verschiedene Funktionen und Tätigkeiten für die Verbreitung deutscher Produkte und Programme sorgte, und dies nicht nur durch seine Tätigkeit als erfolgreicher Geschäftsmann: 1914 wird er im Kriegsministerium mit der Organisation der Kriegs-Rohstoffabteilung betraut, nach dem Krieg wird er zunächst als Wiederaufbauminister, dann als Außenminister der neuen Republik tätig.[12]

Neben dem mit Rathenau verbundenen Behrens als künstlerischer Symbolfigur des Werkbundes engagierten sich in der organisatorischen wie ideologischen Festigung des Verbandes weiterhin Friedrich Naumann sowie Ernst Jäckh und der junge Journalist Theodor Heuss, der später das Sekretariat des Werkbunds übernehmen wird. Die im Werkbund geknüpften organisatorischen und personellen Verbindungen der »Vätergeneration« werden die berufliche Ausbildung und, darüber hinaus, auch das Weltbild der nachwachsenden Generation entscheidend prägen, insbesondere die Einstellung der künftigen Architekten und Städtebauer zu ihrer Arbeit im Spannungsfeld zwischen Kunst und Technik, Wirtschaft und Politik.

Reformen

Wie in einem Brennglas spiegeln sich Aufbruchsstimmung und Spannungen der deutschen Gesellschaft zur Jahrhundertwende in vielen Bereichen kultureller Tätigkeit und künstlerischer Produktion wider: Mit spektakulären Aktions- und Organisationsformen, Programmen und Entwürfen versuchen sich Neuerer auf verschiedensten Gebieten von den engen Fesseln vorindustrieller Konventionen zu lösen und ihrer Zeit auch gestalterisch ein neues Gesicht zu geben.

Während an den Akademien in den bildenden Künsten trotz aller technischen und zivilisatorischen Umwälzungen zumeist weiterhin traditionelle Formen gepflegt werden, spalten sich in Berlin, München, Wien und anderen großen Städten *Sezessionen* ab, in denen Künstler ihre eigenen Wege gehen. Expressionistische Malergruppen wie *Die Brücke* und andere Künstlerbünde werden gegründet. Eingespannt zwischen den Neuerungen der Künste und dem beschleunigten Fortschritt in Technik und Industrie, beobachten viele Architekten mit Unbehagen die Rückständigkeit ihrer Berufsgruppe. Statt die Forderung nach enger Verbindung von künstlerischer Begabung und technischer Intelligenz einzulösen und der neuen Zeit einen neuen Ausdruck zu geben, mußten sich Architekten Spott und Kritik gefallen lassen, etwa auch jene Ironie, mit der ein selbstbewußter Industrieller wie Walther Rathenau 1899 nach einem Spaziergang durch Berlin über »Die schönste Stadt der Welt« schreibt: »Man fühlt sich wie im Fiebertraum, wenn man eine der großen Hauptstraßen des Westens zu durcheilen gezwungen ist. Hier ein assyrischer Tempelbau, daneben ein Patrizierhaus aus Nürnberg, weiter ein Stück Versailles, dann Reminiszenzen vom Broadway, von Italien, von Ägypten – entsetzliche Frühgeburten polytechnischer Bierphantasien. Tausend mißverstandene Formen quellen aus den Mauern dieser kleinbürgerlichen Behausungen. In Nudeln, Kringeln, Zöpfen und Locken bläht und ballt sich die erliehene Herrlichkeit aus Gips, Stuck, Kunstmörtel und Zement. Und was birgt sich hinter diesem kunsthistorischen Fassadenbabel mit allen seinen Erkern, Türmen, Säulenstellungen, Balkonen und Giebeln? (...) Hier wohnen ein paar hundert Kanzleibeamte, Ladenbesitzer und Agenten; einer von ihnen hat dieselben Gewohnheiten, Ansprüche und Einkäufe wie der andere – und natürlich auch dieselbe Wohnung: elf Fuß hoch, Berliner Zimmer und zwei Vorderstuben, Majolikaöfen und Goldtapete, dünne Türen mit schlechten Schlössern und Parkettfußböden mit klaffenden Fugen. Dafür rattrapiert man sich an der märchenhaften Fassade. Alles *für's Auge.*«[13]

Viele Architekten spürten nur zu genau, daß sich infolge der Modernisierungsprozesse in Wirtschaft, Politik und Gesellschaft bei einem breiten Publikum auch Veränderungen im Geschmack bis hin zu einer veränderten Raumerfahrung vollzogen, die sich in der Sprache der konventionellen architektonischen Formen noch nicht artikulieren ließen. Eher zufällig, und dann noch von Fachfremden, wurden ihnen Hinweise auf beschleunigte und rhythmisierte Wahrnehmungsweisen gegeben, wie sie nicht nur in den bildenden Künsten, sondern auch in Philosophie und Soziologie längst zu Themen wissenschaftlicher Reflexion geworden waren.[14] Selbst Friedrich Naumann verstand scharfsinnig neue Rezeptionsmuster und -vorlieben zu charakterisieren, in denen er die noch unbekannte Ästhetik einer neuen Zeit zu erahnen meinte. In seinen »Neue Schönheiten« überschriebenen Reflexionen, 1902 veröffentlicht, bemerkte er einen Wandel seines »Architekturgeschmacks«, in dem er die »allmähliche Abgewöhnung der Freude am Kleinkram« übergehen fühlt in die »wachsende Sehnsucht nach kahlen, konstruktiven Linien, nach kunstvoller Geometrie im großen. Nicht als ob diese moderne Linien- und Flächenfreude der Inbegriff aller denkbaren Kunst überhaupt sei! Bei weitem nicht! Aber sie ist unser Sehnsuchtsproblem, das Problem des beginnenden Eisenzeitalters. Man gehe abends, wenn die Dämmerung alle Gestaltungen vereinfacht, am Rande der Großstadt! Straßen, Villen, Kirchen, Schulen und dazwischen ein formloser Koloß, die Gasanstalt! Dieses ungefüge moderne Riesentier läßt mich nicht los. Die einen nennen es häßlich, die anderen sagen, es sei jenseits von Schön und Unschön; auch ich kann nicht behaupten, daß es in seinem heutigen Bestande schön sei, aber es hat einige Linien, die mir wertvoller sind als alle Wiederholungen alter Renaissancemotive und als alle schön entworfene Neugotik. Das, was ich sehe, ist noch kein Stil, aber es sind Linien, die keiner der bisherigen Stile hat.«[15]

Während auf so vielen anderen Gebieten die technischen und kulturellen Leistungen der Deutschen im Ausland zum Vorbild wurden, fiel die architektonische Kultur weit hinter die anderer Länder zurück, was etwa in Berichten über die Gediegenheit englischer Häuser oder über die konstruktive Eleganz französischer Ingenieurbauten unübersehbar war. Seit Jahren bereits gärte es in der Architektur und dem Kunstgewerbe. Als ästhetische Protestbewegung hatte sich der Jugendstil dem überlebten Historismus bereits in vielen Ländern entgegengestellt, andererseits aber auch der Industrialisierung den Kampf angesagt. Von radikaleren Protagonisten des Fortschritts war daher der Jugendstil in Kunst und Architektur schon rasch als kurzlebige Mode betrachtet worden, die den Durchbruch zu weiterweisendem Schaffen für eine konsequent neuzeitlich gestaltete Umwelt nur lähmen würde. Nicht aus der gekünstelten Nachahmung der Wachstumsmuster einer längst unterworfenen und domestizierten Natur, sondern aus einer wohlverstandenen Ästhetik der Technik sollten die Impulse für künftige Formgebung gewonnen werden. Getragen von der raschen Industrialisierung hatten Techniker und Ingenieure die weithin akademisch verstaubte Baukunst der Architekten bereits in den Schatten gestellt: Weit gespannte Brücken, Versammlungs- und Bahnhofshallen zogen die Aufmerksamkeit der fortschrittsgläubigen Zeitgenossen stärker an als die mühsam

nach historischen oder gerade modischen Vorlagen verkleideten Zweckbauten der professionellen Gestalter.

Aus der beschleunigten Entwicklung von Technik und Verkehr sollten
auch Architekten und Städtebauer nun Konsequenzen ziehen. So forderte
Peter Behrens: »Wir empfinden einen anderen Rhythmus in unserer Zeit
als in einer der vergangenen. So ist es auch eine rhythmische Auffassung,
wenn wir sagen, daß unsere Zeit schneller dahineilt als die unserer Väter.
Eine Eile hat sich unserer bemächtigt, die keine Muße gewährt, sich in Einzelheiten zu vertiefen. Wenn wir im überschnellen Gefährt durch die Straßen unserer Großstädte jagen, können wir nicht mehr die Einzelheiten der
Gebäude gewahren. Ebenso wenig können vom Schnellzug aus Städtebil-
der, die wir im schnellen Vorbeifahren streifen, anders wirken als nur
durch ihre Silhouette. Die einzelnen Gebäude sprechen nicht mehr für
sich. Einer solchen Betrachtungsweise unserer Außenwelt, die uns in jeder Lage bereits zur steten Gewohnheit geworden ist, kommt nur eine Architektur entgegen, die möglichst geschlossene, ruhige Flächen zeigt, die
durch ihre Bündigkeit keine Hindernisse bietet. Wenn etwas Besonderes
hervorgehoben werden soll, so ist dieser Teil an das Ziel unserer Bewe-
gungsrichtung zu setzen. Ein übersichtliches Kontrastieren von hervorragenden Merkmalen, zu breit ausgedehnten Flächen oder ein gleichmäßi-
ges Reihen von notwendigen Einzelheiten, wodurch diese wieder zu gemeinsamer Einheitlichkeit gelangen, ist notwendig.«[16] Mit seinen Bauten
für die AEG und andere Firmen wies Behrens Wege zu einer neuen Ästhetik des Industriezeitalters: Sein Atelier wurde zu einem gefragten Treffpunkt junger Architekten; hier arbeiteten Walter Gropius, Mies van der
Rohe und Charles Edouard Jeanneret, der sich später Le Corbusier nannte.
Der aufgeschlossene und vielseitige Peter Behrens war Anziehungspunkt
und Ausnahme unter den Architekten der älteren Generation; an den Hochschulen und Akademien waren Lehrer wie er kaum zu finden.

Auf die älteren Vertreter ihrer Profession blickten mit Skepsis vor allem
jene jüngeren Architekten, die an den Gewerbe- und Technischen Hochschulen die wachsende Anerkennung und das Selbstbewußtsein der Erfinder und Ingenieure zu spüren bekamen. Industrielle Massenproduktion
und Vorfertigung sahen sie unaufhaltsam auch in Tätigkeitsfelder vordringen, von denen sie meinten, daß sie unwiderruflich von ihnen besetzt sein
würden. »Männer, die wirklich am Webstuhl der Zeit saßen, die dem Was-
serbau, der Elektrotechnik, dem Brückenbau, der praktischen Chemie
neue Wege wiesen«, waren die »Kämpfer des wirklichen Lebens«, stellt
Fritz Schumacher fest.[17] 1869 geboren, war er 1899 mit 30 Jahren als ein
»unvoreingenommener Vertreter der neuen Generation« zum Professor an
der Hochschule in Dresden ernannt worden. Dort gab es schon längst nicht
mehr jenen Typus eines Hochschullehrers, den man im wilhelminischen
Deutschland traditionell und eigentlich als »Professor« verstand, berichtet
Schumacher erleichtert. »Nein, diese versponnene Sorte eigenbrötleri-

46

scher Gelehrter war in der Tat in diesen Reihen nicht mehr am Lager, und, Gott sei Dank, war das auch im Kreise unserer Hochbauabteilung der Fall.«[18]

Nur wenige Jahre älter als Schumacher war der Architekt Hermann Muthesius. In einem 1901 veröffentlichten Aufsatz zieht er gegen die formale Verlogenheit des herrschenden Eklektizismus zu Felde und übergießt auch den Jugendstil mit Spott: Die Baukunst falle weit hinter die Leistungen der modernen Technik zurück; jene sei von Menschen geschaffen worden, »von deren künstlerischem Empfinden wir uns heute meilenweit entfernt haben. Trennt uns doch schon eine Kluft von der Generation von vor zwanzig Jahren!«[19]

Die Hoffnung, Vertreter eines neuen, aufblühenden Deutschland zu sein, verband eine ganze Reihe junger Architekten und Künstler, die in der Propagierung einer rationalen, streng sach- und zweckbezogenen und dennoch künstlerischen Formgebung für alle Gebrauchsgegenstände bis zur Stadtplanung eine große Aufgabe sahen; auch im Kaiserreich wollte man der modernen bürgerlichen Gesellschaft neue Konturen geben. Das Bürgertum – so mochte ihr Credo gelautet haben – sollte die gestalterische Legitimation seines wachsenden wirtschaftlichen und politischen Machtanspruchs nicht länger in den Formen des überlebten Feudalismus suchen. Im Inneren sollte sich die Gesellschaft zunächst aus der selbstgefälligen Bewunderung des bereits Erreichten lösen und dem Fortschritt auch im Privaten Ausdruck geben, fordert Muthesius und wendet sich scharf gegen die rückwärts gewandte Geschmackskultur des deutschen Bürgertums: »Nachdem sich der Bürgerstand auf sicherem Fuße einigermaßen behaglich fühlt, hat er das lebhafte Bestreben, sein Ansehen zu verbessern, und er glaubt, das vor allem durch Anheften von aristokratischen Flicken der Vergangenheit tun zu können.«[20]

Auf der Suche nach dem Stil der neuen Zeit sollte man nicht zurückblicken auf den Luxusplunder überlebter Aristokraten, sondern Vorzeichen eines neuen Stils aufspüren in jenen Bereichen, aus denen das Bürgertum seine Kraft gewann. Die wirkliche Sprache und die Zeichen der Zeit seien in den Verkehrs- und Industrieanlagen zu finden, in nüchternen Zweckbauten und sogar in den modernen Kriegsmaschinen, wie Kampfschiffen und Kanonen, die den harten Geist der Moderne sinnfällig symbolisierten. Besondere Aufmerksamkeit richteten Architekten und Künstler auf jene Schöpfungen, »die ganz neu entstandenen Bedürfnissen dienend zu dem alten Formenkram der Architektur in gar keine Beziehung getreten sind, also etwa unseren Bahnhöfen, Ausstellungsbauten, Riesen-Versammlungshäusern, noch mehr vielleicht in solchen Gebilden, die gar nicht in das Betätigungsfeld des Architekten gefallen, also sozusagen wild aufgeschossen sind, wie unsere Riesenbrücken, Dampfschiffe, Eisenbahnwagen, Fahrräder. In der Tat sehen wir gerade hier wirklich neuzeitliche Gedanken und neue Gestaltungsgrundsätze verkörpert, die uns zu denken geben müssen. Wir bemerken eine strenge, man möchte sagen, wissenschaftliche Sachlichkeit, eine Enthaltung von allen äußeren Schmuckformen, eine Gestaltung, die genau nach dem Zweck, dem das Werk dienen soll, getroffen ist.«[21]

Gerade in einer von strenger Zweck-Mittel-Rationalität geprägten bürgerlichen Welt jedoch bedürfe es meinungs- und geschmacksbildender Eliten. Wie die Wirtschaftskraft wesentlich abhänge von der Risikobereitschaft und Innovationsfähigkeit der Unternehmer und Erfinder, so brauche die geistig-sittliche Dimension ihre Experten, deren Wirkung schließlich auf das ganze Volk ausstrahlen könne. Als Träger neuer Ideen sei »eine Geistesaristokratie im Entstehen begriffen, die diesmal aus den besten bürgerlichen, nicht aus geburtsaristokratischen Elementen besteht und schon dadurch das neue und erweiterte Ziel der Bewegung deutlich kennzeichnet: die Schaffung einer zeitgemäßen bürgerlichen Kunst. Eine starke, vor zehn Jahren nicht für möglich gehaltene künstlerische Strömung durchflutet die deutschen Herzen, und eine tiefe Sehnsucht nach reineren Kunstzuständen bewegt ganz Deutschland«[22], stellt Hermann Muthesius 1903 fest.

Zur praktischen Durchsetzung solcher Gedanken reichten Aufrufe und noch so vorbildliche Einzelleistungen kaum aus. Auf die wirksame Organisation von Interessen und Kräften auch auf kulturellem Gebiet kam es an in einer Zeit der Kartelle und Trusts, auf Zugang zu und Verbindung mit wirtschaftlicher und politischer Macht. Dies wußte ein Architekt wie Hermann Muthesius nur zu gut. Nach seinem Studium an der Berliner TH und einer kurzen Tätigkeit als Regierungsbaumeister war er 1896 als *Attaché für Architektur* an die deutsche Gesandtschaft in London berufen worden, um englisches Bauen und Kunstgewerbe zu untersuchen. In der Hauptstadt der führenden Handelsmacht, deren gewerbliche Produkte in der ganzen Welt mit deutscher Produktion konkurrierten, war von der kaiserlichen Regierung ein ungewöhnlicher Posten eingerichtet worden – wohl nicht ohne Anregung von allerhöchster Stelle, wie Julius Posener vermutet.[23]

Um einen breiten Überblick über die kulturellen Leistungen anderer Länder zu gewinnen, Anregungen zu sammeln und Anstöße geben zu können, hatte Muthesius weite Reisen zur Erkundung ausländischer Geschmacksbildung und architektonischer Werkgeheimnisse unternommen. 1904 nahm er als offizieller Beobachter für die deutsche Regierung an der Weltausstellung in St. Louis teil; im selben Jahr wurde er als Geheimrat ins Preußische Handelsministerium, dem auch das Landesgewerbeamt unterstand, berufen. Von hier aus setzte er sich für Reformen der Kunstgewerbeschulen ein und nutzte seinen weitreichenden Einfluß auf die Personalpolitik in vielen Institutionen. So setzte er sich für die Berufung Peter Behrens' an die Düsseldorfer Kunstakademie ein, für Hans Poelzigs an die Breslauer Akademie, für Bruno Pauls an die Berliner Akademie für angewandte Kunst. Im Frühjahr 1907 wurde er schließlich selbst Professor und übernahm den ersten Lehrstuhl für angewandte Kunst an der Berliner Handelshochschule, wo er sofort für einen Eklat sorgte: In seiner Antrittsvorlesung kritisierte er die Rückständigkeit des gängigen deutschen Kunstgewerbes derart polemisch, daß der *Fachverband für die wirtschaftlichen Interessen des Kunstgewerbes* dem Kaiser höchstselbst eine Petition mit Bitte um die Entlassung des Unruhestifters zukommen ließ. In seinem Amt und in seiner Aufgabe bestätigt, unterstützte er mit Fritz Schumacher und Friedrich Naumann zur Förderung der Reformen die Gründung des *Deutschen Werkbundes:* Im Begriff »Qualitätsarbeit« konnten sich dabei die konservativen Hoffnungen auf einen Bedeutungsgewinn des Handwerks mit den wirtschaftlichen Interessen an wachsendem Export verbinden.

Die erwartete Doppelwirkung der Werkbundarbeit ins Innere der deutschen Nation wie über ihre staatlichen Grenzen hinaus formulierte Fritz Schumacher prägnant in seiner Ansprache auf der Gründungsversammlung des Werkbunds: »Es ist Zeit, daß Deutschland den Künstler nicht länger betrachtet als einen Menschen, der mehr oder minder harmlos seiner Liebhaberei nachgeht, sondern daß es in ihm eine der wichtigen Kräfte sieht, um durch Veredelung der Arbeit das ganze innere Leben eines Landes zu veredeln und dieses Land dadurch nach außen hin im Wettbewerb der Völker sieghaft zu machen. Denn nur *die* Werte geben im Wettbewerb der Völker den Ausschlag, die man nicht nachahmen kann. Alles, was man nachahmen kann, verschwindet bald als Wert auf dem Völkermarkt; unnachahmbar aber sind allein die Qualitätswerte, die entspringen aus der unnennbaren inneren Kraft einer harmonischen Kultur. Und deshalb stecken in der ästhetischen Kraft zugleich die höchsten wirtschaftlichen Werte. Wir sehen die nächste Aufgabe, die Deutschland nach einem Jahrhundert der Technik und des Gedankens zu erfüllen hat, in der *Wiedereroberung einer harmonischen Kultur.* In dieser Pionierarbeit schließen wir uns zusammen, nicht als solche, die stolz pochen auf das, was sie bereits geleistet haben, sondern als solche, die nur stolz sind auf das, was sie anstreben.«[24]

Zwar bedauert Schumacher, daß die aus vorindustriellen Epochen überkommene Kultur durch die einsetzende Massenfertigung geschädigt worden sei, doch könne durch behutsame Indienstnahme und Kontrolle der Industrie eine neue Stufe der Kultur erreicht werden. In dieser Absicht konnten sich die radikalen Neuerer mit jenen konservativen Kräften zusammenfinden, die ihre Forderung nach Erhaltung und Pflege kultureller Traditionen sehr wohl mit Hoffnungen auf kontrollierte Erfolge des technisch-industriellen Fortschritts zu verknüpfen wußten. Zu einer »Vereinigung der intimsten Feinde« sei der Werkbund innerhalb weniger Jahre zusammengewachsen, bemerkt Muthesius anläßlich der großen Werkbund-Ausstellung in Köln 1914. Das Gemeinsame sei immer noch stärker als alles Trennende der verschiedenen künstlerischen Orientierungen. Denn

»daß wir trotzdem vereint arbeiten, vereint in schönster Harmonie unsere Tagungen abhalten«, sei der »beste Beweis für die Größe der Idee, die uns über alle persönlichen Meinungsverschiedenheiten hinweg bewegt«.[25]

Mit der schönen Harmonie ist es auf dieser Tagung im Sommer 1914 allerdings bald nicht mehr so weit her: Gegen Muthesius' Forderung nach einer weitgehenden Typisierung und Normierung auch der künstlerischen Produkte erhebt sich lautstarker Widerspruch, der das Recht auf individuelle Originalität einklagt. Dabei treten Gegensätze zutage, die vollends erst in den Wirren der Nachkriegszeit aufbrechen und sich im Verlauf der zwanziger Jahre weiter verschärfen werden. In einer heftigen Diskussion werden unterschiedliche Auffassungen deutlich, auch wenn das gemeinschaftstiftende Sendungsbewußtsein vorerst nicht infrage gestellt wird.

Noch bleiben die Reihen des Werkbunds geschlossen im Selbstverständnis einer Elite, die sowohl künstlerische Avantgarde als auch Motor einer modernen Volkswirtschaft sein will. So werden die spürbaren Widersprüche zwischen Form und Norm, zwischen Traditionalismus und Modernität, zwischen bodenständig bescheidenem Bauen und der nackten Sachlichkeit von Industrieanlagen und -produkten zusammengespannt als wechselseitig anregende Antriebsmomente auf das gemeinsame Ziel hin: nationale Weltgeltung. Diesem Ziel soll auch die Propaganda für die gemeinsame Sache dienen, um sämtliche Kulturschaffenden zu überzeugen. Emphatisch heißt es auf der zweiten Seite des Werkbund-Jahrbuchs 1914 unter der Überschrift »Deutsche Form im Weltverkehr«: »Wir haben unseren Platz an der Sonne erkämpft auch im Reiche des Auges. Es beginnt sich auch draußen zu lohnen, was wir zunächst in der Heimat für die Heimat bauen, bilden, organisieren. Deshalb empfinden wir jedes zeitgemäße Werk deutschen Kunstfleißes als einen Zuwachs an deutscher Weltgeltung, jeden Fehlschlag als eine nationale Einbuße.«[26]

Durch den Ausbruch des Ersten Weltkriegs wird dieser noch friedliche Wettbewerb der Völker mit einem Schlage auf eine andere Ebene verschoben. Der zuvor noch als »trockener Krieg« bezeichnete politische und wirtschaftliche Wettkampf der Völker wird zum ersten »totalen Krieg« der Geschichte. Die eben erst aufgebaute Ausstellung des Werkbunds in Köln wird überstürzt geschlossen, kann unter dem Druck der Zeit nicht einmal mehr vollständig fotografisch dokumentiert werden. In die ausgeräumten Hallen ziehen Soldaten ein.

Während des Krieges kam die zivile Bautätigkeit weitgehend zum Stillstand; einige Architekten widmeten sich fiktiven Aufgaben wie dem Wettbewerb für das »Haus der Freundschaft« in Konstantinopel.[27] Nach dem Krieg kam mangels verfügbarer Investitionen die Entwicklung der Architektur in Richtung der modernen Bewegung fast vollständig zum Erliegen. Pläne blieben Papier. Statt realisierbarer Entwürfe skizzierten einige nun schwärmerische Bilder grenzüberschreitender Friedenswünsche. In den farbigen Kristallen expressionistischer Glasarchitektur spiegelte sich die Sehnsucht nach einer neuen Welt, nach einer neuen Gesellschaftsordnung. Während die einen dieses Ziel auf dem Weg des Sozialismus zu erreichen suchten, wandten sich andere demonstrativ von den Fortschrittshoffnungen ab und suchten ihr Heil in der verklärten Vergangenheit einer ständischen Gesellschaftsordnung, in der *Handwerk und Kleinstadt* einen stabilen Lebensrahmen bildeten.[28]

Weit traten in jenen Jahren politischer Wirren und sozialer Not die Auffassungen der ehemals eng Verbundenen auseinander, und doch blieb der Werkbund als Forum der Präsentation und Diskussion unterschiedlicher Arbeitsansätze vorerst noch erhalten, wenn auch mit reduziertem Anspruch auf Gemeinsamkeit. Wie sehr die nun deutlicher hervortretende Verschiedenheit der Personen und der Auffassungen der »Lehrer« die Ausbildung junger Architekten prägen wird, soll eine Betrachtung der in verschiedenen Städten gebildeten »Schulen« zeigen. Daß sich die enge Bindung an prägnante Vaterfiguren dabei noch auf psychische Dispositionen stützen kann, die in den Jahren zuvor tief eingeprägt wurden, verdeutlicht ein Blick auf die Stationen, über die eine Generation patriotisch erzogener Söhne über die Wirren der Nachkriegsära in eine Studienzeit gerät, deren Ende von der einbrechenden Weltwirtschaftskrise von 1929 markiert wird. Aus den Kindern des Kaiserreichs, aus den Halbwüchsigen im Krieg werden Studenten, die Halt an Personen suchen, die zumindest durch ihren persönlichen Erfolg neue Maßstäbe setzen konnten.

Nachkriegszeit

Als im November 1918 die Soldaten der geschlagenen deutschen Truppen zurück in die Heimat zogen und hinter der Front die Unterhändler zusammenkamen, um die Bedingungen eines Waffenstillstands auszuhandeln, brach für viele Deutsche eine Welt zusammen. Besonders schmerzhaft für die vielen jungen Deutschen, die mit Leidenschaft noch bis zum Schluß an den »Siegfrieden« geglaubt hatten. Obgleich in den letzten Kriegsjahren die Euphorie verflogen und Forderungen nach einem Verständigungsfrieden immer lauter geworden waren, traf die Niederlage viele Deutsche doch völlig unerwartet, nach lauter Siegen, laut gefeierten Siegen. Die Niederlage: völlig unbegreiflich für ein von Schreckensmeldungen geradezu gelähmtes Volk. Das Ergebnis: Der Kampf im Westen war verloren und damit der gesamte Krieg. Kaiser und Kronprinz hatten abgedankt, der Reichskanzler Prinz Max von Baden war zurückgetreten, der Sozialdemokrat Friedrich Ebert hatte seinen Platz eingenommen.

In einer Woge patriotischer Begeisterung war der Kriegsbeginn noch freudig begrüßt worden. In Massen hatten sich die wehrfähigen Männer zum »Dienst am Vaterland« gemeldet und zogen jubelnd ins Feld. Doch auch die Zurückgebliebenen waren überwältigt von der Woge vaterländischen Hochgefühls. Besonders von jenen, die zu alt oder zu jung waren, um selbst in den Krieg zu ziehen, wurden fortan zu Hause ebenso begeistert wie wirklichkeitsblind Angriffe und Strategien verfolgt und erörtert. An Stammtischen und Schulbänken wurden Kriegsziele und Annexionspläne debattiert – zumeist leidenschaftliche Ersatzhandlungen aus dem bitteren Gefühl des Versagens, nicht selbst im Kampf sich bewähren zu können.

Die Propaganda an der »Heimatfront« hatte auch Kinder zu Kämpfern gemacht, konzentrierte ihre Wahrnehmung und Phantasie auf jene unvorstellbaren Ereignisse draußen, die ihnen in heroischen Bildern prägende Wirklichkeit wurden. »Auf Anregung und unter Mitwirkung des Zentralkomitees vom Roten Kreuz« wurde 1916 vom Werkbund-Leiter Ernst Jäckh ein Sammelband *Der große Krieg als Erlebnis und Erfahrung* herausgegeben, in dem sich neben Beiträgen des Reichskanzlers von Bethmann-Hollweg und renommierter Wissenschaftler wie Friedrich Meinecke und Max Scheler auch ein Kapitel zum »Weltkrieg als Erlebnis für die Kindesseele« findet. Anhand von Einzelbeobachtungen und statistischen Studien wird ein Überblick über Auswirkungen der Kriegsberichte auf die »Kindesseele« gegeben, wobei empfohlen wird, die »Intensitätserhöhung« der kindlichen Erfahrung und die »leichtere Suggestibilität« zur Steigerung nationaler Begeisterung zu nutzen. »An und für sich suchen wohl auch alle Lehrer, den Kindern diesen Weltkrieg zum Erlebnis zu gestalten, so daß sie ihre Unterrichtsart und den Inhalt ihrer Lehrstunden zum Weltkrieg in Beziehung setzen. Dadurch machen wir uns die natürliche Einstellung der Kinder zunutze.«[29] Als Ziel solcher Kriegs-Pädagogik wird angegeben, daß eine »Stimmungslage« gebildet werden soll, »die auch nach Jahren das Kind als Erwachsenen bewußt über jene dem deutschen Vaterland angetane Schmach in rechter Weise aburteilen und nicht verzeihen läßt – ein dauerndes Abwenden vom Bösen und Gemeinen muß suggeriert werden«. Absichtsvoll wurde für »deutsche Jünglinge mit wahrem deutschen Nationalbewußtsein« eine Welt der Führer und Helden suggeriert, in der es kein Verzicht und Verzeihen gab, in der jeder Sieg Triumph und Niederlage Schande bedeutete.

Tag für Tag wurden die neuesten Meldungen gierig erwartet und rasch verbreitet. Um noch aus der Entfernung an den Taten der Freunde und Brüder teilhaben zu können, hatten manche Kinder Kriegstagebücher geschrieben, in denen sich offizielle Verlautbarungen in kindlichen Erlebniswelten brachen: »Am 3. April bekam mein altes Kaninchen 9 Junge! Unterdessen wütet die Offensive im Westen und Sieg folgt auf Sieg«, notiert 1918 der vierzehnjährige Rudolf Wolters[30], später als Architekt Mitarbeiter und langjähriger Chronist Albert Speers, in seinem Kriegstagebuch, das er auf Geheiß des Vaters angelegt hatte; eben Erlebtes und Unvorstellbares wird in zwei Sätzen zusammengezogen. An jene Jahre der Kindheit erinnert sich auch Albert Speer: »Meine Phantasie beschäftigte sich mit dem Krieg, mit den Fortschritten und Rückschlägen an der Front, mit dem Leiden der Soldaten. Nachts hörte man zuweilen ein fernes Grollen der Materialschlacht von Verdun; aus kindlich-glühendem Mitgefühl schlief ich oft einige Nächte neben meinem weichen Bett auf dem harten Fußboden, weil mir das härtere Lager eher zu den Entbehrungen der Frontsoldaten zu passen schien.«[31]

Längst war durch die Redewendungen und Formeln der Alten in das Denken und Sprechen der Kinder der Kriegsalltag eingedrungen, der in vaterländischen Schulfeiern und Sammelaktionen ohnehin einen wesentlichen Teil des offiziellen Erziehungsprogramms ausmachte. In ungläubigem Staunen und in tiefer Verzweiflung mußte ihnen die Nachricht vom Ende der Heldentaten wie ein gigantischer Betrug erscheinen, der später bildhaft einprägsam durch die »Dolchstoßlegende« erklärt werden sollte. »Heute abend kamen die Waffenstillstandsbedingungen heraus«, schreibt der junge Wolters am 10. November erregt in sein Tagebuch: »Etwas Schändlicheres ist noch nicht dagewesen.« Minutiös werden, soweit bekannt, die schandbaren Bedingungen aufgeführt, deren Annahme zugleich mit Ressentiments gegen die neue Regierung verbunden wird, in denen sich nicht nur ein staats- und kaisertreues Bürgertum einig wußte, sondern auch viele der zurückströmenden Soldaten: »Die Soldaten, die vom Felde kommen, schimpfen sehr auf die Sozialdemokraten. Sie nennen sie Etappenhunde.«[32]

Wie einen bindenden Auftrag an seine Generation hält der inzwischen achtzehnjährige Wolters wenige Jahre später seine Enttäuschung über die dem besiegten Deutschland abgetrotzten Friedensbedingungen fest: »Wir können eben nichts machen. Aber: Einst wird kommen der Tag, an dem Deutschland es seinen Feinden zurückzahlt, an dem Frankreich in den Boden gestampft wird. Wir werden ihnen zeigen, was wir vermögen.«[33] Für die zu Kaisertreue, Vaterlandsliebe und heldenhafter Pflichterfüllung erzogene Jugend brach ein überschaubar geordnetes Weltbild zusammen, an dessen Spitze neben dem Kaiser allenfalls noch der Papst oder Gott selbst einen Platz finden konnte. Das darin eingefügte Gesellschaftsbild eines ständisch geordneten Gemeinwesens mit unbefragt vorgegebenen Macht- und Abhängigkeitsverhältnissen entsprach allerdings nicht nur der kindlichen Gedankenwelt, sondern ebenso dem Geiste derer, die sich selbst seit Jahrzehnten in einer hierarchisch festgefügten Gesellschaftsstruktur sicher aufgehoben gefühlt hatten. Nicht nur das nationalkonservative und -liberale gehobene Bürgertum, sondern auch große Teile der mittelständischen und kleinbürgerlichen Schichten einschließlich der Beamtenschaft waren von einer staats- und kaisertreuen Untertanenmentalität geprägt, die nach 1918 in ziellose Angst vor dem Chaos umzuschlagen drohte – eine Angst, die selbst noch die Politik der Sozialdemokraten weithin gefangen hielt.

In der tiefen Erschütterung bisher gültiger Wertordnungen wurden durch Verdrängung der eigentlichen Ursachen des Umbruchs von 1918 der neue Staat und die Sozialdemokratie von weiten Teilen der Bevölkerung als Urheber der Misere betrachtet, unter der die Deutschen zu leiden hatten: an Hungers- und Wohnungsnöten durch Gebietsabtretungen, Reparationsleistungen und schließlich durch die Bedingungen des verhaßten Versailler Vertrags insgesamt. Obgleich gerade die Sozialdemokratie um Friedrich Ebert in enger Verbindung mit Militär und Großindustrie zwischen den Fronten rechter und linker Revolutionäre mit dem Ziel langfristiger Transformation um Sicherung tradierter Machtstrukturen bemüht war, überdeckten die Legende vom »Verrat der Sozis« und das einprägsame Bild vom Dolchstoß im Rücken der kämpferischen Helden die Auseinandersetzung mit der historischen Wirklichkeit. Die Affekte gegen das »System« der Weimarer Republik wurzelten tief in den geheimen Wünschen und betrogenen Hoffnungen auf Durchsetzung eines Weltmachtanspruchs, der bereits seit Jahrzehnten das Geschichtsbild vieler Deutscher bestimmt hatte.

So wurde das Jahr 1918 zugleich Schlußpunkt in der Geschichte des zweiten Reichs und Auftakt einer republikanischen Ära, in der das Trauma der Kriegsniederlage und die Kontinuität der realen Machtverhältnisse einen wirklichen Neubeginn jedoch nicht zuließen. In zu vielen Köpfen – und Herzen – hatte sich der Weltmachtanspruch zu tief eingebrannt, als daß sich die neue staatliche Ordnung unter den Friedensbedingungen von Versailles auf ein wirklich breites Einvernehmen hätte stützen können.

Ihre schärfsten Gegner fand die rasch mit Hohn attackierte neue Regierung dabei nicht allein in den mächtigen Kreisen der alten Konservativen, sondern in jener »verlorenen Generation« junger Soldaten, denen der Krieg zur prägenden Lebenserfahrung geworden war. Verglichen mit den Absichten und »Idealen«, für die sie in den Krieg gezogen waren, erschien vielen die nun vorgefundene neue Ordnung einer Welt geschäftiger Bürger nur verachtenswert.[34] Viele der eben Heimgekehrten schlossen sich zu soldatischen Bünden und Gruppen zusammen, die in vagabundierenden Haufen und in Männerbünden eine Fortsetzung des Kampfes an neuen Fronten suchten, an Fronten, die sich nun überall finden ließen. Denn als erster Feind war ohnehin das ungeliebte System der schwächlichen Demokratie samt der »Schwatzbude« des Parlaments ausgemacht. Und einen Rest dieser Verachtung trugen auch jene in die staatlichen Institutionen zurück, die trotz allem ihren Ort in der neuen Gesellschaft suchten: Jene Studenten etwa, die von der Schulbank ins Feld gezogen waren und nun mit groben Manieren und großen Sprüchen neben den Jüngeren Platz nehmen mußten, die von ihren älteren Kommilitonen ebenso verschreckt wie beeindruckt waren: »Was im übrigen uns jüngere Füchse der Geburtenjahrgänge nach 1900 an den älteren Burschen abstieß, war der rauhe Umgangston der aus Krieg und Gefangenschaft Zurückgekehrten. Zwar betrug der tatsächliche Altersunterschied nur wenige Jahre, doch wurde das Erlebnis des Krieges bei den älteren Burschen einerseits, die Unkenntnis dieser Schrecknisse bei den Füchsen andererseits sozusagen zur Barriere eines Generationswechsels.«[35]

Die Folgen dieser Barriere, die nun die jüngere Generation in besonderer Weise unter noch ziellosen Bewährungsdruck setzte, analysierte wenige Jahre später der Soziologe Theodor Geiger. In seiner hellsichtigen Untersuchung über *Die Mittelstände im Zeichen des Nationalsozialismus* führt er die Begeisterung der im Krieg aufgewachsenen Jugend für den Nationalsozialismus auf einen Verlust an Erfahrung historischer Kontinuität zurück, da die Vorkriegszeit nur in heroischen Bildern, nicht aber in durchlittener Geschichte gegenwärtig sei. Der damals im Krieg selbst kämpfenden Generation sei »der Krieg geschichtliche Schwelle«; damit sei »die Nation sich ihrer geschichtlichen Kontinuität über diese Wende hinweg bewußt«. Der Kriegsjugend aber sei die Kriegszeit ein geschichtlicher Bruch, ein blinder Fleck in der Erinnerung. Ihrem Erlebnisbewußtsein fehle »die rückwärtige Verlängerung in die Vorkriegszeit. Diese Jugend, aufgewachsen in einer Zeit, da die Stimme des Geistes ungehört im Waffenlärm und Hungerschrei erstarb, kennt ihn nicht und verzweifelt an ihm.«[36] Die verzweifelte Suche nach der »Stimme des Geistes« wird viele Jugendliche dem Nationalsozialismus entgegenführen und für die Lockungen der NS-Propaganda empfänglich machen – die Generation »verführter Idealisten«, wie sich Täter und Mitläufer später bezeichnen werden.

Prägnant gibt Geiger die Motive an, die viele junge Menschen dazu führen wird, sich in einer zugleich übermütig elitären wie autoritätshörigen Haltung eher an den großen Gestalten der Vorkriegsgeschichte zu orientieren, als sich kritisch mit den geistigen Traditionen des zerbrochenen Reichs und der sozialen Wirklichkeit der neuen Republik auseinanderzusetzen. Dabei öffnen sich auf der Flucht vor dieser ungeliebten Wirklichkeit verlockend die Gegenwelten einer neuen Jugendkultur; studentische Verbindungen und naturverbundene Wandergruppen bilden eine eigene soziale Realität neben und in der Gesellschaft, bieten Fluchtmöglichkeiten aus dem allzu nüchternen Alltag, der die Zeit des Studienbeginns in den frühen zwanziger Jahren durch Inflation und wirtschaftliche Not überschattet. Viele langjährige Freundschaften begründen sich in den Abenteuern gemeinsamer Naturerfahrungen, die sich wie eine andere Welt vor die oft als schäbig empfundene soziale Wirklichkeit schieben: »Viele unserer Generation suchten diesen Kontakt mit der Natur«, schreibt Albert Speer dazu später. »Es handelte sich dabei nicht nur um einen romantischen Protest gegen die bürgerliche Enge – wir flüchteten auch vor den Anforderungen der sich komplizierenden Welt. Uns beherrschte das Gefühl, die Umwelt sei aus dem Gleichgewicht geraten – in der Natur der Berge und der Flußtäler war die harmonische Schöpfung noch spürbar.«[37] Gerade die enge Bindung der Gruppe um Speer resultierte aus solchen Gemeinsamkeiten auf der Suche nach einer »harmonischen« Kultur.

Vor diesem Hintergrund konnte Spenglers *Untergang des Abendlandes* zu einer begeistert übernommenen Weltdeutung werden; die überkommenen Versuche, gesellschaftliche Entwicklungen in biologischen Begriffen zu fassen, gewannen neue Aktualität und fanden schließlich Eingang in Planungsterminologien und -ideologien, in denen soziale Prozesse, wie das Wachstum der Städte, fast ausschließlich nach biologischen Mustern beschrieben werden, wobei es die Aufgabe der jungen Planer werden soll, die »krebsartigen Wucherungen« baulicher Verdichtung in die geordneten Bahnen eines »organischen Städtebaus« umzulenken und dadurch auch zur »Gesundung« der Gesellschaft beizutragen.

So nimmt es nicht wunder, daß viele der angehenden Studenten sich bei der Wahl ihres Studienortes an Leitfiguren orientierten, die deutlich Distanz zur Geschäftigkeit der komplizierten Gesellschaft der zwanziger Jahre signalisieren und gleichsam noch als Träger von Idealen gelten konnten, die den Jungen in gutem Sinne unzeitgemäß erschienen, ohne dabei als verstaubt gelten zu müssen. Für viele der jungen Leute aus gehobenen Schichten, die als Architekten oft auch den Beruf ihres Vaters zu übernehmen planten, mußte daher die bildungsbürgerliche Auffassung von Architektur als Verbindung von Baukunst und Technik näher liegen als die auf soziale Wirksamkeit angelegte Ausbildung etwa im *Bauhaus,* das nach 1919 von sich reden machte. In der Wahl zwischen kanonisch vertrockneten Ausbildungsgängen an traditionsreichen Studienorten und den noch wenig gesicherten Experimenten des *Neuen Bauens* lag die Entscheidung für ein Studium nahe, das auf einem relativ gesicherten Mittelweg Teilhabe an der Seriosität der bewährten Avantgarde von gestern versprach.

Verbindungen

Aus der Geborgenheit ihrer bürgerlichen Elternhäuser entlassen, fanden sich Anfang der zwanziger Jahre viele der angehenden Studenten in einer verwirrenden Welt wieder, in der selbst ein scheinbar so festgefügter Ausbildungsgang wie der des Architekten kaum mehr sichere Anhaltspunkte zu bieten vermochte. Nach der Not der unmittelbaren Nachkriegsjahre, in denen kaum mehr gebaut werden konnte und viele Architekten sich in die Phantasiewelten ihrer Zeichnungen geflüchtet hatten, durchströmte ein neues Leben die Republik, deren Gesicht sich rasch zu wandeln begann: Da gab es bald die sozialistisch inspirierten Siedlungsbauten in Frankfurt und Berlin, die in ihrer kargen Erscheinungsform auch ästhetisch revolutionär wirkten – und manches Bürgergemüt erschreckten; daneben gab es rasant aufschießende Großstadtarchitekturen, die schon früh als unübersehbare Wahrzeichen der neuen Macht großer Firmen und internationaler Trusts wahrgenommen wurden. Demgegenüber zeichneten sich politische und ästhetische Bewegungen ab, die in schroffer Wendung gegen die im Bild der Städte sichtbar werdenden Rationalisierungs- und Modernisierungsprozesse verstärkt auf die Bewahrung von Tradition, auf die Wiederbelebung von handwerklicher Produktion und dörflicher Lebensweise setzten; gerade solche Gedanken übten auf viele der jungen Studenten eine besondere Anziehung aus. Da besonders die Mittelschichten durch die krisenhafte Wirtschaftsentwicklung der jungen Republik in ihren materiellen wie ideellen Lebensgrundlagen tiefen Verunsicherungen aus gesetzt waren, übertrug sich die Labilität der Verhältnisse oft auch auf die aus solchen Schichten stammenden Studenten: Im Spannungsfeld zwischen der fortschreitenden wirtschaftlichen Konzentration und dem wachsenden Gewicht der organisierten Arbeiterschaft mußten gerade die Mittelschichten um den Bestand der wirtschaftlichen und kulturellen Sicherheiten fürchten, die im Kaiserreich noch als selbstverständlich gegolten hatten. Zumindest ein Schatten dieser aufkommenden existentiellen Bedrohung, die sich im Laufe der zwanziger Jahre zur *Panik im Mittelstand*[38] steigern sollte, legte sich auch auf die Studenten, die sich in ihren neuen Studienorten zurechtzufinden versuchten.

An den Architekturfakultäten ging indessen oft noch der müde Geist eines überlebten Wilhelminismus um; zwischen akademischen Zeichenkünsten und technischen Verfahrensregeln war nur in wenigen Hochschulen Platz für eine kritische Auseinandersetzung mit jenen Problemen einer neuerungssüchtigen Gegenwart, von denen die Jungen bewegt und verunsichert wurden. Nach der oft erst provisorischen Wahl ihres Ausbildungs-

Paul Bonatz (1877–1956)   Fritz Schumacher (1869–1947)

ortes war für viele die erste Studienzeit eine Zeit der Umschau nach kompetenten Lehrern, die durch ihr Werk bereits ausgewiesen waren, aber auch in bewegenden Zukunftsfragen Orientierung zu bieten wußten – und sei's durch konsequenten Konservativismus. Gerade in diesen unruhigen Zeiten der krisengeschüttelten Republik waren nicht indifferente Lehrbeamte, sondern persönlich überzeugende Vorbilder gefragt, die ihren Studenten im Übergang zwischen Elternhaus und Berufsleben neben der fachlichen Qualifikation auch »weltanschauliche« Sicherheiten zu geben vermochten. So erstaunt es kaum, daß sich um die durch ihre Bauten oder programmatischen Schriften besonders exponierten und bekannten Hochschullehrer ganze »Schulen« bildeten, die den Studenten das beglückende Gefühl einer Gruppenzugehörigkeit innerhalb ihrer eigenen Generation vermittelten, aber auch die Sicherheit gaben, über die Person ihrer Lehrer teilzuhaben an der überregionalen – ja, internationalen Anerkennung, die diesen zuteil wurde. Besondere Anziehungskraft übten auf viele der angehenden Architekten solche Lehrer aus, die ihren Ruhm schon vor dem Ersten Weltkrieg durch Bauten begründet hatten, die aus der Beliebigkeit des damals noch herrschenden Historismus als Vorboten der Moderne hervortraten, ohne mit den Traditionen bürgerlicher Baukunst zu brechen, wie es nun die radikalen Neuerer proklamierten.

Um solche heroische Gestalten eines aufgeklärten Traditionalismus schlossen sich auch jene Studenten zusammen, deren Lebensläufe in die-

Heinrich Tessenow (1876–1950)   Hans Poelzig (1869–1936)

sem Buch verfolgt werden sollen. Um dabei anzudeuten, über welche Formungsprozesse schon in der Ausbildung die Konturen des Sozialcharakters eines vielseitig kompetenten *Fachmanns* hervortraten, soll zunächst eine Reihe maßgeblicher Lehrer genauer betrachtet werden. Denn wesentlich für die später so enge Verflechtung der Lebenswege und persönlichen Bindungen wurde die Begegnung mit Professoren, die den Lernenden, weit über die berufsbezogene Wissensvermittlung hinaus, verbindende Haltungen und Einstellungen einprägen konnten – und damit über Jahrzehnte gültige Bezugssysteme fachlicher und persönlicher Orientierungen vorgaben.

In eindrucksvoller Verbindung eines behutsamen Traditionalismus und tastender Modernität wurden Lehrer wie Fritz Schumacher, Heinrich Tessenow und Paul Bonatz zu Vorbildern, deren charismatische Wirkung von ihren Schülern glühend beschrieben und noch über deren Tod hinaus als maßgebend empfunden wurde. Noch bis ins hohe Alter nennen Albert Speer, Rudolf Wolters, Friedrich Tamms, Konstanty Gutschow, Rudolf Hillebrecht und andere in ihren Berichten und Biographien mit Achtung die Namen ihrer Lehrer.

Die Erfahrung der Schüler, einer neuen Generation und zugleich übergreifenden Traditionszusammenhängen mit großer Gestaltungsmacht anzugehören, vermittelten diese Lehrer auch dadurch, daß man um ihre enge Verbindung untereinander und in einflußreichen Freundeskreisen

59

wußte; Verbindungen, die gemäß ihrem elitären Selbstverständnis nicht zuletzt in wechselseitiger Protektion und Fürsorge auch für ihre Studenten Ausdruck und Verstärkung fanden. Auch im Geflecht ihrer Beziehungen mögen die Lehrer Modelle für ihre Schüler geboten haben, zumal sie sich gegenseitig einprägsam als leuchtende Vorbilder zu stilisieren wußten.

Ein kurzer Blick auf die Verbindung der Lehrer untereinander mag zeigen, wie verführerisch schon ihre Karrieremuster auf die Studenten wirken und deren Perspektiven im Spiel persönlich vermittelter Abhängigkeiten lenken konnten. Als einflußreicher Senior in dieser Gruppe verehrter Lehrer der aufgeklärt konservativen Richtung im Nachkriegsdeutschland galt Theodor Fischer, der bis 1938 an der TH München lehrte: Hier begannen Albert Speer, Fritz Tamms und Rudolf Wolters ihr Studium, bevor sie nach Berlin an die Technische Hochschule zu Hans Poelzig und Heinrich Tessenow wechselten. Fischer, der 1908 nach München berufen worden war, hatte zuvor in Stuttgart gelehrt und galt seitdem als »Ahnherr« der *Stuttgarter Schule*[39], die unter seinem ehemaligen Assistenten Paul Bonatz und dessen Kollegen in der Zeit zwischen den beiden Weltkriegen weiten Ruhm erlangte. Fischer hatte nach einem abgebrochenen Studium in München bei dem Architekten Gabriel von Seidl gearbeitet, in dessen Büro er um 1892 bereits den um wenige Jahre jüngeren Fritz Schumacher kennenlernte. Da Fischer bald darauf das Münchener Stadterweiterungsamt übernahm, währte die Zusammenarbeit nur kurz, hinterließ in Schumacher jedoch bleibenden Eindruck. »Ich war mit dem Manne zusammengetroffen, der an der Spitze derjenigen steht, die meinen Beruf in eine befreite Zukunft geführt haben, und ich habe mir noch oft im späteren Leben, wenn ich vor künstlerischen Entscheidungen stand, innerlich vorgestellt, daß er mir freundschaftlich über die Schultern schaute.« In seinen Erinnerungen *Stufen des Lebens* schreibt Schumacher weiter: »Fischer ist durch seine Lehrtätigkeit in Stuttgart und in München der eigentliche Erzieher einer ganzen Architektengeneration geworden. (. . .) Seine künstlerische Sprache war trotz gefühlsmäßiger Tradition so selbständig, daß er bis zuletzt, ohne sie zu verleugnen, alle fortschrittlichen Regungen der Zeit führend mitmachen konnte.«[40] Alle fortschrittlichen Regungen der Zeit »führend mitmachen« zu können – war nicht nur bei Fischer eine anerkannte und erfolgversprechende Qualifikation; ähnliche Aussagen finden sich in Hinweisen auf Methode und Ziel ihrer Lehre bei anderen Lehrern, wie Bonatz und Poelzig, wieder – und sind bis heute aktuell.

Neben seiner erfolgreichen Amtsleitung erhielt Fischer 1901 einen Lehrauftrag an der TH München und den Titel Professor; gleichzeitig erreichte ihn ein Ruf auf den Lehrstuhl für Entwerfen in Stuttgart. Selbst noch in der Tradition des Eklektizismus ausgebildet[41], entwickelte Fischer als Baumeister mit profunder historischer Bildung in souveränem Umgang mit den konventionellen Formensprachen eine gestaltenreiche

Paul Bonatz: Hauptbahnhof Stuttgart

Fritz Schumacher:
Krematorium in Dresden

Paul Schmitthenner:
Gartenstadt Staaken

Architektur. Dabei blieb er jedoch noch der damals bereits angegriffenen malerisch-romantischen Richtung einer mittelalterlichen Vorbildern verpflichteten Stadtbaukunst verhaftet, von der sich auch Bonatz später vorsichtig distanzierte: »Man mag über seine Problematik denken, wie man will, aber unsere Generation hat ihm sehr viel zu danken, und wir ehren ihn wie einen Vater.«[42]

Trotz seines erfolgreichen Bemühens um eine systematische Lehre der Architektur und Stadtbaukunst stellte Fischer in einer programmatischen Rede zu Beginn seiner Stuttgarter Zeit fest, »daß wir zum Aufstellen von Lehrsätzen in dieser jungen Disziplin noch lange nicht reif sind«. Gegen alle Versuche einer konsequenten Verwissenschaftlichung des Städtebaus bekannte er: »Was kann uns leiten, wenn nicht der Verstand der Verständigungen? Etwas, was ich für meine Person höher zu schätzen geneigt bin, als den Verstand: das natürliche Empfinden.«[43] Von solch irrationalem, eher retrospektiv gerichtetem Empfinden wird Paul Bonatz, der 1902 Fischers erster Assistent in Stuttgart wurde, später noch begeistert sein: »Fischers Erneuerung kam vom Erfassen der Handwerke, der Materialien, er baute vom Empfundenen her, endlich waren die Dinge wieder plastisch, von Blut erfüllt, es war das Leben, nicht die Geschicklichkeit eines Schulschemas. Natürlich mußte diese Art zu schaffen auf der Überlieferung aufbauen und die Quellen, die seinem Herzen näher lagen, waren mehr die bürgerlichen als die fürstlichen. Nicht um schematische Nachahmung, sondern um intuitives Gestalten ging es Fischer in seiner Lehre«, und fasziniert fügt Bonatz im Rückblick hinzu: »Aber etwas hat er uns ins Blut gesetzt, vor allem mir, seinem eifrigsten Jünger: die Romantik.«[44]

Schon 1899 hatte Bonatz unter Fischer im Münchner Stadtbauamt gearbeitet und eine charismatische Wirkung gespürt, die eine Generation später die jungen Studenten der »Gefolgschaft« um Bonatz und Tessenow mit ähnlichen Worten beschreiben werden, die an die Sprache religiöser Erweckungserlebnisse erinnern: »Zum ersten Mal traf ich hier auf einen wahrhaft sicheren Mann, der mit heiligem Ernst seinen Weg ging. Wie konnte es da anders sein, als daß ich sehr junger, suchender, völlig Unerfahrener nach wenigen Tagen in ihm den Meister sah.«[45] Begeistert beschreibt Bonatz seine Assistentenzeit unter Fischer und die Lebendigkeit des kulturellen Lebens jener Jahre: »Stuttgart hatte damals seinen Höhepunkt.« Auch Fischer schien sich in Stuttgart vorerst wohl zu fühlen: 1906 lehnte er einen Ruf nach Berlin und einen anderen nach Dresden ab, »den der ihm in Freundschaft verbundene Fritz Schumacher brachte«[46]. Umgekehrt erhielt Schumacher eine Professur an der TH Stuttgart angeboten, die für ihn »durch Theodor Fischers Nähe viel Verlockendes hatte«; dennoch lehnte er ab.[47] Erst 1908 nahm Fischer den Ruf in eine andere Stadt an und wechselte nach München, wo er ab 1909 Entwerfen und Städtebau lehrte, jedoch nicht mehr so gemeinschaftsbildenden Einfluß ausüben konnte wie in Stuttgart, da die in München Lehrenden »zu wenig gleichgerichtet« waren.

Stuttgart

In gleicher fachlicher wie auch weltanschaulicher Ausrichtung dagegen wußten sich die Kollegen in Stuttgart. Innerhalb eines Jahrzehnts war hier um 1919 ein »Kreis von Freunden« zu einem Lehrkörper zusammengewachsen. Die Architekten verband nicht nur eine gemeinsame Auffassung ihrer beruflichen Tätigkeit; auch in wesentlichen politisch-gesellschaftlichen Einschätzungen traf man sich. Die übereinstimmende Haltung der Stuttgarter Professoren bewirkte eine enge Bindung nicht nur untereinander, sondern besonders auch an jene Studenten, die als junge Soldaten eben erst aus dem Krieg gekommen waren. Bonatz schreibt: »Im Frühjahr 1919 begann für die Architekten-Abteilung unserer Hochschule die glücklichste und fruchtbarste Zeit. Junge lebendige Lehrer begegneten sich hier mit den besten Schülern. Es waren die Heimkehrer aus dem Feld; viele waren als Freiwillige eingetreten und kehrten als Offiziere zurück, sie hatten die hohe Schule der Pflichterfüllung durchgemacht und waren nun aufnahmebereit und hungrig nach der anderen Welt, die nicht die des Krieges war. Es war die Zeit, in der wir alle gleich arm waren. Damals wurden zwischen Lehrern und Schülern die Freundschaften fürs Leben geschlossen.«[48]

Die Bindung an Heimat und Boden, das landschaftsbezogene Bauen stand im Vordergrund der Stuttgarter Lehre; nicht zufällig gingen von hier später wesentliche Einflüsse auf die Alltagsarchitektur des *Dritten Reiches* aus, als dessen propagandistischer Künder sich Paul Schmitthenner hervortun sollte, der mit der selbstbewußten Bescheidenheit seiner oft biedermeierlich wirkenden Bauten die tiefe Sehnsucht nach überschaubaren Lebensordnungen einfühlsam anzusprechen wußte. Mit der Planung der Gartenstadt Staaken, die im Ersten Weltkrieg als »kriegswichtiges« Unternehmen Schmitthenners Freistellung vom Militärdienst bewirkt hatte, war der junge Architekt gleichsam über Nacht berühmt geworden. Im letzten Jahr des Weltkriegs ging er als Professor nach Stuttgart. »So wurde Schmitthenner 1919 zum Idol einer gewissen, national denkenden, enttäuschten Frontkämpfergeneration, welche sich um ihn in Stuttgart sammelte. Die jungen Männer, die vier Jahre im Dreck der Gräben ausgeharrt hatten und, nach Hause zurückgekehrt, nicht mehr oder noch immer nicht verstanden, warum dies alles geschehen war, fanden in dieser anachronistischen Architektengestalt ein Stück jenes Deutschland, für welches sie zu kämpfen gemeint hatten. Gerade aus dieser Gruppe aber bezog der Rechtsradikalismus und später Nationalsozialismus seine Kader.«[49]

Mit der Gartenstadt Staaken, bemerkt Bonatz in seinen Erinnerungen,

Paul Bonatz und Paul Schmitthenner (Mitte), Exkursion in Schweden

»zeigte ein Architekt, wie man mit den einfachsten Baumitteln Schönheit finden konnte«[50]. Bonatz empfand Schmitthenners Bauten als »unmittelbaren Ausdruck eines warmen Herzens«, wie er ihn allenfalls noch am Werk Heinrich Tessenows zu messen wagte: »Wenn ich einen Meister der einfachen Dinge in seiner klassischen, fast kühlen Reinheit noch höher stellen wollte, so wäre es Tessenow, aber in seiner Auswirkung als Lehrer hatte sicher Schmitthenner die größere Fülle, zwei Beispiele eines norddeutschen und eines süddeutschen Temperaments.«

Einige Jahre nach Schmitthenner kam als Lehrer für den Städtebau Heinz Wetzel in den Kreis um Bonatz, »ein typischer Schwabe, wie kein anderer verbunden mit der Heimat und ihrem Boden«[51], eine Verbundenheit, die in einer entsprechend landschaftsbezogenen Stadt-Bau-Lehre und Siedlungsgestaltung ihren Ausdruck fand. Weitere Berufungen erweiterten den Freundeskreis, in dem Bonatz zwar auch verschiedenartige Auffassungen und Arbeitsweisen feststellen konnte, »aber: wir waren eine aufrichtige Kameradschaft ohne Eifersucht und Neid«.

Diese Atmosphäre einer freundschaftlich verbundenen Gemeinschaft von Lehrern erschien manchem der vom Krieg ins Studium drängenden Studenten wie eine heitere Gegen-Welt, in die sie unverhofft, fast familiär, eingeführt wurden: »Heiterkeit und ernstes Streben erfüllten diese Jahre. Man hatte das Gefühl, daß das Leben immer so dahinfließen würde. Ein spannungsvolles Erlebnis bildeten die Schülerwettbewerbe. Genau wie in

Schüler Poelzigs: In der Mitte Helmut Hentrich, vorn Friedrich Tamms

Darmstadt, war die Entscheidung des Wettbewerbs der Höhepunkt des Semesters für die Studenten. Meist stellten Schmitthenner oder Bonatz die Aufgabe. Der Hörsaal zitterte förmlich vor Erregung, wenn jede Arbeit einzeln durchgesprochen wurde. Kritisch oder lobend. Beide Professoren nahmen Stellung zu dem Entwurf. Wer bei solchen Wettbewerben ausgezeichnet wurde, erhielt fast immer Zutritt in die Familie des Professors.«[52] In seinen Erinnerungen beschreibt Gerd Offenberg mit unverhohlener Bewunderung den weltmännischen Lebensstil Bonatz' und den »großen Genießer« Schmitthenner, der als kenntnisreicher Elsässer wie ein »Landedelmann« gewirkt habe. Nach strengen Initiationsritualen wurden die erwählten Studenten in eine Herren-Welt eingeführt, die deutlich zwischen *oben* und *unten* trennte. Im Umgang mit ihren Studenten, der von disziplinierender Strenge wie von äußerster Großzügigkeit im Privaten bestimmt sein konnte, führten die Stuttgarter Lehrer in großbürgerlich-sicherer Gelassenheit einen Arbeits- und Lebensstil vor, der für die eigenen Lebensentwürfe vieler Studenten prägend bleiben sollte.

Trotz aller persönlichen Bindungen lag die besondere Wirkung der *Stuttgarter Schule* darin, daß dennoch keine Dogmen gelehrt, sondern Fähigkeiten zur Improvisation und Anpassung an wechselnde Aufgabenstellungen ausgebildet wurden. So stellt Bonatz in einem Vorwort zum Buch *Bonatz und seine Schüler*[53] nicht ohne Stolz fest, daß seine Lehrmethode darin bestand, keine zu haben: Zu den wechselnden Themen seiner architektonischen Praxis habe er mit und vor Studenten stets neue gestalterische Zugänge finden müssen. Dabei zeigte sich Bonatz durchaus aufgeschlossen auch für die in Berlin radikalisierte Moderne: Anders als etwa Schmitthenner ermutigte er Studenten zu Entwürfen im neuen Stil der Zeit – nackte Wände und flache Dächer waren in seiner Lehre keineswegs ein Tabu; auf die Vielseitigkeit der Studenten kam es ihm an, da auch sie später einmal »alle fortschrittlichen Regungen der Zeit« führend mitmachen können sollten. Durch die Wandelbarkeit seiner Formensprache wurde Bonatz zu einem auch von den Nationalsozialisten – wenn auch nicht von Hitler selbst – fast hofierten Architekten, der durch seine Tätigkeit beim Bau der Autobahn gemeinsam mit dem Ingenieur Fritz Todt auch Arbeitsfelder für seine Kollegen und »Schüler« erschloß; in den zwanziger Jahren hingegen wurde er in gehobenen Gesellschaftskreisen im haut goût einer gemäßigten Moderne geschätzt.

Wie sehr Bonatz dabei auch in Kategorien von »Führer« und »Gefolgschaft« dachte, die in den dreißiger Jahren im neuen Sinne bedeutsam werden, zeigt das Zwischenspiel der Planungen für Köln in den frühen zwanziger Jahren. Kölns Oberbürgermeister Konrad Adenauer hatte sich vergeblich um eine Zusage Fritz Schumachers zur verantwortlichen Übernahme einer großräumigen Planung bemüht; als personelle Alternative suchte er darauf Bonatz für einen großen Entwurf auf dem Gebiet der geschliffenen Festung zwischen der Altstadt und den Vororten zu gewinnen. Als Schumacher später dennoch zusagte, begann Bonatz ein städtebauliches Entwurfs-Duell; er arbeitete auch ohne Auftrag, nicht zuletzt im Kampf um Prestige vor seinen Studenten, von denen er einige an der Planung beteiligte:»Meine Leidenschaft in dieser Sache übertrug sich auf die vortreffliche Mannschaft, Parole etwa: für die Ehre unseres Professors.«[54]

Nach der Vorstellung der konkurrierenden Entwürfe, zu der er 1920 »als einziger Infanterist gegen die wohlausgerüstete Festung Köln« gezogen war, überließ Bonatz das Feld Schumacher, nicht ohne daß sich beide öffentlich wechselseitiger Hochachtung versichert hätten. Doch der Prestigegewinn zahlte sich auch für Bonatz aus: Wenige Jahre später wurde nach Plänen von Bonatz und seinen Schülern eine Reihe von Einfamilienhäusern in Köln-Marienburg gebaut, die alle nahe beieinander lagen: »Es waren Höhepunkte unsres Lebens, wenn wir zu vieren oder zu fünfen nach Köln zogen, alle die Bearbeiter der einzelnen Häuser: Schulte-Frohlinde, Mehrtens, Volkart, Döll, Gradmann, Kruspe. Wir wohnten in dem uralten Hotel Vanderstein-Bellen am Heumarkt, wo es die größten Beefsteaks gab, und die Bauherren hatten Spaß an der jungen Garde.«[55] Stolz berichtet Bonatz, wie später eine ganze Reihe von Stuttgarter Schülern in Köln zu Arbeit kamen: eine Gruppe, die sich gemeinschaftsbewußt »Die zwölf Apostel« nannte, in der der junge Architekt Julius Schulte-Frohlinde bereits eine führende Rolle spielte.

Der soldatische Ton, der nicht nur Bonatz' Erinnerungen durchzieht, ist symptomatisch für eine Zeit, in der ein enger fachlicher Zusammenhang zugleich auch als »Kameradschaft« erlebt wurde, ohne daß die untereinander empfundene Geistesverwandtschaft in einem verbindlichen ästhetischen Programm Ausdruck finden mußte. Erst unter den verschärften Konkurrenzbedingungen der Krisenzeit Ende der zwanziger Jahre kam es neben dem Aufbau persönlicher Verbindungen auch zu einer programmatisch formulierten Bildung unterschiedlicher »Lager«.[56]

Der Anlaß dazu war allerdings dramatisch. Ausgerechnet Ludwig Mies van der Rohe, der in Berlin als radikaler Moderner galt, hatte 1926 den Auftrag erhalten, für den *Deutschen Werkbund* am Weißenhof in Stuttgart eine Siedlung zu planen, deren »undeutsches« Ergebnis schon abzusehen war: Die radikalen Exponenten jenes *Neuen Bauens,* die sich – wie man in Stuttgart munkelte – von allen Traditionen und Landschaftsbindungen angeblich lossagen wollten, setzten die Ergebnisse ihrer Planung vor die Tore gerade dieser Stadt.

Oppositionen

1925 hatte der Vorstand des Werkbundes den Vorsitzenden der württembergischen Arbeitsgemeinschaft beauftragt, für 1926 eine Ausstellung *Die Wohnung* vorzubereiten. Eingebunden in das Wohnungsbauprogramm der Stadt sollten Wohnungsprobleme musterhaft gelöst und Möglichkeiten der Rationalisierung im Wohnungsbau vorgeführt werden. Als Gelände war die Gegend am Weißenhof ausgewählt worden. Für die künstlerische Leitung wurde von Berlin aus Mies van der Rohe eingesetzt, eine Reihe namhafter Architekten, wie Peter Behrens, Le Corbusier, Theo van Doesburg, Walter Gropius, J.J.P. Oud sowie der Stuttgarter Architekt und ehemalige Bonatz-Assistent Richard Döcker wurden zur Planung vorgeschlagen. Schon im Gemeinderat wurde jedoch Widerstand gegen die bereits im ersten Entwurf dargestellten kubischen Formen der Häuser mit Flachdach deutlich. Richtig öffentlich wurde der Protest jedoch erst durch einen Artikel von Paul Bonatz, der im Mai 1926 im *Schwäbischen Kurier* erschien. »Man hat das Gefühl, als stürze sich die Stadt mit der Werkbundsiedlung am Weißenhof in ein Abenteuer«, heißt es dort. »Diese Befürchtung wird verstärkt, wenn man den ersten Plan von Mies van der Rohe für die Werkbundsiedlung sieht. Der Plan ist unsachlich, kunstgewerblich und dilettantisch. In vielfältigen horizontalen Terassierungen drängt sich in unwohnlicher Enge eine Häufung von flachen Kuben am Abhang hinauf, eher an eine Vorstadt Jerusalems erinnernd als an Wohnungen für Stuttgart.«[57]

Vehement protestierte Bonatz gegen die Konzeption von Mies van der Rohe und schlug einen engeren Wettbewerb vor, um zu Vergleichen zu kommen. Dabei sollte mit Mitteln gearbeitet werden, die »erprobt, hand-

Eröffnung der Weißenhof-Siedlung in Stuttgart 1927

werklich vernünftig und bodenständig sind«. Als bloße Mode bezeichnete er die vorgeschlagenen ästhetischen Konzepte, »das horizontale Dach und alle anderen aus Holland aus zweiter und dritter Hand übernommenen Formalismen«. Vermittlungsversuche zwischen Bonatz und Mies van der Rohe blieben vergeblich; die Siedlung am Weißenhof wurde unter internationaler Beteiligung trotz scharfer Kritik gebaut und 1928 vollendet. Als bitterer Prestigeverlust ihres Lagers mußte den Lehrern der heimatverbundenen *Stuttgarter Schule* die breite öffentliche Aufmerksamkeit erscheinen, die diese Ausstellung erregte und breite Ströme von Besuchern aus vielen Ländern nach Stuttgart lockte.

Mit bohrendem Ärger wurde fortan diese vergebens bekämpfte Siedlung als unübersehbares Zeichen einer bedrohlichen Modernität empfunden, deren Protagonisten sich in verschiedenen Ländern schon programmatisch zu Gruppen zusammengeschlossen hatten. 1924 hatte sich in Berlin mit zehn Architekten der *Zehner-Ring* gegründet, dem mit Otto Bartning, Peter Behrens, Hugo Häring, Erich Mendelsohn, Ludwig Mies van der Rohe, Hans Poelzig, Max und Bruno Taut führende Vertreter der Moderne angehörten, um gemeinsam dem *Neuen Bauen* den Weg aus der Phantasie in die Wirklichkeit zu ebnen und dazu »unsachliche und behördliche Widersprüche zu bekämpfen«[58]. So äußerte sich Hugo Häring, als er 1926 zum Sekretär des nun zur *Allgemeinen Architektenvereinigung* »Der Ring« ausgeweiteten Gruppe bestellt wurde, die neue Mitglieder berief, eine ordentliche Geschäftsstelle und eine ständige Beilage in der Fachzeitschrift *Bauwelt* einrichtete. Hinzugekommen waren inzwischen der nach Berlin umgesiedelte Architekt Heinrich Tessenow und der Stuttgarter Richard Döcker; das Programm bestand darin, »gemeinsam der internationalen Bewegung zu dienen, die bestrebt ist, unter bewußtem Verzicht auf die beengenden Formen der Vergangenheit die Bauprobleme unserer Zeit mit den Mitteln der heutigen Technik zu gestalten und den Boden für eine neue Baukultur der neuen Wirtschafts- und Gesellschaftsepoche zu bereiten«[59].

Neben wachsendem Einfluß und steigender Bautätigkeit in Berlin unter dem Stadtbaurat Martin Wagner, der ebenfalls *Ring*-Mitglied war und mit anderen Architekten der Vereinigung programmatische Siedlungen wie das »Hufeisen« und »Onkel Toms Hütte« realisierte, hatte *Der Ring* mit der Bauausstellung in Stuttgart nun auch seine internationalen Verbindungen dokumentiert: durch Bauten wie die von Le Corbusier, J.J.P. Oud und Mart Stam – aber auch durch Treffen und Kolloquien, die auf eine Festigung dieser Beziehungen und eine weitere Übereinkunft über die Aufgaben des Neuen Bauens in Europa abzielten. Im Oktober 1927 wurde auf einer international besetzten Tagung in Stuttgart beschlossen, ein solches Treffen zu wiederholen: Im Juni 1928 kamen auf einem Schweizer Schloß in La Sarraz Delegierte aus Belgien, den Niederlanden, der Schweiz, Spanien, Frankreich, Deutschland, Italien und Österreich zusammen und gründeten die *CIAM – Congrès Internationaux d'Architecture Moderne,* eine einflußreiche und langlebige Verbindung von Architekten.

In der Gründungserklärung heißt es: »Die Aufgabe der Architekten ist es deshalb, sich in Übereinstimmung zu bringen mit den großen Tatsachen der Zeit und den großen Zielen der Gesellschaft, der sie angehören, und ihre Werke danach zu gestalten. Sie lehnen es infolgedessen ab, gestalterische Prinzipien früherer Epochen und vergangener Gesellschaftsstrukturen auf ihre Werke zu übertragen, sondern fordern eine jeweils neue Erfassung einer Bauaufgabe und eine schöpferische Erfüllung aller sachlichen und geistigen Ansprüche an sie. Sie sind sich bewußt, daß die Strukturveränderungen, die sich in der Gesellschaft vollziehen, sich auch im Bauen vollziehen und daß die Veränderung der konstitutiven Ordnungsbegriffe unseres gesamten geistigen Lebens sich auch auf die konstitutiven Begriffe des Bauens bezieht.« Mit der Absicht, »sich in Zukunft über die Grenzen ihrer Länder hinaus gegenseitig in ihren Arbeiten zu unterstützen«, fordern die Architekten an erster Stelle »allgemeine Wirtschaftlichkeit« des Bauens, um durch Rationalisierung und Standardisierung der »breiten Erfüllung der heute zurückgesetzten Ansprüche der großen Masse« dienen zu können. Zweitens wird die Einbindung des architektonischen Entwurfs in den Städtebau gefordert, der betont rational als »Organisation sämtlicher Funktionen« verstanden wird. Drittens sei gezielt auf die öffentliche Meinung Einfluß zu nehmen und viertens die »Beziehung zum

Richard Döcker und Oskar Schlemmer im Atelier von Willi Baumeister, um 1926

Staat« zu klären: »Für die moderne Architektur, die den Willen hat, das Bauen von der rationellen, wirtschaftlichen Seite her zu betreiben, bedeuten die heutigen staatlichen Akademien und Hochschulen mit ihren ästhetisch und formalistisch gerichteten Methoden eine dauernde Hemmung.«[60]

Zwar gab es auch interne Differenzen – so versuchte Hugo Häring sein Konzept eines funktionalistisch-organhaften Bauens gegen den Rationalismus Le Corbusiers zu behaupten –, doch kann die Erklärung von La Sarraz als ein Konsens betrachtet werden, der schon in Stuttgart die Architekten der Weißenhof-Siedlung verband und in zentralen Forderungen als eine Kampfansage an die *Stuttgarter Schule* gelten konnte: an die Sicherung handwerklicher und gestalterischer Traditionen, an die Beschaulichkeit bürgerlicher Wohnkultur sowie das landschafts- und bodengebundene Bauen; dem werden nun die Reformprogramme eines bedürfnisgerechten Massenwohnungsbaus gegenübergestellt.

Daß die Diskussion darüber innerhalb der *Stuttgarter Schule* indessen differenzierter verlief, als dies in der harschen Kritik nach außen durchklang, zeigt ein Brief von Konstanty Gutschow, der gerade erst seine Ausbildung in Stuttgart abgeschlossen hatte und mit Richard Döcker freundschaftlich verbunden blieb. Nach Besichtigung der Ausstellung schreibt er an seine Frau: »Über die Ausstellung werde ich Dir erzählen müssen, da ich erstens mit ihrem Studium noch nicht zu Ende bin und zweitens eine Äußerung über sie zu mehreren führt. Du weißt: Ich habe immer mehrere

Standpunkte zugleich (...) Corbusier – gewiß: sein Haus ist ein herrlicher Stein des Anstosses, man kann prächtig drauf schimpfen. Er macht es so leicht. Es ist nicht von dieser oder jener Familie zu bewohnen. Das ist alles wahr, was da geschumpfen wird. Und noch manches andere. Auch die bautechnische Ausführung ist schlecht. Aber – sein Haus ist Ausdruck – so pathetisch das klingt. Dies Haus steht da in der Luft, in der Landschaft – es rührt an die Seele. Dort offenbart sich ein Geist, ein großer Geist. Das Haus hat Zug und Verve, Eleganz und Schwung. Es ist nicht zweckmäßig – aber es ist schön. Selbst Bonatz ist entzückt. Weil hier kein System sich äußert, sondern ein Geist.«[61] Trotz solcher punktueller Anerkennung deuten sich inzwischen Frontstellungen an, in denen besonders Richard Döcker, ehemaliger Assistent von Bonatz und nun als Bündnispartner der Berliner verrufen, zunehmend in Isolation geriet. Gutschow bemerkt: »Döcker verkalkt und erstarrt aber doch etwas, er muß raus aus der Provinz, er ist so absichtsvoll modern und deshalb innerlich unfrei.« Solche »innere Unfreiheit« war jedoch zunehmend auch Reaktion auf veränderte gesellschaftliche Bedingungen.

Wie stark sich das Klima unter den Architekten innerhalb weniger Monate mit Spannungen aufladen konnte, zeigte 1928 nicht nur der Rückzug Tessenows aus dem *Ring* und sein Versuch, vom BDA-Vorstand aus gegen ihn zu arbeiten. In programmatischer Entgegensetzung wurde nach den Querelen um die Weißenhof-Siedlung eine andere Gruppe gegründet, die sich bezeichnend »Der Block« nannte und dem Treiben der *Ring*-Mitglieder ein Ende setzen wollte: Ihm gehörten die Architekten German Bestelmeyer, Paul Bonatz, Paul Schmitthenner und Paul Schultze-Naumburg an, um nur die bekanntesten zu nennen. Das Programm läßt sich bereits als eine politische Richtungsweisung lesen, die zumindest in der Terminologie weitgehend von der späteren NS-Propaganda aufgenommen werden konnte: Die Architekten im *Block* glauben, »daß bei den Bauaufgaben unserer Zeit wohl ein eigener Ausdruck gefunden werden muß, daß aber dabei die Lebensanschauungen des eigenen Volkes und die Gegebenheiten der Natur des Landes zu berücksichtigen sind. Sie gehen allen Anregungen und Möglichkeiten, die neue Werkstoffe und Werkformen betreffen, mit wacher Aufmerksamkeit nach, ohne aber Ererbtes vernachlässigen oder bereits Gekonntes verlieren zu wollen.«[62]

Innerhalb kurzer Zeit wurden Positionen zugespitzt und kontrastiert; das Trennende, nicht das Verbindende wurde betont. Weitere Gruppen bildeten sich, ein Klimasturz in der Architektenwelt. Was war geschehen? Seit längerem schon beobachteten die eher konservativen Architekten gereizt, daß die Vertreter des Neuen Bauens mit großem propagandistischem Aufwand und wachsendem Erfolg für ihre Ziele warben. In sozialdemokratisch regierten Großstädten kamen Protagonisten der Moderne, wie Ernst May oder Martin Wagner, in leitende Ämter, Großprojekte wurden häufig den politisch nahestehenden Kollegen übertragen, Bauunternehmen verbanden sich für große Aufträge mit Gewerkschaften und mit den an Massenfabrikation orientierten Architekten. Mit der Wirtschaftskrise verschärfte sich der Verteilungskampf auch unter den Architekten: Der Kampf um Aufträge, Bauherren und Einflußsphären, in dem auch Publikationen wie die des Bauhauses als bewährte Mittel der Werbung eingesetzt wurden, wurde härter – und politischer, je deutlicher sichtbar wurde, daß durch »rationelle Bauweisen« allein die sozialen Probleme der Städte nicht zu lösen waren, wie gerade die extravagante Weißenhof-Siedlung zeigte. Die Zeitschriften *Das neue Frankfurt* und *Das neue Berlin* berichteten über die jüngsten Erfolge; das *Bauhaus* stand strahlend im Licht der Öffentlichkeit. Zunehmend fühlten sich die früher tonangebenden Männer des handwerks- und landschaftsbezogenen Bauens im Schatten öffentlicher Aufmerksamkeit, zu Unrecht abgedrängt in die Ecke eines überholten Traditionalismus. Schritt für Schritt hatten die Prachtexemplare des Neuen Bauens vor allem die Geschmackskultur jener gehobenen Schichten erobert, die früher noch die gediegene Bürgerlichkeit der Bauten eines Schultze-Naumburg oder Schmitthenner zu schätzen wußten; es wurde *chic,* modern bauen zu lassen. Im allgemeinen Rückgang an Aufträgen drohten nun seit der Krise von 1929 auch die sich wandelnden Geschmackspräferenzen der Kunden manchem Architekten Lebensprobleme aufzuwerfen.

In dem Klima politischer Polarisierungen, die in dieser Zeit um 1929 sämtliche gesellschaftlichen Lebensbereiche erfaßten und ein Ende der Toleranz auch gegenüber kulturellen Experimenten ahnen ließen, schieden sich besonders an dieser Ausstellung in Stuttgart die Meinungen: »Die Geister reihen sich zur Schlachtordnung auf«, berichtete 1928 die völkische *Deutsche Kunstkorrespondenz*[63]. Die Führung der Bewegung gegen das Neue Bauen übernahm nun Schultze-Naumburg, der die eigenwillige Verlängerung der vor dem Krieg begonnenen Reformen inzwischen als Irrweg linker Extremisten bekämpfte und sich auch politisch der Rechten zugehörig fühlte. Schon 1926 hatte er in dem Bändchen *ABC des Bauens* Gegenpositionen zu den Publikationen aus dem Umkreis des Neuen Bauens zu beziehen versucht, indem er zur Rückkehr zu erprobten Handwerkstechniken und gegen den »undeutschen« Geist der Moderne aufrief. In einer Serie von Veröffentlichungen versuchte er das Prestige zu erneuern, das er und seine Anhänger in der Vorkriegszeit unter Architekten und interessierten Laien genossen hatten. Dabei hatten sich seine Auffassungen durch die Lektüre völkischer und rassistischer Schriften, die im Umfeld des Nationalsozialismus grassierten, soweit radikalisiert, daß er in seinem Buch *Kunst und Rasse* 1928 zwischen »Rassenlehre« und Architekturentwicklung Verbindungen herstellte, die er in seinem wenig später erschienenen Buch *Das Gesicht des deutschen Hauses* bildreich zu belegen versuchte und 1934 in *Kunst aus Blut und Boden* weiter ausführte.[64] Ab 1929 wurden seine Thesen breit auch in der rechten Presse, wie etwa im *Völkischen*

Beobachter, verbreitet; 1930 wurde Schultze-Naumburg zum kulturpolitischen Berater Wilhelm Fricks, der als erster nationalsozialistischer Minister in Thüringen für Inneres und Volksbildung zuständig war. Durch Frick wurde er später als Nachfolger Otto Bartnings Leiter der Weimarer Bauhochschule: Die NSDAP fand in ihm ein wirkungsvolles Aushängeschild ihrer Propaganda.

In der Gegenüberstellung von *Ring* und *Block* war schlagartig eine Frontstellung sichtbar geworden, in der sich bereits die Positionskämpfe der frühen dreißiger Jahre abzeichneten – auch wenn noch 1929 auf Vorschlag Schmitthenners der *Ring*-Architekt Hans Poelzig zu seinem 60. Geburtstag die Ehrendoktorwürde der Stuttgarter Technischen Hochschule erhielt, wie Theodor Heuss beeindruckt berichtet.[65] Doch nicht mehr lange galt die gegenseitige Achtung vor der Arbeit der anderen, wenn sie anderen politischen und ästhetischen Orientierungen folgte. Die politische Dämmerung in Deutschland kündigte sich an und ließ exponierte Architekten des *Ring,* wie Richard Döcker, Walter Gropius, Hans Poelzig und Bruno Taut, bald zu Opfern der Verfolgung werden.

Berlin

Während Gutschow in Stuttgart das architektonische und städtebauliche Entwerfen im Geist seiner Lehrer Wetzel, Bonatz und Schmitthenner einübt, treffen sich in Berlin die ehemaligen Münchner Studenten Speer, Tamms und Wolters wieder. Hier hatten zwei neue Professoren von sich reden gemacht, die eben erst berufen worden waren. Ende 1923 war Hans Poelzig an die Technische Hochschule gekommen. 1926 folgte ihm Heinrich Tessenow. Noch in den Jahren zuvor waren die erstaunlichen Neuerungen der Architektur, die in Bauten von Erich Mendelsohn, Walter Gropius oder Bruno Taut einen tiefen Wandel andeuteten, in den Entwurfsseminaren der Hochschule kaum zur Kenntnis genommen worden: »Sie konnten davon nicht Notiz nehmen, denn diese Architektur wirkte auf die Professoren, die ihren Studenten die Grundlagen des Entwerfens beibringen wollten, erschreckend«, berichtet Julius Posener, selbst Student bei Poelzig und etwa im gleichen Alter wie seine Kommilitonen Helmut Hentrich, Albert Speer, Fritz Tamms und Rudolf Wolters. »Daß der Einzug dieser beiden bewährten Meister in die Technische Hochschule uns wie eine Befreiung erschien, zeigt allerdings, wie dringend notwendig ein Hauch frischer Luft in diesen heiligen Hallen war. Wer immer unter den Studenten Neues lernen wollte, ging zu einem der beiden Professoren, wobei sich bald eine Gruppe Poelzig und eine Gruppe Tessenow hervortat, die voneinander nichts wissen wollten.«[66]

Hans Poelzig war schon früh als selbständiger Architekt tätig gewesen und hatte sein Publikum stets mit unerwarteten Lösungen überrascht. Bereits seine ersten Projekte für Fabrik- und Geschäftsbauten hatten ihn weithin bekannt gemacht. Während des Krieges waren Entwürfe entstanden, von denen jeder als »Markstein auf dem Wege des Expressionismus in der Architektur« Geltung erlangen sollte. »Poelzig war der Meister dieser neuen Architektur, als die anderen gerade anfingen«, bemerkt Posener. Bewundernd blickt er zurück auf jene Entwürfe, die ihn damals so tief beeindruckt hatten: »Skizzen von einer unheimlichen Kraft der Raumverwirklichung«; und er schildert Poelzig als experimentierfreudigen Künstler, dessen Formen von einem »barocken Reichtum der Phantasie« bestimmt waren, auch wenn seine heimliche Liebe dem Handwerk als Grundlage jeder Kunst gegolten habe. »Solcher Art war der Lehrer, dessen Persönlichkeit wir, die Schüler, uns willig unterwarfen.«[67] Und Theodor Heuss schrieb: »Der seinerzeit mit Vorlesungen und Übungen über ›Stilkunde‹ als Lehrer begonnen hatte, hielt sich völlig frei von aller stilistischen Rezeptur. Den Schülern wollte er dies geben: an *jede* Aufgabe mit einer frischen Sachlichkeit heranzugehen und das Problem der großen Form in dieser Zeit, die er als eine des sozialen und kulturellen Übergangs und Durchgangs empfand, so groß und ernst zu nehmen, als es ihnen charakterlich gegeben war. Bequem sollten sie sich ihren Beruf nicht machen.«[68]

Während Poelzig so die eher unruhig suchenden und weiterdrängenden Geister unter den Studenten anziehen konnte, wurde Tessenow gleichsam als ruhender Gegenpol empfunden: Statt aufschäumender Formenvielfalt »predigte er« ein einfaches und schlichtes Bauen, das bis ins Detail die Liebe zum Handwerk offen zutage treten lassen sollte. Anders als sein Kollege Poelzig, der ähnlich Bonatz' seine Studenten mit produktiven Irritationen zu einem Wettlauf der Experimente anregte, wird Tessenow von seinen Schülern als stiller und bescheidener Mann geschildert, der statt Unruhe Sicherheiten und feste Orientierung bot.

Als Sohn eines Zimmermanns hatte er selber dieses Handwerk erlernt; erst »auf besondere Empfehlung« konnte er an der Technischen Hochschule in München Architektur studieren, da er kein Gymnasium besucht hatte.[69] Nach einer Zwischenstation als Mitarbeiter von Schultze-Naumburg lehrte er an der gehobenen Handwerker- und Kunstgewerbeschule in Trier, wo er sich Themen gewidmet hatte, die auch in seinen Publikationen breiten Raum einnahmen: Rückbesinnung auf Traditionen, auf handwerkliche Produktionsweisen und die Vereinfachung des Wohnungsbaus. Auf Vorschlag von Fritz Schumacher wurde er trotz mangelnder formaler Qualifikation 1906 Assistent an der TH Dresden und fand insbesondere für seine Vorschläge zum Bau von »Arbeiter- und Kleinbürgerwohnungen« große Anerkennung – nicht nur in der konservativen Zeitschrift *Der Kunstwart,* die trotz der kargen Sachlichkeit seiner Entwürfe doch deren »Poesie und Schönheit« lobend hervorhob.[70] Inzwischen Professor in Wien, wurde er vor allem durch seine Bauten in Hellerau bereits 1913 zu den führenden Architekten Deutschlands gezählt. Seine in den Kriegsjahren verfaßten Bücher *Hausbau und dergleichen* sowie *Handwerk und Kleinstadt* wirkten in ihrem Aufruf zur stillen Selbstbescheidung und Naturverbundenheit, der auch aus seinen hervorragenden Zeichnungen sprach, für viele junge Architekten »wie eine Offenbarung«, wie Wolters später schreibt.[71] Die behutsame Bestimmtheit, mit der Tessenow selbst im unruhigen Berlin seine beschauliche Weltsicht auch argumentativ vertrat, wurde von seinen Schülern als eine zwingende Anziehungskraft beschrieben, die Wolters nach einem Vortrag noch vor der Berufung Tessenows mit folgenden Worten in Erinnerung bringt: »Mich hatte dieser Vortrag mit nie gekannter Gewalt gepackt. Zum ersten Male war ich mir bewußt, daß mir ein Großer entgegengetreten war, von dem ich mich unmittelbar angesprochen fühlte. Hier war ein bescheidener, stiller Prediger am Werk, der uns mehr gab als die berühmten Redner, die vor ihm zu Worte gekommen waren. Dies war kein Erfinder wie Peter Behrens, kein Revolutionär wie Gropius, kein Ästhet wie Mies van der Rohe, kein überschäumender Phantast wie Poelzig – dies war der Philosoph unter den Architekten.«[72]

Für viele Studenten begann mit der Berufung Tessenows eine »neue Epoche der Architekturabteilung«, da nun eine deutliche – auch »weltanschauliche« – Alternative zu Poelzig gegeben war. Bald drängten sich ganze Scharen von Studenten in die Seminare Tessenows. Doch nur wenige erschienen zu ständiger Arbeit versammelt um ihren Lehrer, zu denen auch, wie sich Wolters erinnert, »Speer und der eben aus München gekommene Tamms trat, die ich beide hier kennenlernte, und mit denen ich seit dieser Zeit freundschaftlich eng verbunden bin. Tamms, der eigentlich dem Seminar Poelzig angehörte, war jedenfalls so häufig bei uns, daß wir ihn zu den Unsrigen zählten, und ich glaube, daß ihm Tessenow letzten Endes mehr der Richtungsweisende geworden ist. Ich betrachtete von dem Augenblick an, als ich das Seminar Tessenow belegt hatte, alles andere als Nebensache und befand mich nur noch um den begeistert verehrten Lehrer. Die Arbeit im Seminar war äußerst zwanglos.«[73]

In freundlich-geduldiger Zuwendung habe Tessenow mit seinen Studenten an den jeweiligen Entwürfen ernst gearbeitet: »Mir einer eigenartig milden Hartnäckigkeit bemühte sich der Lehrer, das Inhaltliche und das Formale auf eine einfachste Formel zu bringen.« Bei solchen Einzelkorrekturen umringten die zuhörenden Kommilitonen den Zeichentisch, so daß jeder an den Beurteilungen und Hinweisen teilhaben konnte – eine vertrauliche Atmosphäre, in der sich bald enge Freundschaften entwickeln sollten. 1925 schreibt Speer an seine spätere Frau: »Mein neuer Professor ist der bedeutendste, geklärteste Mann, den ich je traf. Ich bin ganz begeistert von ihm und arbeite mit großem Eifer. Er ist nicht modern, aber in gewissem Sinne noch moderner als alle anderen. Er ist nach außen genauso phantasielos und nüchtern wie ich, aber trotzdem haben seine Bauten etwas tief Erlebtes.«[74]

Die von Fischer, Bonatz und Tessenow gleichermaßen vertretene Dominanz des »tiefen Erlebens« vor jener kalkulierenden Rationalität, die den *Zeitgeist* der zwanziger Jahre für diese Studenten so beängstigend prägte, machte das Charisma solcher Lehrer aus, die auch den irrationalen Momenten künstlerischer Praxis programmatisch weiten Raum in ihrer Lehre ließen – und damit die Distanzierung von den bedrohlich erscheinenden Problemen der Gegenwart erleichterten. So erhielten die Freundeskreise um die verehrten Professoren nahezu den Charakter von Glaubensgemeinschaften, der über Jahrzehnte diesen Gruppen ein Gefühl innerer Verbundenheit gab.

Als Tessenow die ersten Examen vorgenommen hatte, wählte er aus der Gruppe der Studenten Speer und Wolters zur Tätigkeit in seinem Privatatelier aus. Nach kurzer Bewährungsprobe wurde Speer 1928 mit 23 Jahren jüngster Assistent der Hochschule im Seminar Tessenows, Wolters begann mit seiner Doktorarbeit bei Tessenow.

Inzwischen wirkte jedoch der Druck der politischen Polarisierungsprozesse, die Ende der zwanziger Jahre die Weimarer Republik insgesamt erschütterten und besonders in Berlin zutage traten, auch in die Seminare hinein. Die anfangs eher von diffusen Emotionen bestimmte und zumeist doch zufällige Hinwendung der Studenten an die verschiedenen Lehrer wurde zunehmend politisch motiviert. Speer schreibt: »Unsere Technische Hochschule war inzwischen zu einem Zentrum nationalsozialistischer Bestrebungen geworden. Während die kleine Gruppe kommunistischer Architekturstudenten vom Seminar Professor Poelzigs angezogen wurde, sammelten sich die nationalsozialistischen bei Tessenow, obwohl dieser ein erklärter Feind der Hitler-Bewegung war und auch blieb. Es gab jedoch unausgesprochen und unbeabsichtigt Parallelen zwischen seinen Lehren und der Ideologie der Nationalsozialisten. Sicherlich war sich Tessenow dieser Parallelen nicht bewußt. Ihn hätte der Gedanke an eine Verwandtschaft zwischen seinen Vorstellungen und nationalsozialistischen Auffassungen zweifellos entsetzt.«[75]

Rückblickend stellte Speer eine unterschwellig spürbare Kongruenz der Lehren Tessenows und nationalsozialistischer Propaganda fest –vielleicht auch zu seiner eigenen Entlastung, wie ehemalige Kommilitonen vermuten: »Die studentische Jugend suchte damals ihre Ideale überwiegend bei den Extremisten, und Hitlers Partei wandte sich gerade an den Idealismus dieser aufgeregten Generation. Und ermunterte nicht auch Tessenow ihre gläubige Bereitschaft? Etwa 1931 meinte er: ›Es wird wohl einer kommen müssen, der ganz einfach denkt. Das Denken heute ist zu kompliziert geworden. Ein ungebildeter Mann, gewissermaßen ein Bauer, würde alles viel leichter lösen, weil er eben noch unverdorben ist. Der hätte auch die Kraft, seine einfachen Gedanken zu verwirklichen.‹ Uns schien diese hintergründig wirkende Bemerkung auf Hitler anwendbar zu sein.«[76] Seinen Intentionen nach war Tessenow sicher weit von der Politik der Nazis entfernt – und doch sammelten sich um ihn zumeist »vaterländisch« gesonnene junge Deutsche, die verächtlich die Schüler Poelzigs als die »Poelzig-Indianer« bezeichneten, weil sich dort so auffallend viele Ausländer trafen, die mit Begeisterung die Lehren vom Neuen Bauen in alle Welt trugen. Aber »vaterländisch« verfärbte sich damals zusehends in »nationalsozialistisch«, und obwohl von einer bewußten parteipolitischen Indoktrination der Studenten im Seminar Tessenow keine Rede sein kann, entwickelte sich der Assistent Albert Speer – zunächst wohl ganz ungewollt – zur Symbolfigur, etwa in den Jahren 1930/1931 – immer noch nicht offiziell Mitglied der NSDAP. »Von einem politischen Einfluß Heinrich Tessenows kann keine Rede sein; es interessierte ihn nicht, welches Abzeichen seine Studenten auf dem Hemd oder dem Rockaufschlag trugen. Von meiner Nadel der *Antifaschistischen Aktion* nahm er überhaupt nicht Notiz«, berichtet Erwin Schwarzer, damals Student bei Tessenow; auch die »tumultartigen Auseinandersetzungen, in die die politischen Meinungsverschiedenheiten häufig ausarteten«, hätten Tessenow nicht erkennbar berührt.[77]

Der erfolgreiche Assistent Tessenows war inzwischen selber ein Anziehungspunkt geworden: Freundschaften verbanden ihn bald nicht nur mit Wolters und Tamms, sondern auch mit Otto Apel, Hans Peter Klinke und Willi Schelkes, die später den Kern der Architektengruppe um Speer in Berlin nach 1933 bilden sollten. Noch in seiner Assistentenzeit trat Speer offen für die Bewegung der Nationalsozialisten ein. Am 1. März 1931 wurde er Mitglied Nr. 474481 der NSDAP, bevor er nach dreijähriger Tätigkeit als Assistent die Hochschule verließ, um selbständiger Architekt zu werden.[78]

Hamburg

Für die Entwicklung des modernen Städtebaus in Deutschland ist eine Gestalt von zentraler Bedeutung, die mehr als alle anderen durch ihre vielseitige praktische Tätigkeit als Architekt und Planer zum Vorbild wurde: Fritz Schumacher. Wie Theodor Fischer und Heinrich Tessenow war er durch seine Ausbildung in München mit dem Historismus vertraut, doch galt er schon in den ersten Jahren des neuen Jahrhunderts als einer der wichtigsten Anführer der Neuerungsbewegungen in der wilhelminischen Reformära. 1907 war er es, der vor »einer Versammlung aller führenden modernen Künstler Deutschlands« die Rede zur Gründung des *Deutschen Werkbundes* hielt[79], dem damals neben Peter Behrens und Theodor Fischer auch Wilhelm Kreis und Paul Schultze-Naumburg angehörten.

Seit 1899 Professor in Dresden, gehörte Schumacher mit Theodor Fischer und Hermann Muthesius jener Baukommission an, die 1908 das Vorhaben der Gartenbaugesellschaft Hellerau begutachtete, wo Tessenow seine ersten berühmten Bauten verwirklichte. Zu Schumachers Schülern in

Dresden zählte Hugo Häring, der später jenen »organisch-dynamischen« Funktionalismus im Neuen Bauen vertritt, den Schumacher 1928 in seiner Schrift *Statik und Dynamik im Städtebau* noch mit der Hoffnung auf einen »gebändigten Rhythmus eines großen Gesamtwerks« verbindet.[80] In Dresden übernahm 1920 Tessenow seine zweite Professur nach Wien; zu dieser Zeit allerdings hatte Schumacher bereits ein neues Tätigkeitsfeld gefunden, das ihm größere Herausforderungen zu bieten schien als die Lehre an einer Akademie oder Hochschule: 1909 war er als Baudirektor nach Hamburg gegangen, um in dieser, wie ihm schien, gestalterisch vernachlässigten Stadt für das »Vorwärtsdringen architektonischer Reformbestrebungen« zu kämpfen.[81] Trotz ihres blühenden Reichtums schien gerade Hamburg noch »nicht in den Strom neu erwachenden Lebens einbezogen zu sein. Wenn einer von uns«, schreibt Schumacher, »der sich zu den Kämpfern rechnete, die Aufforderung bekam, hier an führender Stelle mit seiner Arbeit einzusetzen, so war das etwa ebenso, wie wenn ein Offizier vor die Frage gestellt wird, ob er einen wichtigen vorgeschobenen Posten übernehmen will. Wenn man seinen ernstesten Absicht treu bleiben möchte, ist die Frage, sobald sie einmal gestellt wurde, keine Frage mehr, sie ist ein Kommando, dem man folgen muß, wenn man seine Uniform weiter tragen will.«[82]

In der für jene Generation bezeichnenden Verbindung von Tradition und Moderne beabsichtigte Schumacher auf das Bild der Stadt Einfluß zu nehmen, indem er den gestalterischen Neuorientierungen der modernen Bewegung durch tiefes »Einfühlen« in die Besonderheiten dieser Stadt und ihrer Landschaft einen ortsspezifischen Charakter gab. Mit dieser Position an der Spitze der planenden Verwaltung einer großen Stadt war daher nicht nur die Bewährung in völlig neuen institutionellen Zusammenhängen verbunden, sondern auch »eine völlige Umstellung meiner bisherigen architektonischen Ausdrucksweise«. Eines sei ihm im vorhinein völlig klar gewesen, schreibt Schumacher: »Hamburg verlangte einen ganz anderen Baucharakter, als ich ihn etwa für Mitteldeutschland anzuschlagen gewohnt war. Ich kannte ja sein Wesen, es saß mir aus meiner eigenen Vaterstadt im Blute. Etwas Herbes, Strenges mußte in diesem Klima reifen, zugleich etwas, von dem man das Gefühl haben mußte, daß Nebel und Seewind ihm nichts anhaben können.«[83]

Innerhalb weniger Jahre gab der neue Baudirektor der Stadt durch seine norddeutschen Backsteinbauten architektonische Merkpunkte, an denen sich auch die führenden Privatarchitekten Hamburgs, wie Höger, Elingius und Distel, orientierten. Für seine Überzeugungen wußte Schumacher zudem auch publizistisch zu werben, wie seine diversen Kampfschriften und auch seine 1919 erschienene Schrift *Vom Wesen des neuzeitlichen Backsteinbaus* zeigen. Durch die Vielfalt der Aufgaben in dieser großen Stadt entwickelte Schumacher bald weit über die Architektur hinausgehende Gedanken, die ihn zu einem führenden Theoretiker des Städtebaus werden ließen. Bereits in seinem 1920 erschienenen Bändchen *Kulturpolitik* weist Schumacher auf die enge Verflechtung von ästhetischen und sozialen Fragestellungen hin, welche die Entwicklung der Städte bestimmen; in seinen späteren Veröffentlichungen wird er auf den Zusammenhang der bislang meist getrennt betrachteten Ebenen städtebaulicher Praxis noch ausgiebig eingehen. 1975 liest man: »Er gehört ohne Zweifel zu den Städtebauern der ersten Jahrhunderthälfte, die das Gewicht und die Vielschichtigkeit der städtebaulichen Aufgaben am klarsten erkannt haben – und er ist sicher derjenige, der diese Vielfalt am überzeugendsten und einleuchtendsten darzustellen vermag.«[84]

Nach dem Ersten Weltkrieg gehörten seine Schriften gleichsam zur Pflichtlektüre von Architekten und Planern. Von geistreichen Studien zur Architekturgeschichte und -theorie bis hin zur Behandlung von Organisationsfragen der Landesplanung reichten die Themen der publizistischen Tätigkeit Schumachers, durch die er auf die jüngeren Architekten großen Einfluß gewann. Zur praxisbezogenen Reflexion seiner Auffassung von Städtebau im Kreis von Kollegen dienten die Tagungen der kurz nach dem Ersten Weltkrieg gegründeten *Akademie des Städtebaus.* Hier wurden angesichts der drängenden Wohnungsnot im »Zusammenschluß der Fachleute« Forderungen und Durchsetzungsstrategien für einen sozialen Wohnungsbau diskutiert; in einer *Niedersächsischen Landesgruppe* dieser Akademie, die er zehn Jahre lang leitete, wurde an einem »großen städtebaulichen Gesetzeswerk gearbeitet, das nötig ist, wenn der deutsche Boden nicht weiter verwüstet werden soll und wenn man die Sünden der Vergangenheit einigermaßen heilen will«[85].

1927 arbeiteten Konstanty Gutschow und Wilhelm Wortmann unter Schumachers Leitung in der Oberbaudirektion Hamburg. In strengem Regiment nahm sich Schumacher der jungen Architekten zu einer Zeit an, in der es für freie Architekten sonst wenig zu tun gab. In jenem Jahr bekam Schumacher Besuch aus Berlin, über den Fritz Tamms später in der Sprache geläufiger Legendenbildung berichtet: »Das Durchschnittsalter unserer Gruppe betrug 22 Jahre; Fritz Schumacher stand damals im 58. Lebensjahr. Ich habe oft feststellen können, daß solche Erlebnisse – und dieses war eins – junge Menschen tief beeindrucken. So sehe ich noch heute, nach fast vierzig Jahren, alle Einzelheiten dieser Reise lebendig vor mir. Er empfing uns junge Studenten am Portal unseres bescheidenen Hotels, gleich hinter dem Hauptbahnhof. In nimmermüdem Gang führte er uns durch die ganze Stadt, seine Bauten demonstrierend, seine städtebaulichen Ziele darlegend, den Stadtpark mit dem hochragenden Wasserturm und den breit gelagerten Kalksteinfiguren von Georg Kolbe vorstellend, bis wir schließlich bei Jacobs landeten, wo der Hamburger Oberbaudirektor uns jungen Leuten, die wir so etwas noch nie erlebt hatten, ein Mahl servieren ließ, das uns ganz in die Atmosphäre seiner Persönlichkeit und in die *Blaue Stunde* der Stadt am hohen Elbe-Ufer eintauchen ließ.«[86]

Gegenüber der in Stuttgart zumeist im ländlichen Milieu angesiedelten Lehre eines Schmitthenner oder Wetzel und der Kleinstadt-Vorliebe eines Tessenow vermittelte Schumacher durch seine systematisierende Sicht und Darstellungsweise Einblicke in großstädtische Zusammenhänge und Wechselwirkungen, deren Gesamtgestalt er im *Begriff des Organismus* anschaulich zu fassen suchte. Trotz differenzierter Einsichten in den politischen und sozialen Kontext seiner Tätigkeit bediente sich Schumacher zur Popularisierung seiner Gedanken der eingängigen Gleichsetzung von Stadtentwicklung und natürlichem Wachstum lebendiger Organismen, die seinen Schülern den Übergang zur Terminologie und Ideologie des Nationalsozialismus einschließlich der biologisch begründeten Vorstellung einer stabilen ständestaatlichen Ordnung ebnen wird.

Im Gegensatz zu einer bloß kunsthistorischen Sicht auf die Entwicklungsprobleme der Großstädte versuchte Schumacher, Veränderungs- und Wachstumsprozesse aus einer distanzierten, naturwissenschaftlichen Perspektive zu analysieren und mit eigens entwickelten Planungsinstrumenten zu steuern, wobei die Metaphorik seiner Sprache auch Mißdeutungen ermöglichte: »Der städtebauliche Arzt darf dem Patienten nicht nur die heiße Stirn befühlen; er muß den Grad des Fiebers zahlenmäßig überschauen können, er darf nicht nur den Körper seines Klienten von außen beschauen, er muß auch die Röntgenbilder seines Inneren studieren können. Erst dann ist er imstande, eine Anordnung zu treffen, die sich verantworten läßt. Er muß sowohl das Gesunde wie das Kranke eines Organismus, dem er helfen will, in ganz anderer Weise ›kennen‹ als der Betrachter des täglichen Lebens.«[87]

In der Tradition eines bis auf den römischen Architekturtheoretiker Vitruv zurückgehenden Selbstverständnisses der Gestaltungsallmacht von Architekten entwickelte Schumacher einprägsame Bilder: Vom »Gewebe des Stadtkörpers« bis zu den »Siedlungszellen« waren Denkschemata und Sprachfiguren gezeichnet, die für eine ganze Generation von Planern durch das *Dritte Reich* hindurch bis in die Leitbilder des Wiederaufbaus gültig blieben – nicht zuletzt unter Berufung auf die ungebrochene Autorität Schumachers. Wilhelm Wortmann schreibt 1970: »Uns Jüngeren stand er stets mit seinem Rat und seinen Kenntnissen zur Verfügung.«[88] Auch während der Herrschaft der Nationalsozialisten, die ihn 1933 von seinem Amt entfernten, blieb er noch bis in das Jahr seines Todes, 1947, für viele Planer eine unerschütterte Instanz zur Beurteilung der Qualität der eigenen Entwürfe. »Fritz Schumacher gehört zu den nur wenigen Männern, die den Weg vom technischen und gestalterischen Städtebau zu einer das gesamte gesellschaftliche und wirtschaftliche Leben umfassenden Stadtentwicklung gewiesen haben und zugleich den Weg vom Städtebau zur Landesplanung. Das ist sein bleibendes Verdienst.«[89]

Daß er – wie Tessenow – gegen die eigenen Absichten den Planern im Nationalsozialismus als Kronzeuge für ihre Machtansprüche dienen konnte, sei nur angedeutet durch ein Zitat aus dem 1938 erschienenen Buch *Geist der Baukunst,* das heute mit Blick auf Forderungen nach regionalistischem Bauen gegen die Uniformität der Moderne eine beklemmende Aktualität erhält: »Unser Blick hat sich dafür geschärft, daß es Eigentümlichkeiten des baulichen Gestaltens gibt, die stärker sind als die formalen Wandlungen der Zeitepochen, mit denen wir unsere historischen Stilbegriffe so einseitig verbinden. Es sind Eigentümlichkeiten des Volkstums, die als etwas Unerschütterbares durch das Schaffen eines Volkes hindurchgehen. Sie dürfen nicht nur nicht verletzt werden, es gilt, an ihre Kraft, wo immer die Aufgabe es zuläßt, stets neu anzuknüpfen. Das ist nicht so einfach wie das Anknüpfen an bestimmte historische Formen, schon deshalb nicht, weil diese Eigentümlichkeiten in einem so charaktervoll gegliederten Gesamtgebilde, wie beispielsweise Deutschland es darstellt, durchaus nicht überall die gleichen sind. Diese Eigentümlichkeiten hängen nämlich nicht nur mit ›Blut‹ also dem gesamten Volkscharakter, sondern auch mit ›Boden‹ zusammen, und das sind zwei Begriffe, die man nur verkoppeln kann, wenn man sich stets bewußt ist, daß innerhalb ihrer gemeinsamen Bedeutung der erste Begriff auf die allgemein *bindende,* der zweite auf eine *sondernde* Wirkung hinweist. Nirgends kann man vielleicht neben dem National-Gemeinsamen des Blutes das Bodenbedingt-Sondernde so deutlich erkennen, wie in dem Baucharakter der deutschen Stämme.«[90]

Hier können die Formeln der NS-Propaganda auf ein Lebenswerk bezogen werden, das wohl in anderer Richtung angelegt und doch stets auf die Bindung an politische Macht zur Durchsetzung angewiesen war. So klingen die letzten Sätze von Schumachers Buch wie eine Geste blinder Hoffnung wider besseres Wissen: »Der bauliche Niederschlag des politischen Erlebens eines Volkes, von dem wir erst sprachen, charakterisiert das, was wir *historische* Weltanschauung nennen können. Sie redet am deutlichsten in einer steinernen Sprache. Denn die Baukunst kann, zielbewußt entfaltet, die weltanschauliche Idee, die in der Organisation des Staates schlummert, am stärksten und sinnfälligsten ausprägen. Man kann sogar sagen, daß sie erst diese Idee wirklich ganz lebendig zu machen imstande ist. Denn viele Funktionen der entscheidenden Formen staatlicher Gestaltung können erst in unmittelbar wirkende Erscheinung treten, wenn Baukunst ihnen den Rahmen geschaffen hat. Aber es ist nicht nur der Rahmen, es kann mehr sein: Die Baukunst vermag im Dienste einer Idee das Lebensgefühl einer Epoche ideal zu erhöhen, ja, sie kann *vorwegnehmend eine Form der Lebensgestaltung verkörpern, der eine Zeit in Wahrheit erst zustrebt.* Und damit ist ihr das höchste Ziel gesteckt, das sie sich *bewußt* zu stecken vermag.«[91]

Mit seiner Absicht, im Städtebau gleichsam das ästhetische Modell einer »harmonischen« Gesellschaftsordnung vorzugeben, steht Schumacher in einer langen Tradition architekturtheoretischen Denkens, dessen Umsetzung in die steinerne Propaganda eines totalitären Staates allerdings dem Nationalsozialismus vorbehalten blieb. 1939 wird Schumachers ehemaliger Mitarbeiter Gutschow von Hitler zum *Architekten des Elbufers* ernannt und mit der Generalbebauungsplanung für Hamburg betraut werden. Zu dieser Zeit ist das Planungskonzept der NS-*Ortsgruppe als Siedlungszelle* mit Blick auf eine Kongruenz räumlicher und politischer Ordnung bereits formuliert und von Gutschow propagiert. Während Schumacher zurückgezogen an weiteren Büchern zum Städtebau arbeitet, haben die Nationalsozialisten den Höhepunkt ihrer Macht bereits überschritten, ein mörderischer Weltkrieg beginnt.

Krisen und Wettbewerbe

Von den wirtschaftlichen Folgen des verlorenen Krieges blieben auch die Studenten nicht unberührt, die zu Beginn der zwanziger Jahre ihr Studium begannen: Gutschow seit 1921, Speer, Wolters und Tamms seit 1923. Gerade in den ersten Semestern wurden auch sie von der großen Inflation betroffen, die ihnen die Übersicht über ihre Haushaltslage allmählich zum Verwirrspiel werden ließ. Im November 1923 kostete ein Mittagessen in der Mensa über 1 Milliarde Mark, im Gasthaus zwischen 10 und 20 Milliarden. Sarkastisch schreibt der mit einem großzügigen Bankkonto ausgestattete Speer im September 1923 von einer Radtour durch den Schwarzwald an seine Eltern: »Sehr billig hier! Übernachten 400 000 und Abendessen 1 800 000 Mark. Milch ein halber Liter 250 000 Mark.«[92] Ihn mußten solche Summen nicht weiter beunruhigen; durch sichere Unterstützung von zu Hause konnte er in gelassener Nonchalance einen Lebensstil entfalten, an dem er auch seine finanziell weniger gut gestellten Kommilitonen teilhaben ließ.

Andere Studenten waren inzwischen verstärkt auf Nebentätigkeiten als Hilfskräfte an den Hochschulen oder am Bau angewiesen. Viele Familien waren verarmt: Der Druck der Reparationsleistungen, der Verlust wichtiger Industriegebiete und Handelsverbindungen hatte die besiegte Nation schwer getroffen. Die Folgen des Vertrags von Versailles wirkten sich bis in die einzelnen Familien aus und schürten politische Emotionen. Noch unmittelbar nach dem Krieg hatten die weiterwirkende Industriekonjunktur und die Vollbeschäftigung den Schein einer weithin intakten Wirtschaft aufrechterhalten können. In kurzer Zeit hatte sich diese Wirtschaftslage jedoch als Inflationskonjunktur entpuppt: Die Geldentwertung erfolgte so rasch, daß man unter Verzicht auf die inzwischen wertlosen Geldscheine und Münzen zum einfachen Tauschhandel Ware gegen Ware zurückgekehrt war. 1923 hatte das Geld nur noch wenig Bedeutung im deutschen Wirtschaftsleben. Angesichts dieser Krise und der ausbleibenden Reparationsleistungen hatten im Herbst 1923 französische und belgische Truppen das Ruhrgebiet besetzt, was für weiteren politischen Sprengstoff sorgte.

Am 15. November 1923 wurde schließlich eine neue Währung geschaffen – eine Billion Mark entsprach nun einer Goldmark. Das Mensaessen war wieder für wenige Goldpfennige zu haben – rasch lernten sich nicht nur die Studenten auf die neuen Größenordnungen einzustellen. In kurzer Zeit gelang es, die Wirtschaft erfolgreich zu stabilisieren, wozu auch die USA durch den Dawes-Plan beitrugen. Auf dieser Grundlage vollzog sich nun innerhalb weniger Jahre eine beispiellose Modernisierung und Rationalisierung der Wirtschaft. Bis 1926 erreichten die Löhne und Gehälter den Vorkriegsstand, ein Jahr später hatte die Industrieproduktion in der neuen Republik die der Kaiserzeit überholt. Die Zahl der Arbeitslosen sank auf den tiefsten Stand der 20er Jahre, neue Fabriken, Verwaltungshochhäuser und moderne Wohnsiedlungen schossen aus dem Boden. Die Wirtschaftsblüte hinterließ in ganz Deutschland unübersehbare Spuren: In Hamburg baute Fritz Höger das in den Himmel ragende Chile-Haus, in Düsseldorf erhob sich Bonatz' trotziges Stahlhochhaus des Stumm-Konzerns, aus dem Stuttgarter Kessel wuchs Otto Oswalds Tagblatt-Turm empor. Das *Neue Bauen* trat in seine heroische Phase: 1927 wurde Bruno Tauts Hufeisensiedlung vollendet, in Stuttgart kennzeichnete die Werkbundausstellung der Weißenhof-Siedlung mit internationaler Beteiligung den programmatischen Höhepunkt der neuen Entwicklung wirtschaftlichen Aufschwungs. Aber auch für konservativ geprägte Geister blieb in dieser Zeit der Hochkonjunktur genug zu tun: Schmitthenner baute sein *Haus des Deutschtums* in Stuttgart, die Architekten der *Stuttgarter Schule* waren von anspruchsvollen Bauherren in ganz Deutschland gefragt. Angesichts der Wirtschaftsblüte, vieler neuer Aufgaben und bahnbrechender Bauten fieberten viele Architekturstudenten dem Ende ihrer Ausbildung entgegen.

Welche Unruhe mußte da etwa ein Brief des bekannten Architekten Peter Behrens bei seinem Empfänger, einem Stuttgarter Studenten, auslösen, in dem der gerade Vierundzwanzigjährige direkt aus Berlin mit folgenden Worten zur Mitarbeit eingeladen wurde: »Sehr geehrter Herr Gutschow! Für einige interessante Arbeiten, die mir übertragen worden sind, benötige ich in meinem Atelier in Neubabelsberg bei Berlin eine Beihilfe. – Der Ihnen bekannte Architekt Dr. Döcker in Stuttgart hat mich auf Sie aufmerksam gemacht.«[93] Durch hervorragende Studienarbeiten und Wettbewerbserfolge hatte Gutschow schon früh die Aufmerksamkeit seiner Lehrer und anderer Architekten auf sich gezogen, so daß er noch während seines Studiums mit Bauaufgaben betraut und weiterempfohlen worden war. Nach seinen Entwürfen wurden schon 1924 auf der Bauausstellung in Stuttgart kleine Pavillons realisiert, mit denen sich namhafte Firmen dem Publikum vorstellten: Ein spiralförmiger Kiosk erinnert an Tatlins revolutionären Turm, ein anderer an Lissitzkys Wolkenbügel. Schon seine frühen Arbeiten hatten den Studenten so bekannt gemacht, daß sein Ruf inzwischen offenbar bis nach Berlin gedrungen war. In seinem Brief schreibt Behrens weiter: »Da die Arbeiten, die ich habe, an äußerst kurze Termine gebunden sind, wäre freilich ein sofortiger Eintritt unerläßlich. – Ich hoffe, daß, wenn Sie Wert darauf legen würden, nach Berlin zu übersiedeln, Sie Wege finden würden, sich baldigst freizumachen. Auf jeden Fall bitte ich um sofortige Mitteilung. Hochachtungsvoll Behrens.«

Konstanty Gutschow (als Mitarbeiter von Hugo Keuerleber): Werbepavillons zur
Bauausstellung, Stuttgart 1924

Konstanty Gutschow: Entwurf für ein Turmhaus an der Binnenalster,
Hamburg 1927

Aber noch war es nicht soweit. Das Diplom erforderte noch Gutschows ganze Kraft. Überdies zog es ihn zurück in die Hamburger Heimat. Ebenfalls im Januar 1926 schreibt ihm der Hamburger Architekt Fritz Höger, der ihn zum Studium der Architektur angeregt hatte und an dessen berühmtem Chile-Haus er manche Woche selbst mitgearbeitet hatte, einen fast 20 Seiten langen Brief: eine Liebeserklärung an den norddeutschen Backsteinbau, der auch Gutschow schon früh gefangengenommen hatte. Suggestiv schildert Höger die sinnliche Fülle der Farb- und Gestaltqualitäten des Backsteins, von der dumpf leuchtenden Farbigkeit des einzelnen Steines bis hin zum plastischen Rhythmus einer kommenden Stadt: »Man muß den Backstein ansehen, befühlen und streicheln, bis man ihn lieb gewinnt, und man muß die große Backsteinstadt sehen, die große backsteinerne Hanseatenstadt, die noch nicht da ist, die aber fertig wird nach drei Menschenaltern.«[94]

An dieser großen Hanseatenstadt will auch Gutschow mitwirken. Er bewirbt sich um eine Anstellung bei Fritz Schumacher, dessen Behörde ihm zugleich auch Erfahrungen in Amtsgeschäften vermitteln kann. Im September 1926 schließlich ist es soweit. Schumacher selbst schreibt ihm nach Stuttgart, daß die Stelle eines Diplomingenieurs zu besetzen und »aus einem kleinen Kreis von Bewerbern die Wahl zu treffen« sei. Noch im selben Jahr wird Gutschow Angestellter bei der Baubehörde seiner Heimatstadt, doch fühlt er sich nicht ganz ausgelastet.

Um dem Geist der Zeit nachspüren zu können, läßt er sich Projekte einfallen, die ihm sowohl seinem Talent und Horizont als auch der Würde der Hansestadt angemessener erscheinen als der tägliche Kleinkram eines Planungsamtes. So entwirft er in freier Tätigkeit außerhalb seines Dienstes im Februar 1927 ein *Turmhaus an der Binnenalster,* das am markantesten Punkt der Stadt mit 22 Geschossen alle anderen Profanbauten überragt. Von einer großzügigen Vorfahrt aus kann man schnell Paternoster, Personen- und Lastenlifte erreichen, die die Besucher und ihr Gepäck rasch in die Höhe tragen. Ein Massenmodell der Stadt mit eingebautem Hochhaus läßt die Aussicht ahnen, die man von der obersten Plattform aus haben würde. In Fotografien der Straßenzüge wird sorgsam die Silhouette des Gebäudes hineinretuschiert, eine Ansicht bei Nacht zeigt das klare Raster der Fenster aus der Dunkelheit über Hamburg leuchten und im Wasser der Alster sich spiegeln: Der Zauber von Licht und Nacht, Spiegel und Glas, war zu dieser Zeit in ganz Europa ein wichtiges Thema der Architektur. In ausgreifenden Architekturphantasien läßt Gutschow ein modernes Hamburg entstehen. Mit Leidenschaft arbeitet er in diesem Jahr auf den verschiedensten Planungsgebieten. Neben seiner dienstlichen Tätigkeit im Direktionsbüro des Hochbauwesens der hamburgischen Baudeputation zeichnet er Pläne für Schulen und Kirchen, daneben nimmt er – auch in Arbeitsgemeinschaft mit Wortmann – an Wettbewerben teil, in denen er herausragende Erfolge erzielt.

In seinen Entwürfen bedient sich Gutschow verschiedener Formensprachen: So sind manche seiner Projekte mit rundschwingenden Fensterbändern der Avantgarde des Neuen Bauens verpflichtet und könnten ebenso von Poelzig oder Mendelsohn stammen; die Transparenz seiner Büro- und Krankenhausbauten zeigt sich der lichten Moderne der progressiven Zeitgenossen verwandt. Im Wettbewerb für ein Verwaltungsgebäude einer großen norddeutschen Firma erhält er trotz eklatanter Verletzung der engen Vorgaben außer Konkurrenz einen Ankauf mit der stolzen Summe von 2 500 Mark. Gemeinsam mit einem Stuttgarter Kollegen erhält er Preise für Projekte im süddeutschen Raum. Einen ersten Preis gewinnt er im März 1927 im Wettbewerb um einen großflächigen Bebauungsplan gemeinsam mit Wilhelm Wortmann, der nach seinen Studien in München und Dresden nun ebenfalls unter der Leitung von Schumacher in der Hamburger Baubehörde arbeitet und wenig später nach Bremen wechselt, wo er noch Jahrzehnte später im Wiederaufbau der Stadt nach dem Zweiten Weltkrieg tätig sein wird. Inzwischen zum Regierungsbaumeister ernannt, übernimmt Gutschow 1928 eine Stelle im Stadtbauamt Wandsbek, doch reicht sein Ehrgeiz weiter. Als Mitarbeiter von Fritz Höger nimmt er weiterhin neben seiner Amtstätigkeit an Wettbewerben teil und bleibt damit immerhin so erfolgreich, daß er 1929 den Schritt in die freie Berufstätigkeit wagt. Wieder Wettbewerbe und wieder Erfolge, doch bleiben die Aufträge aus.

Gerade jetzt, wo der große Durchbruch zum Schaffen in eigenem Namen und die Begründung einer sicheren Existenz als selbständiger Architekt zum Greifen nahe scheint, wirkt sich die Krise der Weltwirtschaft lähmend noch bis in die kleinsten Bauvorhaben aus. Noch 1927 schienen ihm die Wege zum Erfolg gradlinig und offen: »Soll ich meine Absichten verwirklichen und noch nach Berlin gehen und Amerika? Dann werde ich etwa 29, 30 Jahre alt sein, wenn ich wieder nach Hamburg komme und bis ich mich selbständig mache und wirklich Aufträge habe und baue, die Bauherren zu mir kommen und ich im Konkurrenzkampf mir die Honorare nicht mehr drücken lassen brauche, bin ich 37, 38 Jahre alt. Ist das nicht zu spät; bin ich dann nicht zu alt?« Trotz dieser Erwägungen in einem Brief an seine Frau fragt er, ob dies nicht »der weitsichtige Weg zum großen Erfolg« sei. Demgegenüber stehe die Möglichkeit, »sich selbständig machen und bauen, bauen, bauen bis zur Bewußtlosigkeit und alle die Erfahrungen draußen durch die am eigenen Leib ersetzen. Auch dann wird es noch gut sechs, sieben Jahre dauern, ehe man einigermaßen in Schuß ist. – Döcker rät zum letzteren.«[95] Doch die Zeiten änderten sich rapide. Zum »Bauen bis zur Bewußtlosigkeit« fehlten die Aufträge. Ende 1928 waren die ersten Anzeichen einer weltweiten Rezession spürbar; der rasche Abschwung der deutschen Wirtschaftsentwicklung ließ in den zwei Jahren von 1929 bis 1931 die Industrieproduktion um mehr als ein Drittel sinken. Riesige Industriekapazitäten liegen brach, an Erweiterung oder gar Neubau ist kaum mehr zu denken. Schlagartig steigt die Zahl der Arbeitslosen an, die 1932 mit über 6 Millionen ihren Höhepunkt erreicht. Selbst bekannte und gesuchte Architekturbüros müssen bewährte Mitarbeiter entlassen, jeder noch so kleine Auftrag wird dankbar entgegengenommen. Kleinste Projekte und Umbauten, die man vor kurzem noch hatte ausschlagen können, werden nun mit Sorgfalt bearbeitet. Und um nicht beim Entwerfen aus der Übung zu kommen, dachten sich viele Architekten mangels ausgeschriebener Wettbewerbe eigene Aufgaben aus: Architekturphantasien in Hoffnung auf bessere Zeiten – ähnlich, wie kurz nach dem Ersten Weltkrieg den jetzt ganz Großen der Architektur, wie Hans Poelzig, Hans Scharoun, Bruno Taut ihre expressionistischen Träume und Stadtutopien gleichsam als Lebenselixier gegen innere und äußere Not gedient hatten.

Der realen Lage der Stadt Hamburg und den Kapazitäten seines kleinen Büros völlig unangemessen, entwirft Gutschow 1930 in freier Aufgabenstellung ein großes *Wellenbad an der Reeperbahn.* Die weiten Innenraum-Perspektiven zeigen eine helle Badehalle, in der sich eine heitere Freizeitgesellschaft tummelt. Wie viele seiner Kollegen zur gleichen Zeit prüft auch Gutschow seine Fähigkeiten in Phantasieentwürfen – doch kann er sich daneben ein Tätigkeitsfeld erschließen, das, von Aufträgen unabhängig, doch einen gesellschaftlichen Bedarf zu befriedigen hilft: Da infolge des Mangels an verfügbaren finanziellen Mitteln Hauseigentümer und Unternehmen zunehmend mit ihrem vorhandenen Gebäudebestand auszukommen versuchen, dazu aber bisweilen einige Veränderungen vornehmen müssen, steigt auch das Interesse der Architekten an Möglichkeiten des geschickten und sparsamen Umbaus vorhandener Baustrukturen. Dieses Thema geht Gutschow nun breit und systematisch an, sammelt Beispiele und musterhafte Lösungen, die er 1932 in einer Publikation vorlegt. Als Band 13 erscheint das Buch *Umbau* in der renommierten Reihe der *Stuttgarter Baubücher,* an deren Anfang Richard Neutras Bericht *Wie baut Amerika?* stand, dem als zweiter und dritter Band *Internationale neue Baukunst* und *Großstadtarchitektur* von Ludwig Hilberseimer folgten – eine Reihe, die schon im Erscheinungsbild ganz der rationalen Moderne verschrieben war. Um durch den Titel *Umbau* keine Mißverständnisse aufkommen zu lassen und auch in schlechten Zeiten Hoffnungen wachzuhalten, heißt es im Vorwort: »Dieses Buch propagiert nicht Umbauen statt Neubauen. Anlaß, dieses Buch herauszubringen, sind die Zeitverhältnisse, die die Prognose berechtigt erscheinen lassen, daß künftig Umbauen im gesamten Bauwesen an Bedeutung gewinnen wird.«[96]

Wie düster die Zukunftsperspektiven der Absolventen des Architekturstudiums seit den späten zwanziger Jahren geworden sind, zeigen die Zahlen, die 1933 in einer Untersuchung zur Lage der akademischen Berufe unter dem Titel *Bedarf und Nachwuchs an Architekten und Bauingenieuren* von den Hochschulverwaltungen veröffentlicht werden. Dort wird das sprunghafte Ansteigen der Architekturstudenten nach dem Ersten Weltkrieg als eine der Ursachen dafür angegeben, daß schon in der zweiten Hälfte der zwanziger Jahre ein deutlicher Überhang an jungen Architekten gegenüber dem Bedarf zu melden sei. In den Jahren 1933 und 1934 sei »der Nachwuchs dreimal so groß wie der günstigstenfalls in Frage kommende Bedarf«[97]. In langfristigen Prognosen wird vorgerechnet, daß sich schon allein durch die erwartete Entwicklung im Wohnungsbau die Nachfrage erheblich verringere: So sei der Bedarf an Wohnungsbauten »für das laufende Jahrzehnt zwar noch auf 325 bis 345 000 – das entspricht dem Stand in den letzten Hochkonjunkturjahren – zu veranschlagen«, doch sei mit einem stetigen Absinken auf 110 000 bis 120 000 zwischen 1950 und 1960 zu rechnen. Neben diesem quantitativen Abbau sei aber auch durch qualitative Veränderungen ein weiter sinkender Bedarf anzunehmen: »Werden die Arbeitsmöglichkeiten für den Architekten allein durch diese rapide Schrumpfung des Bauvolumens bereits aufs Äußerste vermindert, so kommt noch hinzu, daß durch die wahrscheinlich zu erwartende Verlagerung des Schwergewichts des Wohnungsbaus auf das Land und in die Kleinstädte, durch die zwangsläufige Herausbildung einfacherer Wohnungsbauweisen, durch das immer stärkere Gewicht, das wahrscheinlich die Kleinwohnungen in Zukunft erhalten werden, und durch die wachsende Bedeutung des Gruppenbaus einerseits, des Baus von Typenhäusern andererseits, die Ansprüche an die Arbeitsleistung des Architekten noch eine zusätzliche Einschränkung erfahren werden.«[98]

Differenziert wird aufgezeigt, welche Prozesse – neben der tiefen wirtschaftlichen Depression nach der Krise von 1929 – zu dem starken Architektenüberschuß führten: Hervorgehoben wird u. a. der »Akademisierungsprozeß« der Profession, der Ursache dafür sei, daß z. B. viele Bauunternehmer, aber auch Techniker ihre Söhne vermehrt zum Studium an einer Hochschule anhielten, um ihnen im Verdrängungswettbewerb zwischen Hoch- und Fachschulabsolventen den Zugang zu höheren Dienststellen und besseren Berufschancen zu sichern.[99]

Die Konkurrenz ist hart geworden, und nur ein geringer Teil der Nachwuchskräfte kann auf feste Anstellung oder gute Auftragslage hoffen. Selbst wenn sich die Wirtschaftslage wider Erwarten günstig entwickeln sollte, »wird der Architektenstand auf lange hinaus mit einem Überbestand an qualifizierten Anwärtern, die nicht in angemessener Weise beschäftigt werden können, zu rechnen haben, was sich, da der Zugang zu der Beamtenlaufbahn streng geregelt ist, ausdrücken wird in einem übermäßigen Zugang zur freien Architektenlaufbahn«[100]. Auch in den überfüllten Hochschulen hatte sich Ende der zwanziger Jahre die schlechte Arbeitsmarktlage längst herumgesprochen; viele Studenten verzögerten ihren Studienabschluß.

Arbeiten – gleich was und für wen! Die Bereitschaft, später auch kompromittierende Arbeit zu übernehmen und sich auf Bedingungen einzulassen, die tagtäglich kalten Zynismus oder blinden Glauben erfordern werden, war zumindest zum Teil Ergebnis einer tiefen Verzweiflung, die dem Höhenflug der Studienzeit und den ersten Erfolgen danach ein bitteres Ende bereitete. Im März 1931 schreibt Gutschow an seine Frau: »Ich bin sehr am Ende meiner Kräfte. Diese Vergeblichkeit aller Bemühungen! Und noch schlimmer, dieses: nirgends mehr eine Arbeit verwirklichen zu können. Im Grunde: in einer Gesellschaft und Wirtschaft drinstecken, zu der man nur Umwegbeziehungen hat. Keinen Beruf haben – aus Mangel an Luft, an Wasser – dem Element. Ich kann nicht mehr. (...) Ich fühle mich jämmerlich, schmutzig, schwach, verlogen, gemein. Ich will mit Bewußtsein gesund werden. – Es muß alles ganz anders werden. – Heute sehe ich nur einen Weg: nach Rußland zu gehen. Dort wird man in einen Sinn hereingestellt: ins Leben. Ob man dabei sein Leben läßt, ist unwichtig, wenn man gelebt hat. Ich halte dieses sinnlose Dasein nicht mehr aus. Ich kann nicht mehr. –«[101] Gutschow bleibt und arbeitet weiter. Mit kleinsten Aufträgen schlägt er sich mühsam durch die ersten Jahre einer freien Berufstätigkeit; erst ab 1933 kann er allmählich daran denken, in kleinen Raten die Schulden abzuzahlen, die sich seit Abschluß des Studiums aufgetürmt hatten; eine größere Rückzahlung gelingt erst 1935, als durch das neue politische Regime, den Nationalsozialismus, sich manchem Architekten neue Aufgaben stellen.

Aufgaben anderswo

Angesichts der wirtschaftlichen Not der späten zwanziger Jahre mußten jene jungen Architekten die Verlängerung ihres Studiums durchaus zu schätzen wissen, die als Assistenten im Seminar oder als Mitarbeiter im Privatatelier ihres Professors noch im relativ geschützten Umfeld der Hochschulen und Akademien bleiben konnten. So auch Rudolf Wolters, der nach seinem Diplom 1927 neben Albert Speer im Atelier Tessenows weiter beschäftigt wurde. Doch auch hier zeigte der Auftragsmangel bald seine Wirkungen: 1928 mußte Tessenow sein Büro drastisch verkleinern und Wolters entlassen, doch konnte er ihm den Übergang ins Erwerbsleben zumindest noch etwas verzögern und erleichtern. Unter Tessenows Obhut und mit seiner Unterstützung schrieb Wolters im folgenden Jahr an einer Doktorarbeit über das Thema *Vom Grundriß der Empfangsgebäude großer Fernbahnhöfe,* die er im September 1929 abschließen konnte. Über die Beziehungen Tessenows fand er vorübergehend auch noch bei einem Bauunternehmer Arbeit, der ihm jedoch Ende 1930 kündigte. In ganzen Stapeln hatte Wolters bereits Bewerbungsbriefe verfaßt, die er nicht nur an Behörden und große Berliner Büros, sondern auch an Adressen weit über die Landesgrenzen hinaus gerichtet hatte.

In dieser Zeit des quälenden Wartens kam eine Absage nach der anderen; auch die Behörden stellten kaum mehr neue Kräfte ein und vergaben selbst auf dringenden Wunsch nicht einmal unbezahlte Arbeit; Architekturbüros konnten häufig nicht einmal die eigene Belegschaft beschäftigen. Selbst die bekanntesten Berliner Architekten wiesen in ihren Absagebriefen auf den eklatanten Arbeitsmangel hin. Gropius, Häring, Oud und May, dem er in die UdSSR geschrieben hatte, müssen seine Anfragen ablehnend beantworten, oft mit längeren Begründungen. Oud betont, daß er unter günstigeren Umständen gerne einen Schüler Tessenows eingestellt hätte, denn »es tut mir immer wohl, den Geist Tessenows weiter verbreitet zu sehen. Seine Klarheit brauchen wir für das Neue Bauen noch sehr.«[102] Wolters schreibt weiter, nach Argentinien, China, Afghanistan, ohne Erfolg. Bitter erinnert er sich an den warnenden Brief seines Onkels vom November 1927: »Wenn ich das Heer der Privatarchitekten in jeder Stadt übersehe und beobachte, wie dieselben bei jedem Geschäft in Wettbewerb treten und trotz der bestehenden Abmachungen alle Mittel anwenden müssen, um einen Auftrag zu erhalten, dann habe ich für Deine Zukunft Besorgnisse und sehe nicht die Möglichkeit der Gründung einer einträglichen Existenz, wenn Du nicht in der Lage bist, durch ganz besondere Geistesgaben etwas Hervorragendes zu leisten. (...) Mit diesen Ausnahmen soll man aber im praktischen Leben niemals rechnen. Ich würde, wenn ich heute an Deiner Stelle zu stehen hätte, nicht den Beruf eines freien Architekten, sondern ganz unbedingt die Beamtenkarriere gewählt haben. Die Beamten und Arbeiter bilden heute den stärksten Einfluß im Staate. Sie beherrschen mit 60 bis 70 Prozent den Reichstag, die Landtage und die Städte. Sie diktieren infolgedessen ihr Recht.«[103]

Erst durch familiäre Beziehungen zu höchsten Stellen gelang es, noch 1930 eine Notlösung zu finden: Wolters' Onkel Peter Klöckner, Geheimrat und Chef des nach ihm benannten Montan-Konzerns, vermittelte ihm eine Anstellung bei der Reichsbahn. In einem Schreiben teilte die Reichsbahndirektion mit: »Wir sind bereit, Ihnen durch entsprechende Beschäftigung während der Dauer etwa eines Jahres unter Vorbehalt jederzeitigen Widerrufs Gelegenheit zur Unterrichtung über das Hochbauwesen der Reichsbahn zu geben. Die Beschäftigung erfolgt indes vollständig unentgeltlich, so daß Sie weder in ein Beamten- noch Angestelltenverhältnis, überhaupt in kein rechtliches Dienstverhältnis zur Verwaltung treten, es somit auch keiner Kündigung zur Beendigung Ihrer Tätigkeit bei uns bedarf.«[104]

Hier leistete Wolters detaillierte Ingenieurarbeit, für die Architektur blieb die Zeit nach Dienstschluß. So nahm er, wie unzählige andere deutsche Architekten, an größeren Wettbewerben teil, auch an dem internationalen Wettbewerb für ein riesiges Theater in Charkow, UdSSR. Zwei originelle Projekte von ihm werden neben preisgekrönten Entwürfen in der *Baugilde,* der offiziellen Zeitschrift des BDA, veröffentlicht. Wolters erinnert: »An phantasievollen Einfällen hatte ich damals keinen Mangel. Im übrigen habe ich in meinem Leben nie wieder ›für kein Geld derartig viel‹

Rudolf Wolters: Entwurf für ein Polizeipräsidium in Düsseldorf, um 1929

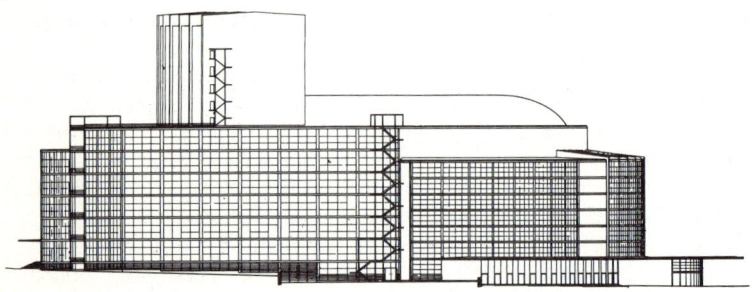

Rudolf Wolters: Entwurf für ein Theater in Charkow. Wettbewerb 1930

Konstanty Gutschow: Entwurf für Justizgebäude in Berlin. Wettbewerb 1930

gearbeitet.«[105] Doch selbst die unbezahlte Arbeit in der Reichsbahndirektion ließ sich nicht weiter verlängern. Im Frühjahr 1932 wurde Wolters entlassen. »Die Stagnation um die Jahreswende 1931/32 wurde zur trostlosesten Zeit meines Lebens. Die Gewißheit, dieser Lage durch keinerlei arbeitliche Anstrengungen entrinnen zu können, erzeugte ein Gefühl völliger Hoffnungslosigkeit. Es stellte sich jetzt nur noch die Frage, ob man das verhaßte ›System‹ von rechts oder von links her beseitigen sollte. Während mein Freund Speer und viele meiner Kommilitonen zu den Nationalsozialisten stießen, trieb mich das Schicksal der kommunistischen UdSSR in die Arme«, erklärt Wolters später, um sich nachträglich von dieser Entscheidung zu distanzieren und sich als Opfer eines blinden Schicksals darzustellen.

Nach einer deprimierenden Zeit der Untätigkeit und unangenehmer Auseinandersetzungen mit seinem Vater fand Wolters eines Tages eine kaum mehr erwartete Antwort auf ein früheres Bewerbungsschreiben vor: Als Spezialist für Bahnhofsbauten sollte er sich in Rußland, dem großen, unbekannten Land, in neuen Aufgaben bewähren können! Sogar ein Zehnjahresvertrag stand in Aussicht.

Freudige Erwartung erfüllte ihn, als er Moskau erreichte und von dort mit dem Transsibirien-Expreß nach Nowosibirsk weitergeleitet wurde. Dort wohnte er im neu erbauten *Haus der Spezialisten* am Roten Prospekt und nahm seinen Dienst bei der Hochbaudirektion der sibirischen Eisenbahn auf, um einen Bahnhof zu planen. Nach einem Wechsel zu interessanteren Aufgaben in der Stadtbauabteilung der Direktion arbeitete Wolters an einem Projekt für eine Hochschulstadt mit etwa 6000 Einwohnern, danach an der Planung einer Siedlung für etwa 25000 Einwohner – im Rahmen einer Generalplanung, die unter Leitung eines Amerikaners nach dem geometrischen Muster der Stadtanlage von Chicago entwickelt worden sei, wie er später berichtet.

Während dieser Tätigkeit traf Wolters auf das *Planungsbüro zum Aufbau sozialistischer Städte für die Schwerindustrie,* dessen Arbeiten stark vom Einfluß des ehemaligen Frankfurter Stadtbaurats Ernst May geprägt waren, der mit einer Gruppe seiner Frankfurter Mitarbeiter seit 1930 in der Sowjetunion tätig war. Zu ihnen fand Wolters bald freundschaftlichen Zugang und lernte verschiedene Konzepte modernster Stadtplanung kennen, was ihm wenige Jahre später in Berlin zugute kommen wird. Angesichts der auch in der Sowjetunion herrschenden, jetzt noch ungleich schärferen wirtschaftlichen Not, der sanitären Mängel und um sich greifender Epidemien ließ bei Wolters die Freude an der neuen Arbeit rasch nach. Hinzu kam die lähmende Wirkung der Bürokratisierung und Zentralisierung des gesellschaftlichen Lebens, die Wolters veranlaßte, seinen Eltern im Januar 1933 ein düsteres Bild der Sowjetunion zu zeichnen: »Der zweite Fünfjahresplan hat begonnen. Die Stimmung selbst der Begeisterten ist ziemlich niedergedrückt. Sie waren sich wohl nicht klar darüber, daß eine Zeit, in der Investitionen derartigen Maßstabes vorgenommen werden, notwendig Entbehrungen ebensolchen Umfangs mit sich bringen. Jedenfalls ist es für den unbefangenen Beobachter bewunderungswürdig, mit welchem Glauben an die Zukunft ein großes Volk bittere Not auf sich nimmt. Der 1. Januar hat, wie zu erwarten war, die Zügel strammer angezogen.«[106] Als Wolters Anfang 1933 dann noch ernsthaft erkrankte und eine weitere Verlängerung des Vertrages wenig ratsam schien, begab er sich auf die Rückreise, die er zum Abschluß seiner Zeit in der Sowjetunion noch zum Besuch der südlichen Provinzen nutzte.

Wieder zurück in Deutschland, blieb er zunächst einige Tage in Berlin, zog sich dann aber ins elterliche Haus in Coesfeld zurück, wo er innerhalb weniger Wochen seine Reiseeindrücke niederschrieb, die er unter dem Titel *Spezialist in Sibirien* im Verlag der *Baugilde* veröffentlichen konnte. Aufgrund der zunehmenden politischen Polarisierungen provozierte sein Bericht jedoch höchst unterschiedliche Urteile, wie er nicht ohne Genugtuung berichtet. Eine in der Moskauer *Prawda* gedruckte Rezension des Berichts durch den Architekten Hannes Meyer, der kurz zuvor noch Leiter des Bauhauses in Dessau gewesen war, endete mit dem Satz: »Ein Spion, der von uns nicht rechtzeitig erkannt und gestellt wurde«; die rechtsradikale Zeitschrift *Der Angriff* dagegen tadelt Wolters, weil er »die Hände Lenins in seinem gläsernen Sarg ›lebendig und schön‹ genannt hatte«[107]. Noch während er an seinem Buch arbeitete, erhielt er überraschend Besuch von seinem Freund Albert Speer und dessen Frau. Lang und lebhaft teilte man sich die Erlebnisse aus den letzten Jahren mit; schließlich bot Speer dem Heimgekehrten eine Mitarbeit in seinem Berliner Büro an. Mit 150 Mark war diese Stelle nicht gerade gut dotiert, doch kam sie als Übergangs- und Orientierungshilfe den Wünschen Wolters' soweit entgegen, daß er sie ohne Zögern annahm. Als er am 15. Juli in Speers Büro seine Arbeit aufnahm, stellte er jedoch fest, daß er bislang einziger Mitarbeiter war und sich als »Mädchen für alles« zur Verfügung zu halten hatte.

Da die Perspektiven des Speerschen Büros 1933 nicht gerade aussichtsreich waren, bewarb sich Wolters erneut bei der Reichsbahndirektion in Berlin, diesmal mit Erfolg. Gegen ein reguläres Entgelt konnte er im Rahmen eines Arbeitsbeschaffungsprogramms an Entwürfen für Gleis- und Bahnhofsanlagen in der Reichshauptstadt arbeiten, freilich ohne zu wissen, daß er sich damit Grundlagen für seine spätere Tätigkeit im Rahmen der Neugestaltung Berlins unter Speer als dem leitenden Generalbauinspektor erarbeitete. Auch andere Freunde aus dem Berliner Kreis um Tessenow ahnten noch nicht, daß die Zufälle ihrer aus der Not geborenen Spezialisierung sich später in das Mosaik einer Gruppenarbeit einfügen sollten, die durch imposante Leistungen der nationalsozialistischen Propaganda eine weithin sichtbare Gestalt geben wird.

Fritz Tamms war nach seinem Diplomabschluß 1929 in die Dienste der Stadt Berlin übernommen worden und arbeitete seitdem im Brückenbauamt. Hier erwarb er jene Kenntnisse und Erfahrungen, die seinen beruflichen Werdegang noch weit bis in die Nachkriegszeit entscheidend prägen sollten: »Der Brückenbau ließ ihn nicht mehr los«, heißt es in *Ein Baumeister und seine Stadt,* anläßlich seines 75. Geburtstags herausgegeben von der Stadt Düsseldorf, deren Bild er in den Nachkriegsjahrzehnten vor allem durch seine Brückenbauten prägte.[108]

Mit seiner Anstellung im Berliner Brückenbauamt hatte Tamms schon früh das große Los gezogen – im Vergleich zu manchen Kommilitonen, die sich mit Gelegenheitsarbeiten durchschlagen mußten. Willi Schelkes etwa, der 1929 unter Assistenz von Speer bei Tessenow sein Diplomexamen mit Auszeichnung bestanden hatte, mußte sich trotz seiner ausgezeichneten Leistungen auf eine mühsame Suche nach Arbeit begeben. Schelkes hatte vor seinem Wechsel nach Berlin in München anfangs Gartenarchitektur studiert und dort auch seine Diplomvorprüfung abgelegt.

In Berlin war er bald mit dem Kreis um Speer bekannt geworden und fühlte sich dem jungen Assistenten freundschaftlich zugetan. Als dieser dann 1931 selbst den Schritt in die selbständige Berufspraxis wagte und in Mannheim sein erstes Büro gründete, fragte er Schelkes, ob er nicht sein Bürochef werden wolle. Beim Arbeitsantritt bemerkte dieser, daß er, wie zwei Jahre später Wolters, als »Bürochef« zugleich sein einziger Angestellter war. Der erste Auftrag des jungen Büros war der Umbau eines Geschäfts in einem der Häuser von Speers wohlhabendem Vater, der in Mannheim Immobilien besaß. Doch blieben weitere Aufträge aus. Ende 1932 mußte Speer sein Mannheimer Unternehmen beenden und versuchte einen neuen Beginn in Berlin, wo er mit Umbauten und Ausstattungen für Dienststellen der NSDAP seine ersten Erfolge erzielte.

Die Große Depression

Die Große Depression, die nach 1929 das Ende der wirtschaftlichen und sozialen Stabilität der Weimarer Republik einleitete, hatte auch weitreichende politische Folgen nach sich gezogen. Die Regierung unter dem Sozialdemokraten Hermann Müller war nahezu handlungsunfähig geworden, da sich die große Koalition der ihn stützenden Parteien nicht über wirksame Maßnahmen zur Beseitigung der rasch ansteigenden Arbeitslosigkeit einigen konnte. Im März 1930 trat die Regierung Müller zurück. Neuer Reichskanzler wurde Heinrich Brüning, der dem Zentrum angehörte und mit einer rigorosen Sparpolitik und Notverordnungen den wirtschaftlichen Abschwung zu bremsen versuchte. Doch die Krise verschärfte sich weiter: Die Industrieproduktion ging auf fast die Hälfte des Standes von 1928/1929 zurück, die Zahl der Arbeitslosen wuchs 1932 auf über 6 Millionen. Zwar konnte sich Brüning anfangs bei seinen unpopulären Maßnahmen auf das Vertrauen des Reichspräsidenten Hindenburg stützen und seine Minderheitsregierung halten, doch wuchs der Druck der Probleme weiter, die schon die Regierung Müller zu Fall gebracht hatten; gleichzeitig erstarkte die politische Opposition.

Eine breite Front der Ablehnung fand sich unter den Abgeordneten im Deutschen Reichstag, als Brüning im Sommer 1930 seine Maßnahmen über Notverordnung durchzusetzen versuchte. Der Reichstag wurde aufgelöst; bei der Wahl im September 1930 wurde die NSDAP mit über 6 Millionen Stimmen zur zweitstärksten Partei im neuen Reichstag. Zwar konnte Brüning mit Unterstützung der SPD noch bis 1932 weiter regieren, da die SPD seine Politik als Notlösung vor weiterem Einfluß der NSDAP tolerierte, doch deutete sich mit dem Sieg der Nationalsozialisten schon das Ende der Weimarer Republik an. Mit großem Erfolg hatte es die geschickte Propaganda der NSDAP verstanden, neben dem sozial »absinkenden Mittelstand« auch andere Gruppen der Bevölkerung anzusprechen.[109]

Vor allem junge Leute strömten dieser Partei in Scharen zu, die sich in ihrer Selbstdarstellung so deutlich von den etablierten Parteien absetzte und als vorwärtsstürmende »Bewegung zur Erneuerung Deutschlands« vielen Hoffnungen Raum geben konnte. Gerade die schillernde Widersprüchlichkeit der Programme, die sich mal an die Arbeiterschaft, mal an den Mittelstand oder an Großindustrielle richten konnten, wurde eher als Beweis der unaufhaltsamen Dynamik einer »Bewegung« denn als konzeptionelle Schwäche verstanden. So konnte sich jeder sein eigenes Wunschbild von den Zielen der NSDAP machen, deren Vertreter sich im Reichstag bereits so demonstrativ selbstbewußt und provokant gaben. Andererseits wußte der Parteiführer Hitler sehr wohl, sich durch entsprechende Auftritte vor Industriellen und durch einflußreiche Verbindungen einen Anschein von Seriosität zu geben, der ihn in den Augen vieler Konservativer zu einem Garanten für Ruhe und Ordnung werden ließ. Selbst Großindustrielle hielten seine Politik immerhin für so kalkulierbar, daß sie ihm weitreichende Unterstützung zukommen ließen und ihre Unternehmensstrategien mit seinem Aufstieg verbanden – mehr noch: mit Hilfe Hitlers und seiner Schlägerbanden sollte dem geschwächten Wirtschaftssystem auf längere Sicht wieder ein fester Rahmen gegeben werden.

In einem raffinierten Verwirrspiel der Programme und Symbole gelang es den Nationalsozialisten, in der ganzen Breite des politischen Spektrums Sympathien und Anhänger zu gewinnen, wie die Wahlergebnisse von 1930 zeigten. Nach diesem Erfolg konzentrierte sich ihre Propaganda auf die Mittelschichten, auf die von Arbeitslosigkeit bedrohten Angestellten ebenso wie auf die Kleineigentümer und -unternehmer, die sich von der organisierten Arbeiterbewegung ebenso wie von der fortschreitenden Kapitalkonzentration in Großunternehmen und Banken gefährdet und daher doppelt bedroht fühlten. Zwischen den von Hitler portraitierten Fratzen eines brutalen Bolschewismus und des »internationalen Finanzjudentums« versprach allein die NSDAP Rettung und Zukunft. In seinem Exkurs *Die*

Mittelstände im Zeichen des Nationalsozialismus schrieb 1932 der Soziologe Theodor Geiger: »Die zunehmende wirtschaftliche Bedrängnis des Besitzmittelstandes war psychische Vorbereitung genug für einen kleinbürgerlichen Radikalismus. Es tut dabei aktuell nichts zur Sache, wie weit die Existenzängste sachlich begründet, wieweit sie kollektiv-neurotisch übersteigert sind und durch handfeste Sanierungspolitik entkräftet werden können«[110] – wobei solcher Politik freilich der ungebrochene Einfluß der alten Machteliten gegenübergestanden hätte. Statt auf die kleinen Schritte einer beharrlichen Sanierungspolitik innerhalb eines parlamentarischen Systems drängte der »kleinbürgerliche Radikalismus« auf grundsätzliche Lösungen gemäß einem Wunschbild überzeitlich festgefügter Sicherheiten, wie es aufscheint im romantischen Bild einer ständisch gegliederten Gesellschaft, in der jedes Glied des »Volkskörpers« selbst Teil einer »natürlichen« Ordnung ist. Auf eine derart ständisch gegliederte »Volksgemeinschaft«, in der zugleich Klassengegensätze überbrückt und doch Hierarchien gesichert werden, zielten die suggestiven Versprechen der nationalsozialistischen Propaganda, die sich mit wachsender Wirkung auch an den sogenannten »neuen Mittelstand« richteten.

Daß sich solche Gesellschaftsvorstellungen eng mit einem Elitedenken verbinden konnten, das in weiten Teilen der technischen Intelligenz, also auch bei Architekten und Ingenieuren, schon in der Ausbildung angelegt wurde, ist einer weiteren Beobachtung Geigers zu entnehmen: »Einen ›Stand der Gebildeten‹ gibt es nicht mehr, seit eine gewerbsmäßige Intelligenz – in beamteter Stellung oder gemanagt – seine Funktion übernahm und andererseits eine verflachte, extensive Allgemeinbildung in alle Volkskreise drang. Je mehr aber die sogenannten ›freien Berufe‹ kommerzialisiert sind, und je schlechter zugleich die geistige Leistung im Kurs steht, desto heftiger scheint sich teilweise bei Angehörigen der freien Berufe das Bedürfnis nach bildungsständischer Geltung zu melden.«[111]

Gerade jene jungen Architekten, die sich in ihrer fachlichen Selbsteinschätzung wie in ihrer Verpflichtung auf ein abstraktes »Gemeinwohl« zu verantwortlicher Planung berufen fühlten – und sich dennoch nicht einmal an einfachsten Aufgaben bewähren konnten –, waren geradezu zerrissen zwischen dem Wunsch nach sozialer Geltung und der Einsicht in den Mangel an realer Wirksamkeit. So kam auch ihrer Bedürfnislage und Mentalität jenes Standesdenken im Rahmen einer sozial anerkannten Expertenkultur weit entgegen, wie es die neue Partei durch Galionsfiguren, wie die Ingenieure Gottfried Feder und Fritz Todt, proklamieren ließ; und leicht ließen sich ihre Wünsche mit jenen Zielen der NSDAP verbinden, in denen die soziale und räumliche Planung einer künftigen Gesellschaft im *Dritten Reich* als Wiederherstellung einer natürlichen Ordnung erschien – endlich sollte »Gemeinnutz vor Eigennutz« stehen, wie die Parteiprogramme versprachen.

Revision der Moderne?

Scharfsichtig beschrieb 1930 Alexander Schwab unter dem Pseudonym Albert Sigrist in seinem *Buch vom Bauen* die zwischen den verfeindeten Lagern aufbrechenden Architektur-Debatten als Ausdruck sozialer Spannungen, in denen die noch ungewohnten Formen des Neuen Bauens in doppelter Weise Ängste verstärkten: Auf der einen Seite waren es gerade die führenden Gruppen des Großkapitals, die vielfach die moderne Bauweise begünstigten[112] und damit dem Grauen vor einer weiteren Rationalisierung und »Taylorisierung« der Welt[113] anschauliche Bilder gaben; auch Schwab fürchtete diese baugewordene Kälte und führt gegen den kruden Wirtschaftsfunktionalismus die »große Zahl seelischer Zwecke« an, die von den Bauten ebenfalls zu erfüllen seien. Auf der anderen Seite jedoch schürte das Neue Bauen im Bündnis mit den Großorganisationen der Arbeiterschaft ebenfalls Furcht – vor weiterer Deklassierung, Vermassung, Anonymität: Stichworte, die von der bürgerlichen Kulturkritik angesichts der großen Neubausiedlungen mit ihren allzu sachlichen *Wohnungen für das Existenzminimum*[114] breit ausgedeutet und erfolgreich in Opposition zur Moderne gesetzt werden konnten:»Man will zu Hause etwas anderes sehen als im Beruf. Man will zu Hause sich erholen, allein oder mit Angehörigen oder Freunden sich freuen können. Man will seine Ruhe haben und das Gefühl, wenigstens hier sein eigener Herr zu sein. Hier ist wahrscheinlich der Punkt, an dem der innere Widerstand weiter Kreise auch gerade der erwerbstätigen Massen gegen das neue Bauen zu erklären ist, ein Widerstand, der nichts zu tun hat mit dem Bedürfnis, eine höhere Schicht nachzumachen, von dem wir an anderer Stelle sprachen, der vielmehr entsteht aus dem unbewußten Wunsch nach einer wirklich vollkommenen, hundertprozentigen Zweckmäßigkeit, die auch die sozialen und seelischen Bedürfnisse kennt, anerkennt und befriedigt«, schrieb Schwab fordernd.[115]

Die steigende Zwangsmobilität, die sich aus der Suche nach neuen, stets wieder gefährdeten Arbeitsplätzen ergab, wolle man nicht täglich auch noch durch die demonstrative Uniformität und Auswechselbarkeit der Wohnungen vor Augen haben – mit ihren genormten Einbaumöbeln, die das »Nomadentum des modernen Großstädters« noch begünstigten.

Nachdem die Erfahrungen mit dem Neuen Bauen in der kurzen Zeitspanne der zweiten Hälfte der zwanziger Jahre vor allem im Wirtschaftlichen, Technischen und Organisatorischen gelegen hätten, komme es auf die Weiterentwicklung im Hinblick auf psychische Bedürfnisse an. Im Rahmen einer breiten politischen Aufklärung über mögliche Formen gemeinschaftlicher Lebensorganisation sei so der Offensive der reaktionären Kräfte entgegenzuwirken. Denn es sei ganz sicher, führt Schwab in seinem *Buch vom Bauen* weiter aus, »daß eine Umfrage heute ergeben würde, daß weitaus der größte Teil der arbeitenden Familien in Deutschland vorziehen würde, in einem – eigenen oder gemieteten – kleinen Häuschen mit einem Garten als in einer Mietskaserne zu wohnen. Ebenso sicher ist aber, daß diese Richtung der Bedürfnisse nicht unbeeinflußt aus der seelischen Lage der Arbeiterschaft erwachsen ist. Vielmehr hat bald nach dem Kriege und der Revolution eine planmäßige Beeinflussung eingesetzt, die darauf gerichtet war, das Ideal des ›eigenen‹ kleinen Häuschens und Gartens als eines der wichtigsten Ziele in die Herzen der Massen zu pflanzen. Man rief damit alle bürgerlichen Instinkte, die naturgemäß auch heute noch in der Arbeiterschaft vorhanden sind, wach und hoffte, so die revolutionierende Wirkung der Wohnungsnot umzubiegen in ein verstärktes Streben nach Privateigentum. Jeder Arbeiter sollte als letztes Ziel die Rückwandlung in den ›freien Mann auf freier Scholle‹ vor sich sehen, sozusagen die Existenz als Miniaturvillenbesitzer oder als Miniaturgutsherr, der nur so nebenbei, halb zu seinem Vergnügen, ein wenig in der Fabrik arbeitet. Einen gewissen Erfolg, das ist nicht abzuleugnen, hat diese Propaganda gehabt. Sie traf auf günstigen Boden, besonders bei den Arbeiterschichten, die noch selbst vom Lande in die Stadt gewandert waren oder die wenigstens von den Großeltern her noch die Lichtseiten ländlichen Eigenbesitzes kannten. Die ungeheuer rasche Ausbreitung der Schrebergartenbewegung nach dem Kriege ist zum Teil ein Zeugnis dafür, wie stark diese ländlichen Erinnerungen und Wünsche in der städtischen Arbeiterschaft noch sind.«[116]

In der Perspektive einer bedürfnisgerechten Planung, die vom Wohnungs- bis zum Städtebau alle Lebensbereiche mit einbezieht und, über den bloß organisatorischen Funktionalismus hinaus, einfühlsam auch soziale, psychische und ästhetische Dimensionen erschließt, werden als Bedingung solcher Möglichkeiten tiefgreifende gesellschaftliche Veränderungen gefordert. Dem allerdings stehen nicht nur handfeste ökonomische und politische Interessen entgegen, sondern auch ein weitgespanntes System ideologischer Überformungen solcher Interessen, das bereits die Struktur der Ausbildung von Architekten prägt, wie Schwab 1930 feststellt:

»Auf allen unseren technischen Hochschulen wird noch heute der Städtebau als ein Teil der Baukunst gelehrt. Was bedeutet das? Es bedeutet, daß die Entwicklung des neuen Bauens, die vom Gerät und vom Möbel ausging und dann das Haus als Ganzes erfaßte, beim weiteren Fortschreiten, als sie auf den großen sozialen Körper ›Stadt‹ stieß, sich vor ein Problem gestellt sah, dessen ernsthafte Behandlung mit einem Schlage alle wirtschaftlichen und sozialen Gegensätze des Kapitalismus aufreißen mußte. Man fühlte, daß diese Frage innerhalb der bestehenden Gesellschaftsordnung nur scheinbar, nur mit provisorischen Teillösungen beantwortet werden konnte, und daß ihre endgültige Lösung von einer vollkommenen Umgestaltung der Wirtschaftsordnung abhängig ist. Man fühlte: wenn man modernen Städtebau nach Grundsätzen der menschlichen

Zweckmäßigkeit, also der Zweckmäßigkeit für die breite Masse des Volkes, betreiben wollte, so konnte man zwar mit harmlosen Einzelheiten wie Verkehrsfragen, Fragen des Hochhausbaues, Grünflächen u. dgl. anfangen, würde aber von der inneren Folgerichtigkeit der Tatsachen dazu genötigt, sehr bald bei den Fragen der sozialen Revolution zu enden. In dieser Situation, die natürlich von den beamteten Sachverständigen, den Professoren und Akademikern, instinktiv als höchst gefährlich empfunden wurde, selbst wenn sie sie keineswegs mit klarem Verstand erkannten, bot sich nun die ›Schönheit‹ als der nächstliegende und freudig benutzte Ausweg an. Da sie als Angehörige der bürgerlichen Klassen sich nicht stark genug fühlen konnten, gegen das geschichtliche Interesse ihrer Klasse aufzutreten, beruhigten sie sich gern mit der Bemühung, den bestehenden Zustand zu verschönern.« Schwab schließt: »Die Einsicht, daß der Städtebau heute zuerst, zu zweit und zu dritt eine *gesellschaftliche Angelegenheit* ist, und daß der Gedanke an die ›Schönheit des Stadtbildes‹ dabei in 99 von 100 Fällen nur als Deckmantel der sozialen Reaktion und der nackten Eigentumsinteressen dient, ist allerdings noch sehr jungen Datums.«[117]

1930 formuliert, wurden solche frischen Einsichten »noch sehr jungen Datums« allerdings bald wieder verstellt. Aus seiner Tätigkeit als Pressechef der *Reichsanstalt für Arbeitsvermittlung und Arbeitslosenversicherung* wird Alexander Schwab im Frühjahr 1933 entlassen, danach widmet er sich illegaler politischer Arbeit, wird 1936 von der Gestapo verhaftet und kommt 1943 im Zuchthaus Zwickau um.

Um ihre radikalen Konsequenzen entschärft, sind Schwabs Fragen um 1930 beliebte Themen der Zeit, in denen vordergründige Gesellschaftskritik unverfänglich als Zivilisationskritik formuliert und auf formale Probleme der Baukunst reduziert werden konnte, von denen aus dann deren »Erneuerung« gefordert wurde.

Im breiten Spektrum zwischen gesellschaftskritischer Analyse und dumpfer politischer Propaganda weitete sich um 1930 das Feld literarischer und philosophischer Erörterungen, in denen die fortschreitende »Entzauberung der Welt« (Max Weber) zum Thema subtiler Reflexionen und die neue Architektur fast stereotyp als Symbol eines ungeliebten Fortschritts mit hohen Kosten an Menschlichkeit vorgeführt wurde. In solchem Sinne schrieb auch Karl Jaspers 1931 in seinen Betrachtungen *Die geistige Situation der Zeit:* »Die technische Überwindung von Zeit und Raum durch die täglichen Mitteilungen der Zeitungen, das Reisen, die Massenhaftigkeit des Abbildens und Reproduzierens durch Kino und Radio hat eine *Berührung aller mit allem* ermöglicht. Nichts ist fern, geheim, wunderbar. Bei den Ereignissen, welche als die großen gelten können, können Alle zugegen sein. Die Menschen, welche gerade die Führerplätze einnehmen, kennt man, als ob man ihnen täglich begegnete. Die innere Haltung in dieser technischen Welt hat man *Sachlichkeit* genannt.«[118]

Die Versachlichung der sozialen Beziehungen und des Lebens insgesamt fand ihren Ausdruck in der stets wieder beklagten »Kälte« jener neuen Architektur, die – aller kulturellen und sozialen Programmatik zum Trotz – den Erfahrungsverlust der Individuen nur noch zu beschleunigen drohte. »Um vom Äußerlichen anzufangen: Der Weg, die Menschen zu kasernieren, die Wohnstätte zur Schlafstelle zu machen, die Einrichtung nicht nur des praktischen, sondern des gesamten Alltagsablaufs wie einen Betrieb zu technisieren, verwandelt die beseelte Umwelt in eine auswechselbare Gleichgültigkeit.«[119] Eindringlich beschreibt Jaspers, wie in dieser modernisierten Welt Individuen in bloße Funktionen, sachlich bis in die Grundstruktur ihrer Persönlichkeiten, aufgelöst werden. Die Trauer darüber und die Sehnsucht nach Sinn, nach Einbindung der eigenen, doch je besonderen Existenz in einen übergreifenden Zusammenhang von Welt und Geschichte, bildeten jene Risse im eisigen Gehäuse der Sachlichkeit, in denen auch die neuen Mythen des Nationalsozialismus Wurzeln schlagen konnten – und der neuen Macht zum Durchbruch verhalfen. Dabei wurde die neue »kalte« Architektur zur Projektionsfläche für eine vordergründige Kulturkritik, die von der NS-Propaganda breit aufgenommen wurde.

Rasch weitete sich bis in die »völkische« Tagespresse der Kampf gegen das Neue Bauen weiter aus; die Medien der Nationalsozialisten griffen die Themen auf und fanden in Paul Schultze-Naumburg einen in bürgerlichen Kreisen weithin geachteten Wortführer gegen den »Kulturbolschewismus«, wie die moderne Bewegung nun insgesamt plakativ denunziert wurde. Zwar hatten sich am Weißenhof die Architekten des *Ring* mit großem publizistischem Erfolg noch durchsetzen können, doch wurde nur wenige Jahre später – gleichsam als anschauliches Kontrastprogramm – die Kochenhof-Siedlung in Stuttgart errichtet, die der ländlich-sittlichen Alltagsarchitektur des *Dritten Reiches* noch lange als Vorbild dienen sollte.

Nicht nur in Stuttgart waren nun die Zeiten der »Modernen« vorbei. Im September 1932 hatte Paul Schmitthenner seinem Rivalen Richard Döcker einen »ritterlichen Kampf« angesagt; nun fühlte er seine Zeit kommen. Im April 1933 schrieb er Döcker, der sich zuvor mit merkwürdiger Betonung seiner nationalen Gesinnung an Schmitthenner gewandt hatte: »Die Architekturgestaltung, die unter dem Schlagwort ›neue Sachlichkeit‹ zusammenzufassen ist, lehne ich, wie Sie wissen, ab. Die Hauptvertreter dieser Auffassung, wozu Sie gehören, haben mich aufs Schärfste bekämpft als den Vertreter einer gesunden, deutschen Tradition, die allerdings mit Ihrer Auffassung von Tradition nichts zu tun hat. Sie werden verstehen, daß ich keinen Grund habe, heute mein Urteil über die neue Sachlichkeit zu ändern. Es gab auch für mich bisher keinen Unterschied zwischen modern oder nichtmodern. Auch ich kenne bloß gut oder schlecht. Ich werde das, was ich als schlecht erkenne, nach wie vor bekämpfen, einerlei ob es sich um falsch verstandene Tradition oder um neue Sachlichkeit handelt.«[120] Im Vorstand des *Deutschen Werkbundes* agierte Schmitthenner für dessen

Gleichschaltung; in den Kundgebungen des 1928 von Alfred Rosenberg gegründeten *Kampfbundes für deutsche Kultur* verkündete er im April 1933 einen vernichtenden Angriff gegen das Neue Bauen: »Die neue Sachlichkeit im Bauen ist der Form gewordene Geist des Nützlichen und Notdürftigen, der unsere ganze Zeit beherrschte und bereit war, Würde und Anstand einem internationalen Phantom zu opfern. Tradition aber ist die Grundlage jeder nationalen Kultur, die immer nur aus dem mütterlichen Schoße eines Volkes geboren wird.«[121] Schon wenig später werden sich die politischen Kräfte, die Schmitthenner hier unterstützt, gegen ihn selber wenden.

In ihrer suggestiven Propaganda für eine großstadtfeindliche Erneuerung der »Kultur aus Blut und Boden« hatten führende Vertreter der NSDAP, wie Robert Ley und Walter Darré, sowohl die gängigen Argumente der Zivilisationskritik an den Großstädten aufgegriffen als auch die Existenzängste der ländlichen Bevölkerung aufgenommen. Gemeinsam mit dem *Kampfbund für deutsche Kultur* warb auch Schultze-Naumburg seitdem unverhohlen für die politischen Ziele der Nazis und gewann Anhänger gerade unter jenen Architekten, die unter dem Druck existenzbedrohenden Auftragsmangels dem Siegeszug des Neuen Bauens ablehnend gegenüberstanden. Rasch vermehrten sich in den rechtsgerichteten Publikationen und Organen nach den überraschenden Wahlsiegen der NSDAP die Versuche, kulturelle Hegemonie zu erringen. Dabei wurde das Neue Bauen als Ergebnis einer unheilvollen Verbindung von Kulturbolschewismus und jüdischem Finanzkapital denunziert, wie dies 1928 der Schweizer Schriftsteller Alexander von Senger in seinem vielgelesenen Buch *Krisis der Architektur* vorgeführt hatte.[122]

Die Fronten der neuen »Schlachtordnung« begannen sich zu schließen, doch hatten sich aufgrund der Wirtschaftskrise und ihrer politischen Folgen die Kräfte erheblich verschoben.

Während die Architektur des Neuen Bauens aus einer Kette kühner Experimente in eine Phase sozial erprobter und technisch ausgereifter Projekte hätte übergehen können, die ihr jedoch durch staatliche wie private Sparmaßnahmen versagt blieb, gewannen ihre – zumeist der NSDAP verbundenen – Gegner weiter an Boden. Verbunden mit dem wachsenden politischen Einfluß der NSDAP konnten sich viele der Jüngeren nur noch durch eine »Revolution von rechts« eine kulturelle Erneuerung vorstellen, die auch Architekten vor große Aufgaben stellen würde.

In die Defensive waren indessen jene Kräfte geraten, die in verschiedenen Organen noch die Positionen des Neuen Bauens zu behaupten versuchten. Unter dem Titel »Front« liest man im ersten Heft 1932 der Werkbundzeitschrift *Die Form:* »Die Gefahr der kulturellen Reaktion, die eine Zeitlang kaum ernstzunehmen war, ist seit kurzem wieder drohend geworden, seitdem die heute aktivste politische Partei ihre Kulturpolitik auf leidenschaftlichen Kampf gegen so ziemlich alles, was der Werkbund in der letzten Zeit zu fördern suchte, eingestellt hat. Der Werkbund war von Anfang an grundsätzlich unpolitisch, und wir haben nicht die Absicht, diesen löblichen und für unsere Arbeit unentbehrlichen Grundsatz aufzugeben.«[123] Doch hinter den Kulissen ist die Arbeit dieser – implizit schon immer politischen – Organisation bereits von Auseinandersetzungen geprägt, die 1933 zur Unterwerfung des Werkbunds unter den Nationalsozialismus führen werden. Längst war er von Parteigängern unterwandert. 1933 schrieb Winfried Wendland, Kunstreferent im preußischen Kultusministerium und neben Paul Schmitthenner nun auch im Vorstand des Werkbundes, unter der Überschrift »Der Deutsche Werkbund im neuen Reich«: »Der Werkbund kämpfte schließlich vor allen Dingen in der Zeit von 1927 in der Werkbund-Siedlung Weißenhof für die neue Form und glaubte damit seiner Bestimmung zu dienen. Jedoch scheint es uns heute so, daß dieser Kampf um die neue Form ein Irrtum war, denn vom Begriff der Leistung her ist das formale Problem ein durchaus zweitrangiges. Der Nationalsozialismus hat 14 Jahre lang auf politischem Gebiet für eine neue Idee gekämpft, ja, er stellte überhaupt die eigentlich revolutionäre Idee des Jahrhunderts dar.« Wendland fährt fort: »Die deutsche Revolution, die am 1. August 1914 beginnt, setzt an die Stelle des Ich das Wir, an die Stelle der hochgeschraubten künstlerischen Einzelarbeit die Leistung, die bewußt in die Gesamtheit des Volkes hineingestellt wird, also nicht die Form an sich, ein Formproblem, irgendeine Frage technischer Natur, sondern die Leistung, gesehen unter dem Gesichtswinkel der Gesamtheit des Volkes, des Staates, gibt erst einen Maßstab auch für die künstlerische Frage.«[124]

Nach der 1933 vollzogenen Gleichschaltung des Werkbundes legte Schmitthenner, von den Berliner Kollegen nur als politischer »Konjunkturritter« gescholten[125], in seiner programmatischen Schrift *Die Baukunst im neuen Reich* 1934 eine Bilanz der bisherigen Entwicklung vor, die nicht nur den Propagandisten der NSDAP, sondern auch einem großen Teil der deutschen Bevölkerung aus dem Herzen gesprochen sein könnte und, nahezu wortgleich, der wieder aufkommenden Polemik gegen »Die Moderne« ein halbes Jahrhundert später ähnelt.

In seiner Kampfschrift gegen das Neue Bauen greift Schmitthenner zunächst die Fehlentwicklungen auf, die sich nach der noch meisterlichen Baukultur um 1800 besonders deutlich seit Mitte des 19. Jahrhunderts abgezeichnet hätten. »Nach dem sieghaften Kriege von 1870 nimmt die Wirtschaft jenen gewaltigen Aufschwung. Im Rausche dieses wirtschaftlichen Aufstieges greift man hilflos zurück in die Größe vergangener Baukulturen und verdeckt den Mangel an eigener Gestaltungskraft, an eigenem Stil, mit unbeherrschtem, hohlem Formenflitter. Nach dem Weltkriege 1918 tritt zu dieser Unfähigkeit noch die Schamlosigkeit der Selbstaufgabe. Man wird international.« Mit dem Aufblühen der Wirtschaft in den zwanziger Jahren, fährt Schmitthenner fort, habe ein Krämergeist um sich gegriffen, der die unberechenbaren Sehnsüchte, die gesunden Regungen und tiefen Wünsche des Volkes nicht mehr habe erfassen und auch baulich nicht mehr habe ausdrücken können.»Diesem Rationalismus, diesem praktischen Verstand, auf den unsere Zeit sehr stolz war, wurde allzu leicht Anstand und Würde geopfert, aber nicht allein auf dem Gebiete des Bauens. Das Unanständige und das Unwürdige, Schundliteratur, Negermusik, sentimentaler Filmkitsch, verbogene Gedankenkrämpfe als Theater, Sensationen um jeden Preis, wurden grundsätzlich verteidigt und mit rechnendem Verstand gefördert.«[126]

In einprägsamen Vergleichen stellt Schmitthenner nun die Bauentwicklung im 19. Jahrhundert dem Neuen Bauen gegenüber:»War es um 1890 schwer, einen Justizpalast von einer Bierbrauerei zu unterscheiden, so wurde es dem Volke nun ebenso schwer gemacht, manche Kirchen mit einem Silo oder einer Kraftzentrale nicht zu verwechseln, und bei Schulen und Schuhfabriken ist kaum noch ein Unterschied festzustellen. Es schien kein sachlicher Unterschied mehr zu bestehen zwischen Schuhfabrikation und Kindererziehung, und das Problem der Mietskaserne glaubte man zu lösen durch die funktionelle Form.« Zwar habe es bereits um 1900 eine Phase der Besinnung gegeben,»die der Anfang war zu einer gesunden, neuen Baugestaltung«, doch sei echter »Baugesinnung« von den »Männern der neuen Sachlichkeit der schärfste Kampf angesagt« worden. Dieser Kampf ginge nur scheinbar um Äußerlichkeiten:»Es war im tiefsten Grunde der Kampf einer volksfremden gegen eine volksgebundene Weltanschauung. Mit Hilfe einer liberalistischen Presse und Wirtschaft, geduldet von einer stumpfen Bürgerlichkeit, von demokratisch-marxistischen Regierungen unterstützt, wurde der Kampf geführt. Jener Verstand, der auf Unkosten des Herzens verfeinert, dem nichts mehr heilig ist, begann seine Herrschaft.«[127]

Inzwischen allerdings habe sich jener Verstand von seiner kältesten Seite gezeigt; der gesunde Menschenverstand der Deutschen melde sich dagegen zu Wort – und zur Tat:»Man pfercht die Menschen zusammen in Kasernen, womöglich in Stahl, Beton und Glas, denn die Wirtschaft, die Wirtschaft muß weiterlaufen, bis die Menschen durch die Spiegelglasscheiben dem Hunger und Elend in die Augen sehen. Ein Blick auf das rührende Bild der Schrebergärten rings um unsere Großstädte hätte gezeigt, wohin der Wunsch dieser Menschen geht.« Während sich in diesem Sinne ein dem Volk fremder Geist ausbreite und das über Geschlechter hinweg gewachsene Haus der deutschen Nation mit Zerstörung bedrohe –»Maulwürfe unterwühlten die Fundamente« –, sei zur Rettung von Volk und Kultur endlich Reichskanzler Adolf Hitler angetreten:»Da kam ein unbekannter Steinmetz, der erkannte mit gesundem Menschenverstand Schäden und Gefahr, und er rief das Volk auf zur Hilfe. Wenige nur hörten auf seine Stimme, und viele nannten ihn einen Phantasten. Jahrelang kämpfte der Steinmetz seinen guten Kampf gegen die Lauheit des Volkes und mit wenigen Gläubigen begann er die Risse aufzudecken und die gefährdeten Fundamente bloßzulegen, damit das Volk die Schäden erkenne. Da kamen immer mehr herbei und halfen am Werk, und sie erwählten den Steinmetzen zu ihrem Werkführer. Sie verjagten die falschen Meister, und nach des Führers Plan schlugen sie ein festes Gerüst um den Bau, und es begann die große Reinigung von Scheinwerk und eitlem Flitter, auf daß die alte reine Form wieder erstünde.«[128] Mehrfach wiederholt Schmitthenner die »Worte des Führers« von der »Erziehung zu scheuem Respekt« vor den »geborenen Trägern der Kultur«. Mit seinen Vorschlägen zur Neuordnung des Erziehungswesens für Baumeister wird er deutlich: »Die Überbildung führt zur Mittelmäßigkeit, sagt Goethe. Wie überall, so auch in der Erziehung der Bauleute, können wir eine bedenkliche Überbildung feststellten. Jeder Maurer-, Klempner- und Schreinerlehrling wird in den Gewerbeschulen mit Reißschiene und Winkel verbildet, anstatt beim tüchtigen Meister mit Gottesfurcht und gutgemeinten Ohrfeigen das Handwerk gründlich zu erlernen und die Gesinnung, daß ohne seine Mitarbeit kein Bauwerk entstehen kann.«[129]

Erst unter der Voraussetzung rigider Zucht könne der Staat leisten, was ihm aufgetragen sei:»Entstehen soll der Ständestaat«, – in dem für Störenfriede allerdings kein Platz mehr sei, wie auch die folgenden »Worte des Führers« vom Kulturtag in Nürnberg 1933 nachdrücklich androhen: »Das ›Noch-nie-Dagewesene‹ ist kein Beweis für die Güte einer Leistung, sondern kann genauso gut der Beweis für ihre noch nie dagewesene Minderwertigkeit sein. (...) Es ist dabei auch unmöglich, daß ein sich so herabwürdigender Mann plötzlich wieder umlernen und Besseres schaffen könnte. Er ist wertlos und wird wertlos bleiben, er hat versagt, weil ihm die Berufung zum Allerhöchsten und damit die natürliche Auszeichnung gefehlt hat. Durch bewußte Verrücktheiten sich auszuzeichnen und damit die Aufmerksamkeit zu erringen, das zeugt aber nicht nur von einem künstlerischen Versagen, sondern auch von einem moralischen Defekt. (...) Entweder waren die Ausgeburten ihrer damaligen Produktion ein wirklich inneres Erleben, dann gehören sie als Gefahr für den gesunden Sinn unseres Volkes in ärztliche Verwahrung, oder es war dies nur eine Spekulation, dann gehören sie wegen Betrugs in eine dafür geeignete Anstalt. Auf keinen Fall wollen wir den kulturellen Ausdruck unseres Reiches von diesen Elementen verfälschen lassen: denn das ist unser Staat und nicht der ihre.«[130]

Fassungslos notiert Richard Döcker 1934 in seinem Tagebuch: »Das ›neue‹ Deutschland – ›das reich‹ A.H.'s – setzt sich zusammen aus der masse jener, die davon überrascht wurden, daß Neues, Anderes als das überkommene und gedankenlos gelebte auf allen gebieten des lebens und gestaltens von schrittmachern des fortschritts und der entwicklung – plötzlich – erdacht worden war, so daß das alte, das tägliche sich wie mit peitschen ins gesicht geschlagen vorkam – ohne daß das neue auch nur an diese wirkung denken konnte.«[131] Die schockierende Wirkung des beschleunigten Fortschritts war von den »Schrittmachern« nicht mit eingeplant.

Zum Jahresende 1934 hält Döcker in seinem Tagebuch fest: »Alle arbeit muß für das ›nachher‹, nicht für das ›vorher‹ getan werden. – Ohne die sehnsucht und erkenntnis (was dem ›heutigen‹ völlig fehlt) ist alles tun nie für das zukünftige noch gegenwärtige, sondern eben rückschrittlich und daher verwerflich und dumm! In dieser herabstimmung wird – werden die nächsten Jahre für uns vergehen und den Kommenden so ohne unser wollen durch die heutigen machthaber eine Katastrophe bereitet werden.«[132]

Während Richard Döcker eine düstere Zukunft ahnt, wird die NSDAP von vielen Architekten mit Begeisterung vor allem als eine politische Kraft angesehen, die wieder für Arbeit – also auch für Aufträge – und Brot sorgen würde; für Aufträge, die sie nicht mehr von einzelnen Bauherren, sondern als anerkannter Stand von einem starken Staat empfangen würden. Im Siegeszug der NSDAP wurde die Möglichkeit gesehen, endlich jene Ziele zu erreichen, die der *Deutsche Werkbund* schon früh durch die enge Verbindung von Kunst, Industrie, Handel und Politik anstrebte: eine »Veredelung der Arbeit« unter der ordnungsstiftenden Anleitung nationalbewußter Künstler, unter denen die Architekten eine führende Stellung einnehmen sollten – führend auch im sozialen Ansehen des Volkes durch die unverhüllte Beteiligung an der Macht im neuen Staat.

[1] Da hier nur eine grobe Skizze des historischen Hintergrunds gegeben werden kann, sei als weiterführende Literatur empfohlen: H. Böhme, Deutschlands Weg zur Großmacht. Studien zum Verhältnis von Wirtschaft und Staat während der Reichsgründungszeit 1848–1881, Köln 1972[2]; ders., Prolegomena zu einer Sozial- und Wirtschaftsgeschichte Deutschlands im 19. und 20. Jahrhundert, Frankfurt am Main 1969[3]; G. Hardach, Deutschland in der Weltwirtschaft 1870–1970, Frankfurt am Main 1977; V. Hentschel, Wirtschaft und Wirtschaftspolitik im wilhelmini-schen Deutschland, Stuttgart 1978

[2] Vgl. M. Stürmer (Hrsg.), Das kaiserliche Deutschland. Politik und Gesellschaft 1870–1918, Düsseldorf 1970; H. U. Wehler, Krisenherde des Kaiserreichs 1871–1918. Studien zur deutschen Wirtschafts- und Verfassungsgeschichte, Göttin-gen 1970; ders., Das deutsche Kaiserreich 1871–1918, Göttingen 1973

[3] Mit Hilfe der französischen Entschädigungen nach dem Krieg von 1870/1871 hatte die im Ruhrgebiet, in Lothringen und Oberschlesien konzentrierte Kohlenför-derung, Eisen- und Stahlindustrie einen Aufschwung erfahren, der sich nach der »Gründerkrise« stabilisierte und die kontinentaleuropäische Konkurrenz weit hin-ter sich zurückzulassen begann. Großstaatliche Rüstungsaufträge und die gleichmä-ßige verkehrswirtschaftliche Erschließung Deutschlands – ja, ganz Europas – hat-ten zu einer Vervielfachung der Produktion geführt, mit der eine enge Verflechtung der Eisen-, Stahl- und Bergbauindustrie einherging. Die lange Rückständigkeit der industriellen Entwicklung in Deutschland hatte innerhalb weniger Jahre Chancen zur Rationalisierung, Konzentration und Modernisierung der Produktion geboten, die durch technische Innovationen überraschend erfolgreich genutzt worden wa-ren. Vgl. hierzu: K. Borchardt, Grundriß der deutschen Wirtschaftsgeschichte, Göt-tingen 1978; K. H. Manegold, Universität, Technische Hochschule und Industrie, Berlin 1970; ders. (Hrsg.), Wissenschaft, Wirtschaft und Technik. Studien zu ihrer Geschichte, München 1969; W. Treue, K. Mauel (Hrsg.), Naturwissenschaft, Tech-nik und Wirtschaft im 19. Jahrhundert, Göttingen 1976

[4] J. Penzler (Hrsg.), Die Reden des Kaisers Wilhelm II, 2. Teil, Leipzig 1904, S. 186f. Vgl. dazu: H. Blankertz, Bildung im Zeitalter der großen Industrie, Hanno-ver 1969; R. Rürup (Hrsg.), Technik und Gesellschaft im 19. und 20. Jahrhundert, Göttingen 1978

[5] G. Fuchs, Der Kaiser, die Kultur und die Kunst. Betrachtungen über die Zu-kunft des Deutschen Volkes, München, Leipzig 1904[2]

[6] Vgl. A. Kruck, Geschichte des Alldeutschen Verbandes, Wiesbaden 1954; F. Fi-scher, Der Griff nach der Weltmacht, Düsseldorf 1967[3]; ders., Bündnis der Eliten. Zur Kontinuität der Machtstrukturen in Deutschland, Düsseldorf 1979; H. U. Weh-ler (Hrsg.), Imperialismus, Köln, Berlin 1970, darin besonders die umfangreiche Bi-bliographie

[7] Vgl. E. Schalk, Der Wettkampf der Völker, mit besonderer Bezugnahme auf Deutschland und die Vereinigten Staaten von Nordamerika, Jena 1905; W. T. Stead, Die Amerikanisierung der Welt, Berlin 1902

[8] G. Fuchs, a. a. O., S. 7. Daß der schon früher erwartete Krieg geradezu als Mo-tor kultureller Neuordnung wirken würde, klang bereits 1904 in diesen »Betrachtun-

gen« an: »Die Armee, von unserer Warte betrachtet, ist ein Kunstwerk. Sie hat die alten Kulturformen der Wehrhaftigkeit bewahrt und zur Aufnahme der modernen Zivilisation, der Schnellfeuerwaffen, Eisenbahn, Luftschiffahrt, des Telegraphen, des Automobils, des Fahrrades, der modernen Hygiene, Ingenieurkunst usw. fortgebildet. Sie ist also ein modernes Kunstwerk; und der Kaiser stellt sich, indem er mit schöpferischer Kraft an diesem Werke mitwirkt, nicht auf die Seite der Künstler, welche ihm seine Denkmäler und Paläste unter steriler Wiederholung alter Formen errichten, sondern auf die der jungen Künstler, welche aus der rhythmischen Überlieferung heraus neue Formen für neue Lebensbedingungen suchen.« Und weiter heißt es: »Wenn das, was in der Armee geschah, in allen Zweigen unseres Lebens geschehen wäre, so hätten wir heute eine moderne deutsche Kultur, die, dank der geistigen Tiefe und Tatkraft unseres Volkes, allen anderen Nationalkulturen unendlich überlegen wäre. Wir hätten dann auch eine Politik von solcher Kultur – selbstverständlich – und wir würden das merkwürdige Schauspiel sehen, das das Volk, soweit es nur irgend in diese Kultursphäre hereingezogen wurde, mit elementarer Leidenschaft auf eine interkontinentale Machtstellung des Deutschtums hindrängte.«

[9] P. Rohrbach, Der Deutsche Gedanke in der Welt, Düsseldorf, Leipzig 1912, S. 6ff.; vgl. ders., Um des Teufels Handschrift: Zwei Menschenalter erlebter Weltgeschichte, Hamburg 1953

[10] J. Posener, Vorlesungen zur Geschichte der Neuen Architektur III, in: ARCH +, Heft 59/1981, S. 19

[11] T. Heuss, Friedrich Naumann. Der Mann. Das Werk. Die Zeit, Stuttgart, Tübingen 1949[2], S. 224. Weiter heißt es dort, S. 225: »Das war ja das Verhängnis von Marx gewesen, daß er, das Problem in die Kategorien von Arbeitszeit und Lohn auflösend, diese ganze seelische Seite der Produktionskräfte nicht gesehen hatte. Und durchaus rückte Naumann die Aufgabe in das nationalpolitische Blickfeld: Deutschland sollte der Welt einen neuen, den ›deutschen Stil‹ bringen.«

[12] Kurz nach seinen Erfahrungen im Kriegsministerium verfaßte W. Rathenau seine einflußreiche Schrift Von kommenden Dingen, Berlin 1917 (erschien in 79 Auflagen bis 1925)

[13] W. Rathenau, Vaterstadt Berlin, in: ders., Schriften, Berlin 1965, S. 41 f.

[14] Vgl. hierzu etwa die Schriften von G. Simmel, bes.: Die Großstädte und das Geistesleben, in: ders., Brücke und Tor. Essays, Dresden 1903. Dort beschreibt Simmel die typische »Blasiertheit« des Großstädters als eine psychische Panzerung, mit der er sich gegen ständige Reizüberflutung zu schützen hat, und er zeigt, wie die alle gesellschaftlichen Lebensbereiche durchdringende Geld- und Warenwirtschaft zu neuen Verhaltens- und Wahrnehmungsweisen führt, die sich durch die Macht der Gewohnheit und funktionalisierte Wahrnehmungsweisen abschotten gegen die Besonderheiten der Dinge. »Das Wesen der Blasiertheit ist die Abstumpfung gegen die Unterschiede der Dinge, nicht in dem Sinne, daß sie nicht wahrgenommen würden, wie von dem Stumpfsinnigen, sondern so, daß die Bedeutung und der Wert der Unterschiede der Dinge und damit der Dinge selbst als nichtig empfunden wird. Sie erscheinen dem Blasierten in einer gleichmäßig matten und grauen Tönung, keines Wert, dem anderen vorgezogen zu werden.«

[15] F. Naumann, Neue Schönheiten, nachgedruckt in: ders., Form und Farbe, Berlin 1909, S. 199

[16] Jahrbuch des Deutschen Werkbundes, Jena 1914, S. 8

[17] F. Schumacher, Stufen des Lebens. Erinnerungen eines Baumeisters, Stuttgart 1949, S. 280ff. Politisch stand Schumacher Friedrich Naumann nahe. S. 571:

»Friedrich Naumann (1860–1919) bedeutete mir weit mehr, als die künstlerischen Reformbestrebungen umfassen, die mich vor allem mit ihm zusammenführten. In Leipzig hatten mich seine politischen Ideen ganz gefangengenommen, und es ist mir nie recht begreiflich gewesen, daß seine Bewegung für eine Arbeiterpartei auf nationaler und religionsbejahender Grundlage nicht weitere Kreise ergriff. Seine Bestrebungen schienen mir das sicherste Mittel gegen die zersetzenden Tendenzen des Sozialismus zu sein, gab es doch sonst keine Partei, die dem Arbeiter wirklich etwas bieten konnte.«

[18] A. a. O., S. 282

[19] H. Muthesius, Stilarchitektur und Baukunst, in: J. Posener, Anfänge des Funktionalismus. Von Arts und Crafts zum Deutschen Werkbund, Frankfurt am Main, Berlin, Wien 1964, S. 155

[20] A. a. O., S. 165

[21] A. a. O., S. 156

[22] A. a. O., S. 174 f.

[23] J. Posener, Vorlesungen, a. a. O., S. 40

[24] F. Schumacher, a. a. O., S. 523 f.

[25] H. Muthesius, in: J. Posener, Anfänge des Funktionalismus, a. a. O., S. 199

[26] Jahrbuch des Deutschen Werkbundes, Jena 1914, S. 2

[27] Deutscher Werkbund (Hrsg.), Das Haus der Freundschaft in Konstantinopel. Ein Wettbewerb deutscher Architekten, kommentiert von T. Heuss, München 1918; zu dieser Zeit vgl. auch: J. Campbell, Der Deutsche Werkbund 1907–1934, Stuttgart 1981, sowie: L. Benevolo, Geschichte der Architektur des 19. und 20. Jahrhunderts, 2 Bände, München 1964, bes. Band 2, S. 7 ff.

[28] H. Tessenow, Handwerk und Kleinstadt, Berlin 1919; ders., Das Land der Mitte, Hellerau 1921; zur Vorgeschichte vgl. P. Schultze-Naumburg, Kulturarbeiten, 9 Bände, erschienen im Kunstwart-Verlag München 1908–1912; sowie: G. Kratzsch, Kunstwart und Dürerbund. Ein Beitrag zur Geschichte der Gebildeten im Zeitalter des Imperialismus, Göttingen 1969; G. L. Mosse, Die Nationalisierung der Massen. Von den Befreiungskriegen bis zum Dritten Reich, Frankfurt am Main, Berlin 1976; F. Stern, Kulturpessimismus als politische Gefahr. Eine Analyse nationaler Ideologie in Deutschland, a. a. O.

[29] Nach Untersuchung des »Kriegsinteresses« des eigenen, 1914 gerade siebenjährigen Sohnes und seiner Freunde stellt der Autor ein hohes »technisches Interesse« und eine damit verbundene »Mallust« fest: »Phantasiezeichnungen stellen Schlachten, Flugzeugkämpfe, Fliegerheime, U-Bootangriffe u. a. dar.« Auch in anderen Tätigkeiten stand das Spiel der Kinder »ganz im Zeichen des Krieges«. K. W. Dix, in: E. Jäckh (Hrsg.), Der große Krieg als Erlebnis und Erfahrung, Gotha 1916, S. 217 ff.

[30] R. Wolters, Lebensabschnitte I, unveröff. Manuskript, Coesfeld o. J., S. 68, Archiv W. Durth (AD)

[31] A. Speer, Erinnerungen, Frankfurt am Main, Berlin, Wien 1969, S. 22 f.

[32] R. Wolters, a. a. O., S. 70

[33] A. a. O., S. 78

[34] Vgl. K. Theweleit, Männerphantasien, 2 Bände, Frankfurt am Main 1977 und Reinbek 1980; als biographische Skizzen vgl. J. Fest, Das Gesicht des Dritten Reiches. Profile einer totalitären Herrschaft, München 1963, darin bes. das Kapitel über Ernst Röhm, S. 190 ff.

[35] R. Wolters, a. a. O., S. 86

[36] T. Geiger, Die soziale Schichtung der deutschen Volkes, erschienen 1932, Nachdruck Stuttgart 1967, S. 116

[37] A. Speer, a.a.O., S. 27

[38] T. Geiger, Panik im Mittelstand, in: Die Arbeit, Heft 10/1930; vgl. auch A. Rosenberg, Entstehung und Geschichte der Weimarer Republik, Neudruck Frankfurt am Main 1983

[39] G. Offenberg, Mosaik meines Lebens, Mainz 1974, S. 107

[40] F. Schumacher, a.a.O., S. 185 und 502

[41] M. Guther, in: H. Wetzel und die Städtebaulehre an deutschen Hochschulen, Stuttgart 1982, S. 84

[42] P. Bonatz, Leben und Bauen, Stuttgart 1950, S. 102

[43] T. Fischer, zitiert in: P. Bonatz, a.a.O.,

[44] P. Bonatz, a.a.O., S. 45

[45] A.a.O., S. 40

[46] R. Pfister, Theodor Fischer. Leben und Wirken eines deutschen Baumeisters, München 1968, S. 55; vgl. auch: M. Guther, a.a.O., S. 88

[47] F. Schumacher, a.a.O., S. 341 f.

[48] P. Bonatz, a.a.O., S. 95 f.

[49] C. Hackelsberger, Deutschsein als Auftrag und Sendung, in: Bauwelt, Heft 3/1985, S. 80

[50] P. Bonatz, a.a.O., S. 96

[51] A.a.O.

[52] G. Offenberg, a.a.O., S. 112 f.

[53] G. Graubner, Bonatz und seine Schüler, Stuttgart 1930

[54] P. Bonatz, a.a.O., S. 99

[55] A.a.O., S. 114

[56] Vgl. hierzu: B. M. Lane, Architecture and Politics in Germany 1918-1945, Cambridge/Mass. 1968, in deutscher Übersetzung: Braunschweig, Wiesbaden 1985, sowie L. Benevolo, a.a.O., S. 113 ff. und J. Campbell, a.a.O., S. 270 ff.

[57] P. Bonatz, in: Schwäbischer Kurier vom 26. Mai 1926, zitiert in: J. Cramer, N. Gutschow, Bauausstellungen. Eine Architekturgeschichte des 20. Jahrhunderts, Stuttgart 1984, S. 122

[58] H. Häring, zitiert in: Von der futuristischen zur funktionellen Stadt, Planen und Bauen in Europa 1913–1933, Ausstellung der Akademie der Künste in Berlin, Katalog Berlin 1977, S. 32

[59] Vgl. U. Conrads, Programme und Manifeste zur Architektur des 20. Jahrhunderts, Gütersloh 1964, S. 103 ff.

[60] A.a.O.

[61] K. Gutschow, Brief vom Juli 1927, Archiv für Städtebau, Niels Gutschow (AG)

[62] Manifest zur Gründung der Architektenvereinigung »Der Block« im Juni 1928, zitiert in: A. Teut, Architektur im Dritten Reich 1933–1945, Berlin, Frankfurt am Main, Wien 1967, S. 29

[63] Vgl. A. Teut, a.a.O., S. 19

[64] P. Schultze-Naumburg, Kunst und Rasse, München 1928; ders., Der Kampf um die Kunst, München 1933; ders., Kunst aus Blut und Boden, Leipzig 1934; vgl. hierzu: H. Brenner, Die Kunstpolitik des Nationalsozialismus, Reinbek bei Hamburg 1963, bes. S. 11 f.

[65] T. Heuss, Hans Poelzig. Das Lebensbild eines deutschen Baumeisters, Tübingen 1948, S. 103, Neuausgabe Stuttgart 1985

[66] J. Posener, Bemerkungen zur Berliner Schule, in: Aufsätze und Vorträge, Braunschweig 1981, S. 381 f.

[67] A. a. O., S. 388

[68] T. Heuss, a. a. O., S. 104

[69] Vgl. F. Schumacher, Stufen des Lebens, a. a. O., S. 526

[70] Vgl. G. Wangerin, G. Weiss, Heinrich Tessenow. Ein Baumeister 1876 – 1950, Essen 1976, S. 16

[71] R. Wolters, Heinrich Tessenow zum Gedenken, unveröff. Manuskript, Coesfeld 1951, AD

[72] A. a. O., S. 3

[73] A. a. O.

[74] A. Speer, Erinnerungen, a. a. O., S. 27

[75] A. a. O., S. 31

[76] A. a. O.

[77] E. Schwarzer im Brief vom 17. Februar 1985 an den Verfasser; vgl. dazu und zum folgenden: M. Schmidt, a. a. O., bes. S. 42 ff.

[78] Die Datierung des Parteieintritts folgt hier der Darstellung von M. Schmidt, a. a. O., S. 43, nicht Speers, der im Januar 1931 bereits Parteimitglied gewesen sein will: A. Speer, a. a. O., S. 34. In: W. A. Boehlke (Hrsg.), Deutschlands Rüstung im Zweiten Weltkrieg, Frankfurt am Main 1962, heißt es auf S. 5: »Speer trat 1931 der SA und 1932 der SS und der NSDAP bei.«

[79] F. Schumacher, Stufen des Lebens, a. a. O., S. 329 f.

[80] F. Schumacher, Statik und Dynamik im Städtebau, in: F. Block (Hrsg.), Probleme des Bauens, Potsdam 1928, S. 12

[81] F. Schumacher, Stufen des Lebens, a. a. O., S. 356

[82] A. a. O., S. 357

[83] A. a. O., S. 359 f.

[84] G. Albers, Entwicklungslinien im Städtebau, Düsseldorf 1975, S. 96

[85] F. Schumacher, a. a. O., S. 538; vgl. auch S. 385

[86] F. Tamms, Von Menschen, Städten und Brücken, Düsseldorf, Wien 1974, S. 14

[87] F. Schumacher, zitiert in: G. Albers, a. a. O., S. 235; vgl. auch H. Berndt, Das Gesellschaftsbild bei Stadtplanern, Stuttgart 1968

[88] W. Wortmann, in: Handwörterbuch der Raumforschung und Raumordnung, hrsg. von der Deutschen Akademie für Städtebau und Landesplanung, Hannover 1970, Sp. 2825

[89] A. a. O. Auch nach seiner vorzeitigen Entlassung 1933 bleibt Schumacher einflußreicher Ratgeber. Vgl. N. Gutschow, Fritz Schumacher. Vordenker für den Wiederaufbau zerstörter Städte in Norddeutschland, in: Stadtbauwelt, Heft 84/1984, S. 346: »Im Hintergrund bleibt Schumacher jedoch der geschätzte und auch hochgeehrte Beobachter. Seinen ehemaligen Mitarbeitern *Wilhelm Wortmann* und *Konstanty Gutschow* (denen er 1937 selbst geraten hatte, in die NSDAP einzutreten, um ›innerhalb des Systems‹ an den großen Planungen der Zeit mitzuwirken) eng verbunden, nimmt er auch regen Anteil an den Neugestaltungsplänen in Norddeutschland. Noch während des Wettbewerbs zur Neugestaltung des Elbufers in Hamburg schreibt Fritz Schumacher im Juni 1938 ›... in welch großartiger Weise ihre Lösung das Gesicht der Stadt zu verändern, ja, zu prägen vermag. Es kann wundervoll

werden ... Daß die Palmaille ihr (der ›Piazza‹) zum Opfer fiel, wird man ertragen müssen, wenn es auch weh tat.‹ In ähnlicher Weise bestärkt Schumacher Wilhelm Wortmann in dessen Planung für Bremen.

Schumachers 70. Geburtstag wird im November 1939 auf breiter Ebene wahrgenommen: Er gilt uneingeschränkt als der Wegbereiter modernen Städtebaus, und die Planer Hamburgs machen sich ausdrücklich zum Sachverwalter einer von ihm begonnenen Tradition. Schließlich wird Schumacher die Goethe-Medaille verliehen, die durch *Rudolf Wolters,* den Vertreter Speers und Propagandisten der ›Neuen Deutschen Baukunst‹, übergeben wird.«

[90] F. Schumacher, Der Geist der Baukunst, Stuttgart, Berlin 1938, S. 315 f.; Neuauflage im Archiv für Städtebau und Landesplanung, hrsg. von J. Göderitz, Tübingen 1956

[91] A. a. O., S. 321

[92] A. Speer, a. a. O., S. 26

[93] P. Behrens, Brief vom 17. Januar 1926, AG

[94] F. Höger, Brief vom 13. Januar 1926, Blatt 8. Höger fügt hinzu:»Es muß einem hierbei gleichgültig sein, was der immer mehr abbröckelnde Teil der Menschheit, die sachlichen und unsachlichen Feinde des Backsteinbaus sagen, schreiben und denken. Es muß einem gleichgültig sein, auch wenn ein ganz Boshafter hierbei von geistiger Inflation spricht.« AG

[95] K. Gutschow, Brief vom November 1927, AG

[96] K. Gutschow, H. Zippel, Umbau. Fassadenveränderung, Ladeneinbau, Wohnungsumbau, Wohnungsteilung, seitliche Erweiterung, Aufstockung, Zweckveränderung. Planung und Konstruktion, 86 Beispiele mit 392 vergleichenden Ansichten, Grundrissen und Schnitten, Stuttgart 1932

[97] Untersuchungen zur Lage der akademischen Berufe, hrsg. von den Hochschulverwaltungen, Heft 10: Bedarf und Nachwuchs an Architekten und Bauingenieuren, Berlin 1933, S. 79

[98] A. a. O., S. 78

[99] Vgl. den Abschnitt »Das Verdrängungsproblem« a. a. O., S. 98 f.

[100] A. a. O.

[101] K. Gutschow, Brief vom März 1931, AG

[102] J. J. P. Oud, Brief vom 26. Oktober 1929. Am 16. Oktober 1929 schrieb W. Gropius: ». . . erwidere ich, daß auch auf meinem Büro augenblicklich wenig Arbeit vorliegt, so daß Personalentlassungen vorgenommen werden müssen.« Nachlaß Rudolf Wolters, Archiv Friedrich Wolters (AW)

[103] P. Klöckner, Brief vom 21. November 1927, zitiert in: R. Wolters, Lebensabschnitte I, a. a. O., S. 114 f.

[104] Reichsbahndirektion, Brief vom 10. November 1930, zitiert in: R. Wolters, a. a. O., S. 116

[105] A. a. O., S. 117 f.

[106] A. a. O., S. 133

[107] R. Wolters, Lebensabschnitte II, a. a. O., S. 158

[108] F. Tamms, Ein Baumeister und seine Stadt. Materialien zur Düsseldorfer Stadtentwicklung, Düsseldorf 1979, S. 2

[109] Vgl. die anfangs angegebene Literatur sowie: C. Bettelheim, Die deutsche Wirtschaft unter dem Nationalsozialismus, München 1974; R. Kühnl (Hrsg.), Texte zur Faschismusdiskussion 1, Reinbek 1974; ders., Faschismustheorien. Texte zur Faschismusdiskussion 2, Reinbek 1979; ders., Der deutsche Faschismus in Quellen

und Dokumenten, Köln 1975; F. Neumann, Behemoth. Struktur und Praxis des Nationalsozialismus 1933–1944, a. a. O.; E. Nolte (Hrsg.), Theorien über den Faschismus, Köln, Berlin 1970[2]

[110] T. Geiger, a. a. O., S. 120

[111] T. Geiger, a. a. O., S. 121; vgl. hierzu grundlegend: G. Hortleder, Das Gesellschaftsbild des Ingenieurs. Zum Verhalten der Technischen Intelligenz in Deutschland, Frankfurt am Main 1970, sowie K. H. Ludwig, Technik und Ingenieure im Dritten Reich, Königstein/Ts. 1979

[112] A. Schwab, Das Buch vom Bauen, erschienen 1930 unter dem Pseudonym Albert Sigrist, Neudruck Düsseldorf 1973, S. 21 ff.

Auf S. 76 führt Schwab weiter aus: »Zu alledem kommt, daß das neue Bauen nirgend so viele und so erbitterte Feinde hat wie im Mittelstand und im Kleinbürgertum. Hier spricht man geradezu mit Wut von ›Asphaltblüten der Großstadt‹, von ›Zerstörung aller Tradition‹, von einem ›Vernichtungskampf internationaler Mächte gegen die deutsche Seele‹, ja von ›Bolschewikenkunst‹ oder ›Kulturbolschewismus‹. Und die Architekten, deren Können zu gering ist, um mit der neuen Bewegung Schritt zu halten und wenigstens ihr etwas abzusehen, stoßen in dasselbe Horn, tun sich in ›völkischen‹ Blocks zusammen und schreien auch über die bedrohte deutsche Seele, womit sie die lohnenden Aufträge meinen, die ihnen zu entgehen drohen. Diese Erscheinung der haltlosen Wut aller Mittelstandskreise paßt ja nun sehr gut in das bisher gewonnene Bild, und ihre Aufregung verrät uns deutlich, daß die Auseinandersetzung über solche ›Geschmacksfragen‹ keineswegs nur eine ästhetische Angelegenheit ist, sondern daß sie politische Hintergründe hat, ja daß sie, wie alle kulturellen Kämpfe, nur ein Ausdruck für politisch-wirtschaftliche Kämpfe ist. Wie überall, so fühlt sich auch auf dem Gebiet des Bauens der kleine selbständige Mittelstand, das Kleinbürgertum, eingeklemmt zwischen den Mühlsteinen der beiden großen Mächte, unter denen der entscheidende historische Kampf begonnen hat und zur endgültigen Auseinandersetzung drängt: Großkapital und Sozialismus.«

[113] A. a. O., S. 102; vgl. hierzu die rasche Rezeption in Deutschland von H. Ford, Mein Leben und Werk, Leipzig 1923, dem 1926 von H. Ford, Das große Heute. Das größere Morgen, folgte, in dem die amerikanischen Fabrikationsmethoden und Unternehmensstrategien als Vorbild vorgeführt wurden: »So wird dieses Buch zu einem Lehrbuch für den Industriellen, für den Kaufmann, ja für jedermann.« Im Vorwort des deutschen Herausgebers von Mein Leben und Werk hieß es 1923: »Die Ideen, die Ford in seinen Betrieben bereits zum großen Teil zur lebendigen Tat gestaltet hat, berühren sich übrigens eng mit Grundsätzen, die der große deutsche Industrielle Walther Rathenau in Wort und Schrift vertreten hat. Gerade die deutsche Industrie kann in diesen Tagen harten Ringens um ihre Weltgeltung aus der Art lernen, wie Ford kaufmännisch rechnet und organisiert, wie in seinen Fabriken jeder Handgriff genau ausgedacht, ja jeder Schritt des Arbeiters berechnet wird, um auch die geringste Energie- und damit Geldverschwendung zu vermeiden.«

[114] Unter Leitung von E. May fand 1929 in Frankfurt ein Treffen der CIAM statt, nach dem unter dem Titel »Die Wohnung für das Existenzminimum« über neue Entwicklungen im Wohnungsbau berichtet wurde.

[115] A. Schwab, a. a. O., S. 126

[116] A. a. O., S. 82 f.

[117] A. a. O., S. 153 f.

[118] K. Jaspers, Die geistige Situation der Zeit, erschienen 1931, Neudruck Berlin 1947, S. 38; vgl. auch H. Brenner, a. a. O., S. 11 f.

[119] A.a.O., S. 48

[120] P. Schmitthenner, Brief vom 12. April 1933, Nachlaß Richard Döcker, Archiv C. Korfsmeier-Döcker (ND/KD)

[121] P. Schmitthenner, Baukunst, in: Kulturprogramm und -Tat. Kundgebungen des ›Kampfbund für deutsche Kultur‹ anläßlich der Morgenfeier am 9. April 1933 im Württembergischen Staatstheater, hrsg. von O. zur Nedden, Stuttgart 1933

[122] A. von Senger, Krisis der Architektur, Zürich 1928; ders., Der Baubolschewismus und seine Verkoppelung mit Wirtschaft und Politik, in: NS-Monatshefte, München 1935

[123] W. Riezler, Front 1932, in: Die Form, Heft 1/1932, Nachdruck in: Die Form. Stimme des Deutschen Werkbundes 1925–1934, hrsg. von F. Schwarz, F. Gloor, Gütersloh 1969, S. 75 f.

[124] W. Wendland, Der Deutsche Werkbund im neuen Reich, in: Die Form, Heft 9/1933, Nachdruck a.a.O., S. 97 ff.

[125] M. Wagner, zit. in: Bauwelt, Heft 4/1983, S. 110, sowie in: J. Campbell, a.a.O., S. 313

[126] P. Schmitthenner, Die Baukunst im neuen Reich, München 1934, S. 9

[127] A.a.O., S. 14

[128] A.a.O., S. 17

[129] A.a.O., S. 27

[130] A. Hitler, Rede auf dem Parteitag in Nürnberg 1933, zitiert in: P. Schmitthenner, a.a.O., S. 24; vgl. auch: A. Teut, a.a.O., S. 91 f.

[131] R. Döcker, Notiz im Juni 1934, Nachlaß Döcker, Archiv der Akademie der Künste, Berlin (ND/AADKB)

[132] R. Döcker, Notiz Silvester 1934, ND/AADKB

Zweiter Teil
Aufstieg im Terror

Gleichschaltung

Nach der »Machtergreifung« vom 30. Januar 1933 begannen die National-sozialisten systematisch damit, ihre Herrschaft auszubauen und den Staat ganz in ihre Hand zu nehmen. Dabei griffen sie nicht nur zu gewalttätigen Aktionen, sondern bedienten sich organisatorischer Maßnahmen und juristischer Regelungen. Unter letzteren ist von besonderer Bedeutung das *Gesetz zur Wiederherstellung des Berufsbeamtentums* vom April 1933, auf Grund dessen die neuen Machthaber Mißliebige aus Beamtenstellen entfernen konnten. Architekten in Hochschulen oder Verwaltungen, gehörten sie nun nach Ansicht der Nazis zu den »rassisch Minderwertigen«, zu den politisch nicht Konsensfähigen oder zu jenen, deren Entwürfe sich nicht mit denen der Nazis – deren »Führer« war immerhin zugleich Vordenker und letzte Instanz in Sachen Architektur – vertrugen, verloren ihre Stellen, so u. a. Richard Döcker, Hans Poelzig, Hans Scharoun, Fritz Schumacher, Bruno Taut und Martin Wagner. Zugleich wurden jene Männer in den Verwaltungen ihrer Posten enthoben, die bisher gerade solche Architekten und deren Konzeptionen unterstützt hatten, so u. a. der Kölner Oberbürgermeister Konrad Adenauer, Ludwig Landmann (Frankfurt am Main) und Fritz Hesse (Dessau) – wegen angeblich unzulässiger Begünstigung bestimmter Architektengruppen oder unerlaubter Bauexperimente. Hesse, der der SPD angehörte, hatte noch 1932 das von Weimar nach Dessau umgesiedelte Bauhaus gegen wütende Angriffe seiner Gegner zu schützen versucht, schließlich aber unter dem Druck der NS-Mehrheitsfraktion im Rathaus eine Übersiedlung nach Berlin nicht verhindern können, wo das Bauhaus als »freies Lehr- und Forschungsinstitut« in einer Fabrik provisorisch Unterkunft fand. Daß dieser Umzug aber letztlich die Auflösung des Bauhauses nur kurz hinauszögerte, zeigte sich, als im April 1933 auf Antrag der Dessauer Staatsanwaltschaft unter dem Vorwand, belastendes Material gegen Hesse zu suchen, eine Hausdurchsuchung durchgeführt wurde. Zudem setzten Pressionen gegen einzelne Lehrpersonen ein, da sie »nicht die Gewähr bieten, daß sie auf dem Boden der nationalsozialistischen Ideenwelt stehen«[1]. Im Juli 1933 mußte die Schule aufgelöst werden.

So wurde im Verlauf des Jahres 1933 jene »Wende« herbeigeführt, die im Herbst 1932 Paul Schultze-Naumburg mit folgenden Worten vorausgesagt hatte: »Eine große Wende ist im Anbruch, und mit ihr wird ganz von selbst mit der Befolgung der Lehren, die der Glaube an Blut und Boden lebensgesetzlich zur obersten Pflicht macht, auch das Gesicht aller Taten des Volkes sich wandeln. Also auch das seiner Bauten.«[2] Während die Gegner des Nationalsozialismus plötzlich ohne Lebensperspektive dastan-

30. Januar 1933: Fackelzug vor dem Brandenburger Tor. NS-Propagandafilm

Haussuchung im „Bauhaus Steglitz"

Kommunistisches Material gefunden.

Alle Anwesenden, die sich nicht ausweisen konnten, wurden zur Feststellung ihrer Personalien ins Polizeipräsidium gebracht.

den – sie fielen dieser »großen Wende« zum Opfer, durften nicht mehr arbeiten, gingen ins Exil oder verschwanden in Konzentrationslagern –, standen andere Gruppen und Berufsverbände vorbehaltlos zu dem neuen Regime, ja, sie waren geradezu begeistert. Bereits im April 1933 veröffentlichte der *Bund Deutscher Architekten* (BDA) *Leitgedanken zum nationalen Aufbauprogramm*[3]; gleichzeitig gab sein Präsident, der Münchner Professor Eugen Hönig, ein überzeugter Nationalsozialist, nach Abstimmung mit seinem Vorstand und der Reichsleitung des *Kampfbundes für deutsche Kultur* (KfdK) den Bezirksvorständen und -gruppen des BDA den Auftrag, die Richtlinien und Ziele der Regierung als verbindlich zu übernehmen, d. h. sich selbst gleichzuschalten und bei Neuwahlen die Auffassungen des *Kampfbundes* zu beachten. Man hatte es eilig. Schon im Mai konnte die Fachpresse unter der Überschrift »Die Architekten als Berufsstand im neuen Staate« melden: »Die Gleichschaltung ist inzwischen überall durchgeführt worden. Der Bund Deutscher Architekten ist damit zu einem starken Kulturinstrument der nationalen Regierung geworden. Er steht mit allen seinen Kräften hinter der Regierung und dem Reichskanzler und Führer Adolf Hitler.«[4]

In vorauseilender Unterwerfung wurde dafür gesorgt, daß die Eintragung in die Architektenlisten streng nach den kulturellen und »völkischen« Grundsätzen des *Kampfbundes Deutscher Architekten und Ingenieure* (KDAI) im *Kampfbund für deutsche Kultur* erfolgte: Schon vor der gesetzlichen Gleichschaltung waren in den Berufsverbänden »Führerprinzip« und »Arierklausel« eingeführt worden. Mit der Eingliederung des *Deutschen Werkbunds* in den KfdK und dem Bekenntnis anderer berufspolitischer Organisationen – wie der *Wirtschaftlichen Vereinigung deutscher Architekten* und dem *Deutschen Architekten- und Ingenieurverein* – zu den »völkischen« Grundsätzen lösten die Berufsverbände der Architekten längst vor den parteioffiziellen Regelungen auf ihre Weise die »Judenfrage«, grenzten jüdische Mitglieder aus.

Im September 1933 feierte eine Grußadresse des BDA an Adolf Hitler, »unseren Führer, den deutschen Volkskanzler in schwerer Zeit«, die neue Herrschaft in fast religiöser Weihe: »Wir verehren in Dir neben dem weitschauenden Politiker vor allem den künstlerischen Menschen, der dem neu geschaffenen Hause des deutschen Volkes eine würdige Erscheinung nach außen und ein gemütvolles reinliches Innere geben wird. So sehen wir in Dir bei der Aufrichtung unseres Berufsstandes den ersten deutschen Baumeister, dessen Führung wir vertrauen, weil sie dem Vaterland zu Ehre und Ruhm gereicht.«[5]

Ebenfalls im September 1933 wird die »enge Arbeitsgemeinschaft« zwischen dem BDA und dem KfdK besiegelt, in dessen Reichsleitung der BDA-Präsident Hönig berufen wird, der seinerseits alle BDA-Mitglieder dazu auffordert, durch ihre Mitgliedschaft beim KDAI auch ihre Aufnahme in den KfdK zu sichern.

Die Front wird geschlossen.

Nach Einrichtung der *Reichskulturkammer* unter Leitung des Berliner Gauleiters und neu ernannten Propagandaministers Joseph Goebbels am 15. November 1933 schließt sich der Kreis. Noch im November teilt der soeben frisch berufene Präsident der in der *Reichskulturkammer* eingerichteten *Reichskammer der bildenden Künste,* Eugen Hönig, mit, daß alle Architekten, die »diesen Namen zu Recht führen, insofern sie künstlerisch tätig sind«, künftig der *Reichskammer* anzugehören hätten.[6] Ein letzter Schritt auf dem langen Wege zur Sicherung berufsständischer Privilegien im neuen Staat sei, so heißt es, im Oktober 1934 mit dem Architektengesetz getan, das – freilich nur den Angehörigen des *Fachverbandes für Baukunst* in der *Reichskammer* – Architekten den Titel schütze, Einkommen über Gebührenordnung regele und das Planvorlagerecht sichere. Der Architekt habe damit endlich die seiner »kulturell maßgebenden Stellung« entsprechenden Rechte erhalten, meldet Hönig und ermahnt seine Kollegen auf der ersten Jahrestagung des Fachverbandes für Baukunst im November 1934 nachdrücklich: »Verehrte Kollegen, Sie haben mit diesen Anordnungen ein ständisches Privileg erhalten, das Sie zu stärkster Verantwortung verpflichtet. Zeigen Sie, daß Sie einer solchen Verantwortung gewachsen und würdig sind, und zögern Sie nicht, daran mitzuhelfen, daß unsere Reihen noch fortwährend weiter gesäubert werden.«[7]

Der Kreis ist geschlossen: Aufträge und Privilegien für die Mitglieder; Berufsverbote für jene, denen nach den »Säuberungen« nur Berufswechsel, Auswanderung oder »innere Emigration« bleiben – Resignation und Verbitterung. Den unzähligen anderen, die sich auf die Bedingungen ihrer Berufstätigkeit im neuen Staat einlassen und gegenüber allen politischen Voraussetzungen und Folgen sich blind stellen oder blind sind, wird die Anpassung zunächst noch leicht gemacht, zumal die im Parteiprogramm der NSDAP verankerten Parolen – *Gemeinnutz geht vor Eigennutz* – große Gestaltungsmöglichkeiten erwarten lassen.

Wer in jenen Jahren nicht am eigenen Leibe von Verfolgung und Unterdrückung betroffen war, konnte sich leicht von den propagandistisch vorgewiesenen Erfolgen auf Gebieten der Wirtschaft und Arbeitsbeschaffung blenden lassen und die Augen vor dem Leiden der Opfer verschließen. Insbesondere jene Architekten, die ihre Hoffnungen auf die ständestaatlichen Leitbilder und »völkischen« Vorstellungen der Nazi-Propaganda richteten, sahen ihre Erwartungen zunächst bestätigt. So hatte auf Veranlassung von Gottfried Feder, einem frühen Kampfgefährten Hitlers und hohen Funktionär der NSDAP, der Ingenieur Franz Lawaczeck ein Programm verfaßt, das den »aus der Scholle geborenen Ständestaat« zu schaffen versprach.[8] Mit schwärmerischen Bildern, die eine Rückkehr zu fast mittelalterlicher Idylle versprachen, fand Lawaczeck – besonders unter Studenten – begeisterte Zuhörer, da er seine Werbung für die NSDAP mit antikapitalistischen Argumenten verband und damit breiten gesellschaftskritischen Strömungen entsprach. Eingebunden in die Mittelstandspolitik der NSDAP, wie sie auch von Gottfried Feder vertreten wurde, konnte Lawaczeck in zahlreichen Veranstaltungen seine Pläne vorstellen. Für die Seriosität solcher Überlegungen hielten konservative Persönlichkeiten wie Paul Schultze-Naumburg her, der 1931 neben Feder und Lawaczeck den Gründungsaufruf des KDAI mitunterzeichnet hatte und in Hitlers Staat »ein Zeitalter der deutschen Baukunst« kommen sah.[9]

Insbesondere Architekten und Ingenieure sollten wichtige Aufgaben bei der Überwindung der Wirtschaftskrise und Erwerbslosigkeit übernehmen. Straßenbauten und Industrieverlegungen, Bau- und Siedlungsmaßnahmen sowie die Sanierung und Auflockerung von Großstädten, ihre Neuordnung bis hin zur Reagrarisierung standen im Vordergrund der nationalsozialistischen Programme. Eine wesentliche Voraussetzung zur Realisierung solcher Pläne sollte eine allgemeine Arbeitsdienstpflicht bilden; als letztes Ziel aller Bemühungen wurde im Arbeitsbeschaffungsprogramm der NSDAP von 1932 die Seßhaftigkeit auf der »deutschen Heimaterde« genannt. Unter solchen Voraussetzungen durften auch Architekten nicht nur wieder auf Arbeit, sondern auch auf einen Führungsanspruch hoffen, der erstmals in der Geschichte den »Baumeister« neben den »Staatsmann« stellte. Tatsächlich rückte mit Albert Speer wenige Jahre später ein Berufskollege auf direktem Weg in höchste Spitzenpositionen, was von Zeitgenossen als hoffnungsvolles Zeichen einer anbrechenden Epoche verselbständigter Technokratie gefeiert wurde.[10]

Allen wohltönenden Programmen zum Trotz richtete sich die Arbeitsbeschaffung nach 1933 jedoch schon stark auf die »Wiederwehrhaftmachung des deutschen Volkes«, seit 1936 dann deutlich auf die Vorbereitung des Krieges und die entsprechende Rüstungsproduktion, wobei Görings »Vierjahrespläne« den entsprechenden Rahmen abgaben. Ab 1937 bewirkte die rasante Wiederaufrüstung einen Mangel an Baustoffen für »Friedensbauten«; 1938 kam die zivile Bautätigkeit fast zum Erliegen. Unmittelbar nach der faschistischen »Machtergreifung« wurden zunächst jene Bautätigkeiten und propagandistisch verwertbaren Maßnahmen wichtig, mit denen sich zumindest symbolisch die künftige Politik der Vollbeschäftigung propagieren und eine möglichst breite Vielfalt unterschiedlicher Aufgaben und Arbeitsansätze vorführen ließen. Tatsächlich brachte die rasche Steigerung öffentlicher Mittel für Bautätigkeiten vielen Architekten neue Aufgaben – 1929 wurde etwa ein Drittel des gesamten Bauvolumens aus öffentlichen Mitteln finanziert, 1934 rund zwei Drittel, 1938 gar 80 Prozent.[11] Staatliche Bauvorhaben waren rasch zu einem wichtigen Mittel der Arbeitsbeschaffung geworden, deren Projektierung und Vorbereitung in zahllosen, oft neu geschaffenen Ämtern vorgenommen wurden. Durch die sich entwickelnde Vielfalt neuer Organisationen wurden weitere Tätigkeitsfelder eröffnet, in denen sich – trotz aller »völkischen« Programmatik – noch die unterschiedlichsten gestalterischen Orientierungen und Architekturkonzepte vertreten ließen.

Auch nach der »Machtergreifung« hofften viele Architekten, daß es gerade die Vertreter der Moderne sein würden, die dem neuen Reich die gebaute Gestalt geben könnten. Man verwies auf die führende Rolle der künstlerischen Avantgarde Italiens, die, wie die in Deutschland, im ersten Jahrzehnt des 20. Jahrhunderts zu neuen Wegen aufgebrochen war. Architekten wie Tessenow, Poelzig und Mies van der Rohe wurden mit den Futuristen um Marinetti verglichen, die in Italien in hohen Ehren und in der persönlichen Gunst Mussolinis standen.[12]

Im Mai 1933 schrieb der Berliner Kunst- und Theaterkritiker und Herausgeber der *Neuen Linie,* Bruno E. Werner: »Diese Künstler (Tessenow, Poelzig, Mies u. a.; W.D.) und keine anderen sind die Repräsentanten des Faschismus in der Kunst. In Deutschland ist auf den zunächst starken Auftrieb eine Stockung gefolgt. Zwar verfolgten die führenden Künstler unbeirrt weiter ihre Linie, aber sie gerieten immer mehr in eine Isolierung. Der Grund war nicht zuletzt im Versagen des Staates zu suchen, der durch sein Wesen abgrundtief vom Willen dieses Künstlergeschlechtes getrennt war. Eine Verwirrung entstand. In ihr kam das Wort ›Kulturbolschewismus‹ auf, das häufig mißbraucht und falsch verstanden wurde. Gerade gegen jene Künstler fand man es zuweilen angewendet, die auf ihre Weise Vorkämpfer der nationalen Gesinnung in der Kunst waren, Männer, die dem Materialismus wie dem Liberalismus Feindschaft angesagt hatten.«[13]

Zur Jahreswende 1933/1934 meint der Architekt und Journalist Alfons Leitl in der *Bauwelt:* »Selbst frühere Gegner glauben, im heutigen Staatswesen manches auch von ihnen Erstrebte vollendet zu sehen, und es soll ja auch der Sinn aller gegenwärtigen und kommenden Arbeit sein, die großen und zeitbestimmenden Gedanken aus aller Verkrampfung zu lösen und zu fruchtbarer Vollendung zusammenzufügen. So gut wie auf politischem Gebiet läßt sich dies für die Baukunst sagen. (...) Das Bewußtsein von der Volksverbundenheit, von der Verpflichtung, für eine bestimmte Gemeinschaft zu schaffen, kann für die Baukunst eine große Befreiung sein. An die Stelle des ›modernen Menschen‹, einer unsichtbaren Größe, ist der eher faßbare Volksgenosse getreten. Das enthebt den Bauenden der irrtumsbelasteten Spekulation. Der Inhalt ist gegeben. Freilich nur der Inhalt. Nichts ist über die Form gesagt.«[14]

Opfer

Unter wachsendem politischen und wirtschaftlichen Druck und verschärften Propagandakampagnen gegen den »Kulturbolschewismus« in der Architektur hatten viele exponierte Repräsentanten des Neuen Bauens schon vor 1933 Deutschland verlassen. Einige hatten zunächst in der UdSSR neue Tätigkeitsfelder gesucht – in der Absicht, im nachrevolutionären Rußland mit ihren sozialen Reformprogrammen und den entsprechenden ästhetischen Konzepten für eine neue Zukunft arbeiten zu können. Mit Ernst May war 1930 eine ganze Gruppe von Architekten aufgebrochen, darunter die Architektin Grete Schütte-Lihotzky und der Holländer Mart Stam. Mit Werner Hebebrand folgte der Abteilungsleiter im Frankfurter Hochbauamt, mit Hannes Meyer der ehemalige Direktor des Bauhauses. Seit jedoch Stalin seine Gewaltherrschaft skrupellos durchzusetzen begann, die in einem düsteren Neoklassizismus auch architektonisch Ausdruck fand, hatte mit dem Ende der revolutionären Hoffnungen auch hier das Neue Bauen bald keine Zukunft mehr. Angesichts der Entwicklung in Deutschland ging Ernst May 1933 aus der UdSSR nach Nairobi, später nach Daressalam, Grete Schütte-Lihotzky kehrte nach Österreich, Mart Stam nach Holland, Hannes Meyer in die Schweiz zurück.

Die »Machtergreifung« Hitlers und die Folgen der Gleichschaltung hatten in Deutschland zu einer Welle der Emigration geführt, die Tausende von Künstlern, Wissenschaftlern und Politikern in alle Teile der Welt verschlug.

Für viele kam zur politischen Verfolgung noch der Rassenwahn der NSDAP hinzu, der die Flucht aus Deutschland erzwang, wollten sie der Verfolgung und Ermordung entgehen. Die Netze fachlicher Kooperation und persönlicher Beziehungen wurden zerrissen, Verbindungen abgebrochen. Auch der *Ring* moderner Architekten war zerschlagen: Erich Mendelsohn emigrierte 1933 über Holland nach England und gründete 1934 ein Architekturbüro in Israel, bis er schließlich 1941 in die USA übersiedelte. In Jerusalem arbeitete bei ihm der junge Architekt Julius Posener, der nach seinem Studium bei Poelzig in Mendelsohns Berliner Büro und nach 1933 in Paris für die Zeitschrift *L'Architecture d'Aujourd'hui* gearbeitet hatte, bevor er über Jerusalem und Beirut schließlich nach London gelangte.

Bruno Taut reiste nach seiner Tätigkeit in Moskau 1933 nach Japan und wurde 1936 an die Akademie in Istanbul berufen. In die Türkei war 1933 auch der Frankfurter Stadtbaudirektor Martin Elsässer ausgewandert; ihm folgte 1935 Martin Wagner, der Berliner Stadtbaurat, der nach seiner Zusammenarbeit mit Gropius, Häring, Mies van der Rohe, Poelzig und Scharoun 1933 aus seinem Amt entlassen worden war. In die Türkei versuchte Wagner Hans Poelzig nachzuholen, den nach zermürbenden Pressekampagnen und dem Verlust von Aufträgen in Berlin tiefe Resignation erfaßt hatte. Im Frühjahr 1936 sollte die Übersiedlung in die Türkei erfolgen, doch versagte bereits die »Kraft zum Absprung«[15], Poelzig starb in Berlin noch im selben Jahr, am 14. Juni 1936.

Mit der drastischen Einschränkung ihrer Arbeitsmöglichkeiten und wachsender sozialer Isolation begann in vielen der nun verfemten Modernen der Lebensmut zu zerbrechen, wenn sie sich aufgrund familiärer oder persönlicher Gründe nicht zur Emigration entschließen konnten. So versuchte der Stuttgarter Architekt Richard Döcker trotz persönlicher Gefährdung noch verzweifelt, zumindest schriftlich mit den früheren *Ring*-Kollegen in Verbindung zu bleiben und begleitete Erich Mendelsohn auf dessen Weg über Amsterdam und London nach Jerusalem mit Briefen, in denen er seiner Hoffnungslosigkeit sarkastisch Ausdruck verlieh. Im Dezember 1933 schreibt er ihm nach Amsterdam: »Die zeitungen werden ihnen ja so das wichtigste berichten, das neueste ist die sog. reichskulturkammer u. darin die kammer der bildenden künste, in welche maler, architekten usw. eingegliedert sind. präsident: der bisherige präsident des BDA, Hönig. Ob nun *die* architekten geholt werden die schrittmacher der deutschen baukunst waren u. sind oder ob zunächst noch die reaktion oberwasser hat?« Döcker berichtet, daß »ein feldzug der verleumdung bereits von ›kollegen‹ gegen mich eingesetzt hat«, und fährt fort: »Ringmitglieder sind eben ›böse‹ menschen – das wissen alle, nur wir selber nicht!«[16]

Ein Jahr später, im Dezember 1934, schreibt Döcker nach London: »ein jahr ist vergangen, das zu anfang noch alle hoffnungen zuliess, dass wenigstens auf dem gebiet der kunst u. vor allem unserer baukunst leistung, wert und niveau usw. gelten u. siegen würden. (. . .) ich bin bar jeglicher hoffnung – hier in S[tuttgart] ist es ganz schlimm, trotzdem schmitth[enner] schnell u. sozusagen restlos seinen hochmut aufgeben u. in der versenkung verschwinden mußte ... Man kann ruhig den beruf aufgeben – dann muß man nicht lügen, um wenigstens zu leben – u. man belastet das gewissen nicht mehr – wenn man nur wüßte, was tun!! – Der werkbund ist auch zerschlagen u. aufgelöst – alle die die neidisch waren weils zur mitgliedschaft nicht gereicht hat usw. haben jetzt ja das ziel erreicht – wie sonst auch! Poelzig, Häring usw. – ich weiß von keinem, Gropius soll in L[ondon] sein, wissen sie davon?«[17]

1934 drängte sich auch jenen mehr und mehr der Entschluß zur Emigration auf, die als prominente Architekten anfangs auch noch im *Dritten Reich* ihre politischen und ästhetischen Positionen verteidigen wollten: So beteiligte sich Mies van der Rohe, der nach Hannes Meyer als Bauhaus-Direktor seit 1933 noch auf eine Entspannung der Lage durch zeitweilige »Entpolitisierung« des Studienbetriebs gesetzt hatte[18], mit einem demonstrativ »modernen« Entwurf am Wettbewerb um die Erweiterung der Reichsbank in Berlin; er gewann einen dritten Preis. Walter Gropius nahm noch 1934 an einem Ideenwettbewerb der *Deutschen Arbeitsfront* für ein *Haus der Arbeit* teil. Dabei waren bereits im Sommer 1933 enge Grenzen gesetzt: Das Bauhaus war geschlossen worden, Lehrer wurden entlassen, das Kollegium hatte sich aufgelöst. Gemeinsam mit Wilhelm Wagenfeld und Martin Wagner hatte sich Gropius im Juni 1933 der Gleichschaltung des Werkbunds zu widersetzen versucht[19] und dann, 1934, den Weg in die Emigration gewählt; später folgte ihm Mies van der Rohe in die USA.

1935 gelang es Döcker, den Kontakt zu Poelzig wiederherzustellen, der ihm gleich im Januar auf einen Brief antwortete: »Lieber Herr Döcker, da ich verreist war, habe ich Ihren Brief erst nachträglich erhalten. Zunächst alles Gute zum Neuen Jahr, ob's wirklich gut ist, wissen wir alle nicht. (...) Es bleibt sicher nichts übrig, als zu warten. (...) Geben Sie Ihren Beruf nicht auf, es wird sich bestimmt vieles wieder einrenken und ungefähr die gleichen wie früher werden sich wieder zusammenfinden. Taktische Fehler sind ja da bestimmt gerade auch von den Ringleuten gemacht worden, die müssen eben künftig vermieden werden. Sonst wäre es Zeit, den Ring wieder in irgendeiner Form aufzustellen, aber es ist noch nicht ganz so weit. (...) Also lieber Herr Döcker alles Gute. Man kommt auch einmal wieder auf die andere Seite des Berges. Mit herzlichen Grüßen Ihr Poelzig.«[20]

Solche Ermutigung hat Döcker bitter nötig, wie ein Brief an Mendelsohn im Mai 1935 zeigt: »die situation für uns architekten ist aus. (...) so lebt man jeden tag ohne hoffnung, ohne ehrliche arbeit, man bemüht sich so gut es geht zu bestehen, um dann zu entdecken, daß alles entwickeln eines problems der arbeit nichts gilt, d.h. schon ausreicht, um von vornerein sich auszuschalten. (...) was sie für mich tun sollen? – ja, das weiss ich auch nicht – da wird es kaum etwas geben – andererseits, so einfach sich hinlegen u. schließlich sterben, das kann man auch nicht. man wird eben bleiben müssen, warten, aushalten – u. schließlich eben immer wieder kämpfen für das richtige, bessere. ob es letzten endes hilft u. recht wird? wer weiss bei dieser verrückten welt das zu sagen? – wissen sie einen anderen weg? – trafen sie grop.? – er war doch längere zeit dort. ich habe mit niemand außer häring u. poelzig fühlung – in sttgt mit niemand vom fach – das sind alles so ... helden!«[21]

Nach einer Phase tiefer Depression scheint Döcker im Sommer 1935 wieder Mut zu schöpfen; er reist nach Berlin, besucht Häring und Poelzig, spricht mit Kollegen. Im November bittet er Mendelsohn: »schicken sie mir doch irgend etwas, damit man sieht, daß es noch arbeit gibt u. arbeit wird, – man sitzt ja ganz auf dem trockenen, – oder schicken sie mir einmal eine schöne nummer einer zeitschrift – u. um zu kaufen muss man die genehmigung der devisenstelle haben, die man nur schwer erhält. als einzige zeitschrift lese ich noch das werk. unsere baugilde, kunstkammer, bauwelt usw. werden sie ja kennen, wenn nicht, ich sende ihnen gerne einige nummern.« Verzweifelt kämpft Döcker gegen die Depression und Isolation an, der er sich in Stuttgart ausgesetzt sieht: »hier in Stgt. ist alles abgeschnitten, man hört einfach auf – man lebt weil man nicht verhungert, man baut kleine hütten u. ställe, aber gestalten oder schaffen gibts nicht, wenigstens für mich nicht ... das macht aber nichts – die zeit geht und kommt allerdings auch so ... man wird sogar älter dabei – u. kälter, gleichgültiger!«[22]

Gegenüber der desolaten Situation Döckers in Stuttgart konnten die Berliner trotz materieller Not wenigstens in alten Freundschaften und vertrauten Kreisen von Kollegen Halt finden; in der Metropole konnte ein Stück der Kultur der zwanziger Jahre den Nazi-Terror überdauern. Ja, es gelang sogar, einige Nischen aufzutun, in denen man miteinander arbeiten konnte. Hugo Häring bot seit 1935 seine private Schule für Gestaltung *Kunst und Werk* an, für die er ehemalige Bauhaus-Lehrer gewinnen konnte; die Redaktion der *Bauwelt* blieb Treffpunkt für vertrauliche Gespräche – bei aller Anpassung an die neuen Herren und ihre Sprachregelungen.[23] Auch außerhalb Berlins gab es in vielen Ämtern und Büros kleine Zirkel, die sich untereinander und weiterhin auch den Zielen des Neuen Bauens verbunden fühlten.

Nischen?

Mit der Isolation, Vertreibung und Ermordung von Gegnern des National-sozialismus, denen auch die konsequenten Verfechter des humanitären Anspruchs der Neuen Sachlichkeit angehörten, war deren Wirkung in Deutschland jedoch noch keineswegs gebrochen. Viele jener Architekten, die sich entschlossen, zu bleiben und abzuwarten, fanden auf dem Weg in die »innere Emigration« Nischen, in denen sie ihrer beruflichen Tätigkeit nachgehen konnten, auch wenn sie persönlich und in der Sache oft einen hohen Preis zahlen mußten: Opfer der Selbstachtung und der formalen Anpassung an die geforderte Ästhetik der Macht. Auf dem schmalen Grat zwischen Subversion und Anpassung wurden riskante Überlebensstrategien entwickelt, die vielen Architekten und Künstlern das »Überwintern« und Warten auf bessere Zeiten erleichterten.[24]

Für jene Architekten, die als »Baubolschewisten« nicht in die *Reichs-kammer* aufgenommen wurden oder nicht Mitglied werden wollten, um nicht Teil des NS-Apparates zu werden, begann eine schwierige Suche nach Tätigkeitsfeldern, die zumeist über Gelegenheitsarbeiten wie kleine Privatbauten, An- und Umbauten in Ämter oder Büros führte, welche vor der sonst allgegenwärtigen Kontrolle durch die Partei noch Schutz boten. In manchen Biographien findet sich für jene Zeit der stereotyp wiederkehrende Hinweis: »Anonyme Mitarbeit bei . . .«

Trotz der Verlagerung der Bauinvestitionen aus dem privaten in den öffentlichen Bereich und in die Vorbereitung der Rüstungsproduktion bildete sich neue Netze der Kooperation, durch die auch Verfemte noch Unterschlupf und Betätigung finden konnten. In einigen Behörden der Post, der Reichsbahn und später vor allem in Großbüros für die Planungen der Rüstungsindustrie ließen sich Positionen finden, in denen man unauffällig unterkommen und auch weiterhin im Sinne der Moderne meinte arbeiten zu können, wenn auch mit Zugeständnissen an die heroischen Würdeformeln der *Baukunst im Neuen Reich*.

Auf klare Aufgaben sogenannter »Zweckbauten« bezogen, stieg sogar im Laufe der Jahre die Nachfrage nach Entwürfen im Sinne eines sparsamen, auf technische Optimierung reduzierten Funktionalismus und damit auch nach Experten für jene technische Ästhetik, die nun auch im *Dritten Reich* das Erscheinungsbild von Fabrikanlagen, Flugzeughallen und Forschungseinrichtungen prägen sollte. Im Zuge der »Wiederwehrhaftmachung« Deutschlands vollzog sich innerhalb weniger Jahre ein ideologischer Kurswechsel von der Dämonisierung der Technik zu ihrer Glorifizierung.[25] Die militärische Stärke Deutschlands sollte mit modernsten Waffensystemen demonstriert werden; das *Dritte Reich* setzte zu einer rasanten Modernisierung fast aller gesellschaftlichen Lebensbereiche an.

Da Architektur in unterschiedlichen Verwendungszusammenhängen stets auch als Instrument der Propaganda betrachtet und eingesetzt wurde, nimmt es nicht wunder, wenn gerade in jenen Bereichen militärischer und industrieller Technik, in denen der Vorsprung vor anderen Ländern zur Schau gestellt werden sollte, nun wieder jene Kräfte Arbeit fanden, die zuvor durch Eintreten für Tendenzen der *Neuen Sachlichkeit* in Verruf geraten waren. So sammelte in einer gezielten Personalpolitik Herbert Rimpl, »Hausarchitekt« der Heinkel-Flugzeugwerke und später einflußreicher Planer großer Industrieanlagen, bevorzugt junge Architekten aus dem Umkreis von Ernst May um sich: Innerhalb kürzester Zeit war zur Verlegung der Heinkel-Flugzeugwerke in die Nähe von Oranienburg ein eigenständiger Siedlungskomplex mit weitläufigen Produktions- und Wohnanlagen zu bauen, denen man die sparsame und schnelle Ausführung der Bauten zum Zweck modernster Rüstungsproduktion ansehen sollte. Genau ein Jahr nach dem ersten Spatenstich am 1. Mai 1936 folgte die Motorprobe der ersten vollständig im Werk hergestellten He 111, die neben den Junkers-Maschinen seit Ende 1936 für die berüchtigte *Legion Condor* in Spanien eingesetzt wurde. Aus dem nahegelegenen KZ Sachsenhausen wurden später Häftlinge als Zwangsarbeiter der Ernst-Heinkel-AG abkommandiert, um die Rüstungsproduktion voranzutreiben.[26]

Bernhard Hermkes, 1926 bis 1927 Mitarbeiter von Ernst May in Frankfurt und von diesem später als freier Architekt mit Entwürfen für die Siedlung Goldstein bei Frankfurt beauftragt, berichtet über Herbert Rimpl, den Planer der Flugzeug-Werke: »Dieser hatte eine sehr gute Crew um sich geschart, deren Aufgabe es war, das Heinkel-Werk in Oranienburg zu bauen. Rimpl hat eine ganze Reihe von Architekten in sein Büro aufgenommen, z. B. Mäckler, Leowald, Bernard und Cetto, wie auch mich. Diese hatten Abteilungsleiterfunktion. Meine Aufgabe war es, Verwaltungs- und Sozialbauten zu entwerfen. Bei Rimpl konnten wir sehr frei entwerfen. Er selbst wußte natürlich genau, was wir alle dachten und wollten und warum wir gerade zu ihm gekommen waren. Solche Gruppen gab es im Industriebau recht oft. Nach relativ kurzer Zusammenarbeit mit Rimpl bei der Planung der Heinkel-Werke wurde ich aufgrund einer Denunziation fristlos entlassen. Vergeblich bemühte sich Rimpl, das zu verhindern. Er ging mit

Herbert Rimpl: Heinkel-Flugzeugwerke bei Oranienburg

Bernhard Hermkes: Messerschmitt-Flugzeugwerke bei Regensburg

Bernhard Hermkes: Messerschmitt-Flugzeugwerke bei Regensburg

mir zusammen zu Heinkel und hat ihm meine Entwürfe vorgelegt, die er als großartig bezeichnete. Er fragte, warum ich ausscheiden müsse; Heinkel zuckte mit den Schultern: ›Da kann ich auch nichts machen‹. Wichtendahl – ein Studienfreund von Rimpl – bot mir an, in seinem Büro zu arbeiten. Er hatte schon vor 1933 mehrere der in Bayern entstandenen, architektonisch hervorragenden Postämter entworfen und war mit dem Bau der Flugzeugwerke Augsburg und Regensburg beauftragt. Ich wurde Bürochef für das Messerschmidt-Flugzeugwerk in Regensburg. Wir haben ausgezeichnet zusammengearbeitet, wobei er mir die Entscheidungen im Entwurf weitgehend freistellte. Was wir in Regensburg zustande brachten, kann sich durchaus auch heute noch sehen lassen.«[27]

Wenngleich auch beim Bau der großen Fabrikanlagen auf die Einhaltung gewisser Pathosformeln der NS-Architektur geachtet wurde, steht die funktionale Ästhetik der Produktionsstätten doch in einem komplementären Bezug zu den im Wohnungsbau damals noch üblichen Traditionalismen, die sich in verknappter Form auch in den Wohnsiedlungen der Heinkel-Werke wiederfinden, eingebunden in die arbeitsteilige Instrumentalisierung einer Architektur, die für unterschiedliche Zwecke unterschiedliche Bedeutungen vermitteln sollte. »Architektur als Kunst (höhere Baukunst) und Architektur als Zweck (niedere Baukunst)« unterscheidend heißt es 1937 in Bezug auf Industriebauten: »Hier ist auch das Feld für bauliche Experimente und traditionsfreie Wagnisse, hier braucht die Form keinen ›Sinn‹ zu offenbaren, hier kann und muß sie ausschließlich aus dem Zweck und den materiellen Möglichkeiten entwickelt werden, und sie wird um so eindrucksvoller sein, je folgerichtiger und mächtiger sie dem reinen Zweck dient.«[28]

Nach außen durch relativ prominente Partei-Architekten wie Herbert Rimpl abgeschirmt, konnte man in den »Refugien« einiger Büros und Behörden »unter sich« bleiben und in informellen Gruppen Verbindungen pflegen, die zu einem großen Teil aus gemeinsamen Studienzeiten und anschließenden Arbeitszusammenhängen erwuchsen. »Konserviert im Rimpl-Laden unter Hermann Göring«, schreibt später Werner Hebebrand in einem von Hans Scharoun angeforderten Lebenslauf über seine Tätigkeit in jenen Jahren vor 1945, als er nach seiner Tätigkeit 1930 bis 1938 als Architekt und Stadtplaner in der UdSSR wieder in Deutschland Fuß zu fassen versuchte und Arbeit in Salzgitter fand.[29] Solange Ziel und Kontext der Arbeit nicht wirklich in Frage gestellt wurden und die Mitarbeiter nicht durch Unbotmäßigkeit auffielen, konnte man sich im später legendären »Rimpl-Laden« sogar einer verschwiegenen Opposition zurechnen, die Rimpl offenbar mit einer für diese Zeit erstaunlichen Liberalität duldete, soweit »seine« Architekten funktionsgemäß arbeiteten und niemand die besondere Aufmerksamkeit von Nazi-Spitzeln auf sich zog.

Unter dem Ingenieur Fritz Todt hatten sich in den von ihm geleiteten Organisationen und Projekten vom Autobahnbau bis zum Atlantikwall

Rudolf Wolters (als Mitarbeiter bei Benno von Arent): Haus der Deutschen Arbeitsfront. Ausstellung »Deutsches Volk – Deutsche Arbeit«, Berlin 1934

schon früher eine Glorifizierung der Technik und Präferenzen für einen »*organisch-dynamischen Funktionalismus*«[30] mit entsprechenden Konsequenzen für die Ästhetik der Bauten in seinem Bereich abgezeichnet. Mit Kriegsbeginn setzte sich durch die Erfordernisse fortschreitender Normung und Rationalisierung der Produktion auch in den Bereichen der herrschenden Baukultur eine streng zweckrationale Ästhetik durch. An die Stelle repräsentativer Großbauten traten bald Ergebnisse knappster Kalkulation; Architektur wurde zunehmend Ausdruck einer schwierigen Logistik der Material- und Arbeitskräftebeschaffung. Der *totale Krieg* forderte seine Opfer; im Zuge der totalen Mobilmachung wurden die gehüteten Nischen schließlich entdeckt, kontrolliert und leergefegt. Wer nicht im Netz der »Beauftragten« und »Vertrauensarchitekten« um Speer oder andere Prominente gesichert und von höherer Stelle als unabkömmlich gemeldet war, wurde seines Lebens nicht mehr sicher.

Noch in den letzten Kriegsmonaten wurden Unzählige in die längst aussichtslosen Schlachten geworfen. Die Überlebenden fanden nach ihrer Heimkehr in den führenden Stellen beim Wiederaufbau der zerstörten Städte oft jene wieder, denen durch Weisung von oben die Teilnahme am Krieg als Soldaten erspart geblieben war. Das Entsetzen darüber aber erstickte im Schweigen.

Konstanty Gutschow: Kakteenhäuser auf dem Zoo-Gelände
Ausstellung »Planten un Blomen«, Hamburg 1935

Planung als Kontrolle

Viele Hoffnungen hatten sich angesichts der Wirtschafts- und Arbeitsbe-
schaffungsprogramme der NSDAP nach 1933 vor allem auf den Wohnungsbau und die Siedlungsplanung gerichtet, doch blieben Initiativen gerade in diesen Bereichen weit hinter den Erwartungen zurück, Programme
zur »Bodenreform« blieben Papier.

Das neue Regime ließ sich feiern, die Macht war erreicht.

Mit den propagandistischen Ankündigungen eines »nachliberalisti-
schen Zeitalters« waren zwar ganze Pakete von Programmen und Konzepten vorgestellt worden, jedoch weitgehend folgenlos geblieben. So hatte
der nach der »Machtergreifung« bald wieder »kaltgestellte« Parteipropa-
gandist Gottfried Feder eine vollständige Neuordnung des Bodenrechts,
mit dem ein neues Zeitalter gesellschaftlicher Planung eingeleitet werden
sollte, in Aussicht gestellt. Seit Jahren war immer wieder behauptet worden, das Elend der Mietskasernenstädte entstamme einer Epoche des »ent-
fesselten Liberalismus« – den es so in Deutschland freilich nie gegeben
hatte – und sei vor allem auf die Finanzspekulationen hemmungsloser Unternehmer zurückzuführen, die der neue Staat zu zügeln habe. Mit der Unterscheidung von »raffendem« und »schaffendem« Kapital war mit unver-
kennbarem Antisemitismus der »Zinsknechtschaft« der Kampf angesagt
worden.

Nun sollte der verderblichen Wirkung der großen Städte ingesamt begegnet und neu Position bezogen werden: In der »Systemzeit« der Weimarer Republik habe sich infolge der großstädtischen »Asphaltkultur« der politische, soziale und kulturelle »Verfall Deutschlands« so rasant beschleunigt, daß endlich eine »Neuordnung des deutschen Lebensraums« mit dem Ziel einer weitgehenden Dezentralisation, Auflockerung und Durchgrünung der Großstädte vorgenommen werden müsse.

Solche Forderungen waren seit den Schriften von Wilhelm Riehl, Theodor Fritsch, Oswald Spengler und den Programmen der Gartenstadtbewegung weit verbreitet, vor allem auch in jenen Schichten, die dem Nationalsozialismus zur Macht verholfen hatten. In seiner Schrift zur *Stadt der Zukunft* hatte 1896 mit deutlich antisemitischem Unterton Theodor Fritsch neue Städte vorgeschlagen, die als »Pflanzschulen deutschen Lebens« dem »wohlgegliederten Organismus« der Gemeinschaft Raum geben sollten, in dem »das organische Gefüge auch in dem äußeren Aufbau ihres Wohnsitzes zum Ausdruck kommen« müßte.[31] Im Gegensatz zur *Steinernen Stadt* sollte eine gezielte »städtische Freiflächenpolitik« dazu beitragen, die »körperlichen und geistigen Rasseeigenschaften des kommenden Geschlechts« zu verbessern, hatte 1915 Martin Wagner gefordert.[32] Und 1930 wurde im *Handwörterbuch des Wohnungswesens* darauf hingewiesen, daß neben der Gründung von Gartenstädten die Dezentralisierung von Industriestandorten »eine organische Ergänzung kraftvoller Innenkolonisation« sein könnte.[33]

Gestützt auf lange Traditionen der Großstadtkritik und -feindlichkeit ließen sich unter Hinweis auf die enge Verbindung von Industrialisierung, Verstädterung und »Verproletarisierung« der Massen tiefgreifende Existenzängste gerade in kleinbürgerlichen und bürgerlichen Schichten mobilisieren und auf die Städte projizieren. In propagandistischer Übertragung biologischer und medizinischer Begriffe auf gesellschaftliche Entwicklungsprozesse wurden die »ungesunden« Lebensverhältnisse in den Großstädten als »Geschwüre im Volkskörper« bezeichnet und Planungen zur »Gesundung« von Stadt und Gesellschaft gefordert.

In geschickter Verknüpfung von antikapitalistischer Phraseologie, konservativer Kulturkritik und nationalsozialistischer Propaganda taten sich nicht nur Eiferer wie Paul Schultze-Naumburg oder Gottfried Feder hervor. Zur Durchsetzung der »nationalen Erhebung« wollten auch einflußreiche Soziologen mit »wissenschaftlicher« Politikberatung dazu beitragen, räumliche Planung konsequent als soziale Neuordnung zu konzipieren. Rückblickend bemerkt der Soziologe Andreas Walther in seiner 1936 veröffentlichten Schrift *Neue Wege zur Großstadtsanierung:* »Der Zuzug vom Lande in die Großstädte ist bisher fast nur nach der Quantität, kaum schon nach der Qualität untersucht worden. Viele Einzelfälle weisen darauf hin, daß seit einigen Jahrzehnten nicht mehr wie früher überwiegend gesunde und vorwärtsstrebende Menschen in die Großstädte einwandern, sondern vielfach solche, die, meist letztlich aufgrund biologischer Defekte, in dem geordneten und sozial kontrollierten Leben von Dorf und Kleinstadt nicht zu Erfolg und sozialer Achtung gelangen konnten, die darum in die Anonymität der Großstadt strebten und dort in den Bezirken landeten, wo ihre Art nicht soziale Geringschätzung nach sich zog.«[34]

Parallel zur Politik der Stärkung »sozial kontrollierter« kleinstädtischer Lebensformen durch entsprechende Siedlungs- und Raumordnungsplanung sollte die Sanierung von Großstädten nun zuallererst unter dem Aspekt der »sozialen Gesundung« der großen Städte betrieben werden, da sich hier »Gemeinschädlinge« – gemeint waren Kommunisten, »Arbeitsscheue«, Zuhälter und Prostituierte – sammelten. Wichtige Hinweise auf die räumlich abgrenzbaren Sammelbecken »asozialer Elemente« würden sich aus Untersuchungen des Wählerverhaltens ergeben, die kartographisch dargestellt und ausgewertet seien: Bereits bei den Wahlen vom 14. September 1930, als die politischen Parteien – nach Darstellung Walthers – ein »Höchstmaß der Entwicklung zu Klasseninteressen-Parteien« erreicht hätten, habe man ein genaues »räumliches Strukturbild der Großstadtbevölkerung« gewinnen können: »Großbürgertum, Mittelstand, Arbeiterschaft, destruktive Unterschichten. Im Gegensatz zu den großen geschlossenen Gebieten ordentlicher Arbeiterschaft, die sozialdemokratisch wählten, hoben sich kommunistische Bezirke in der charakteristischen Art von Nestern heraus, mit teilweise mehr als 60 von Hundert kommunistischer Stimmen.«[35]

Hinweise auf andere »Nester« von »Asozialität«, Kriminalität und »Minderwertigkeit« könne man aus anderen sozialstatistischen Untersuchungen erhalten, etwa durch den Anteil der »schweren Fälle von chronischen Wohlfahrtsempfängern« oder durch regelmäßige Kontrolle der Meldebücher in Polizeistationen. Auf die Schweigepflicht der Behörden sei dabei keine Rücksicht mehr zu nehmen, denn »nur durch Raumforschung der beschriebenen Art können zusammenhängende volksgefährdende Nester zum Ausheben festgestellt werden«. Mit der Forderung, »Sanierung« dürfe nie wieder »im alten Stil, mit der Folge unkontrollierter Zerstreuung der Ausgewiesenen, durchgeführt werden«, wird eine neue Perspektive der Stadtplanung als Sozialplanung vorgegeben: »Jede echte Sanierung also, die nicht nur schlechte Häuser durch bessere ersetzen will, sondern auf die Menschen sieht und von der Verantwortung für die völkische Zukunft auf weite Sicht getragen ist, bedarf einer Vorbereitung auch durch soziologische Untersuchungen. Diese Erhebungen müssen schließlich dahin kommen, daß, ehe die Spitzhacke ihre Arbeit beginnt, bestimmt werden kann, wie man mit den einzelnen Menschen und Familien des Abbruchgebiets verfahren soll: Die trotz asozialer Umwelt gesund Gebliebenen, also gegen großstädtische Verderbung in besonderem Maße Immunen, fördern zu erfolgreicherem Fortkommen in der Stadt; die für Rand- und ländliche Siedlungen Geeigneten, die ebenfalls nicht fehlen, zum Ziel ihrer Wünsche führen; die nur Angesteckten in gesunde Lebenskreise verpflanzen; die nicht Besserungsfähigen unter Kontrolle nehmen; das Erbgut der biologisch hoffnungslos Defekten ausmerzen.«[36]

Neben der Zerschlagung der »Nester« in den Altbaubereichen der großen Städte richtete sich das Programm zur »Gesundung der Städte« auf Formen der sozialen Selbstkontrolle der Bewohner, die durch eine Zersplitterung und Individualisierung der Arbeiterschaft erleichtert werden sollte. Während die chronischen »Gemeinschädlinge« rigoros »auszumerzen« seien, könne die Masse der »ordentlichen« Arbeiter durch Heimstätten- und Kleinwohnungsbau auf eine kleinbürgerliche Privatheit orientiert und dabei dennoch unter Kontrolle gehalten werden, wenn durch »soziale Mischung« der Bewohner und ihre politische Organisation in entsprechenden Ortsgruppen-Einheiten der NSDAP die Netze permanenter Beobachtung ausgelegt seien.

Durch eine Gliederung der Stadt in räumlich abgrenzbare Nachbarschaften, die als »Siedlungs-Zellen« zugleich politisch den Parteigliederungen der NSDAP entsprächen, könnten die Städte als gegliederte »Organismen« somit tagtäglich – pars pro toto – die Erfahrung des »organischen Aufbaus« der Gesellschaft insgesamt vermitteln. Dabei sollten die Klassengegensätze durch eine ständische Ordnung abgelöst werden, die auch auf der lokalen Ebene zu einem System perfektionierter Herrschaft auszubauen sei, wie Gottfried Feder schwärmte: »Dieser Stadtorganismus wird sich zusammensetzen aus einer ganzen Reihe von Zellen, die sich dann zu Zellenverbänden innerhalb verschiedener Unterkerne um den Stadtmittelpunkt herum gruppieren. Oft werden mehrere Unterkerne zu einem Zellverband höherer Ordnung zusammentreten, um dann erst die verschiedenen Zellverbände höherer Ordnung zum Gesamtorganismus zusammenzuschließen, in dem dann die der ganzen Gemeinde dienenden Einrichtungen Platz finden.«[37]

Deutlicher noch als durch die Maßnahmen zur Großstadtsanierung und ihre Erweiterung durch Kleinwohnungsbau sei die räumliche Organisation gesellschaftlicher Lebensformen nach dem Muster einer naturgegebenen Ordnung durch die Anlegung neuer Städte zu erreichen, in denen nun endlich auch die Traditionen der Gartenstadtbewegung aufgenommen werden könnten. In einer programmatischen Rede erklärte Feder, inzwischen *Reichssiedlungskommissar* und *Staatssekretär im Reichswirtschaftsministerium:* »Als entscheidender Wendepunkt für das deutsche Siedlungswerk schwebt mir der Gedanke vor, neue Städte, neue Land- und Kleinstädte als neue soziale Lebewesen zu gründen und zu bauen und diesen neuen Städtchen auch die wirtschaftliche Existenzgrundlage zu sichern. Jede solche städtische Neugründung wird ein ungeheuer interessantes nationalwirtschaftliches und handelspolitisches Problem werden. Die Standortfrage tritt in den Vordergrund. Notwendigerweise verbindet sich damit ein überaus wichtiges Gebiet: die Industrieverlagerung. So wird

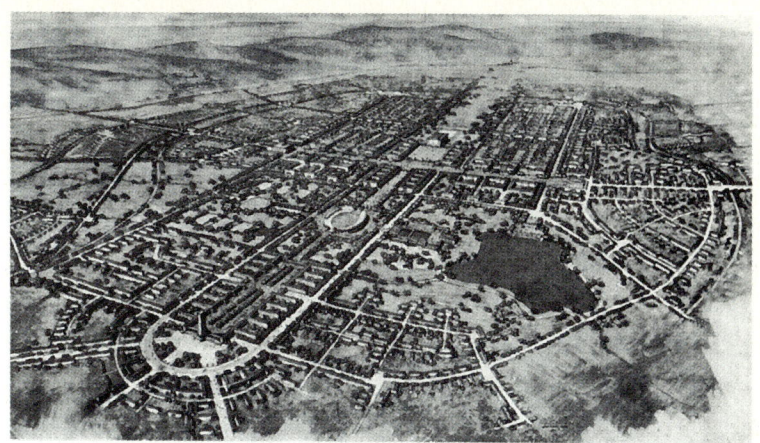

Herbert Rimpl: Die Stadt der Hermann-Göring-Werke

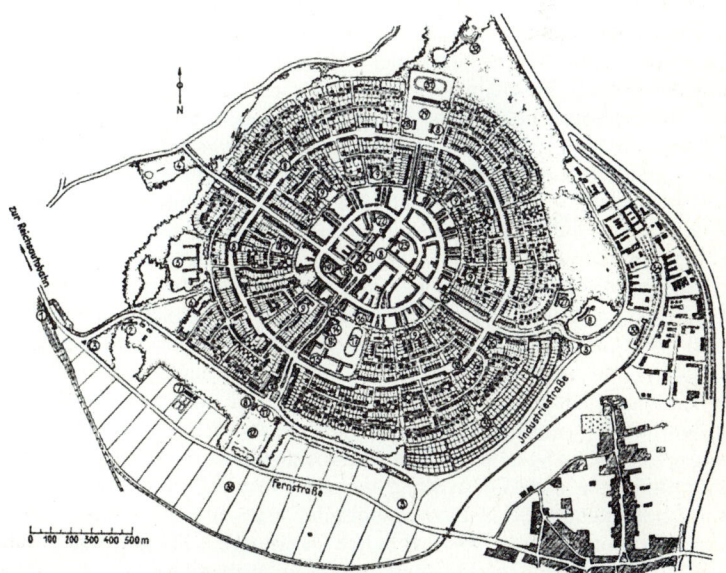

Entwurf zu einer Stadt von 20000 Einwohnern von cand. ing. HEINZ KILLUS.
Bebauungsplan nach Eintragung der wichtigsten Organe.

1 Personenbahnhof, 2 Arbeitsdienstlager, 3 Tankstelle, 4 Friedhof, 5 Krankenhaus, 6 Hotel, 7 Biologische Kläranlage, 8 Hitler-Jugend-Heim, 9 Schule, 10 Landratsamt und Kreissparkasse, 11 Freibad, 12 Sport- und Spielplatz, 13 Höhere Schulen, 14 Volks-bücherei, 15 Hallenbad, 16 Berufs- und Fachschulen, 17 Schulsportplatz, 18 Museum, 19 Ausstellungsgebäude, 20 Post, 21 Feuer-wehr, 22 Rathaus, 23 Haus der NSDAP., 24 Flanierstraße, 25 Kino, 26 Arbeitsamt, 27 Altersheim, 28 Jugendherberge, 29 Aufmarschplatz, 30 Feierhaus, kombiniert mit Tribünenbau, 31 Sportplatz, 32 Freilichtbühne, 33 Güter- und Industriebahnhof, 34 Industriegebiet, 35 Dauerkleingärten, 36 Intensive Landwirtschaften.

Stadtschema aus dem Buch *Die neue Stadt* von Gottfried Feder

135

Reichsplanung und Industrieverlagerung zu einer eminent wichtigen Aufgabe.«[38] In einprägsamen Bildern entwarf Feder seine Vision neuer Städte, die – weder Dorf noch Großstadt – in der festgefügten Einheit baulicher und sozialer Strukturen seinem Traum von einer technokratisch stabilisierten und dabei ständisch geordneten Gesellschaft entsprachen: »Diese neuen Landstädte werden Spiegelbilder einer gesunden sozialen Mischung der verschiedenen Berufe und Schichten der Bevölkerung sein. Zu den Baumeistern, Maurern, Zimmerern und Bauhilfsarbeitern, die die Städte im Laufe von Jahren auf- und ausbauen, treten die Bäcker und Fleischer, die Schuster und Schneider. Es werden sich bald die Lehrer und Lehrerinnen, die Kindergärten anschließen, Ärzte und sanitäre Anstalten werden benötigt, Apotheke und Drogerie werden unentbehrlich sein, Gasthaus und Hotel werden ebenso wenig fehlen können, wie Theater, Konzertsaal und Kino. Die Stadtverwaltung im Stadtmittelpunkt wird mit ihren Funktionären das soziale Bild ergänzen, ebenso wie der Behördenorganismus des Reiches und der Länder, sowie die Partei Zweigstellen für ihre Aufgaben in den neuen Siedlungen und Städten einrichten werden.«[39]

In vielen Vorträgen und Schriften verkündete Feder die Ziele nationalsozialistischer Planung, wie er sie sich vorstellte. Jedoch verlor auch er nach der Ausschaltung des »sozialistischen« Flügels der NSDAP um Gregor Strasser im Juni 1934 wegen seiner Forderung nach weitreichenden Planungsrechten an Einfluß in der Partei. 1934 wurde er in ein Berliner Hochschulinstitut abgeschoben. Dort arbeitete er an einem Buch, das er 1939 unter dem Titel *Die neue Stadt* herausgab. Mit einer Sammlung von städtebaulichen Musterentwürfen und Orientierungswerten beansprucht diese Schrift den Rang eines Lehrbuchs für die Planung einzunehmen, doch blieb es, wie die Programme Feders, weitgehend folgenlos; sein »Versuch zur Begründung einer neuen Stadtplanungskunst« mißlang.

Tatsächlich blieben trotz lautstarker Parolen zu »Raumforschung und Raumordnung«, trotz vieler Publikationen in der gleichnamigen Zeitschrift und der Gründung entsprechender Forschungsinstitute die städtebaulichen und planungsrechtlichen Initiativen weit unterhalb der Projektionen Feders, auch wenn zunächst einige Erfolge zu verzeichnen waren. So wurde 1933 mit dem *Gesetz über die Aufschließung von Wohnsiedlungsgebieten* ein System umfassender, rechtswirksamer Planungen eingeführt, durch das etwa für siedlungsintensive Gebiete die Aufstellung von Wirtschaftsplänen, gleichsam Vorläufer der späteren Flächennutzungspläne, gefordert war. Doch blieben derartige Pläne durch den Kriegsverlauf nur Papier. Mit den Verordnungen über die *Regelung der Bebauung* und *Zulassung befristeter Bausperren* aus dem Jahre 1936 wurde darüber hinaus der Rahmen für ein Städtebaurecht festgelegt, dessen Inhalt jedoch weitgehend offen blieb.

Wesentlich handfester waren da schon die *Richtlinien über den Luftschutz,* die bereits 1934 erlassen worden waren und eine weitgehende

Auflockerung und Durchgrünung der Städte forderten, an der sich die weiteren Neubaumaßnahmen auszurichten hatten, die zumeist als Kleinsiedlungen in Form gruppierter Einfamilienhäuser angelegt wurden. Massenwirksam ließen sich dabei Gebote der wirtschaftlichen Not mit überkommenen Reformvorstellungen und Luftschutzmaßnahmen verbinden. Insgesamt war die Wohnungsbautätigkeit jedoch geringer als erwartet: Der öffentlich geförderte Wohnungsbau blieb auch nach 1933 deutlich eingeschränkt, da die verfügbaren Mittel vorrangig für andere Maßnahmen, wie den Industrie- und Straßenbau, eingesetzt wurden. Die weitgehend private Finanzierung im Wohnungsbau führte unter den gegebenen Bedingungen allenfalls zu Kleinwohnungssiedlungen, die mit der »Verwurzelung des deutschen Arbeiters auf eigener Scholle« ihre ideologische Legitimation erfuhren.[40]

Neue Aufgaben

Schritt für Schritt hatte die NSDAP seit Januar 1933 ihre Herrschaft ausgebaut. Nach dem Reichstagsbrand am 27. Februar 1933 wurde die *Verordnung zum Schutz von Volk und Staat* erlassen; dem *Ermächtigungsgesetz* vom 23. März 1933 folgte das *Gesetz zur Wiederherstellung des Berufsbeamtentums.* Nach dem Verbot der SPD und der Auflösung der anderen Parteien wurde die NSDAP am 14. Juli durch ein Gesetz zur einzigen politischen Partei erklärt.

Zerschlagen waren inzwischen auch die wichtigsten Organisationen der Arbeiterbewegung. Nachdem am 2. Mai 1933 die Gewerkschaften aufgelöst worden waren, wurde am 6. Mai die Gründung der *Deutschen Arbeitsfront* (DAF) bekanntgegeben, die als nationalsozialistischer Einheitsverband die Gesamtvertretung aller »schaffenden Deutschen« zu sein beanspruchte. Statt der Vertretung von Arbeiterinteressen sollte auch diese Organisation das *Führerprinzip* durchsetzen helfen, indem Unternehmer als »Betriebsführer« mit der »Gefolgschaft« der Arbeiter zusammengespannt wurden. Interessengegensätze sollten durch staatlich ernannte »Treuhänder der Arbeit« überbrückt werden.[41] Gemäß den Vorstellungen vom ständischen Aufbau einer »organischen« Gesellschaft, die innerhalb und
außerhalb der nationalsozialistischen Bewegung weit verbreitet waren, sollte die DAF Klassenkonflikte stillstellen und zu einem politischen Idealismus erziehen, durch den sich jeder deutsche »Volksgenosse« an seinem Platz in den jeweiligen »Gliederungen« und »Organen« der Wirtschaft als Teil des »Volkskörpers« begreifen und in Konfrontation mit anderen Völkern und »Rassen« fühlen konnte. Als entschiedener Gegner antikapitalistischer Strömungen innerhalb der NSDAP war der *Reichsorganisationsleiter der NSDAP,* Robert Ley, von Hitler ausgewählt und mit

der Leitung der DAF beauftragt worden, obgleich keinerlei konzeptionelle Vorstellungen dazu entwickelt waren. 1937 versicherte Ley rückblickend: »Es ist nicht so gewesen, daß wir ein fertiges Programm hatten, das wir hervorholen konnten und anhand dieses Programms die Arbeitsfront aufbauten, sondern ich bekam den Auftrag des Führers, die Gewerkschaften zu übernehmen, und dann mußte ich weiterschauen, was ich daraus machte.« In zynischer Offenheit erklärte Ley, er habe »noch nie zwei Nationalsozialisten getroffen, die einer Meinung über den ständischen Aufbau gewesen wären. Es war direkt eine Katastrophe im Juni und Juli 1933. Ich kann Ihnen verraten, ich habe Nächte nicht geschlafen über dem ständischen Aufbau.« Dieser habe sich ihm »als ein absolutes Chaos von Gedanken, als ein völliger Wirrwarr«[42] dargestellt. Dennoch wurde die neue Organisation mit großem propagandistischem Aufwand und mit Parolen wie »Die Klassenschranken fallen!« als Instrument zur »Befreiung der Arbeiter« gefeiert. Gleichzeitig versicherte sich Ley der Zustimmung führender Vertreter der Industrie, deren patriarchalisches Selbstverständnis im Vorschlag einer streng hierarchischen Ordnung der Wirtschafts- und Betriebsführung eine radikale Entsprechung fand. Da die Vormachtstellung der »Betriebsführer« nicht angetastet und die DAF nicht der Ort sein sollte, »wo die materiellen Fragen des Arbeiterlebens entschieden, die natürlichen Unterschiede der Interessen der einzelnen Arbeitsmenschen aufeinander abgestimmt werden sollten«[43], wurde die DAF vor allem bei der »erzieherischen Festigung« eines verschwommenen Gemeinschaftsideals wirksam. Eigenen Angaben zufolge hatte die DAF Mitte 1933 sieben bis acht Millionen Mitglieder, im März 1934 14 Millionen, 1935 16 Millionen. Gemäß der Parteiprogramme, die den Klassenkampf früherer Jahrzehnte durch den Grundsatz des »Arbeitsfriedens« zu überwinden versprachen, wurde die Trennung der Berufsorganisationen in Arbeiter- und Unternehmerverbände aufgehoben; die Mitglieder verschiedener Berufszweige wurden in 16 Fachämtern zusammengefaßt.

Nach dem Vorbild entsprechender Einrichtungen im italienischen Faschismus wurde noch 1933 die der DAF unterstellte Freizeitorganisation *Kraft durch Freude* (KdF) gegründet, die durch eine Vielzahl propagandistischer Veranstaltungen dazu beitragen sollte, den »Arbeitsfrieden« zu sichern und die Arbeitsleistung zu steigern. Bald organisierte die KdF wie eine moderne, alle Lebensbereiche umfassende Unterhaltungsindustrie jede Art der Freizeitbeschäftigung, vom Massentourismus über Theater- und Konzertbesuche bis zum Vertrieb des KdF-Wagens, dessen weitere Verbreitung als Volkswagen durch den Krieg nur unterbrochen wurde. Erfolgreich konnte sich die DAF gleichwohl von den »materiellen Fragen des täglichen Arbeiterlebens« fernhalten. Da sie die ökonomischen Abhängigkeiten zwischen Unternehmern und Arbeitern einerseits zu erhalten, andererseits durch »Vermenschlichung« der Arbeitsverhältnisse zu verschleiern hatte, wurde neben der KdF-Organisation zur Freizeitgestaltung

Fritz Schupp, Martin Kremmer: Fabrikanlagen in Westfalen

Hanns Dustmann: HJ-Musterheim

Julius Schulte-Frohlinde:
NS-Schulungsburg Erwitte

139

das Amt *Schönheit der Arbeit* gegründet. Im Anschluß an betriebspsychologische und ergonometrische Erkenntnisse, die nach der Rationalisierungswelle der zwanziger Jahre zu neuen Formen wissenschaftlichen Managements geführt hatten, wurden zur demonstrativen »Vermenschlichung« der Arbeit Betriebsinspektionen durchgeführt und Verbesserungsvorschläge erarbeitet. Unter Parolen wie »Saubere Menschen im sauberen Betrieb«, »Gutes Licht – gute Arbeit« usw. wurden Veranstaltungen und Ausstellungen angeboten, Gestaltungsvorschläge gemacht und Modellentwürfe vorgestellt.

Vom Arbeitsplatz über die Organisation der Freizeit bis zum Wohnungsbau und Familienleben begannen die verschiedenen Dienststellen der DAF als »organisatorische Träger der Volksgemeinschaft« in Ergänzung zu den Aktivitäten der NSDAP den Alltag zu strukturieren. Propagandistisch konnte dabei auf die frühen Traditionen des *Deutschen Werkbundes* verwiesen werden, in dem man mit umfassendem Gestaltungsanspruch durch eine »harmonische Kultur« und »Veredelung der Arbeit« die Klassengegensätze überwinden zu können gehofft hatte, die nun in Wirklichkeit durch rabiate Unterdrückung stillgestellt wurden. Der Terror erhielt eine glänzende Fassade: neue Aufgaben für Architekten.

Gleich bei der Gründung des Amtes *Schönheit der Arbeit* hatte Robert Ley Albert Speer zu dessen Leiter ernannt. Doch blieb es nicht bei den Bauaufgaben dieses Amtes; schon 1934 wurde eine eigene Bauabteilung der DAF eingerichtet. Da Speer bereits mit Aufträgen überlastet war, schlug er als Leiter des Amtes den Bonatz-Schüler Schulte-Frohlinde vor, den er bei den Planungen für die Reichsparteitage in Nürnberg kennengelernt hatte. Schulte-Frohlinde war nach seiner Kölner Zeit mit Bonatz seit 1929 als Baurat in Nürnberg tätig und wechselte nun nach Berlin. Vom stark expandierenden Baubüro der DAF, in das nun bevorzugt Absolventen der traditionsgebundenen *Stuttgarter Schule* aufgenommen wurden, ging ein starker Einfluß im Sinne eines bodenständigen Bauens aus, dessen oft plakativer Populismus wie eine architektonische Visualisierung des *Kraft durch Freude*-Prinzips wirkte. Schulte-Frohlinde selbst entwarf die »Reichsschulungsburgen« in Saßnitz auf Rügen und Erwitte in Westfalen, arrangierte Volksfeste in Berlin, Nürnberg und Hamburg, die internationale Handwerksausstellung in Berlin und übernahm den Bau des Gemeinschaftshauses der DAF in Berlin. Daneben betreute er mit seinem Amt Wohnsiedlungen wie die in Mascherode bei Braunschweig und den Bau riesiger Strandbäder. Schließlich wurde ihm im Zuge einer Reorganisation der Ämter der DAF auch die Planungsabteilung des *Reichsheimstättenamtes* unterstellt, einschließlich der Musterentwürfe für den »Siedlungshausrat«. Dazu machte er »Vorschläge für Volksmöbel aus dem Brauchtum« und konnte seine Arbeitsfelder bald noch mehr ausweiten: Der *Generalinspektor für das deutsche Straßenwesen*, Fritz Todt, beauftragte als *Generalbevollmächtigter der Bauwirtschaft* Schulte-Frohlinde, eine »möglichst wirtschaftliche und dabei baukünstlerisch einwandfreie Fortentwicklung des Wohnungsbaus sicherzustellen«[44]. Ergebnisse dieser Tätigkeiten waren die als *Reichsbauformen* und *Landschaftsbauformen* entwickelten *Konstruktionsblätter für das Bauwesen* mit Vorschlägen für das *Normen und Rationalisieren.* Auf die Typologie deutscher Landschaften bezogen, entstanden Grundriß-Typen und Fassaden-Muster, Bauaufnahmen als Entwurfsunterlagen sowie Planblätter für Einzelhäuser. Die zentralisierte Planung wurde regionalistisch differenziert, durchgreifende Technokratie »heimatverbunden« verbrämt.

Durch Fritz Todt waren indessen auch schon andere Architekten zu neuen Bindungen, Aufträgen und neuen Aufgaben gekommen. Bald galt er als eine Art Idealgestalt des deutschen Ingenieurs. In den zwanziger Jahren hatte Hitler vor allem in Süddeutschland eine Reihe von Ingenieuren für die noch junge Partei gewinnen können, unter ihnen Gottfried Feder und Fritz Todt, der mit einer Arbeit über »Fehlerquellen beim Bau von Landstraßendecken aus Teer und Asphalt« an der TH München zum Dr.-Ing. promovierte und bei einer großen Straßenbaugesellschaft als technischer Leiter und Geschäftsführer tätig gewesen war. Nach 1933 übernahm Todt die berufsständische Organisation der deutschen Techniker und Ingenieure, wobei er auf bereits bestehende Zusammenschlüsse zurückgreifen konnte: Unter Führung von Gottfried Feder und Paul Schultze-Naumburg war 1931 der KDAI gegründet worden, dem anfangs auch viele Architekten und Ingenieure angehörten, die nicht der NSDAP beigetreten waren. Im Frühjahr 1934 wurde das *Amt für Technik* eingerichtet, dessen Leitung bei Feder lag, dem Todt als Stellvertreter beistand; gleichzeitig richteten beide den *Nationalsozialistischen Bund deutscher Techniker* (NSBDT) ein, dessen Vorsitz wieder Feder und Todt übernahmen und den sie zu einer Organisation ausbauten, in der sich das Amt für Technik und der KDAI zu einer eindeutig politisch ausgerichteten Ingenieurorganisation verbanden. Auf die Unterstützung und Anerkennung dieser Organisation waren nun sämtliche technisch-wissenschaftliche Vereine angewiesen, wollten sie ihre Mitglieder nicht dem totalitären Anspruch der DAF überlassen, in der die Nicht-Parteigenossen nun Zwangsmitglieder werden mußten.

Parallel zu dieser organisatorischen Formierung der Techniker, Ingenieure und Architekten begann Todt mit der Vorbereitung des Autobahnbaus, der in den Arbeitsbeschaffungs- und Wirtschaftsprogrammen der NSDAP von 1932 erstaunlicherweise noch nicht genannt worden war, sich aber in den darauffolgenden Jahren auch propagandistisch zu einer der wirksamsten Maßnahmen der neuen Regierung entwickeln sollte.

Seit 1926 hatte der sogenannte HAFRABA-Verein, dessen Ziel die Errichtung einer Autobahn HAnsestädte-FRAnkfurt-BAsel war, bereits entsprechende Pläne öffentlich vertreten. Daß Todt sie nun so erfolgreich weiterverfolgen konnte, lag, neben den erwarteten wirtschafts-

Paul Bonatz:
Autobahnbrücke bei Limburg

Beispiel für landschaftsbezogene
Autobahngestaltung

Carl August Bembé: Tankstelle bei Frankfurt am Main

Friedrich Tamms: Tankstelle bei Eberswalde

und sozialpolitischen Effekten, nicht zuletzt auch an dem militärstrategischen Nutzen, den Hitler sich davon versprach. Am 23. September 1933 eröffnete Hitler vor einem Troß von Journalisten den Bau der Reichsautobahn: »Indem wir Hunderttausende ansetzen für große, monumentale, ich möchte sagen, Ewigkeitswerte in sich tragende Arbeiten, werden wir dafür sorgen, daß das Werk sich nicht mehr trennt von denen, die es geschaffen haben. Man soll in Zukunft nicht nur an die denken, die es projektiert oder die es als Ingenieure in Pläne brachten, sondern auch an die, die durch ihren Fleiß, durch ihren Schweiß und durch die ebenso harte Tätigkeit die Pläne und Gedanken verwirklichten zum Nutzen des ganzen Volkes.«[45]

Bis 1936 waren etwa 129000 Menschen an Autobahnbauten tätig; mehr als ein Drittel der für Arbeitsbeschaffung zwischen 1933 und 1935 eingesetzten 5,5 Milliarden Reichsmark wurden dafür verwandt.[46] Die HAFRABA wurde umgewandelt in die GEZUVOR (GEsellschaft ZUr VORbereitung der Reichsautobahn), in die als Angestellte zur Trassierung der neuen »Straßen Adolf Hitlers«, wie die Autobahnen nun offiziell hießen, vor allem Ingenieure aus den Planungsämtern der Reichsbahn übernommen wurden, deren Erfahrungen beim Entwerfen von Bahnanlagen den neuen Anforderungen jedoch nicht in jeder Hinsicht gerecht wurden. Denn nicht bloß technische Bauwerke, sondern ein Gesamtkunstwerk aus der Gemeinschaftsarbeit von Technikern, Ingenieuren und Architekten sollte das Netz der Autobahnen mit Zufahrten, Brücken, Raststätten und Straßenmeistereien werden.

Im Herbst 1934 wurde Altmeister Bonatz zum Bau der Autobahnen gerufen und zog viele seiner Schüler nach. Zunächst wurde er nach Berlin eingeladen, um mit dem *Generalinspektor* Todt und dem *Landschaftsanwalt* Alwin Seifert die wichtigsten Projekte der folgenden Jahre zu beraten. 1950 resümierte er: »Den Erfolg dieser ersten Erziehungsarbeit kann jeder leicht nachprüfen: Alle Überbrückungen zwischen Frankfurt und Heidelberg sind häßlich, und alle Brücken nördlich Frankfurt und südlich Heidelberg sind anständig.«[47] Insgesamt hatte Bonatz von Königsberg bis Frankfurt 15 Oberbaudirektionen zu beaufsichtigen. Dabei mußte er in einer Vielzahl von Kompetenzkonflikten zwischen den beteiligten Instanzen intervenieren; von dieser Aufgabe fühlte er sich bald überfordert. Doch hatte er inzwischen die Bekanntschaft eines jungen Architekten gemacht, der ihm für große Aufgaben befähigt schien: »Gleich zu Anfang traf ich in Berlin auf den weitaus reifsten (und jünsten!) der Architekten der Reichsautobahn: Fritz Tamms.« Bonatz schlug dem Direktor der Reichsautobahn vor: »›Stellen Sie diesen als meinen Gegenspieler bei der Reichsautobahn an und alle Eifersucht zwischen den Instanzen des Generalinspektors und der Reichsautobahn hört mit diesem Tage auf.‹ So geschah es, wir wurden ein Freundes- und Brüderpaar aus gleicher Auffassung heraus, wir lernten gegenseitig voneinander und waren selbstverständlich eine Einheit. Es galt aber eine viel schwerere Eifersucht auszuschalten: die zwischen Ingenieur und Architekt. Viele Ingenieure sehen im Architekten so etwas wie einen Erbfeind, den man ablehnen müsse. Wir standen vor einer harten Arbeit.«[48]

Präsentation

Tatsächlich kam es in diesen Jahren zu einer engen Zusammenarbeit zwischen Architekten und Ingenieuren, in der berufsständische Ressentiments überwunden, unterschiedliche Traditionen und Kompetenzen aufeinander bezogen wurden. Eine der wichtigsten Aufgaben zur Verbindung der verschiedenen Berufsgruppen wurde der Brückenbau. Das Spektrum der Bauten reichte von schweren Bögen aus gebrochenem Naturstein bis zu leicht schwingenden Hängebrücken aus Stahl, die als neue Höhepunkte der Ingenieurbaukunst vorgestellt wurden. Für die auch persönlich oft enge Verbindung zwischen Architekten und Ingenieuren unter der Leitung des Ingenieur-Idols Todt sorgte nicht nur die intensive Arbeit an gemeinsamen Projekten, sondern auch eine Reihe gemeinsamer Schulungskurse, die von Todt auf der als Tagungsheim eingerichteten Plassenburg bei Kulmbach organisiert wurden. Bonatz erinnert sich: »Diese wiederholten sich alle Vierteljahre und waren für uns eine ziemliche Belastung. An Architekten waren nach und nach die besten zu uns geholt worden: Gutschow, Freese, Tiedje. Unter den Vortragenden hatte Alwin Seifert immer einen wichtigen Anteil. Die Vorträge waren vielseitig, Forstleute, Bodenkunde, Beton . . .«[49]

Im Rückblick auf diese später oft verklärte Zeit zitiert Bonatz in seinen Erinnerungen seinen 1940 für die *Frankfurter Zeitung* verfaßten Artikel »Die Brücke als gemeinsames Werk von Ingenieur und Architekt«, der auf Wunsch von Fritz Schumacher in dessen *Lesebuch für Baumeister* aufgenommen wurde: »Zeitlich deckt sich die Absonderung des Ingenieurberufs mit der Zeit des Niedergangs der Baukunst. Zwischen Architekt und Ingenieur, die getrennte Wege gingen, trat völlige Entfremdung ein.« Bonatz behauptete: »Inzwischen haben sich zu Gunsten einer Gemeinschaftsarbeit zwei Dinge geändert. Auf der einen Seite ist die Baukunst wieder gesundet, hat festen Boden und klare Ziele, auf der anderen Seite ist die Eigenschönheit guter Ingenieurkonstruktionen entdeckt worden. Beide Kräfte begegnen sich also auf einer neuen Ebene.«[50]

Auch wenn Bonatz' Umgang mit den Parteifunktionären von oft ironischer Distanz gekennzeichnet gewesen sein soll, trug er – wie andere schon vor 1933 prominente Architekten – doch mit bei zu der Anerkennung, die den Nazis insbesondere für ihre technischen Leistungen gezollt wurde. Je nach Bauaufgabe und angestrebter propagandistischer Wirkung der »sprechenden« Architekturen wiesen die Bauten des *Dritten Reiches* eine formale Vielfalt auf, die von einfacher Sachlichkeit über einen vergröberten Klassizismus bis hin zu düsterer Volkstümelei reichte. Der Trug wirkte.

In der opulent bebilderten Bilanz *Das Bauen im neuen Reich* wurden 1938 die Schulungsburgen Schulte-Frohlindes vorgeführt, deren psychologisch kalkulierte Symbolik eine raffinierte Verwendung architektonischer Formen zur Darstellung und Stimulanz deutscher »Gemütlichkeit« erkennen läßt. Wie gezielt demgegenüber auch bei scheinbar trivialen Aufgaben Architektur als Bedeutungsträger aufgefaßt wurde, zeigt etwa dieser Text: »Die Wirksamkeit des Amtes für Schönheit der Arbeit erstreckt sich – ein deutlicher Beweis für die neu erkannte Bedeutung der Kunst im Leben des Volkes! – nicht allein auf die hygienisch einwandfreie Ausgestaltung der deutschen Arbeitsstätten, sondern ganz betont auch auf ihre schöne architektonische Ausgestaltung, deren tiefe Zusammenhänge mit der Lebens- und Arbeitsfreude der Schaffenden nun endlich zu ihrem Recht kommen. Wie stark diese wichtigen psychologischen Einzelheiten beachtet werden, zeigt zum Beispiel das Streben, schöne, hohe Werktore zu schaffen – Pforten zur Arbeitsheimat! Dem Einfluß der deutschen Arbeitsfront verdanken auch die zahlreichen, künstlerisch ausgestalteten Gemeinschaftshäuser ihre Entstehung, die ein notwendiger Rahmen der Werkgemeinschaft sind. Im Industriebau sind die neuen Bauformen betonter Ausdruck einer neuen Arbeitsehre. Der Adel der Arbeit erhält seine Weihe durch die Kunst.«[51] – Fast glaubt man sich an die Anfänge des Deutschen Werkbundes zurückversetzt.

Solche »Weihe« wurde dem Industriebau freilich durch ganz andere Formen verliehen als den Bauten für Wohnen und Erholung; hier fand die technokratisch kontrollierte Fortsetzung der modernen Bewegung neuen Raum. Hier zeigte sich der Nationalsozialismus offen als Motor gesellschaftlichen Wandels. Zur Erläuterung demonstrativ moderner Bauten liest man in derselben Publikation: »Eine Reihe von technischen Bauten der Gemeinschaft, die seit 1933 errichtet wurden, haben durch die Tat den eindeutigen Beweis erbracht, daß aus der klaren, technischen Zweckbestimmung schöne Bauformen entwickelt werden können. Aus dem Wesen der Technik kann die Kraft einer einordnenden Weltanschauung sinngemäße Formen entwickeln. Bauten von Maß und Ordnung, wirksam durch sparsame und klare Linien, Sinnbild der präzisen sauberen Arbeit, die in ihnen geleistet wird, sind hier gestaltet worden. Sie ergeben eine schöne Gesamtwirkung. Beton, Stahl und Glas treten offen hervor. Wie hell, wie ideenreich, wie großzügig sind diese technischen Bauten! Künstlerischer Gestaltungswille hat in ihnen den Sieg über die Materie errungen. Wie die großen Bauten des Glaubens weltanschaulich erheben, so führen solche Stätten der Arbeit zu Arbeitsfreude, zum Stolz auf das Werk – zugleich kühnem und discipliniertem Schaffen.«[52] Das Credo der »Entmaterialisierung«, das nach 1945 als schroffster Gegensatz zum Bauen im *Dritten*

Reich und als Zeichen eines universellen Neubeginns gefeiert werden soll, ist im Hinblick auf modernste Rüstungsindustrie und Luftwaffentechnik hier bereits vorformuliert.

Das *Bauen im neuen Reich* hatte in der Tat viele Gesichter. Neben funktionellen Fabriken zeigen Publikationen dieser Zeit die breit gelagerten, aufgeschwollenen Fachwerkbauten der HJ-Heime, entworfen von Hanns Dustmann, dem einstigen Chefarchitekten im Büro von Walter Gropius. Inzwischen zum *Reichsarchitekten der Hitler-Jugend* ernannt, entwarf er nun Bauten von schwerer Heimatlichkeit, zentral geplant und dennoch in stets wechselnder Gestalt: »Aus der grundsätzlichen Bejahung der bodenständigen Kulturwerte ergibt sich, daß diese Gemeinschaftsbauten trotz zentraler Planung niemals nach einer seelenlosen Schablone errichtet werden. Das ehrlichste und erfolgreiche Streben geht dahin, jeden Gemeinschaftsbau zu einem selbständigen Kunstwerk zu gestalten, dessen Form von der Rücksicht auf Landschaften und heimatgebundene Kultur mitbestimmt wird. Die Bauten der Hitler-Jugend haben in dieser Entwicklung eine führende Stellung gewonnen. Sie überziehen, regional gesehen, das ganze Reich mit einem dichten Netz von Heimen, von denen nach Vollendung der Gesamtplanung keines mehr als 25 km Abstand vom nächsten haben soll. Dieses Ziel zwingt dazu, sich mit der Eigenart aller deutschen Landschaften, aller deutschen Städte auseinander zu setzen und für jede eine kulturschöpferische Baulösung zu finden.«[53]

Wie hatte der *Reichsjugendführer* gesagt? »Die Bauten der Jugend singen das Lied ihrer Landschaft!« Und so weiß auch *Reichsarchitekt* Dustmann einzustimmen in den Chor. Über die *Künstlerisch-soldatische Erziehung der jungen Generation* schreibt er: »So ist durch eine bewußte Dezentralisation den Menschen und Künstlern der einzelnen deutschen Landschaften die aktive Verantwortung für ihren Kulturraum in die Hände gelegt worden, wobei aber die einheitliche Linie im ganzen Reich gewährleistet bleibt, da von oben die großen künstlerischen Richtlinien gegeben werden, da zentral laufend eine eingehende Schulung der mitwirkenden Fachkräfte und des künstlerischen Nachwuchses in allen Fragen der Gestaltung erfolgt und die straffe Organisation des Arbeitsausschusses für HJ-Heimbeschaffung den inneren und äußeren festen Zusammenhalt gibt.«[54] Der Bau der HJ-Heime und Jugendherbergen wurde ein wichtiges Thema für Architekten. Wettbewerbe wurden ausgeschrieben, Aufträge vergeben und Richtlinien publiziert. Zur inneren Organisation von Jugendheimen äußert sich in einem Heft über die *Baugestaltung der Jugendherbergen* 1934 als Fachmann für Normierungsfragen Ernst Neufert[55], der in Weimar unter Walter Gropius gearbeitet hatte und 1926 dort an die staatliche Bauhochschule berufen worden war.

Viele junge Architekten fanden hier neue Arbeit.

Für eine heimelige Gestaltung der Jugendherbergen sorgte neben vielen anderen ein junger Architekt, der in Berlin bei Hans Poelzig studiert und sich durch weite Reisen ins Ausland, durch Besuche bei Frank Lloyd Wright und Richard Neutra mit vielen Facetten des Neuen Bauens vertraut gemacht hatte – und sich nun gleichwohl der geforderten Disziplin demonstrativ bodenständigen Bauens zu unterziehen wußte: Helmut Hentrich, der mit seinem Partner Hans Heuser die Hitler-Jugend-Heime in Hilden und Rheinhausen entwarf.[56]

Glaubt man den Berichten ehemaliger Mitarbeiter prominenter Architekten des *Dritten Reiches,* so standen deren markige Worte in offiziellen Verlautbarungen oft in merkwürdigem Gegensatz zu der vielgestaltigen und zunächst offenbar noch toleranten Praxis in den eigenen Büros. So ließ Schulte-Frohlinde etwa funktionelle Fabrikbauten gelten, auch wenn sie unübersehbar das Weiterleben der verhaßten Moderne der zwanziger Jahre dokumentierten. Wenn jedoch öffentlich Anspruch auf die Kontinuität theoretischer Positionen erhoben wurde, wie dies bisweilen vorsichtig noch in der *Bauwelt* geschah, die früher so deutlich dem Neuen Bauen verpflichtet war, dann wurde scharf protestiert: »Wir verwahren uns dagegen, daß das sogenannte ›Neue Bauen‹ erörtert wird, als wesentlich deutschen Ursprunges hingestellt wird. Es ist marxistischen Ursprungs und insofern nicht national, sondern jüdisch-international«, schreibt Schulte-Frohlinde: »Unsere Staatsform hat mit dem Begriff ›Modern‹, den der Führer schon einmal sehr deutlich in seinem Wesen gekennzeichnet hat, nichts zu tun.«[57]

Oft habe in jenen Jahren jedoch derart proklamierte »Haltung nach außen« in eklatantem Widerspruch zur »Toleranz nach innen« gestanden; Speer spricht später von einem Rausch durch Einfluß und Macht, von blinder Begeisterung an der Verfügung über fast unbegrenzte Mittel zur Realisierung der oft kühnen Projekte, der die »Architekten des Dritten Reiches« bei aller persönlichen Distanz objektiv und mittelbar zu Komplizen des Terrors habe werden lassen – von dem sie allemal nichts gewußt haben wollen.

»Für einen großen Bau hätte ich wie Faust meine Seele verkauft«, liest man in Speers *Erinnerungen.* Große Aufgaben lockten, ein Machtrausch sei die Folge gewesen: »Zu jung, um nein zu sagen«, wird Peter Koller, der Planer der *Stadt des KdF-Wagens,* auch nach 1945 weiter im Dienst der Stadt Wolfsburg, später entschuldigend erklären.[58]

Durch große Aufgaben herausgefordert fühlten sich auch viele junge Angehörige von Ingenieurberufen, die sich in ihrem technokratischen Selbstverständnis dem neuen Staat als mächtigem Hüter des »Gemeinwohls« eng verbunden fühlten.[59] Diese Haltung konnte nun propagandistisch aufgenommen werden: In einer »Kameradschaft« von »Fachleuten« endlich die Verwirklichung der durch wirtschaftliche und politische Wirren lange verschobenen »Gemeinschaftsaufgaben«, wie Großstadtsanierung, Raumordnung und Autobahnbau, angehen zu können, das machte für viele Ingenieure und Architekten eine große Faszination der neuen Machthaber aus.

Andererseits wurde den Technikern, Ingenieuren und Architekten durch deutliche Privilegierung ihrer Arbeit, berufsständische Sicherungen und Steigerung ihres Sozialprestiges als »Baumeister einer besseren Welt« eine besondere Loyalität zum neuen Staat nahegelegt. Damit waren Handlungsräume eröffnet, die nach den Jahren der Depression viele Entfaltungsmöglichkeiten zu bieten schienen. Ja, von ihrem Einsatz schienen schließlich sogar Zukunft und Schicksal Deutschlands – im Zweiten Weltkrieg – abzuhängen. In einer Bilanz der Entwicklung deutscher Technik und ihrer Folgen wird es in einer Festschrift zu Todts 50. Geburtstag 1941 heißen: »Durch die Entfesselung des deutschen Riesen ›Technik‹ wurde der Gegner hellhörig und begann zu rüsten. Als Gegenmaßnahme entstand als ein neues Wunder der Technik der Westwall.«[60] Nach dem Funktions- und Machtverlust der traditionellen bürgerlichen Bildungselite wurde mit dem Ziel der »Wiederwehrhaftmachung Deutschlands« die technische Intelligenz als starke Stütze der Gesellschaft zu Ehren gebracht und zugleich zu unbedingtem Gehorsam verpflichtet: »Ein gesunder Gesamtaufbau unserer Wirtschaft ist nur denkbar, wenn in vorbeugender Weise alle Kräfte in irgendeiner Form durch einen Generalstab der Technik so gelenkt werden, daß sie ohne katastrophale Umstellung im Frieden wie im Kriege jedem Dienst am Gemeinwohl gerecht werden können.«[61]

Schon früh war der Krieg als letzte Konsequenz eines mörderischen Rassismus und Machtwahns mitgedacht und ausgesprochen. Und doch stellten sich viele der Beteiligten lange Zeit blind: Räder im Getriebe eines Mechanismus, der sich mit unerbittlicher Zwangsläufigkeit auf den nächsten Weltkrieg zubewegte. Zu seiner Entlastung versucht Speer später zu erklären: »Die ganze Struktur des Systems ging dahin, Gewissenskonflikte gar nicht aufkommen zu lassen. Das hatte eine vollkommene Sterilität aller Gespräche und Auseinandersetzungen unter Gleichgesinnten im Gefolge. Es war uninteressant, die uniformen Meinungen gegenseitig zu bestätigen. Noch bedenklicher war die ausdrücklich geforderte Beschränkung der Verantwortung nur auf den eigenen Bereich. Man bewegte sich in seiner Gruppe, etwa der Architekten, Ärzte, Juristen, Techniker, Soldaten oder Bauern. Die Berufsorganisationen, denen jeder zwangsweise angehörte, nannte man Kammern (Ärztekammer, Kunstkammer), und diese Bezeichnung definiert treffend die Abgrenzung in einzelne, voneinander wie durch Mauern geschiedene Lebensbezirke.«[62] Zur Separierung dieser Lebensbezirke, über denen gottgleich »der Führer denkt und lenkt«, führt Speer weiter aus: «Die Anfälligkeit für solche Erscheinungen war uns von Jugend auf mitgegeben. Wir hatten unsere Grundsätze noch vom Obrigkeitsstaat bezogen, und zwar in einer Zeit, als die Gesetze des Krieges seinen Subordinationscharakter weiter verschärft hatten. Vielleicht waren wir durch diese Erfahrungen wie die Soldaten auf ein Denken präpariert, das uns in Hitlers System erneut entgegentrat. Die straffe Ordnung lag uns im Blute; die Liberalität der Weimarer Republik schien uns, damit verglichen, lax, fragwürdig und keineswegs erstrebenswert.«[63]

Erfolg

Seit ihrer Gründung im Jahre 1934 wurden für die Organisation *Kraft durch Freude* Architekturwettbewerbe für Freizeit- und Kulturhäuser ausgeschrieben und Projekte ausgeführt. Daneben verschaffte das Amt *Schönheit der Arbeit* Architekten dadurch Beschäftigung, daß für dieses Amt im ganzen Reich Vorschläge zur Verbesserung gewerblicher und industrieller Arbeitsplätze ausgearbeitet wurden: Bis Ende 1936 waren insgesamt etwa 200 Millionen Reichsmark für solche betrieblichen Investitionen ausgegeben worden.

Arbeit, Arbeit, Arbeit. Wie eine magische Formel wurde der Begriff schon in den Namen diverser staatlicher Institutionen festgeschrieben. Und wirklich war es durch geschickt ineinandergreifende wirtschafts- und finanzpolitische Maßnahmen bereits im Laufe des Jahres 1933 gelungen, Hunderttausenden wieder Arbeit zu geben.[64] Mit großem propagandistischem Aufwand wurde den Massen das Gefühl eines neuen Aufbruchs in bessere Zeiten vermittelt und damit wirksam abgelenkt von der gleichzeitig einsetzenden Ausgrenzung politischer Gegner, die im Zuge von »Machtübernahme« und »Gleichschaltung« aufgespürt, isoliert, vertrieben, vernichtet wurden.

Eine merkwürdige Faszination übten die vordergründigen wirtschaftspolitischen Erfolge der NSDAP vor allem auf Jüngere aus, auch auf solche, die der Nazi-Politik bisher eher skeptisch oder feindlich gegenübergestanden hatten. »Wir fragten uns: Warum haben sich nicht die anderen Parteien schon früher dieser Instrumente bedient, mit denen die Nazis nun die Arbeitslosen von der Straße wegbekommen?« berichtet Rudolf Hillebrecht, der während seines Studiums Mitglied im *Bund Sozialistischer Studenten* gewesen war. Zwei Jahre lang hatte er Russisch gelernt, in der festen Absicht, bei anhaltender Arbeitslosigkeit in Deutschland, wie viele andere junge Architekten in diesen Jahren, eine Beschäftigung im Ausland zu suchen. »Damals spielte eine große Rolle, daß bekannte Leute wie Ernst May in Rußland waren und die Fachpresse breit über die Arbeitsmöglichkeiten und riesigen Projekte dort berichtete. Da war ein Horizont!«[65] Doch nun bot die Entwicklung in Deutschland neue und weite Perspektiven für jene, die als »rassisch« und politisch unbelastet galten, was für die meisten der jungen Diplomingenieure zutraf, die in den Jahren vor 1933 ihr Studium abgeschlossen hatten und nun in die berufliche Praxis drängten, um welchen Preis auch immer.

Nach Abschluß seines Examens im Sommer 1933 hatte der nun dreiundzwanzigjährige Hillebrecht einige Monate lang in verschiedenen Büros gearbeitet. Ende 1933 wurde er überraschend von Walter Gropius, der ihn von häufigen Besuchen in Hannover her kannte, zur Mitarbeit an einem Wettbewerb eingeladen. Der Wettbewerb für ein Freizeit- und Kulturhaus war von der DAF ausgeschrieben worden. Dieser Wettbewerb war Gropius' letzter Versuch, in Deutschland noch an Arbeit und Aufträge zu kommen, erinnert sich Hillebrecht: »Man müsse sich beteiligen, um zu zeigen, daß es auch die andere Seite noch gibt.«[66] Hillebrecht kannte Gropius seit 1928 und hatte – durch Vermittlung von Hanns Dustmann – bereits 1930 bei Gropius gearbeitet. Ohne Wissen von Gropius war Dustmann, sein Bürochef, in die SS eingetreten, was ihm später die Kündigung durch Gropius eintrug, der schließlich infolge Auftragsmangels sein Büro aufzulösen gezwungen war. So holte sich Gropius den jungen Hillebrecht, der bis zum April 1934 in seiner Wohnung mit ihm zusammenarbeitete.

Danach fand Hillebrecht bald neue Arbeit beim *Reichsverband der deutschen Luftfahrtindustrie,* einer Gründung der Hansestädte; schon Fritz Schumacher hatte für diesen Verband Flugzeughallen entworfen. »Erst 1935 stellte sich heraus«, berichtet Hillebrecht, »daß in diese zivile Haut das Luftfahrtministerium hineingeschlüpft war. Im März 1935 wurde die Wehrhoheit erklärt, und erst da merkten wir, daß alles schon auf Rüstung eingestellt war.«[67]

Bereits im April 1934 hatte Hillebrecht nach seinem Abschied von Gropius und dem gemeinsamen Wettbewerbsentwurf für das Freizeitheim den Auftrag erhalten, auf dem Gelände des Zivilflughafens Travemünde ein »Erholungsheim« zu planen, mitten in einem Kiefernwald, mit Gemeinschafts- und Vortragsräumen. In Freihandskizzen, Maßstab 1 : 200, entstanden die ersten Entwürfe. Und schon nach diesen ersten Skizzen, die noch keineswegs als Werkpläne ausgeführt waren, wurden von erfahrenen Bauleuten der Firma Hochtief in großer Geschwindigkeit Bauten errichtet, die bereits im Dezember 1934 bewohnt werden konnten.

Wie Hillebrecht waren auch viele andere junge Architekten zunächst vollauf beschäftigt mit der Lösung der ihnen übertragenen Aufgaben. Bohrende Fragen und Zweifel um Ziele und Zusammenhänge der Arbeit wurden im Rausch der Großprojekte erstickt. Hinter der Größe der Aufgaben und unerwarteten Verantwortlichkeiten traten Bedenken zurück; nach Jahren der Arbeitslosigkeit und unsicherer Berufsperspektiven wurden nun neue Felder beruflicher Bewährung gesucht.

Neben den Projekten für Industrie und Armee konnten moderne, neuester Technik verpflichtete Bauauffassungen vor allem im Autobahnbau zum Zuge kommen. Hier hatte nach 1933 auch Konstanty Gutschow neue Aufträge erhalten. Nach Jahren ungewisser Selbständigkeit und folgenloser Wettbewerbe war 1933/1934 ein Tiefpunkt erreicht. Ab 1934 aber geht es aufwärts mit dem Büro: Über einen Auftrag für die Ausstellung *Planten un Blomen* tritt eine wirtschaftliche Stabilisierung ein; hinzu kommen Planungen für die Autobahn. 1935 wird Gutschow *Vertrauensarchitekt* bei der obersten Bauleitung der Reichsautobahn Hamburg, 1941 *Gebietsarchitekt Nord-West* des *Generalinspektors für das deutsche Straßenwesen.* Rudolf Hillebrecht ist seit 1937 enger Mitarbeiter von Gutschow: Gutschow hatte ihn als Bürochef für sein expandierendes Unternehmen verpflichtet. Auch Hillebrecht arbeitet nun für Autobahnbauten und lernt dabei gemeinsam mit Gutschow Fritz Tamms kennen.

Seit 1929 im Brückenbauamt der Stadt Berlin, war Tamms 1934 als Architekt zu Brückenentwürfen der Reichsautobahn im Bezirk Berlin hinzugezogen worden. 1935 entwickelte er ganze Serien von Vorschlägen für Brücken, Gräben, Böschungen und Wasserläufe in der Umgebung der Autobahnen und wurde von Todt noch im selben Jahr zusammen mit Paul Bonatz als beratender Architekt für die Gestaltung sämtlicher Brückenbauten, später auch der Hochbauten im Bereich der Autobahnen eingesetzt.

Die Verbindungen wuchsen zusammen: Bonatz und Tamms standen in Kontakt zum Gebietsarchitekten Gutschow und dessen Mitarbeiter Hillebrecht, und bald stellten sich auch Beziehungen her zu Albert Speer, der 1937 bereits eine steile Karriere aufzuweisen hatte und doch erst am Anfang stand. Nach dem vergeblichen Versuch, gemeinsam mit seinem Studienkollegen Schelkes in Mannheim ein eigenes Büro zu gründen, war Speer nach Berlin zurückgekehrt. Gezielt suchte er die Nähe zur Zentrale der Macht und knüpfte neue Beziehungen. Die Rechnung ging auf: 1933 wurde er von Goebbels mit Umbauten und Einrichtungen für das neu geschaffene Propaganda-Ministerium beauftragt.

Als er während dieser Zeit dort ein Modell für die Inszenierung einer Massenkundgebung auf dem Tempelhofer Feld entdeckte, das ihm »wie die Dekoration zu einem Schützenfest« vorkam und der revolutionären »Bewegung« der NSDAP unwürdig schien, erarbeitete er einen Alternativentwurf, der auch Hitler begeisterte.[68] Bald darauf stellte ihm Hitler die nächsten großen Parteibauten in Aussicht. »Nach Jahren des vergeblichen Bemühens war ich voller Tatendrang und 28 Jahre alt. Für einen großen Bau hätte ich wie Faust meine Seele verkauft. Nun hatte ich meinen Mephisto gefunden.«[69] Auch Speer geriet in das »Fieber«, das viele plötzlich erfolgreiche Architekten seiner Generation erfaßte, wie z. B. Speer nachträglich zu erklären versuchte: »Noch nicht einmal 30, sah ich die erregendsten Aussichten vor mir, die ein Architekt sich erträumen kann. Überdies verdrängte meine Arbeitswut Probleme, die sich mir hätten stellen müssen. In der täglichen Hast erstickte manche Ratlosigkeit. Beim Niederschreiben dieser Erinnerungen war ich in zunehmendem Maße darüber erstaunt und dann geradezu bestürzt, daß ich vor 1944 so selten, eigentlich fast gar nicht Zeit gefunden hatte, über mich selbst, mein eigenes Tun nachzudenken, daß ich die eigene Existenz nie reflektierend überdachte.«[70]

Einen neuen Schub bekam Speers Aufstieg 1934 durch den überraschenden Tod des Architekten Paul Ludwig Troost, der – um eine Generation älter – bisher noch führend in der Gunst Hitlers und nach Heinrich Tessenow

Speers »zweiter Lehrer« geworden war. »Zurückhaltend im Gespräch, ohne Gesten, gehörte er zu einer Gruppe von Architekten wie Peter Behrens, Joseph M. Olbrich, Bruno Paul und Walter Gropius, die vor 1914 in einer Reaktion auf den ornamentreichen Jugendstil eine in den architektonischen Mitteln sparsame, fast ornamentlose Richtung vertrat und einen spartanischen Traditionalismus sowie Elemente der Moderne in sich vereinigte. Troost hatte zwar gelegentliche Erfolge bei Wettbewerben, konnte aber vor 1933 nie zur Spitzengruppe vorstoßen. Einen ›Stil des Führers‹ gab es nicht, so sehr die Parteipresse sich darüber auch verbreitete. Was zur offiziellen Architektur des Reiches erklärt wurde, war lediglich der von Troost vermittelte Neoklassizismus, der dann vervielfacht, abgewandelt, übertrieben oder auch ins Lächerliche verzerrt wurde. Hitler schätzte am klassizistischen Stil dessen überzeitlichen Charakter um so mehr, als er sogar glaubte, in dem dorischen Stamm einige Anknüpfungspunkte an seine germanische Welt gefunden zu haben; trotzdem wäre es falsch, bei Hitler nach einem ideologisch begründeten Baustil zu suchen. Seinem pragmatischen Denken entsprach das nicht.«[71]

Rasch gelang es Speer, sich in den Neoklassizismus Troosts und darüber hinaus in die Wünsche Hitlers einzufühlen; bald konnte er bis zur Selbstverleugnung dessen Streben nach megalomaner Selbstdarstellung gestalterisch artikulieren. Anfang 1934 erhielt er den Auftrag, auf dem Zeppelinfeld in Nürnberg den gigantischen Rahmen für die Massenaufmärsche des Reichsparteitags zu schaffen. Durch unübersehbare Beweise seiner Gunst zeigte Hitler schon früh, daß er Speer zu seinem engen Kreis persönlicher Vertrauter rechnete. Dies hatte Folgen. Neben seiner Tätigkeit als Abteilungsleiter in Robert Leys Amt *Schönheit der Arbeit* wurde Speer Abteilungsleiter beim Stab von Hitlers Stellvertreter Rudolf Hess; einige Monate später verlieh ihm Joseph Goebbels den gleichen Rang.

Die Gestaltung des Parteitags in Nürnberg wurde für Speer ein rauschender Erfolg. Der »Lichterdom«, in der Reklametechnik Jahre zuvor bereits entwickelt[72], konnte durch die Reihung von Scheinwerfern geradezu psychedelische Effekte erzielen. Schlagartig war damit den Herrschenden die politisch-propagandistische Bedeutung architektonischer Inszenierungen zur Suggestion der Massen vor Augen geführt worden. Speer schreibt: »Der Eindruck überbot bei weitem meine Phantasie. Die 130 scharf umrissenen Strahlen, in Abständen von nur 12 m um das Feld gestellt, waren bis in 6 bis 8 km Höhe sichtbar und verschwammen dort zu einer leuchtenden Fläche. So entstand der Eindruck eines ewigen Raumes, bei dem die einzelnen Strahlen wie gewaltige Pfeiler unendlich hoher Außenwände erschienen. Manchmal zog eine Wolke durch diesen Lichterkranz und verschaffte dem grandiosen Effekt ein Element surrealistischer Unwirklichkeit.«[73]

Der Erfolg anpassungswilliger Architekten wie Speer war vorgezeichnet, sofern sie sich bereit erklärten, widerspruchslos nach gegebenen Mustern zu handeln. Während der Werkbund gleichgeschaltet und aufgelöst wurde und die ersten Wellen der Emigration »rassisch« Verfolgte, politisch oder kulturell Unliebsame ins Ausland verschlugen, taten sich jenen, die nun »drin« waren, ungeahnte Tätigkeitsfelder auf. Doch nicht für alle, die dabei zu sein meinten, war auf Dauer Platz im neuen System: Abgeschoben wurden neben den in den zwanziger Jahren exponierten Modernen allmählich auch deren erbittertste Gegner, jene kämpferischen Konservativen, die als Galionsfiguren eines vaterländischen Bürgertums den Nationalsozialismus auch in besseren Kreisen salonfähig gemacht hatten: Paul Schmitthenner wurde von größeren Aufträgen abgeschnitten; Tessenow wurde nicht mehr zu Rate gezogen, nachdem er sich mehrfach verweigert hatte; Paul Schultze-Naumburgs Entwurf zu einem Parteiforum wurde von Hitler nicht ernst genommen. Es »sieht aus wie ein übergroßer Marktplatz einer Provinzstadt«, meinte Hitler, »hat nichts Typisches, unterscheidet sich nicht von früheren Zeiten. Wenn wir schon ein Parteiforum bauen, dann soll man später auch sehen, daß es in unserer Zeit und in unserem Stil gebaut wurde, wie etwa der Münchner Königsplatz«, berichtet Speer. Schultze-Naumburg, Autorität im *Kampfbund für deutsche Kultur,* »erhielt keine Möglichkeit der Rechtfertigung; er wurde zu dieser Kritik gar nicht mehr geladen. Hitler nahm auf den Ruf dieses Mannes keine Rücksicht und veranlaßte einen neuen Wettbewerb unter verschiedenen Architekten seiner Wahl«.[74]

In dieser Zeit wehte ein anderer Wind – Rückenwind für die jungen, noch »formbaren« Männer, wie Speer später interpretiert. Inzwischen hatte sein Büro so gut zu tun, daß Speer neben geregelter Arbeit auch Nebentätigkeiten an Freunde vergeben konnte. So beauftragte er etwa Rudolf Wolters, zur Vorbereitung von Projekten aus Bibliotheken städtebauliche Daten aus aller Welt zusammenzutragen, und schließlich leitete Wolters, neben seiner Arbeit im Reichsbahnbüro, noch »in der zweiten Schicht« für Speer »ein Nachtbüro von 18 bis 23 Uhr«.[75] Als Hitler 1936 Speer die Neugestaltung Berlins in Aussicht stellte, verdichteten sich die Kontakte zu den Kommilitonen und Freunden. Mit Wolters erörterte Speer weitere Perspektiven, mit Tamms arbeitete er bereits seit 1934 eng zusammen. Neue, größere Pläne vor Augen, beschlossen Wolters und Tamms 1936, zuvor noch gemeinsam eine Reise nach Sizilien anzutreten. Nur wenige Monate nach ihrer Rückkehr wird bekannt, daß Speer mit der Neugestaltung Berlins beauftragt ist. Die Jahre nach 1937 werden die *Architekten des Führers* wie in einem Höhenrausch erleben. »Zu jung, um nein zu sagen«?

Speers Karriere

Nach einigen Umbauarbeiten für den Gauleiter von Berlin und künftigen Propagandaminister Goebbels, mit dem Speer bereits vertraulichen Umgang pflegte, hatte Speer 1934 von Hitler persönlich seinen ersten großen

Auftrag bekommen: Anstelle der provisorischen Holztribünen sollte auf dem Zeppelinfeld in Nürnberg eine große steinerne Anlage entstehen. Zur Lösung dieser Aufgabe, mit der auch die Auftritte des *Führers* eine neue Dimension gewinnen sollten, orientierte sich Speer an großen Vorbildern der Geschichte und erweiterte eindrucksvoll ihre Dimensionen: Die vom Pergamon-Altar beeinflußte Planung übertraf in ihren Ausmaßen weit den gegebenen Auftrag. Mit einer Länge von 390 m und einer Höhe von 24 m überragte der große Steinbau die Caracalla-Thermen in Rom um 180 m, wie Speer in einem beziehungsreichen Vergleich später feststellte. Wohl gerade wegen solcher Größenordnungen fand die Planung, die Hitler in einem großen Gipsmodell vorgeführt wurde, dessen sofortige Zustimmung. Der Auftakt für einen »fast amerikanisch« zu nennenden »Ehrgeiz des Weltrekords auf dem Gebiete des Bauens« war gegeben.[76]

Mit der Gründung des *Zweckverband Reichsparteitagsgelände* in Nürnberg wurde der organisatorische Rahmen geschaffen[77], in dem Bauten mit Gesamtkosten von 700 bis 800 Millionen Mark errichtet werden sollten, ein damals fast unvorstellbarer Betrag, »wie er von mir acht Jahre später in vier Tagen für Rüstungsgüter ausgegeben wurde«, rechnete Speer in seinen Erinnerungen nach.[78] Auf dem Gelände von 16,5 km², auf dem unter Kaiser Wilhelm II. bereits eine »Feststätte für deutsche Nationalfeste« errichtet werden sollte, wurde zunächst ein »Märzfeld« für »kleinere Manöver der Wehrmacht« angelegt, das von 14 m hohen Tribünen für 160 000 Zuschauer und von vierundzwanzig 40 m hohen Türmen umgeben war.

Dazwischen ragte aus einer Ehrentribüne die Skulptur eines weiblichen Körpers auf, die einen neuen Rekord zeigen sollte: »Nero ließ 64 n. Chr. auf dem Capitol eine Kolossalfigur von 36 m Höhe errichten; die New Yorker Freiheitsstatue ist 46 m hoch, doch unsere Figur sollte sie noch um 14 m überragen.«[79] Nach Norden ging das Märzfeld in eine mit Granitplatten panzerfest belegte Paradestraße über, die rechts von einer Stufenanlage für Hitler und seine Generale, links von einer Pfeilerhalle begrenzt werden sollte. Dahinter erhob sich das große Stadion für 400 000 Zuschauer: »Die größte vergleichbare Anlage der Geschichte war der Circus Maximus in Rom für 150 000 bis 200 000 Personen, während unsere neuzeitlichen Stadien bei 100 000 Plätzen ihre Grenze fanden. Die Cheops-Pyramide, um 2500 v. Chr. erbaut, umfaßte bei 230 m Länge und 146 m Höhe 2 570 000 m³.«[80] Diese Anlage umfaßte das dreifache Bauvolumen der Cheops-Pyramide. Um Kosten sollte sich Speer keine Gedanken machen, wurde ihm von Hitler mehrfach versichert; auf Größe allein komme es an.

Nicht nur in Größenordnungen und historischen Vergleichen hatte sich Speer rasch in die Gedankenwelt Hitlers eingefunden. Besonders beeindruckte er den »Baumeister des neuen Deutschland« 1934 mit seiner Theorie vom »Ruinenwert« der Gebäude, die jenen Überlegungen glich, die Hitler schon zehn Jahre zuvor in *Mein Kampf* skizziert hatte: Wenn die Bauten des *Dritten Reiches* den großen Vorbildern standhalten und Jahrtausende überdauern sollten, müßten sie in Material und Konstruktion bereits so angelegt sein, daß sie noch im Verfall »würdig« von den ehedem angeblich besseren Zeiten künden könnten.[81]

Von dem ehrgeizigen Plan erfüllt, »Bauten in einer bisher nicht realisierten Größenordnung errichten zu können und eine gesellschaftliche Position einzunehmen, die ich mir zu erträumen nie gewagt hätte, noch dazu an der Seite eines Mannes, der scheinbar im Begriff stand, Deutschland in eine große Zukunft zu führen«, will Speer seine Augen geschlossen haben »vor vielen Dingen, die ich eigentlich hätte sehen müssen. Über eines war ich mir allerdings klar: daß das, was ich plante, dazu dienen würde, den Einfluß Hitlers auf die Menschenmassen, die z. B. in Nürnberg versammelt werden sollten, zu steigern. Und das war natürlich ein politischer Beitrag.«[82] – Doch bei allen Beteuerungen: Das System der partiellen Blindheit und »gespaltenen Verantwortung«[83], auf das Speer später immer wieder seine Verteidigung stützt, bleibt brüchig.

Nachträglich bezeichnete Speer sich selbst ironisch als den »Chefdekorateur« der Macht, der zu Beginn seines Aufstiegs zum »zweiten Mann im Staate« noch in fliegender Hast vor jedem Auftritt Hitlers die räumlichen Arrangements für ein wirkungsvolles Erscheinen des *Führers* prüfte und mit leuchtenden Fahnenbahnen störendes Beiwerk verdeckte. Gleichsam als oberster Zeremonienmeister prägte er die Formen einer suggestiven Dekoration der Gewalt, die in den Massenaufmärschen in Nürnberg jene Träume Hitlers erfüllte, die er in seiner Landsberger Gefängniszelle Mitte der zwanziger Jahre beschrieben hatte.

Als Hitler sich damals die Inszenierung einer politischen Massenbewegungen ausmalte, deren Mitglieder als einzelne noch »zu schwach« seien und, von Skrupeln erfaßt, der Massenhysterie sich verweigern könnten, hatte er so überlegt: »Wenn er aus seiner kleinen Arbeitsstätte oder aus dem großen Betrieb, in dem er sich recht klein fühlt, zum ersten Male in die Massenversammlung hineintritt und nun Tausende und Tausende von Menschen gleicher Gesinnung um sich hat, wenn er als Suchender in die gewaltige Wirkung des suggestiven Rausches und der Begeisterung von 3 bis 4000 anderen mitgerissen wird, wenn der sichtbare Erfolg und die Zustimmung von Tausenden in ihm die Richtigkeit der neuen Lehre bestätigen und zum ersten Mal den Zweifel an der Wahrheit seiner bisherigen Überzeugungen erwecken – dann unterliegt er selbst dem zauberhaften Einfluß dessen, was wir mit dem Wort Massensuggestion bezeichnen. Das Wollen, die Sehnsucht, aber auch die Kraft von Tausenden akkumuliert sich in jedem einzelnen. Der Mann, der zweifelnd und schwankend eine solche Versammlung betritt, verläßt sie innerlich gefestigt: er ist zum Glied einer Gemeinschaft geworden.«[84]

Solche Überlegungen in eine sinnlich erlebbare Wirklichkeit umzusetzen, blieb der gestalterischen Phantasie Speers vorbehalten. Mit dem Lichtdom war ein erster Höhepunkt solcher Massensuggestion erreicht:

Paul Troost: Ehrentempel und Verwaltungsbau in München

Hier wird erstmals in Perfektion jene »Ästhetisierung der Politik« betrieben, der Walter Benjamin 1936 eine »Politisierung der Kunst« hoffte entgegenhalten zu können.[85] Zur Inszenierung seiner Kulissenarchitekturen und Fahnenwälder notiert Speer später: »Mir kam entgegen, daß die von Hitler entworfene Hakenkreuzfahne sich für eine architektonische Verwendung weit besser eignete als eine in drei Farbstreifen aufgeteilte Fahne. Sicherlich entsprach es nicht ganz ihrer hoheitlichen Würde, wenn sie als Dekorationsmittel, zur Unterstützung rhythmisch unterteilter Fassaden verwandt oder benutzt wurde, um häßliche Häuser der Gründerzeit vom Dachgesimse bis herab zum Bürgersteig abzudecken, nicht selten noch mit goldenen Bändern versehen, durch die das Rot in der Wirkung gesteigert wurde – aber ich sah es mit den Augen eines Architekten. Fahnenorgien besonderer Art veranstaltete ich in den engen Straßen Goslars und Nürnbergs, in denen ich von Haus zu Haus Fahne an Fahne hängte, so daß der Himmel fast nicht mehr zu sehen war.«[86]

Speer perfektionierte die neuen Formen kultischer Feiern.

Die Gleichzeitigkeit rigidester Ordnung und sinnlicher Entgrenzung prägte die Wirksamkeit der Arrangements. Tod und Ekstase begegneten sich, wenn unter nächtlichem Himmel streng geordnete Menschenkolonnen sich durchdrangen, von gleißendem Licht überwölbt. Über die »Ausgestaltung staatlicher Festakte« anläßlich der Aufbauten zum 1. Mai 1933 auf dem Tempelhofer Feld in Berlin schreibt Speer in der Architekturzeit-

156

Albert Speer: Das Zeppelinfeld bei Nürnberg

schrift *Baugilde:* »Die gigantischen Ausmaße des Feldes lassen jede räumliche Begrenzung als unzulänglich und primitiv erscheinen. Es wurde deshalb der Versuch gemacht, den Gesamteindruck konstruktiv auf einen
sichtbaren Mittelpunkt hin zu richten. Sein optisches Zentrum mußte so
groß und gewaltig sein, daß er als Symbol des Geschehens, als Willensaus-
druck der aufmarschierenden Menschenmassen derart wirkte, daß er auch
von der entferntesten Stelle aus noch als wirkungsvoll und bedeutend empfunden werden konnte. Es wurde eine Fahnentribüne errichtet, die in einer
Länge von rund 100 m sich terrassenförmig bis zu einer Höhe von 10 m erhob. Über tausend Fahnen und Banner der aufmarschierenden Verbände
fanden dort, allen sichtbar, ihre Aufstellung. Inmitten der Fahnentribüne
nahm die Reichsregierung mit ihren Ehrengästen Platz. Zur Übersteige-
rung dieses an sich schon gewaltigen Bildes erhoben sich hinter den Fahnen und Standarten bis zu einer Höhe von 32 m und mit einer Basis von
über 6 m drei gewaltige Gruppen von Fahnensegeln. Die mit Absicht ge-
wählte Zeit der Kundgebung bei hereinbrechender Dämmerung unterstützte die Wirkung der Konzentration auf diesen Mittelpunkt in vollendetster
Weise, denn durch die Anstrahlung des Fahnenberges mit ungeheuren
Lichtmengen stand dieser in leuchtendem Rot gegen den in dunklem Blau
versinkenden Nachthimmel in starkem Kontrast, während alle nebensäch-
lichen und störenden Beiwerke im Dämmerlicht des Abends verschwanden.«[87]Architektur nicht mehr als Baukunst, sondern als Theater und da-

mit als Inszenierung sozialer Ereignisse zu begreifen, war eine der wichtigsten »Einsichten« für jene »fundamentale Änderung« der Architekturauffassung, die Speer am Beispiel »staatlicher Festlichkeiten« entwickelte und die ihm gestattete, die Auftritte des *Führers* wirkungsvoll vorzubereiten.

So war es längst nicht mehr die *Macht der Technik*[88], die Speer zu stets neuen Erfindungen und gestalterischen Fiktionen trieb, sondern die *Technik der Macht,* die er wie kaum ein anderer zu beherrschen vermochte. Dabei konnte die suggestive Kraft seiner sorgsam inszenierten »Gesamtkunstwerke« weit über die demagogische Wirkung von Worten hinausgehen, mit denen etwa Goebbels die Massen zu begeistern verstand. Das kalkulierte Spiel mit der sich rhythmisch bewegenden und wahrnehmenden Leiblichkeit der Menschen blieb der bloß verbalen Propaganda verschlossen und bot neben der betäubenden Massensuggestion zugleich die Chance zur Einübung jener Disziplin, wie sie im Krieg gefordert wird. Schon 1934 war der Weg vom »Chefdekorateur« Hitlers zum Rüstungsminister nicht weit.

Im Mai 1935 unternahm Speer seine erste Auslandsreise, nach Griechenland, um sich von Zeugnissen historischer Baukultur zu eigenen Architekturvorstellungen anregen zu lassen, die er »neoklassisch« nannte und zu einer »Synthese zwischen der Klassizität Troosts und der Einfachheit Tessenows« auszuprägen versuchte.[89] Troost, von Hitler hochverehrt, hatte Anfang 1934 mit dem »Haus der Kunst« eine Art ideale Ikone der Nazi-Architektur geschaffen. Nach seinem unerwartet frühen Tod 1934 hatte Speer keinen ernsthaften Konkurrenten mehr zu fürchten.[90] Der Gunst Hitlers gewiß, konnte er in seinen Planungen alle jene Elemente aufnehmen, die für den persönlichen Geschmack wie für die Selbstdarstellungswünsche Hitlers entscheidend waren und ihm seine Sonderstellung sicherten. Die scheinbar überzeitlich gültige Formensprache der Antike wurde ins Monumentale gesteigert und gab den Bauten die kühl kalkulierte Kulissenwirkung, die Hitler als einen der Tagespolitik längst entrückten Übermenschen erscheinen ließ. Gleichzeitig wurden – wie in der Nazi-Propaganda insgesamt – zur massenwirksamen Vermittlung der geradezu sakralen Botschaften und Auftritte Hitlers modernste Techniken eingesetzt und durch eine perfekte Choreographie der Massenbewegung untermalt. Speer konnte sich dadurch sogar die Bewunderung von nüchternen Ingenieuren wie Fritz Todt sichern. Dieser schrieb 1937 in der Fachzeitschrift *Die Straße* über die Nürnberger Bauten: »Die Terrassen und Flügel des Luitpold-Haines sind keine architektonischen Fassaden. Ihre Maße und Dimensionen werden genauso wie die Maße und Dimensionen der Straßenverbindungen bestimmt durch die Zahl der Fahnen der SA, die dort zur Weihestunde stehen und zur Totenehrung getragen werden. Die ganze Anlage des Parteitagsgeländes mit seinen Bauten ist die sinnvolle Lösung der schwierigen Verkehrsaufgabe des Massenaufmarsches der Nation.«[91]

Mit seinem spielerisch wirkenden Ehrgeiz und glänzend präsentierten Erfolgen wußte Speer sich derart überzeugend zur Geltung zu bringen, daß er von Hitler schon bald mit weiteren Vorhaben betraut wurde. 1936 war für Hitler ein Jahr politischer Erfolge und wohl der Höhepunkt seiner Popularität. Im März waren deutsche Truppen ins entmilitarisierte Rheinland einmarschiert und hatten in offenem Bruch des Vertrags von Locarno Stärke demonstriert, die dennoch keine ernsthaften Sanktionen ausländischer Mächte und kaum internationale Mißbilligung nach sich zog. Schon wenige Monate später zeigten viele ausländische Gäste während der Olympiade in Berlin deutlich ihre Anerkennung für das wiedererstarkte Deutschland, dessen Reichshauptstadt sich im festlichen Schmuck der Spiele demonstrativ friedlich gab.

Angesichts wachsender internationaler Geltung und damit steigendem Selbstbewußtsein in Staat und Partei faßte Hitler den Plan, Berlin als Reichshauptstadt und Symbol deutscher Weltmachtstellung einer grundlegenden Neugestaltung zu unterziehen. Noch bis zum Sommer 1936 hatte er mit dieser Planung die Berliner Stadtverwaltung beauftragen wollen. Dann wurde Speer dafür eingesetzt und durch den *Führererlaß vom 30. Januar 1937* mit dem Titel eines *Generalbauinspektors der Reichshauptstadt* versehen. Zuvor hatte Hitler ihm die eigenen Vorstellungen vom zukünftigen Berlin unterbreitet. Bis in architektonische Einzelheiten hatte der verhinderte Baumeister sich mit dem Erscheinungsbild der Reichshauptstadt seit Jahren beschäftigt; künftig wird er sich persönlich um einzelne Schritte der Planung kümmern.

Schon in der Präsentation der ersten Pläne und Modelle für die Nürnberger Bauten hatte Speer eine eigene Wirklichkeit geschaffen, die Hitler stets von neuem gefangen nahm, wenn er die Ausstellungsräume Speers besuchte und sich mit seinem Vertrauten der Imagination überließ. »Wir standen allein vor dem über 2 m hohen Modell des Stadions der 400 000«, erinnert sich Speer. »Es war genau in Augenhöhe aufgebaut, jedes zukünftige Detail in ihm vorgebildet, starke Filmscheinwerfer strahlten es an, so daß wir uns mit geringem Aufwand an Phantasie die Wirkung vorstellen konnten, die von diesem Bauwerk ausgehen müßte.«[92]

Bis zu seinen letzten Stunden im Berliner »Führerbunker« blieben bei der Betrachtung von Plänen und Modellen der großen Stadtanlagen – für Berlin, München und vor allem dann Linz – in Hitler offenbar Momente unbeschädigter Allmachtsphantasien lebendig, die in der Politik schließlich keinen Raum mehr fanden. Vielleicht konnten eben dadurch schon früh »seine« Architekten als Medien der eigenen Vorstellungen und als Boten einer anderen, von ihm zu beherrschenden Welt eine Sonderstellung erreichen, die ihnen nicht nur den direkten Zugang zur Macht eröffnete, sondern auch die kryptoreligiöse Aufgabe der Darstellung und architektonischen Einlösung einer faschistischen Weltordnung zufallen ließ.

Als Hitler im Sommer 1936 Speer mit ersten Plänen für die Neugestaltung Berlins beauftragte, stellte er ihm zunächst seine eigenen Überlegungen vor. Das Zentrum Berlins sollte von einer 5 km langen und 120 m breiten Prachtstraße in Nord-Süd-Richtung durchzogen werden, die, von repräsentativen Gebäuden gesäumt, an Größe und Eleganz selbst Paris und Wien übertreffen müsse. Am nördlichen Ende dieser Achse sollte in der Nähe des Reichstagsgebäudes ein riesiger Kuppelbau als Versammlungsstätte entstehen, in dem 150000 Menschen Platz finden würden; einen Gegenpol sollte am südlichen Ende das Denkmal für die Toten des Ersten Weltkriegs in Form eines riesigen Triumphbogens von 120 m Höhe bilden. Bei der Erläuterung seiner Vorstellungen holte Hitler zwei Skizzen hervor, in denen er bereits zehn Jahre zuvor den Kuppelbau mit einem Durchmesser von 200 m und den Triumphbogen mit einer Höhe von über 100 m entworfen hatte. »Ich habe sie immer aufgehoben, da ich nie daran zweifelte, daß ich sie eines Tages bauen werde. Und so wollen wir sie nun auch durchführen.«[93] Auch wenn Zweifel an der Authentizität der – oft in wörtlicher Rede wiedergegebenen – Erinnerungen Speers berechtigt sind, ist doch gewiß, daß Hitler sich seit seiner Jugend leidenschaftlich für Architektur begeisterte und seine politischen Vorstellungen von Anbeginn mit gestalterischen Visionen verband.[94]

Im Rückblick auf die eigene Jugend beschrieb Hitler in *Mein Kampf*, daß ihn als Fünfzehnjährigen bei einem Besuch Wiens die große Anlage der Ringstraße mit ihren repräsentativen Gebäuden, mit Oper, Parlament und Rathaus tief beeindruckt hatte.[95] In diesem Abbild eines monarchisch geordneten Staatswesens fand der aus einem kleinen niederösterreichischen Provinznest in die Donaumetropole übergesiedelte Hitler jene Motive, die ihn zu einer Vielzahl von Skizzen und Entwürfen anregten und den Entschluß fassen ließen, sich um einen Studienplatz an der Akademie zu bewerben. Trotz des Scheiterns in den Aufnahmeprüfungen habe er sich entschlossen, »Baumeister« zu werden, berichtet Hitler in *Mein Kampf*.

In jenen Jahren entstanden Skizzen, Zeichnungen und Gemälde, durch die sich Hitler in unerschöpflichen Phantasmagorien Gegenwelten zur sozialen Realität seines Lebens zwischen Gelegenheitsarbeit und Nachtasyl schaffen konnte. »Die Kunst ist eine erhabene und zu Fanatismus verpflichtende Mission«, wird Hitler 1933 zum ersten Parteitag der NSDAP nach der »Machtergreifung« verkünden und diesen Satz, in Bronze gegossen, dem »Haus der Kunst« in München weihen. Auch nach seinem folgenschweren Entschluß, »Politiker zu werden«, blieb Hitler seinem Selbstverständnis nach in Sachen Baukunst stets kompetent, ein Künstler, der Architekten seine Ideen zur Umsetzung vorlegte und in jeder Phase ihrer Realisierung zu kontrollieren imstande zu sein meinte. Umgekehrt konnte Hitler seine politische Tätigkeit in bildreichen Metaphern als »Aufbauarbeit«

beschreiben. Er ließ sich als »Baumeister Deutschlands« feiern, der als »Architekt eines neuen Staates« das deutsche Volk einer Zukunft entgegenführte, die in Bildern stolzer Städte und friedlicher Dörfer tausendfach und massenwirksam ausgemalt wurde. In *Mein Kampf* tritt die Gleichzeitigkeit der Sehnsucht nach agrarisch geprägten, überschaubaren Lebensweisen und staatlicher Machtentfaltung in Bildern aus der Antike auf. »Bauten der Gemeinschaft«, die in sinnstiftender Anschaulichkeit das Leben der einzelnen Menschen zeitlich und räumlich weit überragten, seien stets als steinerne Mahnmale einer umfassenden Ordnung wirksam gewesen und als Denkmäler kultureller Größe noch heute Vorbild: »Wenn man die Größenverhältnisse der antiken Staatsbauten mit den gleichzeitigen Wohnhäusern vergleicht, so wird man erst die überragende Wucht und Gewalt dieser Betonung des Grundsatzes, den Werken der Öffentlichkeit die erste Stellung zuzuweisen, verstehen (...).«[96]

Diese »Werke der Öffentlichkeit«, in denen sich die hohe »Bedeutung der Allgemeinheit« vor der Vielheit der Privatinteressen spiegele, seien über Jahrtausende die mächtigsten Zeugen der großen Kulturen und Herrschaftssysteme geblieben. Bei aller Unterschiedlichkeit staatlicher Organisation und architektonischer Stile stünden sie allein schon durch ihre Größe den einzelnen Menschen als Verpflichtung auf die Gemeinschaft täglich vor Augen und würden noch der Nachwelt die Macht starker Völker in Erinnerung rufen. Dies gelte gleichermaßen für Griechen, Römer und Germanen: »Was im Altertum in der Akropolis oder im Pantheon seinen Ausdruck fand, hüllte sich nun in die Formen des gotischen Domes. Wie Riesen ragten diese Monumentalbauten über das kleine Gewimmel (...) der mittelalterlichen Stadt empor«, als »das sichtbare Zeichen einer Auffassung, die im letzten Grunde wieder nur der Antike entsprach.«[97]

Da aus der Antike nur »Bauten der Gemeinschaft« der Nachwelt erhalten seien, die als »Wort aus Stein« von vergangener Größe kündeten, ist Hitlers Vorliebe für monumentale Bauten aus dauerhaftesten Materialien wie Marmor und Granit aus seiner Absicht zu erklären, noch den entferntesten Generationen späterer Zeiten als »Baumeister des neuen Reichs« unübersehbare Zeichen zu hinterlassen, in denen eine Identität seiner politischen und gestalterischen Tätigkeit als »Führer« und »Baumeister« gewahrt bliebe. Nach antikem Vorbild sollten später alle »Städte des Führers« gewaltige Foren erhalten, die als Versammlungsstätten und Mahnmale staatlicher Macht auch symbolisch den Zusammenschluß der Bewohner bewirken würden.

In der Erläuterung seiner Skizzen zum »Ruinenwert« der Nürnberger Bauten traf Speer ins Zentrum der Wünsche Hitlers, seinem Wirken über Jahrtausende ein Denkmal zu setzen. Durch partielle Identifikation mit seinem Bauherrn, durch Einfühlung in dessen geheimste Wünsche gelang es Speer zugleich, Formen zu finden, die jene fast magische Massensuggestion bewirkten, die Hitlers Vorstellungen schon in den frühen zwanziger

Jahren besetzt hatte. Schon damals plante er, durch eine gezielte Funktionalisierung der Architektur eine hohe politische Wirkung zu erzielen, wenn das Zentrum der künftigen Macht in mystischem Glanz erstrahlen würde: »Nur das Vorhandensein eines solchen, mit dem magischen Zauber eines Mekka oder Rom umgebenen Ortes, kann auf die Dauer einer Bewegung Kraft schenken, die in der inneren Einheit und der Anerkennung einer diese Einheit repräsentierenden Spitze begründet liegt.«[98]

Das Vertrauen auf die symbolisch integrative Kraft der Architektur ließ das Bauen als ein wichtiges Medium politischer Propaganda erscheinen, das in mehrfacher Weise instrumentalisiert werden sollte. Indem die Bauten nicht nur Ausdruck und Ergebnis der Macht einer Bewegung sind und »gleich den Domen unserer Vergangenheit in die Jahrtausende der Zukunft hineinragen«, sondern im Vorgriff auf künftige Stärke schon Ermutigung bewirken und »einer Bewegung Kraft schenken«, sei durch vorgezogene Bautätigkeit ein Bild der erhofften Wirklichkeit zu antizipieren. Gerade in den noch unsicheren Zeiten der Festigung der Macht würden solche Bauwerke »einem Volk einen starken inneren Halt geben und dazu beitragen, unser Volk politisch mehr denn je zu einen und zu stärken.« Bauten würden »für die Deutschen zum Element des Gefühls einer stolzen Zusammengehörigkeit«, sie würden »die Lächerlichkeit sonstiger irdischer Differenzen gegenüber diesen gewaltigen gigantischen Zeugen unserer Gemeinschaft beweisen.«[99].

Besonders dem deutschen Volk, dessen angeblich chronischen Mangel an Selbstbewußtsein Hitler wiederholt bedauerte, sollte in stolzen Bauwerken gleichsam ein Spiegel seiner besseren Möglichkeiten und künftigen Größe vorgehalten werden, wie Hitler später zur Erläuterung seiner riesigen Bauvorhaben ausführt: »Also das geschieht bei mir auch nicht aus Großmannssucht, sondern es geschieht aus der kältesten Überlegung, daß man nur durch solche gewaltigen Werke einem Volk das Selbstbewußtsein geben kann; unter anderem natürlich, denn das soll nicht der ausschließliche Versuch sein, dieses Selbstbewußtsein zu steigern, allein ein Mittel auch, um auf vielen Gebieten die Nation allmählich zu der Überzeugung zu bringen, daß sie nicht etwa einen zweitklassigen Wertfaktor darstellt, sondern daß sie ebenbürtig ist jedem anderen Volk der Welt, auch Amerika.«[100]

Zur massenpsychologischen Vorbereitung auf den Kampf um die Weltherrschaft sollte auch die Architektur als Medium verstärkten Selbstvertrauens eingesetzt werden und zugleich als bedrohliche Demonstration der Macht gegenüber inneren und äußeren Feinden wirken. Eine ebenso erhebende wie einschüchternde Wirkung sollte schon allein von der physischen Größe der Bauten ausgehen, die sich bereits durch ihre Dimensionen allen historischen Vergleichen entziehen würden. Auch diesen Zug der Architekturvorstellungen Hitlers, in unüberbietbarem »Weltrekord« einer ins Gigantische gesteigerten Baukultur selbst die neuesten technischen Bauwerke Amerikas zu übertreffen, hatte Speer schon zur Zeit seiner frühen Nürnberger Planungen erfaßt. Vor allem auf geschlossene Imposanz der äußeren Erscheinungsformen kam es an; konstruktive Lösungen und einzelne Elemente der Architektur konnten dagegen den Stilmitteln unterschiedlicher Epochen entliehen sein. Hitler sah seine »Bauten der Gemeinschaft« in einer Linie mit denen großer Kulturen, unter denen Dorer und Römer ihm wohl am ehesten beeindruckende Vorbilder gaben; daher sei ein »Zurückgreifen auf Formenelemente« erforderlich, »die, in der Vergangenheit aus einer ähnlichen rassischen Veranlagung heraus gefunden, entweder noch weiter zu entwickeln oder gar zu veredeln sind oder als unentbehrliche Silben der Sprache der Baukunst angesehen werden können«[101].

Nachdem Speer schon früh und mit einfachsten Mitteln seine Fähigkeit zur Inszenierung des »magischen Zaubers« von Orten zur Feier der »Allgemeinheit« bewiesen hatte, gab ihm nun bei erweiterten Handlungsvollmachten und Ressourcen seine – durch mangelnde architektonische Praxis noch unbekümmerte – gestalterische Virtuosität die Möglichkeit, der stilistischen Indifferenz Hitlers mit stets neuen Bildern archaischer Monumentalität zu imponieren. Speer verstand es, zwischen verschiedensten Ausdrucksformen jeweils die richtige Wahl zu treffen – von der Einrichtung der engsten Umgebung Hitlers über die Auswahl von Skulpturen bis zu den großen Stadtanlagen Berlins. Neben der Vielseitigkeit des verfügbaren Formenrepertoires kam ihm dabei sein geradezu unbändiges Organisations- und Improvisationsvermögen zu Hilfe, die Wünsche Hitlers nicht nur treffsicher in Plänen und Modellen zu visualisieren, sondern unter Einsatz aller verfügbaren Kräfte und modernster Technik in kürzester Zeit auch in die Tat umzusetzen, wodurch er manchen Versprechungen Hitlers Glaubwürdigkeit und sich selbst den Ruf eines unschlagbaren Organisators verschaffte.[102] Besonders beeindruckend war, daß Speer viele der scheinbar unlösbaren Aufgaben ohne großen bürokratischen Aufwand und »Apparat« anging, mit einem fast »sportlichen Ehrgeiz«[103], der sich vor allem auf das enge Zusammenspiel mit Kollegen und Freunden stützen konnte, deren unterschiedliche Kenntnisse und Fähigkeiten er in seinem Berliner Büro zu sammeln und für sich produktiv zu verbinden wußte.

Die Neugestaltung

Der Generalbauinspektor

Wenige Monate nach der »Machtergreifung« hatte Hitler in einer Besprechung mit Vertretern der Reichsbahn und der Stadt Berlin, in der es um die Linienführung der Eisenbahn ging, erstmals seine Pläne zum Umbau Berlins zur repräsentativen Reichshauptstadt vorgestellt. Mit Blick auf das rapide, über Jahrzehnte fast unkontrollierte Wachstum der Stadt und ihre Strukturmängel nannte Hitler Berlin dabei »eine systemlose Zusammenfassung« von Geschäfts- und Wohnhäusern, die – bis auf die Linden, das Schloß und dessen unmittelbare Umgebung – keine monumentalen Anlagen aufzuweisen habe, die den Rang einer Hauptstadt ausmachten. Diese Versäumnisse der Vergangenheit seien nun schleunigst wettzumachen. »Berlin als Reichshauptstadt eines 65 Millionen Volkes muß städtebaulich und kulturell auf solche Höhe gebracht werden, daß es mit allen Hauptstädten der Welt konkurrieren kann.«[104]

Berlin hatte sich bislang ohne eine übergreifende Planung der Bautätigkeit entwickelt. Der Hobrecht-Plan von 1862, der für Berlin und Teile von Charlottenburg lediglich ein Straßennetz vorgesehen hatte, hatte schwerwiegende wirtschaftliche wie soziale Probleme nach sich gezogen. Um 1870 lebten in Berlin auf einer Fläche von etwa 60 km² rund 800 000 Menschen, 1910 bei fast unveränderter Ausdehnung des Stadtgebiets etwas mehr als zwei Millionen. 1910 war der Städtebauwettbewerb Groß-Berlin ausgeschrieben worden, dessen Ergebnisse die Diskussionen und Planungen der späteren Jahre noch maßgebend beeinflußten, 1911 wurde der Zweckverband Groß-Berlin gegründet. Nach der Bildung der Einheitsgemeinde Berlin durch Zusammenschluß mit den Nachbargemeinden 1920 und der Errichtung eines zentralen Stadtbauamtes 1922 wurden mit dem Hauszinssteuergesetz von 1924 und einer neuen Bauordnung 1925 während der Weimarer Republik in rascher Folge Bedingungen geschaffen, durch die insbesondere der Wohnungsbau wirksam beeinflußt werden konnte, ohne daß sich aber im Rahmen einer Gesamtplanung die weitreichenden Strukturmängel gerade im Bereich des Verkehrs beheben ließen.[105]

Die dringenden Aufgaben zur Lösung der schon vor 1933 diskutierten Verkehrsprobleme nahm Hitler zum Anlaß, mit Vertretern der Stadt und der Reichsbahn seine Vorstellungen einer repräsentativen Neugestaltung Berlins zu erörtern und einen Plan ausarbeiten zu lassen, der einen Zentralbahnhof südlich des Landwehrkanals anstelle des Anhalter und Potsdamer Bahnhofs sowie neue Ost-West- und Nord-Süd-Verbindungsstraßen vorsah, wobei auf Vorschläge von Martin Mächler aus dem Jahre 1917 zurückgegriffen werden konnte.[106] Mit Siegessäule, Ehrenhallen, Triumphbogen und gigantischen Neubauten für Ministerien sollten die großen Achsen militärischer Stärke und staatlicher Macht Ausdruck verleihen. Zugleich aber würden sie durch einen differenzierten »Generalbebauungsplan« nicht nur auf die erwartete Bauentwicklung der Stadt bezogen sein, sondern bereits auch auf die künftigen Erfordernisse modernster Verkehrsmittel wie Pkw, Schnellzug und Flugzeug –: Nach den Vorstellungen Hitlers sollte Berlin moderne Großstadt *und* monumentales Architekturmuseum werden. Dadurch waren bereits Konflikte mit den Behörden vorgezeichnet, denn diese hofften zunächst auf eine zügige Realisierung lange verschleppter Planungen aus früheren Jahren.

Nach ersten Planungen der Stadtverwaltung, die schon früh handschriftliche Korrekturen Hitlers erhielten, scheint dieser mit der Bearbeitung seiner Vorstellungen durch die Behörden nicht sehr zufrieden gewesen zu sein. Dennoch kam es erst im Herbst 1936 zum Bruch: Die gesamte Planung zur Neugestaltung der Stadt wurde Albert Speer übertragen. Hitler persönlich unterstellt, brauchte Speer seine Pläne weder der Partei noch der Stadt zu präsentieren; weder der Innenminister noch der Berliner Gauleiter oder gar der Oberbürgermeister Berlins waren ihm gegenüber weisungsbefugt. Als es später wegen der anmaßenden Forderungen Speers zu Kontroversen mit der Stadtverwaltung kommt, wird der Oberbürgermeister Julius Lippert auf Drängen Hitlers kurzerhand abgesetzt, da er, weil »zu kleinlich«, nicht nur nicht in der Lage sei, »eine Weltstadt zu regieren«, sondern »noch unfähiger, die ihr zugedachte geschichtliche Bedeutung zu verstehen«[107]. Die Ungeduld Hitlers und seine Entscheidung für den Auftrag an Speer fallen nicht zufällig in jenes Jahr 1936, das den Übergang aus der Phase der Stabilisierung des *Dritten Reichs* in die der expansiven Strategien und verstärkten Kriegsvorbereitungen kennzeichnet. Überdies war 1936 das Jahr der Olympiade. Die neuen Stadionbauten boten einem internationalen Publikum festliche Bühnen. Maßnahmen zur Verschönerung des Stadtbildes waren durchgeführt worden, und an einigen Baustellen zeigten sich die Konturen der ersten Großbauten unter der neuen Herrschaft. Nun sollte auch die Gesamtplanung der Stadt zügig »in Angriff genommen« werden.

In Ausmaß und Pracht der städtebaulichen Anlagen sollte Berlin sogar Paris, die strahlende Metropole des 19. Jahrhunderts, weit übertreffen. Dazu brauchte Hitler seinen »Präfekten«: Dieser mußte, skrupelloser als jener Baron Haussmann des französischen Kaisers Napoleon III., in der Lage sein, der neuen Macht die Breschen durch das Dickicht der Stadt zu schlagen und weitere Bühnen zum Auftritt des Herrschers herzurichten. Nach den Erfahrungen mit den Massenkundgebungen in Nürnberg schien für diese Aufgabe niemand geeigneter als Albert Speer, nun *Generalbauinspektor für die Reichshauptstadt* und dadurch – mit 31 Jahren – im Rang eines Staatssekretärs, dennoch selbständiger Architekt mit eigenem Büro;

eine merkwürdige juristische Konstruktion, zugeschnitten auf die Wünsche Speers und formuliert in einem Erlaß, der am 30. Januar 1937 im Reichsgesetzblatt veröffentlicht wurde.

Neben seinem Büro in der Charlottenburger Lindenallee, in dem Speer inzwischen bereits die Erweiterung der Reichskanzlei bearbeitete, richtete er sich nun mit einem neuen Mitarbeiterstab eine Dienststelle ein, deren Standort schon die besondere Bedeutung zeigt, die Hitler dem neuen Auftrag beimessen wollte: Entsprechend seinen Forderungen wurde die Berliner *Akademie der Künste* kurzfristig aus ihrem Gebäude am Pariser Platz ausgesiedelt, um dem *Generalbauinspektor* – meist kurz GBI genannt – Platz zu machen, damit Hitler nun die Zeichen- und Modellsäle dort jederzeit und von der Öffentlichkeit unbemerkt auf dem Weg durch die Ministergärten von der Reichskanzlei aus besuchen konnte. Doch nicht nur räumlich war Speer durch seinen steilen Aufstieg nun mit dem Zentrum der Macht eng verbunden. »Mit meinen 32 Jahren saß ich von nun ab neben Dr. Todt in der dritten Reihe der Regierungsbank, durfte bei offiziellen Staatsdiners am unteren Ende der Tafel Platz nehmen und bekam von jedem ausländischen Staatsbesucher automatisch einen dekorativen Orden in feststehender Ranghöhe verliehen. Monatlich bezog ich ein Gehalt von 1.500 Mark, im Vergleich zu meinen Architekten-Honoraren eine unbedeutende Summe.«[108] Daß auch die Regelung persönlicher Belange indessen wenig bescheiden formuliert wurde, zeigt ein Vorschlagskatalog Speers, den er im April 1937 an den Staatssekretär und Chef der Reichskanzlei sandte: »I. Als untere Grenze der Vergütung könnte vielleicht das Gehalt des Stadtpräsidenten und Oberbürgermeisters der Reichshauptstadt angenommen werden, da meine Arbeit in ihrer Auswirkung für Berlin nicht geringer einzuschätzen sein wird, wie die Leistungen des Stadtpräsidenten. II. Es wäre mir erwünscht, wenn meine Familie durch Pensionsansprüche, die denen eines Stadtoberhauptes ähnlich sind, gesichert wäre, da ich bei der Arbeit für die Neugestaltung Berlins keine allzu große Rücksicht auf meine Gesundheit nehmen kann. III. Eine zusätzliche Aufwandsentschädigung für Repräsentation wäre erwünscht. Damit könnte gleichzeitig die Stellung eines eigenen Dienstwagens für Berlin und Berchtesgaden abgegolten werden, da es bei meinen verschiedenen Tätigkeiten nicht möglich sein wird, bei der Benutzung des Kraftwagens klare Grenzen zu ziehen.«[109]

In der vertraglichen Konstruktion möchte Speer »eine ähnliche Stellung einnehmen wie Professoren der Medizin oder der Architektur, denen neben ihrer staatlichen Anstellung als Lehrkraft die Ausübung einer privaten Tätigkeit weiterhin gestattet bleibt« – und wirklich wurde dafür gesorgt, daß die neu geschaffene Dienststelle des GBI nicht wie eine Behörde, sondern »wie ein großes unabhängiges Forschungsinstitut« behandelt wurde, durch das Speer nun die ihm wichtigsten Architekten und Planer seiner Zeit für die Aufgaben zur Neugestaltung Berlins um sich sammeln konnte.

Reichsgesetzblatt
Teil I

1937	Ausgegeben zu Berlin, den 30. Januar 1937	Nr. 13

Erlaß über einen Generalbauinspektor für die Reichshauptstadt.
Vom 30. Januar 1937.

§ 1

(1) Zur planvollen Gestaltung des Stadtbildes der Reichshauptstadt Berlin wird ein Generalbauinspektor eingesetzt.

(2) Der Generalbauinspektor wird vom Führer und Reichskanzler ernannt. Er untersteht ihm unmittelbar und führt die Bezeichnung „Generalbauinspektor für die Reichshauptstadt".

§ 2

(1) Der Generalbauinspektor stellt einen neuen Gesamtbauplan für die Reichshauptstadt Berlin auf.

(2) Er hat dafür zu sorgen, daß alle das Stadtbild beeinflussenden Platzanlagen, Straßenzüge und Bauten nach einheitlichen Gesichtspunkten würdig durchgeführt werden. Der Generalbauinspektor ist befugt, die zur Erreichung dieses Zweckes nötigen Maßnahmen und Anordnungen zu treffen.

§ 3

Zur Durchführung seiner Aufgaben stehen dem Generalbauinspektor die Behörden des Reichs, des Landes Preußen und der Reichshauptstadt zur Verfügung. Der Generalbauinspektor sorgt dafür, daß alle seinen Aufgabenbereich berührenden Entscheidungen künftig unter einheitlichen Gesichtspunkten ergehen. Er kann sich von allen Dienststellen des Reichs, des Landes Preußen und der Reichshauptstadt und von den Dienststellen der Partei, ihrer Gliederungen und der angeschlossenen Verbände die erforderlichen Auskünfte über Bauvorhaben geben lassen. Bei Meinungsverschiedenheiten trifft der Generalbauinspektor die notwendigen Anordnungen.

§ 4

Alle von Staats- oder Parteistellen beabsichtigten Maßnahmen, die das Aufgabengebiet des Generalbauinspektors berühren, sind ihm vor ihrer Ausführung zur Kenntnis zu bringen und bedürfen seiner Zustimmung.

§ 5

Der Generalbauinspektor bezeichnet diejenigen Hoch- und Tiefbauten, Platzanlagen und Straßenzüge, deren Ausführung oder Änderung ohne seine Zustimmung nicht in Angriff genommen werden darf. Vor dieser Zustimmung darf über die für solche Bauvorhaben und Anlagen bestimmten Mittel nicht verfügt werden.

§ 6

Den Erlaß besonderer Ausführungsvorschriften behalte ich mir vor.

Berlin, den 30. Januar 1937.

Der Führer und Reichskanzler
Adolf Hitler

Der Staatssekretär und Chef der Reichskanzlei
Dr. Lammers

Dem Deutschen Reichstag wurde die neue Behörde von Hitler mit folgenden Worten vorgestellt: »Als äußeres Zeugnis für diese große Epoche der Wiederauferstehung unseres Volkes (...) soll nunmehr der planmäßige Ausbau einiger großer Städte des Reiches stehen. Und an der Spitze die Ausgestaltung Berlins zu einer wirklichen und wahren Hauptstadt des Reiches. Ich habe daher an diesem heutigen Tage, ähnlich wie für den Bau unserer Straßen, für Berlin einen Generalbauinspektor ernannt, der für die bauliche Ausgestaltung der Reichshauptstadt verantwortlich ist und dafür Sorge tragen wird, in das Chaos der Berliner Bauentwicklung jene große Linie zu bringen, die dem Geist der nationalsozialistischen Bewegung und dem Wesen der deutschen Reichshauptstadt gerecht wird. Für die Durchführung dieses Planes ist eine Zeit von 20 Jahren vorgesehen.«[110]

Die Dienststelle

Da die neue Dienststelle weder der Kontrolle durch die Partei noch anderen Verwaltungen unterstand, hatte Speer für Aufbau und Personalpolitik weiten Handlungsspielraum, den er durch gezielte Auswahl seiner Mitarbeiter zu nutzen wußte. Für Aufgaben der Architektur- und Stadtplanung wurde zunächst die *Planungsstelle* geschaffen; für Verwaltung und Wirtschaft war das *Hauptamt* zuständig, neben dem es, als drittes Amt, die *Generalbauleitung* gab. Während für deren Leitung mit Walter Brugmann aus Nürnberg »ein Beamter alter Schule« und für das Hauptamt der Finanzexperte Professor Karl Maria Hettlage eingestellt wurden, besetzte Speer die Planungsstelle mit zwei alten Freunden, deren fachliche und persönliche Entwicklung er seit Jahren kannte: mit Rudolf Wolters und Willi Schelkes, die neben dem der Stadtverwaltung abgeworbenen Architekten Hans Stephan und dem für Verwaltungsfragen zuständigen Juristen Gerhard Fränk als Abteilungsleiter in der Planungsstelle tätig wurden. Willi Schelkes erinnert sich: »Die ehemaligen Ausstellungsräume wurden als Modellsäle und für die Aufstellung eines großen Kartenwerkes mit geschoßhohen Schiebetafeln verwendet. Diese Tafeln enthielten den gesamten Plan von Berlin im Maßstab 1 : 1000 oder 1 : 1500, jedenfalls in einem Maßstab, der die Lagebuch-Nummern aller Berliner Grundstücke enthielt. In diese Pläne wurde die Neuplanung – jeweils neuester Stand – eingezeichnet. Sie dienten dazu, sämtliche eingereichten Baugesuche auf ihre Durchführbarkeit hinsichtlich der Neuplanung zu überprüfen. Die Stadt Berlin durfte nur solche Baugesuche genehmigen, die von uns freigegeben wurden. An anderer Stelle des Gebäudes war die wichtige Modellwerkstatt untergebracht.«[111]

Schon im Laufe des Jahres 1936 hatte Speer mit Wolters über den »städtebaulichen Riesenauftrag« gesprochen, den Hitler in Aussicht gestellt hatte; allzu gerne war Wolters bereit, wieder mit dem inzwischen berühmten und einflußreichen Studienfreund zusammenzuarbeiten, zumal er als Angestellter der Reichsbahn ohne Parteimitgliedschaft keine weitere Beförderung und Übernahme in den öffentlichen Dienst erwartete: Mit einer kurzfristigen Kündigung gab Wolters noch im November 1936 seine Stelle auf, um vom 1. Januar 1937 an in das neue Amt übernommen werden zu können: »Der Viermillionen-Stadt eine neue Stadtmitte zu geben und einen Generalbebauungsplan für die künftige Weltstadt aufzustellen, die ein Fassungsvermögen von acht Millionen haben sollte, war für einen leidenschaftlich seinem Beruf verpflichteten Städtebauer eine Aufgabe, wie sie einmaliger und umfassender nicht gestellt werden konnte. Ich griff sofort zu, ohne eine Zusage über meinen künftigen Status in der ›Reichsstelle‹, wie Speer seine Behörde zunächst nannte, geschweige denn über meine Gehaltseinstufung in Händen zu haben.«[112] Um die Höhe des Gehalts brauchte sich Wolters allerdings kaum zu sorgen: Ausdrücklich hatte sich Speer von der Reichskanzlei das Recht einräumen lassen, seine Angestellten übertariflich zu bezahlen, um Spitzenkräfte gewinnen zu können und nicht auf »Leute zweiter Wahl« zurückgreifen zu müssen; allein 1938 wurden für 37 Mitarbeiter 425 000 Reichsmark ausgegeben, bei der damaligen Kaufkraft eine enorme Summe. Für wichtige Funktionen konnte Speer der Verwaltung Führungskräfte abwerben, »deren Beamtenstatus jedoch – freilich ruhend – bezüglich der persönlichen Absicherung nicht aufgehoben wurde«[113].

Nicht nur durch die Höhe der Gehälter dürften sich die Mitarbeiter in Speers Dienststelle außerordentlich privilegiert gefühlt haben, sondern auch dadurch, daß sie mit Aufgaben beschäftigt waren, die in unmittelbarer Bindung an die persönlichen Pläne Hitlers der Zukunft Deutschlands sichtbaren Ausdruck geben sollten, frei von schwierigen Amtswegen und bürokratischer Kontrolle. Nicht einmal auf die sonst fast allgegenwärtige Aufsicht von Parteiinstanzen mußten sie achten. Schelkes berichtet: »Das Alter des Kopfes der Dienststelle lag zwischen 32 und 34 Jahren, wobei Speer der Jüngste war. Unsere Gesprächspartner von anderen Dienststellen waren uns altersmäßig weit voraus – meist 15 bis 20 Jahre älter. So sprach man denn dort vom ›Speer'schen Kindergarten‹, was uns nur belustigte. Der hierarchische Aufbau anderer Behörden mußte schon wegen des Rechnungshofes schließlich auch bei uns seinen Niederschlag finden. Die bereits eingeleitete Überführung in den Beamtenstatus wurde wegen des inzwischen ausgebrochenen Krieges eingestellt. Da damit eine Eingruppierung in die Beamtenränge und die damit verbundenen Gehälter nicht mehr möglich war, wurden Bezeichnungen eingeführt, die sich rangmäßig mit den Beamtenbezeichnungen gleichsetzen ließen. Aus den Referenten – drei im Planungsbereich – wurden Hauptabteilungsleiter.«[114]

Fast übermütig scheint Speer den Sonderstatus seiner Dienststelle genossen und auch mitgeteilt zu haben. Auf Wolters' Frage, ob er in seiner neuen Position nicht in die NSDAP eintreten müsse, habe Speer geantwortet: »Wenn Du unbedingt sonntags sammeln willst, ja.«[115] Im Interesse der ständigen Verfügbarkeit und Leistungsfähigkeit scheint Speer viele seiner Mitarbeiter in dieser Hinsicht »gedeckt« zu haben, um sie der üblichen Inanspruchnahme durch Parteiaktivitäten zu entziehen, die von obligatorischen Treffen bis zur Beteiligung an Straßensammlungen reichten.

Diese Freistellung vom Parteidienst sollte sich, wie Wolters in seinen Erinnerungen vielsagend notiert, als für die Nachkriegszeit nützlich herausstellen: »Und später bewahrte mich die Nichtmitgliedschaft vor möglichen Verstrickungen, gegen die ich mich nur schwer hätte wehren können.«[116] Speer ergänzt: »Hitlers Baupläne nahmen wir zwar ernst, aber die verbiesterte Feierlichkeit dieses Hitlerschen Reiches nicht so feierlich wie andere.«[117] Auch wenn die bauliche Darstellung dieser Feierlichkeit gerade ihr Auftrag war, erfüllten sie diese Aufgabe doch nicht ohne Ironie, wie die dienst-internen Karikaturen zeigen. Diese Zeugnisse eines geradezu zynischen Einverständnisses mit den Herrschaftstechniken der Nazis wurden zumeist von Hans Stephan gezeichnet und vereinzelt mit der Signatur Speers sogar zum Aushang freigegeben.

Eindrucksvoll scheint Speer seinen Mitarbeitern das Gefühl vermittelt zu haben, einer Elite anzugehören, die sich in einem privilegierten Freiraum bewegte, in dem man sich vom Geschehen ringsum selbstbewußt distanzieren zu können meinte, wie auch Wolters berichtet: »Ich befand mich, seit ich im Umkreis Speers tätig war, in einem Bereich, der nicht nur gegen gewisse Vorgänge in der Außenwelt, sondern auch gegen die Innenwelt der Partei mehr oder weniger fest abgeschirmt war.«[118] In dem selektiven Realitätsbezug einer geschlossenen Expertenkultur konnte die Sicht auf »gewisse Vorgänge in der Außenwelt« partiell verstellt, auf andere dagegen um so schärfer sein. So konnte Wolters auf Veranlassung Speers, der in städtebaulichen, insbesondere verkehrstechnischen Problemen wenig erfahren war, 1937 eine Reise in die USA unternehmen, um dort im Hinblick auf die anstehende Neuordnung der Eisenbahn in Berlin die fortgeschrittensten Verkehrssysteme zu studieren. Schelkes berichtet über Reisen in dieser Zeit: »Zur gelegentlichen Entspannung dienten Reisen mit Speer oder den Kollegen. Einmal flog ich mit Speer in einer alten Ju für einige Tage nach London. In London waren wir in der Deutschen Botschaft untergebracht. Ich hatte reichlich Gelegenheit, mir London und Umgebung anzusehen. Ein andermal fuhr ich zu einer Studienreise mit dem Ehepaar Speer und einem Kollegen nach Italien. Die dritte Reise, an die ich mich erinnere, ging mit den Kollegen Wolters, Stephan und Kaiser nach Paris zur Weltausstellung. Da uns die Pariser Stadtplanung interessierte, frugen wir vorher bei der Stadtverwaltung an, ob wir Einblick in ihre Pläne erhalten könnten. Zunächst war die Antwort zurückhaltend. Erst als wir erklärten, die Kollegen aus Paris könnten bei einem Gegenbesuch auch vollständigen Einblick in unsere Pläne erhalten, stimmte man unserem Wunsch zu. Neben der eindrucksvollen Weltausstellung interessierten uns

Adolf Hitler mit Albert Speer

Adolf Hitler mit Fritz Todt

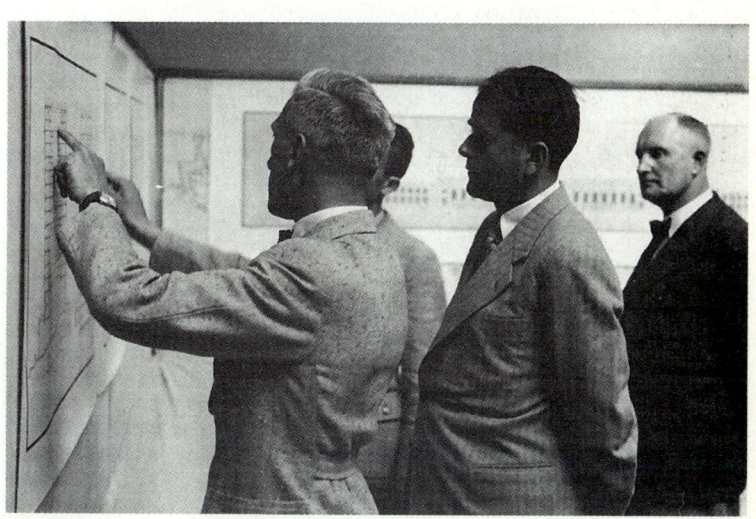

Albert Speer als Generalbauinspektor, mit Mitarbeitern in der Berliner
Dienststelle

die Anordnung der kreuzungsfreien Lösung von Ring- und Radialstraßen und die südlichen Wohngebiete mit den benachbarten Grünflächen. Ein kurzer Abstecher nach Arles und Marseille schloß die Reise ab.«[119]

Von gigantischen Aufgaben fasziniert und um deren Realisierungsbedingungen kaum bekümmert, erschien vielen Architekten Hitler als der »ideale Bauherr« und die Machtfülle des neuen Staates als unbefragte Voraussetzung zur Verwirklichung ihrer Pläne. »Die ›gleitende Arbeitszeit‹ gab es zwar damals noch nicht«, erinnert sich Schelkes, »in der Praxis wurde sie aber beim GBI bereits angewandt. Das Gleiten erfolgte aber mehr gegen den Abend und in die Nacht hinein. Wir waren alle von unserer Arbeit so gefesselt, daß wir das aber als ganz selbstverständlich hinnahmen. So wurde häufig aus einem 8–9 Stundentag einer mit 12–15 Stunden. Oft hatten wir eilige Aufträge in kurzer Zeit durchzuplanen. Manchmal war auch ›Führerbesuch‹ signalisiert. Dann mußte jeweils einer der drei Referenten anwesend sein, bis der hohe Besuch über die Gärten des Auswärtigen Amtes in Speers Begleitung im Zeichensaal oder in den Modellsälen erschien. Dann kamen wir oft erst nach Mitternacht nach Hause.« Fast regelmäßig fand sich eine kleine Gruppe mit Wolters, Stephan, Fränk und Schelkes – häufig auch mit auswärtigen Gästen – um die Mittagszeit zusammen, um im *Old Inn,* einer kleinen Gaststätte Unter den Linden, zu Mittag zu essen. »Dabei herrschte stets ein fröhlicher Ton, wie es auf der Dienststelle trotz großem Arbeitseifer immer der Fall war. Bei besonderen Anlässen – z. B. Weihnachten – lud Speer die Familien seiner Mitarbeiter ein. Gelegentlich fanden auch gemeinsame abendliche Zusammenkünfte zwischen Planungs- und Durchführungsstelle statt. Für die täglichen Kontakte war das Mittagessen beim *Old Inn* wichtig. Gegenseitiges ›Anpflaumen‹ war dabei durchaus üblich. Entgegen den ursprünglichen Absichten von Speer wurde die Dienststelle immer größer. Im Jahre 1939 bestand sie schon aus 28 Architekten, 22 Technikern, 41 Büroangestellten, zusammen also aus 91 Mitarbeitern.«[120]

Innerhalb kurzer Zeit wurden von der Dienststelle des GBI aus Verbindungen zu den nach Meinung Speers »besten Architekten Deutschlands« hergestellt, unter ihnen einige der längst vor 1933 bekannten Größen deutscher Architektur. Paul Bonatz erhielt nun vom GBI einen Auftrag für das Oberkommando der Kriegsmarine, Wilhelm Kreis für das Oberkommando des Heeres, die Soldatenhalle und verschiedene Museen; Peter Behrens wurde auf Vorschlag der AEG mit der Planung des neuen Verwaltungsgebäudes der Firma an der Nord-Süd-Achse betraut. Neben den Architekten der älteren Generation wie Emil Fahrenkamp und Wilhelm Kreis kamen nun auch jüngere zum Zuge, die Speer noch vom Studium her kannte, unter ihnen Helmut Hentrich und Friedrich Tamms. Mit Theodor Dierksmeier, Friedrich Hetzelt, Herbert Rimpl, Heinrich Rosskotten und Karl Wach trafen sich im Umkreis des GBI Architekten unterschiedlicher Vergangenheit und künstlerischer Orientierung, die sich in erstaunlicher Wendigkeit

Albert Speer im Wechsel zwischen seinen Rollen. Karikatur von Hans Stephan

Rudolf Wolters als Ausstellungskommissar. Karikatur von Hans Stephan

dem neuen »Zeitgeist« anzupassen wußten. So entwarf Hanns Dustmann, vom Bürochef bei Walter Gropius zum *Reichsarchitekten der Hitlerjugend* avanciert, für Berlin memoriale Versammlungshallen im Stile Friedrich Gillys. Der Poelzig-Schüler Friedrich Tamms, inzwischen bekannt für die technische Ästhetik seiner Brücken, gab seinen monumentalen Bauten neobarocke Züge. In herrschaftlicher Geste bediente man sich fast aller Formen der Architekturgeschichte, vorausgesetzt, die Pose der Macht fand Gnade vor den Augen Hitlers.

In der Nacht nach der Kapitulation Frankreichs diktierte Hitler am 25. Juni 1940: »Berlin muß in kürzester Zeit durch seine bauliche Neugestaltung den ihm durch die Größe unseres Sieges zukommenden Ausdruck als Hauptstadt eines starken neuen Reiches erhalten. In der Verwirklichung dieser nunmehr *wichtigsten Bauaufgabe des Reiches* sehe ich den bedeutendsten Beitrag zur endgültigen Sicherstellung unseres Sieges. Ihre Vollendung erwarte ich bis zum Jahre 1950.«[121] Nach dem Abriß ganzer Stadtviertel zur Vorbereitung der großen Achsen und des neuen zentralen Bereichs sollten die wichtigsten Staats- und Parteibauten, Denk- und Ehrenmäler sowie Repräsentationsgebäude der Privatwirtschaft bis 1950 fertiggestellt sein, um die neuen Gebäude im Rahmen einer »Weltausstellung« ihrer Bestimmung übergeben zu können; Berlin sollte zu diesem Anlaß feierlich in »Germania« umbenannt werden. Zur Realisierung der Bauten konnte man auf die Sklavenarbeit der KZ-Häftlinge rechnen; unter unmenschlichem Zwang wurden bereits aus Bergen Steine gebrochen, in Vernichtungslagern Ziegel gebrannt – angeblich ohne Wissen der Planer.

Während in den ersten Jahren des Krieges auch mehr und mehr Architekten »an die Front« gerufen wurden, entwarfen ihre Kollegen im Umkreis des GBI Bilder der symbolischen Antizipation künftiger Siege, Bilder, die sich zunehmend von der Wirklichkeit zu lösen begannen, sich jedoch durch ihren Bezug auf Entwicklungsprobleme der Großstadt Berlin zunächst noch legitimieren ließen – wie in anderen Städten auch.

Indessen begann sich die Instrumentalisierung der – zumeist noch fiktiven – Architektur für die Propaganda des *Dritten Reiches* im weiteren Verlauf des Krieges auf eine neue Ebene zu verlagern. Um die Friedensbereitschaft und kulturelle Leistungsfähigkeit Deutschlands trotz des Angriffskriegs zu demonstrieren, intensivierte der GBI die Architekturpropaganda. So war Rudolf Wolters als Hauptabteilungsleiter der Planungsstelle zugleich nebenamtlich Pressereferent des GBI. Für Speer schrieb er Aufsätze, Geleitworte und offizielle Verlautbarungen. Von 1938 bis zum letzten Heft im Jahr 1944 war er für den Architekturteil der Zeitschrift *Die Kunst im Dritten Reich* verantwortlich, die im September 1939, auf Wunsch Hitlers, in *Die Kunst im Deutschen Reich* umbenannt worden war.

Noch vor dem Überfall auf Frankreich wurde Wolters im Januar 1940 zum *Ausstellungskommissar* ernannt und mit der Organisation der von Speer und Goebbels veranstalteten Ausstellung *Neue deutsche Baukunst* be-

Albert Speer in der Ukraine, 1942

Zwangsarbeit für die Organisation Todt

Das besetzte Theater in Rostow, Oktober 1942

Zwangsarbeit für die Organisation Todt

Gestürztes Lenin-Denkmal, Oktober 1942

traut, die Modelle, Großfotos und Pläne der wichtigsten Bauten und Vorhaben des *Dritten Reiches* im Ausland vorführte. Die Ausstellung war mit Unterstützung der deutschen Botschaften zunächst für Belgrad, Sofia, Budapest und Athen vorgesehen und wurde dann – mit wechselndem Erfolg – in Madrid, Barcelona und Lissabon, in Kopenhagen und schließlich 1943 in Istanbul, Ankara und Smyrna gezeigt.

1940 ist Wolters in Belgrad und Athen, 1941 in Sofia, Budapest und Lissabon, 1942 in Madrid, Tanger, Tetuan, stets hofiert als Repräsentant deutscher Kultur. Im Juni und Oktober 1942 reist er als Chef der OT-Kriegsberichterstaffel nach Rußland. Eine Mappe mit Fotos, die er mitgebracht hat, zeigt zerschossene Häuser, geborstene Dämme, gesprengte Brücken und immer wieder ausgemergelte Menschen, die als Zwangsarbeiter neue Straßen und Brücken für den weiteren Vormarsch der Mörder ihres Volkes bauen mußten.

Planungen

Speer war es in kurzer Zeit gelungen, die von Hitler geforderten Achsen und mit Großbauten bestückten Repräsentationsbereiche der Stadt in eine Gesamtplanung zu integrieren, die Solitärbauten, Fassadengestaltungen, eine großflächige Siedlungsplanung sowie eine umfassende Grünplanung einschloß. Als großräumiges Gerüst lag der Planung eine Neuordnung des Verkehrs zugrunde, die die großen Achsen und radialen Straßenzüge mit vier konzentrischen Ringstraßen verband. Diese Ringe wiederum sollten die rasche Erreichbarkeit der vier geplanten Großflughäfen gewährleisten, welche in Verlängerung der Hauptachsen außerhalb des weiten Autobahnrings vorgesehen waren. Die Eisenbahn sollte durch zwei neue Bahnhöfe an die Stadtmitte herangeführt und durch unterirdische S-Bahnverbindungen ergänzt werden. Das Zentrum der Stadt war durch ein gewaltiges Achsenkreuz gekennzeichnet. Der am südlichen Ende der Hauptachse vorgesehene Rundbau mit riesiger Kuppel, der auf eine Ideenskizze Hitlers von 1925 zurückging, war in den Planungen des Berliner Stadtbauamtes bis 1936 noch nicht in Erscheinung getreten; er fand erst in den Plänen Speers Ende 1936 seinen Platz. Am 20. April 1939 überreichte Speer Hitler zu dessen 50. Geburtstag Ansichten, Grundrisse, Schnitte und ein erstes Modell des 220 m hohen Gebäudes mit dem schriftlichen Hinweis: »Ausgearbeitet nach Ideen des Führers.«[122]

Zur Untersuchung des Baugrundes für dieses Monument faschistischer Macht sowie zur Vorbereitung der Bebauung des künftigen Adolf-Hitler-Platzes waren schon vor 1939 zahllose Gebäude in der Umgebung des Reichstags abgerissen worden. Da eine neue, riesige Reichskanzlei und auch ein neues Reichstagsgebäude vorgesehen waren, wurde der Abbruch des alten Reichstags erwogen, was erst am Widerspruch Hitlers gescheitert zu sein scheint. Als weitere Neubauten sollten vor der kolossalen Kuppelhalle ein weitläufiger Wohnpalast für Hitler, ein Arbeitstrakt mit Reichskanzlei sowie das Oberkommando der Wehrmacht den großen Platz umgeben, der sich erst zur Achse nach Süden hin öffnete. Vor der Öffentlichkeit als *Kriegsprogramm Wasserstraßen und Reichsbahnbau Berlin* getarnt, wurde noch im Krieg mit gewaltigem Materialaufwand an den Bauten des künftigen Adolf-Hitler-Platzes als dem Zentrum der Macht weitergearbeitet.[123]

Während sich Speer die Planung der Großbauten vorbehielt, denen die besondere Aufmerksamkeit Hitlers galt, lag bei Wolters die Planung der Nord-Süd-Achse, der Verkehrsringe und Museen. Hans Stephan war zuständig für die Ost-West-Achse, die Südstadt, die Ost- und Nordgebiete, für Industrieplanung und Wohnungsbau. Überlagert wurden die verschiedenen Zuständigkeiten und Planungsbereiche durch ein stadträumliches Konzept, das eng mit der Grünflächenplanung verbunden war, die Willi Schelkes entwickelt hatte. Während die großen radialen Ausfallstraßen mit dichter Bebauung, zu strengen Straßenräumen geformt, den Weltstadt-Charakter Berlins unterstreichen sollten, stuften sich die Gebäude jenseits der Straßenfront zu flacheren Wohnbauten ab, die mit Schulen, Sportplätzen, Kindergärten, Parkanlagen usw. in weitläufige Grünzüge übergingen, welche aus den Naherholungsbereichen in der Umgebung Berlins radial bis in die Stadtmitte hineingeführt werden sollten. Die Abstände zwischen Wohnung und Park, Wald oder Sportplatz sollten nicht mehr als 15 Minuten Fußweg erfordern.

Mit Blick auf die CIAM-Diskussionen um die »funktionelle Stadt«, die 1943 in der Formulierung der »Charta von Athen« durch Le Corbusier ihren Niederschlag fanden, notiert Schelkes später: »Ohne die Charta damals zu kennen, habe ich im selben Sinne gearbeitet. In einem Punkt allerdings bin ich anderer Meinung. Bei dem Punkt 37 wird gefordert: ›Die neuen Grünflächen müssen klar definierten Zwecken dienen: Sie sollten die Kindergärten enthalten, die Schulen, die Zentren der Jugend oder alle Gebäude zu allgemeinem Gebrauch, die eng mit dem Wohnen verbunden sind.‹ Ich ging bei meiner Planungsvorstellung davon aus, daß die Kindergärten in der unmittelbaren Nachbarschaft der Wohnblocks liegen sollten, um eine möglichst kurze Wegezeit zu gewinnen. Schulen, Krankenhäuser, Zentren der Jugend und andere Gebäude sollten nicht *in* der Grünfläche liegen, *sondern am Rande*. Die Möglichkeit der Erweiterung solcher Einrichtungen könnte die Grünflächen in Gefahr bringen.«[124]

Um gegenüber den demonstrativ großstädtischen Straßen- und Platzanlagen auch den großstadtfeindlichen Traditionen der Planung Rechnung zu tragen, wurde die Durchdringung der Baumassen durch Grünzüge zu einem wesentlichen Bestandteil des Konzepts, das sich zudem mit luftschutztechnischen Argumenten legitimieren ließ und, in Berlin wie anderswo, als Grundlage der Leitbilder zur Durchgrünung, Gliederung und Auf-

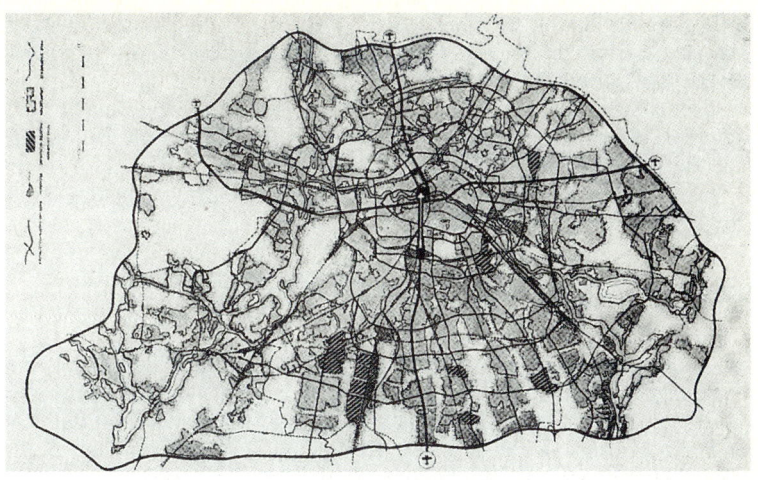

Neugestaltungsplan des Generalbauinspektors für Berlin

Modell des Mittelstücks der Nord-Süd-Achse

lockerung der Städte im Wiederaufbau nach 1945 aufgenommen werden konnte. Noch am 9. Januar 1944 meldete die Belgrader *Donau-Zeitung* unter der Überschrift »150 Architekten entwerfen Europas neueste Stadt«: »Dr. Goebbels hat zusammen mit Reichsminister Albert Speer einen Wettbewerb ausgeschrieben, dessen Thema der totale Neuaufbau Berlins ist. Die Reichshauptstadt soll mit einer Einwohnerzahl von 10 Mill. Menschen die größte Stadt Europas werden. Diese Riesenstadt von 50 Kilometern Durchmesser soll durch Parks und Wasseranlagen so aufgelockert werden, daß sie den Charakter einer Gartenstadt erhält. Dabei soll beispielsweise die Spree zu ihrer dreifachen Breite ausgebaut werden.«[125]

Der neuen Steinernen Stadt mit riesigen Monumentalbauwerken zwischen weiten Plätzen und geschlossenen Korridorstraßen wurde das Bild eines grünen Berlin gegenübergestellt, in dem der Grunewald durch Umwandlung in einen Landschaftspark eine neue Bedeutung erlangen sollte. Einzelne Landschaftsausschnitte waren in ihrer Wirkung auf den Betrachter ebenso kalkuliert wie die Platz- und Fassadenfolgen der Stadt: Auf der Grundlage pflanzensoziologisch kartierter Wald-Grundrisse wurden große Gemälde angefertigt, welche die Komposition von Landschaft und Baumbestand nach der erwarteten Entwicklung im Lauf künftiger Jahrzehnte veranschaulichten: exakt geplante Natur.

Mit sorgsam arrangierten Wegen für Spaziergänger, Reiter und Radfahrer sollte ein Naturerlebnis vermittelt werden, das durch anheimelnde Gasthäuser, Cafés und einen heroischen Aussichtsturm abgerundet würde. 250 Millionen Reichsmark waren für die Grünflächenplanung des GBI eingesetzt, die von den städtischen Behörden unterstützt wurde. Noch im Grunewald fand jedoch die landschaftliche Idylle einen harten Kontrapunkt: In einer starren Gebäudeanlage wurde südlich der geplanten Hochschulstadt, für die beim GBI ebenfalls Willi Schelkes zuständig war, nach Entwürfen des Architekten Hans Malwitz die *Wehrtechnische Fakultät der Technischen Hochschule* als Komplex militärischer Forschungsinstitute gebaut; Erweiterungen um eine *Akademie für Luftfahrtsforschung* wurden von Friedrich Hetzelt entworfen. Den Grundstein für die Institute der Wehrtechnischen Fakultät hatte Hitler bereits am 27. November 1937 gelegt und dabei seine Absicht erklärt, »einem tausendjährigen Volk mit tausendjähriger geschichtlicher und kultureller Vergangenheit für die vor ihr liegende unabsehbare Zukunft eine ebenbürtige tausendjährige Stadt zu bauen. Wir entziehen daher die in den kommenden zwanzig Jahren zu diesem Zweck in Berlin zu leistende Arbeit bewußt der Kritik der Gegenwart und unterwerfen sie dafür der Beurteilung jener Generationen, die einst nach uns kommen werden. Wie immer dieses Urteil aber auch ausfallen wird, eine Rechtfertigung soll man uns dann nicht versagen können: Wir haben auch bei dieser Arbeit nicht an uns gedacht, sondern an jene, die nach uns kommen.«[126]

Die Nachgeborenen, die seit Kriegsende auf dem Berliner »Teufels-

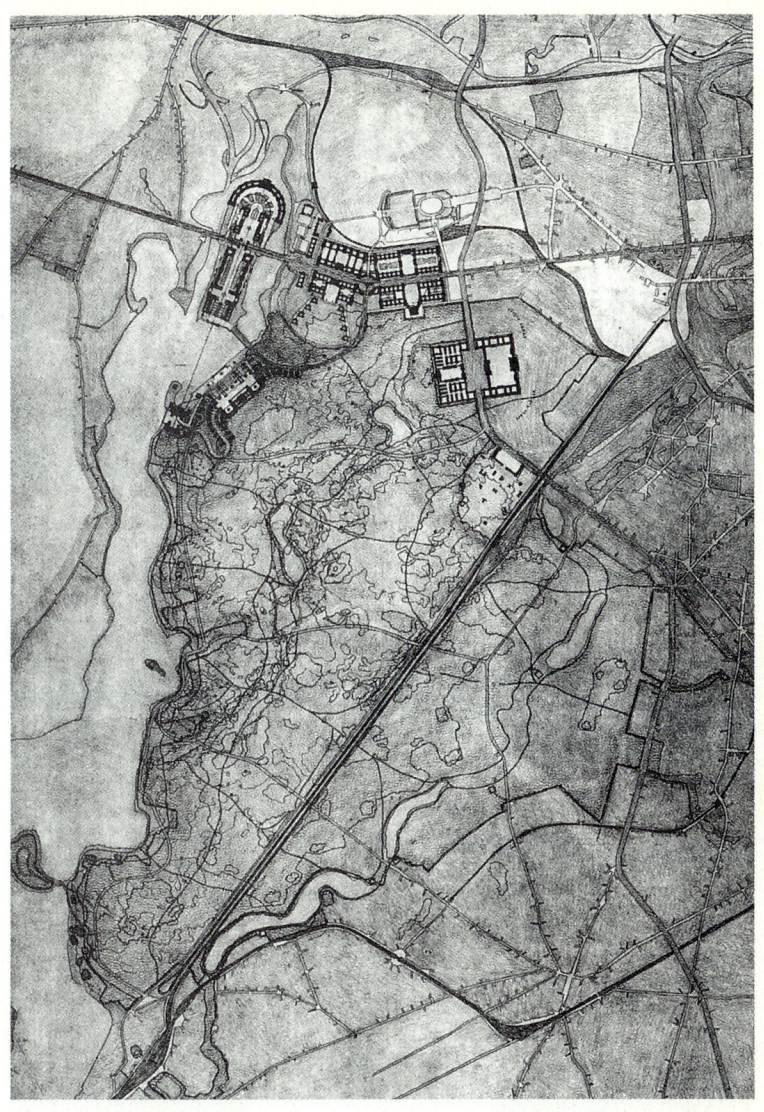

Plan des Grunewalds mit Hochschulstadt und Anlage für eine Weltausstellung

Der Lindenraum. Skizze von Gerhard Kraaz

berg« spazierengehen oder dessen Hänge fürs Rodelvergnügen nutzen, mögen, falls sie überhaupt wissen, daß ihr freundliches Ausflugsziel aus Trümmern der zerbombten Reichshauptstadt entstand, unter denen die fast fertiggestellten Institutsgebäude der Wehrtechnischen Fakultät in den ewigen Schlaf versanken, auf ihre Weise denen danken, die so selbstlos nicht an sich, sondern an diejenigen dachten, die nach ihnen kamen.

Als einer der Hauptabteilungsleiter der Planungsstelle des GBI war Schelkes neben der Grünplanung auch mit der Planung der neuen Hochschulstadt befaßt, die als repräsentatives Tor zur *Weltstadt Berlin* konzipiert war. Dazu war nach Vorschlägen des GBI im Herbst 1937 ein offener Ideenwettbewerb ausgeschrieben worden, an dem sich alle deutschen Architekten beteiligen konnten. Zu einem engeren Wettbewerb wurden 20 private Architekten aufgefordert; hinzu kamen Architekten des Berliner Stadtbauamts, des Preußischen Finanz- und Reichsfinanzministeriums. Unter den eingeladenen Architekten waren German Bestelmeyer, Paul Bonatz, Emil Fahrenkamp, Hans Freese, Konstanty Gutschow, Wilhelm Kreis, Karl Wach und Heinrich Rosskotten, Julius Schulte-Frohlinde und Hanns Dustmann. Von seiten der Hochbauverwaltung des Preußischen Finanzministeriums beteiligten sich u. a. Friedrich Hetzelt und Hans Malwitz. Viele Namen finden sich in den Listen der »beauftragten Architekten des GBI« wieder und tauchen auch bei anderen Großprojekten auf. Berlins neues Rathaus wurde von German Bestelmeyer geplant, für ein reprä-

Der Buchenraum. Geplante Natur im Grunewald. Skizze von Gerhard Kraaz

sentatives Museumsufer entwarf Wilhem Kreis Gebäude für die ägypti-
schen und vorderasiatischen Sammlungen sowie ein Germanisches Museum und das Museum des 19. Jahrhunderts. Diesen Bauten gegenüber
sollte am Südufer der Spree das Völkerkunde-Museum von Hanns Dustmann entstehen, das nach Ansicht Speers »eine Art Rasse-Museum« hätte
werden können.[127]

Von städtebaulichen Planungen über Einzelgebäude bis zu Fassadenstu-
dien reichte das Spektrum der Aufgaben, zu denen sich der GBI durch Einladungen und Wettbewerbe Vorschläge liefern ließ. In Modellen zum »Entwurf einer reichen Fassade« fiel der Beitrag von Hanns Dustmann ganz
pariserisch aus; Helmut Hentrich und Hans Heuser hielten sich eher an die
bewährten Muster der Fassade des Oberkommandos der Wehrmacht,
Orientierungen, deren Nachwirkungen Speer noch an den ersten Nachkriegsbauten von Hentrich und Heuser in Düsseldorf feststellen wird.[128]

Fast artistisch wissen sich viele der beauftragten Architekten des GBI architektonischer Ausdrucksmittel zu bedienen, die ihnen ihre noch im
Eklektizismus geschulten Lehrer an den Hochschulen und Akademien vermittelt hatten. Insgesamt jedoch zeichnet sich in den Entwürfen im Umkreis des GBI eine kühle Klassizität ab, die funktionalistischer Rationalität verwandter scheint als der malerischen Idyllik der traditionalistischen
Richtung um Schmitthenner und Schultze-Naumburg, die mit ihrer landschaftsbezogenen Siedlungsgestaltung eher jener Blut-und-Boden-Ideolo-

183

gie entsprechen, die besonders in den Ämtern Leys und Himmlers gepflegt wird.

In spürbarer Konkurrenz zu den dort beschäftigten Architekten kam unter Speer eine eher technokratisch ausgerichtete Avantgarde zum Zug, die – wie wir sehen werden – nicht zufällig führende Positionen beim Wiederaufbau zerstörter Städte nach 1945 einnehmen wird. Wie weit sich deren Planungskonzepte inzwischen von den gängigen Klischees der Nazi-Ideologie gelöst haben, zeigen insbesondere die Vorschläge für riesige Neubausiedlungen, wie etwa diejenige in der Südstadt Berlins, die Wohnungen für 210000 Einwohner und in einem benachbarten Industriegebiet 100000 Arbeitsplätze bieten sollte. Mit mehreren hundert Meter langen Häuserblöcken auf einem strengen Stadtgrundriß erinnern diese Siedlungen mit ihren portalbildenden Turmbauten weit eher an gigantische Kasernen als an die Kleinstadt-Mimikry eines Schmitthenner, mit der die Nazis zu Beginn der dreißiger Jahre Affekte gegen Vermassung, Industrie und Moderne mobilisierten. Wie weit inzwischen gerade im Wohnungsbau Prinzipien der Normung, Rationalisierung und Industrialisierung vorgedrungen sind, zeigen anschaulich die Studien von Ernst Neufert, der seit 1938 im Auftrag Speers arbeitet und mit seinem Publikationen wie kaum ein anderer Architekt das Bauen nach 1945 prägen wird.[129]

Bereits seine 1936 im *Bauwelt-Verlag* erschienene *Bauentwurfslehre* war ein so durchschlagender Erfolg, daß noch im selben Jahr die zweite Auflage erschien. Bald lagen Übersetzungen ins Italienische, Französische und Spanische vor. Die *Bauwelt* schrieb: »Diese erfolgreiche Bauentwurfslehre schrie förmlich nach einer Fortsetzung in einer Baukonstruktionslehre«[130], die nach der Beauftragung durch Speer verfaßt und 1942 als *Bauordnungslehre* vom *Generalbauinspektor für die Reichshauptstadt, Reichsminister Albert Speer,* herausgegeben wurde. Im Vorwort betont Speer die Aufgabe, »im Bauwesen eine weitgehende Vereinheitlichung zu schaffen zur Einsparung technischer Kräfte und zum Aufbau einer rationellen Reihenfertigung«[131].

Begeistert berichtet die *Bauwelt* unter der Überschrift »Triumph der Gleichform und des Zusammenpassens« über das neue Buch Neuferts, der als *Beauftragter für Normungsfragen beim Reichsministerium Speer* vorgestellt wird. Besonderes Interesse findet Neuferts Vorschlag für »eine Art Hausbaumaschine«, durch die ein fünfstöckiges Gebäude wie aus einer Strangpresse hergestellt werden kann. In der Bildunterschrift zu der auf Schienen vorrückenden Fabrikationsanlage heißt es: »Die Bauordnung auf dem höchsten Gipfel: Bauen im ganz Großen. Alles gleich und passend von der Ausschachtung an bis zur Ausschalung aller Stockwerke einschließlich des Daches. Die das ganze Haus umfassende Arbeitsbühne bewegt sich weiter: Die Hausmaschine. Alles ist mechanisiert für den eigentlichen Hausbau und mit Nuten, Klemmen, Bügeln vorbereitet für die

Hanns Dustmann: Entwurf für die Hochschulstadt in Berlin. Wettbewerb 1938

Emil Fahrenkamp: Entwurf für die Hochschulstadt in Berlin. Wettbewerb 1938

Friedrich Tamms: Entwurf für die Universitätsklinik in Berlin. Wettbewerb 1938

185

Rohrverlegung und den inneren Ausbau, dargestellt im Buch in 89 Bildern.«[132]

Mit den Argumenten Neuferts tritt auch die *Bauwelt* der Furcht vor einer »Einschränkung der individuellen Gestaltungsfreiheit« entgegen: »Aber hat jemand Furcht vor den Typen (daher das Wort!), den durchaus gleichmäßigen Buchstaben dieser Zeilen? Lesen wir nicht Gedrucktes oder mit der Schreibmaschine Geschriebenes lieber (also Typen) als Handschriftliches (außer etwa in Liebesbriefen)?«[133] Vom Typengrundriß bis zu den genormten Möbeln wird der »Triumph der Gleichform« vorgeführt: »Die Rastergrößen der Möbel nutzen beim Umzug den Möbelwagen viel besser aus; also werden kleinere Wagen als bisher gebraucht.«[134]

1938 hatte Neufert von Speer den Auftrag zur Vorbereitung von Grundlagen für die Bewältigung des riesigen Berliner Wohnungsbauprogramms erhalten und mit einer großangelegten Befragung von Berliner Mietern zur Analyse der Mieterwünsche und Lebensgewohnheiten begonnen, die mit Unterstützung durch das *Frauenwerk* durchgeführt und 1942 unter dem Titel *Der Mieter hat das Wort* veröffentlicht wurde. In seinem Vorwort vom Januar 1942 versuchte Neufert möglichen Bedenken gegen die Erhebung vorzubeugen und betont ihren Wert für die weitere Zukunft. Eingehend berichtet die Studie über die untersuchten Lebensgewohnheiten, Wohnweisen und -wünsche, um daraus Folgerungen für Grundriß und Mobiliar abzuleiten, die zur weiteren Rationalisierung des Mieter-Alltags beitragen könnten: »Da die Arbeit der Hausfrau so weit wie möglich eingespart werden muß, ist es notwendig, daß der Küchenteil der Wohnküche in Form einer Küchennische unmittelbar an das Wohnzimmer angrenzt. Damit wird der Weg von der Küche zum Eßtisch denkbar kurz, und andererseits kann die Mutter in der Küche durch die Tür oder die Nischenöffnung das spielende Kind im Wohnzimmer im Auge behalten. Das bedingt natürlich, daß die Möbel in der Wohnküche strapazierfähig gebaut sind, um auch bei dauernder Beanspruchung nicht unansehnlich zu werden. (...) Auch hier kann vom Staate oder der Partei aus ein heilsamer Einfluß in den Wirtschaftsgruppen auf die Möbelhersteller, in den Schulen auf die Kinder, in der Frauenschaft auf die Mütter und in den Schulungskursen der Betriebe auf die Väter ausgeübt werden.«[135]

Ohne daß auf die sonst propagierte Alternative des Wohnens im Einfamilien- bzw. Reihenhaus eingegangen würde, wird zur Illustration möglicher Nutzanwendungen der Untersuchung ein äußerst schematisch skizzierter, fünfgeschossiger Mietwohnungsbau vorgestellt. Neufert empfiehlt, der offensichtlichen Abneigung der Befragten gegen das Wohnen oberhalb des zweiten Stockwerks mit gestaffelten Mietsätzen zu begegnen. Und er interpretiert: »Bei entsprechend niedrigeren Geschossen, wie sie modern gebaute Häuser zulassen, würde eine neue Berliner Wohnung im fünften Geschoß praktisch der zu ersteigenden Höhe einer jetzigen Berliner Wohnung im vierten Geschoß entsprechen. Der Anteil der Bewohner für die oberen Geschosse würde sich dann entsprechend verschieben. Das Vorhandensein eines Fahrstuhls würde das Bild im übrigen vollständig ändern. Die Wohnungen in den oberen Geschossen würden dann überwiegend bevorzugt werden, weil diese Wohnungen von Staub und Lärm verschont bleiben.«[136]

Auch in den Schemaskizzen seiner 1941 vom GBI herausgegebenen Studie *Bombensicherer Luftschutz im Wohnungsbau* zeigt Neufert jene fünfgeschossigen Miethaus-Bänder, die der »Hausbaumaschine« entstammen könnten – nun aber mit Luftschutztürmen bestückt. Ein Raum je Wohnung ist als Bunker ausgeführt, und so entstehen bei Zusammenfassung von zwei Räumen je Geschoß die hohen Luftschutztürme, die neben ihrer wiederholt angepriesenen »Wohnlichkeit« auch architektonische Gestaltungsmöglichkeiten bieten sollen. Für die Ermittlung des Baukostenaufwands gilt die Faustformel: »Als brauchbares Vergleichsmaß ist heute die Angabe von m^3 Eisenbeton je Kopf üblich. Das Mittelmaß liegt bei 6 bis 8 m^3.«

Durch die Zusammenfassung von vier Räumen zum Vier-Raum-Geschoßbunker in der Hausmitte ergibt sich ein besonders breiter Haustyp, den Neufert als achtgeschossigen Wohnungsbau auszuführen empfiehlt. Hier sei »eine großstädtische Gesamtgestaltung« möglich, die zudem »eine höhere Wirtschaftlichkeit und größere Freizügigkeit der Bemessung von Grünanlagen« gestatte. Im Gegensatz zu den früher obligatorischen Walmdächern von Wohnsiedlungen wird das sparsame und soldatische Aussehen der Haustypen Neuferts auch durch den kargen Abschluß betont: »Die Dächer sind sämtlich flach gehalten, da bei diesen hohen Bauten steile Dächer sowieso nicht mehr gesehen werden und deshalb keine ästhetische Bedeutung haben und andererseits das massive begehbare Dach keine Brandmöglichkeiten bietet.«[137] Im Hinblick auf die entsprechenden Grundrißformen wird vorgeschlagen, »den 5- oder 8-geschossigen Hauskörper als Eisen- oder Eisenbetonskelettbau auszuführen in statischer und konstruktiver Verbindung mit dem inmitten liegenden dazugehörigen Eisenbetonbunkerturm«. Dies biete u. a. den Vorteil, daß auch bei starken Explosionen, wenn »die Fenster und die Ausfachungen aus dem Skelett herausfallen, das Skelett des Baues (...) stehenbleibt« und die Bewohner »aus ihren sicheren Geschoßbunkern heraus ihre verbliebenen Habseligkeiten sorgfältig retten« können.[138]

In der kargen Formensprache entsprechen die Wohnbauten Neuferts exakt den strengen, an militärische Anlagen erinnernden Siedlungsentwürfen und -modellen des GBI für die Berliner Vorstädte. Sie lassen bereits Grundzüge jenes Massen-Wohnungsbaus erkennen, der unter Verzicht auf die formalen Grundmotive geschlossener Stadt-Räume den Wiederaufbau nach 1945 prägen und später zunehmend auch die technischen Vorschläge Neuferts für den künftigen »Wohnungsbau nach dem Kriege« aufnehmen wird.

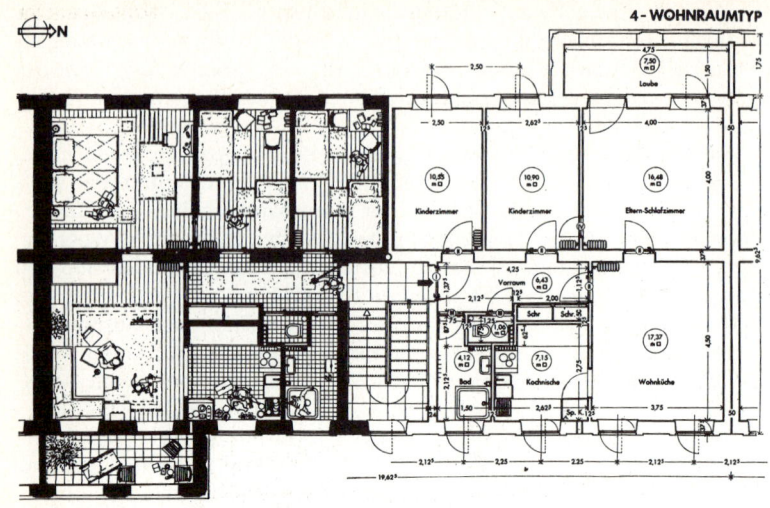

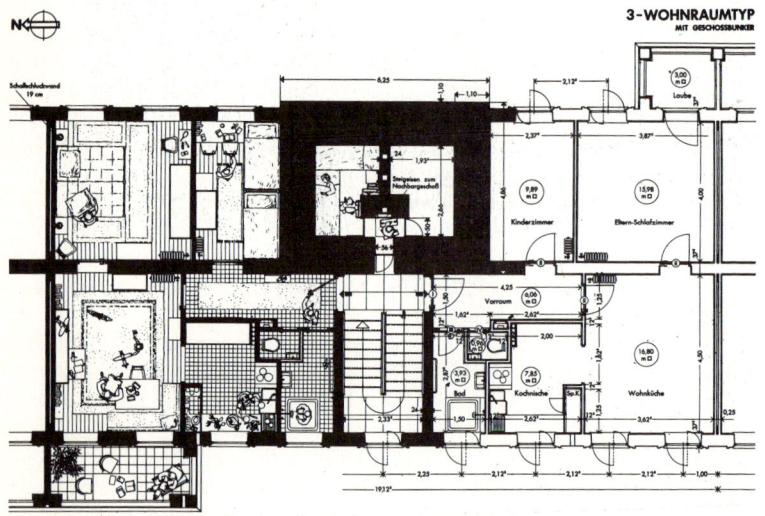

Ernst Neufert: Umwandlung eines 4-Wohnraumtyps in einen 3-Wohnraumtyp mit
Geschoßbunker. Man beachte das kriegsgerechte Kinderspiel

Ernst Neufert: Ansicht eines Eckhausbunkers und einer rationellen Hausproduktion

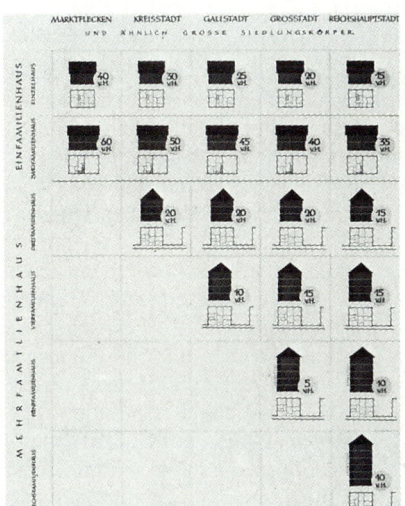

Modell Geschoßwohnungsbau, Entwurf des Reichsheimstättenamts

Schemaskizze zum Aufbau der städtischen Wohnformen. Bearbeitet vom Beauftragten für die Gestaltung der Wohngebiete im Amt des Reichswohnungskommissars

189

Seit den Konflikten um das Neue Bauen hatten »völkische Beobachter«
wie Schultze-Naumburg anfangs noch den Ton angegeben und über die
Veranstaltungen des *Kampfbunds für deutsche Kultur* auch breite Kreise
des konservativen Bürgertums angesprochen. Unter Leitung Alfred
Rosenbergs hatten die rassistischen Programme zur »Stärkung des
Volkstums« an den verbreiteten Nationalismus appellieren und gegen die
internationale Bewegung des »Kulturbolschewismus« zu Felde ziehen
können. Suggestiv wurde die retrospektive Idylle biedermeierlicher Lebensformen der verabscheuten »Asphaltkultur« entgegengesetzt; im
Kreuzzug gegen Großstadt, Technik und Fortschritt schlechthin war die
grassierende Zukunftsangst der Krisenjahre um 1930 propagandistisch
ausgebeutet worden.

Mit wachsendem Machtanspruch der Partei und steigendem internationalen Ansehen des *Dritten Reiches* sollten zukunftsgerichtete Erwartungen jedoch bald die rückwärts gewandten Sehnsüchte ersetzen und als ideologische Begleitung der Kriegsvorbereitungen wirksam werden. Schon auf
dem Reichsparteitag 1934 hatte Hitler jene völkisch-schwärmerischen
Konservativen verhöhnt, die ihm den Weg zur Macht bereitet hatten: »Entweder hausten sie in den Einsiedeleien einer von Juden selbst als lächerlich
empfundenen germanischen Traumwelt, oder sie trabten fromm und bieder
inmittten der Heilsscharen einer bürgerlichen Renaissance.« Schonungslos
gab er damit auch die Hoffnungen auf eine konservative Lebensreform der
Lächerlichkeit preis und warf solchen bürgerlich-idealistischen Anhän-
gern vor, daß »ihnen jede Vorstellung über die Größe der Umwälzung, die
sich unterdes im deutschen Volke vollzogen hat«, fehle: »So offerieren sie
heute Bahnhöfe in originaldeutschem Renaissance-Stil, Straßenbenennun-
gen und Maschinenschrift in echt gotischen Lettern, Liedertexte frei nach
Walther von der Vogelweide, Modeschöpfungen nach Gretchen und Faust,
Bilder nach Art des Trompeters von Säckingen, Bidenhänder und Armbrust
aber womöglich als Wehr und Waffen.«[139]

Im Zuge der beschleunigten Aufrüstung auf modernstem technischen
Stand war die Zeit solcher »Rückwärtse« und ihrer nostalgischen Heimat-
tümelei endgültig vorbei: Nun waren es die großen Städte, in denen die
Herrschaft der Partei auch baulich Gestalt gewinnen und die Allgegen-
wart der staatlichen Zentralgewalt durch »sinnoffenbarende Form« riesen-
hafter Kulissenarchitekturen zu einem Massenerlebnis verwandelt werden würde.[140] »Tief im Schatten« gewaltiger »Bauten der Gemeinschaft«
sollte alles Private versinken; die Zentren der großen Städte sollten wieder
symbolisch Mitte werden und die urbane Silhouette als »Stadtkrone« prägen – pervertierte Hoffnung der expressionistischen Architekturentwürfe
des Aufbruchs nach 1918, in denen die Vision einer friedlichen Gemeinschaft freier Individuen aufleuchtete.

Ab 1937 wurden für Berlin, Hamburg, München und schließlich für sämtliche »Gauhauptstädte« umfassende Neugestaltungsprogramme erarbeitet, für deren Realisierung das *Gesetz zur Neugestaltung deutscher Städte* vom 4. Oktober 1937 die rechtliche Grundlage bot. Entsprechend der organisatorischen Gliederung der NSDAP sollte jeder Gau in seiner Hauptstadt ein »Forum« erhalten, das nach dem Vorbild einer dominierenden Akro-Polis mit der obligatorischen Aufmarschstraße von etwa 100 m Breite, einer riesigen Versammlungshalle mit Appellplatz und gewaltigen Bauten der Partei ausgestattet werden sollte, um damit zur einschüchternden Selbstdarstellung der NSDAP beizutragen. Umgekehrt wurden die Städte zur Betonung ihrer jeweiligen Besonderheit nach ihrer politischen Funktion mit Zusatznamen versehen: Berlin sollte als Hauptstadt des Reiches künftig *Germania* heißen; München wurde die *Hauptstadt der Bewegung,* Nürnberg die *Stadt der Reichsparteitage,* Stuttgart die *Stadt der Auslandsdeutschen,* Hamburg die *Stadt des Außenhandels.* Nach den militärischen Erfolgen des Jahres 1940 wuchs die Zahl der Städte, die unter die sogenannten Neugestaltungserlasse fielen – hervorgehoben wurden die fünf *Städte des Führers,* für deren gigantischen Ausbau Hitler keine Kosten scheuen wollte, wie ein Brief Speers vom August 1940 zeigt: »Abgesehen davon, daß es nicht möglich sein wird, auch nur annähernd einen Überblick über die Höhe der Gesamtkosten der Neugestaltungsmaßnahmen in Berlin, München, Nürnberg, Hamburg, Linz usw. zu gewinnen, möchte auch der Führer derartige Untersuchungen nicht angestellt wissen.«[141]

Vom Obersalzberg aus schreibt Speer nach Berlin: »Die besten Architekten des Reiches sind auf zehn Jahre damit beschäftigt, Entwürfe für die fünf bevorzugten Neugestaltungsstädte aufzustellen. – Nur diejenigen Gauleiter, denen es gelingt, in ihren Gauen künstlerisch wertvolle Architekten zu finden, dürften meiner Ansicht nach zum Bauen kommen.«[142] Schon die Aussicht auf einen prächtigen Ausbau ihrer Hauptstädte hatte bei den Gauleitern, die sich in ihrer Provinz oft genug wie absolute Herrscher aufführten, zu weitreichenden Plänen und verschärfter Konkurrenz untereinander geführt. Im Februar 1941 wurden bereits 23 Städte gezählt, für die sich die Gauleiter zur Durchführung des Neugestaltungsgesetzes beauftragen ließen, darunter Düsseldorf, Münster, Oldenburg, Posen und Stettin. Die Aufgaben der Neugestaltung der Gauhauptstädte boten zunehmend Anlässe für weitere Planungen im gesamten Gaugebiet. Im Sommer 1941 beklagte sich der *Reichsminister des Inneren* über die inzwischen um sich greifende Planungswut und Ämterkonkurrenz, durch die die Bürgermeister der betroffenen Städte oft »völlig ausgeschaltet« und »nur zur Bereitstellung der notwendigen Mittel herangezogen werden«[143].

Auch Speer wandte sich mit Klagen über solche Profilierungssucht an den Chef der Reichskanzlei: »Vom Gauleiter bis zum kleinsten Kreisleiter und Bürgermeister scheint die städtebauliche Initiative als das Hauptstück der öffentlichen Arbeit nach dem Krieg und als persönliche Bewährungs-probe zu gelten. Dabei sind die geplanten städtebaulichen Maßnahmen zum Teil recht unvernünftig.« Vor allem die großspurige Nachahmung der als Vorbild geltenden Berliner Achsen ohne Einbindung in übergreifende Konzepte ärgerte Speer offensichtlich: »Achsen und andere großräumige Lösungen mit sehr tiefgehenden Eingriffen in das Bestehende werden auf Stellen übertragen, die sich dazu in keiner Weise eignen. Im Zuge solcher Maßnahmen sollen dann Wohnungen in großem Umfang abgerissen wer-den, was die bestehende Wohnungsknappheit nur vergrößern würde.«[144]

Nachdrücklich wies Speer darauf hin, daß sich hier mitten im Krieg ein »großzügiger Dilettantismus« ausbreitete, der auch im Hinblick auf die Zeit nach dem Kriege und die Probleme des Wiederaufbaus schlimme Fol-gen nach sich ziehen könnte: »Wenn neben der Neugestaltung Berlins, auf die der Führer aus den Ihnen bekannten Gründen nicht verzichten wird, der Wiederaufbau der von Fliegerschäden erheblich betroffenen Städte, der so-ziale Wohnungsbau, dessen Aufgabe nicht groß genug gesehen werden kann, der notwendige Ausbau unserer Industrie und nun neuerdings der Auf-bau der deutschen Verwaltungszentralen in den deutschen Ostgebieten ein-wandfrei durchgeführt werden soll, bleibt für die Neugestaltung anderer Städte weder auf dem Baumarkt die notwendige Kapazität, noch – was mir ebenso wichtig erscheint – die zur Planung notwendige erhebliche Zahl an Architekten, Ingenieuren und Technikern.« Speer empfahl daher, den Gau-leitern kurzerhand das Personal zu entziehen und »dem Führer als erste Maßnahme die Heranziehung der bislang mit Planungsarbeiten beschäftig-ten Kräfte für kriegsentscheidende Aufgaben vorzuschlagen und hiervon nur einige Städte, an deren Weiterplanung der Führer besonderes Interesse hat, – an der Spitze die Reichshauptstadt, – auszunehmen«[145].

In sicherem Bewußtsein seiner Position »an der Spitze« richtete Speer seinen Blick weit in die Zukunft. Eine »gewisse Rangordnung über die vielgestaltigen Aufgaben der Nachkriegszeit« werde notwendig sein, be-merkt er bedeutungsvoll.[146]

Bereits im Februar 1941 hatte Speer auf dem Obersalzberg eine Gesamt-übersicht über den Stand der Planung in 23 anerkannten »Neugestaltungs-städten« verfaßt und darüber hinaus über 18 Gauhauptstädte berichtet, »die noch keine Neugestaltungsstädte sind«. Angesichts der von ihm kriti-sierten und unkontrollierbaren Fülle, gar Unsinnigkeit dieser Planungen hatte er Hitler mitgeteilt, er hege die Absicht, sich nicht mehr »so weitge-hend wie bisher« in diese Planungen einzuschalten: »Es ist daher diese Aufstellung in gewissem Sinne auch als eine Art Abschlußbericht meiner Tätigkeit aufzufassen.«[147]

Eine ungeahnte Ausweitung seines Aufgabengebietes wird Speer je-doch genau ein Jahr später erfahren, als er überraschend zum *Minister für Bewaffnung und Munition* ernannt und im Verlauf der darauf folgenden Monate erneut mit Problemen des Wiederaufbaus konfrontiert wird. Von seiner neuen Machtposition aus wird er nicht nur die Konflikte mit den Gauleitern, sondern auch mit jenen Planern angehen können, die seinen rasanten Aufstieg zum »zweiten Mann im Staat« bislang mißtrauisch verfolgt und zu blockieren versucht hatten.

Andere Städte

Neben der Neugestaltung Berlins hatte Hitler schon früh und mit besonderem Nachdruck die Umgestaltung Münchens zur *Hauptstadt der Bewegung* betrieben. In dieser Stadt hatte er die unruhigen Nachkriegsjahre verbracht und den mißglückten »Marsch auf die Feldherrnhalle« erlebt; hier hatte er seine Anhänger gesammelt, hier hatte der Aufstieg der NSDAP begonnen.

Schon vor 1933 hatte Hitler zur Neugestaltung Münchens Pläne entwickelt, die neben Monumenten zur Erinnerung an die Geschichte der Partei bauliche Anlagen und Einrichtungen vorsahen, die München als Zentrum europäischer Kultur ausweisen sollten. Mit Entwürfen dazu hatte Hitler den von ihm sehr verehrten Münchner Architekten Professor Paul Ludwig Troost beauftragt. Im Herbst 1933 wurde der Grundstein für das von Troost entworfene »Haus der Kunst« gelegt, das – meist verbunden mit Hitlers Devise »Deutsch sein, heißt klar sein« – als unübertroffenes Vorbild nationalsozialistischer Baukunst vorgeführt wurde. Bis 1937 waren die wichtigsten Maßnahmen der Umgestaltung des Königsplatzes zur Feierstätte eines düsteren Totenkults getroffen, doch kam die übrige Planung nicht zügig voran. Im Dezember 1938 wurde der Autodidakt Hermann Giesler, Bruder des Münchner Gauleiters und Architekt der NS-Schulungsburg in Sonthofen, von Hitler zum *Generalbaurat für die Hauptstadt der Bewegung* ernannt, mit ähnlichen Vollmachten wie Speer als Generalbauinspektor ausgestattet und unmittelbar dem *Führer* unterstellt.[148]

Wie in Berlin wurde nun auch für München eine riesige Achse geplant, die im Vorplatz des neuen Bahnhofs ihren Ausgangs- und in der »Säule der Bewegung« ihren Endpunkt finden sollte. Auch diese Planung war eingebunden in eine umfassende Neuordnung des Verkehrs, die in der Verschränkung der städtebaulichen Monumentalanlagen mit neuen Gleisführungen der Eisenbahn und dem umgreifenden Autobahnring eine »Synthese von Straße und Schiene« anstrebte.[149] Als »Monument der Technik des 20. Jahrhunderts« sollte der riesige Durchgangsbahnhof mit einer Kuppel von 245 m Durchmesser dem 250 m hohen Siegesdenkmal der Partei gegenüberstehen. Als freien Mitarbeiter für die Bahnhofshalle hatte Giesler Paul Bonatz verpflichtet. Flankiert wurde die große Achse von zwei Hochhäusern: dem Hotel der Organisation *Kraft durch Freude* sowie dem Verwaltungshochhaus des Partei-Verlags Eher. Im Schnittpunkt einer zweiten Achse sollte ein riesiges Opernhaus mit mehrstöckiger Platzanlage liegen.

Eifersüchtig scheint Speer die Zuneigung Hitlers zu Giesler verfolgt zu haben: Dieser übernahm nach dem Bau in Sonthofen und Aufträgen für die Gauforen in Augsburg und Weimar nun auch noch die Planung für München. Hitler lud ihn und Speer ein, ihn im Sommer 1940 auf einer Reise nach Paris zu begleiten, um dort die Planungen Haussmanns sowie jene Bauten zu besichtigen, die ihn so sehr begeisterten: das Pantheon und die große Oper von Garnier. Die unterschwellige Rivalität der beiden als »Freunde« auftretenden Architekten nahm zu, als Giesler im Herbst 1940 neben Roderich Fick von Hitler mit Planungen für Linz an der Donau beauftragt wurde. Nachdrücklich bemühte sich Speer im gleichen Zeitraum um Ausweitung seiner Zuständigkeiten; durch einen Erlaß-Entwurf versuchte er, alle Bauplanungen des Reiches unter seine »Verfügungsgewalt« zu bekommen.[150] Dieser Vorstoß wurde von dem wohl engsten Vertrauten Hitlers, dem Reichsleiter Martin Bormann, erfolgreich blockiert.

Mißtrauisch hatte Bormann die Karriere Speers beobachtet und ohne dessen Wissen eine Stellungnahme Gieslers eingeholt, der empört auf Speers Vorschlag reagierte. Angesichts der Intrigen des mächtigen Bormann erkannte Speer die Grenzen seiner Handlungsmöglichkeiten. Mit seiner Übersicht über den »Stand der städtebaulichen Arbeiten« in den 41 Gaustädten vom Februar 1941 gab er den »Abschlußbericht« seiner übergreifenden Tätigkeit und konzentrierte sich wieder auf seine Aufträge für Berlin und Nürnberg – nicht ohne sich dabei nachdrücklich der Gefolgschaft »seiner« Architekten und Künstler zu versichern. Nachdem Giesler versucht hatte, einen von Speers Architekten für die Münchner Planung zu gewinnen, erließ Speer eine bindende Verfügung, die in der Chronik der Dienststelle mit folgenden Worten festgehalten wurde: »Ein Einzelfall veranlaßte den Generalbauinspektor am 6. Februar 1941, die mit wichtigen Arbeiten für die Berliner Neugestaltung beauftragten Architekten: Kreis, Dierksmeier, Dustmann, Freese, Klaje, Koller, Pinnau, Rimpl, Schmidt und Tamms zu einer Erklärung aufzufordern, in der sie ihre eigene Arbeitskraft und die ihrer Büros in erster Linie dem Generalbauinspektor zur Verfügung stellen und im Interesse dieser Aufgaben auf eine beliebige Ausweitung ihres Arbeitsgebietes verzichten. Den aufgeforderten Architekten, die sich vorbehaltlos einverstanden erklärten, wurde die Auslastung ihrer Arbeitskraft im Rahmen der Berliner Neugestaltung zugesichert; sie sind ferner berechtigt, die Bezeichnung *Beauftragter Architekt des Generalbauinspektors für die Reichshauptstadt* zu führen.«[151]

Mit dieser Bindung hatte Speer seinen Berliner Machtbereich zunächst deutlich abgesteckt und Abhängigkeiten definiert. Auch die Planungsarbeiten für Nürnberg waren überschaubar geordnet, seit sie nach dem Erlaß zur »Sicherstellung des Sieges« vom 25. Juni 1940 wieder aufgenommen worden waren. Speer meldete in seiner Übersicht vom Februar 1941: »Die städtebauliche Grundplanung ist an sich beendet und vom Führer genehmigt. Ein Gauforum ist vorgesehen, jedoch wird auf mein Verlangen und im Einvernehmen mit Oberbürgermeister Liebel die Neugestaltung der Stadt Nürnberg im wesentlichen erst nach Beendigung der Bauten auf dem Reichsparteitagsgelände, also nicht vor sechs bis acht Jahren, begonnen, da eine gleichzeitige Bautätigkeit meiner Ansicht nach eine wirtschaftliche Unmöglichkeit bedeutet. Bearbeiter der städtebaulichen Pläne war Professor Brugmann, nach seinem Weggang aus Nürnberg in meine Dienststelle nach Berlin jetzt Stadtbaudirektor Schmeißner.«[152] Schließlich versuchte Speer erneut, an andere Aufgaben zu kommen. Im April 1941 begab er sich wieder in ein Giesler zugewiesenes Gebiet.

Als Geschenk zu Hitlers 52. Geburtstag überreichte Speer eine Urkunde, in der er und eine Reihe seiner Mitarbeiter um Teilnahme im »edlen Wettstreit« um den »Neuaufbau der Stadt Linz an der Donau« bitten, mit der Hitler besonders hochfliegende Pläne verband: »Endlich versprachen seine Träume von einer eigenen Kunstgalerie, vom Umbau der Provinzhauptstadt seiner österreichischen Heimat Wirklichkeit zu werden.«[153]

Linz hatte Hitler als seinen Alterssitz vorgesehen. Hier sollten die in vielen Ländern geraubten oder aufgekauften Kunstschätze ihren Platz in riesigen Museen finden, für deren Gestaltung Speer sich überschwenglich anbot. Hitler scheint auf die Bitte Speers, die auch die Architekten Hetzelt, Kreis, Dierksmeier, Hentrich, Tamms, Pinnau und Dustmann unterschrieben, gar nicht erst eingegangen zu sein; Speers Versuch, »als Manager, Trainer und Akteur zugleich mit seiner Nationalmannschaft der Architekten, Bildhauer und Maler, die er allesamt für Berlin fest verpflichtet hatte, auf das Planum der Linzer Neugestaltung zu laufen«, mißlang, wie Giesler später hämisch bemerkte.[154]

Als bedingungsloser Anhänger Hitlers hatte Giesler in seinem Kampf gegen den »Amokläufer nach Macht und Geltung«, als den er Speer später bezeichnete, in Bormann einen einflußreichen Verbündeten gefunden. Gekränkt steckte Speer zurück und gab seinen Mitarbeitern zu beißendem Spott Anlaß. Hans Stephan hielt die Mißstimmung über die dem GBI auferlegte »Selbstbeschränkung« in einer Karikatur fest, in der er neben dem umwölkten Säulenheiligen Speer ein Lied – »Nur Berlin« – anstimmt; der Grünplaner Schelkes gießt selbstgenügsam drei Pflänzchen, und Wolters genießt wohlbeleibt das »gottselige Leben der Bruderschaft ›vom Speere‹«.

Zu einer Aussprache zwischen Speer und Giesler kam es erst ein Jahr später, im Februar 1942, nach dem Tod des Rüstungsministers Fritz Todt, als Speer zu dessen Nachfolger in allen Ämtern ernannt und dadurch mit fast unbegrenzten Machtbefugnissen ausgestattet worden war.

Die Zwistigkeiten zwischen Speer und Giesler scheinen symptomatisch zu sein für das von Hitler geschickt arrangierte System von Rivalitäten und Doppelbesetzungen, das zugleich rückhaltlose Loyalität und höchste Leistungsfähigkeit sichern sollte. Wie in sämtlichen anderen Bereichen seiner Macht schürte Hitler Konkurrenz auch auf dem Gebiet der Neuge-

DAS KLOSTER ZUR SELBSTBESCHRÄNKUNG
ODER DAS GOTTSELIGE LEBEN DER BRUDERSCHAFT „VOM SPEERE"

staltung der Städte. Noch im Krieg trieb er die Baupläne in vielen Städten
– wie Speer berichtet – »unermüdlich« voran. »Ständig genehmigte er Forumsanlagen für die Hauptstädte der Gaue und ermunterte seine Führerschaft, sich als Bauherren repräsentativer Vorhaben zu betätigen.«[155] So
begannen sich die Gauleiter bald mit grandiosen Plänen zu überbieten und
die namhaftesten Architekten, insbesondere die Professoren aus dem
Kreis um Speer, für ihre Vorhaben zu gewinnen. Die Gauanlage in Dresden entwarf Wilhelm Kreis. Für Linz planten neben Fick und Giesler wieder Kreis und der Münchner Troost-Mitarbeiter Gall, für Frankfurt/Oder
Mehrtens aus Aachen. Als Altmeister der *Stuttgarter Schule* war Paul Bonatz besonders gefragt, der neben der Autobahn-Beratung sowie den Planungen für Berlin und München auch in Stuttgart selbst tätig wurde, um
die Stadt mit der obligatorischen Achse und einem imposanten Gauforum
zu versehen.

Nach 1933 war in Stuttgart unter Bonatz' und Schmitthenners Leitung
als gebautes Gegenprogramm zur Weißenhof-Siedlung die Ausstellung
Deutsches Holz für Hausbau und Wohnung entstanden: die Kochenhof-
Siedlung. Durch die »unbedingte Unterordnung unter einen Führerwillen
unter Ausschaltung aller architektonischen Kunststücke und Effekthaschereien« war dort ein geschlossenes Bild behaglicher Biederkeit entstanden,
an dem neben Bonatz und Schmitthenner u.a. deren Kollegen Scholer,
Graubner, Kicherer und Tiedje mitgewirkt hatten.[156]

Nach der Ernennung Stuttgarts zur *Stadt der Auslandsdeutschen* stellte
die Stadtverwaltung unter ihrem Oberbürgermeister Strölin Überlegungen
darüber an, wie von hier aus »der auslandsdeutsche Gedanke« zu vermitteln
sei und »30 Millionen Deutscher in aller Welt« in dieser Stadt »den ihnen
vom Führer gewiesenen geistigen Mittelpunkt und die Verkörperung ihrer
geistigen Heimat« erblicken könnten.[157] 1938 wurde Hitler während seines
Besuchs in Stuttgart neben Großprojekten, wie der nach Entwürfen von
Hanns Dustmann errichteten Gebietsführerschule der schwäbischen Hitler-Jugend und der Ausbau der Adolf-Hitler-Kampfbahn, auch ein Modell
zur Neugestaltung der Innenstadt gezeigt, das in den Grundzügen einer Planung von Bonatz entsprach, der schon seit Jahren »als wichtigster Gutachter der Stadt in Angelegenheiten der Stadtplanung« tätig war.[158]

Nach diesem Besuch versuchte Strölin erneut, Anschluß an die Spitzengruppe der *Führerstädte* zu gewinnen. Mitte 1938 waren die Grundzüge
der nationalsozialistischen Umgestaltung der Stadt ausgearbeitet. 1939
folgte die *Reichsgartenschau,* deren architektonischer Mittelpunkt die
von Graubner entworfene *Ehrenhalle des Reichsnährstandes* bildete. Die
Weißenhof-Siedlung war inzwischen der Reichswehr verkauft worden
und nach Abriß der Wohnhäuser als Standort für ein großräumiges Wehrbereichskommando vorgesehen; die im Stil der Neuen Sachlichkeit erbaute Kirche der Siedlung wurde durch ein aufgesetztes Satteldach und nachgemauerte Ecken »eingedeutscht«.

Für Fragen künftiger Stadtplanung wurden vom Oberbürgermeister als Fachleute die Professoren Pirath, Wetzel, Raab, Alker und Tiedje, als Obergutachter wurde Bonatz herangezogen. 1941 legte man dem *Reichsstatthalter* eine Denkschrift zur *Neugestaltung der Stadt der Auslandsdeutschen Stuttgart* vor. Nach grundsätzlichen Erwägungen zu »Raumproblemen« der Stadt und der Forderung, »dem Stadtbild von Stuttgart noch weiterhin eindrucksvolle städtebauliche Dominanten zu geben und dabei nach dem Grundgedanken der nationalsozialistischen Weltanschauung die Bauten der Gemeinschaft zum beherrschenden Element der städtebaulichen Gestaltung zu machen«, wird die »neue Prachtstraße« vorgestellt: »Ähnlich der Ost-West-Achse in Berlin wird für die Cannstadter Straße eine neue Führung inmitten der Anlagen vorgeschlagen.« Diese neue Parkstraße sollte nach Bonatz' Vorschlag angelegt werden und »in ungehinderter Fahrt einen Eindruck unvergleichlicher Schönheit von den Kuranlagen Bad Cannstadt bis zum neuen Schloß« vermitteln. Zur Anlage des Gauforums wurden unterschiedliche Lösungen diskutiert; die Technische Hochschule sollte aus dem »Weichbild der Stadt« ausgelagert und um eine »Ingenieur-Offizier-Akademie« ergänzt werden.[159] Noch bis September 1943 sind Arbeiten von Bonatz für die Neugestaltung Stuttgarts nachweisbar.[160] Sein ehemaliger Schüler, Assistent und Mitarbeiter Graubner ist inzwischen für die Neugestaltung Düsseldorfs, der *Stadt des schaffenden Volkes,* tätig geworden.

Dort hatte der berüchtigte Gauleiter F. K. Florian im Wettbewerb um die Neugestaltung der deutschen Städte die Initiative ergriffen: Bereits im Sommer 1939 war auf seine Anweisung hin neben dem Stadtplanungsamt eine »Stadtplanungsgesellschaft m. b. H.« eingerichtet worden, um »ein schnelleres Arbeiten« bei der Neugestaltung Düsseldorfs als Gauhauptstadt zu erreichen.[161] Im Aufsichtsrat dieser Gesellschaft saß neben dem Gauleiter als Vorsitzendem und dem Oberbürgermeister als dessen Stellvertreter u. a. der Architekt Emil Fahrenkamp, Direktor der Düsseldorfer Akademie, der Pläne für einen riesigen Rathauskomplex mit einer Neugestaltung der Rheinpromenade vorgelegt hatte. Ihr galt die besondere Aufmerksamkeit des Gauleiters und seiner Architekten. Mit der übergreifenden Stadtplanung wurde von der GmbH der Stuttgarter Regierungsbaumeister Graubner beauftragt und dem Gauleiter direkt unterstellt. Im Konzept des ehemaligen Bonatz-Assistenten war als Mittelpunkt der Stadt ein gewaltiges Achsenkreuz vorgesehen, das die große Grünanlage des Hofgartens zu einer Drehscheibe des Stadtverkehrs werden ließ. Neben den Neubauten für Oper und Rathaus sollte ein großes Tonhallen- und Kongreßgebäude entstehen. Der über 100 m hohe Turm des Gauleitungs-Gebäudes im Rheinpark sollte der Stadt ein neues Wahrzeichen geben. 1940 wurde Graubner jedoch als Professor für Entwerfen und Gebäudekunde an die TH Hannover berufen; dort wird er bis 1967 seine Lehrtätigkeit ausüben. Seine Neugestaltungs-Pläne für Düsseldorf gingen in den Kriegswirren unter; auch in anderen Städten wurden im *totalen* Krieg die Planungen weitgehend eingestellt.

Inzwischen hatte Albert Speer nach seiner Ernennung zum *Minister für Bewaffnung und Munition* mit dem Ende der großen Neugestaltungsplanungen seine Mitarbeiter auf die Aufgaben des künftigen Wiederaufbaus der bombenzerstörten Städte verpflichtet: Aus der Zentrale seiner Berliner Dienststelle konnte er nun für die weitere Zukunft seine Stellung ausbauen, das Netz persönlicher Verbindungen festigen und auf die Aufgaben der Zeit nach dem Krieg ausrichten. Das Chaos des *totalen Krieges* wurde zum Ergebnis und Gegenbild jener totalen Ordnung, die über das Zusammenwirken von Architektur-, Stadt- und Landschaftsplanung ein *Gesamtkunstwerk Deutschland* als anschaulichen Vorgriff auf einen totalen Staat schaffen sollte.

Deutschland: Das Zuchthaus als Gesamtkunstwerk

Der Bombenkrieg zerschlug die Vision eines Deutschen Reiches, dessen Städte durch die gewaltigen »Bauten der Gemeinschaft« gekrönt und untereinander durch ein dichtes Netz unterschiedlicher Verkehrssysteme, durch Schiene, Straße und Luftverkehr, verbunden sein sollten – ein mächtiges Reich, begrenzt erst vom *Atlantikwall* im Westen und den *Totenburgen* im Osten.

Während die Städte mit ihren trutzigen Foren und fortifikatorischen Bauten Macht und Wehrhaftigkeit verkörpern sollten, stellten die fast endlosen Bänder der Autobahn das expansive Moment der nationalsozialistischen »Bewegung« dar: raumgreifendes Vorwärtsdrängen. »Unserem nationalsozialistischem Wesen entspricht die neue Straße Adolf Hitlers, die Autobahn. Wir wollen unser Ziel weit vor uns sehen, wir wollen gerade und zügig dem Ziel zustreben; Durchkreuzungen überwinden wir, unnötige Bindungen sind uns fremd. Ausweichen wollen wir nicht, wir schaffen uns genügend Bahn zum Vorwärtskommen und wir brauchen eine Bahn, die uns gestattet, ein zu uns passendes Tempo einzuhalten.«[162]

Die Autobahn als geschichtlicher Auftrag und Ausdruck »deutscher Charakterkultur«[163] war für Speer ein Werk, das wie kein anderes »den neuen Willen zur Vereinheitlichung der Nation und des deutschen Lebensraums (...) unmittelbar vor Augen stellt«[164]. Dabei sollte die »Entdeckung der Landschaft für den Techniker« in den »Schutz der Landschaft durch den Techniker« übergehen; nach dem Bau der ersten Anlagen hieß es 1937 in der Festschrift *Vier Jahre Arbeit an den Straßen Adolf Hitlers:* »Niemandem kann entgehen, daß die neuen Straßen unsere Landschaft völlig neu erleben lassen: unberührter, ruhiger, freier; trotz der hohen Geschwindigkeit ist der Ablauf der Bilder nicht hastig. Bewußt schaffen wir landschaftlich große Räume. Die Straßen des Führers unterstreichen damit nicht nur das Wesen der Landschaft auf das Glücklichste, sondern müssen es sogar noch steigern.«[165] In einem neuen, szenischen Verständnis des Reisens wurde die Landschaft dem Fahrer unterhaltsam vorarrangiert, wurden Trassen auf Blickpunkte ausgerichtet und in gefälligen Kurven an Hängen entlang und über Brücken geführt, die in Gestalt und Ausführung die ästhetischen Qualitäten der jeweiligen Landschaft aufzunehmen versuchten.

Daß Aspekte der Landschaftsgestaltung und der Architektur nun verstärkt in der Planung der Autobahnen berücksichtigt wurden, ging auf das bereits frühzeitig institutionalisierte Zusammenwirken von Fachexperten aus unterschiedlichen Disziplinen zurück. Gleichsam als Korrektiv zu einer bloß ingenieurmäßigen Planungsauffassung war die Instanz eines *Reichslandschaftsanwalts* geschaffen worden, in der vor allem Alwin Seifert schnell an Ansehen gewann. Bis in Details der Böschungsbepflanzungen nahm Seifert Einfluß auf die Baugestaltung. In dem programmatischen Aufsatz *Natur und Technik im deutschen Straßenbau* beschrieb Seifert 1934 unter der Überschrift »Umbruch des Weltbildes« seine Sicht der Wendezeit: »In unseren Tagen geht jenes Zeitalter zu Ende, das in den Geschichtsbüchern als ›Die Neuzeit‹ bezeichnet wird. Die Welt ist in fiebriger Unruhe wie nicht mehr seit der Zeit der großen Entdeckungen und Erfindungen, der Reformation und der Bauernkriege. Unerschütterlich Scheinendes stürzt heute wie damals; was gestern richtig war, ist heute bedeutungslos, eine Umwertung aller Werte vollzieht sich, ein Umbruch auf allen Gebieten. Ein Vergleich jener Zeitwende mit unserer heutigen klärt vieles.«

Pathetisch wendet sich Seifert gegen die Fortschrittsgläubkeit jener technischen Funktionseliten, die auch im Nationalsozialismus bloß eine Steigerung ihrer Verfügungsmacht sehen würden – und gibt dadurch zugleich der Nazi-Propaganda neue Stichworte: »Die Natur aber ist, von einer Handvoll lebendiger Muttererde und einem Wiesenfleck angefangen bis zum ganzen Weltall, überall ein geschlossener, lebendiger Organismus, in dem jedes einzelne kleine Glied auf jedes andere abgestimmt und jede Veränderung eines Teils auf alle übrigen sich auswirkt. Alles Leben auf dieser Erde hat Bestand nur auf der Grundlage einer unzerstörten Harmonie des Naturganzen. Wo eine nur-technische Einstellung diese zerschlägt und das mathematisch-naturwissenschaftlich Erfaßbare an seine Stelle setzt, ist Untergang die Folge.«[166]

Wie stark auch und gerade unter »ökologischen« Phrasen und Formeln zur Beschwörung einer »ewigen Natur« indessen jeder kleinste Teil der Natur dem umfassenden Herrschaftsanspruch staatlicher Planung ausgeliefert wurde, zeigen exemplarisch die *Veröffentlichungen der Forschungsstelle für Ingenieurbiologie des Generalinspektors für das deutsche Straßenwesen.* Von dieser Forschungsstelle wurde »für Bauingenieure und Landschaftswirtschaftler« ein *Atlas standortkennzeichnender*

Pflanzen herausgegeben, der über genaue Kenntnis und gezielte Ausbeutung natürlicher Ressourcen und landschaftlicher Bedingungen zur ökonomischen Optimierung des Straßenbaus beitragen sollte.[167]

Nachdem die Trassierung und Ausformung der Autobahnen anfangs noch von den Experten der Reichsbahn und nach deren Richtlinien durchgeführt worden war, zeichnete sich im Laufe der Jahre durch das Zusammenwirken verschiedener Fachdisziplinen eine Landschaftsästhetik ab, die dem übergreifenden Ziel einer sichtbaren »Raumordnung« anschaulichen Ausdruck geben sollte. Die Geländebewegung der neuen Straßen wurde von den starren Prinzipien des Eisenbahnbaus gelöst, der nach den Gesetzen der gleichförmig mechanischen Bewegung der Lokomotiven zumeist den Höhenlinien der Landschaften folgte und durch Tunnel, Brükken, Schneisen die Unebenheiten der Natur korrigierte.[168]

Entsprechend dem neuen, szenischen Verständnis des Reisens wurden nun die plastischen Qualitäten der Landschaft neu entdeckt. Eine Bilanz der gemeinsamen Arbeit von Architekten, Ingenieuren und Landschaftsplanern zieht 1942 Fritz Tamms in seinem Artikel *Die Reichsautobahn als architektonische Gesamterscheinung,* der in einem Band mit Beiträgen von Paul Bonatz, Fritz Leonhardt, Alwin Seifert u. a. herausgegeben wurde: »Um sich davon ein Bild zu machen, genügt es nicht, an irgendeinem Punkt einige Bauwerke anzusehen, oder von irgendeiner Überführung einen Blick auf die Autobahn zu werfen, sondern man muß einige hundert oder tausend Kilometer auf der Autobahn zurückgelegt haben, um einen wirklichen Einblick in dies gewaltige Werk zu haben. Ebenso wie man um eine freistehende Plastik herumwandern, sie allseitig studieren und ihre verschiedenen Überschneidungen erkennen und all diese Eindrücke in sich zu einem einheitlichen Erlebnis vereinen muß, verlangt auch die Autobahn ein lebendiges Benutzen ihrer Strecke, ein aufgeschlossenes Betrachten ihrer Einzelheiten und ein Aneinanderreihen der je nach Landschaft und Jahreszeit, nach Wind und Wetter verschiedenen Erlebnisse zu einem Gesamteindruck von eindringlicher Wirklichkeit.«

So steht das funktionale Geflecht der Autobahnen symbolisch für eine höhere Ordnung staatlicher Planung: »Man kann bereits von einer ›architektonischen Gesamterscheinung‹ sprechen, wenn man das ›architektonische‹ in dem hier angedeuteten neuen Sinn versteht. Sie sind ein starker Ausdruck für eine höhere Ordnung, unter die sich alles eingliedert, was lebensfähig und lebensberechtigt ist.«[169] Immer enger wurden somit inzwischen ästhetische Kategorien implizit auf soziale Ordnungsvorstellungen bezogen, die bei der durchgreifenden Formung von Natur und Gesellschaft über »eingliedern« oder »ausmerzen«, über Leben oder Tod entschieden.

Über die verkehrstechnische Erschließung weiter Landschaften durch die *Straßen Adolf Hitlers* wurden neue Räume eröffnet, rückständige Gebiete erschlossen. Dem Fortschritt schienen keine Schranken gesetzt: Vorspiel für die Ausweitung des angeblich längst zu eng gewordenen »Lebensraums« der Deutschen. 1939 wurden die nationalstaatlichen Grenzen durch den Krieg gesprengt, zur gewaltsamen Neuordnung Europas überfielen deutsche Soldaten fremde Länder, stürmten fremde Städte, rollten mit Panzern vor – vorerst unaufhaltsam. Die *Straßen Adolf Hitlers* erfüllten nach dem Ziel der Arbeitsbeschaffung nun ihre nächste Aufgabe: »Tore nach Osten und Westen, Tore in die große deutsche Heimat öffnen (...). Über Weichsel, Warthe und Rhein greifen die Reichsautobahnen hinüber in alte deutsche Kulturlandschaften, die von den Kriegsentscheidungen ins Reich zurückgeführt wurden.«[170]

Im Zuge der Großraumplanung entwarf Wilhelm Kreis als *Generalbaurat für die Gestaltung der deutschen Kriegerfriedhöfe* bereits die Totenburgen für die »Gefallenen«, über deren Gräber hinweg jenseits des »Altreichs« neue Städte für künftige Generationen gebaut werden sollten.[171] Für die Gestaltung des neugewonnenen »Lebensraums« im Osten hatte Hitler mit dem Erlaß vom 7. Oktober 1939 den *Reichsführer SS*, Heinrich Himmler, zum *Reichskommissar für die Festigung des deutschen Volkstums* eingesetzt. Mit ihm hatte das deutsche *Ostsiedlungswerk* »eine verantwortliche Spitze erhalten, die entsprechend der nationalsozialistischen Weltanschauung die Herausstellung und Durchführung eines einheitlichen Planes sichert. Es ist ein Kennzeichen deutscher Ostpolitik, daß sich das deutsche Volk zur Entfaltung seiner schöpferischen Kräfte immer in den Hoch-Zeiten der deutschen Geschichte gen Osten wandte. Diese Geschichte lehrt aber auch, daß niemals der militärische Sieg allein zur Gewinnung des Bodens ausreicht. Die Durchdringung des Bodens mit volkseigenen Menschen muß ihr folgen (...) Der aufgestellte Siedlungsplan zur Wiedergewinnung und Festigung des deutschen Ostens muß eine Wende des deutschen Volksschicksals bringen, da in ihm nicht nur eine Gestaltung des vergrößerten deutschen Lebensraumes enthalten ist, sondern sich aus ihm ebenso die Grundlagen für die Gesundung der Lebensordnung des deutschen Gesamtvolkes ergeben.«[172] Die beginnende Durchsetzung der »Lebensordnung« der deutschen »Herrenmenschen« brachte Millionen von Menschen den Tod.

Nach der »Wiedergewinnung einer auf einheitlicher Weltanschauung und politischer Zielsetzung beruhenden Lebenseinheit des deutschen Menschen« sollte die Ostkolonisation zur Anlegung neuer »Siedlungsorganismen«[173] genutzt werden, die ohne störende Relikte aus früheren Epochen die biologisch-rassistischen Grundsätze des Nationalsozialismus verkörpern würden: Kolonisation als Chance rationaler Planung – zugleich Perfektion des Terrors und Spielraum für Planer –, legitimiert als biologischer Prozeß der »Gesundung« durch »lebensgesetzlichen Städtebau« im neuen Lebensraum.

Im Hinblick auf die neuen Planungsaufgaben im Osten bedient sich der Stadtplaner Hans Bernhard Reichow einer eingängigen biologischen Me-

Friedrich Tamms und Karl Schaechterle: Turmbauten an einer Autobahnbrücke

Modell einer Kreisstadt, Blick auf das Zentrum. Entwurf: Reichsheimstättenamt

taphorik, wenn er die »beiden Grundtypen der zentralen und linearen Stadt (Bandstadt)« zusammenzufassen und in die Entwicklung sogenannter »Stadtlandschaften« zu überführen empfiehlt, deren zellenartiger Aufbau zugleich »erlebnisfähige« räumliche Planung und politische Organisierung erlaube. Da sich »der Umbruch unserer Zeit wie im Altreich, so auch im neuen deutschen Osten eindeutig und klar in den neuen oder erweiterten Städten ausprägen« werde, rät Reichow zur Anlage solcher »Leistungsorganismen«, die »durch einheitliche Ausrichtung von der Siedlungszelle her im Sinne des neuen weltanschaulichen und politischen Aufbaues unseres Reiches« der neuen Epoche baulich Ausdruck verleihen könne. »Je klarer wir in der Durchführung dieses, den politischen wie den anderen neuen Bindungen unserer Zeit entsprechenden zellenmäßigen Aufbaues verfahren und je mehr es gelingt, uns mit diesem neuen Siedlungsaufbau selbständig neben den Anlagen des Mittelalters zu behaupten, vor allem auch klar gegenüber der zwischenzeitlich liberalistischen Entwicklung mit unseren eigengesetzlichen Siedlungsgebilden unter Wahrung der organischen Lebenszusammenhänge durchzusetzen, umso mehr werden wir den städtebaulichen Aufgaben und der Größe unserer Zeit gerecht.« Und er fügt hinzu: »Der zellenmäßige Aufbau unserer Stadtlandschaft arbeitet mit Siedlungsgebilden, die in sich noch künstlerisch gestaltungs- und erlebnisfähig sind.«[174]

In vielen Dienststellen deutscher Ämter, in Architekturbüros ebenso wie in Polizeistationen und Wehrmachtskommandos widmete man sich in blinder Programmgläubigkeit der totalen »Durchgestaltung des deutschen Raumes«[175], die Natur und Gesellschaft, Straßen und Städte umfaßte. Richtwerte wurden entwickelt und Beispiele vorgestellt. Im »Einvernehmen« mit dem *Reichskommissar für die Festigung des Volkstums* wurde das *Bauhandbuch für den Aufbau im Osten* herausgegeben; vom *Reichsheimstättenamt* der *Deutschen Arbeitsfront* kamen die *Planungshefte zur Siedlungsgestaltung aus Volk, Raum und Landschaft.* In diesen Heften wurden Beispiele für den »Aufbau der deutschen Kulturlandschaft im Osten« dargestellt und »Die totale Planung«[176] gefordert – die Vertreibung oder Vernichtung der bisherigen Bewohner schweigend vorausgesetzt. Von Musterentwürfen für einen landschaftsbezogenen Wohnungsbau – ganz in der Tradition der *Stuttgarter Schule* – bis zu Siedlungstypologien mit unterschiedlichen Ortsgrößenklassen werden Visionen von Idealstädten und -landschaften gezeigt, die den Alptraum einer total kontrollierten und kasernierten Gesellschaft auf dem Weg zum Sklavenstaat vor-führen: »Beim Aufbau der neuzubesiedelnden Gebiete erweist sich die Übertragung des entwickelten Idealbildes besonders vorteilhaft. Es ist hier möglich, die Kernortsgruppe beschleunigt auszubauen und damit bei geringstem Materialaufwand eine verhältnismäßig große Anzahl von Wohnungen einschließlich des gewerblichen Teiles zu erstellen. (...) Beim Betrachten dieser Stadt wird zunächst alles vermißt werden, was für unsere heutigen Städte charakteristisch ist. So z. B. die geschlossen gebauten Straßenzüge, die verschiedensten Plätze, aber auch das unübersichtliche und schwer zu ordnende Fluten des Verkehrs, winklige Gassen und abstoßende Mietskasernen. Dies alles, in langer Entwicklung zu seiner heutigen Form geworden, ist nicht mehr in eine neue Zeit zu übernehmen. Wie schon in anderem Zusammenhang betont, bestimmen zwei wichtige Lebensfunktionen das Gesicht der modernen Stadt: das Wohnen, als grundlegende Voraussetzung für die Erhaltung des völkischen Bestandes, und das Arbeiten als Verpflichtung der Lebenserfüllung.«[177]

Weit entfernt von den städtebaulichen Leitvorstellungen prächtiger Anlagen mit großen Achsen und Plätzen wurden vor dem fiktiven Hintergrund eines siegreich beendeten Krieges Bilder einer »organisch« gegliederten »modernen Stadt« entworfen[178], die als riesige Kaserne menschliches Leben in *Zucht und Ordnung* auf biologische Grundfunktionen reduzieren würde. Die menschenverachtende und -vernichtende Durchsetzung einer »höheren Ordnung« staatlicher Ideale bis in die Praxis des Städtebaus wurde durch den weiteren Kriegsverlauf verhindert. Dennoch wirkten entsprechende Gedanken und Konzepte bis weit in die Zeit nach dem Krieg und in die Phase des Wiederaufbaus weiter, nachdem sich die Architekten und Planer des *Dritten Reiches* auf die neuen Bedingungen eingestellt hatten.

Zur Vorbereitung auf die neuen Aufgaben wird Speer 1943 einen Arbeitsstab einrichten, in dem er seine wichtigsten Mitarbeiter unter der organisatorischen Leitung von Konstanty Gutschow sammelt, der in seinem Hamburger Büro schon frühzeitig den Wechsel von der Neugestaltung der Stadt zum Wiederaufbau vollzogen hat. Die Vielschichtigkeit – auch Widersprüchlichkeit – der Hamburger Planung und die dabei geknüpften fachlichen und persönlichen Beziehungen lassen im Hinblick auf die Nachkriegsgeschichte der deutschen Stadtplanung diesen Hamburger Arbeitszusammenhang in einem besonderen Licht erscheinen, zumal durch die Verbindungen zwischen Gutschows Büro und den Mitarbeitern der Berliner Dienststelle Speers wichtige personelle Voraussetzungen für den Wiederaufbau der deutschen Städte geschaffen wurden.

Der Auftrag

Seit 1933 hatte Konstanty Gutschow vom Einfamilienhaus bis zu kleineren Siedlungsplanungen verschiedene Aufgaben bearbeitet, hatte Brücken entworfen und war seit 1935 *Vertrauensarchitekt* bei der obersten Bauleitung der Reichsautobahn und später *Gebietsarchitekt Nord-West*. Daneben hatte er sich durch erfolgreiche Teilnahme an zahlreichen Wettbewerben auch überregional einen Namen gemacht. 1933 war er in die SA eingetreten, wurde »Hauptsturmführer« und 1937 Mitglied der

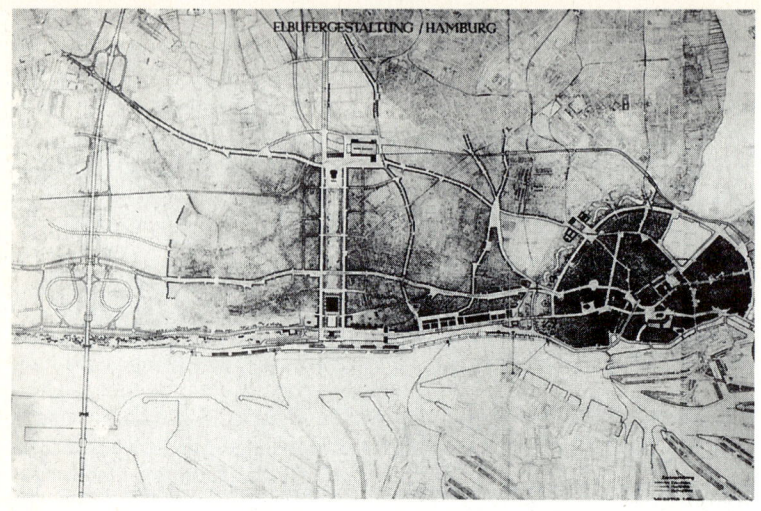

Konstanty Gutschow: Elbufergestaltung Hamburg. Wettbewerb 1938

NSDAP. Fachliche Reputation und politische Position ließen ihn bald für größere Aufgaben geeignet erscheinen.

Im August 1937 war Gutschow gemeinsam mit fünf anderen Architekten – darunter auch Paul Bonatz – von der Hamburger Bauverwaltung zur Teilnahme an einem Wettbewerb zur architektonischen und städtebaulichen Gestaltung des nördlichen Elbufers aufgefordert worden. Als Richtlinien der Bearbeitung hatte Hitler selbst Vorgaben gemacht. Die hochgelegene Fahrbahn einer Straße entlang der Elbe sollte einen weiten Blick über das Wasser freigeben, eine »Volkshalle« für 50 000 Menschen sollte am Elbufer in der Nähe des »Gauhauses« entstehen. Als Hochhaus von 250 m würde dieses Haus die unübersehbare »Stadtkrone« der Hansestadt bilden. Seine Vorstellungen zur Neugestaltung hatte Hitler den Honoratioren der Stadt bereits 1935 bei einem Besuch Hamburgs anläßlich des Stapellaufs des Schulschiffs »Horst Wessel« unterbreitet. Eine riesige Brücke mit 700 m Spannweite und 180 m hohen Pfeilern sollte weithin sichtbar das »Tor zur Welt« markieren. Im Protokoll dieser Reise ist vermerkt: »Der Führer stand mit einigen Hamburger Herren im Gespräch auf dem Achterdeck der ›Grille‹ und blickte elbabwärts. Er machte dabei, als er von dem Bau einer Hochbrücke sprach, eine Handbewegung gleich einem Brückenbogen über die Elbe und fügte, zu den Höhen am Altonaer Ufer gewendet, die Worte hinzu: ›Hier sehe ich ein großes monumentales Bauwerk; dies hier unten (er zeigte dabei auf die Getreide- und Kohlenspei-

Modell der Elbufergestaltung Hamburg

cher am Ufer) muß natürlich weg.‹«[179] 1936 waren Hitler bereits erste Modelle der Hängebrücke vorgestellt worden, die seinen Erwartungen jedoch nicht entsprachen, zumal die Umgebung der neuen Brücke noch ungeplant war: Nun war das gesamte Elbufer neu zu gestalten. Brücke wie Hochhaus sollten an amerikanischen Vorbildern zu messen sein – und doch ein Idealbild »deutscher Tektonik« abgeben.

Um sich der ungewohnten Aufgabe mit ausreichender Kenntnis und konkreter Vorstellung widmen zu können, buchte Gutschow nach der Einladung zum Wettbewerb zunächst eine Schiffsreise in die USA, um sich dort selbst ein Bild von der Gestalt, Konstruktion und Technik berühmter Wolkenkratzer zu machen. »Auf der Rückreise über den Atlantik entstanden auf einem kleinen Brett die Grundlinien der Planung.«[180] Gutschow führte sie mit seinen Hamburger Mitarbeitern in den folgenden Monaten nach seiner Rückkehr aus den USA im Herbst 1937 aus. Mit der Wettbewerbsabgabe im März 1938 lag eine großräumige Gesamtplanung vor[181], die tiefe Eingriffe in die Struktur der Stadt vorsah. Das »Gesicht« der Stadt wurde von der Alster weg zur Elbe hin ausgerichtet. Zur Entlastung der alten Stadt sollte sich die weitere Entwicklung an Standorten entlang der Elbe vollziehen.

Mit einer gewaltigen steinernen Front und monumentalen Bauten »als Zeugen hamburgischer Weltgeltung« würde das Elbufer den hier an den großen Fahrgastanlagen Anreisenden einen imposanten Eindruck vermitteln: »Der ankommende Ausländer wie der deutsche KdF-Urlauber erwarten mit Recht an der Stelle, wo die Hansestadt an ihren lebensspendenden Strom rückt, keine Grün- und Parkanlagen mehr, sondern die *steinerne Verkörperung* von Handel und Wandel«, heißt es im Erläuterungsbericht zur Planung. Eine 50 m breite und 1 400 m lange »Hochstraße« weit oberhalb der doppelstöckigen Fahrgastanlagen verbindet die alte Stadtmitte und das neue »Verwaltungsforum«, das torartig vom Haus der DAF und dem Hotel der KdF eröffnet – und auf der Gegenseite vom Gau-Hochhaus geschlossen wird, das ein Gelenk zwischen dem »Forum« und dem »Aufmarschplatz« vor der »Volkshalle« bildet. »Das Verwaltungsforum ist der Bezirk der öffentlichen Bauten, umfassend das Gauhaus, den Aufmarschplatz, die Volkshalle, das Haus der DAF und das KdF-Hotel. Diese Bauten sind in würdiger, sich vom Verwaltungsgebäude und Volkshalle zum Gauhaus steigernder Architektur in unverrückbaren gegenseitigen Zusammenhang gebracht, so daß Platzraum und Bauten eine unzertrennliche Einheit bilden. Die Abmessungen der Räume sind gewaltig.«[182] Anstelle der massenhaft abgerissenen Wohnbauten werden gewaltige »Platzräume« geschaffen, die »von ruhigen, architektonisch würdig durchgliederten Wänden mit streng achsialen Beziehungen« umschlossen werden, ausgeführt als »Werksteinbau in großen Quadern.«

Angebunden an vorhandene und stark erweiterte Straßenzüge sowie an die über die neue Elbbrücke geführte Autobahn erscheint die starr ins Stadtbild gepreßte Anlage zwischen Gauhaus und Bahnhof weiträumig verbunden mit dem alten Hamburg und überlokalen Linien, die ganz im Sinne der »organisch« geschwungenen Autobahnplanungen ausgeführt sind. »Für die Verkehrsführung ist der Grundsatz bestimmend, möglichst wenige, aber dafür um so leistungsfähigere Verkehrsadern zu schaffen. Wenige hochwertige, d. h. flüssige und möglichst kreuzungsfreie Straßen dienen dem Verkehr besser als mehrere Straßen, die zwangsläufig die Zahl der Kreuzungen erhöhen.«[183] Auch die dabei unterstellte Entwicklung des Verkehrs solle sich durchaus an den soeben erkundeten amerikanischen Verhältnissen messen lassen.

Am 31. Januar 1939 entschied Hitler nach Durchsicht der eingereichten Arbeiten, daß Gutschows Entwurf mit Hochhaus und Gauforum die Grundlage der weiteren städtebaulichen Gestaltung Hamburgs bilden sollte, was weitreichende Folgen haben wird. Nach seinem Widerspruch gegen eine »persönliche Verbeamtung« wurde Gutschow durch Verfügung des Reichsstatthalters und Gauleiters Kaufmann am 26. April 1939 Chef der halbamtlichen Dienststelle für den *Architekten des Elbufers,* der – »nach dem Vorbild der Berliner verwaltungsmäßigen Konstruktion«[184] – die *Durchführungsstelle für die Neugestaltung der Hansestadt Hamburg* zugeordnet wurde. Mit der Übertragung behördlicher Befugnisse auf einen freischaffenden Architekten ohne dessen Einbindung in den Verwaltungsapparat und entsprechende bürokratische Abläufe war ein weiter

Handlungsspielraum eröffnet. Andererseits waren durch diese Konstruktion bereits jene Konflikte vorgezeichnet, die Gutschow im November 1943 veranlaßten, sämtliche Ämter niederzulegen und sich ganz den Aufgaben des Wiederaufbaus zuzuwenden, als er von Speer in dessen »Wiederaufbaustab« berufen wurde.

Die Neugestaltungsplanung gliederte sich in fünf Abschnitte: die Wohnstadt *Neustadt,* die Gestaltung der *Wallanlagen,* die *Hochstraße* mit repräsentativen Gebäuden der privaten Wirtschaft, das *Verwaltungsforum* mit Gauhaus, Staats- und Stadtverwaltung sowie das *Elbparkgelände.* Jeder Planungsabschnitt sollte einen eigenständigen Charakter erhalten, der in kontrastreichem Bezug zum nächsten Abschnitt stehen und zu einem insgesamt spannungsreichen Ensemble beitragen sollte. Der vorgesehene Terminplan für die Neugestaltung Hamburgs ließ Gutschow Zeit: Die Elbbrücke sollte 1939 bis 1949 entstehen, das Gauhaus 1947 bis 1952, die Volkshalle 1950 bis 1954. 1956 bis 1960 sollte eine zwei Kilometer lange große Grünachse von der Volkshalle aus angelegt werden. Mit der ihm eigenen Akribie begann Gutschow nach Klärung der Grundzüge seiner Planung mit Voruntersuchungen zu den einzelnen Bauabschnitten. Um die Elbufergestaltung in einen städtebaulichen Gesamtplan einzubringen, wurden zunächst die sozialen und ökonomischen Voraussetzungen geprüft: In einer »Elbuferkartei« wurde die Struktur der Wohnstätten und Gewerbeeinrichtungen erfaßt, Möglichkeiten der Umsiedlungen und des Ersatzwohnungsbaus geprüft. »Zur Bewältigung der Gesamtaufgabe« wurden Teilaufgaben an freischaffende Architekten vergeben, um ein breites Spektrum von Gestaltungsvarianten zu erhalten. Weitere Entwurfsthemen wurden in Sonderkursen für Architekten an der *Hochschule für Bildende Künste* bearbeitet, die über sechs Semester durch eine Reihe von Vorträgen ergänzt wurden, zu denen namhafte Vertreter der »lebensgesetzlichen« Architektur- und Landschaftsgestaltung eingeladen waren. Neben Fritz Schumacher und Heinz Wetzel sprachen hier Hugo Kükelhaus und der eng mit dem *Landschaftsanwalt* Alwin Seifert verbundene Landschaftsplaner Max Karl Schwarz.[185]

Durch Aufträge, Einladungen, Vorträge, Colloquien und eine Vielzahl informeller Kontakte versuchte Gutschow, weit über die Grenzen Hamburgs hinaus einen großen Kreis von Fachleuten in seinen Arbeitsbereich einzubeziehen, um die Hamburger Planung als Musterbeispiel für die Gesamtentwicklung einer Großstadt anlegen zu können. Die in ersten Ansätzen schon früh entwickelte Systematik und Methodik der Stadtplanung wirkte durch die vielen beteiligten Architekten weit über die – 1942 schließlich offiziell eingestellte – Neugestaltung Hamburgs hinaus. Mitarbeiter und Berater, wie Hans Berlage, Max Guther, Rudolf Hillebrecht, Hans Bernhard Reichow, Wilhelm Wortmann und viele andere, nahmen nach dem Krieg an entscheidenden Stellen die damals in Hamburg vorgezeichneten Konzepte wieder auf, in denen sich Gutschow seinerseits in der Tradition Fritz Schumachers wußte, mit dem er auch nach dessen vorzeitiger Amtsentlassung eng verbunden blieb.

Expansion

Nur wenige Monate nach Beginn der Arbeit an der städtebaulichen Gesamtplanung Hamburgs in der Dienststelle des *Architekten des Elbufers* hatte der Ausbruch des Zweiten Weltkrieges neue Bedingungen geschaffen. Schon in den ersten Septembertagen des Jahres 1939 wurde Gutschows Büro für »kriegswichtige« Bauaufgaben herangezogen. Als erstes war eine *Luftschutzabteilung* zu schaffen, die den Luftschutzbau für mehrere Hamburger Stadtteile übernahm; daneben wurde eine *Bauabteilung Gutschow des Generalbauinspektors für die Reichshauptstadt* geschaffen, durch die Gutschow im Auftrag Speers die Rüstungsbauten der Luftwaffe, später auch anderer Wehrmachtsteile in Hamburg und Schleswig-Holstein betreuen sollte. Dieser *Bauabteilung Gutschow* im sogenannten *Baustab Speer* wurde Rudolf Hillebrecht zugeordnet, der in dieser Arbeit durch »die erste Schule bauwirtschaftlicher Lenkungstechnik« ging und dabei Erfahrungen sammeln konnte, die ihm später zugute kommen werden. »Alles, was zur bauwirtschaftlichen Regie gehört, wurde hier praktisch geübt«, notiert Gutschow: »Firmeneinsatz, UK-Stellungen, Bauarbeiterunterbringung, -betreuung und -ausrüstung bis zu den Gummischuhen, die eingekauft wurden, wo sich nur eine Quelle auftat, Baustoffkontingentierung und -beschaffung, Transporteinsatz (Speer-Zettel) bis zu der Leitung eigener Transportkolonnen.«[186] Doch nicht nur das »Organisieren«, wie die Material- und Arbeitskräftebeschaffung in Notzeiten genannt wurde, konnte hier geübt werden: »Bei der Arbeit kam aber auch der Architekt zu seinem Recht, weil einige kleinere Werke neu zu entwerfen und zu bauen waren. Hier wurden die Neufert'schen Industriebaunormen praktisch erprobt.«[187]

Ohne Rückgriff auf eine routinierte Verwaltung kam es nun vor allem auf eine Verbindung von Durchsetzungsfähigkeit und Improvisationsvermögen an, von der im Verlauf der späteren Kriegs- und Nachkriegsjahre der Erfolg jeder Planung abhing: »Die Arbeiten im Baustab Speer wurden mit einem winzigen ›Apparat‹ geleistet, da der Grundsatz hochgehalten wurde, keine eigene Verwaltungsbürokratie aufzubauen, sondern mit einzelnen Aufgaben fähige Männer verantwortungsvoll zu beauftragen.«[188] Auch die später vom Rüstungsminister Speer als »System der Selbstverantwortung« bezeichnete Zuweisung partieller Verantwortlichkeiten wurde hier getestet.

Während die neuen »kriegswichtigen« Aufgaben von bewährten Mitarbeitern übernommen wurden, wandte sich Gutschow übergreifenden Planungsproblemen zu, die sich aus der Elbufergestaltung ergaben. In Per-

Konstanty Gutschow in seinem Arbeitszimmer an der Palmaille, Hamburg 1941

Modellwerkstatt an der Palmaille mit Varianten des Gau-Hochhauses

spektiven langfristiger Stadtentwicklung bis in die sechziger Jahre sollten die städtebaulichen Einzelentwürfe zur Neugestaltung Hamburgs eingebunden werden.[189] Voraussetzung für solche langfristige und großräumige Planung bildete das *Groß-Hamburg-Gesetz* von 1937, das die bislang gültigen Grenzen der Stadterweiterung aufgehoben hatte. Nach ersten Versuchen, alle bisherigen Einzelplanungen in einem Gesamtbild zusammenzufassen, wurde Gutschow Mitte 1940 vom *Reichsstatthalter* Kaufmann mit der Aufstellung eines Generalbebauungsplans beauftragt, in dem alle früheren Ansätze »unter den lebendigen städtebaulichen Ideen« jener Zeit »zu vereinigen« seien.[190] Da die städtische Bauverwaltung trotz dieses Auftrags weiterhin formal zuständiger Träger der Stadtplanung blieb, forderte Gutschow vom Stadtplanungsamt den Oberbaurat Hans Berlage für sein Büro an und konnte so, trotz getrennter Zuständigkeiten, auch amtliche Fachkompetenz in sein Büro integrieren; bis 1937 war Berlage Leiter des Stadtplanungsamtes Altona.

Angesichts der umfassenden und neuartigen Aufgabenstellung des Generalbebauungsplans gelang es Gutschow, weitere Mitarbeiter heranzuziehen, die seit Jahren mit ihm befreundet und inzwischen in den Verwaltungshierarchien anderer Städte in leitenden Positionen tätig waren. Aus Bremen kam der Oberbaurat Wilhelm Wortmann und aus Stettin der Baudirektor Hans Bernhard Reichow in den Kreis der Hamburger Planer. Im wöchentlichen Wechsel zwischen ihrer örtlichen Dienststelle und Gutschows Büro wurden gemeinsam Grundlinien der Hamburger Stadtentwicklung festgelegt, deren Ansatz Gutschow stichwortartig wie folgt kommentierte: »Planung ›als ob keine Grenzen vorhanden wären‹. Gegenüber den bisherigen einseitig nach Norden gerichteten Stadterweiterungstendenzen, bandartige dem Strombett als Kraftquelle folgende, die Großstadt auflockernde Entwicklung, Marsch und Geest als natürliche Gliederung in Arbeits- und Wohnfläche, bewußte Bevorzugung der Besiedlung von Harburg, Ausrichtung der städtebaulichen Entwicklung auf die Elbe statt auf die Alster.«[191]

Gutschows Überlegungen zur Neugliederung der Hafenanlagen, der Schiffahrtswege, der Autobahn-, Arbeits- und Wohnstättenplanung zeichnen mit der Geste unbegrenzter Verfügung über städtische Räume und Funktionen das Bild eines neuen Hamburg, das den Mustern biologischer Wachstumsprozesse und damit den Ideen eines »lebensgesetzlichen« Städtebaus folgen soll: Gemäß Fritz Schumachers Betrachtung der Stadt als Organismus konnten nun Leitbilder Gestalt annehmen, die weit über die Ansätze partieller Neugestaltung in den anderen »Führerstädten«, ja, selbst Berlins hinausgingen. Dabei gab der Gedanke einer in Zellen gegliederten, großräumigen »Stadtlandschaft« der Zusammenarbeit der drei Planer eine gemeinsame Richtung, die jedem auch aus seiner bisherigen Tätigkeit bereits vertraut war. So hatte in Bremen ein Kollege Wortmanns, Friedrich Heuer, das Konzept der »Siedlungszelle« als Überlagerung

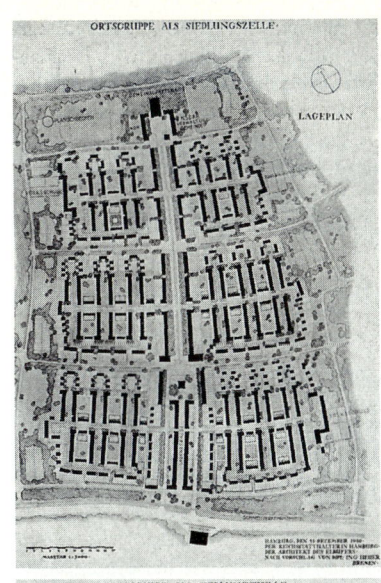

ORTSGRUPPE ALS SIEDLUNGSZELLE·

LAGEPLAN

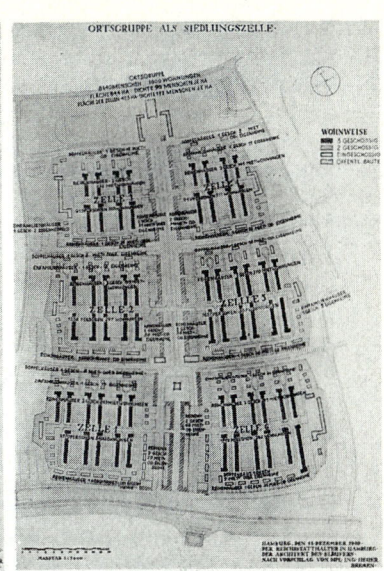

ORTSGRUPPE ALS SIEDLUNGSZELLE·

WOHNWEISE

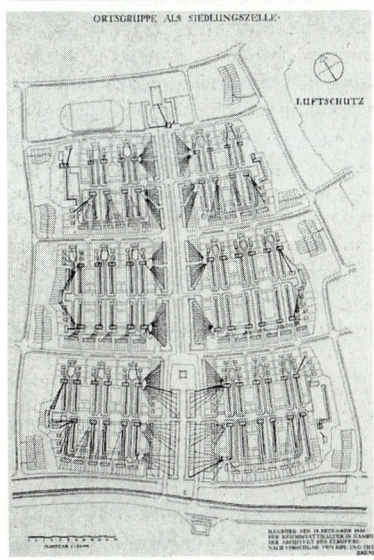

ORTSGRUPPE ALS SIEDLUNGSZELLE·

LUFTSCHUTZ

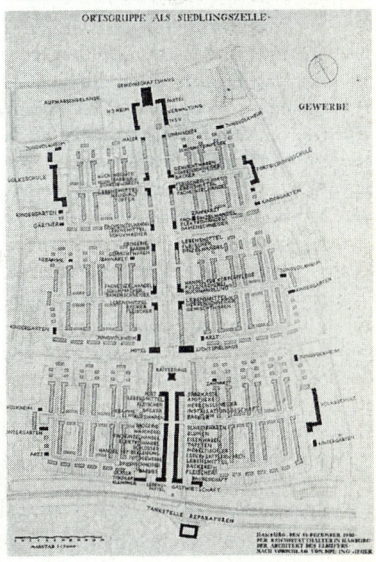

ORTSGRUPPE ALS SIEDLUNGSZELLE·

GEWERBE

räumlicher und sozialer Planung mit der politischen Organisation einer Stadt schon als Programm formuliert; dieses Konzept der NSDAP-*Ortsgruppe als Siedlungszelle,* wie es 1938 in Ansätzen auch in Gottfried Feders Lehrbuch *Die neue Stadt* vorgestellt worden war, übernahm Gutschow, führte es weiter aus und setzte es in Richtlinien künftiger Stadtgestaltung um. Auch Reichow hatte seine Vorstellungen vom zellenartigen Aufbau der Städte bereits schriftlich festgehalten. 1939 hatte er seine Denkschrift *Zur städtebaulichen Entwicklung des Groß-Stettiner Raumes* vorgelegt. 1941 wird er in der Zeitschrift *Raumforschung und Raumordnung* mit seinem Artikel »Grundsätzliches zum Städtebau im Altreich und im Neuen Deutschen Osten« weitere Konsequenzen des Eroberungskrieges ziehen. Im gleichen Jahr wird Wilhelm Wortmann in derselben Zeitschrift seinen »Gedanken der Stadtlandschaft« entwickeln, und Gutschow wird seine Schrift *Die Ortsgruppe als Siedlungszelle* verbreiten.[192]

1940 war ein Jahr der konzeptionellen Klärung von Richtlinien künftiger Stadtplanung, hinter der die Arbeit an dem – ironisch als »Brosche« bezeichneten – Gauforum zeitweise zurücktrat. Zwar wurden noch im September 1940 verschiedene Varianten zur Gestaltung des Gauhochhauses ausgearbeitet, da Hitler an den bisherigen Entwürfen offenbar kein rechtes Gefallen fand. Doch standen inzwischen strukturelle Überlegungen im Vordergrund. Zur künftigen Entwicklung Hamburgs heißt es in Stichworten: »Dezentralisation der Industriegebiete, für die Wohngebiete vor allem ihre Aufgliederung und Durchgliederung in Siedlungszellen, wobei der Größenordnung der ›Ortsgruppe‹ eine besondere Bedeutung beigemessen wurde, für die Freiflächen eine kontrastierende Gestaltung innerhalb des Autobahnrings mit mehr gärtnerischer und außerhalb des Autobahnrings mit mehr landschaftlicher Note, Aufforstung im Hamburger Heimatraum, für die Gemeinschaftsanlagen Beziehungen zur Elbe, soweit es sich um allgemein Hamburgische oder deutsche Einrichtungen handelt, und Entwicklung aus der Aufgliederung der Großstadtmasse.«[193]

Mit Plan und Bericht wurde die erste Fassung des Generalbebauungsplans von 1940 in 300 Exemplaren an viele Kollegen und »alle nur irgendwie an den Planungen interessierten Männer der Wirtschaft und des öffentlichen Lebens« verschickt[194] – mit der Bitte um Stellungnahmen, auf deren Grundlage der Generalbebauungsplan 1941 entstand, der ebenfalls in hoher Auflage gedruckt und wieder verschickt wurde.

Als im Winter 1940/1941 eine Reihe von Einzeluntersuchungen zu Verkehrsproblemen, Wirtschaftlichkeitsberechnungen, Wanderungsbewegungen usw. angestellt worden waren und sich dabei zeigte, daß die Aufgaben des *Architekten des Elbufers* den anfangs gegebenen Rahmen längst gesprengt hatten, wurden die bisherige Dienststelle und die Durchführungsstelle durch eine Verfügung des *Reichsstatthalters* vom 8. Januar 1941 zur *Dienststelle des Architekten für die Neugestaltung der Hansestadt Hamburg* zusammengefaßt. Gutschows neues Büro in Altona begann sich zu einer Behörde zu entwickeln, die zeitweise bis zu 250 Mitarbeiter umfaßte und ständig neue Aufgaben übernahm.

Wie in den anderen »Neugestaltungsstädten« hatte die Besetzung Frankreichs im Sommer 1940 der weit ausgreifenden Planungseuphorie einen weiteren Schub gegeben. Einzelentwürfe waren längst in den Schatten großräumiger Gesamtplanungen im Rahmen des Generalbebauungsplans getreten. »Der Kernpunkt aber ist«, schreibt Hillebrecht im November 1940 in einem Brief an Gutschow, in dem er den Unterschied zu den Berliner Planungen betont, »daß man in Hamburg ein klares, nüchternes Konzept vor Augen hat – ich denke nur an den Generalbebauungsplan –, während ich in Berlin den Geruch von ›Atelierduft‹ nie aus der Nase bekomme, vom Projektemachen um der Projektemacherei willen. Ich stamme nun insofern noch aus der ›alten‹ Schule, als ich eine Menge Gedanken aus der Zeit um 1928-30 mitbekommen habe. Ich schäme mich dieser Tatsache nicht. Es war die Zeit, in der radikale Gedanken mit Überlieferungen brachen, die keine waren, in der gleichzeitig sich etwas Neues anbahnte, das ernste, verantwortungsvolle Arbeiten des Architekten, in der Bezeichnungen wie Landesplanung ein Begriff wurde. Diese Denkart und Disziplin hatte einen eigenen und besonderen Wind, mag man ihm heute unter den ›offiziellen Ansichten‹ keinen Wert beimessen, für mich bleibt der Wert bestehen.«[195]

Zwischenspiel: 1941 als 1981

Im Sommer 1940 war das Büro Gutschow aus dem Hamburger Deutschlandhaus am Gänsemarkt in eine herrschaftliche Villa an der Palmaille umgezogen. Direkt gegenüber lag das Altonaer Rathaus, auf der anderen Seite blickte man aus den großen, stuckgeschmückten Arbeitsräumen hinab auf das Ufer der Elbe. Die Pläne zur Neugestaltung deutscher Städte wurden zur symbolischen »Sicherstellung des Sieges« wieder intensiver vorangetrieben; der Auftrag zur Aufstellung eines Generalbebauungsplanes durch Gutschow war erteilt. Für die großen Gips-Modelle der Elbufergestaltung war eigens eine Werkhalle errichtet worden. Hier gab es etwa jedes halbe Jahr einen gemeinsamen »Büroabend« mit kleinen Kabarett- und Konzerteinlagen.

Als sich die Werkhalle bald mit großen Modellen der geplanten Elbuferbebauung füllte und die Zahl der Mitarbeiter des Büros und der beteiligten Verwaltungsleute aus den städtischen Ämtern weiter wuchs, wurden diese kleinen Betriebs-Feiern Ende 1940 in den großen Saal des Altonaer Rathauses verlegt. Als im Sommer 1941 wieder ein solcher Abend anstand, »wollten wir schärferen Tobak bieten«, berichtet Rolf Romero. »Im Frühsommer 1941 herrschte ein gewisser Übermut.«[196] Statt harmloser Sketche und einstudierter Konzerte wollte man sich auf das gefährliche Feld politischer Satire vorwagen, wie man sie aus Berliner Cabarets kannte. Es war der Sommer laut gefeierter militärischer Erfolge: Landung auf Kreta, Durchmarsch durch Jugoslawien, Sieg über Griechenland. Der »Cäsarenwahn« der Architekten[197] mit ihren durchgreifenden Abriß- und Erneuerungsplanungen konnte einen – noch harmlosen? – Spiegel des politischen Größenwahns bieten, der sich zur militärischen Neuordnung Europas anschickte und auch in der Heimat eine militärische Disziplinierung aller Lebensbereiche forderte.

Der Plan zu einem Theaterstück entstand, in dem der Machtanspruch Deutschlands in dieser Zeit ironisiert und die Ereignisse mit vorsichtigem Spott und doch bis zur Kenntlichkeit überzeichnet werden sollten. Um in der Schärfe der Zeitkritik jedoch nicht allzu weit gehen zu müssen und die Selbstironie als heiteren Spaß gelten lassen zu können, verlegten die am Spiel beteiligten Mitarbeiter, die das künftige Leben ihrer »Söhne« vorspielten, die Handlung um vier Jahrzehnte voraus – in das Jahr 1981.

1981, so will es das Stück, besucht ein Amerikaner die Hansestadt Hamburg als eine der Großstädte des Deutschen Reichs, das den Weltmaßstab des Fortschritts vorgeben sollte: politisch, technisch, kulturell. Durch perfektionierte Rationalisierung und Militarisierung aller Lebensformen hat Deutschland Nordamerika längst überholt und zu einem unterentwickelten Kontinent werden lassen, dessen Rückständigkeit der Gast aus den USA ständig zu spüren bekommt, obgleich doch offenbar die Vereinigten Staaten einst den Deutschen das Modell ihrer Entwicklung vorgegeben hatten.

Unter dem Titel *Quo vadis – Wo soll das hin?* wurde das – während der Dienstzeit einstudierte – Stück als »Gastspiel der *Querpfeifer*« am Freitag, dem 13. Juni 1941, im Altonaer Rathaus aufgeführt. Untertitel: *Ein Spiel aus der Zeit der Individualistenverfolgung.*[198]

Das Spiel beginnt mit der Einfahrt des Amerikaners, Mister Manbard, dargestellt von Heinrich Bartmann, der im Vorspiel des Stücks in Cuxhaven vom Überseedampfer auf das Schnellschiff *Loreley* umgestiegen war – eine Anspielung auf Robert Ley, der zugleich Leiter der KdF und *Reichskommissar für den Wohnungsbau* war. Im folgenden ist der Originaltext wiedergegeben.

Eine Stimme hinter der Bühne (gesprochen von Karl Schlockermann):
»Achtung, heute ist Mittwoch, der 13. Juni 1981. Liebe Seherinnen und Seher, wir bringen das Zeitgeschehen. Sie sehen und hören einen Bericht über die Ankunft des panamerikanischen Generalarchitekten, Mister Manbard, aus New York. Mr. M. befindet sich an Bord des Motorschiffes Loreley. Unser Mitarbeiter Stampe ging soeben von Bord seiner neunmotorigen Maschine; das Schiff nähert sich in rasender Fahrt der Hansestadt Hamburg. In wenigen Sekunden wird Herr Stampe an der Kabine Mr. M's eintreffen. Inzwischen geben wir einige Takte Tanzmusik.«

Die Bühne wird hell, man blickt in eine Kabine. Manbard rasiert sich am Spiegel. Stampe, dick und quecksilbrig, tritt ein, Foto und Schreibblock umgehängt; gespielt von Schlockermann.

Stampe: Stampe, Sohn vom alten Stampe. Wir haben 5 Minuten, Herr M. Sprechen Sie bitte schnell.

Manbard: Dreht sich langsam um, noch Seifenschaum an der Backe. Spricht stark amerikanischen Akzent.

Stampe: Wir nähern uns Hamburg *(Deutet durchs Bullauge).* Drüben ist die erste Elbuferdominante. Lassen Sie den Bart solange stehen. Sie versäumen die ganze Elbufergestaltung!

Manbard: Gestatten Sie wenigstens: Manbard.

Stampe: Weiß Bescheid, lassen Sie das. Ich habe die Ehre, Sie in Hamburg als erster zu begrüßen.

(Blättert in seinem Notizblock)

Manbard: Wischt Seifenschaum ab. Ist langsam so weit, daß er Stampe die Hand geben will.

Stampe: Lassen Sie die Förmlichkeiten, das ist sentimental und hält uns auf. Wir haben es hier längst abgeschafft.

Manbard: Erklären Sie mir doch bloß . . .

Stampe: Mein Lieber, Sie sind Amerikaner, Sie kommen aus einem rückständigen Erdteil . . Na, Sie werden sich . . . *(durch's Bullauge)* Dort, 2 Elbuferdominanten, Schulungsburg Stade und *(erregt)* ein neues Blinksignal, das Hausfrauenerziehungslager Reiherberg . . . Sie müssen sich ein ganz anderes Tempo zulegen, wenn Sie die Tage in Hamburg durchhalten wollen!

Manbard: Wo haben Sie die Kurbel? Ich möchte mich aufziehen.

Stampe: Keine Zeit zum Scherzen, Sir. Was wollen Sie in Hamburg sehen? Wo ist Ihr Programm? Ich gebe eine Minute. Setzen wir uns!

Manbard: Wie Sie wissen, ich bin Architekt und möchte mir ansehen die neuen Bauten in Hamburg, den Bahnhof, die Volkshalle, das Hochhaus. Ich soll in N. Y. ein Hochhaus bauen, und wie Sie wissen, wir haben keine große Erfahrung in den neuen Bauweisen für Hochhäuser. Ich würde gern studieren moderne Handwerkskultur. Das wird bei uns jetzt sehr verlangt. Dann brauche ich romantische Häuser. Wissen Sie, ich bin so begeistert von Ihren Strohdachhouses. Wie romantisch, wie schön!

Stampe: Schreiben Sie sich auf: Freilichtmuseum Gustav-Schleicher-Str. in Großlurup; Hochsitz der Reitkultur; finden da alles, was Sie brauchen; – einige echte Hansen, früher in der Palmaille . . . Schreiben Sie! Schreiben Sie? Die letzten Strohdächer. Da wohnen übrigens unsere Architekten.

Gutschows Planung sah den Abriß der ganzen Palmaille vor. Begleitet durch den Staats-Fremdenführer, den Franz Staats darstellt, besucht der

Amerikaner das Verwaltungsforum. Nach Äußerungen großer Bewunderung für das Hochhaus fährt er mit dem Lift in dessen 39. Stockwerk. Dort findet er einen Zeichensaal, in dem sich die Angestellten mit »Segen und Arbeit!« statt »Heil Hitler!« begrüßen. Requisiten: drei Zeichentische, Reißbretter, Schienen, Winkel, ein Metronom(!), Rechenschieber, Schläuche. Viele Bleistifte gespitzt auf den Tischen. Drei Zeichner kommen in weißen Mänteln. Ein Schild verweist auf den Ort: 39. Stock.

Zeichner: Segen und Arbeit! Segen und Arbeit!
(Setzen sich hin. Jeder hat einen Schlauch an dem Bleistift und einen Schlauch im Mund. Metronom tickt, sie zeichnen im Takt. Staats und Bartmann kommen im Fahrstuhl herauf.)
Staats: Wie bitte? Nein, den Architekten werden Sie kaum sprechen können. Der allerzweiteste Generalbauleitungsdirektor kommt aber heute nachmittag zurück. Er hatte heute morgen in Tripolis zu tun. Er wird Ihnen Auskunft geben können.

Hier kann ich Ihnen übrigens etwas ganz Besonderes zeigen, was wir erst seit etwa 2 Jahren mit ganz großem Erfolg betrieben. Sie vermuten wahrscheinlich, daß der Architekt diese großen Aufgaben mit einem Riesenbüro von Architekten bewältigt. Keineswegs. Diese drei Mann machen alles. Es war noch ein vierter da, der ist inzwischen an Ehrgeiz gestorben. Die vielen anderen, die Sie da draußen bei Ihrer Ankunft angetreten sahen, sind nichts als Verwaltung, Finanz-Durchführung, Personal-Verschiebung, Vorschußkasse, Rechtsberatung und was sonst noch zum friedensmäßigen Einsatz gehört.

Diese drei Mann bewältigen alles, was mit Architektur zu tun hat.
Manbard: Ich verstehe nichts, erklären Sie mir das bitte.
Staats: Es ist sehr einfach, passen Sie auf. Diese drei Leute sind hochgezüchtete Zeichner aus dem Büro des Architekten. Seit Generationen sind ihre Familien in dem Beruf, Väter wie Mütter. Dann und wann mal ein Schuß Schauspieler hinein, dabei entstehen ganz hochwertige befähigte Exemplare, die weit über das 3-fache leisten von dem, was gewöhnliche StricheZieher zustande bringen. Nur diese Auslese, wir nennen sie SK-Männer, Sonderklasse, wird in unserem Büro beschäftigt.
(SK-Männer sind die SA der Zeichner)
Manbard: Ja, aber was bedeuten die Schläuche?
Staats: Die Leute arbeiten so schnell, daß die Bleistifte mit Wasser gekühlt werden müssen, und durch die Mundröhre wird ihnen Speise zugeführt. Sobald nämlich der Architekt einen Befehl geäußert hat, beispielsweise befahl er vorgestern den Entwurf einer Massen-Eintopf-Speisungshalle, sofort beginnen diese SK-Männer ihre Arbeit. Und sie arbeiten ohne die geringste Ruhepause bis zur völligen Fertigstellung und ohne seelisch und körperlich die geringsten Erschöpfungssymptome zu tarieren.

Manbard: Schüttelt den Kopf, zieht einen Block, macht sich Notizen, Schweigen.

Lautsprecher: Achtung, Achtung, 12.00 Uhr, ein Wort des Architekten: Ich sage es zum 10. Male! Grundsätzlich Stabilo, nicht Polychromos.

(Die SK-Männer haben während dieser Worte die Bleistifte weggelegt, nur das Metronom war hörbar, sie zeichnen weiter.)

Staats: Sehen Sie, auch das gehört zu unseren Erfolgen. In jeder vollen Stunde ertönt ein solches Mahnwort unseres Chefs und erzieht die ganze Belegschaft. – Aber wie hoch diese Architektenzüchtung gegangen ist, können Sie an folgendem sehen: Einmal haben diese 3 Männer einen Entwurf fertiggestellt, bevor der Architekt auch nur mit einem Augenzwinkern den Wunsch dazu geäußert hatte, und es war grundsätzlich richtig.

Manbard: Faßt das nicht, notiert sich manches.

Staats: Sehen Sie sich den Mann da an!

Romero: (Kommt aus der hinteren Saaltür durch den Mittelgang auf Rollschuhen nach vorn gerollt, geht auf die Zeichner zu, begrüßt Manbard und Staats:) »Segen und Arbeit!«

(Zu den 3 SK-Männern:) Befehl des Architekten *(Diese springen auf, nehmen Haltung an.)* Die Ausführungszeichnungen für den Flugzeuglandeplatz im karibischen Meer haben heute nacht 24 Uhr dem Architekten vorzuliegen. *(Er stellt das Metronom auf stärkere Touren und besieht die Blätter.)*

(Zu dem ersten:) Machen Sie die Volute am Hauptgesims 1,80 m hoch statt 1,75 m.

(Zu dem zweiten:) Wir wollen am Eingang für die Piloten auch einen handgeschmiedeten Fußabkratzer nehmen.

(Zu dem dritten:) Ja, sieht gut aus, machen Sie weiter.

(Rollt ab durch Mittelgang zur hinteren Saaltür)

Staats: Das ist auch solch eine Züchtung, dieser Junge. Der Vater hatte ein paar gute Fähigkeiten, aber im ganzen war er doch ein rechter Trottel, viel zu langsam, ein Träumer, der am liebsten Theater spielte.

[Anspielung auf den jetzt seinen Sohn spielenden »Vater« Rolf Romero, W. D.]

Er hatte wie gesagt ein paar ganz bestimmte Fähigkeiten. Darauf baute man auf. Der Mann wurde nach längst erforschten wissenschaftlichen Gesetzen verheiratet und den Erfolg sahen Sie soeben; ein außerordentlicher, fähiger schneller Kopf, der Sohn, 19 Jahre alt, seit einem Jahr im Stabe des allerersten Bauleitungsdirektors.

Manbard: Erstaunlich, erstaunlich!

Pause.

Manbard: Sagen Sie, was für merkwürdige Krawatten tragen Sie alle hier in Deutschland?

Staats: In Deutschland? Sie meinen in Europa, Afrika, Indien, in der ganzen alten Welt. Es ist Hillebrechts Rollkrawatte. Man sieht doch, Verzeihung, wie rückständig Sie in Amerika noch sind. Ich sah die Krawatte kürzlich sogar auf den Philippinen. Und wie ich sehe, tragen Sie auch noch die Bügelfalte vorn. Wir tragen sie längst an der Seite. Da halten sie länger.

Manbard: Erstaunlich, erstaunlich!

In der nächsten Szene, im Vorzimmer des Chefs, wundert sich der Amerikaner:

Manbard: Gemütliche Leute, diese Deutschen, alle duzen sich, ein Ton wie in der guten alten Zeit. Aber der Betrieb ganz groß! Ein Tempo, ein Tempo, da können wir Amerikaner was lernen. Der Architekt, wie der sie an der Strippe hat – die Gefolgschaft im Kraftfeld des Chefs – der ganze Betrieb auf Touren ... und dabei nette Leute, nette Leute ...

Danach ergibt sich ein Dialog mit dem im Rollstuhl fahrenden Klaus Hoffmann, der als einziger sich selbst um 40 Jahre älter darstellt.

Manbard: Arbeiten Sie denn immer noch am Reißbrett?

Hoffmann: Oh nein, ich bin nur so anhänglich an das Büro, da hat man mir meinen früheren Arbeitsraum gelassen. Durch eine Glaswand sehe ich in den großen Zeichensaal, freue mich, wie die anderen so fleißig sind und fühle mich auch noch dabei. Dann schriftstellere ich ein bißchen. Ich schreibe über die Nachwuchserziehung im Lichte der Vergangenheit. Das kleine Buch hat den Titel: »Wie will Dich Dein Chef?«

Manbard: Ah, ausgezeichnet!

Hoffmann: Nicht wahr, das ist doch das Fatale, daß der Angestellte immer anders ist, als der Chef ihn haben will. Wir wollten es dem unsrigen ja immer recht machen, aber es gelang oft nicht.

Manbard: Es muß doch ein Vergnügen sein, unter einem solchen Mann zu arbeiten.

Hoffmann: Das ist es auch, natürlich, ein Vernügen, auch er wollte nur vergnügte Leute um sich sehen, mit Miesepetrigen konnte er überhaupt nicht arbeiten. Das hat er sogar in einer Rede gesagt. Darum heißt auch ein Kapitel meines Schulungsheftes: »Lache und arbeite!«

Manbard: Well, well. Keep smiling!

Hoffmann: Und dann bei uns das Leben innerhalb der Gefolgschaft – einzigartig. Wenn wir da Theater spielten und unsere Witzchen waren noch so dünn – ein Rauschen von Lachen und Beifall.

Manbard: Sie kommen ins Schwärmen – aber ich schwärme mit. Ihr Betrieb ist ja großartig – am liebsten möchte ich selbst bei Ihnen eintreten.

Hoffmann: Eine glänzende Idee, bewerben Sie sich, bewerben Sie sich. Wenn Sie ihm tüchtig erscheinen, wird er Sie einstellen. Er wird Sie einstellen. Lassen Sie die ganze amerikanische Freiheit samt Statue – hier bei uns finden Sie viel Besseres.

Manbard: Sie überzeugen mich. Ich werde mich bewerben.

Hoffmann: Aber da heißt's arbeiten, Verehrtester.

So kommt es denn auch in diesem Spiel: Manbards Bewerbung hat Erfolg, das Büro ist um einen überzeugten Mitarbeiter reicher. In einer gespenstischen Szenerie wurde angedeutet, welche Zukunft sich aus einer Verbindung von militärischer Disziplin, NS-Rassenlehre und konsequentem Taylorismus/Fordismus ergeben könnte.

Im Kriegseinsatz

Im Winter 1940/41 hatte sich mit der Ausweitung des Krieges und den nächtlichen Bombenangriffen auf deutsche Städte vielerorts die Einsicht verbreitet, daß der Krieg noch von längerer Dauer sein würde. Mit zunehmender Dringlichkeit mußten nun Maßnahmen zum Luftschutz, zur Beseitigung von Bombenschäden und zur Beschaffung von Ersatzwohnraum ergriffen werden. Im Frühjahr 1941 war die Neugestaltungsplanung weitgehend eingestellt worden; durch eine neue Verfügung wurde die Dienststelle des *Architekten für die Neugestaltung* zum *Amt für kriegswichtigen Einsatz* (AKE) im Rahmen der Bauverwaltung. Als dessen Leiter übernahm Gutschow 1942 auch die Leitung des Stadtplanungsamtes, die Funktion des Landesplaners sowie die Vertretung des Bausenators in »kriegswichtigen« Bereichen. Ende 1942 wurde ihm schließlich die Leitung der gesamten Bauverwaltung übertragen.

Diese Ämterfülle ist indessen nur ein Indiz für sie sich überschlagenden Kriegsereignisse und den raschen Wandel der Planungsaufgaben. In der Planung für den *Luftschutzbau* in Hamburg mußten für die wechselnden örtlichen Bedingungen der einzelnen Stadtteile nun jeweils entsprechende Bunker-Typen entwickelt und unter schwierigsten Produktionsbedingungen hergestellt werden: Vom Bau der Luftschutz-Unterstände aus sandverfüllten Betonformsteinen in Gebieten mit aufgelockerter Siedlungsweise über den Kellerausbau in Flachbaugebieten bis zum splittersicheren Röhrenbau in Mietskasernenvierteln, die keinen Platz für bombensichere Luftschutzbunker boten, reichten Maßnahmen, durch die der Bevölkerung Schutz und Sicherheit vor überraschenden Luftangriffen vermittelt werden sollten.

In der *Beseitigung der entstandenen Bombenschäden* galt es, »im Wettlauf mit den immer häufiger werdenden Angriffen von der anfangs nahezu friedensmäßigen Wiederherstellung der Schäden zu immer behelfsmäßigeren Lösungen zu finden«[199]. Mit Hilfe des gut organisierten Meldewesens konnte nach den nächtlichen Angriffen ein sogenannter »Schnell-

Rudolf Hillebrecht in seinem Arbeitszimmer an der Palmaille, Hamburg 1941

einsatz« unter der Leitung des Gutschow-Mitarbeiters Richard Zorn wirksam werden, durch den die dringendsten Dachdecker-, Glaser- und Tischlerarbeiten ausgeführt wurden. Daneben wurde unter dem Schlagwort »Selberhelf« die Selbsthilfe der Bevölkerung mobilisert; in den einzelnen Stadtteilen wurde eine Reihe von Baustofflagern eingerichtet, die den vom Luftkrieg Betroffenen kostenlos die notwendigsten Materialien für Schadensbeseitigung zur Verfügung stellten, wodurch »nicht nur praktische Erfolge, sondern auch eine hoch zu veranschlagende psychologische Bedeutung« erreicht worden sei, wie Gutschow später bemerkt.[200]

Neben der *Fliegerschadensbeseitigung* und dem *Luftschutzbau* bildete die *Ersatzraumbeschaffung* eine dritte Abteilung des *Amts für kriegswichtigen Einsatz,* in der anfangs noch massive, mehrstöckige Wohnungsneubauten projektiert wurden, bevor mehr und mehr provisorische Notmaßnahmen getroffen werden mußten, wie etwa die behelfsmäßige Wohnungsteilung und der Einbau von Notunterkünften in Hafenspeichern.

Der Erfolg der Arbeit in diesen drei Abteilungen hing wesentlich von der koordinierenden Stelle des *Technischen Einsatz* (TE) ab, der die Steuerung der gesamten Bauwirtschaft der Stadt übernommen hatte. Wegen der verschärften Rationalisierung und Kontrolle des »Einsatzes« von Menschen und Material durch zentrale Stellen der NSDAP mußten vom TE die »Hamburgischen Interessen« bis zu den Berliner Zentralstellen vertreten und durchgesetzt werden. Dabei bemühte man sich gegenüber den notorisch übertriebenen Falschmeldungen und Mittelanforderungen anderer Städte, über die sich Gutschow nachdrücklich beklagte, stets um »zuverlässiges Meldewesen« und strikte Sachlichkeit. Mit dieser »Methode ehrlicher Anforderungen« sei man in Berlin auch erfolgreich gewesen, unterstreicht Gutschow. »Hier unabhängig von unsachlichen Beeinflussungen einzig allein die höchste Leistung im Auge zu haben, war das Verdienst des Technischen Einsatz.« Diese »höchste Leistung« sei vor allem dem Leiter des TE zu verdanken, schreibt Gutschow rückblickend: »Rudolf Hillebrecht war die Personifikation dieses TE, Arthur Dähn sein treuer Assistent. Ich glaube, daß nirgends eine solche lebendige Synthese zwischen drängenden, initiativen Kräften und notwendiger Baulenkung mit dem Effekt höchster baulicher Leistung an den gewollten Punkten erreicht wurde wie bei uns, nicht aus irgendeinem politischen Dogmatismus heraus, sondern aus Erfahrung und innerer persönlicher Überzeugung heraus.«[201]

Seit seinem Eintritt in das Büro Gutschow im Jahre 1937 hatte Hillebrecht die verschiedenen Phasen der Planung miterlebt und war als Bürochef zum bevorzugten und engsten Mitarbeiter Gutschows geworden; bisweilen hatte er ihn bei der öffentlichen Präsentation von Plänen zu vertreten, da Hillebrecht in seiner betont sachlichen Rhetorik seinen wenig sprachgewandten Chef weit übertraf. Seit Jahren war er mit den verschiedenen Stadien der Neugestaltungsplanung bestens vertraut, einer Planung, die inzwischen in ein groteskes Mißverhältnis zum Zustand der ständig angegriffenen und notleidenden Stadt getreten war.

Während Hillebrecht inzwischen mit dringenden Notmaßnahmen zur Überlebenssicherung der kriegsbetroffenen Bevölkerung beschäftigt ist, erfährt er im Oktober 1941 bei einem kurzen Besuch in München, daß Hitler mitten im Krieg mit größtem Interesse die Entwürfe zur Neugestaltung seiner »Führerstädte« verfolgt und – offenbar gegen seine eigenen Weisungen – die Arbeit daran nachdrücklich unterstützt: »Dieser Giesler läßt Krieg Krieg sein«, meldet Hillebrecht empört aus München, wo ihm ein früherer Mitarbeiter Gutschows, der inzwischen in Gieslers Büro beschäftigt ist, Ungeheuerliches berichtet: Insgeheim freue sich Hitler »diebisch« über Gauleiter, die »trotz des Krieges und gerade im Krieg« noch alle möglichen Bauten »unter die Haube« bekämen. »Kurzum, dafür hat der Führer Sinn und scheinbar Humor, für eine Sache, die in unseren Augen dicht an Vaterlandsverrat grenzt, wenn man die Augen vor dem Krieg zumacht und sogar dagegen arbeitet.« Abfällig habe Hitler Gutschow während des Besuchs bei Giesler als »Hamburger Zwerg« bezeichnet und das Gauhaus als »Anhäufung von Geschmacklosigkeiten«, und Giesler habe keinen Versuch zur Unterstützung Gutschows unternommen. Hillebrecht warnt: »Gefährlich halte ich die Redereien, die Giesler über diesen Vorfall verbreitet; wer weiß, was der Führer zu Speer oder anderen Vertrauten im gleichen Sinne geäußert hat.«

Hamburg nach der Zerstörung im Sommer 1943

Trotz drängender kriegswichtiger Aufgaben gebe es nur eine Konsequenz: »Sie, Sie persönlich müssen sich mit Macht auf die Neugestaltung stürzen, und nur auf die Neugestaltung, mag der Rahmen auch noch so weit sein, wie Sie ihn gespannt haben.« Insbesondere das Gauhaus müsse nun neu bearbeitet werden: »Wir dürfen dem Führer nicht mehr mit ›Entwürfen‹ kommen, die von der Fassade mehr oder weniger ausgehen und den Charakter von Versuchsballons zeigen. Wir müssen mit einem Haus kommen, das wir in der alten Art, wie wir es bei Ihnen gewohnt sind, primitiv und gesund regelrecht ›gebaut‹ haben. Wie soll ich's anders ausdrücken« – Hillebrecht ringt nach Worten – »Wir müssen den Führer buchstäblich erschlagen. Der Mann ist so und will nun so genommen werden. Das habe ich inzwischen bemerkt an allen möglichen Erscheinungen.«[202]

Tatsächlich kam neben den anderen Arbeiten in Gutschows Büro die Planung des Gauforums nie ganz zum Erliegen. Noch 1944 wurde sie im Rahmen der Überlegungen zum Wiederaufbau der inzwischen fast völlig zerstörten Stadt sogar intensiviert, auch wenn die »Durchplanung dieses Raumes als wenig dringlich, ja, unzeitgemäß« erscheinen mußte, wie in einem Bericht vom Oktober 1944[203] festgehalten wurde. Im Winter 1944/45 wurden von Gutschow noch insgesamt 73 Aufträge an Architekten aufgelistet, die vom Schema der *Ortsgruppe als Siedlungszelle* über »Haustypen für die Nachkriegszeit« bis zu Varianten für den »Neugestaltungsbezirk zwischen Gau-Hochhaus und Neuer Bahnhof« reichen, eine lange Liste unter dem Titel »Wiederaufbau Hamburg«[204].

Zur Ergänzung und Überprüfung seiner eigenen Vorstellungen hatte Gutschow weitere Entwürfe für den Bereich der Nord-Süd-Achse von Kollegen anfertigen lassen, die bereits in anderen Gau-Hauptstädten Erfahrungen gesammelt hatten. Graubner, nach Stuttgart in Düsseldorf tätig und nun Professor in Hannover, stellt in seinem weiträumigen, asymmetrisch aufgelockerten Entwurf ein Konzept vor, nach dem »in der Trennung der Blickrichtung von der Marschrichtung Erlebniswerte geschaffen werden, wie sie in den mittelalterlichen Städten (...) von überzeugender Kraft sind«. Besonders kräftig tritt in Graubners großformatigem Modell das aus der Achse gerückte Gau-Hochhaus hervor, das als »Gauturm« bezeichnet und in plastischer Modellierung als trutziger Körper gestaltet ist. Graubner schlägt vor, durch bewußt »unsymmetrische Lösung« auf der einen Seite der zentralen Grünanlage kulturelle Bauten zusammenzufassen und ihnen »auf der anderen Seite die Gebäude des Generalkommandos, des Luftgaukommandos, der höheren SS-Führung und der Geheimen Staatspolizei entlang der Verkehrsstraße eng aufgereiht« gegenüberzustellen.[205] In strengem Kontrast zu Graubners Lösung steht dagegen die starre Achse im Entwurf der Düsseldorfer Architekten Hentrich und Heuser, die sich durch ihre Arbeit im Rahmen der Planungen Speers für die Neugestaltung Berlins mit den Formeln zur Darstellung staatlicher Macht vertraut gemacht hatten. In konsequenter Symmetrie ist ihre Hamburger Achse von langgestreckten Gebäudewänden gefaßt und wird durch die kreuzenden Ost-West-Straßen in drei Teilräume gegliedert, deren Abfolge die repräsentative Wirkung der Einzelbauten noch steigert: »Der erste von ihnen, der Elbuferplatz, ist der große, frei in die weite Landschaft sich öffnende Aufmarschplatz, den die herrschende Feierhalle, der ragende Turm und die mächtigen Körper der Staatsbauten umschließen.«[206]

Als im Herbst 1944 derart die formalen Prinzipien der symbolischen Repräsentation eines schon zerschlagenen politischen Systems erörtert werden, liegt Hamburg in Trümmern. In dichten Angriffswellen hatten Tausende von Bombern die Stadt im Sommer 1943 in Schutt und Asche gelegt. Über 40 000 Menschen waren in den Flammen verbrannt, von Steinen erschlagen, in Kellern erstickt. Bis an die Grenzen ihrer Kraft waren die Überlebenden mit der Bergung der Opfer, notdürftigen Reparaturen und behelfsmäßiger Luftschutzsicherung beschäftigt, sofern sie nicht längst in panischer Flucht die Stadt verlassen hatten. In äußerster Anstrengung und strikter »Sachlichkeit« versuchten Gutschow und seine Mitarbeiter noch im Chaos, weiterhin Planungs- und Lenkungsaufgaben fortzusetzen, die durch den Anspruch auf planerische Fachkompetenz jedoch zunehmend in Konflikt mit den Tagesereignissen traten. Angesichts der katastrophalen Verhältnisse und dringender Wohnungsnot begann der

Hamburger Gauleiter gegen Gutschows Rat auf den »Schnellwohnungsbau« zu setzen, der von Dienststellen der *Deutschen Arbeitsfront* – teilweise nach Entwürfen von Ernst Neufert – entwickelt und auch vom *Reichsorganisationsleiter* Robert Ley propagiert wurde. Damit durchkreuzte der Gauleiter nicht nur Gutschows Absicht einer planmäßigen Errichtung massiver Notwohnungsbauten, er untergrub auch seine Autorität in der Organisation der Bauwirtschaft.

Nach einer Reihe heftiger Proteste legte Gutschow am 26. November 1943 ultimativ sämtliche Ämter im Rahmen der Hamburger Gemeindeverwaltung nieder, um von einer anderen, noch einflußreicheren Position aus seine Vorstellungen zu Ersatzraumbeschaffung und Wiederaufbau zu realisieren. Am 30. November 1943 wurde er vom Rüstungsminister Speer mit der organisatorischen Leitung des *Arbeitsstabs für den Wiederaufbau bombenzerstörter Städte* beauftragt, in dem Speer eine Reihe seiner engsten Mitarbeiter zusammengefaßt und mit neuen Aufgaben für die Zeit nach dem Kriege betraut hatte.

Nachrichten

Als Zwischenbilanz der Tätigkeiten seines Büros schrieb Gutschow Ende 1942, nachdem er die Leitung der gesamten Bauverwaltung übernommen hatte, einen Bericht für die *Feldpostblätter der Bauverwaltung der Hansestadt Hamburg* zur Information der »Kameraden im Felde«: »Das vom AKE in dem Zeitraum vom 1. Juli 1941 bis 30. Juni 1942 bewältigte Bauvolumen von 120 Millionen Reichsmark mag eine Vorstellung von dem Leistungsumfang dieses Amts vermitteln. In den nächsten Nummern dieser Feldpostblätter mag ausführlicher vom AKE und seinen vielseitigen Aufgaben berichtet werden, insbesondere von der bauwirtschaftlichen Regiearbeit, die heute die erste Voraussetzung irgendwelcher Bauaufgaben überhaupt ist.«[207]

In diesen Heften wurde unter dem Titel *Front* und *Betrieb* über wichtige Ereignisse und den Kriegs-Alltag in Hamburg berichtet, um den zum Kriegsdienst verpflichteten Mitarbeitern der Baubehörde ein – freilich propagandistisch gefärbtes – Bild vom Leben in der Stadt zu geben. Hier stellte Gutschow seine neuen Aufgaben im Januar 1943 mit folgenden Worten vor: »Wenn ich nun zu Beginn des Jahres 1943, dem Auftrag des Reichsstatthalters folgend, die Leitung der Bauverwaltung übernehme, so hat sich der Kreis meiner Pflichten abermals erweitert. Die Aufgabe für den Mann, der heute die Verantwortung für das bauliche Schicksal der Stadt trägt, heißt: Wie halte ich diese Stadt baulich so intakt, daß sie ihre Aufgabe in der Heimatfront erfüllen kann? Eine Großstadt des zwanzigsten Jahrhunderts ist ein empfindlicher baulicher Organismus, der schon in Friedenszeiten viel Betreuung und Pflege erfordert. Wieviel mehr im Kriege! – Im Weltkrieg trat das noch kaum in Erscheinung. Damals lag das Bauwesen nahezu still. Wie anders heute! Gerade dieser Vergleich zeigt, wie anders der Krieg heute ist, illustriert so recht das Wort vom totalen Kriege. – Die Großstadt, in vielen Jahrhunderten gewachsen, in den letzten Generationen meist rapide angeschwollen, ist ohne Vorahnung eines künftigen Luftkrieges entstanden. Diese so entstandene Stadt nun nachträglich in einen baulichen Verteidigungsstand zu setzen, ist die fortifikatorische Aufgabe des Städtebauers unserer Tage.«

Neben sachlichen Informationen und Berichten über Vorträge in der Bauverwaltung findet sich auch Heiteres und Tröstendes. So wird unter dem Titel »Der Weihnachtsmann« im Januarheft 1943 ein »Sondereinsatz« der Wachmannschaften für den Luftschutz gemeldet: »Vier Wochen vor Weihnachten wurde die Idee erst geboren. Wenn der Tag nicht reichte, mußte eben die Nacht dran glauben. Und die konnte es ja. Da saßen jeden Abend rund 30 Mann Luftschutzwache in der Bleichenbrücke 17 beisammen. Die brauchten nicht immer Skat oder Doppelkopp zu spielen. Sie bekamen jetzt jeder eine Portion rohe Holzsachen verpaßt, einen Pinsel in die Hand gedrückt und mußten am anderen Tage bunte Sachen abliefern. So kam alles langsam zusammen. Genau am Sonnabend vor Weihnachten war ein Zimmer voll bunter Sachen fertig. Am Montagmorgen war alles in Reih und Glied in der Halle im Erdgeschoß aufgebaut und am Dienstagabend war genau dasselbe ›Nichts‹ vorhanden, aus dem wir drei Wochen vorher Spielzeug machen wollten.« Die Bescherung war bereitet.

Unbegreiflich bleibt im Rückblick für die Nachgeborenen, die sich aus Dokumenten und Berichten ein Bild der Ereignisse jener Zeit zu machen versuchen, die grauenhafte Gleichzeitigkeit von Propaganda und Sentimentalität, von schreiender Not und langfristiger Planung; das Nebeneinander von mörderischen Befehlen und leuchtenden Zukunfts-Entwürfen, von panischem Entsetzen und – scheinbar? – unbeirrter Disziplin. Als verwirrender Spiegel des Neben-, Gegen- und Durcheinanders verschiedenster Anforderungen, Gefühle und Wünsche aus einem stets todesbedrohten Alltag läßt sich auch die Sammlung von Notizen und Aufsätzen betrachten, die seit dem November 1941 im Büro des *Architekten für die Neugestaltung Hamburgs* angelegt wurde.

Wie später die Hefte *Front* und *Betrieb* wurde vom Büro Gutschow unter dem Titel *Nachrichten für unsere Kameraden im Felde* seit 1941 bereits monatlich eine jeweils etwa zwölf Seiten starke, sorgsam gesetzte und illustrierte Broschüre herausgegeben. Hier erschienen Berichte aus dem Büro und der Stadt, aus dem Arbeits- und Privatleben der Mitarbeiter, als Erinnerung und Ermutigung für die »Kameraden im Felde« zusammengefaßt und den ehemaligen Kollegen an Kriegsschauplätze in vielen Ländern nachgeschickt. Dabei wird »das Büro« am Elbufer Hamburgs als eine eigene soziale Welt in Erinnerung gerufen, in der sich Pflicht und Lust, Arbeit und Privates, persönliche Geschichte und gemeinsame Zukunftshoffnungen unauflöslich durchdringen, wobei die Fürsorge der »Kameradschaft« zu Hause wechselnde Tonlagen findet: zwischen hohen Worten mahnender Trauer, trockenen fachlichen Mitteilungen und vertraulichen Witzeleien.

Schon im ersten Heft stehen Nachrufe auf die gefallenen Kollegen neben leicht schnoddrig formulierten Mitteilungen (»Neues vom Elbufer und aus Hamburg«). Ausführlich werden der berufliche Werdegang der Gefallenen und ihre Leistungen im Büro gewürdigt; danach äußert sich Gutschow zu den Intentionen dieser Heftreihe. Da inzwischen schon 30 Angehörige des Büros »im Felde stehen«, seien individuelle Briefwechsel zögernder und seltener geworden, selbst der »Soldatenpapa« des Büros könne nicht mehr »für jeden etwas persönlich schreiben«. Deshalb habe man sich nun zusammengetan, um auf diesem Weg die Bindungen zwischen »Heimat« und »Front« zu festigen: »So habe ich den Wunsch, daß unsere Reihen fester werden, im Krieg und über den Krieg hinaus, denn in unserer Gemeinsamkeit liegt Stärke!«[208]

Jedes Heft zeigt deutlich das Bemühen um eine demonstrative Unmittelbarkeit der Sprache, mit der zugleich soziale Nähe suggeriert und Identifikation stimuliert wird – und dennoch die Verpflichtung auf fachliche Disziplin durch Arbeitsberichte zum Mit-Denken aufrechterhalten bleibt. So wird über einen Besuch von Paul Bonatz im Hamburger Büro mit einem feucht-fröhlichen »Kameradschaftsabend« berichtet, bevor ausführlicher auf den eigentlichen Anlaß von Bonatz' Visite eingegangen wird: eine Ausstellung von Hamburger Brückenbauwerken, die Gutschow gemeinsam mit Bauämtern aus Reichs- und Landesbehörden organisiert hatte.

Der Sinn solcher Ausstellungen, die weiterhin zu verschiedenen Themenbereichen veranstaltet werden sollen, wird den als Soldaten einberufenen Architekten, Zeichnern, Sekretären, Lehrlingen von einem Planer-Kollegen mit folgenden Worten nahegebracht: »Wenn ich mich mal als äußerst blutiger Laie mit militärischen Vergleichen ausdrücken darf, so handelt es sich hier wirklich um die Festlegung der Strategie eines ganzen Feldzuges ›Neugestaltung‹ für alle die militärischen Einheiten Schulbau, Krankenhausbau, Wohnungsbau, Brückenbau usw. So wie bei der Planung eines Feldzuges jede Waffenart unter sich ausgerichtet sein muß mit bestimmten Zielen, diese Waffenarten alle zusammengenommen aber auf die Erreichung *eines* Zieles ausgerichtet werden müssen, so muß es auch bei der Neugestaltung geschehen. So wenig da wohl jede Armee für sich losmarschieren kann und innerhalb der Armee jede Division und jedes Bataillon für sich, so muß auch hier das Bataillon Schulbau Fühlung halten mit dem Bataillon Brückenbau, und alle diese Bataillone der ›Armeen Reichsautobahn, Strom- und Hafenbau, Tiefbauamt, Reichsbahn usw.‹ müssen für ein gemeinsames Ziel festgelegt werden, wobei dann nach dem alten Spruch jeder getrennt marschieren kann, aber vereint schlagen muß. So bin ich also wieder bei euch im Felde angelangt. Wir, die wir uns also als ›blutige Laien‹ hier in Strategie und höherer Kriegskunst auf dem Neugestaltungsgebiet versuchen, werden uns freuen, wenn ihr wieder in unsere Reihen einrückt, die ihr ja nun Fachleute in puncto Disziplin und Ordnung geworden seid. Was wir dann hier nicht geschafft haben, das werdet ihr schon schmeißen.« Nach dem Blick in die gemeinsame Zukunft folgt ein knappes Wort des Abschieds: »So, das nächste Mal mehr. Falls ihr in den Zeitungen oder im Rundfunk in der letzten Zeit wieder von Bombenangriffen auf Hamburg gehört habt, so ist das all'ns halb so wild.«[209]

In Beiträgen verschiedener Mitarbeiter wird ein fast idyllisches Bild der Normalität des Alltags im Büro gezeichnet, in der offenbar immer noch Zeit zur Diskussion über passenden Wandschmuck in den Arbeitsräumen und zur Vorbereitung von Musikabenden bleibt. Demgegenüber geben sich auch die abgedruckten Berichte von der Front wenig dramatisch. Nicht über mörderische Kämpfe und das Entsetzen über das massenhafte Sterben der Kameraden und Gegner, auch: der Frauen und Kinder im Krieg kann hier geschrieben werden. Berichte über die wirklich bewegenden Erlebnisse bleiben privaten Briefen und Gesprächen vorbehalten.

Die als offizielle »Nachrichten« mit der Schere im Kopf reflektierten Mitteilungen zeugen von zögernder Unsicherheit oder absichtsvoll unbeholfenem Gebrauch pathetischer Leerformeln. »Hinter solchen Schreibereien standen damals oft ganz bittere Gedanken derer, die sie hinschrieben«, erinnert sich Rolf Romero. »Wir, die wir im Lazarett oder sonstwo solche mitunter zweifelhaften oder unsinnigen Bemühungen lasen, kannten die, die das schrieben. – Und wußten: Hinter mancher solchen Schreiberei standen oft bittere Gedanken.«[210]

1941 ist die mitgeteilte Stimmung noch durchweg optimistisch gefärbt; allzu propagandistische Töne werden ironisch gebrochen. So heißt es zur Präsentation der ersten Fassung des Generalbebauungsplans: »Da hängt an der Wand im Modellsaal ein aus zwölf Tafeln zusammengesetzter Riesenschinken von 4 m Höhe und 6,5 m Länge. Man sieht darauf eine Unmenge vielfarbiger Flächen und Linien, an denen man nicht erkennt, wieviel Schweiß sie uns gekostet und wieviel Gehirnschmalz wir da hineingearbeitet haben. Vorsichtig müssen wir ja sein und alles gründlich überlegen, was wir da anordnen, damit nicht kluge Leute kommen, uns auslachen und uns nachweisen, daß dies und das so gar nicht geht.« Vielsagend heißt es zum Plan: »Er stellt den allgemeinen Meinungsquerschnitt des Jahres 1941 dar. Er gibt ein Bild vom Hamburgs Zukunft vom Boden der jetzigen politischen und wirtschaftlichen Zustände aus. Da diese aber stark im Fluß sind, ist auch unsere Arbeit nicht beendet«, schreibt »mit herzlichem Gruß« und »im Namen der Generalplaner« Dr. Hans Berlage.[211]

Auch über Architektur kann hin und wieder gesprochen werden, wenn etwa über einen Vortrag von »Baudirektor Schumacher« zum Thema »Von Knobelsdorff zu Schinkel« berichtet wird, den der *Nationalsozialisti-*

sche Bund Deutscher Techniker in Hamburg veranstaltete: »Hier unter-
suchte der Altmeister, wie die klassizistische Note in die Zeit Schinkels
hineinkam und stellte dabei fest, daß schon Friedrich der Große bei der Ge-
dächtnisrede für seinen Architekten Knobelsdorff die Worte gebrauchte
›Von der edlen Simplizität der Antike‹, womit der Beweis erbracht ist, daß
die Neigung für das Klassizistische schon in jener Zeit vor Schinkel als allgemeines Bedürfnis vorlag.« Auch auf dem Gebiet der Planung wird für
Fernunterricht gesorgt: »Von Baurat Wortmann, Bremen, hörten wir in äußerst interessanten Schilderungen, wie sich die Grundlagen für eine Neugestaltung der Hansestadt Bremen heute darstellen. Er kam zu der Auffassung, daß bei der Bewältigung der Ostraumbesiedlung für die deutschen
Städte eine Umgestaltung in der Weise kommen wird, daß Bremen nicht
große neue Gebiete hinzugefügt werden, sondern eine Art von vollkommener Sanierung vorgenommen werden müsse, wodurch dann auch alle seit-
herigen Nachteile der Stadt – wie gleichzeitig auch der anderen Großstädte – für immer ausgemerzt werden.«[212]

Dazwischen immer wieder: Vermischtes. In einer Rubrik »Vorzimmer-
geplauder« berichten Sekretärinnen über ihre Alltagsprobleme; das Leben geht weiter, scheint vom Krieg kaum berührt: »Die Theater spielen
wieder mit neuen Spielplänen«, das Thalia- und das Volkstheater spielten »teils klassisch, teils modern, teils ernst, teils heiter, beide mit fri-
schem Elan, was sich auch beim Publikum durch Besuch bemerkbar
macht«[213]. Breit wird über Ausstellungen und Konzerte berichtet, und
überschwenglich bedanken sich die »Kameraden im Felde« bei
Gutschow für die ausführlichen und anschaulichen Mitteilungen: »Hauptsache, daß der Faden nicht abreißt. Vielleicht ist es gut, daß diese Pause
gekommen ist, wir werden doch alle reifer in dieser Zeit und das Unterbe-
wußtsein arbeitet auch an Sachen, mit denen man sich nicht laufend beschäftigt. Es wird wohl so kommen, wie nach dem Ersten Weltkrieg: mit
Heißhunger werden sich die heimkehrenden Soldaten wieder nach geistiger Arbeit sehnen und Sie werden gewiß an ihnen nicht die schlechtesten
Mitarbeiter haben.«[214]

So richten sich die Erinnerungen und Hoffnungen von der Front zurück
auf das Büro als Heimat. »Das Büro« wird zur Ersatzfamilie, Zerrspiegel
gelungener Gesellschaftlichkeit von Menschen – mitten im Krieg. »Heute
erleben wir die erste große Belastungsprobe, die die Idee einer wahren
Volksgemeinschaft zu bestehen hat. Versagt sie, so wird sich keiner unbe-
schadet aus den Trümmern retten können.«[215]

Doch Monat für Monat werden die Belastungsproben härter, im Februar
1943 heißt es: »Das Leben in der Heimat steht in diesen Wochen ganz und
gar unter dem Eindruck der großen Abwehrschlachten an der Ostfront. Oftmals am Tage, auch mitten in der Arbeit, werden unsere Gedanken und Gefühle unwillkürlich dort hingezogen. Jeder in der Heimat ist sich der Größe der dort auf dem Spiel stehenden Entscheidung bewußt und ist in sei-

nem Tagesablauf dauernd davon beeindruckt, denn es geht dort ja um alles, was uns wertvoll ist.« Doch tröstet das Februar-Heft: »Das Leben unserer Stadt geht weiter. Der Winter ist bis jetzt milde gewesen und hat Kohlen gespart. Die Engländer kamen in der vergangenen Zeit selten zu uns an die Elbe, erst am letzten Januarartag gab's wieder dicke Luft. Die Veranstaltungen sind angesichts des vierten Kriegswinters immer noch sehr reichlich.«[216]

Wenige Monate später ist das Leben in Hamburg fast erloschen. Nach dem vernichtenden Angriff im Sommer 1943 sind die ersten Seiten der »Nachrichten« mit einer langen Liste von Nachrufen gefüllt. Nach Worten der Trauer über die »Opfer des Terrorangriffs« schlägt die Sprache jedoch unvermittelt wieder in den Ton des staatlich verordneten Optimismus um, wenn über die gelungenen »Kameradschaftsabende« berichtet wird. Vergessen ...

Als Weihnachtsgruß schreibt Gutschow im Winter 1943 an die Front: »Die Katastrophentage kommen uns vor, bald als wenn sie weit, weit zurück lägen – so sehr sind uns die Trümmer um uns herum zum gewohnten Bild geworden –, bald aber kommen sie uns vor wie erst gestern, da uns die große Rauchglocke das Sonnenlicht nahm und uns die Mittagsstunde zur finsteren Nacht machte. Was ist alles in diesen Wochen in Hamburg geleistet worden! Tausend Kräfte hat diese Katastrophe ausgelöst, die sonst zu schlummern schienen. So große Sorgen uns auch erfüllen, wenn wir an die kommenden Wochen und Monate denken, so sicher sind wir, daß wir ihrer irgendwie Herr werden (...) Das Leid und Elend, das wir durchgemacht haben, sind nicht unsere Schwäche, sondern unsere Stärke.« Maßgebend bleibt für Gutschow die Erfahrung, »daß auf jedes Tal, das Schatten verdüstern, wieder Höhen folgen, auf denen der Glanz der Sonnenstrahlen ruht – für den, der stark genug ist, bis dahin durchzustehen. Mit dieser inneren Gewißheit im Herzen werden wir diese stillen Nächte in diesem Jahr erleben und in ein neues Jahr unserer Zukunft eintreten. Von dieser inneren Gewißheit erfüllt, werden wir dem Führer auf allen seinen Wegen folgen.«[217]

Doch die Wege des *Führers* änderten ihre Richtung. Die Weichen wurden neu gestellt. Im Frühjahr 1944 schreibt Hillebrecht in den *Nachrichten für die Kameraden im Felde,* »daß mit der Jahreswende auch eine Wende in unserer Arbeit eingetreten ist: von der Kriegsbauleitung zur *Wiederaufbauplanung«.* Eindringlich fordert Hillebrecht die Kameraden auf: »*Plant mit!* Jawohl, das könnt ihr! Und nur deshalb sage ich hier noch einiges zur Wiederaufbauplanung, um von euch Antworten, Beiträge und Kritiken zu bekommen. Zunächst: Es handelt sich um keinen Propagandarummel! Der Führer und Speer meinen es durchaus ernst.« Programmatisch spricht Hillebrecht von einem »elementaren Umbruch«. Er beschreibt die Planung des Wiederaufbaus als grundsätzliche Neugestaltung deutscher Städte und Lebensformen: »Neugestaltung heißt, dem *Leben eine neue Ge-*

stalt geben. Tun wir das nicht und wollen wir das nicht, so waren wir also mit dem Leben in der alten Form zufrieden. Und warum führten wir dann diesen Krieg, den Krieg, der nicht ohne Grund Krieg um Sein oder Nichtsein genannt wird? Das nächste Mal mehr! In alter Frische! Euer Hillebrecht.«[218]

Er kann sich kurz fassen, denn noch im selben Heft äußert sich Fritz Schumacher ausführlich zum Wiederaufbau Hamburgs. Die Schriftleitung der *Nachrichten* schreibt stolz: »Wir berichten über die Ansprache, die der Mann, der Hamburg in den letzten Jahrzehnten städtebaulich gestaltete, anläßlich der feierlichen Verleihung des Lessing-Preises an ihn gehalten hat. Wir freuen uns, euch mit seinen gedankentiefen Ausführungen bekannt machen zu können.« Unterbrochen von den persönlichen Mitteilungen »aus Feld und Heimat«, von Grüßen, Gratulationen und Nachrichten folgt in Fortsetzung der Vortrag Schumachers; danach schließt sich ein Bericht über die »Arbeitsbesprechungen« an, die inzwischen mit verschiedenen Experten über die Probleme des Wiederaufbaus geführt wurden. Neben Berlage, Gutschow, Hillebrecht, Wortmann und anderen äußert sich dazu auch Reichow und betont insbesondere die biologischen Gesichtspunkte der Planung, die als weitere Ausgangspunkte städtebaulich-architektonischer Gestaltung anzunehmen seien. Nach Darstellung der Diskussion faßt der Protokollant 1944 zusammen: »So fand diese reiche und wertvolle Arbeitsbesprechung des Monats März ihren verdienten Abschluß. Die Arbeit selber ist im Gange, und wir wundern uns vielleicht, daß wir unter den Wolken der Zeit so tätig sein können; aber sind wir nicht einfach berufen, so zu tun?«[219]

Der Minister

Am 8. Februar 1942 kam Fritz Todt unmittelbar nach einer langen, offenbar kontroversen Unterredung mit Hitler bei einem Flugzeugabsturz unter mysteriösen Umständen ums Leben. Noch am gleichen Tag wurde Albert Speer, der sich zur gleichen Zeit im ostpreußischen Hauptquartier Hitlers aufhielt und eigentlich mit Todt gemeinsam nach Berlin zurückfliegen wollte, durch eine unerwartete Entscheidung Hitlers im Alter von 36 Jahren Nachfolger Todts in allen Ämtern, die dieser innegehabt hatte. Damit war er im Rang eines Ministers Chef des gesamten Straßenbaus – und ihm unterstanden Wasserstraßen, Flüsse und Kraftwerke. Todt hatte sämtliche wichtigen technischen Aufgaben auf sich konzentriert und die Konstruktion eines Technischen Ministeriums vorbereitet. Als Beauftragter Hitlers war er zugleich *Minister für Bewaffnung und Munitionsbeschaffung* sowie *Leiter der Bauwirtschaft* in Görings Vierjahresplan.[220]

Bestürzt über die unerwartete Ämterfülle, der er sich anfangs nicht gewachsen fühlte, habe er noch versucht – schreibt Speer später –, die ihm zugewiesenen Aufgaben einzuschränken.[221] Hitler jedoch bestand auf der Übernahme sämtlicher Ämter Todts durch Speer. Dieser akzeptierte die Ernennung, die er zunächst als »unfreiwillige Unterbrechung auf Kriegszeit, als eine Art Kriegsdienst« auffaßte.[222] Dennoch gelang es ihm bereits wenige Tage später, in einer ersten Rede als Minister vor seiner neuen »Gefolgschaft« eine hohe Identifikation mit den neuen Ämtern zu vermitteln. Diese Ansprache sei, bemerkt Wolters in seiner Chronik, die »erste Rede Speers, die den Umfang von zwei Sätzen überschritt«.[223] Statt der sonst von Speer gewohnten wortkargen Sachlichkeit wurde hier zur Vorstellung im neuen Amt ein ungewohntes Pathos vorgetragen: »Mag unsere Trauer um den Toten noch so groß sein, die des Führers ist größer. Wir alle wollen ihm durch rastlose Arbeit erleichtern, diesen Schmerz zu verwinden. Denn der Erfolg unserer Arbeit ist entscheidend für den Sieg Deutschlands. Ich habe dem Führer gelobt, meine ganze Kraft nur für dieses Ziel einzusetzen, und ich weiß heute schon, daß ich mich dabei auf euch verlassen kann.«[224]

In kürzester Zeit arbeitete sich Speer auch in die ihm fremden Gebiete des Rüstungsministeriums ein. Daneben blieb er weiterhin Chef der Dienststelle des GBI, deren Arbeit er aufmerksam verfolgte, auch wenn er selbst nicht mehr mitwirken konnte. Für die Zeit, in der er persönlich die Leitung nicht wahrnehmen konnte, bestimmte er die Hauptabteilungsleiter Schelkes, Stephan, Wolters und Fränk als seine Vertreter. Für Fragen der Presse, Propaganda, Künstlerbetreuung und des Protokolls wurde als neuer Hauptabteilungsleiter der bisherige Geschäftsführer in der *Reichs-kammer der bildenden Künste*, Walter Hoffmann, eingestellt.[225]

Nachdem er die wichtigsten Aufgaben der Dienststelle des GBI an seine vertrautesten Mitarbeiter delegiert hat, lädt Speer am Sonntagabend des 2. März 1942 einen engen Kreis von Freunden und Kollegen in das Restaurant »Horcher« zu einem »Abschiedsessen« ein; unter den Gästen sind Kreis, Freese, Tamms, Dustmann, Rimpl, Pinnau, Dierksmeier, Flehr, Stephan, Schelkes und Wolters. In einer Ansprache an seine Kollegen bittet Speer darum, an den Projekten weiterzuarbeiten, »so gut dies mit den vorhandenen Kräften möglich sei«. Er müsse sich nun mit aller Intensität in seine neuen Aufgaben einarbeiten. Er habe sein Programm zunächst auf zwei Jahre abgestellt, hoffe jedoch, bereis vor Ablauf dieser Frist »zu seinen Architekten zurückkehren« zu können.[226]

Eine Woche zuvor, am 24. Februar 1942, hatte Speer noch auf einer Gauleitertagung in München erklärt: »Jeder von uns – auch ich – hatte bis zum Winter dieses Jahres seine Sonderwünsche, die aus unserem Bestreben, auch während des Krieges die Friedensarbeit weiterzuführen, entsprungen sind. Die Lage läßt diese Friedensarbeiten zur Zeit nicht mehr zu.« Bereits im Dezember 1941 habe er den Vorschlag gemacht, seine gesamten Arbeitskräfte einschließlich der Techniker für einen »geschlossenen Einsatz im Osten freizugeben«. Jetzt wären auch kleinste Bauvorhaben stillzulegen, wenn sie nicht eindeutig kriegswichtig seien: »Der Führer selbst hat schweren Herzens der Einstellung aller Arbeiten für die Neugestaltung der Reichshauptstadt zugestimmt, und Sie wissen, daß er deren Verwirklichung als die ›wichtigste Bauaufgabe des Reiches‹ und ›den bedeutendsten Beitrag zur Sicherstellung unseres Sieges‹ festgelegt hat. Es ist nun an Ihnen, freiwillig mit der Einstellung mancher kleiner Arbeiten zu folgen (...). Im übrigen: der Führer erwartet von Ihnen, wie ich festgestellt habe, nicht, daß Sie ihn bei Beendigung des Krieges mit der Durchführung von Planungen und von Friedensbauten überraschen. Er erwartet von uns allen die restlose Konzentration auf die Kriegsaufgaben, und ich weiß, daß er die im Krieg etwa durchgeführten Friedensbauten durchaus nicht positiv werten wird. Gehen Sie also hart und rücksichtslos all den kleinen Ausnahmen nach, die sich in Ihren Gauen angesammelt haben und bei denen sich sowieso nur noch einige kümmerliche Bauarbeiter bemühen, so zu tun, als ob der Bau weitergehe, – und legen Sie diese Bauten still.«[227]

Vor den versammelten Gauleitern kündigte Speer an, daß aus allen größeren Gemeinden des Reiches Bautechnikertrupps zusammengestellt würden, um sie in den besetzten Ländern beim Ausbau der Transportwege und auf »kriegswichtigen« Baustellen arbeiten zu lassen. Unter Hinweis auf die Leistungen Todts gab er eine Art Regierungserklärung ab, mit detaillierten Zahlenangaben zur Waffen- und Munitionsproduktion. In wenigen Tagen hatte Speer sich so sachkundig gemacht, daß sein Auftreten selbst von den Gauleitern mit Respekt aufgenommen wurde. Mit dem für Speer typischen »sportlichen Ehrgeiz«[228] und seiner Vorliebe für unkonventionelle Verwaltungspraxis richtete er nun sein Ministerium in einer den Beamten befremdlichen »organisierten Improvisation«[229] ein, die an die – freilich nur partielle – »Selbstverantwortung« aller Beteiligten skrupellos höchste Anforderungen stellte.[230]

Trotz mancher mißgünstiger Bedenken war die labile Konstruktion ineinandergreifender Ämter, Stäbe, Ausschüsse und Ringe jedoch so effektiv, daß bereits ein halbes Jahr nach Amtsantritt auf allen Speer übertragenen Gebieten die Rüstungsproduktion erheblich gesteigert werden konnte. Im Bewußtsein der Zuneigung Hitlers und des Erfolgs seiner Arbeit zugunsten einer rationalisierten Kriegsmaschinerie konnte Speer den wenig bürokratischen, improvisatorischen Stil seines Ministeriums auch gegen die Feindseligkeiten hoher Nazi-Funktionäre sichern, die angesichts der Betonung der sach- und fachbezogenen »Selbstverantwortlichkeit« besonders der Techniker und Ingenieure um den Einfluß der Partei fürchteten. Schließlich beschrieb Speer selbst noch im April 1945 seine Aufgabe als explizit »unpolitische« Lösung bloß technischer Probleme, für deren politischen Kontext und Zielbestimmung er zu keiner Zeit irgendeine Verantwortung spürte, selbst dann nicht, als im Zuge der Maßnahmen des »totalen Kriegseinsatzes« auf Speers Befehl Hunderttausende von Zwangsarbeitern und KZ-Häftlingen in Arbeitslager verschleppt und vernichtet wurden.[231]

Trotz aller Bekenntnisse zu Führer und Staat blieb eine gewisse Distanz zur Partei und ihren Vertretern nicht unbemerkt. Speer zog das Mißtrauen einiger Funktionäre auf sich. »Mit Skepsis« beobachtete man auch den Wechsel enger Mitarbeiter aus Speers Stadtplanungsbüro in das Rüstungsministerium; sie standen im Verdacht, nicht ganz »rückhaltlos zu Staat und Bewegung« zu stehen, wie der politische Kontrolleur Seeberg später dem SS-Reichssicherheitshauptamt mitteilte. »Von der Kritik an Speers Mitarbeitern war es nur ein kleiner Schritt, Speers Ministerium als überhaupt parteifeindlich abzustempeln, was in dieser verallgemeinernden Form sicher nicht zutraf.«[232]

Totaler Krieg

Ende 1941 war, trotz heftiger Propaganda der NSDAP, in der Bevölkerung die Zuversicht geschwunden, daß der Krieg rasch und vor allem siegreich beendet werden würde. Zu Beginn des dritten Kriegsjahres verbreitete sich das beklemmende Gefühl, »der Frieden sei möglicherweise nur mit einer Niederlage zu erkaufen, einer Niederlage allerdings, von der befürchtet wurde, sie könnte noch größere Leiden mit sich bringen als der Krieg selber«.[233] Auch die große Sommeroffensive 1942 brachte trotz einiger Teilerfolge keinen Stimmungsumschwung; und als im Januar 1943 die Katastrophe von Stalingrad absehbar war, unterzeichnete Hitler auf Drängen von Goebbels am 13. Januar 1943 den *Erlaß des Führers zu umfassendem Einsatz der arbeitsfähigen Männer und Frauen für die Aufgaben der Reichsverteidigung.*

Gegen die sinkende Siegesgewißheit inszenierte Goebbels am 18. Februar 1943 jene berüchtigte Großkundgebung im Berliner Sportpalast, in deren Verlauf er den Versammelten zurief:»Wollt ihr den totalen Krieg?« und die bedingungslose Gefolgschaft des deutschen Volkes forderte. Gesetzesentwürfe zur»Totalisierung der Kriegsführung« wurden ausgearbeitet, die schließlich auch den von Speer schon seit längerem erhobenen Forderungen entgegenkamen. Da der Abzug fast aller»wehrfähigen« Männer in vielen Betrieben Lücken gerissen hatte, wurde zur Deckung des dringendsten Bedarfs eine Meldepflicht für Männer zwischen 16 und 65 Jahren, für Frauen zwischen 17 und 50 Jahren eingeführt. Zudem sollte nach Plänen Speers die gesamte Wirtschaft zugunsten der Rüstungsproduktion aktiviert und rationalisiert werden, auch wenn entsprechende Umschichtungen und der Einsatz von ungelernten Kräften in der Produktion weitreichende Folgen für die gesamte Bevölkerung haben würden:»Die Maßnahmen, die ergriffen werden müssen, um mindestens eine Million Deutsche in die Rüstungsbetriebe zu überführen, sind außerordentlich hart und werden praktisch – meiner Auffassung nach – den gesamten deutschen Lebensstandard der oberen Schicht herabdrücken. Das bedeutet also, daß wir für die Dauer des Krieges, ganz grob gesagt, verproletarisieren, wenn der Krieg lange dauert.«[234] Dennoch war ein solcher»totaler Kriegseinsatz«, wie Speer ihn forderte, kaum durchzusetzen. Insgesamt wurden zwar 3,5 Millionen Männer und Frauen registriert, doch wurden nur etwa 20 Prozent aller Registrierten auch entsprechend beschäftigt. Für die Organisierung des Arbeitseinsatzes war der Gauleiter Fritz Sauckel zuständig.[235] Von ihm erfuhr Hitler im April 1943, daß alle»deutschen Reserven« erschöpft seien und nun auf Arbeitskräfte aus den besetzten Ländern zurückgegriffen werden müßte – was Speer wiederum zu verhindern suchte, um die noch intakten ausländischen Industriekapazitäten für die deutsche Kriegswirtschaft nutzen zu können.

So mehrten sich bereits nach einem Jahr die Konflikte; deutlich spürte Speer vor allem den Widerstand der Gauleiter, die ihn – wie er später schreibt – letztlich als»parteifremdes Element« mit allzu weitreichenden Kompetenzen einschätzten. Umgekehrt bemerkte Speer eine zunehmende »Zersplitterung der Reichsgewalt« durch die ausgeweiteten Machtansprüche der Gauleiter, durch die manche Maßnahme zur zentralstaatlich verordneten und von Goebbels propagierten»Totalisierung des Krieges« unterlaufen wurde, indem etwa einzelne Gaue von angeordneten Stillegungen der Konsumgüterindustrie ausgenommen wurden. Vergeblich erwartete Speer eine Verstärkung seiner Autorität von Himmler, der im August 1943 zum Innenminister des Reiches ernannt worden war. Als sich aber zeigte, daß auch Himmler den »fortschreitenden organisatorischen Zerfall der einheitlichen Reichsverwaltung« nicht aufhalten konnte oder wollte[236], entschloß sich Speer zu einer Offensive.

Am 6. Oktober zeichnete Speer in einer Rede vor Gauleitern und Reichsleitern der Partei ein realistisch-düsteres Bild der Lage und forderte weitere Opfer zur Intensivierung des Krieges: Die Wirtschaftsstruktur Deutschlands müsse vollständig den Kriegserfordernissen angepaßt werden; eineinhalb Millionen in der Verbrauchsgüterindustrie Beschäftigter seien in die Rüstungsproduktion zu überführen; Konsumgüter sollten in Zukunft vorwiegend in Frankreich hergestellt werden. In bedrohlicher Schärfe bedankte sich Speer demonstrativ bei Ley dafür, daß er »Bummelanten« in Konzentrationslager stecke, und kündigte an, künftig den Staatssicherheitsdienst einzuschalten, um nutzlose Fertigungen, wie Eisschränke u. ä., die oft bloß der Bestechung dienten, aufzudecken. An die Gauleiter richtete er die Warnung: »Ich werde daher Stillegungen, soweit nicht die Gaue innerhalb von 14 Tagen meiner Aufforderung nachkommen, selbst aussprechen. Und ich kann Ihnen versichern, daß ich gewillt bin, die Autorität des Reiches durchzusetzen, koste es, was es wolle! Ich habe mit Reichsführer-SS Himmler gesprochen und ich werde von jetzt an die Gaue, die diese Maßnahmen nicht durchführen, entsprechend behandeln.«[237] Mit dieser Drohung war ein tiefer Graben aufgerissen, durch den Speer zunehmend in Isolation geriet. Durch seine Rede habe er sich den Zorn der Gauleiter zugezogen; ihren Ärger habe er noch am selben Tag zu spüren bekommen, berichtet Speer.[238] Zudem waren weder Himmler noch Hitler bereit, die Forderungen des erfolgverwöhnten jungen Technokraten gegenüber den alten Kumpanen zu unterstützen.

Konfrontiert mit den Grenzen seiner Macht innerhalb des Nazi-Systems sann Speer auf neue Perspektiven zur Erweiterung seiner Handlungsfelder. Nur fünf Tage nach seiner Rede vom 6. Oktober, noch unter dem Eindruck der wütenden Proteste der Gauleiter, ließ Speer sich von Hitler für die zukünftige Planung aller bombengeschädigten Städte einsetzen. Zu dieser Entscheidung mögen mehrere Überlegungen beigetragen haben.

Erstens erhielt er dadurch Kompetenzen auf einem Gebiet, in dem sich die Gauleiter – und auch der Rivale Bormann – viel sicherer fühlten als in Problemen der Kriegsführung; und daher mußten sie Speers Zugriff als klaren Affront erfahren.

Zweitens konnten hier neben der immer skeptischer betrachteten Organisierung eines kaum mehr gewinnbaren Krieges wieder vertrautere Arbeitsfelder der räumlichen Planung erschlossen werden, die neben der erbarmungslosen Administration des Krieges wieder auf engere Bindungen im alten Mitarbeiterkreis – und zugleich auf neue Horizonte – hoffen ließen.

Wie wichtig ihm die inzwischen stark eingeschränkten Beziehungen zu Kollegen und Freunden auch als Rüstungsminister geblieben waren, mußte ihm am 1. Mai 1943 besonders deutlich geworden sein. Am gleichen Tage, an dem er in einer ausführlichen Besprechung mit Hitler Rekordergebnisse beim Bau des Atlantikwalls, Produktionsmengen von Karabinern für die Waffen-SS und Explosionsgeschosse für Scharfschützen erörterte, starb an den Folgen einer schweren Verwundung in einem Lazarett Hans-Peter Klinke, sein Studienfreund und erster Mitarbeiter im Berliner Büro seit 1932. Noch am 20. April 1943 war der schwer verletzte Klinke auf Vorschlag Speers von Hitler zum Professor ernannt worden; nun bereitete Speer mit großer Sorgfalt die Totenfeier vor. Die Bahre mit dem Leichnam Klinkes ließ er am 5. Mai im großen Modellsaal am Pariser Platz aufstellen. Hierher waren von Speer neben den offiziellen Abordnungen, die Kränze niederlegten, auch Angehörige, Mitarbeiter und Freunde geladen. Am Abend kam auch Tessenow hinzu; umrahmt wurde die Feier mit Werken von Bach durch das Philharmonische Orchester. In einer pathetischen Rede, in der sich Propaganda und Trauer, Haß und Selbstmitleid makaber mischten, sprach Speer den Toten an und erinnerte an die gemeinsame Studienzeit: »Die Aktiven unter den Studenten waren bald um uns zusammengeschlossen, und die sich daraus ergebende Kameradschaft unter uns allen war schnell weit über das hinausgewachsen, was sonst in einer Hochschule möglich war. Wir unternahmen mit den Studenten lange Fahrten mit dem Faltboot und waren in diesem Kreis oft und lange zusammen.« In seiner Chronik berichtet Wolters über den weiteren Inhalt der Rede: »Der Minister sprach dann von der kleinen festen Gemeinschaft, die damals entstand, und mit der er sich den Arbeitsstab für die späteren großen Planungen aufstellte.« Dann zitiert er Speer wörtlich: »Diese kleine Gemeinschaft treuer Mitarbeiter hat sich in diesen vergangenen zehn Jahren nicht geändert. Dieselben, die mir damals halfen, mein Lebenswerk als Künstler aufzubauen, stehen mir auch heute noch treu zur Seite. Sie werden nach dem Kriege die alte Arbeit wieder aufnehmen.«[239]

Solche Äußerungen verweisen auf ein *drittes* Motiv, das im Kreis um Speer auch Jahrzehnte später noch Anlaß zu Spekulationen gab: Hinweise darauf, daß Speer über Aufgaben des Wiederaufbaus mit Blick auf die Nachkriegszeit eine gewisse Unentbehrlichkeit seines weitgerühmten Planungs- und Organisations-»Talents« annahm, das auch die potentiellen Siegermächte beeindrucken würde. Denn schließlich erfuhr er sogar aus Pressemitteilungen, daß er im westlichen Ausland »als Fremdkörper inmitten des parteidoktrinären Getriebes«[240] galt. Die englische Zeitung *Observer* schrieb am 9. April 1944: »Speer ist gewissermaßen heute für Deutschland wichtiger als Hitler, Himmler, Göring, Goebbels oder die Generale. Sie alle sind irgendwie nichts als Mitwirkende dieses Mannes, der tatsächlich die riesige Kraftmaschine führt und aus der er ein Maximum am Leistung herausholt. In ihm sehen wir eine genaue Verwirklichung der Revolution der Manager. Speer ist nicht einer der auffälligen und pittoresken Nazis. Es ist unbekannt, ob er überhaupt irgendwelche andere als konventionelle politische Meinungen hat. Er hätte sich jeder ande-

am Mittwoch, dem 5. Mai 1943, 12 Uhr
Generalbauinspektion Pariser Platz 4

———

Das Berliner Philharmonische Orchester
unter Leitung von Generalmusikdirektor Professor Heger

Bach
Brandenburgisches Konzert Nr. 3 G-dur
1. Satz Allegro Con Spirito

Gedenkrede des Ministers

Kranzniederlegung während der Klänge der Bachschen Air

Bach
Brandenburgisches Konzert Nr. 3 G dur
2. Satz Allegro

Austragung des Sarges
Orchester: Ich hatt' einen Kameraden

Mit unerbittlicher Strenge gegen Dich selbst, in spartanischer Einfachheit und stolzer Zurückhaltung bist Du durch das Leben gegangen. Du verzehrtest Dich in der Liebe zu Deinem Beruf und Du hattest eine treue, tapfere Frau, die Dir auf allen Deinen Wegen bedingungslos folgte. Deine Treue zum Führer und seinem Werk war unermeßlich groß. Ihm galt Dein Leben seit vielen Jahren. Du hast es ihm in einer Zeit seiner größten Sorge um das Reich gegeben. Wir versprechen Dir, daß auch wir uns Deinem Opfer würdig zeigen wollen. Mit derselben unerbittlichen Strenge müssen auch wir uns für den Bestand unseres Volkes einsetzen, wie Du es getan hast. Unsere Arbeitsleistung für den Krieg wird sich im Gedenken an Dich vergrößern. Jeder Gedanke an Dinge des Friedens muß noch mehr als bisher aus unserem Wollen und Tun ausgeschaltet sein. Und erst nach dem Kriege wollen wir dann unsere alten Pläne wieder aufspannen. Viele, viele Blätter werden weiter bearbeitet, bei denen Du die letzten Striche gezeichnet hast. Wir werden dann oft an manche glückliche Stunde zurückdenken, an der unsere kleine Gemeinschaft noch vollzählig beisammen war. Du wirst uns sehr fehlen und unsere Gedanken werden oft wehmütig in die alte Zeit gemeinsamer Aufbauarbeit zurückkehren. Deine Frau und Deine Kinder werden wir in diese Gedanken einschließen und ihnen helfen, wie ich es Dir als Dein Freund versprochen habe.

Mit Dir ist einer der wenigen wertvollen Menschen, die ich kenne, von uns gegangen. Bedingungslos und unerschütterlich, wie Dein ganzes Wesen, war auch eins Deiner letzten Worte.

Wir haben die Verpflichtung, Dich und Deine Leistung auch in Zukunft zu ehren und uns Dein Andenken immer lebendig zu erhalten. Der Führer hat Dich noch am 20. April zum Professor ernannt und damit zum Ausdruck gebracht, wie sehr er selber Deine Arbeit schätzte. Ich bin entschlossen, Dir auch in der Neugestaltung der Reichshauptstadt einen Ehrenplatz einzuräumen. Ein schöner Bau und einer der neuen Plätze wird später Deinen Namen tragen.

Reichsminister Speer legte einen Kranz des Führers und den eigenen Blumengruß am Sarge nieder.

Besondere Abordnungen legten Kränze im Auftrage folgender Persönlichkeiten und Organisationen nieder:

Der Reichsmarschall Hermann Göring

Reichsleiter Bouhler

Reichsminister Dr. Goebbels

Leibstandarte ∦ Adolf Hitler

∦-Oberabschnitt Spree

Büro Speer-Lindenallee

Oberbürgermeister der Stadt der Reichsparteitage

Zweckverband der Reichsparteitage

Die Architekten des Generalbauinspektors

Organisation Todt

NSKK-Transportgruppe Todt

ren politischen Partei anschließen können, soweit sie ihm Arbeit und Karriere gab. Er ist, auf ausgeprägte Weise, der erfolgreiche Durchschnittsmensch, gut gekleidet, höflich, nicht korrupt; in seinem Lebensstil, zusammen mit seiner Frau und sechs Kindern, betont Mittelklasse. Viel weniger als irgendeiner der anderen deutschen Führer gleicht er irgend etwas typisch Deutschem oder typisch Nationalsozialistischem. Er symbolisiert eher einen Typus, der in steigendem Maße in allen kriegführenden Staaten wichtig wird: den reinen Techniker, den klassenlosen, glänzenden (bright) Mann ohne Herkommen, der kein anderes Ziel kennt, als seinen Weg in der Welt zu machen, nur mittels seiner technischen und organisatorischen Fähigkeiten. Gerade das Fehlen von psychologischem und seelischem Ballast und die Ungezwungenheit, mit welcher er die erschreckende technische und organisatorische Maschinerie unseres Zeitalters handhabt, läßt diesen unbedeutenden Typ heutzutage äußerst weit gehen. Dies ist ihre Zeit. Die Hitlers und die Himmlers mögen wir loswerden, aber die Speers, was auch immer diesem einzelnen Mann im besonderen geschehen wird, werden lange mit uns sein.«

Das Bewußtsein darüber, einer Funktionselite anzugehören, deren Qualifikationen zur Bewältigung technischer und organisatorischer Aufgaben auch unabhängig von politischen Bindungen einsetzbar waren, mag Speer zu weiteren Plänen angestoßen haben: Nicht fern liegt die Vermutung, daß Speer angesichts sinkender Siegesgewißheit und der Grenzen einer weiteren »Totalisierung des Krieges« – zudem noch ständig konfrontiert mit Konflikten und Intrigen – eine dritte Karriere als Planer des Wiederaufbaus vorzubereiten begann, nachdem die erste als Hitlers Architekt und die zweite als Rüstungsminister in den Kriegswirren zu scheitern drohten.

Offen zur Sprache kamen solche Perspektiven freilich erst später. So berichtet Rudolf Wolters von einem Gespräch mit Speer im Februar 1945, in dem Speers »Nachkriegsabsichten« erstmals deutlich ausgesprochen wurden: Er beauftragte Wolters mit der Einrichtung von Planungsbüros in Oberursel, Höxter und Rendsburg, in denen der Wiederaufbau Deutschlands unter der Herrschaft der Alliierten vorbereitet werden sollte. Zwar werde er selbst in den ersten Monaten (!) nach dem Kriege nicht zur Verfügung stehen, doch sei damit zu rechnen, daß man »ihn von alliierter Seite her höchstwahrscheinlich verwenden, ihn unter Umständen für den Wiederaufbau einsetzen« werde.[241] In einem Übergangsbüro seien zunächst Typen für Behelfswohnungen zu entwickeln; danach könne man an die Wiederherstellung der zerstörten Baustrukturen gehen, wobei man sich jedoch modernster Planungs- und Baumethoden zu bedienen habe und keinesfalls mit Firmen arbeiten dürfe, »die noch immer wie die alten Ägypter Stein auf Stein legten«. Tatsächlich bestimmten Aufgaben der Systematisierung der Planung, der Normierung und Typisierung des Bauens die Arbeit des Wiederaufbau-Stabes seit seiner Gründung – und sollten auch nach 1945 weiter folgenreich sein.

»Ich habe diese ganze Tätigkeit und damit meine eigentliche Berufung aufgegeben, um mich rücksichtslos nur für die Kriegsaufgabe einzusetzen.
Der Führer erwartet dies von uns allen.«[242] Mit diesem Versprechen hatte
Speer im Februar 1942 sein neues Amt angetreten; seine eigentliche »Berufung« aber hatte er nie ganz aus den Augen verloren, wie schon seine
»vorübergehende« Verabschiedung am 2. März 1942 gezeigt hatte. Trotz
eines mit vielen Terminen besetzten Arbeitspensums fand er auch in den
folgenden Monaten Gelegenheit zu Treffen mit den früheren Mitarbeitern.
So besuchte er am 17. September 1942, nach längerer Pause, mit Wolters
die Modellsäle am Pariser Platz und ermutigte dort die Architekten, »im
Rahmen des Möglichen« unbeirrt weiterzuarbeiten, nachdem er die neuen
Arbeiten von Dierksmeier zum Nordbahnhof, Bestelmeyers Rathaus-Ent-
wurf und Tamms' Ministerium begutachtet hatte.[243] Am gleichen Tage unterzeichnete er gemeinsam mit Ley eine »Anordnung über Sondermaßnah-
men zur Schaffung von Behelfsbauten in luftgeschädigten Städten«, um
damit weitere Vorbereitungen »für in Zukunft zu erwartende weitere Bombenschäden« zu treffen.[244]

Der *Baustab Speer,* der schon vor seiner Amtszeit als Minister mit der
Beseitigung von Bombenschäden beschäftigt worden war, war inzwischen der *Organisation Todt* (OT) eingegliedert; die vom GBI beauftragten Architekten dagegen arbeiteten selbständig weiter an ihren Aufgaben.
Dabei wurden die Pläne zur Neugestaltung der Reichshauptstadt zunehmend absurd: angesichts der starken Luftangriffe, die ab Sommer 1943
das Bild Berlins prägten. Um die bombengeschädigten Einwohner der
Stadt überhaupt noch unterbringen zu können, mußte Speer den *Reichs-*
organisationsleiter der NSDAP, Robert Ley, in seiner Eigenschaft als
Reichskommissar für den sozialen Wohnungsbau bitten, behelfsmäßig Fa-
milienwohnbaracken zu errichten, und zwar nach einem von Speer selbst
genehmigten Entwurf Ernst Neuferts. Dieser hatte einen Wohnungstyp
entwickelt, »der seit einiger Zeit bereits von der Luftwaffe als Familienun-
terkunft bei den Rüstungsbauten Verwendung findet und einer Familie mit
oder ohne Kinder, auf kleinstem Raum zusammengedrängt in einer abgeschlossenen Wohnung, eine notdürftige Unterkunft gewährt«.[245]

Infolge der Luftangriffe hatten sich in vielen Großstädten die Lebensbedingungen drastisch verschlechtert. In einigen Städten begannen unter
dem Eindruck der Schäden und drohender Baufälligkeit die Gauleiter,
nach eigenem Ermessen historische Bauten abzureißen und auf ihre Weise
Voraussetzungen zur Modernisierung der Städte im künftigen Wiederaufbau zu schaffen.

Bereits im März 1943 hatte Speer die Zusage Hitlers erhalten, daß einige schwer von Bombenschäden betroffene Städte mit städtebaulichen Planungen beginnen sollten. Speer hatte vorgeschlagen, »ein Stab von bei der

Baugestaltung Berlins eingearbeiteten Mitarbeitern« solle »beim Aufbau« von Stadtbauplänen behilflich sein[246]; Wolters und Stephan sollten die Planungen leiten. Hitler stimmte zu. Seine Vorstellungen vom Wiederaufbau richteten sich vor allem auf die »Wiederherstellung der alten Stadtkerne bei historischen Städten, gegebenenfalls – soweit möglich – unter Verbreiterung der Straßen«.[247]

Es wurde vereinbart, einen Erlaß vorzubereiten, der, wie in einem Protokoll des Gesprächs zwischen Speer und Hitler festgehalten wurde, folgenden Inhalt haben sollte: »In den durch Bombenschäden besonders stark betroffenen Städten müssen, im Zusammenhang mit den Wiederherstellungsarbeiten, schon jetzt Planungen durchgeführt werden, die den Einfluß auf eine spätere Gestaltung dieser Städte sicherstellen. Es sind daher noch während des Krieges in beschränktem Umfang städtebauliche Planungen in diesen Städten durchzuführen. Ich beauftrage hierzu den Generalbauinspektor für die Reichshauptstadt

1. diejenigen Städte festzulegen, in denen derartige Planungen durchgeführt werden sollen,

2. durch geeignete Maßnahmen die Planung dieser Städte zu lenken und zu beeinflussen,

3. durch Bereitstellung von technischen Kräften aus anderen Städten diese Planungen zu unterstützen.

Die Obersten Reichsbehörden werden angewiesen, Reichsminister Speer zur Durchführung dieser Aufgaben die notwendige Unterstützung zu geben.«[248]

Der *Erlaß des Führers über die Vorbereitung des Wiederaufbaues bombengeschädigter Städte* wurde schließlich von Hitler auf Initiative Speers am 11. Oktober 1943, kurz nach dessen riskanter Rede vor den Gauleitern, unterzeichnet. Damit waren die Machtbefugnisse Speers gegenüber den Gauleitern deutlich ausgeweitet. In dem von Hitler raffiniert geschaffenen System organisierter Rivalitäten registrierten diese sorgsam jede Machtverschiebung. Auch gegenüber Robert Ley, der gemäß dem *Erlaß des Führers zum Wohnungsbau nach dem Kriege* vom 15. November 1940 im Jahr 1942 zum *Reichswohnungskommissar* ernannt worden war, hatte Speer damit an Einfluß gewonnen, den er zu nutzen wußte.

Angesichts der fortschreitenden Zerstörung deutscher Städte schien im Sommer 1943 auch aus propagandistischen Gründen eine »öffentliche Darstellung nationalsozialistischer Ordnungskompetenz«[249] notwendig. Dies war auch den Meldungen aus dem Reichssicherheitshauptamt zu entnehmen. »Es wäre für die Bevölkerung der zerstörten Gebiete ein gewisser Trost, wenn sie einmal erfahren würde, wie schnell es unter dem Einsatz der heute zur Verfügung stehenden Mittel (Organisation Todt, Arbeitsbataillone und dergl.) möglich sein wird, die Städte wieder schöner als sie waren herzustellen.«[250] Seit seinem Amtsantritt als Rüstungsminister hatte sich Speer ständig weiterhin mit Problemen des Wiederaufbaus beschäftigt, die weit in die Kompetenzen Leys hineinreichten und Speer unter dem Druck der Kriegsereignisse schließlich zu einem tiefgreifenden Wandel seiner städtebaulichen Vorstellungen drängten.

In der Nacht vom 18. auf den 19. November 1943 begann die »Schlacht um Berlin«. In den Planungsabsichten Speers bewirkte sie eine drastische Wende hin zur Vorbereitung eines aufs Notwendigste beschränkten Wiederaufbaus der beschädigten Städte, zumal Speer von der Verschärfung der Luftangriffe wenig später selbst betroffen war.

Auf Einladung von Tamms, dem *Erbauer der Flaktürme* in Hamburg und Wien, sollte Wolters am Abend des 22. November nach einem Alarm Gelegenheit bekommen, »einen Flakturm in Tätigkeit zu sehen«. In kaum verhaltener Faszination schildert Wolters das nächtliche Inferno als »schaurig-grandioses Bild«, in dem »feurige Zungen« aus der Wolkendecke herabschwebten.[251] Bald kam auch Speer hinzu, den die Bombeneinschläge ringsum aus dem benachbarten Ministerium vertrieben hatten und der nun vom Turm aus die brennende Stadt in Trümmer fallen sah. Da schwerste Einschläge auch den Turm erschütterten, flüchtete er sich mit seinen Begleitern in das Treppenhaus, dessen meterdicke Wände sich unter dem Druck der Explosionen »wie in Wellen« bewegten, wodurch der von Wänden und Decken fallende Betonstaub die im Turm eingeschlossenen Menschen zu ersticken drohte.

Nach Abklingen der Detonationen lief Speer mit Tamms und Wolters durch die zerborstenen Straßen zum Ministerium, »das an allen Ecken und Enden lichterloh brannte.« Da auch hier nichts mehr zu retten war, versuchte Speer mit einigen Helfern, aus dem benachbarten achtstöckigen Heereswaffenamt, das ebenfalls in Brand geraten war, Akten und Geräte zu bergen; inzwischen räumten Tamms und Wolters die Behelfswohnung Speers und eilten weiter in ihre eigenen, eng benachbarten Ausweichbüros. Während Wolters nur noch Flammen vorfand, konnte Tamms »als ›gelernter‹ vierfach Ausgebombter« seine im Keller sichergestellten Sachen noch »systematisch« räumen.[252] Kaum hatten sich die Feuerstürme gelegt, begann eine gespenstische Normalität wieder Besitz vom Leben der Stadt zu ergreifen, obgleich in dieser Nacht 3500 Menschen umgekommen und 400000 Obdachlose notdürftig mit Wohnraum zu versorgen waren.

Tags darauf, am 23. November, formulierte Speer angesichts der Vernichtung der gesamten Arbeitsakten in einem Erlaß eine saloppe Interpretation des Satzes, nach welchem der Krieg Vater aller Dinge sei: »(...) im übrigen glaube ich, daß hierdurch die sehr erheblichen Ansätze zu einer bürokratischen Behandlung von Problemen, die am besten verwaltungsmäßig ungebunden durchgeführt werden sollten, automatisch überwunden sind«.[253]

In Kontrast zu den 1942 noch geförderten Neugestaltungsplänen skizzierte Speer am 30. November 1943 in einer programmatischen Rede zur

Wiederaufbauplanung der deutschen Städte eine Perspektive, die einige Grundzüge der später tatsächlich realisierten Wiederaufbauplanungen erkennen läßt: »Die Wiederaufbaupläne sollen zunächst nicht darin bestehen, das Stadtzentrum in irgendwelchen hochkünstlerischen Ideen neu entstehen zu lassen, sondern der Wiederaufbauplan ist zunächst ein städtebaulicher Grundplan, d. h., er legt fest, was im einzelnen an Straßenzügen durch die zerstörten Stadtviertel durchgezogen werden soll, und weiter, wie dieses Straßenbild sich draußen im Gelände weiter auswirkt. Es soll hier also in der Hauptsache dem sonst unumgänglich zur Tatsache gewordenen Zustand eines Erstickens der Städte durch die Verkehrsnot entgegengetreten werden, wie er vor dem Kriege bestand und wie er nach dem Kriege zweifellos verstärkt kommen würde. Es ist ganz klar, daß bei der Planung aufs Sparsamste vorgegangen werden muß. Es ist nicht möglich, daß wir hier nach der Art der Stadtbaupläne vorgehen, die wir vor dem Kriege bereits von verschiedenen Städten bei uns vorliegen hatten und die grundsätzlich eine Ost-West-Achse und eine Nord-Süd-Achse hatten. Wir müssen in irgendeiner Form, soweit es geht, uns an die vorhandenen Straßenzüge halten und versuchen, diese Straßenzüge zu verbreitern.«[254]

Trotz dieser deutlichen Abkehr von den bislang verfolgten Entwurfskonzepten hielt Speer seine bisher mit den Neugestaltungsplänen beschäftigten Mitarbeiter für durchaus in der Lage, sich kurzfristig umstellen und den neuen Erfordernissen anpassen zu können: Da er wegen seiner Verantwortlichkeiten als Minister diese Aufgaben nicht selbst wahrnehmen könne, würden dafür Stäbe und Architekten zur Verfügung gestellt, »die schon vor dem Kriege an der Neugestaltung der deutschen Städte tätig waren«.

Eindringlich begründete Speer die Notwendigkeit einer über bloße Reparaturarbeiten hinausgehenden Wiederaufbauplanung: »Wenn wir diese Arbeit jetzt nicht leisten, dann wird nach dem Krieg die Entwicklung über uns und über jede geordnete Planung zur Tagesordnung hinweggehen, d. h., der politische Druck, überall möglichst schnell wiederaufzubauen, wird dazu führen, an den verschiedensten Stellen anzufangen, an denen es sonst städtebaulich nicht zu vertreten wäre, daß Wiederaufbaumaßnahmen durchgeführt werden, und spätere Generationen werden es unverständlich finden, daß man nicht frühzeitig mit der notwendigen Vorsicht die Städte geplant und den Wiederaufbau planvoll durchgeführt hat.« Speer wies weiter darauf hin, daß nach dem Krieg infolge sinkender Rüstungsproduktion und der Rückkehr der Soldaten eine große Anzahl von Arbeitskräften zu beschäftigen sei, die dann sofort planvoll verwendet werden müßten. Überdies könne die Kapazität der Rüstungsindustrie insgesamt für den Wiederaufbau eingesetzt werden. Ausführlich äußerte sich Speer über kommende Aufgaben und Planungsfelder. Die Wiederaufbauvorhaben einer Stadt gliederte er in drei Gruppen. Als erste Gruppe nannte er den Wiederaufbau »der durch Brand oder andere Zerstörungen oder durch Witterungseinflüsse beschädigten Häuser«, als zweite die Neuanlage von Siedlungen, »so wie wir sie von vor dem Krieg kennen«, drittens schließlich den vorübergehenden Bau von Behelfswohnungen.

Erst nach diesen Maßnahmen sei an die Wiedererrichtung der Stadt-und Verwaltungszentren zu denken; mit maßregelndem Unterton mahnte Speer, daß »in der Aufbauplanung die Ausweitung von Gebieten für den Neubau von Siedlungen Vorrang vor dem von Architekten beliebteren Aufbau eines neuen Stadtzentrums« haben müsse. Als müsse er vor den staunenden Zuhörern seinen Gesinnungswandel weiter rechtfertigen, setzte er hinzu: »Auch der Führer, der sehr gerne einen repräsentativen Stil sehen möchte, hat mir gegenüber eindeutig festgestellt, daß hier die Reihenfolge auch in der Planung so lauten muß.«

Trotz des Anspruchs auf übergreifende Beratung und Kontrolle von Berlin aus klingt zugleich Kritik an der bisher fast hauptstadthörigen Orientierung der Stadtbaupläne am Vorbild der Berliner Neugestaltung an. Um solche gedankenlose Nachahmung zu unterbinden und auch hier falschen Erwartungen vorzubeugen, führte Speer weiter aus: »Grundsätzlich stehe ich auf dem Standpunkt, daß die Verantwortung zur Planung der Städte bei den Gemeinden selbst liegen muß. Wenn wir nicht einen öden Schematismus Platz greifen lassen wollen, kann dem nur dadurch entgegengetreten werden, daß wir die Gemeinden und auch über den Gemeinden den Gauleiter für den Wiederaufbau der Städte verantwortlich bleiben lassen.«

In einem von Hitler zuvor gebilligten Rundschreiben an die Gauleiter vom 18. Dezember 1943 wiederholte Speer seine Grundsätze zur Wiederaufbauplanung und fügte optimistisch hinzu: »Die Zahl der jährlich zu errichtenden Wohnungen wird, wenn sie industriell mit derselben Konsequenz und Neuartigkeit wie jetzt in der Rüstungsindustrie hergestellt werden, außerordentlich hoch sein, so daß es notwendig ist, in der Planung vorausschauend nicht zu kleine Flächen auszuweisen.«[255] Hinweise auf die in der Rüstungsproduktion erprobte Konsequenz und Neuartigkeit industrieller Fertigung deuten auf ein neues, technizistisches Architekturverständnis, das sowohl mit Tessenows Maximen als auch mit dem Anspruch auf neoklassizistische Monumentalität im Sinne Troosts bricht, – aber auch jenem Bild widerspricht, das Speer in seinen Erinnerungen von sich selbst entwirft, wenn er die Entscheidungen jener Zeit als Versuche »zur Bewahrung der historischen Substanz« der Städte darstellt. Daß von monumentalen Großbauten »nicht mehr die Rede« war, führt Speer nachträglich darauf zurück, daß ihm daran »unterdes die Lust vergangen« war – »und Hitler, mit dem ich die Grundlinien dieser Planungskonzeption durchsprach, wohl auch«.[256]

Eine weithin erkennbare Abkehr von den monumentalen Planungen erschien indessen nicht allein aus politisch-pragmatischen Erwägungen zur Kriegsorganisation äußerst dringlich; auch aus Gründen der Propaganda schien diese Wende erforderlich. Dies zeigt deutlich eine Debatte, die sich an Speers Vortrag am 30. November 1943 anschloß. Im Verlauf des wohl sehr erregten Wortwechsels wies ein Redner darauf hin, daß »der Feind (...) dauernd von seinen Nachkriegsplänen« sprechen würde, was schon zu Unruhe in der Bevölkerung geführt habe. »Und auch wir wollen das jetzt etwas in den Vordergrund stellen. Deshalb bitten wir Sie, Herr Minister, daß von Ihnen eine solche Meldung genehmigt wird.« Obgleich Speer grundsätzlich einer Meldung über den Beginn der Wiederaufbauplanungen zustimmte, bestand er zum Erstaunen seiner Zuhörer darauf, daß sein Name dabei nicht genannt werde.[257] Seine Zustimmung erfolgte erst, nachdem man ihn mit dem Argument bedrängt hatte, daß es außerordentlich wichtig sei, »diese Sache« gerade jetzt propagandistisch stark zu betonen, »weil alle Menschen sich jetzt die Frage vorlegen, wann wird das alles wieder aufgebaut? Und eins ist besonders wichtig herauszustellen: Erst kommen die Wohnungen dran, und die ganzen repräsentativen Sachen werden zurückgestellt.«

Wohl um seine Person und Funktion in diesem Zusammenhang nicht allzu weit in den Vordergrund der öffentlichen Diskussion treten zu lassen, erklärte sich Speer nur mit einer recht allgemein gefaßten Meldung einverstanden: »Die Einzelheiten aber werden besser durch Redner dargelegt. In der Presse genügen einige kurze Notizen, etwa: Professor Sowieso wurde bestimmt, die Wiederaufbaupläne von Köln aufzustellen.« Schließlich einigte man sich im Verlauf des Gesprächs darauf, auf solche Fragen ausführlicher erst direkt am Ort möglicher Unruhe einzugehen: »Wir haben gerade bei den letzten schweren Angriffen Redner herangeholt. Sie kommen abends in die Bunker, wenn dort Zehntausende von Menschen versammelt sind, und werfen dort diese Fragen auf. Dadurch geben wir den Leuten eine Beruhigung.« Da zur weiteren »Beruhigung« der in den Bunkern zusammengepferchten Menschen allerdings konkretere Bilder des erhofften Nachkriegszustands erforderlich seien, wurde mißtrauisch weiter gefragt: »Werden diese neuen Städte in Zukunft den deutschen Menschen die Möglichkeit geben, im Eigenheim zu wohnen oder in achtgeschossigen Siemens-Kasernen?« Auf Speers Antwort, daß das Wohnen der Zukunft nur in mehrgeschossigen Häusern denkbar sei, wurde ihm in bizarrer Logik – und in dieser Zeit – von einem Redner entgegengehalten: »Ich bringe das nur deswegen zur Sprache, weil die Bausparsummen doch so seltsam anmuten. Daran sieht man den natürlichen Drang, den das Volk an sich zum Einfamilienhaus hat. Nun ist es politisch entscheidend, ob in der Großstadt das Einfamilienhaus hinter dem Wohnblock völlig zurücktritt, oder ob wir nicht doch auch dem Eigenheim in der Großstadt einen gewissen Platz einräumen.«[258]

In einer längeren Debatte über Vorzüge und Nachteile des Einfamilien-, Reihenhaus- und Mehrgeschoßwohnungsbaus wurden pragmatische und ideologische Aspekte der Planungskonzepte erwogen, die dann allerdings der weiteren Erörterung im Arbeitsstab überlassen bleiben sollten. Immerhin aber war deutlich geworden, daß hier im Spannungsfeld zwischen mißtrauischen Parteifunktionären und kriegsmüder Bevölkerung ein äußerst empfindliches Gebiet beschritten wurde, das an vielen Stellen explosive Konflikte barg.

Im Winter 1943/1944 bemerkte Speer infolge der verschlechterten Kriegslage, daß ihn der Erfolg in seinem Ministeramt zu verlassen begann. Gleichzeitig kühlte seine bislang enge, fast freundschaftliche Beziehung zu Hitler ab. Zunehmend fühlte er sich von Intrigen bedroht. Je deutlicher er seine Isolation spürte, desto mehr festigten sich die Bindungen gegen ihn, etwa zwischen Martin Bormann und dem früheren Todt-Stellvertreter Xaver Dorsch sowie anderen Rivalen Speers. Seine Position als »Außenseiter« wurde ihm besonders deutlich, als er im Januar 1944 zu einem längeren Krankenhausaufenthalt gezwungen war. Gleichsam am Vorabend dieser »Krise«[259] wirkt das Treffen fast konspirativ, in dem Speer kurz vor Weihnachten 1943 den *Arbeitsstab für den Wiederaufbau bombenzerstörter Städte* organisierte. Hinzugezogen wurden nur die vertrautesten Mitarbeiter, die also, mit denen er noch offen hoffte sprechen zu können. An dieser Runde, welche die Geschäftsverteilung und die Stellenbesetzung für die neue Dienststelle zur Wiederaufbauplanung erörtern sollte, nahmen neben Speer lediglich Willy Liebel, Karl M. Hettlage und Rudolf Wolters teil. Fest stand bisher nur, daß der Leiter des Zentralamtes, der Nürnberger Oberbürgermeister Liebel, die politische Führung und Vertretung Speers übernehmen sollte. Für die personelle Zusammensetzung des Arbeitsstabes hatte Wolters einen Vorschlag unterbreitet, der vor allem erfahrene Sachbearbeiter der Dienststelle des Generalbauinspektors vorsah. Gegen Speers Einwand, damit würde »reichlich viel Inzucht« betrieben, begründete Wolters seinen Vorschlag damit, daß »seine [Speers; W. D.] Architekten während des ganzen Krieges neben den Verwaltungsleuten doch reichlich am Rande gestanden« hätten und daß »wir Architekten des Generalbauinspektors nunmehr, nachdem endlich eine uns angehende Aufgabe durch den Führer an uns gestellt sei, unsere Stunde für gekommen hielten«.[260]

Wolters wehrte sich heftig gegen Speers Absicht, sich »bei dieser beinahe letzten Gelegenheit für uns Architekten im Kriege« wieder »Fremdlinge« heranzuziehen. Schließlich wurde er damit beauftragt, die Leitung des Arbeitsstabes selbst zu übernehmen. Zuvor hatte Speer für die Leitung einen »Verwaltungsmann« einsetzen wollen, doch war aufgrund der Spannungen, die sich zwischen dem *Baustab Speer* und der Zentrale der *Organisation Todt* ergeben hatten, der Entscheidungsspielraum Speers eingeschränkt.

Um sein Zentralamt zu stärken und das Verhältnis zur *Organisation Todt* zu entspannen, zog Speer nun einige seiner Mitarbeiter aus der OT-Zentrale ab und übertrug ihnen neue Aufgaben, auch wenn ihnen formell Rang und Uniform der OT überlassen blieben. So wurde z. B. Wolters' Hauptabteilung in der OT-Zentrale aufgelöst; seine weitere Mitarbeit dort bestand lediglich in der Aufsicht über die Presseberichte und Publikationen, wozu auch die Leitung der Kriegsberichterstaffel und der Filmproduktion gehörten. Daneben konnte sich Wolters nun dem Arbeitsstab zuwenden, der dem Reichsministerium für Rüstung und Kriegsproduktion als »selbständiges Gebilde« angegliedert wurde. Für Verwaltungs- und Organisationsfragen stand Fränk zur Verfügung, ein enger Mitarbeiter Speers und Leiter der Zentralabteilung mit Befugnissen über alle Speer-Dienststellen.

Dem Minister direkt unterstellt, blieb der neu gegründete Arbeitsstab der Ämtergliederung des Rüstungsministeriums weitgehend entzogen. Im Geschäftsverteilungsplan wurde er kurz als »Arbeitsstab Dr. Wolters« bezeichnet. In einer ähnlichen bürokratischen Grauzone bestand daneben ein »Arbeitsstab Dr. Carl«, zu dessen Tätigkeit Wolters in seinen Erinnerungen notiert: »Ich habe meinen Amtsbruder nie kennengelernt. Seine Aufgabe war die Bestimmung der Bombenziele, vornehmlich in England; er tat also das Gegenteil von dem, was meine Aufgabe war und gab meinen planerisch tätigen englischen Kollegen für ihren Wiederaufbau die entsprechende Arbeit. So sinnlos diese ›Über-Kreuz-Anstrengungen‹ im Grunde waren – das eine muß man Speer lassen: Er war darum bemüht, daß alles seine ›Ordnung‹ hatte.«[261]

Damit auch unter Wolters »alles seine Ordnung hatte«, wurde der Arbeitsstab zum Wiederaufbau in verschiedene Arbeitsbereiche gegliedert und mit Personen seines Vertrauens besetzt. Dabei konnte sich Wolters auf ihm bereits lange bekannte Kollegen stützen; mit einigen war er seit seiner Studienzeit befreundet, mit anderen sollten sich engere Bindungen erst noch ergeben.

Als seinen ständigen Vertreter für die Geschäftsführung ließ Wolters den Oberregierungs- und Baurat Karl Berlitz einsetzen, der ihm nach dem Krieg im gemeinsamen Architekturbüro als Partner noch lange verbunden sein wird – ein über Jahrzehnte getreuer »Sancho Pansa«, wie Wolters später ironisch bemerkte.[262] Berlitz war vom preußischen Finanzministerium zur OT geraten, wo er dann als »speerverdächtig von den alten Todtleuten ziemlich rüde geschaßt«[263] worden war. Als erfahrener Beamter mit guter Kenntnis im »Behördengestrüpp« wurde Berlitz mit seinem Wechsel zum Arbeitsstab gleich zum Ministerialrat befördert und unterstützte Wolters beim Aufbau sowie bei der Organisierung des neuen Stabes. Neben vier bis fünf festen Angestellten wählte sich Wolters einen Kreis von Mitarbeitern, der nun unter neuem Namen die wichtigsten der »beauftragten Architekten des GBI« zusammenführte: Neben Dustmann, Neufert, Rimpl, Hetzelt und Tamms traten Reinhold Niemeyer, der Landesplaner von Berlin-Brandenburg, und Konstanty Gutschow.

Am 18. Januar 1944 hatte sich Speer in das Hohenlychener Krankenhaus begeben und verbrachte dort über zwei Monate, etwa hundert Kilometer nördlich Berlins, inmitten von Wäldern. Gerade jetzt und als Minister krank zu werden, »brachte Schwierigkeiten, die zu bedenken waren«. Um die Gunst Hitlers bangend, versuchte Speer noch vom Krankenbett aus aktiv zu bleiben und seinen »Apparat nicht aus der Hand« zu geben, wie er später schrieb, »denn wie Hitler verfügte ich über keinen geeigneten Vertreter«[264]. Obwohl ihn seine Krankheit »von dem alles entscheidenden Machtpol Hitler zu weit entfernt« hatte[265], um seine Position als durchsetzungsfähiger »Lieblingsminister« halten zu können, richtete er noch vom Krankenhaus Ende Februar einen zweiten Brief mit Anfragen zu der umstrittenen Wiederaufbauplanung an die Gauleiter. Wegen der teilweise schon zusammengebrochenen Postverbindungen erreichte das Schreiben einige der Adressaten erst Monate später; dennoch war im Mai eine Liste der Gauleiter mit Vorschlägen fertig. Sie nannte für dreißig Städte auch die Namen der gewünschten Architekten. So wurden für Oberhausen Hentrich und Heuser vorgeschlagen, Laub für Saarbrücken, Niemeyer für Duisburg, Essen und ebenfalls Oberhausen, Pinnau und Wortmann für Bremen, Peter Poelzig für Münster, Schelkes für Ludwigshafen, Schulte-Frohlinde für Bonn, Tamms für Aachen und Lübeck.[266]

Bereits im März 1944 hatte sich Wolters mit Tamms auf eine Reise begeben, die ihn zur Klärung anstehender Aufgaben und möglicher Überschneidungen in verschiedene Städte führte. So hatte er auf »Veranlassung des Gauleiters« auch Lübeck besucht, mit dem Ergebnis, daß Tamms »sich in nächster Zeit« wieder nach Lübeck begeben sollte, »um mit der Planung zu beginnen«[267]. Im Mai sprach man dann mit weiteren Gauleitern und vereinbarte die weitere Arbeitsteilung. Wolters blieb für den Wiederaufbau von Rostock zuständig, während Tamms zum Berater des Gauleiters Hildebrandt avancierte. Gemeinsam mit Hans Herrmann Klaje reisten die beiden zum stellvertretenden Gauleiter von Schleswig-Holstein, Sy. Wolters protokollierte: »Sy erklärte zu Beginn der Unterhaltung, daß er Herrn Reichsminister Speer außerordentlich dankbar sei, daß dieser ihm zwei hervorragende Architekten in Klaje und Tamms für Kiel und Lübeck gegeben habe. Er denke nicht daran, weitere Architekten von sich aus vorzuschlagen und in Wettbewerb arbeiten zu lassen. Die Stadtbauräte beider Städte seien nicht in der Lage, selbständig zu arbeiten. Damit ist Klaje endgültiger Planer von Kiel und Tamms endgültiger Planer von Lübeck. Der Stellvertretende Gauleiter wies dann insbesondere darauf hin, daß der Gauleiter nicht die Absicht habe, Kiel zu einer großen Industriestadt werden zu lassen. Er wolle im Gegenteil die Industrie so weit wie möglich abbauen, da er den Gau Schleswig-Holstein zu einem möglichst reinen Agrargau machen wolle«[268] – Gedanken, die sich später in Diskussionen um den Wiederaufbau Kiels wiederfinden werden. Mit wechselnden Nennungen für andere Städte wurden im Laufe der folgenden Wochen weitere Aufstellungen verfaßt, bis im Juni als »Verteiler für Erlasse und Rundschreiben« eine Gesamtübersicht über Mitarbeiter, Berater, Städte und Gauleiter vorlag.

Unter den 18 Mitgliedern bzw. Beauftragten des Arbeitsstabs sind neben Wolters, Berlitz und dem Gutschow-Mitarbeiter Richard Zorn auch die Professoren Wilhelm Kreis und Ernst Neufert aufgeführt. Als Berater und Referenten sind genannt: Theo Dierksmeier, Hans Flehr, Hanns Dustmann, Karl Elkart, Hans Freese, Hermann Giesler, Friedrich Hetzelt, Hans-Herrmann Klaje, Cäsar Pinnau, Herbert Rimpl, Willi Schelkes, Julius Schulte-Frohlinde, Hans Stephan und Friedrich Tamms. Danach folgt eine umfangreiche Liste mit »Verbindungsmännern des Arbeitsstabs« in den verschiedenen Reichsministerien, schließlich eine Reihe vorgeschlagener Planer, unter denen sich neben den bereits genannten Namen auch die von Paul Schmitthenner und Rudolf Schwarz finden.[269]

Erst im Juli jedoch scheint die Arbeitsorganisation so weit konsolidiert zu sein, daß ein vorläufiger Geschäftsverteilungsplan aufgestellt werden kann, in dem Wolters als seinen Vertreter Gutschow benennt und als »Engerer Arbeitsstab« folgende Aufgabengebiete und Bearbeiter aufgeführt sind:

1. Organisationsfragen	Berlitz
2. Richtwerte	Gutschow
3. Planung Wohnbaugebiete	Stephan
4. Grünflächenplanung	Schelkes
5. Raumordnung und Eisenbahnanlagen	Niemeyer
6. Sonderaufgaben	Tamms
7. Tiefbautechnische, bauwirtschaftliche und Durchführungsmaßnahmen	Tischer

Als »Weiterer Arbeitsstab« folgen
A. Sämtliche übrigen Berater: Rimpl, Dustmann, Dierksmeier, Flehr, Freese, Elkart, Giesler, Schulte-Frohlinde, Hetzelt, Klaje, Pinnau
B. Arndt (Verbindung zur Bauindustrie)
    Neufert (Normung)
    Seeger (Konstruktionen)
    Heck (Lichtbild)
    Nagel (Transporte)
    Reck (Denkmalpflege)
    Auberlen (Straßen)
    Lange (Ruhrsiedlungsverband)
C. Verbindungsmänner der Behörden

Als ständige Berater des Arbeitsstabs sind zudem Schmidt, Carl, Distel, Jobst, Reichow, Wortmann, Rechenberg, Hebebrand, Lauter und Binder vorgesehen.[270]

Da der Arbeitsstab zwar Speers Ministerium angeschlossen war, jedoch weithin selbständig arbeiten konnte, begannen sich auch örtlich unterschiedliche Schwerpunkte zu bilden: Ein Büro wurde in Berlin von Berlitz geführt, ein anderes wurde nach dessen Ausbombung später in einer OT-Baracke eingerichtet: in Wriezen, in der Nähe Berlins, wo Gutschows Mitarbeiter Zorn einen »kleinen abgeordneten Arbeitstrupp« führte, der dort »in der lagermäßigen Abgeschlossenheit eine fruchtbare Arbeitsatmosphäre entwickelte«.[271] Als Stellvertreter von Wolters übernahm Gutschow den größten Teil der Organisationsarbeit sowie der Korrespondenz, so daß sich das Hamburger Büro Gutschows als dritte Arbeitsstelle des Arbeitsstabs bezeichnen läßt, da Gutschow die Arbeit für den Wiederaufbau Hamburgs mit den übergreifenden Aufgaben des Speerschen Stabs eng zu verbinden wußte.

Durch seine Erfahrung in Luftschutz- und Wiederaufbaumaßnahmen nahm Gutschow als Stellvertreter von Wolters bald auch im Arbeitsstab eine zentrale Position ein. Seine Hauptaufgabe war hier unter den Bedingungen des »totalen Kriegseinsatzes« die planerische *Vorbereitung* für den Neuaufbau zerstörter Städte, für die sich Gutschow als bekannter »Systematiker«[272] der Stadtplanung durch seine Hamburger Tätigkeit empfohlen hatte. Einzelplanungen waren zwar für die besonders betroffenen Städte schon von Speer direkt in Auftrag gegeben worden – so war z. B. Dustmann für Mainz, Tamms für Lübeck, Wolters für Rostock, Gutschow weiterhin für Hamburg, Kassel und Wilhelmshaven zuständig –, doch sollten nun zu allererst übergreifend verbindliche Methoden und Richtlinien entwickelt werden, die auf längere Sicht eine »friedensmäßige« Stadtentwicklung ermöglichen würden. Mit besonderem Gewicht sollte daher im Arbeitsstab städtebauliche Grundlagenforschung geleistet werden, wobei Gutschow eine besondere Rolle zukam: Er wurde mit der Systematisierung aller vorbereitenden Maßnahmen betraut – von der einheitlichen Schadensfeststellung über die Regelung der Planbeschriftung bis zur Aufstellung der Richtlinien für den künftigen Wohnungsbau, für Schulen, Krankenhäuser usw.

Nachdem Gutschow im November 1943 ultimativ sämtliche Ämter im Rahmen der Hamburger Gemeindeverwaltung niedergelegt hatte, war er frei für die Tätigkeit in Berlin. Rückblickend schreibt er 1945: »So begann im Winter 1943/44 ein neuer Abschnitt meiner Arbeit, die *Wiederaufbauplanung*. Diese Arbeit wurde wiederum eine doppelte, einmal in der zentralen Reichsstelle in Berlin an zentralen Aufgaben und zum anderen in Hamburg, wo mir als Architekt für die Neugestaltung der Hansestadt Hamburg die Aufgabe zufiel, den Wiederaufbauplan für Hamburg zu entwerfen. Die wechselseitige Befruchtung beider Aufgaben habe ich als so wert-

251

voll empfunden, daß ich meine, sie sollte in mancher Hinsicht geradezu zur Methode erhoben werden, indem man Männern in einer zentralen Regierung gleichzeitig für eine kleine Teilaufgabe ihres Ressorts ›draußen an der Front‹ die Verantwortung überträgt.«[273]

Aufgrund seiner Erfahrungen und Verbindungen scheint Gutschow bereits in kurzer Zeit zum eigentlichen Organisator des Arbeitsstabs geworden zu sein: Als Vertreter von Wolters wurde er in umfangreichen Briefwechseln in verschiedenen Aufgabenbereichen tätig und definierte dabei die Zuständigkeiten dieser Gruppe so eigenständig, daß er sich in seinem weitgespannten Korrespondentennetz schließlich gegen die Annahme verwahren mußte, er sei der Leiter des Arbeitsstabs. Bevor er jedoch in seiner Arbeit an »städtebaulichen Richtwerten« für den Wiederaufbau den Schwerpunkt seiner weiteren Tätigkeit fand, versuchte Gutschow Anfang 1944 ein Bild von der Zerstörung deutscher Städte zu gewinnen – und damit auch ein Bild von den künftigen Aufgaben des Wiederaufbaus.

Schadensbilanz

Anfang 1944 trat Gutschow gemeinsam mit Rudolf Hillebrecht eine Reise an, die ihn durch 24 schwer vom Luftkrieg betroffene Städte, darunter Berlin, Kassel und viele Orte des Ruhrgebiets, führte. Nach einer eigens ausgearbeiteten »Berichtsmethode« faßte Hillebrecht die Ergebnisse dieser Reise in einem Text zusammen, der den schlichten Titel »Betrifft: Luftkrieg und Städtebau« trägt. In seiner Einleitung stellte Hillebrecht fest: »Die Reise diente einmal dem Zweck, durch einen Vergleich mit anderen Städten Abstand zu dem Geschehen in Hamburg zu bekommen und Maßstäbe zu gewinnen, mit denen sich die eigenen persönlichen Eindrücke und Erlebnisse in Hamburg neutralisieren und neu werten ließen. Dabei leitete uns der Gedanke, aus der Fülle der Eindrücke in luftkriegsbetroffenen Städten Erkenntnisse und ›Luftkriegserfahrungen‹ zu sammeln, Erfahrungen, die bei der zu beginnenden Wiederaufbauplanung in Hamburg zu verwerten wären. Zum anderen erfolgte die Reise, um über den Rahmen Hamburgs hinaus im Auftrag des Reichsministers Speer generelle Vorarbeiten methodischer Art für den Wiederaufbau deutscher Städte überhaupt zu leisten.

Der Wiederaufbau deutscher Städte wird unmittelbar durch den Luftkrieg ausgelöst, und damit erhält die Neugestaltung deutscher Städte, deren Ursprungsgedanke 1937 ja noch ein – mindestens nach außen hin – weitgehend ideeller war, plötzlich einen höchst realen Hintergrund. Es ist natürlich, daß heute, wo wir noch mitten im Kriegsgeschehen stehen und der Luftkrieg vor allem in der Heimat einen jeden unmittelbar angeht, daß heute das ganze Thema Wiederaufbau und Neugestaltung unter dem großen Schatten Luftkrieg und Luftkriegserfahrung steht. Hinzu kommt, daß einer der einschneidensten und das strukturwandelnde Städtebaugesetz

Lübeck nach dem Luftangriff von 1942

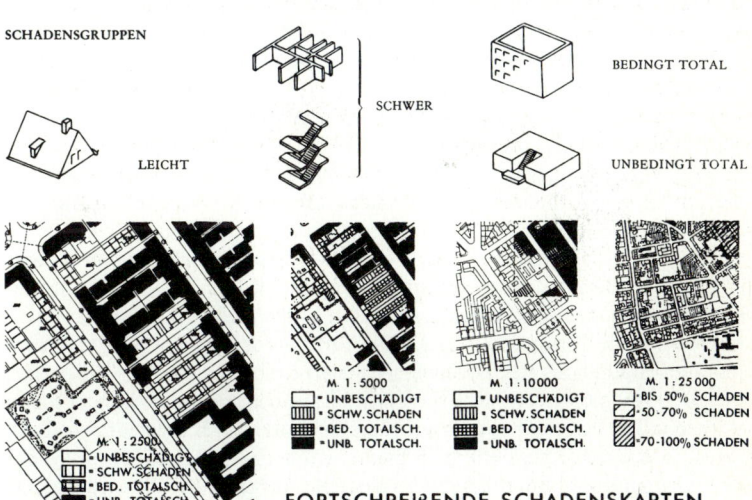

Abbildungen aus den Richtlinien für die Statistik und Darstellung der
Kriegsschäden, Berlin 1944

der letzten Jahre ausgerechnet vom Reichsluftfahrtministerium erlassen wurde. Kurzum: das heute so häufig zitierte Wort vom *Krieg als Vater aller Dinge* wird häufig und gern für den Städtebau der Zukunft in Anwendung gebracht.«[274]

Nach einer strengen »Berichtsmethode« wird in nüchternen Zahlen ein Bild des desolaten Zustands der Städte gegeben, indem mit dem Ziel einer einheitlichen Schadensstatistik unter unterschiedlichen Kategorien eine erste Bilanz gezogen wird. So finden sich unter »Auswirkungen« bei den Stichworten »Einwohnerschwund« und »Wohnungsschwund« genaue Prozentangaben zur »Ortsabwesenheit« der Bewohner und zum »Kriegsausfall« an Wohnungen. Die »Luftkriegserfahrungen« sind gesammelt in Notizen zu bevorzugten »Luftzielen«, zu Angriffs- und »Verteidigungsfaktoren«, wobei die festgehaltenen »Beobachtungen bezüglich Bau und Städtebau« von besonderer Bedeutung sind. Aus ihnen sind jeweils Thesen abgeleitet, die zugleich Empfehlungen für künftige Stadtplanungen einschließen. So wird am Beispiel Berlins der Zusammenhang zwischen Stadtgröße und »Luftanfälligkeit« demonstriert: »Es gibt sichere Wirkungsgrenzen und Wirkungsoptimalen.« Am Beispiel Hamburgs wird das Verhältnis zwischen Bebauungs- und Besiedlungsdichte thematisiert: »Auflockerung macht Stadt luftunempfindlicher, zumindest gegen ausgedehnte Sachschäden. Verteidigung des Eigenbesitzes.« Angesichts der großen Zerstörungen in Köln wird festgestellt: »Die städtebaulichen Mängel einer modernen Großstadt in engem Gewand einer historischen Altstadt werden durch den Luftkrieg unterstrichen (Gegenbeispiel Paris).« Und aus Beobachtungen in Leipzig wird gefolgert: »Konzentrierung eines bestimmten Gewerbes oder einer Industrie (Buchindustrie) in einer Stadt ist nachteilig.«

In weiteren Thesen zu den Kriegsfolgen in anderen Städten finden sich im Hinblick auf eine verbesserte Luftangriffs-Abwehr viele Thesen modernen Städtebaus wieder, die auch den Wiederaufbau bestimmen werden: Nachkriegsplanungen aus Kriegs-Einsichten, vorbereitet für den nächsten.

»Industrieflächen großen Ausmaßes oder besonderer Bedeutung gehören nicht in die Stadt und dürfen nicht unmittelbar mit Wohnvierteln benachbart sein.« (...) »Auch kleinere aber kriegswichtige Industrien gehören nicht in die Großstädte.« Bis in die Terminologie hinein werden Prinzipien des Städtebaus der Nachkriegszeit erkennbar, wenn es – militärisch knapp – beispielsweise zu Bremen heißt: »Niedrige Besiedlungsdichten städtebaulich und luftverteidigungsmäßig Vorzüge. Bandstadt Ausdruck für aufgelockerte, gegliederte Bebauung mit vielen Vorzügen.« Die Bilanz: »Auch sonst vom Städtebauer gestellte Aufgaben an neuen, aufgelockerten und gegliederten Stadtbau mit geringen Besiedlungsdichten und Flachbauweise werden durch Luftkriegserfahrungen als richtig unterstrichen.«

Daß die »Luftkriegserfahrungen« für eine ganze Generation von Architekten und Planern über Jahrzehnte hinweg prägend blieben und ihre oft unverständlich emotionale Verachtung historischer Stadtstrukturen teilweise zu erklären vermögen, bestätigt Hillebrecht 1981: »(...) wenn man miterlebt hat, wie Tausende von Menschen auf den Straßen verbrannt und zusammengekrümmt wie kleine Pakete gelegen haben, dann konnte dieses Erlebnis mitbestimmend sein für die Dimensionierung von Schneisen – von Schneisen, die man sich schon aus ökonomischen Gründen nur als Straßen- und nicht als Grünschneisen erlauben konnte. Sie merken, daß solche Planungen aus sehr unterschiedlichen Motiven erfolgten, wobei man heute im Rückblick sagen kann, daß die Kriegsangst vielleicht ein albernes Motiv war. Bei diesem Luftschutzmotiv aber muß ich bekennen, daß das unter uns ›top secret‹ war; keiner hat darüber geredet. Nur vertraulich haben wir darüber gesprochen, denn wir haben uns gesagt, das ist ein Thema, das wir nicht in die Öffentlichkeit bringen und auch nicht im Rat sagen können. Aber für uns persönlich war dies ein höchst wichtiges Thema. Man wird heute ganz anders darüber denken, doch wenn ich Erklärungen über Planungsansätze geben soll, gehört das mit dazu.«[275]

Was nach 1945 stillschweigend städtebauliche Praxis wurde, war im *Dritten Reich* deutlich vorformuliert – höchst offiziell etwa in den *Richtlinien für den baulichen Luftschutz im Städtebau,* die bereits 1938 vom *Reichsarbeitsminister* im Einvernehmen mit dem *Reichsminister der Luftfahrt* und *Oberbefehlshaber der Luftwaffe* herausgegeben worden waren und nach ersten Erfahrungen mit dem Luftkrieg am 5. September 1942 teilweise geändert und ausgeweitet wurden. Die drei Grundforderungen dieser Richtlinien waren: die weiträumige Gestaltung der Städte und Siedlungen, Trennung stark luftgefährdeter Anlagen und Betriebe von der Wohnbebauung, Auflockerung der Bebauung.

Ausdrücklich weist das Fachblatt *Bauwelt* darauf hin, daß auch Planern in den USA und in England ähnliche Empfehlungen gegeben würden, wobei zwischen den deutschen Richtlinien und der entsprechenden englischen Denkschrift weitgehende Übereinstimmung festzustellen sei, dies freilich in einer Terminologie, die bereits den Sprachgestus der Nachkriegsjahre erkennen läßt. So heißt es etwa, daß der in den deutschen Richtlinien enthaltene Gedanke der Bildung in sich geschlossener »Stadtzellen« nichts anderes sei als das englische Konzept der »Satellitenstädte, die von der Hauptstadt wie voneinander durch Gürtel flachen Landes getrennt sind«.[276] Besonders hervorgehoben wird die englische Empfehlung zur Umgestaltung bestehender Städte: »Die meisten großen Städte müßten planmäßig neu aufgebaut werden; denn sie sind ein Knäuel von Verkehrs-, Elendsvierteln, halb verlassenen Gegenden usw. Eine solche Neugestaltung gäbe Gelegenheit, im Stadtinneren mehr Ellenbogenfreiheit (!) zu schaffen; wenn Flächen frei geworden sind, sollte sorgfältig erwogen werden, ob sie nicht in Zukunft als freie Fläche dienen sollen, z. B. als Parkplätze, Grünanlagen oder Kinderspielplätze.«[277]

Mit entsprechenden Perspektiven war man auch im nationalsozialistischen Deutschland also seit Jahren auf dem Niveau internationaler Diskussionen. In der *Bauwelt* vom 15. Februar 1944 – demselben Tage, an dem Hillebrecht seinen Bericht verfaßte – finden sich unter der Überschrift »Die große Aufgabe« folgende Sätze aus der Feder des Bauweltschriftleiters Paulsen: »Die Kehrseite der Bombenzerstörung deutscher Städte ist die Aufgabe, die Schäden zu heilen. Der nächste Gedanke ist: Wiederaufbau, wie man ein oder ein paar abgebrannte Häuser eben wieder aufbaut. Die unserem Volk gestellte Aufgabe ist aber eine ganz andere.« Deutlich spricht sich Paulsen für eine weitsichtige Stadtentwicklungs- und Raumordnungsplanung aus, auch wenn für entsprechende Projekte die Zeit noch nicht reif sei: »Wohl aber können und müssen Vorarbeiten gemacht werden.«

Genau in diesem Sinn begriffen auch Gutschow und Hillebrecht ihre Tätigkeit im Arbeitsstab. Zur Klärung der allgemeineren Richtlinien für einen künftigen Wiederaufbau korrespondierte Gutschow mit vielen anderen »Experten« – wobei allerdings auch grundsätzlich andere Vorstellungen als die einer großräumig gegliederten und aufgelockerten Stadtlandschaft zur Sprache kamen. So entwarf etwa Gerhard M. Graubner, nach seiner Tätigkeit für die Neugestaltung in Stuttgart und Düsseldorf nun Professor für Entwerfen in Hannover, in seinem Aufsatz *Der Wehrgedanke als Grundlage der Stadtgestaltung und Stadtplanung* das Bild einer unterirdischen Stadt. Statt weiterer Flächenausdehnung der Städte empfiehlt er die Konzentration städtischen Lebens in verbunkerten, unterirdisch miteinander verbundenen Türmen. »Mit der Verringerung der Flächenausdehnung der Städte wird auch die Aussicht auf Angriffserfolge verringert werden können. Mit einer Begrenzung von vorneherein würde die Größe der Städte in gewissem Umfange vorgezeichnet sein und eine noch sorgfältigere Planung der Ausnutzung des zur Verfügung stehenden Raumes erzwingen. Folgende Gesichtspunkte müßten für eine solche Planung richtunggebend sein: Der gesamte Verkehr auf Schienen und Straßen würde schon vor Beginn der zu bebauenden Gebiete unterirdisch in die Stadt eingeführt werden, tief genug, um gegen Bombenangriffe geschützt zu sein und in einem unterirdisch geführten Straßensystem entsprechend der Ausdehnung der Stadt gelenkt werden. An wichtigen Verkehrskreuzungen würden Aufzüge, bezüglicherweise Treppenanlagen zu den Straßen auf Geländehöhe führen müssen. Damit wäre auch eine Forderung des heute so viel Schwierigkeiten bereitenden Verkehrsproblems in den Großstädten gelöst. Die oberirdisch führenden Straßen bleiben für Lokalverkehr, Radfahrer und Fußgänger. Die unterirdischen Straßenzüge müssen auch die gesamte städtische Kanalisation, Schwach- und Starkstrom, sowie die sonstigen öffentlichen Versorgungsanlagen, z. B. Gasleitung, Rohrpost usw. aufnehmen;

dabei würden alle diese Leitungen gleichzeitig geschützt sein und einen leichteren Anschluß an die oberirdischen, bei Bombenangriffen zerstörten, Anlagen ermöglichen, die evtl. durch provisorische Bauten ersetzt werden müssen. Von den unterirdischen Verkehrsstraßen würden auch die Zugänge zu den Hochbauten führen, die, als Großbunker errichtet, gleichzeitig als Luftschutzbauten für die Bevölkerung und als Wehrbauten für die Luftabwehr bei Fliegerangriffen dienen können. Mit diesen Bauten beginnt der Wehrbau das Stadtbild maßgebend zu bestimmen. Seine Anordnung im Stadtplan müßte vor allen anderen Bauanlagen zuerst untersucht und nach den Gesichtspunkten der zweckmäßigsten Abwehr festgelegt werden. Im Prinzip könnte man sich diese Wehrbauten als turmartige Hochbauten vorstellen, im Zentrum und in den einzelnen, durch Grünflächen getrennten Wohn- und Industriegebieten und entlang den Hauptverkehrsstraßen.«[278]

Solche Folgerungen gingen Gutschow denn doch zu weit. Aufgrund seiner Hamburger Erfahrungen sah er auch Grenzen des baulichen Luftschutzes. Am 19. Januar 1944 antwortete er Graubner: »Bei der Tendenz nach der Wehrhaftigkeit allen Bauens ist mir nicht ganz gemütlich. Die Konsequenzen für das friedensmäßige Leben sind bedrückend, die wahrscheinliche Sicherheit für einen zukünftigen Krieg mehr als fragwürdig, die Entwicklung der Angriffswaffen, der Sprengstoffe so rapide, daß der bauliche Schutz dagegen schwer Schritt hält, z. B. scheint mir eine normale Untergrundbahn luftkriegsempfindlicher als eine normale Straßen-Schnellbahn.«[279]

Gutschow ging es zunächst und vor allem darum, systematisch Grundlagen für weitere Überlegungen zu schaffen. Ein erster Schritt bestand in gründlichen Erhebungen und in der Vereinheitlichung der Schadensstatistik. Schon Mitte Juli 1944 gab er *Richtlinien zur Statistik und Darstellung der Schäden in den zerstörten Städten* heraus – eine auf bestem Papier sorgfältig gedruckte und reich bebilderte Arbeitshilfe des *Arbeitsstabes Wiederaufbauplanung zerstörter Städte, zu beziehen durch: Reichsminister für Rüstung und Kriegsproduktion, Berlin.* Für den Inhalt verantwortlich, sorgte Gutschow dafür, daß schon in diesen Richtlinien »die beabsichtigte Vereinheitlichung der Maßstäbe für die Wiederaufbaupläne ihren Niederschlag« fanden. Bis zur Bestellnummer der zu verwendenden Bleistifte regelt die bürokratische Inventarisierung der Katastrophe alle einzelnen Schritte. Zur »vorläufigen Bestandskarte« heißt es etwa: »In dieser Karte sind die Baudenkmäler der Denkmalsliste (gleichgültig ob betroffen oder nicht) mit einem 1 mm starken roten Strich (Stabilo Nr. 8740) zu umranden.«[280]

Während im Juli 1944 die Richtlinien zur Schadensstatistik und -darstellung verschickt und wirksam wurden, war bereits Gutschows nächstes Rundschreiben mit umfangreicher Beilage unterwegs: Im Namen des *Reichsministers für Rüstung und Kriegsproduktion* finden sich auf knapp 70 Seiten »vorläufige städtebauliche Richtwerte«. Mit nahezu enzyklopädischem Anspruch wird auf eine über bloßen Wieder-Aufbau hinausweisende Planung orientiert, trotz aller Bedenken angesichts der aktuell erforderlichen Maßnahmen und der Fragwürdigkeit generalisierender Vorgaben. »Für weit vorher laufende, vorausschauende städtebauliche Planung können aber überschlägige Richtwerte nicht entbehrt werden«, heißt es in Gutschows Vorwort. Die Rahmengliederung der Richtwerte, die sich um eine umfassende – im heutigen Sprachgebrauch fürwahr »ganzheitliche« – Sichtweise bemühten, umfaßt folgende Punkte:

A Technik der Planung
B Boden-Wasser-Mensch-Stadt (Gesamtzusammenhänge, Bevölkerungsentwicklung, Einwohnerzahlen usw.)
C Freiflächen (Wasser, Wald, Nahrungsland, gestaltete Grünflächen)
D Bebauung (Arbeiten, Wohnen, Gemeinschaftsdienste)
E Verkehr (Wasser, Luft, Fernbahn, Nahverkehrsmittel, Straßen)[281]

Als Anhang war ein kleines städtebauliches Wörterbuch geplant, das von der Deutschen Akademie für Städtebau erarbeitet werden sollte; auch hierfür übernahm Gutschow die Koordination.

Mit diesen »Richtwerten«, die Gutschow gleichsam als verbindliche Planungslehre auf statistischer Grundlage für die verschiedenen Planungsgebiete zu entwickeln versuchte, begann eine Arbeit, die ihn bis in die sechziger Jahre weiter beschäftigte und als »städtebaulicher Grundstoff« in Teilen noch während der fünfziger Jahre von der Fachpresse veröffentlicht wurde. Während Gutschow ab Sommer 1944 durch die gesammelten oder von ihm selbst verfaßten Schriften, Statistiken und Pläne »den Planern elementares städtebauliches Material als Handwerkszeug für die Planung an die Hand geben« wollte[282], schuf er zugleich ein weitgespanntes Korrespondentennetz, indem er in den unterschiedlichen Planungsgebieten die seines Erachtens kompetentesten Fachleute zur Mitarbeit aufforderte und zwischen ihnen Kontakte vermittelte.

In einem umfangreichen Briefwechsel gelang es ihm, in kürzester Zeit eine große Zahl – nicht nur schon prominenter – Architekten und Planer in dieses Vorhaben einzubeziehen, deren Reputation als »Fachleute« im entsprechenden Aufgabenfeld teilweise erst nach 1945 zur Geltung kommen wird. So korrespondierte Gutschow zu Fragen einer verbindlichen Stadttypologie mit Gerhard Isenberg, über Richtlinien der Grünplanung neben Willi Schelkes mit Wilhelm Hübotter, über Industrie- und Gewerbeansiedlungen mit Hans Bernhard Reichow, zum »Wörterbuch«-Stichwort »Wohnen« mit Johannes Göderitz, der als politisch unliebsamer Stadtbaurat inzwischen in der *Deutschen Akademie für Städtebau, Reichs- und Landesplanung* tätig war. Eingehend wurde im Briefwechsel mit Göderitz die Festlegung einer verbindlichen Planungsterminologie erörtert; Debatten der Nachkriegszeit lassen sich erahnen, wenn Gutschow zur Durchsetzung seines Ordnungsmodells *Ortsgruppe als Siedlungszelle* empfiehlt: »Wenn die Partei im Aufbau der Ortsgruppe im Kreis bisher ohne jegliche Zwischengröße auskommt, muß im Aufbau der Stadt mit einer einzigen Zwischengröße auszukommen sein. Diese liegt bei einer Einwohnerzahl zwischen 20 000 – 30 000 herum. Erwünscht ist hierbei, typische Größenordnungen zu finden, die gleichzeitig für selbständige Städte gelten können. Eine allzu starke Anlehnung an die Schulbezirke halte ich nicht für richtig. – Für den Aufbau der Ortsgruppe als Stadtzelle erscheint mir dagegen durchaus noch wichtig die Größenordnung der politischen Zelle, die mehrere Wohngrundstücksgruppen (= Block der NSDAP) umfaßt.«[283]

Mit Göderitz, der 1957 mit seinem Buch *Die gegliederte und aufgelockerte Stadt* ein Grundlagenwerk zur Stadtplanung der fünfziger Jahre vorlegen wird[284], korrespondierte Gutschow schon seit Anfang 1942. Göderitz hatte ihn damals gebeten, seine ersten Vorstellungen zur *Ortsgruppe als Siedlungszelle* für ein Handbuch zu formulieren, das über die *Deutsche Akademie für Städtebau, Reichs- und Landesplanung* vom *Arbeitskreis im Nationalsozialistischen Bund Deutscher Techniker* herausgegeben werden sollte.

So nahm Gutschow bei seiner Arbeit alte Verbindungen auf. Am Themenbereich »Gemeinschaftsbauten – Gemeinschaftsdienste« arbeitete neben Julius Schulte-Frohlinde der Architekt Werner Hebebrand; an den Richtwerten für Schulen Heinz Schmeissner, von 1936 bis 1945 Hochbaudezernent in Nürnberg und ab 1949 dort für den Wiederaufbau verantwortlich. Schmeissner sollte nach dem Wunsch Gutschows »nach diesem Thema die HJ-Heime (...) in Angriff nehmen«, jedoch nicht ohne Unterstützung durch die Reichsjugendführung Berlin, die bereits dabei sei, »die Forderungen der Jugend im Rahmen der Wiederaufbauplanungen festzustellen.«[285]

Über seine weite Korrespondenz stieß Gutschow jedoch bald auf ein prekäres Dilemma. Einerseits sollten nach Anweisung Speers im Herbst 1944 die vorbereitenden Arbeiten für die Wiederaufbauplanung auf den kleinsten Rahmen beschränkt bleiben. Um keine Unruhe entstehen zu lassen, sollten vor allem persönliche Kontakte auf vertraulicher Basis zum Zusammentragen der Materialien für die Richtwerte ausgenutzt werden. Andererseits stieß Gutschow bei den Erkundungen auf Konkurrenzunternehmen anderer staatlicher Stellen, Dienststellen, die sich auf Richtlinien für den Wiederaufbau zu spezialisieren begannen, ohne daß es dabei bisher zu einer Verständigung gekommen war. So erhielt die Zusammenarbeit mit den Beratern des Arbeitsstabs zum Teil den Charakter einer subversiven Tätigkeit, wenn beispielsweise in einem Schreiben an einen Planer im Ruhrgebiet um allergrößte Zurückhaltung bei Rundfragen und statistischen Erhebungen gebeten wurde: »Wenn Sie in Essen, einer so schwer geprüften Stadt leben, werde ich Ihnen gegenüber kein Wort darüber zu verlieren brauchen, wie wichtig es ist, schon aus psychologischen Gründen die notwendigen Rücksichten zu üben. Die Unterlagen, die wir für unsere Arbeit brauchen, werden wir heute auf persönlichstem Weg zwischen Bekannten beschaffen müssen.«[286]

Wie empfindlich nicht nur in den Ämtern der zerstörten Städte, sondern auch auf zentralstaatlicher Ebene auf die vorbereitenden Maßnahmen zur Wiederaufbauplanung reagiert wurde, zeigen die Folgen eines Gesprächs, das Gutschow im Juli 1944 im Zusammenhang mit der Arbeit an den Richtwerten mit einem Vertreter des Verbandes evangelischer Landeskirchen führte, der die Interessen der Kirchen im Hinblick auf Wiederaufbauplanung vertreten sollte. Eine schwierige Mission für den Kirchenmann, wie ein Monate später formulierter Gesprächsvermerk zur Position der Planer erkennen läßt: »Die religiöse Entwicklung ist in dieser Zeit völkischer Neugeburt nicht überschaubar. Ob unsere Kulträume später einer Staatsreligion dienen werden, ob es Kirchen oder die Fest- und Feierräume der Partei (des Staates) sind, kann heute nicht beantwortet werden. Die Städte werden locker gebaut und mit großen Grünzügen durchsetzt, dort mag dann an geeigneter Stelle ein Feierhaus oder eine Kirche Platz finden. An einer Herausarbeitung von Richtwerten für Kirchen (Kultbauten) ist vorläufig im Rahmen der Arbeiten des Arbeitsstabes nicht gedacht, da Richtwerte vorläufig nur für die wirklich brennendsten Gestaltungselemente der städtebaulichen Planung entwickelt und herausgestellt werden.«[287]

Obwohl das Thema damit noch »sehr zurückhaltend behandelt« worden war, kam es zu einer Anfrage von Reichsleiter Bormann, der die Vorhaben im Umfeld Speers ohnehin äußerst mißtrauisch verfolgte. Um dem Verdacht einer Verselbständigung des Arbeitsstabes zu begegnen, sah sich Speer zu einer ausführlichen Antwort genötigt und schrieb an Bormann: »Meine eigene Auffassung in der Frage des Kirchenbaus kennen Sie. Ich vertrete auch hier nur die Auffassung des Führers, und habe den Leiter meines Arbeitsstabes angewiesen, daß er selbst und sein Büro in dieser Frage im jetzigen Zeitpunkt mit Vertretern kirchlicher Stellen keinerlei Verhandlungen zu führen hätten. Mich interessiert der Wiederaufbau von Kirchen nur insofern, als es sich um nationale Baudenkmäler historischen und künstlerischen Wertes handelt. Aber auch hier bleibt eine Entscheidung über Abriß oder Wiederaufbau dem Führer für die Zeit nach dem Kriege vorbehalten.«[288] Gutschow erhielt eine Abschrift dieses Briefes zur Kenntnis und leitete sie an seinen Mitarbeiter Zorn mit der handschriftlichen Notiz weiter, daß »solche delikaten Sachen« vorher gemeinsam zu besprechen seien.

Während so die städtebaulichen Richtwerte Gutschow weiter beschäftigten, zeichnete sich im Zusammenhang damit angesichts der drängenden Wohnungsnot ein anderer Schwerpunkt ab. Im August 1944 konnten erste Resultate einer längeren Vorarbeit zusammengestellt werden: In einem Rundschreiben an die Berater des Arbeitsstabes hatte Gutschow im April 1944 unter Verweis auf mindestens 3,5 Millionen fehlende Wohnungen im Reichsgebiet um »grundsätzliche Richtlinien für den Wohnungsbau nach dem Kriege und Haustypen mit Konstruktionsweisen« gebeten. Zu jeder der schon in der Rede Speers vom 30. November 1943 genannten Kategorien der Wiederherstellung beschädigter Wohngebäude, des Behelfswohnungsbaus und des »richtigen« Neubaus von Wohnungen sollten umgehend Vorschläge unterbreitet werden. Einschränkend hatte Gutschow in seinem Anschreiben deutlich gemacht, daß seines Erachtens unter den gegebenen Kriegsverhältnissen die nur vorübergehende Beseitigung von Schäden jedem Neubau, auch dem Behelfswohnungsbau, vorzuziehen sei, zumal die Praxis zeige, daß »Provisorien besonders zähe Bauschöpfungen« seien.[289]

Statt des Behelfswohnungsbaus und der von Robert Ley propagierten »Behelfsheimaktion«[290] sollte – auch mit Blick auf den *Führererlaß vom 15. November 1940 zum Wohnungsbau nach dem Kriege* – neben der Schadensbeseitigung der »endgültige« Neubau im Vordergrund der Planungsbemühungen des Arbeitsstabes stehen, nicht zuletzt, um dadurch auch »Kinderfreudigkeit und Kinderreichtum fördern« zu können. »Ich betrachte es deshalb als die im Vordergrund stehende Aufgabe, den richtigen Typ der geräumigen, mit dem Garten verbundenen Wohnung zu finden, das richtige ›Maß‹ und die richtige, einfache, sparsame Bauweise, alle Möglichkeiten der Rationalisierung zur Produktion solcher Wohnungen, angefangen von der Großbaustelle bis zur äußersten Normung von Teilen auszuschöpfen, um diese Wohnungen in Massen zu erstellen, hierauf die Kräfte zu konzentrieren, statt sich in Halbheiten zu verzetteln. Friderizianische Sparsamkeit in jeder Beziehung, auch in der architektonischen Haltung, sehe ich dabei als ein Merkmal des Bauens der Jahre nach dem Kriege an.«[291]

Unter Hinweis auf Prognosen der Bevölkerungsentwicklung bis 1965 plädierte Gutschow für einen Wohnungsneubau mit variablen Grundrißlösungen, die in Zeiten der Not eine enge Belegung und später eine Entzerrung der Wohndichte erlauben würden. Obgleich solche Planungen eigentlich in die Zuständigkeit des Reichswohnungskommissars Ley fielen, der im Oktober 1944 eine Denkschrift zum *Aufbau der Wohnformen im Stadtverband* herausgegeben hatte, forderte Gutschow jenen Kreis von »Fachleuten«, die teilweise auch als Berater der Gauleiter tätig war, dazu auf, Vorschläge zum gleichen Thema zu erarbeiten, dies freilich mit Diskretion: »Es ist vorgesehen, diese Äußerungen in kameradschaftlichem Kreise zu besprechen.«[292]

Die unterschwellige Rivalität mit den Ämtern Robert Leys kam offen zur Sprache. Bei einer Tagung des Arbeitsstabes im November 1944 berichtete Wolters von einem Gespräch mit Speer, der sich deutlich gegen eine »Verflachung des gesamten Wohnungsbaues, d. h. Herabdrückung des gesamten Wohnungsstandards dadurch, daß ein großer Teil von Wohnungen in dauerndem Behelfsbau errichtet werde«, ausgesprochen habe. Wolters fuhr fort: »Ich habe den Minister darüber unterrichtet, daß der Reichswohnungskommissar unter Führung von Neupert eine Art Arbeitsstab ins Leben gerufen habe, der sich mit ähnlichen Problemen wie unser Arbeitsstab befasse. Herr Speer war der Auffassung, daß wir dies, wenn wir Reichswohnungskommissar wären, genau so machen würden, und daß die Lösung der Wohnungsprobleme nur möglich sei, wenn man auch entsprechend in die Nachbargebiete einsteige. Im übrigen sei es nicht schlecht, wenn zwei Apparate nebeneinander arbeiteten. Es müsse sich eben auf die Dauer herausstellen, wer das schlagkräftigere und bessere Instrument in Händen habe.«[293] Ausdrücklich anerkannt wurde dagegen von Speer der von Karl Neupert erarbeitete Vorschlag zum *Aufbau der Wohnformen im Stadtverband*: »Für größere Städte sei damit der Mehrgeschoßbau ohne weiteres vertretbar und werde durchgeführt werden müssen.«[294]

In seinen Bemühungen zur Sammlung von Richtlinien für den »Wohnungsbau nach dem Kriege« konnte Gutschow mit den Reaktionen auf seine Bitte um Vorschläge Mitte August 1944 einen beträchtlichen Ordner mit Beiträgen füllen, die zwischen ausführlichen Stellungnahmen und knappen Skizzen schwankten. Eine besonders differenzierte Betrachtung stellte Friedrich Hetzelt an, der ein »möglichst klares, aus sich heraus überzeugendes Vorstellungsbild, ein Idealbild des Wiederaufbaus« entwarf, um mit einer daraus abgeleiteten Planung, Programmatik und Gesetzgebung auf »viele sehr eigenwillige Kräfte« einwirken zu können, die seines Erachtens die Stadtentwicklung nach dem Kriege bestimmen würden. Dabei wandte sich Hetzelt auch »gegen die fragwürdigen romantischen Ideen einer nicht mehr tragbaren sogenannten landschaftsgebundenen altväterlichen oder rassegebundenen Bauweise des Einzelobjekts« und setzte sich für das Primat der Bauindustrie sowie für konsequente Serienfertigung ein: »Wir Deutschen hemmen immer wieder die Möglichkeiten zur wirklichen rationellen Anwendung unserer konstruktiven Möglichkeiten und Erkenntnisse durch Vorstellungen überkommener Erscheinungsformen; wir entwickeln sogar ungesunde Zwangskonstruktionen über den Umweg der formalen Vorstellung und lassen uns hier von anderen Nationen den Vorrang nehmen, um dann später notgedrungen dieselben Erkenntnisse vom Ausland zu übernehmen.«[295]

Ähnlich wie die Leitvorstellungen der »gegliederten und aufgelocker-

ten Stadt« waren generelle Überlegungen zu Struktur und Erscheinungsform des Siedlungsbaus inzwischen unter den Planern des Wiederaufbaus
unumstritten. Allenfalls zu den Wegen der Abkehr vom traditions- und
handwerksgebundenen Bauen lassen sich noch unterschiedliche Meinungen vernehmen. Während sich unter engem Bezug auf Ernst Neuferts Vorschläge auch Herbert Rimpl für eine weitgehende Typisierung der Nachkriegsbauten einsetzte, gab Hans Stephan aus seiner Erfahrung in der lokalen Politik Berlins zu bedenken: »Bei den Oberbürgermeistern der Städte
besteht häufig starke Furcht vor der Typisierung und Normung, ebenso
vor dem angekündigten Bautempo. Jede Stadt war bisher stolz auf ihr in
Jahrhunderten gewachsenes, formenreiches und nur ihr eigentümliches
Stadtbild, und sie befürchten verständlicherweise eine gewisse öde Schematisierung und seelenlose, keineswegs heimatgebundene Reichstypung,
besonders, wenn ganze Stadtteile ›in zwei Jahrhunderten hochgewichst‹
werden.«[296]

Um auch auf längere Sicht dem Vorwurf eines allzu pragmatischen und
vereinheitlichten Wiederaufbaus zu entgehen, plädierte Stephan für eine
deutliche Abwandlung der Haustypen nach landschaftlichen Eigenheiten;
»die Rationalisierung des Bauens sollte sich nur auf das technische Gerüst
erstrecken.« Geradezu rabiat wirken demgegenüber die kurzen Notizen
von Fritz Tamms, der gleich zur Sache kommt: »Die in der Anlage darge-
stellte Massivbaracke wird für kriegswichtige Zwecke zur Zeit auf verschiedenen Baustellen von mir errichtet. Diese Baracke läßt sich, wie
skizzenmäßig dargestellt, ohne große Zutaten zu endgültigen Wohnungen
ausbauen.« Tamms schlug vor, seine Baracken durch entsprechende Zwi-
schenwände so zu organisieren, daß für die Obdachlosen nicht gleich Wohnungen, sondern einzelne Zimmer zur Verfügung stehen. Diese »Unterbringung« wird mal »hotelmäßig«, mal »lagermäßig« genannt. »Das wird
vielen Leuten etwas radikal erscheinen, aber ich fürchte, daß die Welle der
rückflutenden Menschen so groß sein wird, daß wir mit der Erstellung von
Unterkünften nicht schnell genug voran kommen können.«[297]

Über den »richtigen« Neubau von Wohnungen äußerte sich Tamms
nicht, doch stellte er in Aussicht, an entsprechenden Entwürfen arbeiten
zu lassen.

Ebenfalls eher auf Provisorien setzte auch Rudolf Wolters. In seinen
»Gedanken zur behelfsmäßigen Unterbringung Obdachloser nach dem
Kriege« forderte er an erster Stelle »äußerste Typisierung, primitivste Ausstattung, höchste Kollektivierung, schnellste Montage (...). Eine billige,
schnelle und knappe Unterbringung kann nicht auf der Einzelwohnung
aufbauen. Die Familien müssen in Baracken wohnen, die ich eingeschos-
sig annehme mit Mittelgang, doppelbündig.« Wolters führte vor, wie sich
aus der Addition von Baracken, die jeweils mit 22 Menschen zu belegen
seien, Einheiten verschiedener Größenordnung und Infrastrukturausstat-
tung ergäben: 24 Baracken mit etwa 500 Menschen bilden die Einheit B

mit eigenem Kindergarten, mit Badeanlage, Küche und Kantine; vier Einheiten des Typs B bilden die Einheit C mit Schule und Sanitätshaus, und aus fünf der so gebildeten C-Einheiten besteht schließlich »die geschlossene Notstadt«, die, als *Ortsgruppe* organisiert, mit Gemeinschaftshaus, Ladenstraße, Kino, Vergnügungsstätten und Friedhof auszustatten sei. In dieser Siedlung sollten »sämtliche Teile der Stadt« streng vereinheitlicht werden, und zwar »auf Grundlage der Neufertschen Normen«. »Einziger Luxus: Sehr viel Grün und Blumen, viel Farbe. Die Notstadt müßte eine Art KdF-Stadt sein, durch Ordnung, Sauberkeit und Gemeinschaftseinrichtungen eine ›Sehenswürdigkeit‹.«[298]

Eine deutliche Gegenposition zu solchen Vorstellungen, die teilweise eher an rationelle Tierhaltung denn an Wohnungsplanung erinnern und die auch in den späteren Tagungen des Arbeitsstabes noch Anlaß zu Konflikten geben werden, bezog Julius Schulte-Frohlinde: »Die Erfahrungen mit dem Behelfswohnungsbau sind hier noch ziemlich gering. Es hat sich jedoch schon herausgestellt, daß das Vorschreiben eines Typs oder gar bestimmter Baumaterialien durch Berlin ein großer Fehler ist. Es muß die Lage jeder einzelnen Baustelle, d.h. jedes Dorfes oder jeder Stadt einzeln betrachtet werden.«[299] Schulte-Frohlinde betonte die Chance, durch den Wiederaufbau »alles Schlechte« an Formen und Konstruktionen, das sich im Laufe der Jahrzehnte in das Bauen eingenistet habe, »auszumerzen« und alle »Bauschaffenden« wieder auf das »Formschöne« auszurichten. Mit deutlicher Spitze gegen »die Berliner« schrieb er: »Eine 100 %ige Normung, also das von der Fabrik fertig bezogene Haus, ist bestimmt eine Utopie.« Statt solchen überzogenen Rationalisierungshoffnungen zu folgen, sollte man lieber dem Handwerk einen gewissen Platz einräumen, um gerade im Zusammenspiel verschiedener Kräfte Vorbild geben zu können: »Sollte es uns gelingen, den Aufbau in glücklicher Form durchführen zu können, so wäre für unser Vaterland eine große Tat getan. Die ganze Welt würde sich nach uns ausrichten, Deutschland würde auf dem Gebiet der Architektur und des Bauwesens mit großem Abstand an der Spitze marschieren.«

Ebenfalls mit deutlicher Spitze gegen die Neufertschen Vorschläge und ihre Vertreter formulierte Gutschow: »Der ›funktionelle‹ Grundriß, in dem jedes Zimmer ›nur so und nicht anders‹ möbliert und bewohnt werden *muß*, ist (...) zu verlassen zugunsten von Grundrissen, die eine veränderliche Benutzung zulassen.«[300] Welch breites Spektrum an Möglichkeiten sich unter solchen Aspekten entwickeln ließe, demonstrierte Gutschow an einer Reihe von Grundrissen und Bebauungsvorschlägen, die einige ihm verbundene Mitarbeiter erarbeitet hatten. »Die von Baudirektor Reichow-Stettin gebauten 1 1/2-geschossigen Reihenhäuser werden heute ›behelfsmäßig‹ und doch ohne besondere Schwierigkeiten von 2 Familien bewohnt, sie können leicht zu einer einer Vollfamilie genügend Platz bietenden Wohnung umgestellt werden. – Der Grundriß Hillebrechts ist für ein vorübergehendes Bewohnen durch 2 Familien weniger praktisch, aber konstruktiv als ›Haus mit einer Mauer‹ besonders rationell. Dieses Konstruktionsprinzip erscheint mir besonders entwicklungsfähig.« Das Einfamilien-Reihenhaus sei jedenfalls eine »ebenso ideale wie zweckmäßige Hausform«[301].

Während Reichows bescheidener Vorschlag bereits den in der Nachkriegszeit üblichen Grundrissen entspricht, müssen Hillebrechts Pläne mit dem großzügig eingezeichneten Konzertflügel in der Nachkriegswohnung unter den damaligen Umständen sehr optimistisch gewirkt haben: Doch auch von anderen Mitarbeitern Gutschows lagen Pläne vor, die sich deutlich von behelfs- und barackenmäßigen Siedlungen unterscheiden; gemeinsam ist ihnen das Bemühen um eine »familiengerechte« Siedlungsweise, auf deren Notwendigkeit Gutschow unermüdlich hinwies: »Ich wiederhole: Wie im Kriege alles, was dem Kriege dient, recht und deshalb ›wirtschaftlich‹ ist, so nach dem Kriege alles, was der Erhaltung des Friedens dient. Entscheidend sind: Kinder, Kinder, Kinder!«[302]

Zur Unterstützung seiner Argumentation gegen Normung und Kasernierung hatte Gutschow schon früh für die Verbreitung einer Schrift gesorgt, die als Forschungsarbeit im Auftrage der Deutschen Akademie für Städtebau, Reichs- und Landesplanung entstanden war: *Die zweckmäßigste Hausform für Erweiterung, Neugründung und Wiederaufbau von Städten,* verfaßt von Dr.-Ing. Roland Rainer, veröffentlicht im April 1944 mit einem Vorwort von Reinhold Niemeyer, Mitglied im Arbeitsstab für den Wiederaufbau und gleichzeitig Vorsitzender der Akademie. In dieser Schrift, die insgesamt ein Plädoyer für das Einfamilien-Reihenhaus als »zweckmäßigste Bauform« darstellt, kommen ausführlich »die neuzeitlichen volksbiologischen Anforderungen« zur Sprache, wobei auch die »Zusammenhänge zwischen Rasse und Wohnform beachtet wurden«, wie dies »nationalsozialistischer Grundanschauung« entsprach.[303]

Schon das Vorwort zu Rainers Schrift enthält unausgesprochen eine Polemik gegen Neufert, etwa wenn es heißt, daß »in letzter Zeit die Mieter von Stockwerkswohnungen nach ihren besonderen Wünschen an die Wohnung befragt wurden und dabei die Frage, ob sie lieber in einem Einfamilienhaus als in einem Mehrfamilienhaus wohnen möchten, gar nicht gestellt wurde. Dadurch konnte der Anschein entstehen, daß die Entscheidung für das Mehrgeschoßhaus bereits gefällt wäre.«[304] Neufert hatte seine Untersuchung *Der Mieter hat das Wort* auf der Grundlage umfangreicher Befragungen verfaßt; im Januar 1942 war sie vom *Generalbauinspektor* Speer herausgegeben worden. In seiner Einleitung schrieb Neufert: »Wenn ein Fabrikationsgebäude geplant wird, so können in den meisten Fällen hierfür vom Betriebsingenieur klar umrissene Forderungen gestellt werden, die der Architekt zu erfüllen hat. Ähnlich ist es auch beim Bau eines Privathauses für einen charaktervollen Bauherrn, der genau weiß, was er will, und seine Wünsche von vornherein eindeutig klar und unabänderlich formuliert.«[305]

Da die Architekten über die Wünsche der Mieter jedoch kaum informiert seien, sollte die Befragung dazu verhelfen, neue Wohnungstypen zu finden, die gegenüber den bisherigen deutliche Verbesserungen erbringen könnten. Detailliert wurden Fragen nach Einkommenshöhe, Wohnungsgröße, -ausstattung usw. gestellt. Die Fragen nach den Wohnwünschen selbst waren jedoch so weit eingegrenzt worden, daß Alternativen zum Geschoßwohnungsbau gar nicht erst ins Blickfeld gerieten. Selbstkritik wurde allenfalls nur an Marginalien geübt: »Besonders aufschlußreich wäre die Frage gewesen, ob die Mieter eine normale Badewanne, eine Kleinbadewanne oder eine Dusche wünschten. Bekanntlich wird die Frage heute im Zusammenhang mit dem Führererlaß – der eine Dusche vorsieht – lebhaft diskutiert.«[306]

Nach dem einleitenden Hinweis auf den Kardinalmangel der Neufertschen Studie ist das erste Kapitel »Die volksbiologische Bedeutung der Wohnung« in Rainers Schrift als Angriff gegen die »Massenmiethäuser«, darüber hinaus aber gegen den Geschoßwohnungsbau insgesamt angelegt, als dessen größtes Defizit die fehlende Verbindung zwischen Wohnung und äußeren Freiflächen bezeichnet wird. In Schaubildern wird am Zusammenhang von Kinderzahl und Bodenbewirtschaftung gezeigt, daß die Kinderzahl durchweg höher liege, wenn den Familien die Möglichkeit zur wohnungsnahen Bodenbewirtschaftung gegeben sei. Die Statistik ist nach Berufsgruppen gegliedert. An der Spitze liegen »Kirchenbeamte einschl. Pfarrer«, Schlußlichter bilden Zahnärzte und Dentisten, Künstler und Schriftsteller. In einer Reihe von Beispielen werden Mustersiedlungen vorgeführt, die dem Leitbild verdichteten Flachbaus folgen und schließlich mit einem »Aufbauschema für eine Gemeinschaftssiedlung« enden, das den Planungen zur *Ortsgruppe als Siedlungszelle* erstaunlich ähnelt, auch wenn es als »Schulbezirk« bezeichnet ist.

Nicht nur über die Verbreitung von Rainers Thesen versuchte Gutschow seine Position im Arbeitsstab zu stärken, sondern auch durch persönliche Einladungen an bekannte Experten unterschiedlicher Fachrichtung zu Tagungen, die im Herbst 1944 im Rahmen des Arbeitsstabes stattfanden: So führt er einen intensiven Briefwechsel mit dem Präsidenten des Statistischen Landesamtes in München, Friedrich Burgdörfer. Darin bittet er den durch seine Publikationen weithin bekannten Sozialwissenschaftler um Wiederholung des Vortrags »Volkspolitische Lage und wohnungspolitische Aufgabe«, den Burgdörfer auf Einladung der Deutschen Akademie für Wohnungswesen schon im November 1942 gehalten hatte.

Unter Hinweis auf »Meinungsspannungen« mit Wolters, »die ganz besonders bei den Punkten Größentendenz der Städte und Wohnweisen liegen«[307], versuchte er auch den Bremer Oberbaurat Wilhelm Wortmann in den Kreis der Berater des Arbeitsstabes zu einem Treffen in Wriezen mit einzubeziehen. Da Wortmann teilzunehmen gehindert war, bat Gutschow ihn, sich doch wenigstens zwischen den Vorträgen für Rücksprachen zur

Verfügung zu halten; es sei ihm wichtig, sich in wesentlichen Punkten gerade mit Wortmann abzustimmen. Und er forderte ihn auf: »Vielleicht machen Sie sich auch noch einmal Gedanken darüber, in welche Formulierungen, wenn man überhaupt Richtlinien für die Wiederaufbauplanung durch Speer herausbringen wollte, diese Punkte zu bringen sein würden.«[308]

Am Kontakt zu Wortmann lag Gutschow nicht zuletzt auch deswegen viel, weil Wortmann sich in einem anderen Arbeitskreis einen Überblick über wohnungspolitische Fragen verschaffen konnte, der als *Architektentagung in Ahlhorn* auf Einladung des Gauleiters Weser-Ems in einem Blockhaus bei Oldenburg schon mehrfach zusammengekommen war. Schon im November 1943 war dort ein Vortrag zum Thema »Wohnungsbau und Planung von Wohngemeinschaften und Ortschaften vom rassenpolitischen Gesichtspunkt aus« gehalten worden. Unter Hinweis auf die zentrale »Existenzfrage für unser Volk« hatte der Bremer Architekt Hans Heuer ausgeführt: »Mit diesem Thema kündet die Rassenpolitik an, daß sie bei der Planung der Typen, wie bei der Planung ganzer Wohngebiete mitsprechen möchte, und zwar nicht nur mitsprechen möchte als gleichberechtigt unter den vielen bisher bekannten und bereits beteiligten Ressorts, sondern – es klingt zunächst etwas anmaßend – daß sie eine gewisse führende Rolle übernehmen möchte, oder besser ausgedrückt, die tragenden Ideen stellen möchte.«[309] Auch hier forderte man im Hinblick auf die beunruhigende Geburtenentwicklung Priorität für den Einfamilienhausbau und diskutierte entsprechende Entwürfe. Man führte »fabrikmäßig leicht herzustellende« Einfamilienhäuser vor, die vom »rassenpolitischen Standpunkt aus als einwandfrei zu bezeichnen« seien.

Die hier von Heuer vorgetragenen Thesen lagen ganz auf der Linie Gutschows, und auch die mit solcher Planung vertretene Moral aufrechter Biederkeit mag seinem Empfinden ebenso nahe gekommen sein wie dem sogenannten gesunden Volksempfinden noch heute: »Während der Besitzer von Eigenhaus und etwas Land nach Feierabend in der Bearbeitung seines Gartens Erholung von der Arbeit im Betrieb findet und zugleich noch etwas Produktives schafft, findet der Mietshausbewohner in seiner Wohnung wenig Beschäftigung. Infolge dessen fängt er an, ›auszugehen‹, ›man will auch was vom Leben haben‹. Dies bereitet viel Vergnügen und umso mehr Vergnügen es bereitet, umso weniger schmeckt nachher die Arbeit. Sie wird langsam als Last empfunden, und ist dann nur noch dazu da, um Geld, und zwar möglichst viel Geld, zu verdienen, denn das Ausgehen kostet viel. Da man nun bemerkt, daß andere sich noch mehr leisten können, wird der Neid erregt. Und zu dem Neid kommt Unzufriedenheit. Und im höheren Alter mit der Erkenntnis, daß alle diese Dinge des Lebens einmal schal werden müssen, die Verbitterung. Kinder, die einen Ausgleich hätten bieten können, hat man nicht, denn sie waren bei dem ›Was-vom-Leben-haben-wollen‹ im Wege. Trostlos geht solch ein Leben zu Ende.«[310]

Mit Zitaten ähnlichen Inhalts aus Alfred Rosenbergs *Der Mythus des*

20. Jahrhunderts leitete Wortmann sein Referat über die »Grundlagen für die Gesundung und Neugestaltung des Raumes Bremen« bei der dritten Zusammenkunft der Arbeitsgemeinschaft im November 1943 ein.[311] Auch hier standen die »bevölkerungspolitischen Grundlagen« am Anfang des Vortrags, wobei auf eingehende Untersuchungen zur voraussichtlichen Bevölkerungsentwicklung in Bremen zwischen 1939 und 1999 verwiesen wird. Auch hier wurde entsprechend den Luftschutzrichtlinien die Auflockerung und Gliederung des gesamten Stadtkörpers, die räumliche Trennung von Wohn- und Arbeitsflächen gefordert.

Wie ein roter Faden zogen sich durch die Referate der Tagungen in Ahlhorn, die sich bis in den Sommer 1944 erstreckten, Diskussionen um die Mechanisierung des Massenwohnungsbaus. Dabei reichte das Spektrum der Themen von der Rationalisierung der Bauproduktion bis zu Problemen der städtischen Wasser- und Abfallwirtschaft, zu denen auch Arvid Gutschow, Bruder von Konstanty Gutschow, wiederholt Stellung nahm. Zwischen diesem »Ahlhorner Kreis« und den Fachtagungen in Gutschows Hamburger Büro gab es mancherlei Querbezüge, so daß sich Gutschow stets auf dem neuesten Stand der Diskussion wissen und den Kontroversen im Arbeitsstab gut gewappnet begegnen konnte, als er bei jenen Treffen das Wort ergriff, die ab Sommer 1944 im Rahmen des Arbeitsstabs in Wriezen bei Berlin veranstaltet wurden.

Tagungen und Kontroversen

Als nach den schweren Angriffen auf Berlin sowohl das OT- und Schriftleitungsbüro als auch der Personalchef aller Speer-Dienststellen aus dem Gebäude am Pariser Platz in ein Barackenlager in der Umgebung Berlins umziehen mußten, zog auch der Arbeitsstab nach, dessen Tätigkeit teils von Hamburg, teils von Berlin aus koordiniert worden war.

In dem alten Städtchen Wriezen, etwa 50 km östlicher Richtung vom Berliner Zentrum entfernt, hatte Speer ein großes Grundstück, auf dem auch Bronzefiguren sichergestellt worden waren; ein hohes Roß, bekannt aus dem Garten der Neuen Reichskanzlei, überragte symbolträchtig das Lager. In der zwischen Bäumen verborgenen Baracke fühlte man sich vor feindlichen Luftangriffen geschützt. Hier fanden – neben der üblichen Arbeit, die vor allem Gutschows entsandter Mitarbeiter Richard Zorn ausführte – auch Tagungen statt, in denen Mitarbeiter und Gäste des Arbeitsstabes Ansätze und Kontroversen zur Wiederaufbauplanung erörterten.

Eine erste Tagung mit geladenen Gästen hatte bereits im Juni 1944 in der Plassenburg bei Kulmbach stattfinden sollen, die Fritz Todt nach eigenen Entwürfen zu einem inzwischen fast legendären Studienzentrum der *Reichsschule des NSBDT* hatte ausbauen lassen. Da eine öffentliche Diskussion um die Wiederaufbauplanungen jedoch als propagandistisch

1 Reinhold Niemeyer
2 Willi Schelkes
3 Konstanty Gutschow
4 Friedrich Tamms

9 Julius Schulte-Frohlinde
10 Rudolf Wolters
11 Karl M. Hettlage
12 Hanns Dustmann

Der Arbeitsstab Wiederaufbauplanung zerstörter Städte vor der Baracke in Wriezen, September 1944

Rudolf Wolters und Friedrich Tamms in Wriezen, September 1944

269

nicht erwünscht galt, hatte diese Tagung ausfallen müssen, und so traf man sich – wahrscheinlich im Juli 1944 – in Wriezen, ohne jedoch Teilnehmer und Ergebnisse dieser ersten Zusammenkunft in einem Protokoll festzuhalten; zumindest blieb keines erhalten.

Das zweite Treffen des Arbeitsstabes erfolgte vom 19. bis 21. August und sollte verschiedene Arbeitsansätze vorstellen. Als erster berichtete Gutschow über seine Arbeit an den städtebaulichen Richtwerten. Es folgten: Niemeyer mit einem Beitrag über Raumordnung und Städtebau, Schelkes über seine Berliner Grünflächenplanung und Stephan über den Wohnungsbau, insbesondere über Wiederherstellungsmaßnahmen. Wolters erläuterte am Beispiel seiner Planung für Rostock Möglichkeiten der behelfsmäßigen Unterbringung von 6000 Obdachlosen; eine Diskussion zum Verhältnis von Baracken- und »endgültiger« Bebauung schloß sich an, wobei auch die Fabrikation von Typenbauten erörtert wurde.

Während der dritten Besprechung am 16. und 17. September berichteten Gutschow über seine Hamburger Generalplanung, Rimpl über Industrieflächenplanung und Niemeyer über seine Pläne für Oberhausen, Duisburg und Essen.

Während solche Darstellungen der ohnehin laufenden Arbeiten kaum Anlaß zu Kontroversen boten, ging es auf der vierten Tagung vom 14. und 15. Oktober schon hitziger zu. Nachdem Neufert seine Vorschläge zur systematischen Normung ausgeführt und damit unter den »Berlinern« weitgehende Anerkennung gefunden hatte, kamen nach Vorträgen zum »Bau von Behelfsunterkünften nach dem Krieg« (Hetzelt) und »Grundrißtypen im Wohnungsbau« (Gutschow) zwei Gäste zu Wort, von denen sich Gutschow eine Stärkung seiner Argumente im Sinne seiner »biologisch-organischen Betrachtungsweise«[312] erhoffte. Hier hielt nun der Präsident des Statistischen Landesamtes in München, Friedrich Burgdörfer, seine schon für Juni erbetene Rede, die mit der dringenden Forderung schloß, daß gerade die »Frontgeneration« die Möglichkeit erhalten müsse, sich »in ausreichendem Maße und so rasch als möglich fortzupflanzen«. Denn »Millionen von Kinderhänden« seien »erforderlich, um die Siege der Männer festzuhalten und den kommenden Frieden endgültig zu sichern.«[313]

Dem Vortrag Burgdörfers, der in seinem dickleibigen Buch *Volk ohne Jugend* schon 1932 vor »Geburtenschwund und Überalterung des deutschen Volkskörpers« gewarnt hatte[314], folgte als letzter Beitrag der von Walter Groß, dem *Leiter des rassenpolitischen Amtes der NSDAP*, Professor der Rassenkunde an der Universität Berlin und Autor von Schriften zur »rassenpolitischen Voraussetzung zur Lösung der Judenfrage«.[315]

Groß zog aus ähnlichen Überlegungen, wie sie Burgdörfer bereits vorgetragen hatte, weitere Folgerungen für die Bauweise: »Wo die sogenannte ostische Haufenfamilie noch immer gedeiht und sich wohlfühlt, liegen für nordisch bestimmte Familien oft schon unerträgliche Verhältnisse vor, die zwangsläufig zur Einschränkung der Kinderzahl führen. Kleinstwohnungen bedeuten also Gegenauslese rassischer Art.« Dennoch setzte sich auch Groß für eine weitgehende Rationalisierung und Minimierung von Grundrißtypen ein: »Stärkste Entlastung der Hausfrau durch zweckmäßigste Anordnung der Wohnung, Vermeidung überflüssiger Treppen, Höchstmaß von Technisierung und Automatisierung ist auch bevölkerungspolitisch erforderlich, damit nicht die Frau und Mutter von der groben Hausarbeit absorbiert und damit dem Leben des Mannes und einem gewissen Lebensgenuß entfremdet wird.« Groß' Vortrag mündete in einem Plädoyer gegen die Großstadt, sowie im Lob des Schrebergartens und der Gartenkolonie; und so lag denn schließlich die Forderung auf der Hand, »bei der Neuplanung grundsätzlich das Ein- oder Zweifamilienhaus als Reihenhaus mit anschließendem Gartenland eindeutig zu bevorzugen«.[316]

Ernst Neufert betonte demgegenüber in der anschließenden Diskussion die »Bedeutung der Zunkunftsgläubigkeit« der Bevölkerung für die Entwicklung der Kinderzahl und setzte vielsagend hinzu: »Depressionszeiten führen zum Absinken der Kinderzahl.«[317]

Was hier als Meinungsverschiedenheit nur kurz aufscheint, kommentierte Gutschow ein Jahr später im Rückblick auf seine »eigenartige Rolle« in dem Kreis der GBI-Architekten, zu dem er sich in wachsende Distanz gerückt fühlte: »Diese Distanz wurde in den Monaten während der Arbeit immer deutlicher. Während ich manchmal wähnte, daß meine biologisch-organische Betrachtungsweise, mein Eintreten für Bejahung von Bindungen gegenüber der formalistischen Art, die Aufgabe zu sehen, Widerhall fände, mußte ich immer mehr spüren, ein wie großer Abstand mich von diesen Berlinern trennt, wie stark aber auch dieser Berliner Kurs von fremden Injektionen ebenso bolschewistischer wie amerikanischer Observanz infiziert war. Anbetung mechanistischer Produktionstechniken mischte sich mit Verneinung des Familientums als Urzelle jeglichen menschlichen Lebens.«[318]

Ein ähnliches Mißtrauen mag in jenem Gespräch in Wriezen auch Groß beschlichen haben, als er umständlich ausführte: »Es ist unbestritten, daß auch in der Gegenwart gelegentlich noch andere Wunschbilder verteidigt werden; amerikanische Gigantomanie und die Verwechslung deutschen Gemeinschaftsdenkens mit marxistischen Kollektivtendenzen trübt noch manchem den Blick. Die Städteplaner und Architekten des Führers werden demgegenüber nur dann geschichtlich ihre Pflicht getan haben, wenn sie unbekümmert um solche aus der Vergangenheit herüberklingende Irrmeinungen und vielleicht auch unter Verzicht auf manches technisch reizvolle und lockende Projekt aus den Trümmern unserer Tage eine Wohn- und Siedlungsweise erstehen lassen, die mit den innersten Bedürfnissen des Lebens unseres Volkes im Einklang steht.«[319]

Daß sich Gutschows Position in wesentlichen Punkten trotz spürbaren Widerstands im Arbeitsstab jedoch weiter festigen konnte, zeigte sich wenig später während der fünften Tagung in Wriezen am 11. und 12. November. Hier berichtete Wolters als erstes über ein Gespräch mit Speer, zu dessen Vorbereitung Wolters gemeinsam mit Niemeyer, Gutschow und Berlitz ein Konzept erarbeitet hatte; dabei waren die in der letzten Sitzung offen gebliebenen Fragen gesammelt worden. An erster Stelle der Antworten Speers habe die verbindliche Anerkennung der *Ortsgruppe als Siedlungszelle* gestanden, da zur organisatorischen Gliederung der NSDAP auch eine entsprechende Verwaltungseinheit gehöre. Zur Frage des Wohnungsbaus habe sich Speer jedoch trotz wichtiger gegenteiliger Gründe für eine Massenproduktion behelfsmäßiger Unterkünfte ausgesprochen. »Es sei zweifellos schwer, diese behelfsmäßigen Unterkünfte wieder verschwinden zu lassen, doch glaube er, auf andere Weise nicht zu einer möglichst schnellen Unterbringung der Volksgenossen zu kommen.« Selbst Wolters' Vorschläge zur Errichtung eines Barackenlagers wurden als tragfähig bezeichnet, doch werde die »hotelmäßige Unterbringung in Baracken (...) noch gründlich überlegt werden müssen; wenn eben möglich, seien für Familien in den Baracken doch kleine Wohnungen vorzuziehen.«[320]

Trotz solcher sehr konkreten Äußerungen habe Speer davor gewarnt, sich im Arbeitsstab an Fragen der Organisation der Bauwirtschaft zu wagen; zunächst solle man sich »in erster Linie der reinen Planung widmen«.[321] Abschließend sei Speer ein neuer Geschäftsverteilungsplan unterbreitet worden, in dem Berlitz Geschäftsführer und Vertreter von Wolters in allen allgemeinen Angelegenheiten war. Zwei Arbeitsausschüsse wurden gebildet, einer zur Gesamtplanung (Niemeyer), ein anderer: Städtebauliches Detail (Gutschow). Mit der Beibehaltung der Personalzusammenstellung des Arbeitsstabs habe sich Speer einverstanden erklärt. Nach diesem Bericht kündigte Wolters ein nächstes Treffen an, das den bereits fortgeschrittenen Planungen für einzelne Städte gewidmet sein sollte. Er selbst wolle seine Planung zu Rostock vorstellen, Tamms sollte über Lübeck, Gutschow über Wilhelmshaven, Klaje über Kiel, Wortmann und Pinnau über Bremen sprechen.

In einer Diskussion zum Stand der Planung schlug Gutschow vor, den Einsendungstermin für die gesamten Planungsunterlagen, der bisher auf den 15. Januar 1945 festgesetzt worden war, zu verschieben. Dem widersprach Wolters, da einige Planer diesen Termin trotz widriger Bedingungen doch würden einhalten können: »Die fertigen Pläne könnten dann wenigstens schon einmal dem Minister vorgelegt werden. Auch wenn anerkannt werden müsse, daß unter den jetzigen Verhältnissen wie z. B. im Westen, die Arbeit ungeheuer erschwert werde, kämen doch meistens die Verzögerungen erfahrungsgemäß dadurch zustande, daß man sich im Anfang zu viel Zeit lasse.«[322]

Nachdem man im weiteren Verlauf der Tagung ausführlich über die Richtlinien zur einheitlichen Darstellung der Wiederaufbaupläne gesprochen hatte, beriet man auf der Grundlage umfangreicher Statistiken zur

Entwicklung der Bauwirtschaft einige organisatorische und technische Voraussetzungen des Wiederaufbaus.

Städteplanung

Zur Vorbereitung der letzten Tagung in Wriezen war Anfang November 1944 ein erster Zwischenbericht über den Stand der Planungen angefertigt worden, der die Ergebnisse der regen Reise- und Vermittlungtätigkeit von Wolters, Tamms und anderer Planer des Arbeitsstabes festhielt. Die personellen Vorschläge aus Berlin waren zwar nicht bei allen Gauleitern und ihren Stellvertretern auf gleiche Begeisterung gestoßen wie seinerzeit in Kiel; oft hatte man erst nach Alternativen suchen müssen, und mancher Gauleiter hielt sich trotz der Nennungen Speers eigene Entscheidungen weiterhin offen. Dennoch konnte in einer ersten Bilanz eine Übersicht über Planer und Berater erstellt werden, deren Tätigkeit zumeist auch durch verbindliche Aufträge gesichert war. Aus 42 Gauen wurden über 80 »zerstörte Städte« gemeldet. Davon erhielten jedoch nur 42 einen der von den Gauleitern begehrten Plätze auf der Liste der im *Führer-Erlaßentwurf* vom 19. September 1944 genannten »Wiederaufbaustädte«.[323]

Nach dem Stand vom 1. Mai 1944 waren bis Juli differenzierte Statistiken über totale und schwere Wohnungsschäden erarbeitet und die 42 »Wiederaufbaustädte« benannt worden, die Hitler in einer Besprechung mit Speer im August gebilligt hatte. Trotz des Drängens einiger Gauleiter hatte sich Speer jedoch geweigert, diese Liste zu erweitern, so daß selbst schwer zerstörte Städte, wie Leipzig und Königsberg, nicht mehr berücksichtigt wurden.

Ende Oktober hatte Goebbels unter dem Druck der verschärften Kriegsbedingungen fast alle Planungsarbeiten verboten, so daß auch Wolters' Arbeitsstab vorübergehend von der Auflösung bedroht war. Dieser verstärkte Druck von außen veranlaßte Gutschow, in einem Rundschreiben alle Mitarbeiter, Berater und Korrespondenten darauf hinzuweisen, daß in Zukunft nur noch »in sehr beschränktem Rahmen« geplant werden könne.[324]

Wolters mahnte die Mitglieder des engeren Arbeitsstabes zu äußerster Zurückhaltung gegenüber anderen Kollegen und amtlichen Stellen: »Ich kann Sie natürlich nicht hindern, Ihre private Ansicht zu sagen, ohne mich zu verständigen. Ich wäre Ihnen jedoch sehr dankbar, wenn Sie in Zukunft derartige Stellungnahmen mit mir besprechen würden, so daß nach außen hin die Mitglieder des Arbeitsstabes möglichst immer die offizielle Auffassung des Arbeitsstabes vertreten und damit nicht der Verdacht entsteht, als gäbe es bei uns Meinungsverschiedenheiten in grundsätzlichen Dingen. Ich werde von mir aus derartige Stellungnahmen auch nicht geben, ohne mich mit Ihnen, zumindest mit meinen Vertretern Gutschow, Berlitz und Niemeyer ins Benehmen zu setzen.«[325]

So erhielt schließlich auch jeder Durchschlag des Zwischenberichts zum Stand der Planung die mahnende Aufschrift: »Nur für den Dienstgebrauch«. In knappen Stichworten sind nach einheitlichem Schema für jeden Gau die Namen der Städte, der Planer, Berater und Mitarbeiter aufgeführt, samt Hinweisen auf Kontaktpersonen in den Stadtbauämtern.

Als Beispiel sei das erste Blatt zum Gau Baden angeführt. Gauhauptstadt ist Straßburg, Gauleiter Wagner. Als zerstörte Städte sind Mannheim, Karlsruhe und Straßburg angegeben, doch nur die beiden ersten sind durch Unterstreichung als Wiederaufbaustädte ausgewiesen. Als Berater sollen – wie für viele andere Gaue – Dierksmeier und Flehr zuständig sein, als Planer laut Speers Schreiben vom 2. März 1944 Freese für Karlsruhe und für Mannheim Schelkes, der tatsächlich schon im März einen Rahmenplan mit weitreichenden Konsequenzen für die Stadtstruktur erarbeitet hatte. Gegen die Berater hatte der Gauleiter Einspruch erhoben; eine Planung für Karlsruhe hielt er insgesamt für zunächst überflüssig, da die Stadt nur zu etwa 10 Prozent zerstört sei. Statt dessen sollten für Mannheim neben Schelkes und Freese noch Alker und Giese, ein alter Freund von Schelkes, tätig werden; der Auftrag an Schelkes wurde im August erteilt, ein weiterer Auftrag zur Planung erging an Alker und das Stadtbauamt im September 1944.

So ließen sich Stadt für Stadt Vorschläge, Ablehnungen und Beauftragungen verfolgen, wobei sich viele der genannten Namen im Wiederaufbau nach 1945 – zum Teil sogar in den genannten Städten selbst – wiederfinden werden. So wird als Planer für Stuttgart Schmitthenner benannt, für Böblingen Tiedje; der Gauleiter benennt mit Schreiben vom August 1944 dann Tiedje für Stuttgart und Böblingen. Für Saarbrücken wird vom Gauleiter Bürkel der Planer Laub benannt. Aufträge für Aachen ergehen an Mehrtens, und für Köln erhält Tamms einen Sonderauftrag; für Bonn wird Schulte-Frohlinde tätig. Für Nürnberg werden Aufträge an Schmeissner und Schlegtendal vergeben, die 1947 den ersten Preis im Wettbewerb zum Wiederaufbau Nürnbergs gewinnen werden, der dann nach ihren Plänen auch weitgehend ausgeführt wird. Auch hier wird Hans Bernhard Reichow mit seinem in den vierziger Jahren entwickelten »organischen« Stadtbaukonzept zum Zuge kommen und neue Siedlungen planen – wie in vielen anderen Städten, in denen er seinen Einfluß geltend machen kann. Gutschow bleibt für Hamburg zuständig mit Tamms als Berater. Neben Hamburg und Wilhelmshaven gehört auch Kassel zu seinen Aufgabengebieten, Cäsar Pinnau soll ihn unterstützen. Weitere Pläne für Kassel wird Gutschow später beim Wiederaufbauwettbewerb nach 1945 vorlegen.

Mit dem Wiederaufbau seiner Vaterstadt Krefeld wird Helmut Hentrich mit seinem Partner Hans Heuser beauftragt; für Mainz bleibt ein Architekt weiter tätig und wird durch Auftrag bestätigt, der schon ein großformatiges Modell einer Wiederaufbaustadt Mainz vorweisen kann: Hanns Dustmann. Hier wird später der aus Stuttgart »vertriebene« Schmitthenner im

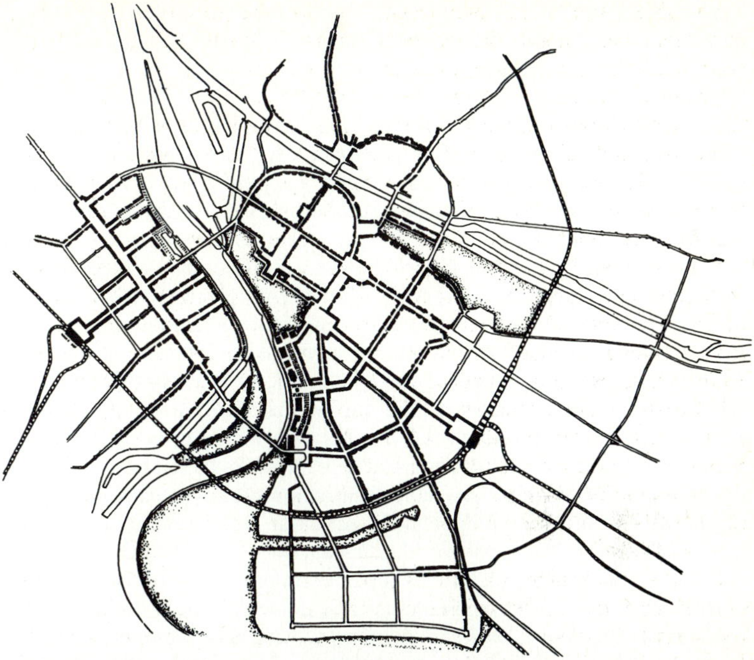

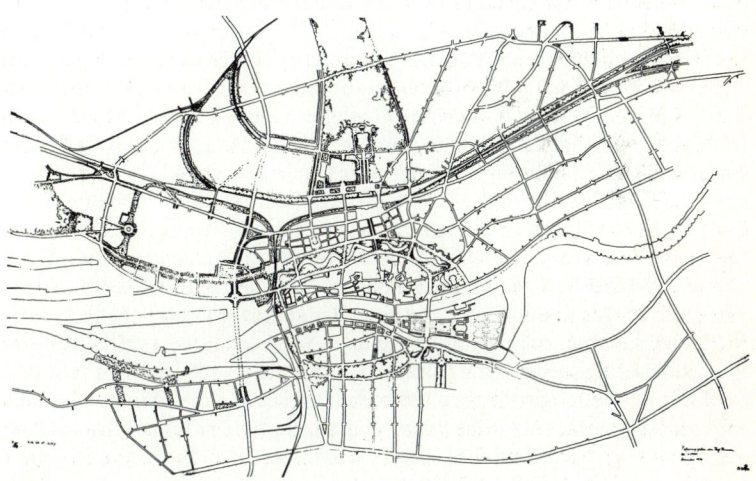

Willi Schelkes: Planung zum Wiederaufbau von Mannheim 1944

Cäsar Pinnau: Planung zum Wiederaufbau von Bremen 1944

Einvernehmen mit dem neuen Oberbürgermeister eine Alternativplanung zu den Vorschlägen der von der französischen Besatzungsmacht eingesetzten Architekten entwickeln, die den Aufbau von Mainz an den CIAM-Lehrsätzen zu orientieren versuchen.

Wie sehr jedoch bisweilen selbst noch in dieser Zeit des Bombenkriegs megalomane Neugestaltungsvorstellungen den Wiederaufbaurichtlinien des Arbeitsstabs entgegengesetzt wurden, mag ein kurzer Blick auf die Mainzer Planung zeigen. In einem Bericht über seinen Besuch in Mainz vom 20. bis zum 24. September 1944 hält Dustmann nach einem Gespräch mit dem Gauleiter Sprenger fest: »Dem Gauleiter liegt die künftige Gestaltung von Mainz sehr am Herzen (...). Der Gauleiter streift dabei kurz die Idee des Führers, Flußhäfen abweichend von ihrer jetzigen Form als eine Anlage bzw. Umschlage-Plätze entlang der Flußufer auszuführen. Dies bedingt allerdings die Anlage von Kai-Mauern. (...) Wichtig erscheint dem Gauleiter weiter die Herausstellung von Mainz als Stadt des Weines, die Schaffung eines neuen Stadtzentrums bei aller Achtung vor den Zeugen der Vergangenheit, die Errichtung von neuen Hotels, Restaurants und Aussichtspunkten zur Hebung des an für sich schon starken Fremdenverkehrs. Das neue Forum soll als Gegenpol zum Dom Ausdruck der neuen Zeit sein. Es könnte gebildet werden durch Rathaus, Polizeipräsidium, Parteihaus mit Turm usw. soll aber nicht in Konkurrenz zum Dom treten.«[326] Gegenüber den weitgreifenden Plänen des Gauleiters geben sich die Vertreter der Stadt äußerst zurückhaltend: »Anfragen nach Programm und Unterlagen werden im wesentlichen unter Hinweis auf Vernichtung der alten Akten als nicht erfüllbar abgelehnt. Die Stadt sei sich selbst über ein Programm nicht klar, da alles von etwaiger weiterer Zerstörung oder dem Ausgang des Krieges abhänge.«[327]

Noch vom 3. bis zum 8. Januar 1945 unternimmt Dustmann wieder eine Reise von Berlin über Wiesbaden und Frankfurt nach Mainz. Bei einem Treffen in der Privatwohnung des Gauleiters Sprenger kommt man über weitere Richtlinien der Planung überein. »Dabei ist auch die Einwirkung späterer Kriege zu berücksichtigen. Der Gauleiter wünscht, daß die Bauten der Partei als Ausdruck einer neuen Zeit sichtbar in Erscheinung treten und den Gedanken ›Rhein-Main‹ zum Ausdruck bringen. Er denkt an einen größeren Aufmarschplatz, einen Turm als Gegenpol zum Dom usw.«[328] Schließlich wurde die Bedeutung der Stadt als Ort des Fremdenverkehrs betont: »Mainz lebt vom Fremdenverkehr, wobei – nach Professor Lieser – sogar ein Drittel der Mainzer Gaststätten ausschließlich von Wiesbadener Besuchern lebt. (Mainz ist nach Professor Lieser ›Freß- und Sauf-Stadt‹.) Der Oberbürgermeister denkt weiter an die Errichtung großzügiger Sportanlagen, Grünflächen und eines großen Hallenschwimmbades mit Freischwimmbad (...). Geplant ist außerdem: die Errichtung eines großen Varietés.«[329]

Am 10. Januar 1945 bedankte sich Dustmann: »Die schönen Stunden, besonders die wunderbare Weinprobe im Hause des Oberbürgermeisters Ritter, werden mir unvergeßlich bleiben. Vor allem freue ich mich darüber, daß ich mit den Menschen und dem Charakter dieses gesegneten Gaues so schnell bekannt und warm geworden bin, so daß es mir immer mehr eine große Freude bereitet, die bereits lieb gewordene Aufgabe der Planung des ›Goldenen Mainz‹ aufstellen zu können. Mit neuem Schwung erfüllt, hoffe ich, einen kleinen Beitrag zum Werden einer neuen deutschen Städteherrlichkeit geben zu können.«[330]

In den Berliner Richtlinien über die Leistungen der Planer war als Termin für die Abgabe der vorläufigen Wiederaufbau-Pläne der 15. Januar 1945 bestimmt worden. »Mit Rücksicht auf die Zeitverluste, die allen Planern durch die verschärften Kriegsmaßnahmen entstanden sind«[331], war dieser Termin bis zum 1. März 1945 verlängert worden. Am 14. März meldete Dustmann an den »Herrn Reichsminister für Rüstung und Kriegsproduktion, Arbeitsstab Wiederaufbauplanung zerstörter Städte« nach Berlin: »Auf Ihr Schreiben vom 26. 2. 45 (...) teile ich Ihnen mit, daß ich an meinen städtebaulichen Planungen nach einer kurzen Zeit der Unterbrechung, die durch verschiedene Einberufungen und Umstellungen bedingt war, weiterzuarbeiten in der Lage bin und insgesamt dafür als Mitarbeiter drei Architekten, drei Zeichenkräfte (französische Studenten) sowie zwei weibliche Hilfskräfte eingesetzt habe. Die Wiederaufbauplanung für die Stadt Mainz ist in ihren städtebaulichen Grundzügen gelöst. Die zeichnerische Ausarbeitung der Pläne befand sich Ende Februar kurz vor dem Abschluß. Durch einen Terrorangriff ging jedoch ein Teil der Pläne verloren, der jetzt neu ausgearbeitet wird. Die Planung kann voraussichtlich im Laufe des Monats Mai zum Abschluß gebracht werden.«[332]

Auch für andere Städte wurde zu Beginn des Jahres 1945 noch weiter geplant, und die Planer blieben in Kontakt; insgesamt bildete der Arbeitszusammenhang des Wiederaufbaustabs ein enges Geflecht persönlicher und sachlicher Beziehungen, die weit über 1945 hinausweisen. Für Bremen blieb Wortmann mit Pinnau verantwortlich, für Münster Peter Poelzig. In Hannover wird Gutschow mit Hillebrecht zusammenarbeiten, in Düsseldorf mit Tamms, der dort in enger Verbindung mit Hentrich und Heuser, Wolters, Dustmann und Schulte-Frohlinde stehen wird; viele der hier in den Stabs-Listen Genannten werden als Fachpreisrichter in Wettbewerben wesentlich die Richtlinien des Wiederaufbaus im Nachkriegsdeutschland bestimmen.

Durch die Kriegsereignisse vom Winter 1944/45 und den fast vollständigen Zusammenbruch der Kommunikationsnetze wurde der weiteren Planung ein vorläufiges Ende gesetzt. Statt der angeforderten Unterlagen trafen zumeist Absagen und, unter Hinweis auf inzwischen erschwerte Arbeitsbedingungen, auch Entschuldigungen ein; selbst das Korrespondentennetz zur Arbeit an den »Städtebaulichen Richtwerten« war nicht aufrechtzuerhalten, wie ein Brief Werner Hebebrands an Gutschow vom

16. Januar 1945 zeigt: »Die Abende, sonst vorbehalten methodischen Arbeiten wie für Sie als auch für Herrn Stephan, wurden von den heutigen Bauleitungssorgen in Anspruch genommen, und zum Schluß setzte das Licht auch noch aus. Ich stellte daraufhin eine kleine Baracke in einem stillen Ort in Kurhessen auf, wo ich hoffte, Licht und Ruhe zu finden, aber dann wurde das Reisen immer schwieriger. Aber Sie kennen das ja alle selbst, und doch möchte ich Sie bitten, etwas Geduld zu haben, denn ich habe nach wie vor die feste Absicht, weiterzuarbeiten, nur weiß ich zunächst nach den neuesten Reisebeschränkungen überhaupt noch nicht, wie ich überhaupt wieder an den Ort meiner stillen Arbeitsmöglichkeiten komme, um mein Material wenigstens zu holen.«[333]

Trotz solcher Einschränkungen drängte Gutschow auf Weiterarbeit sowohl an den Planungen als auch an den Richtwerten und schreibt beispielsweise noch im Januar 1945 an Heinz Schmeissner: »Ich habe volles Verständnis dafür, daß die Sorge, die Ihnen die Angriffe auf Nürnberg und die damit zusammenhängenden Sofortmaßnahmen bereiten, Sie so in Anspruch nehmen, daß Sie sich nur schwer für andere Arbeiten freimachen können. Im Rahmen der praktischen Planungsarbeit an den Wiederaufbaustädten kommt aber der Zur-Verfügung-Stellung von allgemeinen Unterlagen und Richtwerten an die Planer solche Bedeutung zu – die Planer verlangen nunmehr danach –, daß die Arbeit auch unter den schwersten Verhältnissen gefördert werden muß. Jeder Planer, der zugleich Nutznießer dieser Arbeit ist, muß seinen Beitrag zu dieser Aufgabe leisten. Wenn er Zeit zu der Bearbeitung eines Wiederaufbauplanes hat, muß er auch hierfür sich freimachen können.«[334]

Dennoch kam die Arbeit in Wriezen nahezu zum Erliegen. Auf eine Anfrage Gutschows, ob der 1. März 1945 noch als Abgabetermin für die Entwürfe eingehalten werden kann, kamen kaum noch Antworten in Wriezen an. Lediglich von Niemeyer, Hentrich, Heuser und einigen anderen kommen Hinweise darauf, daß man bis zum 1. April 1945 mit den Planungsunterlagen würde rechnen können. Genau fünf Tage, bevor er mit seinen Mitarbeitern am 30. Januar 1945 »vom Reißbrett weg in den Volkssturm alarmiert« wurde[335], lenkt Gutschow ein und schreibt von Wriezen nach Berlin: »Ich empfehle, unter den augenblicklichen Verhältnissen die neue Terminbestimmung auszusetzen und hiermit abzuwarten, bis sich die Umstände übersichtlicher gestalten.«[336]

Buchstäblich bis zum Schluß blieben Gutschow und seine Mitarbeiter in Wriezen tätig. Tatsächlich begannen sich die »Umstände übersichtlicher« zu »gestalten«, wenn auch in einer anderen als der erhofften Richtung, wie Gutschow wenige Monate später notiert: »Die ganze männliche Kameradschaft von Wriezen war mit dabei, bei diesem nächtlichen Unternehmen ›Neu-Lewien‹, bei dem die Russen uns lahme, improvisierende Krieger in die Flucht schlugen.«[337]

Während sich Gutschow nun vor den feindlichen Truppen nach Ham-

Dienstausweis von Rudolf Wolters

DER REICHSMINISTER
FÜR RÜSTUNG UND KRIEGSPRODUKTION

A b s c h r i f t.
BERLIN W 8,
PARISER PLATZ 4   den 10. Januar 1945.
FERNRUF: 11 00 52

Der Chef der Zentralabteilung
P e r s o n a l
ZA.Pers.I/1 - W 35.-

An den stellvertretenden Leiter
des Ingenieurbüros S c h l e m p p

Herrn Heinrich L ü b k e

in B e r n b u r g (Anhalt)

Mit der zwischen Ihnen und Herrn Dr.Ing.Rudolf W o l t e r s
getroffenen Vereinbarung, dass dieser vom Wiederaufbaubüro des Ministeriums zu Ihrem Ingenieurbüro ab 15.Januar 1945 übertritt, erkläre
ich mich einverstanden. Die weitere UK - Stellung von Dr.Wolters habe
ich veranlasst. Sein Wehrpass befindet sich zwecks Eintragung seines
neuen Tauglichkeitsgrades (AV) beim Wehrbezirkskommando Berlin IX.

gez. B o h r

Herrn Dr. W o l t e r s
zur Kenntnis.

C/1910

Bescheinigung über ein Abkommen zwischen Heinrich Lübke und
Rudolf Wolters

279

burg durchzuschlagen begann, lag Wolters in einem Berliner Krankenhaus mit einer schweren Verletzung, die er sich im Dezember 1944 bei
einem Autounfall auf einer Reise nach Rostock zugezogen hatte. Kaum
wiederhergestellt, folgte er schon Anfang Februar einer Bitte Speers nach
Berlin, der ihn hier in seine Nachkriegspläne einweihte und ihn mit dem
Aufbau eines »Nachkriegsbüros zur Planung vorfabrizierten Wohnbaus
gemeinsam mit dem Architekten Schlempp« betraute. Dieser Auftrag sollte Wolters bald zu einer bedeutsamen Begegnung verhelfen: »Da
Schlempp selbst noch in seinen tschechischen Baueinsätzen unabkömmlich war, wurde mir als sein Vertreter der damalige Bauleiter Lübke der
Schlemppschen Gruppe des Baustabes Speer beigegeben.«[338]

Gemeinsam mit Heinrich Lübke zog Wolters einige Wochen durch zerstörte Städte, um im Auftrage Speers Büros in Höxter, Oberursel und
Flensburg einzurichten. Unterwegs ließ er sich die legendären unterirdischen Werkstätten der »Jägerproduktion«[339] zeigen, die Speer noch vor
dem Luftkrieg zu sichern versuchte. Nachdem Wolters im März seinen
Chef ein letztes Mal gesehen hatte, wobei er ausführlich über dessen Kontroversen mit Hitler unterrichtet worden war, schlug er sich gemeinsam
mit Berlitz und Lübke zu dessen Bruder nach Augard durch, wo sie auf dessen Bauernhof vorübergehend unterkamen. In dem späteren Landwirtschaftsminister und Bundespräsidenten Lübke wird Wolters nach dem
Krieg einen einflußreichen Fürsprecher finden.

Fäden in der Hand

Die Tätigkeit der inzwischen führenden Architekten hatte sich weit von
den romantischen Zukunftshoffnungen ihrer Lehrer entfernt, die Ende der
zwanziger Jahre die politische Wende mit Forderungen nach einer Revision der Moderne begleitet, für viele Studenten aber auch *erkennbar* eingeleitet hatten. In den ersten Jahren des *Dritten Reichs* konnten einige der
konservativen Architekten der Väter-Generation, wie Paul Schultze-
Naumburg, Paul Schmitthenner, aber auch Heinrich Tessenow und andere, noch als Kronzeugen für die Qualität der »Neuen Deutschen Baukunst« in Anspruch genommen werden, deren Gewaltsamkeit jedoch zu
wachsendem Abstand führte: Auf dem Höhepunkt der Macht des nationalsozialistischen Staats verloren die bescheidenen Bilder von »Handwerk
und Kleinstadt« gegenüber dem architektonisch symbolisierten Weltmachtanspruch weithin an Bedeutung. Teils gezwungenermaßen – da sie
nicht zu den Großprojekten herangezogen wurden –, teils aus Widerwillen
distanzierten sich einige der Älteren deutlich vom ehrgeizigen Größenwahn der Jüngeren, wie Speer bedauerte: »Auch meinen Lehrer Tessenow
forderte ich mehrmals zur Teilnahme an Wettbewerben auf. Tessenow
wollte seinen schlichten handwerklich-kleinstädtischen Stil jedoch nicht

aufgeben und hielt sich beharrlich von der Versuchung fern, Großbauten zu errichten.«[340]

Unmißverständlich hielt Heinrich Tessenow Abstand von seinen früheren Studenten Speer und Wolters; für die Zusendung des Buches »Neue Deutsche Baukunst« bedankte er sich im Februar 1941 bei Wolters mit den Worten: »Ich liebe gewiß nicht die Eiseskälte, die hier dominiert, nicht diese stirnrunzelige Kraft, die keine Kraft ist, nicht diese zeichenbrettlichen fassadlichen Massen, die nicht ›groß‹ sind, und nicht diesen unmenschlichen Ernst, ohne jedes Lächeln, Sie wissen es, lieber Herr Wolters, ich glaube an eine andere Welt, aber ich glaube doch auch zu wissen, daß diese andere Welt sich nicht einfach hervorzuzaubern läßt, sondern daß für sie eben die Voraussetzungen fehlen, um die es ja gerade geht.«[341]

Auch Paul Schmitthenner ist inzwischen auf Distanz zur offiziellen »Baukunst« gegangen. Als ihm 1941 der Erwin von Steinbach-Preis verliehen wurde, hielt er in enttäuschter Abkehr von der Entwicklung des Nationalsozialismus einen Vortrag über »Das sanfte Gesetz in der Kunst in Sonderheit in der Baukunst«, der 1943 als schmale Publikation verbreitet und als Absage an die NS-Staatsbaukunst verstanden wurde. Gegen diese Schrift formulierte der 1942 in Berlin zum Professor ernannte Architekt Fritz Tamms eine Position, die 1944 unter dem Titel »Das Große in der Baukunst« in der vom *Beauftragten des Führers für die Überwachung der gesamten geistigen und weltanschaulichen Schulung und Erziehung der NSDAP* herausgegebenen Reihe »Die Kunst im deutschen Reich« veröffentlicht wurde.

Aufmerksam studierte Schmitthenner den Aufsatz von Tamms, unterstrich die ihm wichtigen Sätze, hielt in seiner Vorlage kritische Randbemerkungen fest und ergänzte den letzten Satz »Am Anfang war das Große!« um das Wort »Maul!«.[342]

Inzwischen war die Auseinandersetzung um Richtung und sozialen Gehalt der gestalterischen Orientierungen zu einem Konflikt zwischen den Generationen geworden. Trotz der Gesten herrschaftlicher Erhabenheit, mit der sich Schmitthenner demonstrativ von politischen Tagesereignissen fernzuhalten und seinen Schülern durch Distanz die Maxime »Politik verdirbt den Charakter!« zu verkörpern versuchte[343], wurde auch er in politische Debatten verwickelt, als Fritz Tamms ihn um Stellungnahme zu seinem Aufsatz bat. Schmitthenner schrieb am 28. März 1944 an Tamms: »Es erübrigt sich, Dir im einzelnen zu erwidern, da ich mit Deinen Ansichten im wesentlichen nicht einverstanden bin, vor allem nicht mit der Beweisführung, denn das steht ja alles in meiner Schrift, die ich Dir deshalb in Anlage überreiche zum nochmaligen gründlichen Studium. Diese Schrift entspricht wörtlich meinem Vortrag. Die Unterstreichungen darin betrachte bitte als meine Entgegnung und Richtigstellung zu Deiner Meinung über das ›nur Kleine‹ und das Große. Der Inhalt meiner Rede ist das Ergebnis von Gedanken, die mich mindestens ein Jahrzehnt sehr ernsthaft

Paul Schmitthenner

Das sanfte Gesetz in der Kunst
in Sonderheit in der Baukunst

Es ist einmal gegen mich bemerkt worden, daß ich nur das Kleine bilde, und daß meine Häuser stets gewöhnliche Häuser seien ... Großes oder Kleines zu bilden, hatte ich bei meinen Bauten überhaupt nie im Sinne, ich wurde von ganz anderen Gesetzen geleitet. Die Kunst ist mir ein so hohes und Erhabenes, daß ich meine Bauwerke nie für hohe Baukunst gehalten habe, noch mich je vermessen werde, sie dafür zu halten. Unsterbliche Baumeister gibt es sehr wenige auf der Welt, sie sind die hohen Priester, sie sind die Wohltäter des menschlichen Geschlechtes; falsche Propheten aber gibt es viele.

*

„Das Wehen der Luft, das Rieseln des Wassers, das Wachsen der Getreide, das Wogen des Meeres, das Grünen der Erde, das Glänzen des Himmels, das Schimmern der Gestirne halte ich für groß; das prächtig einherziehende Gewitter, den Blitz, welcher Häuser spaltet, den Sturm, der die Brandung treibt, den feuerspeienden Berg, das Erdbeben, welches Länder verschüttet, halte ich für größer als obige Erscheinungen, ja ich halte sie für kleiner, weil sie nur die Wirkungen viel höherer Gesetze sind ... Nur augenfälliger sind diese Erscheinungen und reißen den Blick des Unkundigen und Unaufmerksamen mehr an sich, während der Geisteszug des Forschers vorzüglich auf das Ganze und Allgemeine geht und nur in ihm allein Großartigkeit zu erkennen vermag, weil es allein das Welterhaltende ist. Die Einzelheiten gehen vorüber, und ihre Wirkungen sind nach Kurzem kaum mehr erkennbar ... So wie es in der äußeren Natur ist, so ist es auch in der innern, in der des menschlichen Geschlechtes ... Wir wollen das sanfte Gesetz zu erblicken suchen, wodurch das menschliche Geschlecht geleitet wird ... Es ist das Gesetz der Gerechtigkeit, das Gesetz der Sitte, das Gesetz das will, daß jeder geachtet, geehrt und ungefährdet neben dem anderen bestehe, daß er seine höhere menschliche Laufbahn gehen könne ... Dieses Gesetz liegt überall, wo Menschen neben Menschen wohnen und es zeigt sich, wenn Menschen gegen Menschen wirken ... So liegt es hauptsächlich doch immer in den gewöhnlichen, alltäglichen in Unzahl wiederkehrenden Handlungen der Menschen, in denen dieses Gesetz am sichersten als Schwerpunkt

liegt, weil diese Handlungen die dauernden, die gründenden sind, gleichsam die Millionen Wurzelfasern des Baumes des Lebens. — So ist dieses Gesetz, so wie das der Natur das welterhaltende ist, das menschenerhaltende.“

*

In diesem sanften Gesetz, wie es Adalbert Stifter aufstellt, liegt der Grund aller menschlichen Gesittung und menschlichen Gemeinschaft. Wo das Gesetz mißachtet wird, entsteht Unnatur, die stört und am Ende zerstört. Wir können dies auf allen Gebieten des menschlichen Lebens erkennen, im Leben des Einzelnen, im Zusammenleben der Gesellschaft und im Zusammenleben der Völker. Seine Richtigkeit findet auf keinem anderen Gebiet aber so sinnfälligen Beweis wie beim Bauen.

*

Das sanfte Gesetz in der Kunst, zumal in der Baukunst, das Gesetz vom stillen Weben und Wachsen, immer mehr zu erkennen, danach zu tun und zu lehren, ist die Aufgabe, der ich zu dienen versuche durch die Pflege des Unscheinbaren in der Baukunst.

*

Wenn ich also zunächst vom Unscheinbaren in der Baukunst spreche, dann meine ich nicht die großen Werke der Baukunst, nicht die Tempel Griechenlands, nicht die Dome des Mittelalters und nicht die gewaltigen Bauten unserer Tage.

Diese sollen und sollten eine laute, vernehmliche Sprache reden, sie stehen nicht unscheinbar zur Seite, sie sollen in Glanz und Hoheit und ehrfurchterweckend in der Welt stehen, als die Zeugen des hohen Geistes der Zeiten.

Doch sie stehen immer in der Welt der Kleinen, der Unscheinbaren; diese sind ihr Gefolge, und Glanz und Hoheit eines Königs verblaßte, so ein verkleidet Rattenvolk ihm folgt.

Alles Große wächst aus dem Grunde seiner Umwelt. Beide, das Unscheinbare und das Große, werden gespeist durch die gleichen Quellen, die bei den Unscheinbaren nur stiller klingen, damit die Stimmen der Großen vernehmbar. Die wirklich Kleinen, die Gernegroßen, die mehr scheinen wollen, als sie sind, die stören mit sinnlosem Geschwätz die Sprache der Großen.

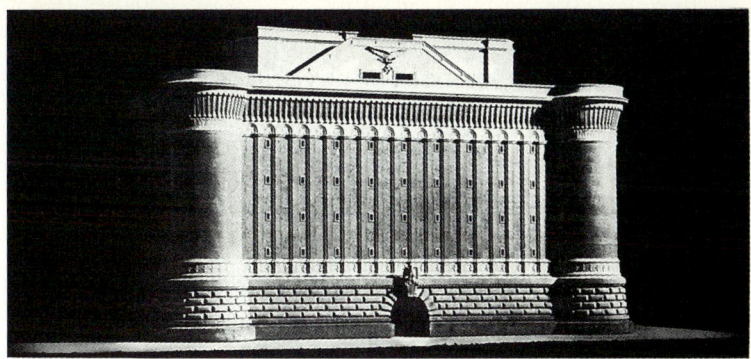

FRIEDRICH TAMMS

DAS GROSSE IN DER BAUKUNST

VII.

DAS PLASTISCHE

Der übriggebliebene Brückenpfeiler, der seines nützlichen Zweckes entbunden, ein in sich ruhendes architektonisches Gebilde darstellt, ist eine Art Monument, wobei vorausgesetzt werden muß, daß er den Gesetzen des Großen entspricht. Dazu gehört auch der Begriff der Masse. *Ohne Masse, d. h. ohne Verschwendung im Materiellen, gibt es keine Monumentalität.* Der Wille, etwas über die menschlichen Kräfte Hinausgehendes zu schaffen, kann nur durch stärkste Heranziehung der Materie erfüllt werden, denn sie allein kann der Träger geistiger Kräfte sein. Die Masse darf nicht vorgetäuscht sein. Sie muß echt, d. h. »massiv« sein. In der Verschwendung der Materie, in dem »Mehrtun« als unbedingt für die Sicherheit nötig ist, steckt eine gesunde, naturhafte Lebenskraft, die aus dem Vollen schafft. Auch die Natur verschwendet, um ein Ziel mit Sicherheit zu erreichen. *Wer rechnet, gelangt nie zur Monumentalität. Nur wer aus der Fülle des Herzens einer großen Idee Form und Sinnbild schafft, hat den wahren Weg erkannt.* Materie heißt in diesem Zusammenhang: Dauerhaftigkeit, Wille zur Unvergänglichkeit. Das Stoffliche ist daher so wichtig wie das Geistige,

besonders bei den Werken, deren Bedeutung über den Alltag hinausgeht, da ja das Stoffliche allein der Träger des Gedankens ist und es ihm allein verdankt wird, daß noch nach Jahrtausenden Zeugnisse früherer Kulturen auf uns gekommen sind. In ihnen erkennen wir den wahren Ausdruck des Glaubens eines Volkes an seine unzerstörbare Lebenskraft. Indem es sich Bauwerke schuf, die zugleich Denkmäler wren und sie so fügte, daß sie durch ihre Fügung und durch die Auswahl des Materials, aus dem sie gefügt wurden, die Gewähr boten, nur durch *die* Kräfte wieder zerstört werden zu können, denen sie ihre Entstehung verdankten, fand es den Weg zu echter Monumentalität. Daher kommt dem Naturstein in diesem Zusammenhang besondere Bedeutung zu. Er ist das Material, das die Natur selbst schuf und das bereits Tausende von Jahren den zerstörenden Kräften der Erde widerstanden hat. Was im Zeitraum dieser Erprobung nicht zerstört wurde, wird auch weiterhin bestehen, sofern bei der neueren Verwendung diejenigen Gesetze beachtet werden, unter denen die bisherige Erprobung in der Natur erfolgte.

VIII.

DAS HARTE GESETZ IN DER BAUKUNST

So läßt sich das Gesetz des Monumentalen, »*das harte Gesetz der Baukunst*«, das immer und in allen Teilen eine männliche Angelegenheit gewesen ist, zu einem klaren Begriff zusammenfassen: *Es muß streng sein, von knapper, klarer, ja klassischer Formgebung. Es muß einfach sein. Es muß den Maßstab des »an den Himmel Reichenden« in sich tragen. Es muß über das übliche, dem Nutzen entlehnte Maß hinausgehen. Es muß aus dem Vollen gebildet sein, fest gefügt und nach den besten Regeln des Handwerks wie für die Ewigkeit gebaut. Es muß im praktischen Sinne zwecklos, dafür aber Träger einer Idee sein. Es muß etwas Unnahbares in sich tragen, das die Menschen mit Bewunderung, aber auch mit Scheu erfüllt. Es muß unpersönlich sein, weil es nicht das Werk eines einzelnen ist, sondern Sinnbild einer durch ein gemeinsames Ideal verbundenen Gemeinschaft.*
Es wird daher immer dann am ehesten in Erscheinung treten, wenn diese Gemeinschaft jung ist und mit noch heißem Herzen neuentdeck-

tes Land zu erobern sich anschickt. Seine Form erhält dadurch zwar etwas Sprödes, das sich nicht ohne weiteres erschließt; aber gerade darin liegt auch seine Stärke, in der damit verbundenen Frische und Unbekümmertheit und in der instinktiven Zielsicherheit. Es hat zwar nicht die überlegene Sicherheit einer hochentwickelten Kulturepoche; es ist eher rauh als angenehm, eher mutig als formsicher. Aber es ist hart und stark, rücksichtslos und zukunftsträchtig, nicht immer feinfühlend, aber vital, stets großartig, schwungvoll und lebensvoll. Es ist Inbegriff der Zukunft, Ausdruck einer starken Jugend.
So muß es nicht von Anfang an Vollendung sein. Stets ist es aber ein entscheidender Beginn, die erste weithin leuchtende Tat! Es ist das Kraftzentrum, von dem aus alles übrige Leben fließt. So steht es inmitten des Kleinen. Es war früher da als seine Umgebung. *Nicht das Große entsteht aus dem Kleinen, sondern das Kleine, das Allgemeine, das Alltägliche lebt aus dem Großen. Im Anfang war das Große!*

bewegt haben. Man kann ›einer Ansicht sein, die von derjenigen vieler anderer abweicht‹, und ich weiß, daß das bei mir zutrifft. Ich habe allerdings gerade auf diese Schrift hin so viel Zuspruch erhalten, vor allem von den Jungen an der Front und von weisen Alten, die mich fast beschämen möchten. Und dies noch. Auf Seite 13 Deiner Ausführungen heißt es: ›Es scheint leicht zu sein, das Einfache zu bilden und doch ist es das Schwerste. Es ist eine Gabe, das Einfache zu sehen und zu gestalten...‹ Das unterstreiche ich. Dieses Einfache, das ist ja gerade das Unscheinbare, das ich meine, das, was die Masse ablehnt, die in besonderem Maße heute dem Scheine ergeben. Darum bemühe ich mich ja um die Pflege des Unscheinbaren, des Einfachen in meiner Lehre, damit meine dazu begabten Schüler groß zu denken lernen.«[344] Am 11. Mai 1944 antwortet Tamms: »Ich habe den Mut, anderer Meinung zu sein als Du und habe meinen Gedanken Ausdruck gegeben. Ich bin nicht ›weise‹ und werde daher auch nicht den Beifall von ›weisen Alten‹ erhalten. Aber das weiß ich, daß die Jungen meinen Worten zustimmen werden, denn was ich zu sagen habe, sind Gedanken, die aus jungen Herzen kommen und infolgedessen auch auf junge Menschen wirken werden. Im übrigen liegt mir nichts am Beifall. Es sind schon viele Dinge ohne den Beifall der Zeitgenossen entstanden und hatten doch ein Körnchen Wahrheit in sich. Es kommt daher bei meinen Ausführungen auch nicht so sehr auf die einzelnen Worte oder gar die einzelnen Silben oder auf deren Betonung im Vortrag an. Mit geht es vielmehr um die Sichtbarmachung eines echten Gefühls, das mich und meine Freunde schon seit langem bewegt und das endlich auch einer gedanklichen Klärung bedurfte. Das ist ein Bekenntnis genau in dem Sinne, wie Du es forderst. So sehr, wie die ältere Generation ein Recht darauf hat, ihr Leben und Werk zu überdenken und das ihr wesentlich Erscheinende herauszustellen, so sehr hat eine junge Generation, nachdem sie ihre erste Lehrzeit hinter sich gelassen hat, ein Recht darauf, dem Weg, der vor ihr liegt, eine Deutung zu geben und ihr Schaffen unter ein gemeinsames Zeichen zu stellen.«[345]

Auf dem Weg in eine neue Zukunft in einem Deutschland nach dem Krieg werden Aufgaben und Selbstverständnis der Architekten umdefiniert und abgelöst vom Formenkanon herkömmlicher Baukunst – gleichwohl unter Berufung auf deutsche Traditionen, wie sie im *Deutschen Werkbund* vorgeprägt waren.

1944 veröffentlicht Rudolf Wolters sein schmales Buch *Vom Beruf des Baumeisters,* das als Propagandamaterial der Pressestelle Speers durch Feldpost bis an entlegene Fronten verschickt wird. Darin heißt es mit Blick in die Zukunft der Architekten und in Rückblick auf ihre Geschichte: »Das erste Drittel unseres Jahrhunderts sieht neue, teilweise fruchtbare Bemühungen. In einigen dieser neuen Arbeiten ist bereits das Vorahnen eines wahrhaft neuen Bauens zu spüren. Aber diese Bestrebungen waren zum Scheitern verurteilt, da die eigentliche Voraussetzung, der starke politische Bauherr, fehlte. (...) Die formalen, in erster Linie kunstgewerblichen Bestrebungen dieser Männer konnten daher zu keiner grundsätzlichen Wandlung führen. Sie konnten auch nicht zur gesuchten sogenannten ›Moderne‹ werden, denn sie blieben eine Modeerscheinung, obwohl ihnen das unbestreitbare Verdienst bleibt, die endgültige Loslösung von Eklektizismus herbeigeführt zu haben.«[346]

Dieser »Loslösung« fühlen sich nun auch die jungen Architekten um Speer verpflichtet, die sich inzwischen als die eigentlichen »Modernen« verstehen und ihre Erfolge in die Zeit nach dem Krieg hinüberzuretten versuchen: »Der Architekt steht heute auch im Formalen positiv zur modernen Technik und hat den gleichen Ehrgeiz, das letzte an Exaktheit und Sauberkeit aus der Maschine herauszuholen, wie der alte Handwerker den Willen hatte, jeden Hammerschlag auf dem geschmiedeten Stück wegzubringen.« Der neue, harte Stil der Zeit solle sich insbesondere in der Stadtplanung zeigen. »Einzelne Architekten gehen an den *Generalbebauungsplan,* an eine Gesamtordnung, an die Sanierung der Altstädte und den Bau neuer Stadtrandsiedlungen. Eine vernünftige Auswertung der Grundstücke wird versucht, man geht den soziologischen Problemen nach, man versucht organisatorisch von zentraler Stelle zu lenken.« So seien die Architekten und Planer, die jetzt, 1944, in den führenden Positionen sind, bestens vorbereitet auf die Zeit nach dem Krieg. »Die Neugestaltung und der Wiederaufbau deutscher Städte sind eine umfassende Aufgabe, die den künstlerischen, technischen und organisatorischen Lenker verlangt, den Erzbaumeister, der alle Fäden in seiner Hand zusammenhält.«[347] Dies wird gelingen.

Für die Voraussetzungen eines straffen Wiederaufbaus und die entsprechenden Kompetenzen der »Erzbaumeister« habe der Krieg gesorgt: »Der dem deutschen Volk aufgezwungene Krieg hat die friedliche Aufbauarbeit des Baumeisters unterbrochen. Heute steht der Architekt als Soldat im Kriege oder er hat sein Können den baulichen und organisatorischen Aufgaben des Krieges zur Verfügung gestellt. Seite an Seite steht der Architekt heute mit den Bauingenieuren in den Bauformationen der Organisation Todt an allen Fronten. Sein Beruf beweist heute mehr denn je die alte Universalität (...) Wenn nun dieser gewaltige Krieg zu Ende gekämpft ist, dann wird der Führer den universalen Künstler und Techniker haben, der seinen umfassenden Beruf wiederfand, ihn mit neuem Leben erfüllte und der mehr als zuvor in der Lage sein wird, das große friedliche Werk fortzusetzen und zu vollenden, das vor dem Krieg begonnen wurde. Mit der Fortdauer dieses Krieges sind die Aufgaben, die sich für den Architekten aufgestaut haben, nicht geringer geworden. Im Gegenteil, der Feind, der mit sinnloser Gewalt unsere Städte zerstört, stellt den Architekten schon jetzt vor Aufgaben, die in ihrer umfassenden Größe alles Bisherige in den Schatten stellen. Mit ganzer Leidenschaft und letztem Fanatismus wird sich der neue Baumeister dem Wiederaufbau zuwenden. Er wird unsere deutschen Städte schöner und zweckmäßiger wiederaufbauen und die einmalige Gelegenheit in der Geschichte benutzen, übergeordnete Planungen zum Wohle der Gemeinschaft aufzustellen. Wohl hat uns ein brutaler Feind Not und Elend über unser Land gebracht, aber – wenn wir es leidenschaftslos betrachten – er hat eigentlich nur das zerstört, was die vergangenen hundert Jahre an Unplanmäßigem und Ungeordnetem errichtet haben. (...) Der Feind trifft uns nicht, ein Volk, das derart entschlossen und in der Lage ist, planmäßig und nur zum Wohle des Ganzen wiederaufzubauen.«[348]

Noch in der Bombenhölle der letzten Kriegsmonate wird in kühler Kalkulation der Wiederaufbau vorbereitet. Die »Erzbaumeister« halten noch immer – und bereits wieder – die Fäden zusammen. Geregelte Amtstätigkeit inmitten der Apokalypse, Karriereplanung für die Nachkriegszeit.

[1] Im Schreiben der Geheimen Staatspolizei an Mies van der Rohe vom 21. Juli 1933, zit. in: A. Teut, Architektur im Dritten Reich, a. a. O., S. 141 f., wurde »im Einvernehmen mit dem Herrn Preußischen Minister für Wissenschaft, Kunst und Volksbildung« die Wiedereröffnung des Bauhauses in Berlin-Steglitz u. a. von der Entlassung Ludwig Hilberseimers und Wassily Kandinskys abhängig gemacht.
Zur Gleichschaltung der Architektenverbände vgl. Petsch, a. a. O., S. 72, A. Teut, a. a. O., S 65 ff., H. Brenner, a. a. O., S. 35 f. Zum politischen Hintergrund vgl. M. Broszat, Der Staat Hitlers, München 1978[8], sowie W. Michalka, Das Dritte Reich. Dokumente zur Innen- und Außenpolitik, Band 1, München 1985

[2] P. Schultze-Naumburg, Geleitwort zu: K. W. Straub, Architektur im Dritten Reich, Stuttgart 1932. Die Rede vom »lebensgesetzlichen Städtebau« ist bald fester Bestandteil der Planerterminologie.

[3] Der Bund Deutscher Architekten zum nationalen Aufbauprogramm, in: Baugilde, Heft 7/1933, zit. in: A. Teut, a. a. O., S. 81 f.

[4] Bauwelt, Heft 19/1933, zit. in: A. Teut, a. a. O., S. 86

[5] Zit. in: A. Teut, a. a. O., S. 92

[6] Zu Aufgaben und Organisation der Reichskulturkammer vgl. H. Brenner, a. a. O., S. 53 ff. und S. 234 f., sowie Joseph Wulf, bes. S. 102 ff.

[7] Zit. in: A. Teut, a. a. O., S. 101 f.

[8] F. Lawaczeck, Technik und Wirtschaft im Dritten Reich. Ein Arbeitsbeschaffungsprogramm. Heft 38 der von Gottfried Feder herausgegebenen Nationalsozialistischen Bibliothek, 1933[3], S. 28
Gleich zu Beginn der Schrift schildert Lawaczeck die Misere der Wohnungsversorgung und erinnert an Feders Vorschläge zur Einrichtung einer »Bau-und Wirtschaftsbank«. Eng sind in seiner Schrift antikapitalistische Phrasen mit imperialistischen Perspektiven verbunden, die zugleich als Zukunftserwartungen der »erwachsenen Jugend« ausgegeben werden: »Um aus unserem Elend herauszukommen, muß ein neuer Weg gegangen werden. Alle bekannten Wege führen nur tiefer ins Elend hinein. Der neue Weg verlangt die Beseitigung der kapitalistischen Wirtschaft. Der hier gezeigte Weg führt aus der Hölle der Arbeitslosigkeit heraus zur Volksgemeinschaft. Richtiger Einsatz der Technik und weise Führung, die sich darauf beschränkt, dem freien Spiel der sittlichen Kräfte die Bahn frei zu machen, nicht aber diese Kräfte durch Planwirtschaft bestimmte Bahnen zwangsläufig zu durchlaufen zwingt, führt dann zur größtmöglichen Ausdehnung des uns heute gegebenen Lebensraumes. Wir haben dann in ihm den nationalsozialistischen Staat – gegründet auf Kameradschaft, gegründet auf Ehre und Arbeit anstatt auf Geld. Haben wir diese Aufgabe erfüllt, dann ist es die uns von Gott gestellte Pflicht, unseren Lebensraum über die jetzigen willkürlichen und unnatürlichen Grenzen hinauszudehnen. Dann kommt wieder: Ver sacrum, der heilige Frühling! Heilig, weil dieser Frühling der erwachsenen Jugend ihr Recht aufs Lebens erfüllt, ihr Recht auf eigene Familie auf neu zu erwerbender Scholle!« Wie eine Beschwörungsformel gegen die bevorstehende Entmachtung des »linken« Flügels der NSDAP liest sich Lawaczecks Vorwort zur 3. Auflage 1933: »Die erste Stufe der nationalen Revolution ist erreicht, die politische Macht ist errungen. Nun gilt es zu vollenden, in natürlicher

Entwicklung echter Volkswirtschaft den aus Eigennutz geborenen Kapitalismus zu besiegen, der sich überall noch in der Wirtschaft unter Hakenkreuzen zu verstecken sucht und unter der Hakenkreuzflagge im alten Fahrwasser weiterzusegeln sich anschickt, als ob nichts passiert sei. Gemeinnutz vor Eigennutz! Im dritten Reich, dem Reich der Kameradschaftlichkeit und Ehre, wird die sachkundige Arbeit herrschen und nicht der Geldsack!«

Vgl. hierzu: G. Feder, Das Programm der NSDAP und seine weltanschaulichen Grundlagen, München 1927, bis 1930 im 200. Tausend; sowie G. Feder, Der deutsche Staat auf nationaler und sozialer Grundlage, München 1923, bes. S. 139 ff. Zu Kontext und Wirkung vgl. K. H. Ludwig, a. a. O., bes. S. 63 ff.; H. Berndt, a. a. O., S. 21 ff.

[9] Völkischer Beobachter vom 26. August 1931; vgl. B. M. Lane, a. a. O., S. 134 ff. und S. 156 ff.

[10] Rückblickend schreibt Gert Theunissen in: Der Deutsche Baumeister, Heft 2/1942: »Der Nationalsozialismus – und darin liegt sein Daimonion und seine größte historisch wirksame Macht, wenn wir auf die Entwicklung der Zivilisation im Laufe der letzten hundert Jahre blicken – steht dem Ziel der sich in großer Tiefe vollziehenden Umwandlung aus der historischen Gebundenheit in die Bindung an die Gegenwart am nächsten, denn im Nationalsozialismus ist zwar ein starkes Geschichtsbewußtsein vorhanden, und er orientiert sich auch weitgehend nach großen geschichtlichen Erfahrungen, aber dieses Geschichtsbewußtsein und diese Orientierung drehen sich ausschließlich in den Angeln des Jetzt und Hier. Dabei hat die besonders in Deutschland so starke, sich gerade im 19. Jahrhundert augenfällig beweisende Kraft historischen Denkens sich der Zukunft eines ganzen Volkes bemächtigt. Das historische Denken hat sich als ein planendes, Ziele fixierendes und Wege bereitendes Denken auf die Zukunft geworfen. Nichts geschieht heute in Deutschland, das nicht von diesem planenden Denken bewegt würde.«

Erst der Weltkrieg jedoch habe den Ingenieuren die ihnen gebührende Bedeutung zugewiesen: »Die Möglichkeit, daß ein Ingenieur an die Spitze eines Ministeriums tritt, wäre im 19. Jahrhundert noch undenkbar gewesen – und daß sie auch im Weltkrieg noch nicht zur Wirklichkeit wurde, sondern erst in diesem Krieg, erhellt den bei allem revolutionären Elan doch durchaus evolutionären Charakter in der Veränderung des sozialen und soziologischen Bildes. Sowenig man auch schon bisher auf den Ingenieur verzichten konnte und so sehr man bereit war, ihm die Bedeutung eines tragenden Pfeilers im Bau der Zivilisation zuzusprechen, so befand er sich doch immer in der Rolle des Dienenden. Dennoch formte er wie keiner das Gesicht der Zeit – bis ihn dann die Zeit selbst zum Herrschenden emporhob. Die Ernennung Dr. Todts und dann Professor Speers ist die logische Konsequenz und Summe, die aus der Epoche der Technik gezogen werden konnte.« Zit. in: A. Teut, a. a. O., S. 113 ff.

[11] Vgl. J. Petsch, a. a. O., S. 75

[12] B. E. Werner, Der Aufstieg der Kunst, in: Deutsche Allgemeine Zeitung vom 12. Mai 1933, zit. in: A. Teut, a. a. O., S. 146 f.; vgl. auch U. Silva, Ideologia e arte del fascismo, Mailand 1973, sowie M. Estermann-Juchler, Faschistische Staatsbaukunst. Zur ideologischen Funktion der öffentlichen Architektur im faschistischen Italien, Köln, Wien 1982, bes. S. 24 f.

[13] B. E. Werner, a. a. O., S. 147

[14] A. Leitl, Deutsche Baukunst, in: Bauwelt Heft 1/1934

[15] T. Heuss, Hans Poelzig. Das Lebensbild eines deutschen Baumeisters, Tübingen 1948, S. 108. Seit 1933 war die Türkei ein bevorzugtes Ziel deutscher Emigran-

ten geworden; vgl. F. Neumark, Zuflucht am Bosporus. Deutsche Gelehrte, Politiker und Künstler in der Emigration, Frankfurt am Main 1980. Darin berichtet der Nationalökonom Neumark über den Architekten Martin Wagner, S. 118 ff.: »Er war eine eigenwillig-dominierende Persönlichkeit und hatte nicht nur, aber vor allem im Berlin der Weimarer Republik sich einen Namen als Stadtbaurat gemacht. Auch Wagner gehörte der Sozialdemokratischen Partei an und verlor daher alsbald seine Stellung. Im persönlichen Verkehr war er bisweilen schwierig und hatte infolge dessen mehr Gegner, als das seiner Laufbahn zuträglich war, freilich auch gute Freunde wie Bruno Taut und Walter Gropius. Doch selbst mit diesen, von denen letzterer ihm bei der Berufung nach Harvard, Mass., behilflich war, kam es zu Mißhelligkeiten.«

[16] R. Döcker, Brief vom 17. Dezember 1933, ND/KD. Schon am 11. Februar 1933 hatte Mendelsohn an seine Frau Louise geschrieben: »Ich lebe in einem Zustand wie am Beginn des Krieges, heute bewußter und umso schwerer. Empfinde die Vorgänge wie damals, das Ausrücken der geschmückten Soldaten – die Raserei der Massen im Sportpalast, jeden Tag eine andere Partei, eine andere Schattierung desselben nebelhaften Furors, des unkontrollierten Versprechens und der aufwiegelnden Feindschaft. Das sind die Gitterstäbe des Kerkers für ein freies Gehirn, tausendmal der Gang zur Guillotine, jede Sekunde ein Drahtverhau für die schöpferische Leidenschaft.« In: O. Beyer (Hrsg.), Erich Mendelsohn. Briefe eines Architekten, München 1961, S. 95

[17] R. Döcker, Brief vom 1. Dezember 1934, ND/KD

[18] Nach der Razzia vom 12. April hatten einige Bauhaus-Studenten in einem Schreiben an die Fachgruppe für Architektur und Technik im KfdK um eine Aussprache »mit den maßgebenden Persönlichkeiten im Kampfbund« gebeten und darauf hingewiesen, daß im Bauhaus durchaus kein einheitliches Lehrkonzept vertreten werde: »Es dürfte vielfach unbekannt sein, daß sich gerade am Bauhaus im Laufe der Zeit die verschiedensten gegensätzlichen Strömungen abwechselten. – So ist es z.B. Tatsache, daß das Bauhaus unter Hannes Meyer stark mit der Kommunistischen Partei sympathisierte. Mies van der Rohe, der nach Dessau berufen wurde, versuchte eine Entpolitisierung des Hauses durchzuführen.« Zit. in: A. Teut, a.a.O., S. 140 f.

[19] Vgl. das Protokoll der Rede Martin Wagners vor dem Deutschen Werkbund am 10. Juni 1933, zit. in: Bauwelt Heft 4/1983, S. 109 ff.

[20] H. Poelzig, Brief vom 8. Januar 1935, ND/KD

[21] R. Döcker, Brief vom 7. Mai 1935, ND/KD

[22] R. Döcker, Brief vom 26. November 1935, ND/KD

[23] Vgl. G. Kühne, Aus dem Glashaus? Nachdenklicher Blick zurück, doch ohne Zorn, in: Bauwelt Heft 4/1983

[24] Dem oft gehörten Verweis auf eine honorige »innere Emigration« steht Eugen Kogons Erinnerung an den SS-Staat entgegen: »Kein Deutscher, der nicht gewußt hätte, daß es Konzentrationslager gab. Kein Deutscher, der sie für Sanatorien gehalten hätte. Niemand, der nicht Angst vor ihnen gehabt hätte. Wenige Deutsche, die nicht einen Verwandten oder Bekannten im KL gehabt oder zumindest gewußt hätten, daß der oder jener in einem Lager war. Alle Deutschen, die Zeugen der vielfältigen antisemitischen Barbarei geworden, Millionen, die vor brennenden Synagogen und in den Straßenkot gedemütigten jüdischen Männern und Frauen gleichgültig, neugierig, empört oder schadenfroh gestanden haben.« E. Kogon, Gericht und Gewissen, in: Frankfurter Hefte, Heft 1/1946, S. 31 f.

[25] Vgl. etwa R. Wolters, Vom Beruf des Baumeisters, Berlin, Prag, Amsterdam

1944, S. 49: »Der Architekt steht heute auch im Formalen positiv zur modernen Technik und hat den gleichen Ehrgeiz, das Letzte an Exaktheit und Sauberkeit aus der Maschine herauszuholen, wie der alte Handwerker den Willen hatte, jeden Hammerschlag auf dem geschmiedeten Stück wegzubringen.«

[26] Vgl. J. Friedrich, Die kalte Amnestie. NS-Täter in der Bundesrepublik, Frankfurt am Main 1984, S. 263, sowie R. Mattausch, Siedlungsbau und Stadtneugründungen im deutschen Faschismus, Frankfurt am Main 1981, S. 135 ff.

[27] B. Hermkes, Brief vom 27. Februar 1985 an den Verfasser

[28] H. Schrade, Bauten des Dritten Reiches, Leipzig 1937, S. 33 f.

[29] Vgl. die Biographien in: Akademie der Künste (Hrsg.), Planen und Bauen in Europa 1913-1933. Von der futuristischen zur funktionellen Stadt, Berlin 1977, S. 3/1 ff.

[30] A. Teut, a. a. O., S. 78 f. Um eine Verbindung zwischen der »organischen« Richtung des Neuen Bauens und einer künftigen »heroischen« Ästhetik, wie sie Gottfried Benn entwarf, ist auch Hugo Häring, vormals Sekretär des Architekten-Rings, bemüht. 1935 schrieb er in einem Aufsatz über das populäre Buch »Der Preußische Stil« von Moeller van den Bruck: »Quadrat und Kreis sind die Grundelemente aller Architektur. Dies erscheint auch Moeller van den Bruck immer wieder wichtig. Zu ihnen führte Gilly das Bauen wieder zurück. Von ihnen ging Ledoux aus, mit ihnen arbeitete auch Peter Behrens, zeitweilig wenigstens, und zu ihnen bekennt sich auch Le Corbusier, noch und wieder. Schinkel aber suchte diesem Gegensatz zu entrinnen, er suchte den Weg zum Bauen. Und dieser Weg zum Bauen ist inzwischen auch der Weg des übrigen Deutschlands und der Weg aller germanischen Völker geworden. Es ist der Weg des organhaften Bauens, der Weg zum Bau als Organ. Es ist die Verwirklichung der Worte des kantischen Preußen Schinkel: ›Die Architektur ist die Fortsetzung der Natur in ihrer konstruktiven Tätigkeit.‹« Zit. in: A. Teut, a. a. O., S. 176. Zum Begriff und zur Geschichte des »organhaften Bauens« im internationalen Vergleich s. B. Zevi, Towards an organic architecture, London 1950; zur weiteren Wirkung der Vorstellungen Härings vgl. E. Janofske, Architektur-Räume. Idee und Gestalt bei Hans Scharoun, Braunschweig, Wiesbaden 1984

[31] T. Fritsch, Die neue Gemeinde. Begleitschreiben zu: Die Stadt der Zukunft, Leipzig 1896. Vgl. auch H. Berndt, a. a. O., bes. S. 25 ff.; K. Bergmann, Agrarromantik und Großstadtfeindschaft, Meisenheim 1970; R. P. Sieferle, Fortschrittsfeinde?, a. a. O.; F. Stern, Kulturpessimismus als politische Gefahr, a. a. O.

[32] M. Wagner, Städtische Freiflächenpolitik. Grundsätze und Richtlinien, Berlin 1915, S. 7

[33] Deutscher Verein für Wohnungsreform (Hrsg.), Handwörterbuch des Wohnungswesens, Jena 1930, S. 64. Zur Wohnungsreform- und Gartenstadtbewegung »im Banne von Kolonisation und Krieg« vgl. K. Hartmann, Gartenstadtbewegung. Kulturpolitik und Gesellschaftsreform, München 1976, bes. S. 42 ff.

[34] A. Walther, Neue Wege zur Großstadtsanierung, Stuttgart 1936, S. 5 f. Zur »unbewältigten« Geschichte der Soziologie vgl. U. Jaeggi u. a., Geist und Katastrophe, Berlin 1983

[35] A. Walther, a. a. O., S. 14. Vgl. auch G. Aly, K. H. Roth, Die restlose Erfassung, Berlin 1984

[36] A. a. O., S. 4. Zur Vorbereitung einer totalen Steuerung der Gesellschaft unter der Knute der NSDAP führt der Hamburger Soziologe als Perspektive der Stadtplanung auf S. 29 f. weiter aus: »Der Nationalsozialismus ist so sehr entschlossen, alle Volksschädigenden unter Kontrolle zu nehmen und unschädlich zu machen, daß er

nicht nur schon bisher durch die Gesundheits-, Fürsorge-, Polizei-, Gerichts- und andere Behörden ständig die schwersten Fälle aussondern läßt, damit sie eingehend daraufhin untersucht werden, ob Sicherungsverwahrung oder Unfruchtbarmachung geboten ist. Sondern es wachsen zentrale Informationsarchive über die gesamte deutsche Bevölkerung zusammen. In Hamburg verfügt das Archiv des Gesundheitsamtes nach nur zweijähriger Sammlung bereits über Nachrichten, wenn auch zunächst noch vielfach unvollständige, über fast die Hälfte der Hamburgischen Bevölkerung. Für die Zukunft werden den Grundstock die Untersuchungen und Charakterisierungen der Schulkinder mit Nachrichten über deren Familien und Sippen bilden. Ensprechend dem bereits erwähnten neuen Begriff von *Gesundheit* nach dem Maßstabe der *Leistung* werden diese Meldungen außer den medizinischen Angaben im engeren Sinne auch eine psychologische und soziale Charakterisierung der Schulkinder und ihrer Familien geben. Das Archiv wird schließlich keinen deutschen Menschen auslassen, da die allgemeine Schulpflicht jeden erfaßt.« Vgl. hierzu auch K. Gutschow, Bevölkerungspolitische Pflichten des Architekten, in: Baurundschau 1934, S. 233 ff.

[37] G. Feder, Die neue Stadt. Versuch der Begründung einer neuen Stadtplanungskunst aus der sozialen Struktur der Bevölkerung, Berlin 1939, S. 19. Zur Rolle Feders vgl. K.H. Ludwig, a.a.O., bes. S. 73 ff.; sowie D. Schubert, Gottfried Feder und sein Beitrag zur Stadtplanungstheorie, in: Die Alte Stadt, Heft 3/1986

[38] G. Feder, Rede auf einer Kundgebung im Preußischen Herrenhaus am 30. Mai 1934, zit. im Vorwort zu: G. Feder, Die neue Stadt, a.a.O.; auf S. 27 des 1939 erschienenen Buches stellt Feder skeptisch fest: »Da es mit einer Verpflanzung der überschüssigen Großstadtbevölkerung vorläufig nicht recht vorwärts geht, da ferner für Deutschland eine Einschränkung der Industrie zugunsten der Landwirtschaft kaum in Betracht kommt, so ist eine neue Synthese zwischen Stadt- und Landkultur notwendig.« Vgl. hierzu auch M. Walz, Wohnungsbau- und Industrieansiedlungspolitik in Deutschland 1933-1939, Frankfurt am Main 1979, bes. S. 86 ff.

[39] G. Feder, a.a.O., Vorwort

[40] In dem 1930 ergänzten Programm der NSDAP, von G. Feder 1927 vorgelegt, standen Forderungen nach durchgreifenden Veränderungen des Bodenrechts an erster Stelle; auf S. 41 folgt eine Hymne auf die deutsche Heimat: »(...) der Duft der heimatlichen Scholle steigt auf, Glücksgefühle durchströmen den Wanderer, der Heimatboden wieder unter sich fühlt, mit dem er sich blutmäßig verbunden fühlt.« Zur Planungspolitik und Baugesetzgebung im Dritten Reich vgl. C. Schneider, a.a.O., S. 15 ff., sowie die entsprechenden Artikel im Handwörterbuch der Raumordnung und Raumforschung, a.a.O.; vgl. auch K. Otto, Luftkrieg und Städtebau, in: Raumforschung und Raumordnung, Heft 4/1940

[41] Vgl. F. Neumann, Behemoth, a.a.O., bes. S. 269 ff.; T. Mason, Sozialpolitik im Dritten Reich. Arbeiterklasse und Volksgemeinschaft, Opladen 1977, bes. S. 114 ff.; H.G. Schumann, Nationalsozialismus und Gewerkschaftsbewegung, Hannover, Frankfurt am Main 1959

[42] R. Ley, auf der 5. Jahrestagung der Deutschen Arbeitsfront im September 1937, zit. in: T. Mason, a.a.O., S. 99 ff.; dort kommentiert Mason: »Innerhalb und außerhalb der nationalsozialistischen Bewegung war dieses Leitbild weit verbreitet, denn unter ›ständischem Aufbau‹ konnte sich jeder eine gerade seinen Interessen entsprechende Gesellschaftsordnung vorstellen: erhöhten wirtschaftlichen Schutz für Handwerker und Kleingewerbetreibende, wirtschaftliche und soziale

Selbstverwaltung durch von der Großindustrie beherrschte Gremien, vertikale oder horizontale wirtschaftliche Gliederungen. Organe mit wirtschafspolitischen Befugnissen wie Organe mit vornehmlich politisch-erzieherischen Aufgaben, oder auch ein politisches Verfassungsprinzip. All diese verschiedenen Vorstellungen hatten nur ein einziges, freilich entscheidendes Merkmal gemeinsam: die Entmachtung der Arbeiterklasse.«

[43] Wortlaut eines von R. Ley, den Ministern für Arbeit und Wirtschaft sowie dem »Beauftragten des Führers für Wirtschaftsfragen« unterzeichneten Abkommens über die Aufgaben der DAF, zit. in: T. Mason, a. a. O., S. 115

[44] Zum 50. Geburtstag von Professor Schulte-Frohlinde, in: Bauwerk und Landschaft, Heft 4-6/1944, S. 25

[45] A. Hitler, zit. in: R. Stommer (Hrsg.), Reichsautobahn: Pyramiden des Dritten Reichs, Marburg 1982, S. 12

[46] Vgl. J. Petsch, a. a. O., S. 143. Wesentlich niedrigere Zahlen nennt K. H. Ludwig, a. a. O., S. 332 ff.; vgl.: Vier Jahre Arbeit an den Straßen Adolf Hitlers, hrsg. vom Generalbauinspektor für das deutsche Straßenwesen, Berlin 1937, S. 10 ff.

[47] P. Bonatz, Leben und Bauen, a. a. O., S. 47; vgl. auch K. H. Ludwig, a. a. O., S. 335 ff.

[48] P. Bonatz, a. a. O.

[49] P. Bonatz, a. a. O., S. 164. Weiter heißt es dort: »Bevor ich anfing zu reden, trat immer ein Brauner auf und sagte: ›Nur aus der nationalsozialistischen Weltanschauung heraus kann eine gute Baugesinnung erwachsen, und wenn eine Baugesinnung gut ist, dann ist sie es nur deshalb, weil sie aus der nationalsozialistischen Weltanschauung erwachsen ist . . .‹ Dann erteilte er mir das Wort, etwa so wie: ›Herr Professor Bonatz wird euch jetzt zeigen, wie man das macht.‹ Und ich erklärte an hundert Bildern und Zeichnungen, was seit tausend Jahren gut ist und was schlecht ist.«

[50] A. a. O., S. 165. Auch im Nachdruck der neu bearbeiteten Auflage von 1947, aus der die Beiträge von P. Schultze-Naumburg, P. Schmitthenner und R. Wolters bereits entfernt wurden, die in der Berliner Originalausgabe von 1941 noch enthalten sind, findet sich dieser Aufsatz, in: F. Schumacher, Lesebuch für Baumeister, Braunschweig 1977, S. 461 ff.

[51] G. Troost (Hrsg.), Das Bauen im Neuen Reich, Bayreuth 1938, S. 80 f.

[52] A. a. O., S. 73

[53] A. a. O., S. 58

[54] H. Dustmann, zit. in: A. Teut, a. a. O., S. 214 f.

[55] E. Neufert, Die Grundrißgestaltung der Jugendherberge nach dem Zweck, Vortrag, in: Die Baugestaltung der Jugendherbergen, hrsg. vom Reichsverband für Deutsche Jugendherbergen, Berlin 1934. Zur Einführung erklärte der Geschäftsführer: »Und doch, unser Jugendherbergsstil sei alter Baustil, angewandt auf die Zweckbedürfnisse der Jugendherberge. Aus Erfahrung und Überlieferung, dem Ursprünglichen und Natürlichen ist das Bauernhaus zu einer Typenform entwickelt und beibehalten, solange nicht besondere Gründe zu seiner Aufgabe zwangen.«

[56] Vgl. G. Troost (Hrsg.), Das Bauen im Neuen Reich II, Bayreuth 1943, S. 104 f.

[57] J. Schulte-Frohlinde, Gegen den deutschen Baustil?, in: Bauen – Siedeln – Wohnen, Heft 4/1938

[58] A. Speer, Erinnerungen, a. a. O., S. 44; P. Koller, der Architekt der Volkswagenstadt Wolfsburg, zit. in: C. Schneider, a. a. O., S. 34

[59] Vgl. G. Hortleder, a. a. O., bes. S. 72 ff.; K. H. Ludwig, a. a. O., bes. S. 63 ff.

[60] F. Nonn, Dr. Todt 50 Jahre alt, AG. Weiter heißt es darin: »Ein zukünftiges Ho-

heitsministerium der Technik hat sich nur mit reinen Hoheitsaufgaben, nicht mit reißbrettmäßigem Kleinkram à la Rathenau zu befassen.«

[61] A.a.O.

[62] A. Speer, a.a.O., S. 46

[63] A.a.O.

[64] Vgl. T. Mason, a.a.O., S. 124 ff., dort auch die Hinweise auf statistische Manipulationen, durch die offiziell die Zahl der Arbeitslosen gesenkt werden konnte.

[65] R. Hillebrecht, mündliche Mitteilung 1984

[66] Ebda.

[67] Ebda.

[68] A. Speer, a.a.O., S. 40

[69] A.a.O., S. 44

[70] A.a.O., S. 45; umso mehr scheint dies in der Arbeit an den »Erinnerungen« der Fall gewesen zu sein: Vgl. M. Schmidt, a.a.O., S. 22 f.

[71] A.a.O., S. 55. Mit der angeblichen Fixierung Hitlers auf Troost konnten nach 1945 etliche Entlastungsstrategien verbunden werden: vgl. die Anmerkung 235 zum 3. Kapitel dieses Buches

[72] Vgl. B. Hinz u.a., Die Dekoration der Gewalt. Kunst und Medien im Faschismus, Gießen 1979, darin bes. den Beitrag von H.E. Mittig, Die Reklame als Wegbereiterin der nationalsozialistischen Kunst; sowie D. Bartetzko, Illusionen in Stein, Frankfurt am Main 1985

[73] A. Speer, a.a.O., S. 71. Auch in folgenden Zitaten sind die Maßangaben Speers in der Abschrift abgekürzt; die ausgeschriebenen Zahlen werden als Ziffern wiedergegeben, W.D.

[74] A.a.O., S. 77

[75] R. Wolters, Lebensabschnitte II, a.a.O., S. 161

[76] A. Speer, Technik und Macht, hrsg. von A. Reif, Frankfurt am Main, Berlin, Wien 1984, S. 24

[77] Während der Planung für die Reichsparteitage arbeitete Speer eng mit dem Nürnberger Oberbürgermeister Willy Liebel zusammen, der ab 1942 das Zentralamt seiner Berliner Dienststelle am Pariser Platz leitete.

[78] A. Speer, Erinnerungen, a.a.O., S. 80

[79] A.a.O., S. 81

[80] A.a.O.

[81] Zu dieser »Theorie« schreibt Speer, a.a.O., S. 69: »Modern konstruierte Bauwerke, das war ihr Ausgangspunkt, waren zweifellos wenig geeignet, die von Hitler verlangte ›Traditionsbrücke‹ zu künftigen Generationen zu bilden: undenkbar, daß rostende Trümmerhaufen jene heroischen Inspirationen vermittelten, die Hitler an den Monumenten der Vergangenheit bewunderte.«

[82] A. Speer, Technik und Macht, a.a.O., S. 15. In der oft wiederholten Verknüpfung seines persönlichen »Ehrgeizes« mit einer als überpersönliches »Schicksal« wirkenden »Karriere der Technik« und der ihr eigenen »Faszination« zeichnet Speer Entlastungsstrategien vor, durch die noch die Organisatoren der Nazidiktatur nahezu als Opfer erscheinen.

[83] Zur Konstruktion der Legenden um »den verblendeten, braven Technokraten« Speer und »seinesgleichen« vgl. J. Friedrich, Die kalte Amnestie, a.a.O., S. 51 ff.

[84] A. Hitler, Mein Kampf, München 1938[334], passim; S. 371 zeigt Hitler mit unmißverständlicher Brutalität Perspektiven des künftigen Nazi-Terrors, längst vor 1933 den deutschen »Volksgenossen« zur Kenntnis: »Der Glaube ist schwerer zu er-

schüttern als das Wissen, Liebe unterliegt weniger dem Wechsel als Achtung, Haß ist dauerhafter als Abneigung, und die Triebkraft zu den gewaltigsten Umwälzungen auf dieser Erde lag zu allen Zeiten weniger in einer die Massen beherrschenden wissenschaftlichen Erkenntnis als in einem sie beseelenden Fanatismus und manchmal in einer sie vorwärtsjagenden Hysterie. (...) Das Volk sieht zu allen Zeiten im rücksichtslosen Angriff auf einen Widersacher den Beweis des eigenen Rechts, und es empfindet den Verzicht auf die Vernichtung des anderen als Unsicherheit in Bezug auf das eigene Recht, wenn nicht als Zeichen des eigenen Unrechtes.« Zur Tradition der Vereinnahmung religiöser Motive und Rituale im Prozeß der »Nationalisierung der Massen«: vgl. G. L. Mosse, a. a. O.

[85] Vgl. W. Benjamin, Das Kunstwerk im Zeitalter seiner technischen Reproduzierbarkeit, erstmals veröffentlicht 1936 in der Zeitschrift für Sozialforschung; Neudruck Frankfurt am Main 1963

[86] A. Speer, a. a. O., S. 72

[87] A. Speer, Ausgestaltung staatlicher Festakte, in: Baugilde, Heft 13/1933

[88] Äußerst geschickt wußte Speer das von Hitler arrangierte System der Doppelbesetzungen, Ämterkonkurrenzen und Rivalitäten für sich zu nutzen und seine Machtfülle zu mehren. Im Rückblick auf die Karriere Speers schreibt M. Schmidt, a. a. O., S. 237 f.: »Auch Speers Lieblingsrolle als Baumeister Hitlers liest sich in den Quellen, Dokumenten und Zeugenaussagen um einiges anders, als sie Speer in seinen Erinnerungen dargestellt hat. Nichts wäre irriger, als in ihm den ausschließlich künstlerisch ambitionierten Architekten zu sehen, der völlig in seiner Aufgabe aufgeht und, im weißen Kittel hinter dem Zeichenbrett, ein Bauwerk nach dem anderen für seinen obersten Bauherren entwirft. Vielmehr erkannte er sehr schnell, daß die Position eines Leibarchitekten Hitlers auch praktikable Macht mit sich brachte, und Speer verstand es alsbald, mit ihr umzugehen, was alle zu spüren bekamen, die versuchten, ihn in seinem Ehrgeiz zu bremsen. Sie mußten erfahren, wie geschickt Speer, geschützt durch die Gunst Hitlers, sich mittels Intrigen und Rankünen den Weg nach oben freizumachen verstand: Sein Amt als erster Architekt Hitlers wurde zum Noviziat für höhere und höchste Weihen in der NS-Hierarchie. (...) In seiner unauffälligen, doch kaltschnäuzig zupackenden Art verstand Speer es, sich behende die für sein neues Amt als Waffenschmied des Reiches weitgreifende Autorität zu sichern. Unbekümmert räumte er mit dem Kompetenzwirrwarr in der Rüstungswirtschaft auf und ordnete die Zuständigkeiten der bürokratisch aufgebauten Kriegsindustrie neu. Um sein Credo durchzusetzen, nämlich dem Führer die für den Endsieg nötigen Waffen zu liefern, zog er nach und nach alle rüstungswirtschaftlichen Bereiche an sich, um sie nach seinen Vorstellungen von totaler Effizienz umzuorganisieren. Dazu setzte Speer ohne jeden Anflug von Sentimentalität alle Mittel ein, die ihm das diktatorische System an die Hand gab: Zwangsarbeiter aus den besetzten Gebieten wurden ebenso bedenkenlos wie KZ-Häftlinge in die Fabrikanlagen geschafft, und das Millionenheer von Arbeitern unter Androhungen schärfster Strafen zu bedingungsloser Disziplin und Höchstleistungen angetrieben.

Mit derart drakonischem Management schuf der Minister, was bald im In- und Ausland das ›deutsche Rüstungswunder‹ genannt wurde, eine Reputation, die seine Stellung innerhalb der Führung praktisch unangreifbar machte. So nimmt es denn kaum wunder, daß der erfolgreiche Mann, der sich zudem der unausgesprochenen Freundschaft seines Führers sicher wußte, es von dieser Position aus wagen zu können glaubte, auch die höchste Stufe im nationalsozialistischen Staat zu erklimmen: die legitime Nachfolge Hitlers.«

[89] A. Speer, Erinnerungen, a.a.O., S. 75. Speer weist darauf hin, daß er diese »Synthese« nicht einmal in Ansätzen architektonisch realisierte.

[90] Einen ernstzunehmenden Rivalen auf dem Gebiet der Architektur scheint Speer lediglich in dem von Hitler für die Neugestaltung Münchens und andere Großprojekte eingesetzten Hermann Giesler gesehen zu haben. »Gestern noch konnte mich Hitler einen genialen Architekten nennen, aber wer garantierte schon, daß er nicht morgen sagen würde: ›Dieser Giesler gefällt mir besser.‹ Ab 1943 hat er meinen Münchner Gegenspieler wohl tatsächlich mir vorgezogen.« A. Speer, Spandauer Tagebücher, Frankfurt am Main, Berlin, Wien 1975, S. 217; vgl. H. Giesler, Ein anderer Hitler, Leoni 1977, der verschiedene Stationen dieser Rivalität aus seiner Sicht schildert; sowie A. Speer, Erinnerungen, a.a.O., S. 93f.

[91] F. Todt, Der Sinn des neuen Bauens, in: Die Straße, Heft 21/1937; weiter heißt es dort: »Dieser wesentliche Zug der Baukunst des Führers zeigt sich in noch größerem Umfang dann bei den neuen Plänen für den Ausbau von Berlin, Hamburg und München. Es ist grundfalsch, wenn kleine Zeitgenossen ohne Blick in die Zukunft für diese Straßen die Bezeichnung ›Prachtstraßen‹ anwenden. Die in diesen Großstädten des Dritten Reiches vorgesehenen Straßenbreiten sind notwendig, um den Verkehr reibungslos abzuwickeln, der sich in den nächsten 50 und 100 Jahren entfalten wird. Auch die Maße der Reichsautobahnen sind aus dieser Auffassung entwickelt. Ihre Breite ergibt sich daraus, daß sie in zweckmäßiger und bester Form nicht nur dem heutigen, sondern dem künftigen Schnellverkehr dienen sollen.«

[92] A. Speer, Erinnerungen, a.a.O., S. 83

[93] A.a.O., S. 88

[94] Vgl. J. Thies, a.a.O., bes. S. 26ff.

[95] A. Hitler, Mein Kampf, a.a.O., S. 18f.

[96] A.a.O., S. 290

[97] A.a.O., S. 291. Weiter heißt es dort: »Wie wahrhaft jammervoll aber ist das Verhältnis zwischen Staats- und Privatbau heute geworden! Würde das Schicksal Roms Berlin treffen, so könnten die Nachkommen als gewaltigste Werke unserer Zeit dereinst die Warenhäuser einiger Juden und die Hotels einiger Gesellschaften als charakteristischen Ausdruck der Kultur unserer Tage bewundern.«

[98] A.a.O., S. 381. Dort wird behauptet: »Die geopolitische Bedeutung eines zentralen Mittelpunktes einer Bewegung kann dabei nicht unterschätzt werden.«

[99] A. Hitler, zit. in: J. Thies, a.a.O., S. 82

[100] A. Hitler, Rede vor Truppenkommandeuren des Heeres am 10. Februar 1939, zit. in: J. Thies, a.a.O., S. 79, Nachdruck in: J. Dülffer u.a., a.a.O., S. 289ff.

[101] A. Hitler, Rede am Parteitag 1935, zit. in: J. Thies, a.a.O., S. 74

[102] Zum Bau der Neuen Reichskanzlei vgl. R. Wolters, Albert Speer, Oldenburg 1943, S. 32: »In der kurzen Zeitspanne von neun Monaten hat der Architekt Albert Speer nach dem Willen des Führers dieses steinerne Denkmal des Großdeutschen Reiches errichtet.« Zur Kritik an den Legenden um Speer als »Organisationstalent« vgl. A. Schönberger, Die Neue Reichskanzlei von Albert Speer. Zum Zusammenhang von nationalsozialistischer Architektur und Ideologie, Berlin 1981

[103] Trotz der späteren Distanz zu seinem Freund und Kollegen Speer schreibt R. Wolters rückblickend in seinem Heft »Kurzer Lebensabriß«, Coesfeld o.J., S. 18: »Er führte – was Hitler besonders gefiel – seine Aufgaben stets mit kleinen Apparaten und einer geradezu saloppen Nonchalance durch, wobei er eine Art sportlichen Ehrgeiz entwickelte. (...) Obwohl er immer tätig war und keinen zeitlich konventionellen Dienstbetrieb kannte – der engste Mitarbeiterkreis mußte zu jeder Tages-

und Nachtzeit zur Verfügung stehen – hatte er selbst merkwürdigerweise immer Zeit.«

[104] Bericht über die Konferenz am 19. September 1933, Nachdruck in: J. Dülffer u.a., a.a.O., S. 90ff.

[105] Vgl. W. Hegemann, Das steinerne Berlin. Geschichte der größten Mietkasernenstadt der Welt, Berlin 1930

[106] Eine breite Würdigung der Speerschen Planung ohne kritischen Blick auf deren Kontext findet sich in: L.O. Larsson, Die Neugestaltung der Reichshauptstadt. Speers Generalbebauungsplan für Berlin, Uppsala 1978, sowie in: A. Speer, Architektur. Arbeiten 1933-1942, mit Beiträgen von K. Arndt, G.F. Koch, L.O. Larsson, Frankfurt am Main, Berlin, Wien 1978; vgl. demgegenüber H.J. Reichhardt, W. Schäche, Von Berlin nach Germania. Über die Zerstörung der Reichshauptstadt durch Albert Speers Neugestaltungsplanungen, Ausstellungskatalog des Landesarchivs Berlin, Berlin 1985

[107] A. Speer, Erinnerungen, a.a.O., S. 87. Die wachsenden Spannungen zwischen Speer und Lippert fanden Ausdruck in einem persönlichen Brief Lipperts, in dem dieser sich darüber beschwerte, daß die Zusammenarbeit zwischen dem GBI und der Stadtverwaltung »durch Ihr einseitiges Diktat geregelt wird«. Lippert erhob den Vorwurf, daß es Speers Dienststelle darauf ankomme, die Verwaltung »durch die Ablehnung einer freien Verständigung zu demütigen«. Einer entsprechenden Beschwerde Speers bei Hitler über die mangelnde Anerkennung seiner »übergeordnete(n) Stellung« folgte 1940 die Absetzung Lipperts. Vgl. H.J. Reichhardt, W. Schäche, a.a.O., S. 45f.

[108] A. Speer, a.a.O., S. 90

[109] Ders., Brief vom 16. April 1937, Nachdruck in: H.J. Reichhardt, W. Schäche, a.a.O., S. 40f.

[110] A. Hitler, Rede vor dem Reichstag 1937, zit. in: L.O. Larsson, Die Neugestaltung der Reichshauptstadt, a.a.O., S. 27

[111] W. Schelkes, Briefe vom 28. Februar und 18. März 1985 an den Verfasser

[112] R. Wolters, Lebensabschnitte II, a.a.O., S. 163

[113] H.J. Reichhardt, W. Schäche, a.a.O., S. 36

[114] W. Schelkes, a.a.O.

[115] R. Wolters, a.a.O., S. 167. Wolters fügt hinzu: »Im übrigen hätte ich nicht zu den Millionen gehören mögen, die jetzt der Partei zuströmten und die Goebbels als Überläufer und siebenunddreißiger Spätlese bezeichnete.«

[116] A.a.O.

[117] A. Speer, Erinnerungen, a.a.O., S. 160

[118] Schon im nächsten Satz seiner Erinnerungen gibt Wolters, a.a.O., S. 168f., diese Aussage als Schutzbehauptung zu erkennen, hinter der sich zynische Rechtfertigung des damals beobachteten Geschehens verbirgt: »So wurde auch das von der SA im November 1938 organisierte Pogrom der Reichskristallnacht von mir, obwohl ich mich am Pariser Platz sozusagen im Brennpunkt der Ausschreitungen befand, nicht in seinem ganzen Ausmaß zur Kenntnis genommen. Meine Empörung war damals nicht größer als mein Erstaunen darüber, daß sich noch Ende 1938 fast sämtliche Läden Unter den Linden, der vornehmsten Straße Berlins, als jüdischer Besitz auswiesen.« Wolters vergleicht in beziehungsreicher Anspielung: »Die städtebauliche Riesenaufgabe für die Reichshauptstadt nahm uns derart in Anspruch, daß wir vieles, was um uns herum geschah, nicht wahrnahmen, ähnlich wie heute die meisten von uns gedankenlos ›vor sich hin leben‹, ohne die vor aller Augen lie-

gende Tatsache auch nur zu registrieren, daß Milliarden Menschen jederzeit allein durch das in der Bundesrepublik Deutschland lagernde Atomwaffen-Arsenal vernichtet werden können.« Komplizenschaft?

[119] W. Schelkes, a. a. O.

[120] A. a. O.

[121] Nachdruck in: H. J. Reichhardt, W. Schäche, a. a. O., S. 32; zum Zusammenhang zwischen Neugestaltung und KZ-Terror vgl. dort S. 69 f.; zu den »Judenentmietungsaktionen« im Zuge der Planung vgl. M. Schmidt, a. a. O., bes. S. 216 ff.

[122] A. Speer, a. a. O., S. 167

[123] Vgl. H. J. Reichhardt, W. Schäche, a. a. O., sowie A. Speer, a. a. O., S. 192

[124] W. Schelkes, a. a. O.

[125] Zit. in: J. Wulf, Die bildenden Künste im Dritten Reich, a. a. O., S. 268

[126] Nachdruck in: J. Dülffer u. a., a. a. O., S. 29 f.

[127] H. J. Reichhardt, W. Schäche, a. a. O., S. 56

[128] Vgl. A. Speer, Spandauer Tagebücher, a. a. O., S. 416

[129] Vgl. E. Neufert, Bauentwurfslehre. Handbuch für den Baufachmann, Bauherrn, Lehrenden und Lernenden, Berlin 1936; 25. Auflage 1966. Im Vorwort zur elften Auflage, mit dem 100 000. Exemplar, heißt es 1944: »Das Buch gehört heute zum Rüstzeug jedes Bauschaffenden, in Helsinki genau wie in Buenos Aires.«

[130] Bauwelt, Heft 3-4/1944, S. 24 f.

[131] A. a. O.

[132] A. a. O.

[133] A. a. O.

[134] A. a. O.

[135] E. Neufert, Der Mieter hat das Wort, hrsg. vom Generalbauinspektor für die Reichshauptstadt, Berlin 1942, S. 29

[136] A. a. O., S. 18

[137] E. Neufert, Bombensicherer Luftschutz im Wohnungsbau, hrsg. vom Generalbauinspektor für die Reichshauptstadt, Berlin 1941, S. 102

[138] A. a. O.

[139] A. Hitler, Rede am Parteitag 1934, zit. in: H. Brenner, a. a. O., S. 83

[140] Vgl. hierzu: »Das ›Dritte Reich‹ als politische Kirche« und die folgenden Abschnitte, bes. S. 124 ff. in: H. Brenner, a. a. O.

[141] A. Speer, Brief vom 23. August 1940, Nachdruck in: J. Dülffer u. a., a. a. O., S. 37

[142] A. Speer, Brief vom 30. August 1940, Nachdruck a. a. O., S. 38 f. Wie sich auch die in seinen Augen »künstlerisch wertvollen Architekten« an der Berliner Planung orientierten, ist einem Brief von Peter Koller, dem Planer der Volkswagen-Stadt Wolfsburg, zu entnehmen: »Ich war also bei Speer, er war mit dem Vertragsentwurf einverstanden. (...) Speer gab mir einen Zettel an den Oberbaurat Stephan, seinen Mitarbeiter, mit, daß dieser mir die Berliner Pläne zeigen solle. Das ist nun gestern vormittag erfolgt. Ich war erst etwas erschlagen von der Großzügigkeit und Sturheit, mit der diese Projekte aufgestellt sind. Riesig, riesig, riesig, ... wissen Sie, erst schmeißt es einen beinah um, aber ich hab den Witz der Sache schon kapiert, was die können, das kann ich auch. Ich habe es mir auch scharf angeschaut daraufhin, ob sich irgendwelche Regeln daraus ziehen lassen und bin auf ein gewisses Schema gekommen, was eigentlich immer wieder abgewandelt wird. Und dieses werden wir auch versuchen müssen.« Brief vom 22. Dezember 1937, zit. in: C. Schneider, a. a. O., S. 33

[143] W. Frick, Brief vom 23. Juli 1941, Nachdruck in: J. Dülffer u. a., a. a. O., S. 54 ff.

[144] A. Speer, Brief vom 26. August 1941, Nachdruck a. a. O., S. 59 ff.

[145] A. a. O., S. 61. Vgl. A. Speer, Erinnerungen, a. a. O., S. 157 f. und S. 191 ff.

[146] A. Speer, Brief vom 26. April 1941, a. a. O., S. 63

[147] Ders., Brief vom 19. Februar 1941, Nachdruck a. a. O., S. 79

[148] Vgl. H. Giesler, a. a. O., bes. S. 144 ff.; H. P. Rasp, Eine Stadt für tausend Jahre. München – Bauten und Projekte für die Hauptstadt der Bewegung, München 1981, bes. S. 47 ff.; J. Dülffer u. a., a. a. O., S. 157 ff.

[149] H. Giesler, a. a. O., S. 164. In aggressiver Gefolgschaftstreue zeichnet Giesler ein verklärtes Bild Hitlers als eines empfindsamen Architekten und trauert der gescheiterten Neugestaltung Münchens nach: »Ich sah in dieser Aufgabe eine Herausforderung und ich hatte zugleich den Ehrgeiz, ein modernes Straßensystem zu entwickeln, das der Technik unserer Zeit entsprach: Eine urbane Straße des 20. Jahrhunderts. Sie wurde geplant, aber nicht gebaut.«

[150] A. Speer, a. a. O., S. 191 f.; vgl. H. Giesler, a. a. O., S. 340 ff.

[151] R. Wolters, der von H. Giesler, a. a. O., S. 349, als »personifizierte Kontinuität« bezeichnet wird, schrieb seit dem 1. Januar 1941 eine Chronik der Speer-Dienststellen. Zur Geschichte und Korrektur dieser Chronik vgl. M. Schmidt, a. a. O. Die im folgenden unter SC (Speer-Chronik) zitierten Auszüge entstammen der freigegebenen Fassung im Bundesarchiv Koblenz (BA), Bestand R 3. Die Aufforderung Speers vom 6. Februar 1941 findet sich auf S. 7 der Chronik vom Jahre 1941 und wird von Giesler, a. a. O., S. 506, kurz kommentiert. Vgl. hierzu auch BA/R 3, Bd. 1595, Briefe Speer an Rimpl u. a.

[152] A. Speer, Brief vom 19. Februar 1941, a. a. O., S. 73

[153] H. Brenner, a. a. O., S. 154

[154] H. Giesler, a. a. O., S. 352

[155] A. Speer, Erinnerungen, a. a. O., S. 158. Speer fügt hinzu: »Hier stieß ich oft irritiert auf seine (Hitlers, W. D.) Neigung, einen rücksichtslosen Wettbewerb zu fordern, weil er davon ausging, daß nur auf diese Weise hohe Leistungen zustande kämen.«

[156] Vgl. N. Gutschow, J. Cramer, a. a. O., S. 183 ff.; W. C. Schneider, Hitlers »wunderschöne Hauptstadt des Schwabenlandes«. Nationalsozialistische Stadtplanung, Bauten und Bauvorhaben in Stuttgart, in: Demokratie und Arbeitergeschichte. Jahrbuch 2, Stuttgart 1982, S. 51 ff.

[157] W. C. Schneider, a. a. O., S. 64 ff.

[158] A. a. O., S. 74

[159] Denkschrift zur Neugestaltung der Stadt der Auslandsdeutschen, Stuttgart o. J., Schlußwort von Oberbürgermeister Strölin, datiert: Stuttgart, Ende 1941, Stadtarchiv Stuttgart

[160] W. C. Schneider, a. a. O., S. 94

[161] Gesellschaftsvertrag der Stadtplanungsgesellschaft m. b. H., Stadtarchiv Düsseldorf

[162] F. Todt, zit. in: F. Schoenleben, Fritz Todt. Der Mensch, der Ingenieur, der Nationalsozialist, Oldenburg 1943, S. 13

[163] Vgl. H. Brenner, a. a. O., S. 128

[164] A. Speer, zit. in: H. Brenner, a. a. O.

[165] Vier Jahre Arbeit an den Straßen Adolf Hitlers, hrsg. vom Generalbauinspektor für das deutsche Straßenwesen, Berlin 1937, S. 7

[166] A. Seifert, Im Zeitalter des Lebendigen. Natur. Heimat. Technik, Planegg 1943, S. 9 ff.

[167] Vgl. Atlas standortkennzeichnender Pflanzen, hrsg. von der Forschungsstelle für Ingenieurbiologie des Generalbauinspektors für das deutsche Straßenwesen, Berlin o. J., S. 3: »Im Rahmen des Einsatzes eines ›biologischen Ingenieurwesens‹ zur Rationalisierung des Bauens allgemein kommt der standortkennzeichnenden Pflanze die Aufgabe zu, dem Ingenieur das ›Ansprechen‹ des Geländes zu erleichtern. Vom Augenblick des Aufsuchens einer Linie im Gelände, während der eigentlichen Baudurchführung, der Eröffnung von Einschnitten, Gründung von Dämmen, bis zur endgültigen Einpassung der fertigen Straße in die Landschaft muß sich der Ingenieur Aufschluß über die Architektonik des Bodens, dessen geologischen Aufbau und Wasserverhältnisse verschaffen. Bohrungen und Schürfungen sind teuer, an falscher Stelle ausgeführt, wertlos. Die rechtzeitige Erkenntnis der vorliegenden Verhältnisse und der zweckmäßige Einsatz weniger Bodenaufschlüsse jedoch an richtiger Stelle sind Voraussetzung planmäßigen und billigen Arbeitens.«

[168] A. Seifert, a. a. O., S. 18 f.: »Es entsprach der nurtechnischen Auffassung vom Wesen neuzeitlicher Verkehrswege des letzten Jahrzehnts, daß die ersten Kraftfahrbahnen mit langen Geraden und mit Kurven von möglichst einheitlichen großen Halbmessern geplant wurden. Das vermeintliche Verkehrsbedürfnis sollte die Linienführung bestimmen, nicht die Landschaft. Schon der erste Versuch, diese Straßen naturnäher zu machen, sie den Landschaftsformen einzufügen, mit der Länge der Geraden zugunsten der Krümmungen je nach der Bodengestaltung jedes Landschaftsraums soweit herunterzugehen, als es die Geschwindigkeiten erlauben, für welche die Straßen gebaut werden, hat gezeigt, daß das Naturnähere immer das technisch Vollkommenere und, auf die Dauer gesehen, auch das einzig Wirtschaftliche ist. Denn je mehr ein Verkehrsweg sich einschmiegt in die gegebenen Bodenformen, um so geringer werden die technischen Eingriffe in sie, um so seichter die Einschnitte, um so niedriger die Dämme, um so geringer die Erdbewegungen, um so billiger also die Straße. Um so weniger die Landschaft durch Dämme und Einschnitte zerfurcht ist, um so schöner bleibt sie und um so enger ist die Straße mit ihr verbunden – und mit der Straße auch der, der auf ihr fährt. Er erlebt die Landschaft mit, er hat teil an ihrem Rhythmus, wenn er ihre Schwingungen ausfährt. Es ist nicht möglich zu jauchzen auf einer Straße, die geradlinig und eben zum endlosen Horizont zieht, ohne Teilnahme an allem, was links und rechts von ihr vorgeht. Das gemeinsame Kennzeichen alles Lebendigen ist Rhythmus, ist Schwingen von einem Pol zum andern; so kann nur die schwingende Straße lebendig sein und lebensnah. Es gibt in der belebten Natur keine Gerade und kein Lebewesen kann sich geradlinig fortbewegen.« Vgl. auch K. H. Ludwig, a. a. O., S. 335 ff.; W. Durth, Reisebilder – Reisebauten, in: Stadtbauwelt 79/1983; J. Wolschke, G. Gröning, Regionalistische Freiraumgestaltung als Ausdruck autoritären Gesellschaftsverständnisses? in: Kritische Berichte, Heft 1/1984

[169] F. Tamms, Die Reichsautobahn als architektonische Gesamterscheinung, in: K. Schaechterle u. a., Der Brückenbau der Reichsautobahnen, Berlin, Prag, Wien 1942, S. 96 f.

[170] G. Troost (Hrsg.), Das Bauen im Neuen Reich II, Bayreuth 1943, S. 6 f.

[171] Vgl. F. Tamms, Die Kriegerdenkmäler von Wilhelm Kreis, in: Die Kunst im Deutschen Reich, März 1943, S. 57: »In großer Einsamkeit erheben sie sich am Rande des Nordmeeres, an den Steilufern des Atlantik, in den wilden Bergen des Balkans, an den weiten Strömen des Ostens und in den unabsehbaren Ebenen Rußlands.

Dort werden einst ihre schweigenden Mauern und Pfeiler emporwachsen und sich zum Ring schließen. Sie werden in sich einen Teil dieser Welt umfangen, die als Ganzes für menschliches Denken und Fühlen unfaßbar bleibt, aber im Teil faßbar wird und damit die Kraft gewinnt, neues Leben zu spenden. So sind es wahre Gottesbauten, die an das Ewige und an eine allmächtige Schöpferkraft mahnen. Sie werden die Schlachtfelder dieses Weltkrieges weithin überragen. An der Weichsel steigen aus den Fluten des weiten Stromes, auf breit gelagertem Findlingsmauerwerk ruhend, zehn runde Türme empor, die eine gewaltige zinnengekrönte Ringmauer tragen. Sie umschließen eine Weihestätte, deren Dach der Himmel ist.« Vgl. auch W. Schäche, Die ›Totenburgen‹ des Nationalsozialismus, in: ARCH +, Heft 71/1983

[172] U. Greifelt, Die Festigung deutschen Volkstums im Osten, in: H. J. Schacht (Hrsg.), Bauhandbuch für den Aufbau im Osten, Berlin 1943, S. 9 f. Schon im Januar 1941 wurde die »Beseitigung« von 30 Millionen Slawen im Zuge der »Ostplanung« vorgesehen. Vgl. H. Höhne, Der Orden unter dem Totenkopf. Die Geschichte der SS, Sonderausgabe, München o. J., Erstauflage 1967, bes. S. 270 ff.

[173] H. B. Reichow, Grundsätzliches zum Städtebau im Altreich und im neuen deutschen Osten, in: Raumforschung und Raumordnung, Heft 3-4/1941, S. 226.

[174] H. B. Reichow, a. a. O.

[175] Das erste Heft der Reihe Siedlungsgestaltung aus Volk, Raum und Landschaft, Berlin o. J., das auszugsweise in der Zeitschrift Bauen – Siedeln –Wohnen, Heft 5/1940, veröffentlicht wurde, trug den Titel »Totale Planung und Gestaltung – eine politische Forderung.« In der Einleitung schrieb Karl Neupert, Leiter der Hauptabteilung Städtebau und Wohnungsplanung des Reichsheimstättenamtes der DAF: »Die typenbildende Kraft unserer völkischen Wiedergeburt muß sich im Gesicht der neu zu prägenden Gemeinwesen ausprägen. Das erfordert für die Erweiterung aller deutschen Gemeinden und für den Aufbau neuer Gemeinwesen die Anwendung einheitlicher Gestaltungsgesetze.«

[176] A. a. O., S. 7 und S. 12 ff.

[177] Siedlungsgestaltung aus Volk, Raum und Landschaft, 9. Planungsheft, Berlin o. J., S. 41 f.

[178] Vgl. auch das 5. Planungsheft, Berlin o. J., S. 28 ff.: »Struktur und Organismus des Siedlungsbildes im Osten.«

[179] Betr.: Vorgeschichte der Elbhochbrücke, Mitteilung des Hafenkapitäns am 2. Juni 1941, Staatsarchiv Hamburg, Bestand K. Gutschow, Nachdruck in: J. Dülffer u. a., a. a. O., S. 193

[180] K. Gutschow, 10 Jahre Architekt 1935-1945, Hamburg 1946, AG, S. 5

[181] R. Hillebrecht, Brief vom 3. März 1985 an den Verfasser. Vgl. auch die Materialien im Staatsarchiv Hamburg, Bestand K. Gutschow

[182] K. Gutschow, Erläuterungsbericht zum Wettbewerb »Elbufergestaltung Hamburg«, Hamburg 1938, AG

[183] A. a. O.

[184] K. Gutschow, 10 Jahre Architekt, a. a. O., S. 5

[185] A. a. O., S. 6

[186] A. a. O., S. 7

[187] A. a. O.

[188] A. a. O.

[189] Vgl. J. Diefendorf, Konstanty Gutschow and the Reconstruction of Hamburg, unveröff. Manuskript, New Hampshire 1983

[190] K. Gutschow, 10 Jahre Architekt, a. a. O., S. 8

[191] A.a.O.

[192] H.B. Reichow, Denkschrift zur städtebaulichen Entwicklung des Groß-Stettiner Raums, Stettin 1939; W. Wortmann, Der Gedanke der Stadtlandschaft, in: Raumforschung und Raumordnung 1941, S. 15ff. Dort schreibt Wortmann: »Die künftige Stadt kann nicht die historische Stadt zum formalen Vorbild nehmen, denn sie unterscheidet sich wesentlich durch die weit größere Masse und die dadurch bedingte Weiträumigkeit und durch den völlig veränderten soziologischen Aufbau. Die Aufgabe heißt, die in der Stadt gegebene Häufung von Menschen und Arbeitsstätten so zu gestalten, daß die gegen die Stadt erhobenen Vorwürfe entkräftet werden; das Leben des Städters muß wieder gesund und lebenswert werden. Der Gedanke der *Stadtlandschaft* will diese Forderung erfüllen. Dieser Begriff ist mit Herabzonung der Baudichte und -höhe, mit Auflockerung und reicher Durchsetzung der Baugebiete mit Grünzügen nicht erfaßt. *Die Stadtlandschaft will einen neuen zellenförmigen Aufbau der Stadt in bewußter Anlehnung an die politische Gliederung unseres Volkes,* im Gedanken der Volksgemeinschaft und in lebendiger Beziehung zur Landschaft. In der Siedlungszelle steht der einzelne Mensch wieder in einem für ihn erfühlbaren Zusammenhang mit dem Ganzen.«

[193] K. Gutschow, a.a.O., S. 8f.

[194] A.a.O., S. 9

[195] In seinem Brief vom 15. November 1940, AG, fährt Hillebrecht fort: »Im Gegenteil ist heute erst recht die Zeit für solche Arbeit gekommen, wo das Dritte Reich Aufgaben und Voraussetzungen geschaffen hat. Zu dieser Arbeit gehört eine bestimmte Arbeitsmethode und es gehören Leute dazu, die die umfassendsten Voraussetzungen mitbringen. So paradox das klingt, gerade heute stehen diese Methode und diese Leute in geringem Kurs und der ›offizielle Architekturkurs‹ läuft ganz andere Wege.«

[196] R. Romero, mündliche Mitteilung im Januar 1985

[197] Nach Mitteilung von R. Romero wurde mit diesem Begriff schon früh das Unbehagen an den Neugestaltungsplänen thematisiert und in Freundeskreisen diskutiert.

[198] Schriftliche Fassung des Theaterstücks mit Photos der Aufführung am 13. Februar 1941, AG, daraus die folgenden Auszüge

[199] K. Gutschow, 10 Jahre Architekt, a.a.O., S. 11

[200] A.a.O., S. 12

[201] A.a.O., S. 12

[202] R. Hillebrecht, Brief vom 16. 10. 1941, AG

[203] K. Gutschow, Bericht über den Stand der Planung, Oktober 1944, AG

[204] Ders., Mappe Wiederaufbau Hamburg, Aufträge 1944/45, AG

[205] Ders., a.a.O.

[206] A.a.O.; in dem vom »Büro des Architekten für die Neugestaltung der Hansestadt Hamburg« herausgegebenen »Nachrichten für unsere Kameraden im Felde«, dessen letztes Heft vom Januar/Februar 1945 den Titel »Bausteine zum Neuen Hamburg« trägt, heißt es nach einer Beschreibung der Entwürfe von Graubner und Hentrich, S. 6: »In der anschließenden Diskussion betonte Gutschow, daß eine streng symmetrische Lösung eine einheitliche Hand für die gesamte Durchführung und eine absehbare Bauzeit erfordere. Die größere Gewähr für eine befriedigende Zuendeführung solcher großen Bauaufgaben durch nachfolgende Generationen wäre bei unsymmetrischen, beweglicheren Lösungen gegeben.«

[207] K. Gutschow, An die Kameraden im Felde, in: Front und Betrieb. Feldpost-

blätter, hrsg. von der Bauverwaltung der Hansestadt Hamburg, Folge 8, Januar 1943, S. 5

[208] Ders., Zur Einführung, in: Nachrichten für unsere Kameraden im Felde, hrsg. vom Büro des Architekten für die Neugestaltung der Hansestadt Hamburg, Folge 1, November 1941, S. 4

[209] R. Hillebrecht, Neues vom Elbufer und aus Hamburg, in: Nachrichten für unsere Kameraden im Felde, a. a. O., S. 69

[210] R. Romero, Briefe vom 28. Februar und 30. März 1985 an den Verfasser

[211] H. Berlage, in: Nachrichten für unsere Kameraden im Felde, Folge 2, Dezember 1941, S. 7

[212] A. a. O., Folge 5, April 1942, S. 6

[213] A. a. O., Folge 10, Oktober 1942, S. 3

[214] A. a. O., Folge 7, Juni 1942, S. 13

[215] A. a. O., Folge 12, Dezember 1942, S. 3. Dort heißt es im Ton religiöser Glaubensbekenntnisse, der an Rituale des christlichen Abendmahls erinnert: »Wer denkt nicht noch an die Abende und Nächte gemeinsamer Arbeit an Wettbewerben und Terminarbeiten, bei denen wir alle nichts weiter sein wollten als Diener einer großen Aufgabe, deren Mittelpunkt unser Chef war. Er formte unsere Gemeinschaft und gab ihr seinen Geist. Wer denkt nicht noch an unsere Feiern, an denen wir wie eine große Familie zusammenkamen?«

[216] A. a. O., Folge 14, Februar 1943, S. 3

[217] A. a. O., Folge 19, Dezember 1943, S. 3

[218] A. a. O., Folge 21, Februar 1944, S. 4f. Bereits im Januar-Heft hatte K. Gutschow informiert: »Unser Pensum für dieses Jahr ist, an die Stelle des alten Generalbebauungsplans der Hansestadt Hamburg 1941 einen solchen neuen Generalbebauungsplan 1944 zu schaffen, für die inneren Bezirke einen Wiederaufbauplan und für bestimmte Gebiete Teilbebauungspläne aufzustellen. Über den Fortgang dieser Arbeiten werden wir euch laufend unterrichten. Daneben hat mich Reichsminister Speer in seinen engsten Mitarbeiterstab berufen und mir Aufgaben grundsätzlicher Natur, die für alle Wiederaufbaustädte in gleicher Weise zu bearbeiten sind, in Auftrag gegeben.«

[219] G. Langmaack, Protokoll der Arbeitsbesprechungen am 24. und 25. März 1944, a. a. O., Folge 23, April 1944, S. 9

[220] Vgl. G. Janssen, Das Ministerium Speer. Deutschlands Rüstung im Krieg, Frankfurt am Main, Berlin 1968, bes. S. 34f.; sowie M. Schmidt, a. a. O., bes. S. 71 f.

[221] A. Speer, Erinnerungen, a. a. O., S. 213

[222] A. a. O.

[223] R. Wolters, SC, a. a. O., S. 15

[224] SC, a. a. O., S. 16

[225] A. a. O., S. 21

[226] A. a. O. In dieser Ansprache am Abend des 2. März habe Speer festgestellt, »daß diese neue Arbeit gar nicht so fremd sei, obwohl sie scheinbar von der bisherigen so entfernt liege: es käme ihm vor, als läge die Übertragung seiner neuen Ämter schon ein halbes Jahr zurück. (...) Er selbst glaube im übrigen, daß ihm die Durchführung dieser Kriegsaufgabe auch für die Zukunft von Nutzen sei. Er sei überzeugt, daß gerade der Techniker heute und später berufen sei, die neuen Aufgaben zu lösen. Die Führung der Technik werde, das stehe für ihn fest, in Zukunft der Architekt übernehmen!«

[227] A. Speer, Rede am 24. Februar 1942, Ms.AG; vgl. SC, a. a. O., S. 18

[228] R. Wolters, Kurzer Lebensabriß, a. a. O., S. 18

[229] Vgl. A. Speer, Erinnerungen, a. a. O., S. 219 ff.

[230] Das Prinzip der »industriellen Selbstverantwortung« stellt Speer in eine beziehungsreiche Tradition, indem er sich dabei nicht nur auf seinen Vorgänger Todt bezieht: »Der eigentliche Urheber der ›industriellen Selbstverantwortung‹ war Walther Rathenau, der große jüdische Organisator der deutschen Kriegswirtschaft des Ersten Weltkriegs. Seine Erkenntnis, daß erhebliche Produktionssteigerungen durch Austausch technischer Erfahrungen, durch Arbeitsteilung von Werk zu Werk, durch Typisierung und Normierung erreichbar seien, führten ihn bereits im Jahre 1917 zu dem Lehrsatz, daß unter diesen Voraussetzungen ›eine Verdoppelung der Erzeugung bei gleichbleibender Einrichtung und gleichbleibenden Arbeitskosten gesichert sei‹. Im Dachgeschoß des Ministeriums Todt saß ein alter Mitarbeiter Rathenaus, der im Ersten Weltkrieg in dessen Rohstofforganisation tätig war und später über deren Aufbau eine Niederschrift verfaßt hatte. Von ihm bezog Dr. Todt Erfahrungen.« A. Speer, Erinnerungen, a. a. O., S. 223
Zur Einschätzung Speers kommentiert K. H. Ludwig, a. a. O., S. 414: »In seiner Haltung kam niemals die humane Souveränität zum Vorschein, die sein Vorgänger noch kurz vor seinem Tod mit der Forderung vertreten hatte, auch an der Aufgabe der Leistungssteigerung müsse der Mensch lebendig beteiligt sein. Die Fähigkeit zu bedingungsloser Dienstbarkeit und ein starker Herrschaftswille prädestinierten Speer für das politische Management. Nach eigener Auffassung handelte sich Hitler im Vergleich zu dem ›unbequemen Todt‹ mit ihm ›ein eher willfähriges Werkzeug‹ ein.«

[231] Für den gelenkten Einsatz sämtlicher Arbeitskräfte, auch der Ausländer und Kriegsgefangenen, war der Thüringer Gauleiter Fritz Sauckel als »Generalbevollmächtigter für den Arbeitseinsatz« zuständig; die Verurteilung Speers im Nürnberger Prozeß erfolgte wegen seiner Teilnahme am Zwangsarbeiterprogramm.

[232] G. Janssen, a. a. O., S. 164

[233] W. A. Boelcke (Hrsg.), »Wollt Ihr den totalen Krieg?« – Die geheimen Goebbels-Konferenzen 1939-1943, Stuttgart 1967, S. 17

[234] A. Speer, zit. in: G. Janssen, a. a. O., S. 120

[235] Zur Kontinuität deutscher Kriegserfahrungen vgl. E. Ludendorff, Der totale Krieg, München 1935; sowie M. Howard, Der Krieg in der europäischen Geschichte, München 1981, bes. S. 155 ff.

[236] A. Speer, Erinnerungen, a. a. O., S. 324 f.

[237] A. a. O., S. 325; vgl. G. Janssen, S. 122 ff.

[238] A. Speer, Erinnerungen, a. a. O., S. 325

[239] Ders., Trauerfeier für H.-P. Klinke, Sonderdruck Berlin 1943, AD

[240] Ders., Erinnerungen, a. a. O., S. 355; vgl. dort auch das Zitat aus dem *Observer* vom 9. April 1944

[241] R. Wolters, Lebensabschnitte II, a. a. O., S. 345

[242] A. Speer, Rede vom 24. Februar 1942, a. a. O.

[243] SC, a. a. O., S. 82

[244] A. a. O.

[245] A. a. O., S. 72 f.

[246] A. Hitler in Konferenz mit A. Speer am 29. März 1943, zit. in: W. A. Boelcke, Deutschlands Rüstung im Zweiten Weltkrieg. Hitlers Konferenzen mit Albert Speer 1942-1945, Frankfurt am Main 1969, S. 243

[247] A. a. O.

[248] A.a.O.

[249] Vgl. L. Herbst, Der Totale Krieg und die Ordnung der Wirtschaft, Stuttgart 1982, S. 314ff.

[250] Meldung des Reichssicherheitshauptamtes vom 22. Juli 1943, zit. in: L. Herbst, a.a.O., S. 314

[251] R. Wolters, Lebensabschnitte II, a.a.O., S. 324

[252] A.a.O., S. 326

[253] SC, a.a.O., S. 192

[254] A. Speer, Rede am 30. November 1943, BA R3/1548

[255] Vgl. W.A. Boelcke, Deutschlands Rüstung im Zweiten Weltkrieg, a.a.O., S. 325f.; A. Speer, Erinnerungen, a.a.O., S. 327f. und S. 562

[256] A. Speer, Erinnerungen, a.a.O., S. 328

[257] A. Speer, Rede am 30. November 1943, a.a.O.

[258] A.a.O.

[259] Vgl. A. Speer, Erinnerungen, a.a.O., S. 339ff.

[260] R. Wolters, Gesprächsnotiz vom 29. Dezember 1943, AG, Bestand Arbeitsstab Wiederaufbauplanung, Ordner I (AG/SH); vgl. auch SC, a.a.O., S. 208, Bericht über den 18. Dezember 1943

[261] R. Wolters, Lebensabschnitte II, a.a.O., S. 327f. Nachträglich kommentiert Wolters dort: »Angesichts dringend notwendiger Sofortmaßnahmen erschien es uns allerdings gelegentlich wie makabrer Zynismus, inmitten dieser chaotischen Trümmerwelt bereits künftige Möglichkeiten eines sinnvolleren, den Forderungen des Nachkriegs-Zeitalters entsprechenden Wiederaufbaus zu überdenken.« Einen plausiblen Grund für Wolters' heftiges Engagement während der Besprechung mit Speer nennt H. Henselmann, Drei Reisen nach Berlin, Berlin 1981, S. 190: »Diese Aufgabe, ›Wiederaufbau zerstörter Städte *nach* dem Kriege‹, war eines von diesen schlauen Alibiprojekten, die den Einberufungsbefehl verhindern sollten.«

[262] R. Wolters, Lebensabschnitte II, a.a.O., S. 331

[263] A.a.O.

[264] A. Speer, Erinnerungen, a.a.O., S. 331

[265] A.a.O., S. 341

[266] R. Wolters, Wiederaufbauplanung zerstörter Städte, Beauftragung von Architekten. Vorschläge der Gauleiter, Liste vom 12. Mai 1944, AG/SH

[267] R. Wolters, Betrifft: Wiederaufbauplanung Lübeck, Aktennotiz vom 27. 4. 1944, AG/SH

[268] R. Wolters, Betrifft: Gauleiter Schleswig-Holstein, Alktennotiz vom 27. April 1944, AG/SH; darin Vermerk: »Lohse ist in Riga«.

[269] Verteiler für Erlasse und Rundschreiben, Stand vom 22. Juni 1944, AG/SH

[270] R. Wolters, Vorläufiger Geschäftsverteilungsplan vom 29. Juli 1944, AG/SH

[271] K. Gutschow, 10 Jahre Architekt, a.a.O., S. 15

[272] R. Hillebrecht, in: Stadtbauwelt 72/1981, S. 347

[273] K. Gutschow, 10 Jahre Architekt, a.a.O.

[274] R. Hillebrecht, Betrifft: Luftkrieg und Städtebau. Bericht über eine Rundreise durch luftkriegsbetroffene Städte im Januar/Februar 1944, AG/SH; Text ohne Korrektur zitiert

[275] R. Hillebrecht im Gespräch mit Werner Durth, zit. in: Stadtbauwelt 72/1981, S. 371

[276] Einwirkungen des Luftkriegs auf den Städtebau, von Oberregierungsrat Otto, Reichsluftfahrtministerium, in: Bauwelt 9-10/1943

[277] A.a.O., Hervorhebung (!) W.D. Als streng geheimes Material des *Informationsdienst Ausland* wurde den Planern unter dem Titel »Neubau Englands.« The Builder, 26. Febr. 1943, eine »Vorrede zur Ausstellung in der National-Galerie, von R. Myerscough-Walker« bekanntgegeben (AG). Nach einem Bericht über verschiedene Teile der Ausstellung heißt es: »Nicht zu vergessen ist eine Abteilung, die sich mit der Möglichkeit befaßt, neue Gemeinden auf der Familie als Basis des Sozialen Lebens aufzubauen und einen Kern aus 200 Familien mit einem kleinen Schwerpunkt zu schaffen: das soll dann die Wohneinheit bilden. Eine Gruppe solcher Einheiten bildet dann eine Nachbarschaftseinheit von 1000 Familien, die man wieder zu Gemeindeeinheiten von 8000 Familien zusammenfaßt, während 6000 Familien eine Distriktseinheit bilden. Dieser Vorschlag ist rein schematisch so, wie sich die Zellen des menschlichen Körpers im Mikroskop darstellen. Das aus ihnen gebildete Organ oder die Organe, die erst den Körper bilden, sieht man aber nicht.«

[278] G. Graubner, Der Wehrgedanke als Grundlage der Stadtgestaltung und Stadtplanung, Dezember 1943, AG/SH

[279] K. Gutschow, Brief vom 19. Januar 1944, AG

[280] Richtlinie I Schadensstatistik, AG/SH; in einem Rundschreiben über die Darstellung der Wiederaufbaupläne vom 11. November 1944 fordert Gutschow knapp: »So ansprechend, daß Betrachten ein Genuß. Wertvoller Inhalt verlangt angemessene Formen. – Klippe, daß Darstellung zum Selbstzweck wird und umgekehrt der Inhalt hinter der Form zurückbleibt. (Preisrichtererlebnisse bei Wettbewerben).« AG/SH

[281] Vorläufige städtebauliche Richtwerte, Fassung Juni 1944, AG/SH

[282] K. Gutschow, Brief vom 10. August 1944 an Prof. Pirath, TH Stuttgart, AG/SH

[283] K. Gutschow, Brief vom 15. Januar 1945 an J. Göderitz, AG/SH

[284] Vgl. J. Göderitz, R. Rainer, H. Hoffmann, Die gegliederte und aufgelockerte Stadt, Tübingen 1957; sowie H. Klages, Der Nachbarschaftsgedanke und die nachbarliche Wirklichkeit, Köln, Opladen 1958, bes. S. 38 ff. und P. Lammert, Die gegliederte und aufgelockerte Stadt, in: Die Alte Stadt, Heft 4/1987

[285] K. Gutschow, Brief vom 17. August 1944 an H. Schmeissner, Nürnberg, AG/SH

[286] K. Gutschow, Brief vom 27. November 1944 an Oberinspektor Wirth, Essen, AG/SH Als Grundsätze der bisherigen Arbeit an den städtebaulichen Richtwerten hält K. Gutschow in einem Brief vom 17. Januar 1945, an R. Wolters fest:
»1. Zur Mitarbeit die auf jedem zusammenhängendem Gebiet erfahrensten Mitarbeiter aus der Praxis heranzuziehen. – Dieses Prinzip hat sich deswegen schlecht bewährt, weil gerade diese durch andere kriegswichtige Aufgaben stark in Anspruch genommen sind.
2. Mit Rücksicht auf den totalen Kriegseinsatz und in Erfüllung der Vereinbarungen Speer – Goebbels über Umfang der Wiederaufbauplanungen und aus psychologischen Gründen (Schwarzes Korps) keinen ›forcierten Druck‹ auf die Mitarbeiter mit Terminstellungen auszuüben. – Auch dieses Prinzip hat sich nicht bewährt, weil erfahrungsgemäß ohne Ausübung eines scharfen Druckes derartige Arbeiten immer wieder nach hinten geschoben werden. –
3. Mit den Mitarbeitern in erster Linie auf persönlichem Wege von Mann zu Mann zu verkehren und kein offizielles Anfordern dieser oder jener Angaben vom Reichsministerium Speer Wiederaufbaustab bei anderen Reichsstellen und Behörden vorzubringen. – Dieses Verfahren hat sich im allgemeinen als fruchtbar erwie-

sen, doch wird in einzelnen Fällen ein offizieller Verkehr notwendig werden. –« Aufgrund seiner Erfahrungen müsse jedoch künftig anders vorgegangen werden: »Die Mitarbeit in kleinere Einzelgebiete zu unterteilen und einen größeren Kreis auch von Mitarbeitern, die auf diesen Gebieten ungeübt sind, heranzuziehen, selbst wenn sich die Schwierigkeiten erhöhen, eine durchgehende Einheitlichkeit von vornherein zu erreichen. Insbesondere beabsichtige ich, alle Berater und Planer des Arbeitsstabes an dieser Arbeit zu beteiligen. Wenn jeder ein kleines Teilgebiet, ein oder zwei Stichworte, bearbeitet, verteilt sich die Arbeit auf viele Schultern. Jeder Nutznießer der Arbeit sollte auch einen kleinen Beitrag zum Gelingen der Arbeit leisten, der winzig ist im Vergleich zu der Arbeitsersparnis, die er durch die Zuverfügungstellung der ganzen Richtwerte hat.«

[287] R. Zorn, Vermerk vom 14. September 1944, Betrifft: Besuch des Herrn Erdsiek von der Kirchenkanzlei bei Herrn Gutschow im Juli 1944, AG/SH

[288] A. Speer, Brief vom 3. Oktober 1944, AG/SH

[289] K. Gutschow, Rundschreiben an die Berater vom 20. April 1944, AG/SH

[290] Nach dem »Führer-Erlaß« vom 9. September 1943 war zur Unterkunftsbeschaffung für Luftkriegsbetroffene das »Deutsche Wohnungshilfswerk« geschaffen worden, dessen Leitung R. Ley als Reichswohnungskommissar übernahm. Besonderes Ziel dieses Hilfswerkes sollte »die Aufstellung von einfachen Behelfsheimen in Siedlungsform« sein, die »in weitestgehender Selbst- und Gemeinschaftshilfe der Bevölkerung« zu erfolgen habe. Vgl. W. A. Boelcke, a. a. O., S. 320; G. Fehl, T. Harlander, Hitlers sozialer Wohnungsbau, in: Stadtbauwelt, Heft 84/1984. Wegen des Streits um die Behelfsheim-Programme hatte Gutschow Ende 1943 ultimativ seine Ämter in Hamburg niedergelegt.

[291] K. Gutschow, Rundschreiben an die Berater, a. a. O.; vgl. J. Cramer, Wie wohnen? in: Stadtbauwelt 84/1984

[292] A. a. O. In dem Begleitschreiben zum »Aufbau der Wohnformen«, das R. Ley am 17. Oktober 1944 »an sämtliche Reichsminister und Reichsleiter« richtete, heißt es: »Im Rahmen des Wiederaufbaues bombenzerstörter Städte obliegen mir nach einer Vereinbarung mit Reichsminister Speer die Gestaltung der Wohngebiete und die Durchführung des Wohnungsbaues in diesen Städten. Diese Aufgabe wird in der Zeit nach dem Kriege im Schwerpunkt der sozialpolitischen Arbeit stehen. Schon heute sind daher die fachlichen Voraussetzungen für deren Lösung zu schaffen. (...) Jedes Stadtbild wird neben der monumentalen Formung seiner repräsentativen Gebäude überwiegend durch die Wohngebiete sein eigentliches Leben erhalten. *Dabei sind für den Ausbau völlig neue Erkenntnisse zu entwickeln, die über die heute noch bestehenden Bindungen aus der liberalistischen und marxistischen Zeit hinweg die revolutionäre gestaltende Kraft des Nationalsozialismus verkörpern.* Die bauliche Form der modernen Stadt bildet eine wesentliche Voraussetzung für die Menschenführung und ist so Teil einer kraftvollen Lebensgestaltung der künftigen Stadt. Schon die Einstellung zur Stadt selbst wird einer Umstellung bedürfen. *Städte und auch Großstädte sind notwendig im modernen Leben des Volkes als Schwerpunkte bestimmter Landschafts- und Wirtschaftsräume.* Eine Rückkehr zu einer hinter uns liegenden Siedlungsentwicklung und damit eine Ablehnung der Stadt und auch der Großstadt ist ebenso falsch wie eine naturgetreue Wiederherstellung der zerstörten Städte nach den bisherigen städtebaulichen Prinzipien. *Die biologische Gefahr des städtischen Wohnens in seiner heutigen Form ist eine Tatsache, was aber nicht gegen die Stadt bzw. Großstadt an sich, sondern gegen die Art ihrer bisherigen baulichen Gestalt spricht.*«

In einem Brief vom 24. November 1944, AG/SH, antwortet Speer: »Ich bin mit den Grundsätzen, die hier für den zukünftigen Wohnungsbau aufgestellt sind, einverstanden, vor allem vertrete ich ebenfalls Ihre Auffassung, daß der Mehrgeschoßbau in den größeren Städten unter keinen Umständen verhindert werden kann und daß er darüber hinaus auch bevölkerungspolitisch positiv angesehen werden kann, wenn man nicht an der bisherigen Form der alten Geschoßwohnungen und der alten Mietsblöcke festhält. Ich habe meinem Arbeitsstab Wiederaufbauplanung Ihre Richtlinien gegeben und ihn angewiesen, diese Grundsätze den Planungen zu Grunde zu legen.«

[293] R. Wolters, Ergebnis der Ministerrücksprache, in: Niederschrift über die 5. Arbeitsbesprechung des engeren Arbeitsstabes in Wriezen vom 11.–12. November 1944, S. 5, AG/SH. In einer internen Notiz schreibt Gutschow an Wolters am 17. Januar 1945: »Nach meinen anfänglichen Bemühungen zur Herstellung einer Zusammenarbeit mit Herrn Architekt Neupert als dem Beauftragten des Reichswohnungskommissars ist in den letzten Monaten kein Kontakt mehr vorhanden gewesen. (...) Ich arbeite bisher unbekümmert um die Optik nach Außen im Stillen, selbstverständlich kann die Arbeit, wenn man wünscht, auch etwas aufgemacht werden mit Ausschüssen, fulminantem Mitarbeiterverzeichnis und allem drum und dran. – Ich bitte um Richtlinien.« AG/SH; vgl. auch A. Speer, Erinnerungen, a.a.O., S. 347

[294] R. Wolters, a.a.O.

[295] F. Hetzelt, Gedanken zum Wiederaufbau deutscher Städte nach dem Kriege, Berlin 1944, S. 2, AG/SH. Dort stellt Hetzelt fest: »Die Auflockerung großer Stadtgebiete ist eine nicht mehr bestrittene Forderung.«

[296] H. Stephan, Wohnungsbau nach dem Kriege, Berlin 1944, a.a.O.

[297] F. Tamms, Wohnungsbau nach dem Kriege, Berlin 1944, a.a.O.

[298] R. Wolters, Gedanken zur behelfsmäßigen Unterbringung Obdachloser nach dem Kriege, Berlin 1944, a.a.O. Rückblickend berichtet Wolters: »Speer, der nach seinem Einblick in die moderne Serienfertigung der Waffen unsere Bauwirtschaft – der amerikanischen gegenüber – für rückständig, wenn nicht vorsintflutlich hielt, drängte auf Normung und Typisierung im Wohnungsbau. Er hatte mir bereits früher einmal gesagt, daß er von unseren großen Baufirmen keine durchschlagenden Neuerungen erwarte, daß er nach dem Kriege den sozialen Wohnungsbau vielmehr mit ›unbelasteten‹ Rüstungsfirmen durchzuführen beabsichtige. Ebenso hätte meiner Meinung nach auch in den fünfziger und sechziger Jahren des wirtschaftlichen Aufschwunges zum Beispiel das Volkswagenwerk, das mit seiner Fertigung des Käfers ausschließlich die Zinsen von der kapitalen Erfindung des Dritten Reiches zog, auf den naheliegenden Gedanken kommen können, *Wohnbauelemente vom Band* laufen zu lassen, um neben dem Volkswagen ein variables Volkshaus zu produzieren.« R. Wolters, Lebensabschnitte II, a.a.O., S. 332

[299] J. Schulte-Frohlinde, Wohnungsbau nach dem Kriege, a.a.O.

[300] K. Gutschow, Zum Wohnungsbau nach dem Kriege, Berlin 1944, a.a.O.

[301] A.a.O.

[302] A.a.O.

[303] R. Niemeyer, Vorwort, in: R. Rainer, Die zweckmäßigste Hausform für Erweiterung, Neugründung und Wiederaufbau von Städten, Berlin 1944

[304] A.a.O.

[305] E. Neufert, Der Mieter hat das Wort, a.a.O., S. 7

[306] A.a.O., S. 27

[307] K. Gutschow, Brief vom 1. Dezember 1944, AG/SH

[308] A. a. O.

[309] Zweite Zusammenkunft der Arbeitsgemeinschaft am 3. November 1943, Referat Heuer, S. 1, AD.

[310] A. a. O.

[311] Dritte Zusammenkunft der Arbeitsgemeinschaft am 17. November 1943, Referat Wortmann, AD. In der Perspektive zeitlich und räumlich weit ausgreifender Raumordnungsplanung hatte K. Gutschow während der Arbeit an den städtebaulichen Richtwerten im August 1944 Gespräche mit dem Ministerialrat Muttray vom Innenministerium geführt. Darüber berichtete er W. Wortmann in einem Brief vom 9. August 1944: »Bei der Unterhaltung bestätigte sich mein Eindruck, daß wir, das soll heißen unser Hamburger Kreis, mit seinen Auffassungen und Ideen ganz auf der Linie des Reichsführers Himmler liegen. Wenn er einmal sich diesen Dingen wird widmen können, dann wird unsere Gedankenwelt durch ihn einen großen Auftrieb erfahren.«

[312] K. Gutschow, 10 Jahre Architekt, a. a. O., S. 16

[313] F. Burgdörfer, Bevölkerungspolitik und Wohnungsbau, Vortrag während der 4. Tagung des Arbeitsstabes am 14. und 15. Oktober 1944 in Wriezen, AG/SH. Am 24. Juni 1944 schrieb Gutschow zur Tagungsvorbereitung an F. Burgdörfer: »In der Situation, in der wir uns nach der Zerstörung deutscher Städte befinden, scheint es mir darauf anzukommen, im Sinne einer allgemeinen Neuordnung des Städtewesens zu planen und hierbei sehr stark volksbiologische Gesichtspunkte zum Ausgangspunkt zu nehmen.« AG/SH

[314] F. Burgdörfer, Volk ohne Jugend. Geburtenschwund und Überaltern des deutschen Volkskörpers, Berlin 1932. Zur Rolle Burgdörfers vgl. G. Aly, K. H. Roth, a. a. O., bes. S. 29 ff.

[315] Am 28. September 1944 schrieb K. Gutschow an F. Burgdörfer: »Ihr Vortrag sollte dabei die Zusammenhänge zwischen den Wohnungsweisen und der Bevölkerungsentwicklung und zwischen den Stadtgrößen und der Bevölkerungsentwicklung aufzeigen. Gleichzeitig wird Herr Professor Dr. Groß, Hauptdienststellenleiter in der Reichsleitung des Rassenpolitischen Amtes, aufgefordert werden, über die rassenpolitischen Fragen im Zusammenhang mit dem Wiederaufbau zu sprechen. Ich habe die Bitte, daß Sie sich mit ihm über die Abgrenzung Ihrer Vortragsthemen in Verbindung setzen mögen.« AG/AW II

[316] W. Groß, Rassenpolitische Fragen, Vortrag während der 4. Tagung des Arbeitsstabes, AD

[317] Protokoll der 4. Tagung des Arbeitsstabes, AD

[318] K. Gutschow, 10 Jahre Architekt, a. a. O., S. 16

[319] W. Groß, a. a. O.

[320] R. Wolters, Ergebnis der Ministerrücksprache, a. a. O., S. 4

[321] A. a. O., S. 6

[322] A. a. O., S. 7

[323] Vgl. Zwischenbericht über den Stand der Planung vom 7. November 1944, Vermerk: »Städtenamen unterstrichen = Wiederaufbaustadt laut Führer-Erlaßentwurf vom 19. September 1944«, AG/SH; vgl. auch W. A. Boelcke, a. a. O., S. 401 f.

[324] Schon am 7. September 1944 schrieb K. Gutschow an die Mitarbeiter an den städtebaulichen Richtwerten: »Im Rahmen des totalen Kriegseinsatzes werden die vorbereitenden Arbeiten für die Wiederaufbauplanung der zerstörten Städte auf den allerkleinsten Rahmen beschränkt. (. . .) Insbesondere ist es zur Zeit nicht angängig, an die Stadtverwaltungen, Bauämter oder andere Dienststellen mit irgendwelchen

Umfragen heranzutreten, so notwendig diese an sich zur abschließenden Bearbeitung dieses oder jenes Themas sein mögen.« AG/SH

[325] R. Wolters, Brief vom 30. Oktober 1944, AG/SH

[326] H. Dustmann, Reisebericht über die Fahrt Mainz–Wiesbaden vom 20.–24. September 1944, ND/LD. Am 18. August 1944 schrieb R. Wolters an H. Dustmann:»Für die Wiederaufbauplanung der Stadt Mainz hat Reichsminister Speer Sie dem Gauleiter Sprenger benannt. Der Gauleiter ist mit Ihrer Beauftragung einverstanden.«

[327] H. Dustmann, Aktennotiz: Reise nach Wiesbaden-Mainz vom 1. bis 11. November 1944, Vermerk vom 9. November 1944, ND/LD

[328] H. Dustmann, Aktennotiz über die Reise nach Frankfurt am Main – Mainz – Darmstadt vom 3. bis 8. Januar 1945, ND/LD

[329] A.a.O., ND/LD

[330] H. Dustmann, Brief vom 10. Januar 1945, ND/LD

[331] K. Gutschow, Schreiben vom 24. November 1944, AG/SH; gleichlautend: H. Stephan, Brief vom 5. Dezember 1944, ND/LD

[332] H. Dustmann, Schreiben vom 13. März 1945, ND/LD

[333] W. Hebebrand, Brief vom 16. Januar 1945, AG/SH

[334] K. Gutschow, Brief vom 13. Januar 1945, AG/SH

[335] Ders., 10 Jahre Architekt, a.a.O., S. 16

[336] Ders., Brief vom 25.1.1945, AG/SH

[337] Ders., 10 Jahre Architekt, a.a.O., S. 16

[338] R. Wolters, Kurzer Lebensabriß, a.a.O., S. 25. »Für die Durchführung gedachte er (Speer, W.D.) nicht die rückständige Bauwirtschaft, sondern Flugzeugfirmen wie Heinkel und Messerschmitt heranzuziehen.« Vgl. Anm. 298

[339] A.a.O.; vgl. G. Janssen, a.a.O., S. 18ff.

[340] A. Speer, Erinnerungen, a.a.O., S. 159

[341] H. Tessenow, Brief vom 12. Februar 1941, AW

[342] P. Schmitthenner, Randnotizen zur Abschrift von F. Tamms, Das Große in der Baukunst, NS/ES

[343] D. Hulshoff, Vom anderen Deutschland, in: G. Müller-Menckes (Hrsg.), Schönheit ruht in der Ordnung. Paul Schmitthenner zum 100. Geburtstag, Bremen 1984, S. 89: »Seine Worte ›Politik verdirbt den Charakter‹ sind mir für immer im Gedächtnis festgenagelt.«

[344] P. Schmitthenner, Brief vom 28. März 1944, NS/ES

[345] F. Tamms, Brief vom 11. Mai 1944, NS/ES

[346] R. Wolters, Vom Beruf des Baumeisters, Berlin, Prag, Amsterdam 1944, S. 29f.; Wolters fährt fort: »Andere versuchten nun, das Ornamentale abzustreifen, alles wegzulassen und ›sachlich‹ zu bauen. Dieser Versuch wurde zu einem der größten Bankerotte der Architektur. Fort mit Säulen, Ornamenten, Gesimsen, fort mit allen Profilen, fort mit allem Schmuck, mit aller nicht unbedingt notwendigen Form. Wie gerupfte Vögel sahen die neuen Häuser aus; von den alten klopfte man die Profile ab, man säuberte, reinigte, schor alles kahl und sah am Ende, daß man ›mit wenig Mitteln nichts erreicht hatte‹. Die Sachlichkeit, im Grunde nichts anderes als künstlerisches Unvermögen, wuchs sich bald zu einer erstaunlichen Unsachlichkeit aus.«

[347] A.a.O., S. 65

[348] A.a.O., S. 67f.

Darmstadt, eine Stadt von vielen – nach Guernica, Warschau, Coventry,
Leningrad.
Darmstadt nach dem Angriff englischer Flugzeuge in der Nacht vom 11. auf den 12.
September 1944. Die Innenstadt wurde zu 80 Prozent zerstört. 12 300 Menschen ka-
men bei diesem Angriff um. Fast fünf Jahre lang hatte der Luftkrieg gedauert und
die Bevölkerung in Angst gehalten. Der erste von insgesamt 34 Luftangriffen auf
Darmstadt erfolgte am 30. Juli 1940. Am 24. März 1945, einen Tag vor der Übergabe
der Stadt, starb das letzte Opfer des Luftkriegs.

Dritter Teil
Wieder-Aufbau

Stunde Null?

Mitte 1943 hatten die Luftangriffe der Alliierten auf die deutschen Städte schlagartig zugenommen, Mitte 1944 wurden insbesondere die für Kriegsproduktionen wichtigen Werke derart schwer getroffen, daß Speer sich gezwungen sah, Hitler auf die drastische Einschränkung der militärischen Handlungsmöglichkeiten hinzuweisen und ihn mit dem unvermeidbaren Ende des Krieges zu konfrontieren. Zudem folgte auch an den entfernten Fronten eine Niederlage der anderen. Anfang Juni 1944 gelang den Truppen der Alliierten die Invasion in der Normandie, gleichzeitig wurde nach einer britisch-amerikanischen Großoffensive Rom eingenommen. Ebenfalls im Juni 1944 zerrieb die Rote Armee die deutsche Heeresgruppe Mitte und drang bis an die Grenze Ostpreußens und die mittlere Weichsel vor. Am 25. August zog de Gaulle als Triumphator durch das befreite Paris.

Auf viele Städte fallen weiterhin Bomben, fordern unzählige Opfer, vernichten Betriebe, Häuser, Straßen, Brücken. Und doch hält in Deutschland der Wettlauf zwischen Zerstörung und Instandsetzung an, die Kriegsproduktion wird weiter gesteigert, gespenstische Normalität und alltägliche Zuversicht halten viele Menschen noch zwischen Trümmern und Chaos in Routine. Im Juli 1944 schreibt Speer in einer Denkschrift an Hitler: »Der Bombenkrieg aber hat gezeigt, daß ein Leben in Ruinen – ohne Gaststätten, ohne Vergnügungslokale, ohne Wohnkultur, überhaupt ohne die Befriedigung zahlreicher menschlicher Bedürfnisse des täglichen Lebens möglich ist. Er hat gezeigt, daß der Handel und der Geschäftsverkehr der Banken mit nur einem Teil seiner bisherigen Tätigkeit auskommt; daß auf allen Gebieten plötzlich von denselben Fachleuten improvisiert werden kann, die bis dahin jede Änderung oder Einschränkung scharf ablehnten, daß z.B. die Fahrgäste ihr Geld auch entrichten, wenn keine Fahrscheine mehr ausgegeben werden können, da sie verbrannt sind, und daß auch die Steuerbehörde vom Volk noch ihre Zahlung erhält, selbst wenn die Akten des Finanzamts verbrannt sind.«[1]

Obgleich sich Speer im September durch Reisen im Ruhrgebiet von der fortschreitenden Zerstörung selbst überzeugt hatte und mit seiner Meinung über die bevorstehende Niederlage Deutschlands in diesem Krieg in immer schärferen und gefährlicheren Widerspruch zu Hitlers Phantasien vom »Endsieg« geriet, meinte er seine Aufgabe als ausschließlich organisatorisch-technische mit unnachgiebigem Einsatz weiter verfolgen zu müssen: »Die Aufgabe, die ich zu erfüllen habe, ist eine *unpolitische*. Ich habe mich solange in meiner Arbeit sehr wohl gefühlt, als meine Person und auch meine Arbeit *nur* nach der fachlichen Leistung gewertet wurde. – Ich muß annehmen, daß diese fachliche Leistung auch heute noch Ihre Billigung findet,« schreibt er am 20. September 1944 an Hitler.[2]

Als im September 1944 die Fronten den Grenzen des Reiches immer näher kamen, drängte Hitler auf die Zerstörung der von den Deutschen aufgegebenen Gebiete. Im Verlauf der nächsten Monate sollte mit dem Vorrücken der feindlichen Truppen auch auf deutschem Boden die *Politik der verbrannten Erde* verfolgt werden, indem weite Gebiete evakuiert, Brücken, Bahnen und Betriebe gesprengt, Straßen und Kommunikationsnetze zerstört werden sollten.

Speer arbeitet gegen entsprechende Befehle Hitlers an: Um nicht Millionen von Menschen ihrer Überlebenschancen zu berauben, versucht er im Gespräch mit Generälen und Gauleitern die Anweisungen Hitlers zu unterlaufen, doch ist dieses Unternehmen nicht ohne Risiko. Während im März 1945 englische Truppen in breiter Front den Rhein überschreiten und ins Innere Deutschlands vordringen, brüstet sich vor Speer beispielsweise der Düsseldorfer Gauleiter Florian noch mit einem Aufruf, den er als Plakat aushängen lassen will: »Alle noch erhaltenen Gebäude der Stadt sollten bei Annäherung des Feindes in Brand gesteckt, alle Bewohner evakuiert werden: Der Gegner sollte in eine ausgebrannte, menschenleere Stadt einziehen.«[3]

Entgegen solchen Plänen gelingt es Speer, Vernichtungsbefehle teilweise außer Kraft zu setzen, wobei er auf dem Höhepunkt des Konflikts mit Hitler in Erinnerung an seine frühere Sonderrolle als junger Künstler – und damit gleichsam in Stellvertretung für die verkannten Begabungen des Diktators – Hitlers Gunst wiederzugewinnen versteht. In seiner Denkschrift vom 29. März 1945 schreibt er an Hitler: »Ich bin Künstler und als solcher an eine mir völlig fremde und schwierige Aufgabe gestellt worden. Ich habe viel für Deutschland erreicht. Ohne meine Arbeit wäre der Krieg vielleicht 1942/43 verloren gewesen. Ich habe diese Aufgabe nicht mit Fachwissen gemeistert, sondern mit den Eigenschaften, die einem Künstler eigen sein müssen: mit dem Glauben an seine Aufgabe und an den Erfolg, mit dem Instinkt für das Richtige, mit dem Sinn für großzügige Lösungen und der inneren Anständigkeit, ohne die ein Künstler keine sauberen Lösungen schaffen kann. Ich glaube an die Zukunft des deutschen Volkes.«[4]

In der Gewißheit unerschütterlicher Identität als »Künstler« vermögen auch Speers enge Mitarbeiter und Freunde im Umkreis des Wiederaufbaustabes die Katastrophen der ersten Monate des Jahres 1945 zu überstehen – und sich auf einen neuen Anfang unter neuen Bedingungen vorzubereiten. Während an den Fronten noch Tausende von Soldaten einen sinnlosen Tod sterben, Hunderttausende in Gefangenschaft geraten und hinter der Front zahllose Menschen wegen »Wehrkraftzersetzung« und Deser-

tion Standgerichten zum Opfer fallen, nehmen einige der Planer des Wiederaufbaustabs bereits neue Positionen ein für die Zeit danach.

Rudolf Wolters reist – gemeinsam mit Heinrich Lübke – von englischen
Truppen »überrollt« – durch norddeutsche Städte, um, im Auftrag Speers,
Büros für künftige Planungsstäbe einzurichten. Konstanty Gutschow
schlägt sich von Wriezen schließlich nach Hamburg durch, wo er sich weiter um Grundsätze der Wiederaufbauplanung bemüht. In einer Bilanz des
Jahres 1945 schreibt er: »Das Arbeitsjahr an der Hamburger Wiederaufbauplanung war ausgezeichnet durch ein hingebungsvolles Sich-Bemü-
hen aller Beteiligten um die große Aufgabe, das unbeirrt durch das drohen-
de Geschehen und die wachsenden äußeren Schwierigkeiten durchhielt. –
Ich glaube, daß manches gedankliche Gut jener Tage sich als wertbeständig, selbst über diese Tage, die so gerne voraussetzungslos Neues gebären
möchten, hinaus, erweisen wird. – Als eine Frucht dieser Arbeit aber ist es
auch zu bezeichnen, daß sich überhaupt ein Kreis gemeinsam an der Aufgabe arbeitender Männer in einem Geiste lebensgesetzlichen Städtegestal-
tens zusammenfand und sich gegenseitig mit städtebaulichem Denken
überhaupt vertrauter machte.«[5]

Mit den Zerstörungen und Trümmerbergen mehrten sich die Aufgaben
des Wiederaufbaus und verstärkten in den Planern das Gefühl, unabding-
bar für die Zukunft gebraucht zu werden. Für Lübeck plant Friedrich
Tamms, Hanns Dustmann für Düsseldorf und Mainz. Im Januar 1945 läßt

Dustmann noch Planunterlagen und Fotografien für den Wiederaufbau von Düsseldorf herstellen; im gleichen Monat führt er während einer Reise nach Mainz zahlreiche Unterredungen über die Zukunft der Stadt. Am 19. Januar schreibt er an den Oberbürgermeister: »Mit neuem Schwung erfüllt und mit verdoppelter Freude widme ich mich heute der schönen Planungsaufgabe für den Aufbau Ihrer Stadt.«[6] Im Februar folgt der schwerste Bombenangriff auf Mainz; wenige Wochen später wird die Stadt von amerikanischen Truppen besetzt.

Helmut Hentrich und Hans Heuser planen in Düsseldorf weiter für Krefeld: Als die Truppen der Alliierten anrücken, schließen die Partner für zwei Wochen vorübergehend ihr Büro – dann geht die Arbeit weiter.

Ungerührte Normalität noch im Untergang des *Tausendjährigen Reichs* erlebt Speer in Berlin, wo er die Paradoxien einer historischen Situation des Umbruchs noch in einer bizarren Ästhetik zu steigern versucht. Während in der Umgebung Berlins Straße für Straße, Haus um Haus hart umkämpft wird, inszeniert Speer seinen Abschied von der Hauptstadt. »Wenn Bruckners romantische Symphonie gespielt wird, dann ist das Ende da«, eröffnet er seinen Freunden kurz vor der sowjetischen Großoffensive auf Berlin Mitte April. »Dieses Abschiedskonzert fand am Nachmittag des 12. April 1945 statt«, erinnert sich Speer. »Im ungeheizten Saal der Philharmonie saß auf zusammengetragenem Gestühl, in Mäntel gehüllt, wer immer von diesem Konzert in der bedrohten Stadt gehört haben mochte. Die Berliner werden sich gewundert haben, denn auf meine Anordnung wurde an diesem Tage die zu dieser Stunde übliche Stromsperre aufgehoben, um den Saal beleuchten zu können. Für den Beginn hatte ich die erste Arie der Brünnhilde und das Finale der ›Götterdämmerung‹ bestimmt; eine pathetische und zugleich melancholische Geste auf das Ende des Reiches.«[7]

Unterdessen hatte sich Hitler mit seinen engsten Vertrauten im Führerbunker eingeschlossen und bereitete sich auf das Ende vor; Speer nahm Abschied und durchschritt nach seinem Besuch im Bunker nachts ein letztes Mal den *Ehrenhof* der benachbarten Reichskanzlei, die bereits im Artilleriefeuer schwerer sowjetischer Geschütze lag. Von Berlin aus reiste er weiter nach Hamburg. Als am 1. Mai 1945 der Tod Hitlers öffentlich bekanntgegeben wurde, befand sich Speer in der Nähe von Hamburg bei Karl Dönitz, der nun als neues Staatsoberhaupt eingesetzt war. Mit dessen Einverständnis hielt Speer in einem Flensburger Sendestudio eine Rundfunkrede, in der die Bevölkerung aufgefordert wurde, ihre ganze Energie dem Wiederaufbau zu widmen; am 4. Mai wird im Norden Deutschlands ein Waffenstillstand mit den Alliierten vereinbart, am 7. Mai folgt die bedingungslose Kapitulation auf allen Kriegsschauplätzen, die zwei Tage später durch die Unterschrift Keitels in Anwesenheit von Bevollmächtigten der Wehrmacht in Berlin-Karlshorst bestätigt wird.

Für einige Tage war Speer *Reichswirtschafts- und Produktionsminister*

im neugebildeten *Kabinett Dönitz* geworden, Mitglied einer gespenstischen Regierung des Übergangs ohne Handlungsvollmacht, die von amerikanischen und englischen Reportern wie ein Relikt längst vergangener Zeiten besichtigt wird. »Ungeniert«, schreibt Speer[8], bewegten sich bald auch englische und amerikanische Offiziere im provisorischen Regierungssitz in der Nähe von Flensburg. Um in dieser grotesken Situation weitergehenden Konsequenzen seines Handelns vorzubeugen, läßt Speer am 15. Mai der Liste der »Persönlichkeiten der Regierung« einen Vermerk beifügen: »Herr Speer hält es für notwendig, als geschäftsführender Reichswirtschafts- und Produktionsminister durch einen geeigneten Nachfolger ersetzt zu werden, um danach zur Verfügung der Alliierten zu stehen. Vorübergehend und zur Überleitung können seine Erfahrungen beim Wiederaufbau der Produktion und der Bauwirtschaft ausgenutzt werden.«[9]

Tatsächlich sind seine Erfahrungen weiter gefragt. Wohl mit Blick auf die weitere Kriegsführung in anderen Teilen der Welt ist das amerikanische Hauptquartier an Informationen über die Auswirkungen des alliierten Bombenkrieges dringend interessiert. In bestem persönlichen Einvernehmen werden gemeinsam »die Fehler und Eigentümlichkeiten, die den Bombenkrieg beider Seiten charakterisiert hatten«, erörtert, erinnert Speer. »In unserer ›Hochschule des Bombenkrieges‹ herrschte auch in den nächsten Tagen ein fast kameradschaftlicher Ton, der jedoch zu Ende ging, als durch Görings Sektfrühstück mit General Patton die Presse der

Welt alarmiert wurde. Aber vorher ließ mir General Anderson das merk-
würdigste und schmeichelhafteste Kompliment meiner Laufbahn ausrich-
ten: ›Wenn ich seine Erfolge vorher gekannt hätte, würde ich die gesamte
Achte amerikanische Luftflotte ausgesandt haben, nur um ihn unter die
Erde zu bringen.‹ Diese Luftflotte verfügte über zweitausend schwere
Tag-Bomber; gut, daß diese Erkenntnis zu spät kam.«[10]

Am 23. Mai wird Speer in Glücksburg verhaftet und mit den anderen
Mitgliedern der Regierung Dönitz über verschiedene Etappen der Gefangenschaft nach Nürnberg gebracht. Dort wird er umfangreiche Denkschriften zur Neuorganisation der deutschen Bauwirtschaft und des Wiederaufbaus verfassen. Beim Aufbruch von einem Lager in der Nähe Frankfurts
auf dem Transport nach Nürnberg wird ihm als Gewißheit mit auf den
Weg gegeben: »Bald werden Sie freigesprochen sein und die ganze Sache
vergessen haben.«[11] Doch es sollte anders kommen. Speer blieb bis 1966
im Militärgefängnis Spandau. Den Wiederaufbau unter alliierter Besatzung übernehmen nun seine Mitarbeiter.[12]

Neue Orientierungen

Aus Wriezen nach Hamburg zurückgekehrt, setzt Konstanty Gutschow
vertragsgemäß auch im Sommer 1945 die Planung für die Hansestadt fort,
obwohl durch Flucht oder Gefangennahme der führenden Nazis und
durch die Auflösung der Verwaltung der politische und organisatorische
Rahmen seiner Tätigkeit fehlt. Doch immerhin: Sein Vertrag als *Architekt
für die Neugestaltung* von 1939 sollte bis 1959 gültig sein; und so fährt
Gutschow pflichtgemäß mit seiner Arbeit fort, legt im August 1945 ein erstes Memorandum vor und formuliert im September einige »Gedankensplitter« zur Aufbauplanung, die u. a. zwei gleichzeitige Wettbewerbe vor-
sehen: einen Expertenwettbewerb zur städtebaulichen Gestaltung der
Innenstadt, zu dem in Hamburg ansässige Architekten und Ingenieure zugelassen werden sollten, sowie eine Ausschreibung, die sich an die Bevölkerung Hamburgs wendet: »Erwartet werden Anregungen, Wünsche,
Ideen, Vorschläge jeglicher erdenklichen Art in jeder beliebigen Form, sei
es als Schriftsätze oder Skizzen, wie sie ein jeder nach seinen Fähigkeiten
und Gaben beizusteuern vermag. Sinn dieses Ausschreibens soll sein, *alle*
geistigen Kräfte der Stadt zu mobilisieren und zu einem Beitrag zu den an
uns herantretenden Zukunftsfragen zu veranlassen.«[13]

Mit einem fast manischen Arbeitseifer scheint es Gutschow schon früh
zu gelingen, Phasen der Desorientierung und der Selbstzweifel zu überwinden, die ein Brief vom 30. Mai 1945 noch erkennen läßt, in dem er bei
seinem verehrten Lehrer Schumacher Zuspruch sucht. Darin wird der
eben erlebte »Zusammenbruch der nationalen Kraft« wie ein unverhofftes
Naturereignis kommentiert. Die dunkle Zukunft wird mit der Metapher ei-

nes »halb mit Furcht und doch mit banger Hoffnung erwarteten herankommenden Unwetters« beschrieben.[14] Die von Menschen gemachte und verschuldete Geschichte wird in pathetische Bilder gekleidet. Als einziges Licht im Dunkel undurchschaubarer Schicksalsmächte wird im Rückblick die von Politik unbefleckte Sachlichkeit eines »lebensgesetzlichen Städtebaus« gesehen: »Mag die nationalsozialistische Praxis in den vergangenen 12 Jahren auch gefehlt und gesündigt haben, so hat sie doch auf *unserem* Gebiete weitgehend eine allgemeine, geistige Verfassung als Voraussetzung für städtebauliche Einsichten und städtebauliches Wirken geschaffen. Mögen es Fragen der Einstellung zum Grundbesitz als eines zum eigenen und allgemeinen Besten zur Nutzung erhaltenen Eigentums oder die Erkenntnis von dem Führungsanspruch der Gemeinschaftsbauten in der Menge der privaten Häuser sein, mögen es Fragen der Verpflichtung des Bauens gegenüber der Landschaft oder der anständigen Einordnung des einzelnen individuellen Hauses sein, ich glaube doch, daß in allen solchen Hinsichten eine fruchtbare Erziehungarbeit des deutschen Menschen stattgefunden hat. Wird diese Arbeit und Leistung bejaht werden, oder werden in der allgemeinen Auskehr und in der Restauration früherer Zustände alle Bemühungen wieder zunichte gemacht werden?« – Um solchen Rückfällen schon früh vorzubeugen, folgen detaillierte Vorschläge zur Finanzierung des Wiederaufbaus, z. B. durch Zwangsbelastungen des noch intakten Hausbesitzes, da eine Finanzierung »durch die Entschädigungsansprüche gegen das Reich ausfällt«.

Besonders große Sorge bereitet dem Pragmatiker Gutschow jedoch der desolate Zustand der Bauverwaltung, »und vor allem die Frage nach dem zukünftigen Leiter«.[15] Gutschow weiß, daß er selbst »als ›politisch belastet‹ ganz in den Hintergrund« treten muß, hofft aber in Hamburg oder auch in anderen Städten »dem Bürgermeister oder auch der Bauverwaltung mit städtebaulichen Gutachten und Ratschlägen zur Seite stehen zu dürfen«. Wichtiger als eine wieder leitende Position ist ihm, daß sich »auch in der jetzigen Umwälzung« das in den letzten Jahren entwickelte »städtebauliche Gedankengut selbst als wertbeständig« erweise. Er meint, »daß das in vieler Hinsicht der Fall ist. Vor allem von den leitenden Gedanken, der zellenhaften Durchgliederung der großstädtischen Stadtmasse in zusammenlebenden Einheiten und mannigfachen Größenstufen.«

Nach der politischen Säuberung durch die Alliierten sind in Hamburg wie in anderen Städten viele Beamte aus leitenden Positionen entlassen. Trotz dringenden Handlungsbedarfs sind ganze Ämter lahmgelegt. Nach einigen allgemeinen Überlegungen zu einer kompetenten und »zugleich politisch in Betracht« kommenden Persönlichkeit für die leitende Stelle in der Baubehörde in Hamburg schlägt Gutschow seinen langjährigen Mitarbeiter Langmaack vor. Doch: ». . . wie ihn präsentieren?«[16] Schumacher hat den Wink verstanden und reagiert. In einem Brief vom 2. Juni 1945 schlägt er im Bewußtsein seiner Autorität an amtlicher Stelle Langmaack als Leiter der Baubehörde vor, »der sich als künstlerisch und charakterlich ausgezeichneter Mann bewährt« habe. Doch auch Sorgen um das persönliche Schicksal Gutschows plagen Schumacher: »Das Hereinziehen von Privatarchitekten in die Arbeiten der Behörde lenkt den Blick notwendig auf die Person des bisherigen Leiters der ›Neugestaltung‹. Ich brauche nicht zu sagen, daß Konstanty Gutschow eine hervorragend begabte Persönlichkeit ist. Dabei sehe ich von seinen monumentalen Bauabsichten ganz ab und denke nur an die strukturellen Gedanken für die Gestaltung der Stadt und deren Durcharbeitung. Wenn er bei obigen Erwägungen keine Rolle spielt, so liegt das nur daran, weil ich fürchten muß, daß er aus politischen Gründen einstweilen ausscheiden muß.«[17]

In einer dichten Folge von Briefen hält Gutschow Schumacher über seine Überlegungen und Tätigkeiten auf dem laufenden, schickt ihm Planungen und weitere »Gedankensplitter«. Während sich seine Planungen über die Sommermonate hinweg zunächst noch in einem institutionell völlig ungesicherten Rahmen und ohne übergreifende Perspektiven zwischen Einzelaufgaben bewegen, berichtet ein Brief vom 17. September 1945 an Schumacher von einer überraschenden Wende: »Der Militärgouverneur hat angeordnet, daß ich die Durchführung der praktischen Wiederaufbauarbeit, der Instandsetzungsaktionen usw. zu übernehmen habe.«[18]

Am 16. September 1945 wurde Gutschow von einem englischen Offizier namens Phipps mit der Leitung aller Wiederaufbaumaßnahmen beauftragt. In einer Gesprächsnotiz Gutschows vom selben Tage heißt es: »Er erwartet von mir restlose Konzentration auf diese praktischen Aufgaben und doppelt so schnelles Arbeiten wie von der OT (Organisation Todt; W.D.). Ich erwiderte darauf, daß der Bürgermeister von den Absichten unterrichtet hätte und er ebenso wie ich wegen meiner ›Belastung‹ politische Bedenken hätte und Schwierigkeiten voraussähe. Phipps erwiderte darauf, daß politische Schwierigkeiten beseite geräumt würden, Gutschow aber nicht beiseite geräumt würde. Er hätte nicht mit dem Nazi Gutschow, sondern mit dem Architekten Gutschow zu tun.«[19] Rasch willigt Gutschow ein: »Auf die Frage, wann ich die Arbeit aufnähme, erwidere ich, jetzt, um 13.00 Uhr. Ich würde ihm am Mittwoch, 10.00 Uhr meine ersten Planvorschläge, wie ich die Arbeit anpacken würde, vorlegen.« In einem ausführlichen Gespräch mit dem zuständigen Bürgermeister werden mögliche organisatorische Konstruktionen erörtert, durch die Gutschow umfassend tätig werden kann, ohne jedoch in die übliche Amtshierarchie eingebunden und damit allzu weit öffentlicher Aufmerksamkeit ausgeliefert zu sein. »Auf meinen nochmaligen Hinweis, wie ›politisch‹ ich belastet sei und in welchem Maße auch die sachliche Arbeit Angriffen ausgesetzt sei, da man konsequent ohne persönliche Rücksichtnahme vorgehen müsse, versichert mich der Bürgermeister ausdrücklich seiner hundertprozentigen Unterstützung, er stände mir jederzeit zur Verfügung, wo ich seine Autorität brauchte.«[20] Angesichts des unbeschreiblichen Elends der Bevölkerung und der drängenden Wohnungsnot gewannen in Hamburg wie in anderen Städten der westlichen Besatzungszonen pragmatische Entscheidungen Vorrang vor Überlegungen zu längerfristig wirksamer politischer Einflußnahme auf lokale Machtstrukturen.

Noch am Abend nach der Ernennung trifft sich Gutschow mit einer Reihe künftiger Mitarbeiter in der Bauverwaltung zu Besprechungen; unter ihnen ist auch Richard Zorn, sein Vertreter in der früheren Arbeitsstab-Stelle in Wriezen. Neuen Einfluß auf den weiteren Aufbau der Hansestadt hatten inzwischen auch die Hamburger Architekten Berlage und Elingius, Kallmorgen, Kressner, Langmaack und Zippel, mit denen Gutschow schon in früheren Jahren erfolgreich zusammengearbeitet hatte und die nun den Arbeitsausschuß für Stadtplanung in der Verwaltung Hamburgs bilden. Auch die weitere Beschäftigung mit den Prinzipien des »lebensgesetzlichen Städtebaus« ist somit personell gesichert: Bei den Vorarbeiten zur Veröffentlichung einer Denkschrift zum Wiederaufbau findet am 25. September während einer Ausschußsitzung »ein lebhafter und ernster Gedankenaustausch statt über die Teilfrage der Stadtstruktur, nämlich dem bisher mit dem Schlagwort ›Ortsgruppe als Siedlungszelle‹ bezeichneten Problem«, heißt es im Protokoll.[21]

Bei neuer Stufung der Größenordnungen von Einwohnerzahlen und Infrastruktureinrichtungen sowie einer Modifikation der verräterischen Terminologie der *Ortsgruppe als Siedlungszelle* wird gleichwohl an Gutschows Grundideen auch für die weitere Zukunft festgehalten. »Der Ausspruch, ›daß die politische Ortsgruppe als eine natürliche Wachstumszelle zu betrachten ist (Gutschow, Dezember 1940)‹, hat weder innere Berechtigung noch für die heutige Lage eine gültige Stoßkraft. Ganz abgesehen davon scheint der Umkreis einer sogenannten Ortsgruppe als zu klein gefaßt. Das eingehende Gespräch stellt folgende weiter zu durchdenkende Gedankengänge auf: Die – als notwendig zu erachtende – Siedlungseinheit muß in der Zusammenfassung zu kulturellem Eigenleben fähig sein. Rein organisatorische Bildungen führen nur zu Zerrbildern. Dieses Eigenleben, das zweifellos immer seine Abhängigkeit vom Leben der Großstadt als solcher behalten muß, wird in zwei Brennpunkten kulminieren: einem gemeindlich-kultischen und einem gemeinschaftlich-kulturellen. Es gilt, diese geistigen Zusammenhänge zu entwickeln, denn ohne ihre Grundlage kann auch der Stadtplaner keine natürliche Wachstumszelle entwickeln. Neben der geistigen Ausrichtung eines solchen Teilgebildes der Stadt sind auch noch andere Zusammenfassungen möglich und erforderlich. Auf dem Wege nach Erkennung einer neuen Siedlungseinheit scheint innerhalb des gewachsenen Begriffes ›Stadtteil‹ die Frage nach der Schuleinheit und nach der Versorgungseinheit zu Lösungen zu führen. Über die geistige Gliederung müßte in einem besonders auszuwählenden Kreise weiter gesprochen werden.«[22]

Trotz einiger Differenzen weiß sich Gutschow von seinen Mitarbeitern persönlich wie fachlich weiterhin noch unangegriffen; auch politisch wird er so weit gestützt, daß er seine Arbeit offensiv fortsetzen kann. Dennoch bleibt ihm diese neue Betriebsamkeit offenbar unheimlich. Und tatsächlich wird sich sein ausgesprochenes Unbehagen davor, schon so bald und so weit wieder »aus dem Hintergrund« hervorzutreten, rasch als berechtigt erweisen. Noch am 1. Oktober 1945 berichtet er von Versuchen, dem »Platz im Vordergrund« auszuweichen: »Vor vierzehn Tagen erfolgte einfach ein Befehl der englischen Militärregierung«, schreibt er an Schumacher, »gegen den es keinen Widerspruch gab. Ich habe ebenso dem Bürgermeister gegenüber wie dem maßgebenden Colonel meine allergrößten Bedenken ins Feld geführt und sie nachdrücklich auf den politischen trouble, den diese Bestellung heraufbeschwören wird, aufmerksam gemacht. Nichtsdestotrotz wurde es befohlen. Trotzdem waren die Folgen noch turbulenter als vorausgesehen. Es wurde dann der Kompromiß gefunden, daß ich kurzfristig bis zum 6. Oktober die Instandsetzungsaktion gehörig in Bewegung bringe, das Amt, das Wiederaufbauamt heißt, durchorganisiere und ein Instruktionsbuch für die Beteiligten schaffe. (...) Fruchtbare, planerische Arbeit zu leisten, ist nur in verschwindendem Maße möglich, weil alles von politischen Strömungen überschattet wird, in deren Hintergrunde dann noch die Engländer stehen, von denen man zeitweise den Eindruck hat, daß sie noch am sachlichsten denken. Das ›Aussteigen‹ aus dieser Mission wird sehr schwierig werden, da die Engländer befehlen und man gehorchen muß.«[23]

Die mißtrauisch beobachteten »politischen Strömungen« erfaßten ihn bald heftiger als befürchtet. Sein Vertrag wurde zum 31. Dezember 1945 gekündigt. Aus allen Aufgaben entlassen und von tiefen Selbstzweifeln erfaßt, meldet er sich im Februar 1946 bei Schumacher wieder: Gezwungen, als Arbeitsloser zum Arbeitsamt stempeln zu gehen, ist er seiner gewohnten, stabilisierenden Tätigkeiten beraubt und wird zu schwerer körperlicher Arbeit abgeordnet. Von einigen Lokalpolitikern wird wegen seiner Einkünfte als *Architekt für die Neugestaltung* ein Strafverfahren gegen ihn angestrengt; auch sein Haus will man ihm streitig machen: »Ich soll buchstäblich ein ›Schloß‹ besessen haben. – Es ist nichts so abwegig und irrsinnig, daß es nicht einem vorgeworfen werden kann – und heutzutage geglaubt wird. Es ist originell, daß all das bei einem keine Empfindung der Kränkung auslöst, sondern eher der Befriedigung, in diesen Irrsinnszeiten nicht womöglich zu reüssieren.«[24]

Wohl in Anspielung auf Schumachers Vortrag zum Wiederaufbau Hamburgs am 10. Oktober 1945 läßt Gutschow einen Vorwurf auch an Schumacher mitschwingen, als er über seine ihm ungerechtfertigt erscheinende Abschiebung berichtet: »Das Bauwesen befindet sich in einem hoffnungslosen Zustand, der an sich ja nicht zu verwundern ist. Verdrießlich, ja ekelhaft wird alles erst durch die begleitenden frommen Redensarten und das Getue um Kultur. *Sie* einmal sprechen zu lassen und damit dem Geist den schuldigen Respekt erwiesen zu haben – und es nach außen gehörig zu inszenieren –, tut man gerne, man fühlt sich dann; aber nach ihrem Rat handeln – nein. Die ›Regime‹ bleiben sich gerne in der Beziehung gleich.«[25] Angesichts der düsteren Gegenwart richtet Gutschow den Blick in die Zukunft, über die Zeit der Besatzung und der amerikanischen Einflußnahme hinaus: »Ich glaube nicht, daß die amerikanische Welt, die heute Sieger ist, eine lebendige Zukunft hat. Ich glaube nicht an irgendeine kulturelle Schöpfungskraft der Riesenstädte wie New York, Chicago oder anderer. Ich glaube aber, daß die Zerstörung unserer Städte und das Hinausgestoßenwerden unseres Lebens aufs Land und in die Primitivität ein Segen ist, der sich in einigen Generationen reiche Früchte tragend auswirken wird. Den Weg, der gegangen werden muß, möchte ich auch in meinen persönlichen Lebensumständen beschreiten. Ich möchte am liebsten umsiedeln in eine mittlere oder kleinere Kreisstadt und dort an der Arbeit, die dort geleistet werden muß, mitmachen dürfen. Ob mir das im Laufe des Jahres gelingen wird?«[26]

Gutschows Hoffnungen sollten sich nicht erfüllen. Das Jahr 1946 blieb überschattet von Mißerfolgen und Enttäuschungen, deren Last auch durch die ermutigenden Stellungnahmen von Bonatz über Guther bis Schumacher vor dem Entnazifizierungsausschuß nicht leichter wurde, die dem Fachkollegen gerne bestätigten, daß sie ihn als kompetenten Experten mit Hochachtung weiterhin schätzten.

Zwangsweise zur Trümmerräumung und zu Bauarbeiten eingesetzt, leistet Gutschow schwere körperliche Arbeit. Als ihm ein Eisenträger den Fuß verletzt und Bettruhe verordnet wird, schildert er dem erkrankten Schumacher sarkastisch die Wandlungen, die sich unterdessen in seiner sozialen Umgebung vollzogen haben: »Es ist amüsant zu beobachten: Einige kleine hilflose Geister ›setzen sich ab‹ von allem, was von Gutschow stammt, aus lauter Angst, um sich ein Alibi zu schaffen, andere distanzieren sich ›mit besten Absichten‹ aus klugen taktischen Überlegungen, so daß sie zum Schluß selbst nicht mehr wissen, wohin sie sich aus lauter Taktik hinmanövriert haben. In diesen chaotischen Zeiten werden die Menschen zu dem unsinnigsten, sich selbst verleugnenden Benehmen verführt.«[27]

Mit dieser Schilderung wird zugleich eine Figur der inneren Kontinuität im äußeren Wandel gezeichnet, die für die Nachkriegszeit paradigmatisch wird: »In einem Punkt kann man mich empfindlich treffen: und zwar, wenn man heute (nach berühmten Rezepten) meine Gedanken bis zur Unkenntlichkeit entstellt, den Kopf schüttelt über diesen Wahnsinn, um dann meine Gedanken mit neuer Überschrift neu zu servieren. Hinter vorgehaltener Hand flüstert man mir dann noch zu, daß man auf diese Weise der Sache auch noch zum Ziele verhülfe.«[28]

Minutiös wird hier die Transformation der aus der Gartenstadtbewegung stammenden und dann der NS-Terminologie unterworfenen »lebens-

gesetzlichen« Gliederungsprinzipien der Städte in die »Nachbarschaftsge-
danken« der Nachkriegsplanung vorgezeichnet: »Wenn ich seit Jahren
nach einer inneren Durchgliederung der Stadt im Sinne von lebendigen
Gemeinschaftszellen strebte und meine Vorschläge anlehnte an die Partei-
gliederung als eine verwirklichte Tatsache unter der Überschrift ›Ortsgruppe als Siedlungszelle‹, dann wird das heute gebrandmarkt als ›Infiltration
der Parteiideologie in den Städtebau‹. Das ist ungefähr dasselbe, als wenn
man die NSDAP bezichtigte, im geheimen ultramontane Politik zu betreiben, weil sie sich z. B. in der Gliederungsstufe der Ortsgruppe stark an das
›Kirchspiel‹ anlehnt. Und tatsächlich bin ich auch der Auffassung, daß die
richtige, d. h. lebensvolle Größenstufe nicht aus statistischen Untersuchungen über Versorgungseinheiten gefunden werden kann, sondern aus dem
Vermögensbereich eines Menschenbetreuers zu einer Herde im besten Sinne, und umgekehrt aus dem Verhältnis der Menschen zu einem solchen
Mann. Auch der Bereich, den sich der heranwachsende junge Mensch als
überschaubar erobert, ist ein wichtiges Merkmal. Der Volksschulbereich
trifft es von heute vorhandenen Ordnungen noch am besten, aber nicht
ganz.«[29]

Wie im Zeitraffer tritt hier ein Prozeß der Säkularisierung vom religiös
verankerten *Kirchspiel* über die mythologisch aufgeladene *Siedlungszelle*
zum aufgeklärten *Schulspiel* im Wandel von Terminologien auf, die in der
Gleichzeitigkeit sozialer und räumlicher Ordnungen noch überhistorische
Wirksamkeit und gleichsam kosmologischen Anspruch notieren. Halb erfreut, halb beleidigt schreibt Gutschow wenig später an Wolters: »Mein
Hobby, die Siedlungszelle, habe ich übrigens mit Entzücken in den Londo-
ner Wiederaufbauplänen von Abercrombie wiedergefunden. Dort sind sie
neighbourhood units genannt. Sie sind der Leitgedanke der ganzen Planung (...) Im Hamburg werden diese Gebilde jetzt, nachdem sie durch
mein malheur als Siedlungszellen diffamiert sind, Siedlungsknollen genannt. Ich hoffe, daß Sie diesen mir so am Herzen liegenden städtebaulichen Gestaltungsgedanken nicht ernsthaft als Infiltration des Totalitätsan-
spruchs der Partei an den Städtebau diagnostizieren.«[30]

Erste Kontakte

Wie unzählige andere Menschen waren auch die Planer des Arbeitsstabes
vor den anrückenden russischen Truppen im Februar 1945 in den Westen
geflüchtet und hatten zunächst bei Verwandten Zuflucht gesucht. Einige
waren in die Orte ihrer Kindheit zurückgekehrt, kamen wieder bei Eltern
oder Schwiegereltern unter, und versuchten eine neue Existenz zu gründen: Hillebrecht in Hannover, Schelkes in Freiburg, Wolters mit Berlitz in
Coesfeld: »Zurück zu den Müttern«, wie Wolters dies später nannte.[31]

Von hier aus bemühte sich Wolters bald, die zerrissenen Fäden wieder zusammenzuknüpfen und erkundete die Aufenthaltsorte seiner früheren Kollegen. Schon Ende Mai 1946 war das Netz der Kontakte wieder dichter, und auch Rimpl meldete sich mit Nachrichten von Dierksmeier aus Bielefeld, von Hetzelt aus Oberhausen, und fragt bei Wolters an: »Wissen Sie, ob es jemandem gelungen ist, ›seine‹ Stadt weiterzuplanen?« Er berichtet, daß für Rostock nun Tessenow plant – statt Wolters –, und tröstet ihn: »Ich denke aber doch mit Schmerz an die schönen Zeiten, als wir unter Ihrem Einsatz so prächtig schaffen konnten, als nur nach dem Können gefragt wurde und alles andere gleichgültig war. Ich hatte Gelegenheit, Pläne zu sehen, die mich das Schlimmste für den Neubau mancher Stadt befürchten lassen. Saxa loquuntur!«[32]

Im ungebrochenen Selbstbewußtsein ihrer Fachkompetenz fühlt sich nicht nur Rimpl jetzt gegen die oft chaotischen Improvisationen und die Zufallsergebnisse der frühen Wiederaufbauphase herausgefordert. In verschiedenen Orten und Positionen versuchen daher Speers Wiederaufbau-Experten, wieder Fuß zu fassen, und erfreut schaltet sich auch Wolters in die wieder aufkeimenden Fachdebatten ein.

Daß man sich auch im Frieden im Krieg gegen die widrigen Umstände fühlt, die einen zügigen und planvollen Wiederaufbau behindern, macht den Kern eines neuen Gemeinschaftsgefühls, gleichsam einer neuen Frontkameradschaft aus, die einige Kollegen des Arbeitsstabs weiter verbindet.[33] Mit Blick auf Deutschlands Zukunft – und die eigene – mußte nun zugleich strategisch gedacht und taktisch geschickt auf künftige Entwicklungen Einfluß genommen werden – besonders, wo es um die Besetzung von Schlüsselpositionen ging. Die Ausgangsbedingungen waren günstig.

Wolters hatte auch beruflich rasch wieder Fuß gefaßt. Nach seiner abenteuerlichen Reise mit Heinrich Lübke war er im Mai 1945 in seiner Heimatstadt Coesfeld angekommen, die stark von Kriegszerstörungen betroffen war. Bereits wenige Wochen nach der Zerstörung der Altstadt und dem Durchmarsch der alliierten Truppen waren an vielen Stellen der Stadt private Initiativen zum Wiederaufbau ergriffen worden. Ohne übergreifende Planung drängte eine Vielzahl von Einzelvorhaben auf Wiederherstellung des alten Zustands der Stadt und begann damit auch die Dichte und Enge des mittelalterlichen Stadtgrundrisses wieder zu verfestigen, der vor Jahren schon den Anforderungen des motorisierten Straßenverkehrs kaum noch genügen konnte. Um die durch die Kriegszerstörungen gegebene Chance einer Modernisierung der Stadtstruktur zu nutzen, beauftragte die eben eingesetzte Stadtverwaltung den gerade eingetroffenen Wolters, sofort, noch im Mai 1945, mit einer Planung für die Altstadt zu beginnen, die den privaten Initiativen deutliche Grenzen setzen sollte. »Zwischen Planung und Wiederaufbauinitiative gab es ein regelrechtes Wettrennen.«[34]

Wolters machte sich unverzüglich an die Arbeit; die Voraussetzungen für ein wirksames Eingreifen waren gegeben. Und in Karl Berlitz, der ihn nach Coesfeld begleitet hatte, ließ sich ein in Rechts- und Planungsfragen kompetenter Partner vorweisen; mit ihm gründete Wolters eine Bürogemeinschaft, die später auch juristisch besiegelt wurde. Berater wurde Karl M. Hettlage, ehemals Fachberater Speers, zuständig auch für den Wiederaufbaustab, später in Bonn tätig, nachmals dort Staatssekretär unter Adenauer. Gemeinsam mit Berlitz konnte Wolters in Coesfeld rasch Geltung gewinnen, hatte sein Name in der Kleinstadt doch einen guten Klang: Vater Hermann Wolters war im Jahre 1900 als Regierungsbaumeister in städtische Dienste übernommen worden und hatte die Prinzipien moderner Stadtplanung eingeführt; sein Onkel Karl Wolters war 1945 Bürgermeister und auf tatkräftige Unterstützung im Kampf gegen »wildes« Bauen angewiesen. Daß Rudolf Wolters durch seine enge Zusammenarbeit mit Albert Speer, als Ausstellungskommissar und Neugestalter Berlins weltweit bekannt geworden war, mag ihm in dieser kleinen Stadt kaum abträglich gewesen sein. Jedenfalls gelang es, bis 1946 eine Neuplanung vorzulegen, die umfangreiche Neuordnungen auch der Besitzverhältnisse forderte und durchsetzen half. Für die entsprechenden Umlegungsverfahren hatte der kundige Karl Berlitz im Einvernehmen mit Bürgermeister Karl Wolters ein »Coesfelder Verfahren« entwickelt. In amtlichen Bekanntmachungen kundgetan, war es mangels anderer gesetzlicher Grundlagen vom Regierungspräsidenten als »vorläufiger Anhalt für die Umlegung« genehmigt worden.[35]

Es gab viel zu tun: Grundstücke waren neu zu ordnen und zu bebauen, Plätze waren neu zu formen und Straßen zu verlegen. Ohne langes Zaudern wurde eine neue Trasse mitten durchs Coesfelder Schloß geführt, dessen Umbau in ein Hotel- und Geschäftszentrum ebenfalls in Wolters' Hand lag. Aufgrund ihrer erfolgreich demonstrierten Vielseitigkeit waren die beiden Planer bald auch in anderen Orten gefragt: Planungen für Borken, Anholt, Arhaus und Rheine folgten. Das Spektrum der Arbeit umfaßte juristisch diffizile Umlegungsverfahren, städtebaulich anspruchsvolle Platzgestaltungen, einfache Reparaturarbeiten und zunehmend auch Anbauten und Neubauten in wachsender Größenordnung. Nach einem Wettbewerbserfolg von 1947 entstand der große Erweiterungsbau des Vincenz-Hospitals in Coesfeld mit 250 Betten – eine große Anlage im schlichten Kleid einer gemäßigten Moderne, frei vom Pathos jener Baukunst, die vor 1945 so oft gefordert und vorgeführt worden war.

Bereits 1946 schien die »große« Vergangenheit weit zurückzuliegen und ohne tiefere Wunden »bewältigt«. Auch dabei hatte man sich gegenseitig geholfen. Intensive Gespräche und Korrespondenzen über die Perspektiven künftiger Arbeit führte Rudolf Wolters seit Kriegsende vor allem mit Fritz Tamms, der sich in Gartow bei Lüchow in der Nähe von Hannover niedergelassen hatte. Von dort aus setzte er seine Planung für Lübeck fort. Schon Ende 1945 hatte er sich bemüht, seine Professur in Berlin wahrnehmen zu können, wo sein Kollege und Speer-Mitarbeiter Hans Freese 1946 zum Rektor der Technischen Universität ernannt wurde. Als seine Bemühungen um ein Lehramt Anfang 1946 scheiterten, fand er nicht nur bei Rudolf Wolters Trost, sondern auch bei einem der verehrten »Lehrer«: Wie Gutschow in Schumacher einen ernsten Berater und eine Art Beichtvater fand, konnte sich Tamms an Paul Bonatz wenden, dem er in die Türkei lange Briefe schrieb, die er mit Wolters beriet. Nachdem die ehemaligen Kollegen wieder Kontakt gefunden hatten und auch über Grenzen hinweg korrespondierten, waren zunächst die jüngsten Entwicklungen in Deutschland Thema ihrer Mitteilungen. Dabei gingen erste Versuche der »Vergangenheitsbewältigung« rasch in optimistische Zukunftsperspektiven über. Ausführlich berichtete Tamms aus Deutschland, und Bonatz, von Tamms als »stiller Weiser im Morgenland« angesprochen, gab dem Jüngeren einen Rat, der später weite Nachwirkungen haben wird: »Wenn Du in Düsseldorf Fuß fassen könntest, gut, besser wie in der komischen Anstalt in Berlin. Berlin keine Zukunft, die nächsten 20 Jahre nicht.«[36]

In langen Briefen rechtfertigt Tamms seine Geschichte.

Seine offene Parteinahme für den Nationalsozialismus schildert Tamms als Problem seiner Generation, als erlittene Verführung einer unschuldig glaubenden und hoffenden Generation: »Was heißt da Schuld!«, schreibt er 1946 an Bonatz.[37] »Schuldig sind sie alle, und ich schließe *mich* nicht aus. Aber ich kann nicht vor denen mehr Achtung oder Mitgefühl haben, die lediglich aus nackten Geschäftsrücksichten Mitgliedschaften erwarben und Dinge unterstützten, von denen sie nicht überzeugt waren. Das Oberflächliche kann nicht sympathischer sein als das Forschende, Ringende, und das Glaubensunfähige nicht wärmer sein als das Glaubens-Bereite!« Tamms wirbt um Verständnis: »Sieh Dir doch einmal die Zeit an, in der die deutsche Jugend seit 1914 aufgewachsen ist. 1914 war ich 10 Jahre alt. Seitdem weiß ich nur, daß alle Begriffe ins Wanken gerieten. Niemand war da, der der Jugend einen festen Halt bieten konnte, niemand, der den jungen Menschen statt der Wirrnis klare und gute Ziele bieten konnte. Alle, die ich als Lehrer kennengelernt habe, waren entweder verknöcherte, steif gewordene Figuren einer Zeit, die gerade anfing, ins Wanken zu geraten, oder Menschen, die selber suchten. Der Krieg von 1914 bis 1918 war bereits Auflösung, oder, besser gesagt, Resultat einer bereits vorgeschrittenen Auflösung. Die Zeit damals war Agonie, und diese hat bis heute noch nicht aufgehört.« Die eigene Schuld wird als kollektives Schicksal gedeutet: »Liegt die Schuld nicht vielmehr, wenn wir überhaupt von Schuld sprechen wollen, bereits bei den Vätern? War nicht bereits hier alles hohl und leer? Liegt hier nicht der Keim alles dessen, was jetzt über uns hereingebrochen ist?«

In seinen Briefen an Wolters macht Tamms unter Verweis auf biologische Gesetze indessen das Recht der jüngeren Generation geltend, trotz »Verführung« und »Schuld« einen gebührenden Platz in der künftigen Gesellschaft einzunehmen und die Gestaltung der Zukunft nicht den »Vätern« zu überlassen. An Wolters schreibt er am 14. Januar 1947: »Der ›Platz an der Sonne‹ ist der jeweils jüngeren Generation vorbehalten, die somit unter den günstigsten Bedingungen ihrer Entwicklung freien Lauf lassen kann. Da jedoch auch ihr nach demselben Gesetz das Schicksal das ›im Schatten-Wohnen‹ nicht erspart, ist es gut, wenn sie dessen rechtzeitig inne wird und sich klarmacht, daß das ständige Wachsen und Vergehen nur den Sinn haben kann, dem Ganzen zu dienen, damit aus allen einzelnen Trieben ein starker Baum werde, dessen ungehinderter Wuchs nur durch das Gesetz der regelmäßigen Nachfolge gewährleistet und durch das Bewußtsein des ›Aufeinanderangewiesenseins‹ des zeitlich sich folgenden erhalten wird. Alle sind der gleichen Entwicklung unterworfen, und somit droht auch uns das ›Überschattetwerden‹; jedoch ist das Bewußtsein des zumindest ›zeitbegrenzten Notwendiggewesenseins‹ tröstend.«[38] Dieses wechselseitigen »Aufeinanderangewiesenseins« vor allem in der eigenen, nun kompromittierten Generation von Architekten sind sich die Kollegen aus dem Kreis um Speer sehr wohl bewußt – und Wolters beginnt ihre Verbindungen zu organisieren.

Anfang 1947 waren die Bedingungen für die Wiederherstellung des alten Beziehungsgeflechts günstig. Gemeinsame Perspektiven und Möglichkeiten gezielter Einflußnahme zugunsten neuer Positionen waren absehbar. Die Zeit schritt schnell voran in jenen Monaten. Rasch war das Chaos geordnet; auch in der großen Politik zeichneten sich neue Perspektiven ab. Spätestens im Sommer 1947 waren die Konturen der Deutschlandpolitik der Alliierten deutlich geworden, und auch für jene, die hinter den Kulissen wirkten, wurde es nun Zeit, die entscheidenden »Weichenstellungen« nach bestem Wissen im Bewußtsein »zeitbegrenzten Notwendiggewesenseins« auch zum eigenen Nutzen zu beeinflussen. Da dies nicht nur über schriftliche Vermittlung zu leisten war, lud Wolters einen ausgewählten Kreis von Kollegen Ende August 1947 ins Westfälische ein, wo ein altes Schloß dem ersten Treffen nach dem Krieg einen würdigen Rahmen geben sollte.

Einen informationsreichen Vorlauf und Auftakt erhielt dieses Treffen für einige Teilnehmer jedoch schon wenige Wochen zuvor durch ein Wiedersehen Anfang August in Darmstadt. Hier hatte Ernst Neufert, seit 1945 Professor an der Technischen Hochschule, eine Tagung organisiert, in der mit Blick auf die Zukunft in einem neuen Deutschland auch alte Konflikte und Kontroversen zur Sprache kamen, die noch die Gespräche in Wriezen bestimmt hatten.

Ernst Neufert war schon bald nach Kriegsende auch in internationalen Verbindungen aktiv geworden und unter anderem zum Obmann der *Sektion Architektur* für den *Internationalen Kongreß für Ingenieurausbildung* gewählt worden. Diese Tagung zur Reform der Ausbildung von Ingenieuren und Architekten fand im August 1947 statt – der erste internationale Kongreß nach dem Zweiten Weltkrieg in Deutschland, bei dem Ingenieure und Architekten aus den USA, aus Frankreich, Jugoslawien, Schweden und anderen Ländern zusammenkamen.[39] In seinem Tagungsbericht schreibt Neufert: »In (...) insgesamt 20 Vorträgen und rund 75 Wortmeldungen spiegelte sich die geistige Situation einer Zeit des Umbruchs und der Besinnung, einer Zeit des Suchens nach besseren, richtigeren und wahrhaftigeren Lösungen beim Neuaufbau unserer Städte und der Ausbildung des architektonischen Nachwuchses. Dabei wurde klar: Die ehemalige Einheit des Architekten in kulturstarken Zeiten ist in unserer spezialisierten, komplizierten und technifizierten Welt nur durch eine neue Kollektiveinheit aller am Bau Wirkenden zu erreichen. Gründliches Fachwissen, mit Tuchfühlung zu allen Nachbargebieten, ist dabei zum Konzert am Bau notwendig, um die Not zu wenden.«[40]

Als potentielle Dirigenten des künftigen »Konzerts am Bau« finden sich neben den ausländischen Gästen auch einige der früher schon tonangebenden Männer. Ein Grundsatzreferat zum Thema »Die ›ratio‹ in der Baugestaltung« hält Paul Schmitthenner nach Otto Bartnings Vortrag über »Die Einheit des Menschen«; an den Diskussionen beteiligen sich u.a. »Konstanty Gutschow, Hamburg«, und »Friedrich Tamms, Gartow«, wie das Protokoll vermerkt.[41] Trotz aller Unterschiedlichkeit ihrer Geschichte und Standpunkte sind sich Bartning und Schmitthenner in einem einig: Nichts überstürzen! Jeder einzelne Schritt sei auf ein neues Ganzes hin zu erwägen, nicht wieder dürfe man dem Fortschrittsglauben und der Faszination des technisch Machbaren zum Opfer fallen, wie dies in den früheren Jahrzehnten geschehen sei.

In den folgenden Beiträgen brechen Spannungen zwischen Vertretern einer an neuesten technischen Entwicklungen orientierten Architektenausbildung und solchen Meinungen auf, die auch die Ausbildung wieder verstärkt auf Traditionen alter Baumeisterlichkeit beziehen wollen. Am deutlichsten wird die latente Front in der Rede Neuferts, der sich direkt an Schmitthenner wendet: »Am bekanntesten ist bei uns die Schule von Schmitthenner, dessen Wirkung man bis nach Ostpreußen spüren konnte, wo seine Schüler dieselben Bauten hinpflanzten, die er ihnen in Stuttgart an die Tafel zeichnete. Das ist ihm oft zum Vorwurf gemacht worden, dem Prediger eines landschaftlich gebundenen Bauens, dessen Beispiele seiner geliebten elsässischen Heimat von seinen Jüngern oft als bare Münze genommen wurden, ohne Rücksicht auf Berg und Tal, Seen und Ebene, Wald und Flur. Jemand, der eine große Schule hinterläßt, ist deshalb noch lange kein großer Lehrer, im Gegenteil.«[42] Im Gegensatz zur oft geübten Nachahmung historisch überkommener Formen sei es nun wichtig, »dem Studierenden nur die Elemente an die Hand zu geben, wie ich dies in der ›Bauentwurfslehre‹ getan habe, wo ich mich bemühte, die Bausteine des Entwerfens auf das Ursächliche zu reduzieren, zu schematisieren, auch zu abstrahieren, um dem Benutzer eine Nachahmung unmöglich zu machen und ihn zu zwingen, den Dingen Form und Gehalt von sich aus zu geben.

(...) Vermeidung jeder Schule *eines* Meisters, sondern Hinführung der Studierenden zur Entwicklung einer eigenen Persönlichkeit, auch wenn sie noch so klein ist.«

Nicht nur in den Vorträgen, auch in den folgenden Diskussionen brechen alte Streitpunkte auf. So spricht sich Gutschow gleich gegen Neufert und »gegen den auch von anderen häufig erwähnten Schnellentwurf« aus, den er »nicht einmal als Exercitium und Sport« gelten lassen will.[43] »Er verführt zur Anwendung von Vorstellungsformeln. Das schnelle Entwerfen ist das Übel, an dem die letzten 100 Jahre kranken. Es sollte die Kunst gelehrt werden, langsam zu entwerfen, d. h., die Gestalt eines Baues aus allen wesentlichen Bedingungen von unten her sich entwickeln und wachsen zu lassen.« Auch an anderen Punkten im Verlauf der Vorträge und Debatten werden Spannungen spürbar, die bereits seit Jahrzehnten bestehen; alte Konflikte, die in den letzten Jahren bloß vorübergehend befriedet waren – teils durch Emigration der Beteiligten, teils durch die Vielfalt der Aufgaben des Bauens im *Dritten Reich* selbst, sowie der daraus resultierenden, partiell toleranten Kooperation.

An diese Zeiten erinnert Tamms, der als Musterbeispiel einer fachübergreifenden Zusammenarbeit, die zugleich der Baukunst und moderner Technik verpflichtet gewesen sei, die Bauten der Autobahn anführt. Zur Kooperation von Ingenieuren und Architekten sagt er: »Die große Erziehungsarbeit, die darauf hinauswollte, durch Zusammenarbeit beider Vertreter technische Bauwerke von technisch und formaler Vollendung zu erreichen, wurde von wenigen begonnen (Ingenieure: Schaper – Schaechterle, Architekten: Bonatz – Tamms) und in kurzer Zeit auf eine große Zahl von Mitarbeitern ausgedehnt.«[44]

An Erfahrungen der letzten Jahre knüpft auch Gutschow an – im Bewußtsein einer ungebrochenen Tradition, als deren Träger er sich empfindet –, indem er gegen die von Neufert propagierte spezialisierte und rationalisierte Ausbildung von Architekten den Anspruch auf eine ganzheitliche »Allgemein-Ausbildung« erhebt; es komme »nicht darauf an«, zitiert das Protokoll, »fertige Architekten auszubilden, sondern ihre Erlebnis- und Lernfähigkeit zu bilden, das weitere muß das Leben und der Lebenskampf besorgen. Es ist wichtiger, ihnen den Sinn für biologische Zusammenhänge, etwa für Fragen der Landschaftsgestaltung oder der Soziologie (!) zu erschließen, als ihnen das perfekte Wissen um die Chemie der Baustoffe einzutrichtern. Einen Monat hospitieren bei einer Wohnungspflegerin oder in einer Sozialverwaltung einer großen Stadt ist wichtiger, als ein Semester 4 Wochenstunden in Statik. – Das Wichtigste aber scheint mir zu sein, daß die jungen Menschen auf der Hochschule Persönlichkeiten, reifen Männern begegnen, die von ihrer Lebenserfahrung weitergeben. Es ist doch schön, wenn sie solchen begegnen, die sie verehren mögen. Und es scheint mir nicht so schlimm, wenn sie eine Zeitlang sich räuspern und spucken wie der Meister.«[45]

Mit einer sehr allgemein gehaltenen Entschließung zur Reform der Ausbildung von Architekten schließt der Kongreß ohne weitere Klärung der Standpunkte, deren Unterschiedlichkeit deutlich zutage getreten war; zu ungewiß war überdies noch der politische Rahmen, in dem die künftigen Ausbildungsgänge zu verankern wären.

Im alten Kreis

Angesichts des Ausgangs der Tagung mag manchem Teilnehmer deutlich geworden sein, welche Bedeutung in solchen Zeiten mangelnder gesellschaftlicher Organisation und Institutionalisierung den informellen Zusammenhängen zukommen konnte, zumal, wenn sich wechselseitige fachliche Wertschätzung mit persönlicher Freundschaft verband. So werden sich hohe Erwartungen auf das Treffen in Anholt gerichtet haben, zu dem vom 23. bis zum 25. August 1947 Wolters, Berlitz, Neufert, Gutschow, Hetzelt und Tamms zusammenkamen. Niemeyer und Rimpl, die ihre Teilnahme zugesagt hatten, erschienen nicht, ohne Angabe von Gründen. Nachdem ein »echtes westfälisches Eröffnungsessen« und die Begutachtung der Übernachtungsquartiere stattgefunden hatte, begann, wie im Tagungsbericht protokollarisch festgehalten ist, die »fachliche Aussprache in einem vom Fürsten Salm-Salm im Anholter Schloß zur Verfügung gestellten Raum«.[46]

Durch die Kämpfe im Frühjahr 1945 waren das westfälische Grenzstädtchen Anholt und auch das nahe Wasserschloß stark zerstört worden. Zur Aufstellung eines Bebauungsplans waren schon frühzeitig Wolters und Berlitz herangezogen worden, die hier nun über ihre Siedlungs- und Verkehrspläne berichteten. Neufert und Gutschow nahmen gleich kritisch Stellung dazu. Angesichts der Nähe zur holländischen Grenze schlägt Neufert launig vor, »durch dorfplatzartige Ausweitung der Hauptverkehrsstraße eine Art ›Holländerfalle‹ anzulegen, in der die holländischen Autofahrer Gelegenheit finden sollen, Einkäufe auf deutschem Boden zu tätigen und ihre Autos in unmittelbarer Nähe der Geschäfte und Gaststätten abzustellen«. Dies kam den Überlegungen entgegen, auch das Schloß stärker in den neu aufblühenden Ausflugsbetrieb einzubinden, da sich der Fürst nach anfänglichem Widerstand inzwischen darüber klar sei, »für die Erhaltung des umfangreichen Schlosses und seiner Schätze in irgendeiner Form einen aktiven Träger finden zu müssen«.[47]

Nach diesem ersten Planungsbericht und der anschließenden Diskussion vermerkt das von Tamms formulierte Protokoll, kaum mehr als zwei Jahre nach dem Ende des Weltkriegs und dem sogenannten »Zusammenbruch« des Deutschen Reichs: »Am Nachmittag um 17 Uhr wurden die Teilnehmer von den Damen des Hauses, der Fürstin Salm-Salm und ihrer kaiserlichen Hoheit, der Mutter des Fürsten, zum Tee empfangen, wäh-

renddem sich die Damen angelegentlich nach den Plänen und dem Fortgang der Tagung erkundigten.«[48]

Die versammelten Herren unterstützen den Fürsten mit ihrem fachkun-
digen Rat, der von wechselnden Auftraggebern über die Wechsel der politischen Systeme hinweg auch weiterhin gefragt sein wird; dessen kann
sich die Expertenrunde im Schloß sicher sein. Mit dem Selbstbewußtsein
einer Funktionselite, deren technische Kompetenz gerade durch die umfassende Zerstörung deutscher Städte wieder Gewicht gewinnt, wird die jüngste Vergangenheit eher als Ausgangspunkt neuer Perspektiven denn als
Ende einer Willkürherrschaft thematisiert, mit der die eigenen Karrieren
vor kurzem noch eng verbunden waren. Im Verlauf der Tagung berichten
Wolters und Berlitz über weitere Aufträge, Gutschow über seine Vorstellungen zur Neugestaltung der Innenstadt Kassels, Neufert – wie stets –
»über den Stand der Normung«, die er auch auf Möbelmaße angewandt
wissen möchte. Tamms berichtet über seine Lübecker Planung, die – im
Arbeitsstab begonnen und 1944 als Auftrag erteilt – »durch das Kriegsende eine Unterbrechung« erlitten habe, inzwischen aber wieder aufgenommen sei. Während sich Gutschow danach gegen »die gewaltsame Einfü-
gung eines großen städtischen Verkehrsplatzes« in den erhaltenen Stadtgrundriß Lübecks ausspricht, wendet sich Neufert umgekehrt gegen die
weitgehende Berücksichtigung der historischen Bestandteile der Stadt
und fordert mit Blick auf die »Verkehrsverhältnisse Nordamerikas« eine
auf fünfzig Jahre vorausschauende Planung; er weiß sich auf der richtigen
Seite. Wieder brechen die alten Konflikte auf, die indessen bereits auf die
späteren Kontroversen der siebziger Jahre verweisen, wenn Tamms etwa
meint, sich gegen Neufert verteidigen zu müssen: »Es sind nicht historische Reminiszenzen, die zu der vorgeschlagenen Wiederbebauung der zerstörten Gebiete der Stadtinsel führten, sondern gerade ganz moderne
Gesichtspunkte, die aus dem Wirtschaftsleben und den gesellschaftlichen,
soziologischen und kulturellen Bedürfnissen der Stadtbewohner entspringen. Das Stadtzentrum einer Stadt kann ja nicht allein nach Verkehrsbe-
dürfnissen reorganisiert werden, sondern hauptsächlich nach wirtschaft-
lich-geschäftlichen, da das Ziel dieses Verkehrs, der ja in der Hauptsache
und vor allem nicht in der Zukunft ein Durchgangsverkehr ist, gerade diese wirtschaftliche Mitte ist.« Solche Einsichten allerdings sollten erst spät
wieder breite Wirkung erzielen, als die wirtschaftsschädlichen Folgen der
dann von Tamms und anderen durchgesetzten Linie des »verkehrsgerech-
ten« Wiederaufbaus nicht mehr zu übersehen waren.

Bei der Verabschiedung der Gäste durch den Fürsten und den Bürgermeister wird ein nächstes Treffen im August 1948 vorgesehen. Zum
Schluß vermerkt das Protokoll: »Ein Abschiedsessen im Gasthaus Ohn-
stein, das während der zwei Tagungstage weder in Qualität noch Umfang
nachgelassen hatte, beschloß endgültig das Zusammensein der Architekten.«[49]

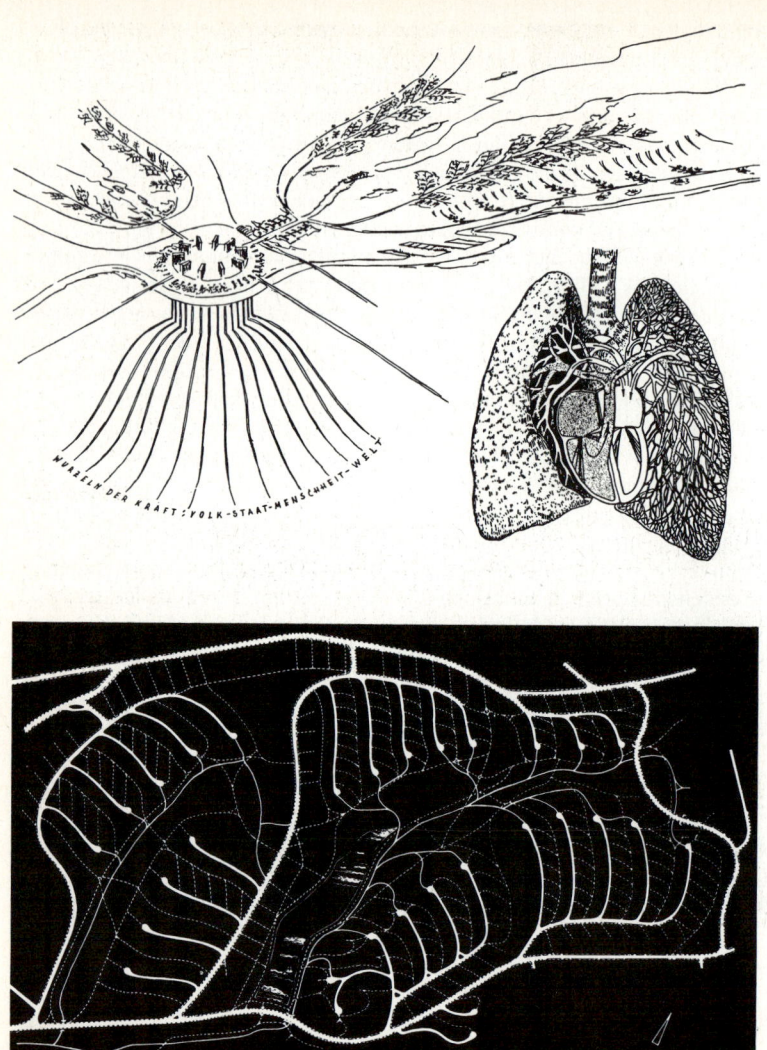

Hans B. Reichow: Schaubild einer organischen Stadtlandschaft. Planungs-
schema für eine autogerechte Stadt. Der Herz-Lungen-Kreislauf als Beispiel

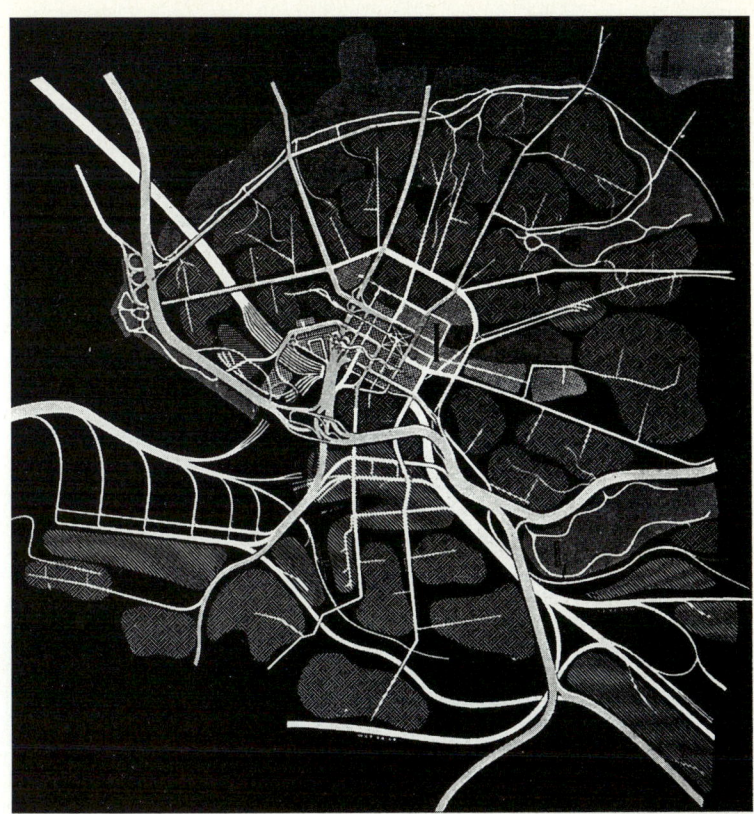

Wie die Masse der Menschen durch Gruppierung und Gliederung organisiert und übersichtlich gemacht wird, so kann auch der Stadtraum, die Masse der städtischen Baugebiete als das bauliche und räumliche Gefäß des menschlichen Lebens, nur durch Gliederung in überschaubare Einheiten geordnet, d.h. »organisiert werden.

Das bedeutet grundsätzlich die Aufgliederung der großen Masse großstädtischer Baugebiete, wie überhaupt jedes größeren, nicht einfach übersehbaren Stadtgebildes in mehrere in sich abgeschlossene Stadtbezirke, Stadtzellen, Nachbarschaften usw., die deutlich voneinander abzutrennen sind, bis zu einem gewissen Grade zu einem Eigenleben fähig sein und sich trotzdem in ihrer Gesamtheit zu einem größeren Ganzen fügen müssen.

Die Größe der einzelnen städtebaulichen Einheit wird sich dabei nach den verschiedenen Bedürfnissen des städtischen Zusammenlebens zu richten haben, muß also möglichst mit den verwaltungsmäßigen, schulischen, wirtschaftlichen und kulturellen Organisationsformen übereinstimmen. Je nach den besonderen örtlichen und zeitlichen Verhältnissen wird bald der eine, bald der andere Gesichtspunkt mehr im Vordergrund stehen, so daß die richtige Größe einer Nachbarschaft, einer Stadtzelle oder eines Stadtbezirkes sich von Fall zu Fall ändern kann. Die Aufgliederung der Städte und eine klare räumliche Trennung der einzelnen

Glieder durch Grünstreifen ist aus verschiedenen Gründen vorteilhaft. Auf diese Weise ist es nicht nur möglich, den Bedarf an Sport- und Spielplätzen u. dgl. in nächster Nähe der Wohnungen zu befriedigen, sondern auch jede Stadtzelle mit einer Zone intensiver Landwirtschaft, mit Erwerbsgärtnereien oder besser noch mit Nutzgärten der Bewohner zu umgeben. Wird so nicht nur das bebaute, sondern auch das unbebaute Gebiet wieder als wertvoller Teil des städtischen Lebensraums gewertet, so ergeben sich aus der Eigenart der Landschaft für eine biologisch verantwortungsbewußte Stadtplanung wichtige Hinweise. Die charakteristischen Landschaftszüge, Höhen und Niederungen, Täler und Flußläufe, werden als natürliche Nichtbaugebiete den Verlauf der trennenden Grünzüge mitbestimmen. Dann geht die Landschaft nicht mehr im Häusermeer unter, sondern zieht sich in ihren bezeichnenden Linien durch das Stadtgebiet hindurch. Die Wasserläufe können, statt kostspielig eingerohrt zu werden, in vielen Fällen das Oberflächenwasser auch der bebauten Gebiete aufnehmen, so daß der Wasserhaushalt der Natur und damit das natürliche Klima als wichtige Grundlage der pflanzlichen, tierischen und menschlichen Lebens noch in der Stadt ungestört erhalten bleibt. Aus der sterilen Wüste oder Steppe der Stadt wird dann eine lebensvolle »Stadtlandschaft«.

Johannes Göderitz, Hubert Hoffmann, Roland Rainer: Schema der gegliederten und aufgelockerten Stadt

Ein kurzes Licht auf die neben den protokollierten Berichten geführten Gespräche wirft ein Schreiben von Neufert an Wolters nach dieser Tagung. Darin wird zunächst bestätigt, wie wichtig es gewesen sei, den Kreis klein zu halten; und nur wohl überlegt dürften Erweiterungen zugelassen werden. Dabei ist ihm vor allem Rudolf Hillebrecht außerordentlich wichtig. Noch dringlicher allerdings wäre es nach den »Erfahrungen, die ich nun mache«, auf Politiker Einfluß zu nehmen, z. B. auf Bürgermeister größerer Gemeinden, die eigentlich von Universitäten für diese Position ausgebildet werden müßten, um als Bauherren kompetent Entscheidungen treffen zu können: »Aber auch dafür muß man erst mal Lehrkräfte haben. Ich denke da beispielsweise an Leute wie Bürgermeister Adenauer in Köln, der früher in Köln bewiesen hat, wie eine Stadt genau wie ein Industriewerk progressiv geleitet werden muß. Der langen Rede kurzer Sinn – wo also sind Leute wie Adenauer!, die von Bauherrenseite aus Wesentliches dazu zu sagen haben.«[50]

Begeistert berichtet Neufert von einer Reise, die er auf Einladung französischer Stellen durch das Saargebiet unternommen hatte. Dabei habe er die Pläne für Saarbrücken und Saarlouis gesehen, die ihm einmal mehr gezeigt hätten, wie wichtig es sei, Gedanken über die weiteren Planungen auszutauschen.

Zu diesem Zweck wurde für August 1948 die zweite Zusammenkunft des »Anholter Kreises« vorgesehen, die dann allerdings ausfallen mußte. Die Westzonen wurden zusammengeschlossen, die Währungsreform folgte. Die gesellschaftlichen Verhältnisse wurden überschaubar, und so konnten sich auch die Mitglieder des »Anholter Kreises« und ihre Kollegen vom Arbeitsstab wieder auf längere Sicht orientieren. Man stellte sich um, stellte sich ein auf die neuen Verhältnisse. Wolters und Berlitz blieben als Berater für kleinere Gemeinden in der heimatlichen Umgebung tätig und begannen, Schulen zu bauen. Neufert baute, neben seiner Professur, in Darmstadt sein Büro aus und verbreitete mit wachsendem Erfolg seine *Bauentwurfslehre,* die zu einem Standardwerk der Nachkriegszeit wurde und 1958 die zwanzigste Auflage erreichte. Hetzelt wirkte weiter als Stadtplaner in Oberhausen, Rimpl organisierte den Wiederaufbau von Mainz, und Tamms nahm Kontakte nach Düsseldorf auf. Niemeyer war Landesrat in Bielefeld, dort fand auch Dustmann als Architekt wieder Arbeit. Rudolf Hillebrecht war Stadtbaurat in Hannover geworden und arbeitete wieder mit Konstanty Gutschow zusammen, der dort als Berater für Wiederaufbaugemeinschaften tätig war. Zu weitem Ruf kam inzwischen Gutschows Kollege und Hamburger Nachbar Hans Bernhard Reichow, der seine in der *Ostraum-Planung* dargelegten Gedanken einer »organischen« Stadtanlage in den populärwissenschaftlichen Büchern *Organische Baukunst* und *Organische Stadtbaukunst. Von der Großstadt zur Stadtlandschaft* verbreitete, die zu Bestsellern der Fachliteratur wurden. Sein Buch *Die autogerechte Stadt,* 1959 mit *Förderung durch das Bundesministerium für Woh-*

nungsbau herausgegeben, gab einer ganzen Epoche ihr Thema.[51] Von Kollegen als »Prinz Bernhard von Organien« bespöttelt, reiste Reichow mit Vorträgen durch viele Städte im In- und Ausland, plante zahlreiche neue Siedlungen, von Nürnberg bis Hamburg, von Saarlouis bis Sennestadt – und prägte die Sprache der Planer.

Sein ehemaliger Berater-Kollege im Büro Gutschow, der Bremer Oberbaurat Wilhelm Wortmann, ist nach Entlassung aus seinem Amt 1945 als Berater von Wiederaufbaugemeinschaften in Bremen tätig und gewinnt dadurch wesentlichen Einfluß auf die Entwicklung der Stadt. Schon im Sommer 1945 hoffte er, demnächst »eine Neubearbeitung des Generalplanes in Angriff nehmen zu können«. Dies teilt der ehemalige Abteilungsleiter des GBI Speer als »Baudirektor Hans Stephan, z. Zt. Osterode/Harz« dem zuständigen Bremer Senator in einem Brief vom 10. Juli 1945 mit, in dem sich Stephan im Einvernehmen mit Wortmann um eine Stelle in der Hansestadt bemüht. »Ich darf bei dieser Gelegenheit persönlich bemerken, daß mir auch innerhalb der Neuplanung von Berlin nicht die Planung der ›kalten Pracht‹ obgelegen hat, sondern von Anfang an die Planung des Verkehrsnetzes, des Wohnungsbaues und der Gewerbefragen. Die Planung und Leitung der übersteigerten Monumentalität lag in anderen Händen. Ich habe bei dieser umfassenden Facharbeit immer die Richtschnur vertreten, daß ein Stadtkörper nicht nur ein in allen Teilen harmonisch funktionierender, lebensvoller Organismus, sondern auch ein betont *soziales* Wesen sein muß, in dem die Forderungen gesunden Wohnens und Entspannens neben den Belangen von Verkehr und Wirtschaft obenanstehen müssen und im Ganzen die Wirtschaftlichkeit gewahrt sein muß. Gut eingearbeitete Mitarbeiter stehen mir zur Verfügung. Das große Unglück (!), das über unsere Städte gekommen ist, birgt zugleich die einmalige Chance in sich, vieles nun von Grund auf gut zu machen, was früher nicht möglich war. Auch unter unseren heutigen Verhältnissen, die uns in jeder Weise zur Bescheidenheit zwingen, dürfen wir dieser Erkenntnis nicht ausweichen.«[52] In Bremen hatte Stephans Bewerbung keinen Erfolg, doch konnte er später in Berlin einen neuen Anfang finden und zum leitenden Senatsbaudirektor aufsteigen.

Die für 1948 vorgesehene Tagung des »Anholter Kreises« fiel aus. Umso heiterer traf man sich ein Jahr später, im August 1949, in Coesfeld, dem Wohnort von Wolters. Die ersten Erfolge auf dem Weg zur neuen Republik waren – alles in allem – doch Grund genug, die in einem Gruppenbild festgehaltene gute Laune dem verehrten, noch im fernen Ankara weilenden Lehrer Bonatz mitzuteilen. Wolters schreibt am 17. Dezember 1949 an Bonatz[53]:

»Vor einiger Zeit hatte ich in Coesfeld die Mitglieder meines früheren Arbeitsstabes aus Berlin versammelt. Es war die zweite Zusammenkunft nach dem Kriege. Ich führe Dir die einzelnen Männer im Bilde vor. Du kennst sie mehr oder weniger.

An der Spitze Freund *Tamms,* der über seine etwas sehr kühne Düsseldorfer Planung vortrug. Er ist allen anderen, die hier abkonterfeit sind, weit voraus, Hettlage vielleicht ausgenommen. Ich freue mich so sehr darüber, mit welcher Sicherheit und bärenhaften Ruhe er dieses schwierige Unternehmen in Düsseldorf durchsteht.

Der zweite hier ist nicht etwa der Präsident von Bolivien, es ist auch nicht der Ex-Boxweltmeister, es ist *Ernst Neufert.* Er ruht auf dem bombensicheren Fundament des von ihm erfundenen Rasters und mit seiner Entwurfslehre verdient er erneut, nachdem sie wiederaufgelegt ist, viel Geld.

Gutschow hatte sich für die Tagung in Coesfeld das Thema der Aufbaugemeinschaften Hannovers vorgeknöpft. Nach seinem Vortrag entspann sich eine lebhafte Diskussion, weil einige Männer es nicht lassen können, diesem hervorragenden Theoretiker und Systematiker mit dummen Fragen aus der Praxis zu kommen. Das Bild zeigt ihn in einem gewissen Erschöpfungszustand. Ich muß dabei immer an den Direktor der bekannten Irrenanstalt denken, der seinem Besucher ein großes Schwimmbad zeigte, von dessen 5 m-Brett die Irren mit großen Geheul und Gelächter in das Becken sprangen. Als sich der Besucher, der dies von weitem sah, anerkennend über diese Einrichtung äußerte, da sagte der Direktor der Irrenanstalt: ›Was meinen Sie wohl, was meine Patienten einen Spaß hätten, wenn da Wasser drin wäre.‹ Sieht er nicht aus, wie nach dem Kopfsprung in das wasserlose Becken?

Der nächste Herr hat sich verpflichtet gefühlt, sich einen Bart wie Elkart wachsen zu lassen, nachdem dieser ihn für den Stadtbaurat-Posten in Oberhausen empfohlen hatte. Irgendwie könnte dieser frühere Leibarchitekt Hermanns auch der Oberammergauer Schauspieler Loisl Hinterhuber sein, Barrabam darstellend. *Hetzelt* hat es übrigens sehr schwer in Oberhausen. Er trug über seine Planung vor, an der er seit drei Jahren brütet. Er versucht mit Gewalt eine große Achse durch Oberhausen zu legen, eine Art Königsallee, anstatt den Wirtschaftsplan zu ordnen, ein Thema das voller Probleme ist. Man braucht nur an die Verlagerung der Zechen zu denken, an Bergschäden und Emscherverlegungen. Mit seiner Königsallee ist er natürlich nicht durchgekommen. Nach den Sitzungen der Gemeindevertretungen blieb ein kleines Axlein übrig und ich konnte mich nicht enthalten, nach dem Vortrag zu sagen: Berge kreißen und ein Mäuslein wird geboren.

Dustmann. Dies ist kein Filmschauspieler, der ein festes Engagement hat, sondern der ehemalige Reichsehrendolchinhaber einer gewissen organisierten Jugend. Seine Planungen für Herford und Lengerich in Westfalen wurden von Neufert und Niemeyer aufs schärfste angegriffen. Die Einwände waren nicht schlecht, aber der Verfasser ging lächelnd darüber hinweg, denn die vielen Preise, die er nach 1945 in Wettbewerben gewonnen hat, haben sein Selbstbewußtsein ungeheuer gestärkt, so daß er leider einer Kritik, auch wenn sie sachlich ist, nur sehr schwer zugänglich ist. Dieses hier ist weder der Abgeordnete einer konservativen Partei noch ein Erbhofbauer, noch etwa ein hoher protestantischer Würdenträger, es ist *Niemeyer,* der uns auf der Tagung seine Paderborner Planung, die ich für ausgezeichnet halte, vortrug. Leider passierte während dieses Vortrages etwas, was ich vorausgesehen hatte, und etwas zweites, das ich nicht vorausgesehen hatte. Da Niemeyer einen Lichtbildvortrag hielt, mußten wir bis um 9.30 Uhr warten, da es vorher nicht dunkel war. Wir hatten um 9 Uhr im Garten meines Ateliers zu Abend gegessen und mit einer Pfirsichbowle begonnen. Als der Vortrag dann begann, wurde gerade die dritte Bowle aufgetragen, die während des Vortrages geleert wurde. Die Zuhörer erlaubten sich Zwischenrufe, die nicht immer ganz parlamentarisch waren. Ich hatte nun damit gerechnet, daß wenigstens der Vortragende nüchtern blieb. (...)

Dieser freundliche Herr, der so aussehen dürfte, wie ein bekannter Clown vor seinem Heim (Privataufnahme) ist *Hettlage,* als er merkte, daß er den Löwenanteil der Kosten dieser Tagung zu bezahlen hatte. Vorher, als ich ihn einlud, nach Coesfeld zu kommen zu den Architekten, da schrieb er mir, er wolle unter uns weilen, wie der zwölfjährige Knabe im Tempel. Ob dieser Knabe damals auch ein Scheckbuch bei sich hatte? Als Beobachter aus Verlegerkreisen nahm Günther *Wasmuth* an der Tagung teil. Als ich meinem Dienstmädchen die Aufnahme zeigte und es fragte, was ist dieser Mann wohl im Beruf, meinte sie: Oberpostsekretär. Ich finde das übertrieben. Zum Schluß gebe ich noch das Bild meines Kompagnon, des gewesenen Ministerialrates *Berlitz,* der behauptet, daß er von Gustav Adolf von Schweden abstamme.«

Erstaunt mag Bonatz den Übermut seiner Kollegen zur Kenntnis genommen haben. Bald machte auch er in Deutschland wieder von sich reden. 1950 erschien seine Autobiographie *Leben und Bauen,* in der er sich nahezu als Widerstandskämpfer darzustellen versuchte.[54] Wie einige andere Kollegen wurde auch Tamms von Bonatz, von Istanbul aus, um eine Besprechung des Buches gebeten; um seinen Einfluß und Ruf auch im Nachkriegsdeutschland zu sichern, war Bonatz wohl keine Mühe zuviel. Selbst auf weite Entfernungen hin erwiesen sich die alten Verbindungen als tragfähige Grundlage für Planungen im Nachkriegsdeutschland, in dem Bonatz wiederholt zu Gast war. Schon im Herbst 1948 reiste er gemeinsam mit seinen Kollegen Dübbers, Schmitthenner und anderen auf Einladung der französischen Besatzungsmacht zur Begutachtung von Wiederaufbauplänen durch Städte der französischen Zone[55]; seitdem waren auch ihm die schwierigen deutschen Nachkriegsverhältnisse einigermaßen vertraut, in denen sich seine Schüler und Freunde inzwischen wieder erfolgreich zurechtzufinden begannen.

Der Wechsel in das neue Jahrzehnt und die Anfänge der eben gegründeten Bundesrepublik stellten durch die drängenden Bauaufgaben den Architekten weitere Aufträge und Erfolge in Aussicht. Das Büro von Berlitz und Wolters war konsolidiert, ihre prominente Rolle im Nazi-Deutschland war der Auftragslage des Büros nicht abträglich gewesen. In den Erscheinungsformen ihrer Bauten freilich hatten sie sich den Anforderungen der neuen Zeit weitgehend angepaßt. Im Übergang in die fünfziger Jahre gibt es bereits so viel zu tun, daß ein Zweigbüro in Düsseldorf eingerichtet wird. Aufträge und Wettbewerbserfolge haben dort sicheres Einkommen verschafft. Neben Bebauungsplänen führt Wolters bald Hochbauten aus, die den Rahmen der Coesfelder Projekte sprengen. Nach einem Wettbewerb 1950 baut er das Polizeipräsidium Dortmund, mit Trakten für Werkstätten, Garagen, Kriminalpolizei und achtgeschossigem Verwaltungsgebäude; in Bonn folgt das Hotel *Königshof* in einem Park am Rheinufer. Dort hatte kurz zuvor Hans Freeses Entwurf für die Gebäude des Auswärtigen Amtes der neuen Regierung die Zustimmung des Gutachterausschusses gefunden.

Auch in den Jahren nach 1945 haben sich die persönlichen wie fachlichen Beziehungen zwischen einigen Kollegen des Wiederaufbaustabs gehalten. Man besucht sich, berät miteinander anstehende Planungsprobleme und versucht, soweit möglich, Aufträge in bewährte Hände zu legen. So kann Wolters z. B. auch in Oberhausen einige Projekte realisieren, die ihm Hetzelt vermittelt, der dort inzwischen das Amt des Stadtbaurates übernommen hat. In der entspannenden Gewißheit beruflichen und wirtschaftlichen Erfolgs treffen sich die Kollegen des Arbeitsstabs 1950 ein drittes und letztes Mal als »Anholter Kreis«: Fünf Jahre nach dem sogenannten »Zusammenbruch« kann eine erste Bilanz der Aufbauleistungen gezogen werden. Bei diesem Treffen sind neben Wolters, Berlitz, Gutschow, Tamms, Neufert und Hetzelt auch Niemeyer, Dustmann und Hübotter anwesend, sowie ein italienischer Kollege namens Lenzi, der über entsprechende Probleme in seinem Land zu berichten weiß, und der Hamburger Physiker Pascual Jordan, geladen als Gesprächspartner für den philosophischen Teil der Debatten.[56]

Bei diesem Treffen sind nun nicht mehr oder minder fiktive Planungen, sondern konkrete Entwürfe im Übergang zur gebauten Form zu besprechen. Dabei treten auch Skrupel und Fragen zutage, die der an den Entwürfen ablesbare neue *Zeitgeist* weckt: Wo liegt die Grenze zwischen notwendiger Anpassung an das neue, symbolisch neutralisierte Formenrepertoire der neu entdeckten Moderne – und wo wird Verrat geübt an den eben noch weltanschaulich vertretenen Gestaltungsprinzipien?

Offen diskutiert man Fragen notwendiger Neuorientierung und macht sich Mut zur Standortbestimmung in der neuen Republik: Damals wie heu-

Rudolf Wolters: Umbau der zerstörten Jesuitenkirche, Coesfeld 1946

Industriekreditbank in Düsseldorf 1955   Polizeipräsidium in Dortmund 1958

te brauche man eben nur Fachmann zu sein, um politische Verdächtigungen weit von sich weisen zu können. Dennoch gab es offenbar Grauzonen in der diskreten Sicherung der Kontinuität, wie selbst ein scheinbar nebensächliches Beispiel aus der Kette der erörterten Planungen zeigt. Gutschow hatte den ersten Preis im Wettbewerb um das Verwaltungsgebäude der Firma Continental in Hannover gewonnen; dennoch sollte der mit drittem Preis ausgezeichnete Entwurf eines anderen Architekten ausgeführt werden, da sich dieser – anders als Gutschow – bemüht hatte, die Trennung zwischen Direktoriums- und Angestelltenbereich architektonisch aufzuheben. Die Sichtbarkeit der sozialen Hierarchie in Gutschows Planung sowie das erhabene Zurücktreten des Gebäudes aus der städtebaulichen Umgebung insgesamt führte zu Debatten, die schließlich in einem Briefwechsel zwischen Wolters und Gutschow eine Fortsetzung fanden, in dem Wolters seinem Kollegen Mut zuzusprechen versuchte. »Der Gedanke des abgesonderten Direktoriumsgebäudes hat etwas Hierarchisches, Ordnendes, Über- und Unterordnendes, eben ganau das, was der Architekt sucht, wenn er ein Programm in die Finger bekommt. Eigentlich müßte der Bauherr der Ordnende sein, aber er ist es nun einmal nicht. Und da hilft meiner Ansicht nach nichts, man muß den bauherrlichen Willen unbedingt erfüllen – auch das ist Aufgabe des Architekten, ist gerade seine Aufgabe, Wege zu suchen, die der bauherrliche Wille nun einmal durchzusetzen versucht.«[57] In Antizipation der anzunehmenden Absichten des jeweiligen Bauherren seien auch die Repräsentationsbedürfnisse eines aufstrebenden Konzerns nach bewährten Mustern zu interpretieren: »Andere Beispiele wüßte ich noch, aber ich getraue mich kaum, es auszusprechen, ich glaube, ich habe es auf der Tagung schon angedeutet. Es war die Konzeption Hitler-Speer, alle Ministerien so zu bauen, daß man ein kleines Direktionsgebäude an die Nord-Süd-Achse postiert und mit gebührendem Abstand im Hintergrund die Verwaltungskaserne der Beamten. Dieser Gedanke, der Ihnen mit anderen Vorzeichen ebenso richtig vorschwebt, ist allerdings nur sehr selten in neuerer Zeit verwirklicht worden.«

Doch nicht nur in Fragen des politischen Gehalts symbolischer Formen repräsentativer Architektur, sondern auch bei Aufgaben des Wohnungsbaus und der Siedlungspolitik standen Probleme der Kontinuität angesichts der erzwungenen Anpassung im Vordergrund der Debatten. Auch Wolters und Dustmann sprechen von ihren Schwierigkeiten mit den Versuchen, die neue Demokratie in Architektur anschaulich werden zu lassen: So seien etwa von der Regierung in Düsseldorf für den Schulbau Forderungen aufgestellt worden, die für jeden Klassenraum eine andere Lage und Form wünschen – damit »jeder Anschein von Militarismus weggewischt« sei.[58]

Der Verlust vertrauter Gestaltungsprinzipien und Entscheidungsmechanismen macht manchem zu schaffen. So berichtet Tamms, er habe zwei Jahre gebraucht, »um den Haus- und Grundstücksverein niederzukämpfen«[59]. Ein weiterer Gegner oder Kontrahent sei die Gemeinschaft der Stadtvertreter, ein dritter, gewissermaßen ein persönlicher Gegenpol, der Vorsitzende des Planungsausschusses, der »vom ersten bis zum letzten Augenblick die Planung bekämpft« habe. Stolz verweist Tamms auf Erfolge, die ihm trotz aller Widrigkeiten gelangen. Voraussetzung dafür sei eine breite Öffentlichkeitsarbeit gewesen, insbesondere eine große Ausstellung zur Stadtplanung und eine Reihe von Vorträgen in Düsseldorf, mit deren Hilfe er seine Pläne gegen alle Widerstände durchzusetzen vermochte.

Im Oktober 1949 hatte Tamms die Ausstellung *Stadtplanung Düsseldorf* Presse und Rundfunk vorgestellt, danach gemeinsam mit dem Oberstadtdirektor und Oberbürgermeister eröffnet. In öffentlichen Veranstaltungen in verschiedenen Sälen der Stadt war er gemeinsam mit dem Oberbürgermeister aufgetreten und hatte zu speziellen Fragen – »Was kostet die Durchführung der Planung?« – auch Hettlage als Redner eingeladen. Zu einer weiteren Ausstellung »Stadtplanung in Deutschland« waren als Redner die Professoren Mehrtens aus Aachen und Freese aus Berlin geladen. In einem umfangreichen Referat legt Tamms seinen Kollegen nun in Coesfeld seine Überlegungen zur »Methodik der Stadtplanung in Düsseldorf« vor, in der kommunaler Öffentlichkeitsarbeit eine wesentliche Bedeutung zugewiesen wird. Weiter berichtet er über die Planung für die Trabantenstadt Neu-Lichtenbroich, die als eine geschlossene Siedlungseinheit für Flüchtlinge im Stadtgebiet von Düsseldorf konzipiert war und im »Stoßprogramm 1950« realisiert werden sollte. »Die Stadt sieht hierin einen Vorteil gegenüber der Zersplitterung in viele Einzelmaßnahmen. Die durch die Zersplitterung erstrebte Assimilierung der Flüchtlinge ist fast immer illusorisch, da Menschen sich nicht in der ersten Generation assimilieren.«[60] Ausführlich wird die Planung vorgestellt; nach ähnlichen Prinzipien hatte Niemeyer die Flüchtlingsstadt Espelkamp konzipiert. Dieser erläutert nun seine Gedanken zum Wiederaufbau der Stadt Bielefeld, für die er als Landesplaner zuständig war.

Wolters begrüßte diese beiden Planungen für spezielle Flüchtlings-Städte als Wiederaufnahme eines schon 1946 von ihm formulierten Gedankens zu einer neuen Stadt *Maria Veen*. Nach seinem Konzept sollten Flüchtlinge »landsmannschaftlich und massiert angesiedelt« werden. Dieses geplante Unternehmen war jedoch daran gescheitert, daß sich bei maßgebenden Stellen die Meinung durchgesetzt hatte, von vorneherein sei eine Mischung von einheimischer Bevölkerung und Flüchtlingen vorzusehen. Ermutigt durch die Planungen zu Espelkamp und Neu-Lichtenbroich faßt Wolters im Oktober 1950 seine Gedanken zu Maria Veen noch einmal zusammen; er formulierte in der gewohnten Terminologie selbstbewußter NS-Technokraten: »Man muß sich dabei ins Gedächtnis rufen, daß auch die großen Kolonisatoren vergangener Zeiten die Umsiedler sich nicht in das Gastvolk haben zerstreuen lassen, sondern sie geschlossen angesetzt haben.«[61] Deutlich werden dabei auch politische Motive der Planung benannt, durch die Architekten weiterhin über das Schicksal von Menschen meinen verfügen zu können: »Der Ostvertriebene, der sich beispielsweise 20 Jahre lang ohne eigenen schöpferischen, arbeitlichen Vorstoß hat ›betreuen‹ lassen, um auf die Rückkehr zu warten, hat zu diesem Unternehmen keine Spannkraft mehr. Er hat auch das moralische Recht zu einer Rückkehr verwirkt. Mit starkem Willen und an Erfahrungen bereichert, wird er aber zurückkehren können, wenn er sich in der Zwischenzeit aufs äußerste bemüht hat.«

Doch nicht nur anhand von Planungen sollte hier über das Verhältnis von Geschichte und Zukunft Deutschlands gesprochen werden. Zur Erweiterung des Horizonts wurde ein philosophisches Intermezzo eingefügt, in dem man gemeinsam das seinerzeit höchst populäre Buch *Verlust der Mitte* von Hans Sedlmayr diskutierte. Dabei wurden die unterschiedlichen Orientierungen der Beteiligten besonders deutlich. Während die einen im Verlust vorgegebener Werthierarchien zugleich den der sogenannten inneren Mitte der Menschen sahen und Parallelen zur Entwicklung der Innenstädte zogen, in deren Mitte nun triviale »Geschäftsbauten« – als Zeichen kulturellen Verfalls – an die Stelle der »Bauten der Gemeinschaft« traten, hielten andere – wie Neufert – solche Überlegungen für überflüssig, zumal sie sich an dem Buch eines Kunsthistorikers festmachten. Das Protokoll notiert: »Neufert gibt seiner Überzeugung sehr deutlich Ausdruck. Alle Kunsthistoriker seien überflüssig. Wir seien deswegen unfähig, künstlerisch schöpferisch tätig zu sein, weil wir einen Riesenballast von Geschichte mit uns herumtrügen.« Neufert bezieht deutlich Gegenposition, und so nimmt es nicht wunder, wenn im Protokoll ironisch festgehalten wird: »Neufert kapriziert sich auf die flachen Dächer. Er erklärt, Dustmann verstehe davon nichts, weil er keine Erfahrung habe. Niemeyer weist diesen Ton sofort scharf zurück, und Wolters bittet die Herren, falls sie sich tätlich auseinandersetzen wollen, sich auf den Rasen vor das Büro zu begeben.«[62]

Wie tief die Meinungsunterschiede inzwischen sind, zeigt sich auch daran, daß Wolters zum Problem der »Mitte«, das ihn noch bis in die siebziger Jahre hinein auch publizistisch beschäftigen wird, einen Briefwechsel mit Sedlmayr führt, in dem dieser Wolters schließlich dazu auffordert, die von Wolters genannten »positiven Ansatzpunkte einer neuen Architektur« zusammenfassend darzustellen und der »schlechten Modernität« gegenüberzustellen.[63] Noch allerdings konnte man sich bei diesem dritten »Anholter Treffen« von großen Aufgaben und neuen Erfolgen in neuen Positionen berichten – wohl schon in der Gewißheit, daß durch berufliches und persönliches Zusammenwirken weitere Einfluß- und Aufgabenfelder zu erschließen sein würden, ohne daß dies in dieser Republik noch weiterer Diskretion bedürfte. Ja, man plant sogar, die in diesem Kreis entwickelten Gedanken in eine breite Öffentlichkeit zu tragen. In einem ausführlichen Briefwechsel verständigen sich Tamms und Wolters darüber, daß es an der

Zeit sei, eine eigene Zeitschrift herauszugeben, in der man – unter dem programmatischen Namen *Die Ordnung* – eigene Vorstellungen vom künftigen Deutschland entwickeln könnte. Man würde ja bereits über ein Netz kompetenter Fachautoren und Korrespondenten verfügen, die schon nach wenigen Jahren eine erfolgreiche Berufspraxis in der neuen Republik vorweisen könnten.[64] Den aufstrebenden Architekten aus dem Kreis um Speer – auch den ehemaligen SS- oder SA-Leuten – stand eine gesicherte Zukunft bevor: Durch den wirtschaftlichen Aufschwung – und unterstützt durch ihre weitreichenden Verbindungen – werden sie bald zu großen Aufträgen kommen. Der Plan zur Gründung einer Zeitschrift wird aufgegeben; die Baupraxis drängt. Inzwischen heizt ein nächster Krieg, der in Korea, die Wirtschaft an.

Nach einem Wettbewerb 1955 baut Wolters die Industrie-Kreditbank, 1957 das Kunsthaus Conzen in Düsseldorf. Diese Stadt ist zu einem festen Standort geworden, an den ihn nicht nur die Aufträge und sein Zweigbüro binden; denn häufiger Auftraggeber, Partner und Berater ist hier ein Kollege und Freund, der ihn seit Jahren mit großer Aufmerksamkeit bedachte: Friedrich Tamms, »Professor«, wie er stets betont und unterzeichnet, nun Stadtplaner in Düsseldorf und von erheblichem Einfluß bei öffentlichen wie privaten Auftraggebern, dazu oft gefragtes und hoch geschätztes Mitglied von Preisgerichten bei Architekturwettbewerben in jener Zeit. Ausgestattet mit einer heute für einen Stadtbaurat unvorstellbaren Machtfülle, hatte es Tamms verstanden, in Düsseldorf einen vertrauten Kreis von Kollegen um sich zu scharen und mit wechselnden Aufträgen zu beschäftigen. Neben und nach den von Wolters organisierten Treffen wird die Planung in Düsseldorf die zweite Drehscheibe der Kollegen des Wiederaufbaustabs, die im deutschen Wirtschafts-Wunder auf neue Wege führt.

Zentrum Düsseldorf

Friedrich Tamms war in der Verteilung der Zuständigkeiten des Wiederaufbaustabs als Planer für Lübeck eingesetzt worden, wohin er im Frühjahr 1944 gemeinsam mit Wolters reiste. Auf Veranlassung des Gauleiters waren die beiden Gäste dort von einem Stadtrat empfangen worden; der Stadtbaudirektor trug ihnen den Generalbebauungsplan vor. Im April 1944 hält Wolters in einer Aktennotiz fest: »Tamms wird sich in nächster Zeit nach Lübeck begeben, um mit der Planung zu beginnen.«[65] Tatsächlich gelingt es Tamms, noch 1944 in Lübeck die Planung aufzunehmen, die durch das Kriegsende wirklich nur vorübergehend unterbrochen wird. Auf Wunsch des Stadtbaudirektors, mit dem er zuvor schon die Mängel des vorliegenden Generalbebauungsplans erörtert hatte, setzt er auch nach dem Ende des Krieges seine Tätigkeit in Lübeck fort, um zumindest für die engere Innenstadt eine in sich abgeschlossene, in einer umfangreichen Denkschrift erläuterte Planung vorzulegen. Bevor es jedoch zu ersten Schritten der Realisierung kommt, drängt es Tamms zu neuen Aufgaben.

1947 wird er nach Ankara als Stadtbaurat gerufen. Hier hofft Paul Bonatz auf einen neuen, alten Kollegen. Da jedoch keine Ausreisegenehmigung erteilt wird, nimmt Tamms im Dezember 1947 ein anderes Angebot an. Aus Düsseldorf war angefragt worden, ob er sich nicht für das Planungsamt der Stadt zur Verfügung stellen könne. In diesem Zentrum wirtschaftlicher Macht, das nicht zufällig »Schreibtisch des Ruhrgebiets« genannt wird, waren freilich Aufgaben anderer Größenordnung zu lösen als im beschaulichen Lübeck; als Zentrum der Industrie und Hochfinanz bot die Metropole am Rhein auch weit größere finanzielle Ressourcen zur Realisierung von Plänen. Und wichtiger noch: Tamms konnte hier auf Leute zählen, die ihn in das gesellschaftliche Leben der Stadt einführen und über Möglichkeiten politischer Einflußnahme aufklären konnten. Tamms' Studienfreund Helmut Hentrich zum Beispiel, der vom Wiederaufbaustab als Planer für Krefeld und Oberhausen vorgesehen war, betrieb mit seinem Partner Heuser in Düsseldorf ein gut eingeführtes Büro. Und mit Werner Schütz, dem einflußreichen Düsseldorfer Rechtsanwalt und späteren Kultusminister von Nordrhein-Westfalen, wird Tamms ebenfalls bald freundschaftlich verbunden sein. Landwirtschaftsminister der Landesregierung mit Sitz in Düsseldorf ist inzwischen Heinrich Lübke, der sich erfolgreich für die Entnazifizierung seines Kollegen Wolters eingesetzt hatte. Kurzum, die Bedingungen für einen neuen Start sind günstig, und so nimmt Tamms im April 1948 das Angebot an, sich im Planungsamt für den Wiederaufbau Düsseldorfs zu verwenden. In einer Festschrift der Stadt zum

75. Geburtstag von Tamms heißt es 31 Jahre später: »Diese Stadt bot ihm, was er suchte – eine Aufgabe. Das zerstörte Düsseldorf mußte kommenden Anforderungen angepaßt werden. Platz für neue Verwaltungen, für die Landesregierung, für Handwerk, Dienstleistungen, neue Verkehrswege waren zu schaffen. Der Strom lockte zudem den Brückenbauer. Erste Überlegungen zu einer ›Brückenfamilie‹ keimten. Das Thema ›Hochhäuser‹ drängte sich auf.«[66]

Mit vielseitiger Schützenhilfe und Unterstützung, vor allem durch seinen Vorgesetzten, den Beigeordneten Schreier, kommt Tamms erstaunlich schnell voran. Schon in den ersten Monaten plant er eine durchgreifende Neuordnung. Im Stadtkern waren 85 Prozent aller Gebäude zerstört oder beschädigt, doch hatte sich die Stadt bis zum April 1948 wieder mit fast einer halben Million Einwohner gefüllt. Zur Vorbereitung seiner Planung kann Tamms bereits auf Vorarbeiten zurückgreifen, die angesichts der gewaltigen Zerstörungen eine völlige Neuordnung des Verkehrs mit breiten Straßendurchbrüchen vorsahen. Diesem Plan, der vom Leiter des Vermessungsamtes vorgelegt und bereits nach Kosten und Umlegungsverfahren durchkalkuliert war, hatte die Stadtverordnetenversammlung im Dezember 1947 ihre Zustimmung gegeben; ein Antrag auf Verhängung der Bausperre war ebenfalls in diesem Monat gestellt worden. Bausperre wie Planungsvorschlag hatten zu großer Unruhe vor allem unter Geschäftsleuten und Hauseigentümern geführt, so daß im April 1948, gerade zu Tamms' Amtsantritt, der Haus- und Grundbesitzerverein eine Denkschrift veröffentlicht hatte, die per Post an viele Interessenten verschickt worden war. An die Adresse Hentrichs gerichtet, der für Tamms' Unterkunft sorgt, findet dieser den Wortlaut der Erklärung vor, die von der These ausgeht: »Die gegenwärtigen chaotischen Zustände im öffentlichen Leben wie in der Wirtschaft lassen nach unserer Meinung eine so umfassende Planung auf lange Sicht gar nicht zu.«[67] Auf diesen Protest gegen jede übergreifende Planung reagiert Tamms prompt und gibt dem Verein der Haus- und Grundeigentümer leicht faßbaren Nachhilfeunterricht in Sachen Planung. In seiner Antwort beschreibt Tamms die Stadt mit eingängigen Bildern als einen Organismus, dessen Wachstum einer steuernden Planung und Pflege bedarf, indem der Planer gleichsam als Arzt tätig sei. Um spätere, schmerzhafte »operative Eingriffe« zu vermeiden, müsse gerade jetzt die Chance der Zerstörung genutzt werden: »Es wäre daher unverzeihlich, vor allem mit Rücksicht auf die kommenden Geschlechter, die wenigen Vorteile, die die Zerstörungen den Städten bieten, nicht zu einer allgemeinen Gesundung zu nutzen. Ordnung hat noch nie Nachteile gebracht. Sie ist die Voraussetzung zum wirtschaftlichen Erfolg und Aufstieg. Im ganzen gesehen erhöht sie den Wert von Grund und Boden, indem sie das Geschäftsleben fördert und zu größerer Entfaltung bringt.«[68] Das Schreiben endet mit programmatischen Sätzen. Ziel der künftigen Planung sei, »durch eine seit langem notwendig gewordene Neuordnung im Stadtorganismus die

Stadt in ihrer gesamten Leistungsfähigkeit zu heben und dadurch in ihrem Gesamtwert zu steigern. Daß diese Neuordnung dabei aufs Sorgfältigste auf den vorhandenen Bestand Rücksicht nimmt, ist selbstverständlich. Notwendigste Eingriffe an einzelnen Stellen sind nicht zu vermeiden. Wichtig ist, daß sie in einem gesunden Verhältnis zum Ganzen bleiben.«

Unter hohem Zeitdruck und Erfolgszwang setzt Tamms seine Arbeit auf verschiedenen Ebenen der Planung gleichzeitig an: Von der Planung für neue Verkehrstraßen über die differenzierte Ermittlung der Entschädigungskosten unter Berücksichtigung der städtischen Haushaltslage bis hin zu Hochbau- und Brückenentwürfen erweist sich Tamms von einer Kompetenz, die selbst seinen Gegnern Respekt abverlangt und die verschiedensten Gruppen derart beeindruckt, daß die Widerstände gegen die Neuplanung schrumpfen. Verstärkt wird die Wirkung seiner Planung indes noch dadurch, daß er zu ihrer Ergänzung und Absicherung ein weites Netz von Einzelplanungen knüpft, die von seinen früheren Kollegen aus dem Wiederaufbaustab bearbeitet werden. So wird z. B. schon im Herbst 1948 Gutschow beauftragt, den im August von Tamms fertiggestellten Aufbauplan der Innenstadt Düsseldorfs gutachterlich zu kommentieren – eine Aufgabe, der sich Guschow mit gewohnter Akribie unterzieht.

Mit differenzierten Äußerungen zu einzelnen Planungsbereichen bezieht Gutschow Stellung und macht Änderungsvorschläge, die sich in späteren Vorlagen von Tamms wiederfinden; ausführlich werden von Gutschow 1948 Verkehrsprobleme samt der Sorgen um ausreichende Parkplätze behandelt. Und ausdrücklich unterstützt er Tamms' Vorschlag, einen Standort für eine Technische Hochschule auszuweisen, die Düsseldorf als »zentralen Ort des Niederrheins« stärken kann: »Mag sich zur räumlichen Unterbringung zufällig ein durch Demontage frei gewordenes Werk anbieten, so ist doch auf die Dauer an zweckmäßige Neubauten zu denken.«[69]

Daran hatte freilich auch Tamms schon gedacht und einen anderen Kollegen bemüht: Hanns Dustmann, der Düsseldorf bereits für den Wiederaufbaustab bearbeitet hatte. Er war in der Liste vom August 1944 an erster Stelle für die Wiederaufbauplanung Düsseldorfs genannt worden; an zweiter Stelle standen Hollatz und Groote. Im August 1949 legt Dustmann eine umfangreiche Planung für eine Technische Hochschule vor, und dies gleich zweifach: Für verschiedene Standorte werden alternativ Projekte entwickelt, die noch deutlich von den Prinzipien der »Baukunst« des Nationalsozialismus geprägt sind. Ein Entwurf zeigt in der axialen Verlängerung einer vorhandenen Platzanlage einen breiten Treppenaufgang, der von einem zehngeschossigen Verwaltungsgebäude flankiert wird und auf eine riesige, einem Appellplatz ähnliche Freifläche führt, die einen streng umgrenzten Vorhof für einen Hörsaaltrakt bildet. Auch der zweite Entwurf für einen Standort am Rhein ist streng auf Axialität und Symmetrie angelegt, doch folgt die Kette der Instituts- und Hörsaalbauten hier in leichter Biegung dem Flußverlauf. Als Gelenkpunkt zwischen Rheinbrük-

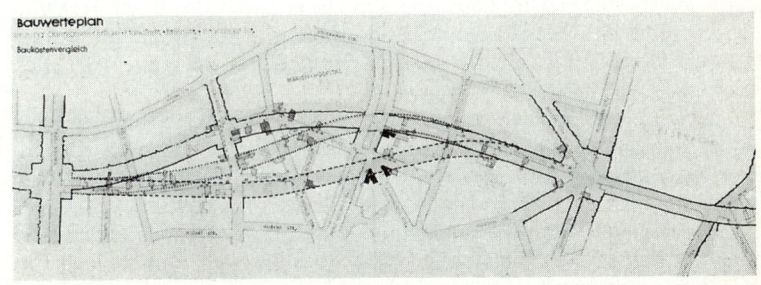

Zukunfts-Perspektive der Innenstadt Düsseldorf. Kohlezeichnung 1949

Bernhard Düttmann: Verkehrsplanung mit Baukostenvergleich, Düsseldorf 1946

ke, Hochschulanlage und vorhandener Stadtstruktur ragt ein elfgeschossiges Hochhaus auf, das markant die horizontale Silhouette der Rheinbrücke betont.

Doch nicht nur in Randbereichen der Stadt, gleichsam als Zeichen der Stadt am Ufer des Rheins, plante Dustmann Hochhäuser. Gemeinsam mit den Architekten Hentrich, Heuser und Rosskotten hatte er 1948 Pläne für ein Hochhaus fertiggestellt, das als Abschluß und Kopf der Königsallee eine städtebauliche Dominante bilden sollte; hier wurde Jahrzehnte später ein Verwaltungsgebäude von über 120 m Höhe errichtet. Das Hochhaus sollte Graf-Adolf-Haus heißen und auch äußerlich Wehrhaftigkeit zeigen: ein Auftritt in dem seit Jahren gewohnten Kleid eines vergröberten Neoklassizismus, noch ohne die Zeichen jenes *International Style,* der später die Bauten von Hentrich und Partnern prägen wird.

Düsseldorf, Stadt der Türme und Brücken: Hier konnte Tamms Projekte realisieren, die früher in großen Modellen und nun zunächst auf dem Papier Gestalt annahmen. Auf riesigen Blättern ließ Tamms von versierten Zeichnern breite Stadtansichten in lockeren Kohleskizzen darstellen – : Als künftige Alternative zum desolaten Trümmerfeld der Innenstadt wird ein urbanes Panorama gezeigt, in dessen regem Treiben aus Schaulust und Geschäftigkeit jede Erinnerung an die Jahre des Terrors, des Kriegs und der Not wie ausgelöscht scheint.

Im Sommer 1949 kann der Stadtplanungsausschuß der Stadtverordneten bereits über die Offenlegung des Neuordnungsplans beschließen, im September folgen die Stadtverordneten mit Beschlüssen zur Finanzierung der Planung. Doch es meldet sich auch Widerstand. In der Öffentlichkeit gibt es starke Proteste. »Brauchen wir eine neue Prachtstraße mit kostspieligen Regierungsbauten??«, heißt es anklagend auf einem Flugblatt. »Wir halten für wichtiger: durchgreifende schnelle Förderung des Wohnungsbaus. Beschleunigte Enttrümmerung des Stadtbildes. Beschränkung der Planung auf einen Umfang, der unserer Armut entspricht. Wir können es uns nicht leisten, in großem Maße niederzureißen, was die Bomben stehenließen!«[70] Besonders an den Kosten für einen breiten Straßendurchbruch parallel zur Königsallee setzen die Kritiker an und fordern auf Flugblättern: »Keine Behörden-Diktatur bei der Festlegung der Planung. Bürger Düsseldorfs: Du trägst auch die Kosten der maßlosen Planung! Wehr Dich Deiner Haut!«[71]

Schon im Frühjahr 1949 hatte Tamms in zwei Denkschriften die Kosten der erforderlichen Maßnahmen zur Realisierung seiner Planung offengelegt, die einigen Kritikern als bewußt zu niedrig angesetzt erschienen. Doch Tamms' Gutachten wurde durch drei weitere, offiziell vom Oberstadtdirektor aufgeforderte Gutachter bestätigt. Als prominenter Fachmann in Rechts- und Finanzfragen trat als Gutachter auch Hettlage auf. Seine »gutachtliche Äußerung« vom Juli 1949 firmierte unter eindrucksvollem Briefkopf, der ihn ausgibt als »Stadtkämmerer a. D., Mitglied des

Vorstandes der Commerzbank (Hansa-Bank), Professor der Rechte an der Universität Bonn«. Mit Hilfe der Experten-Bestätigung scheint der Kampf um die Kosten gewonnen. Hettlage zur Arbeit von Tamms: »Die Gedankenführung und die Berechnungsmethode des Gutachtens halte ich im wesentlichen für unanfechtbar. Andere und zuverlässigere Möglichkeiten als die in der Denkschrift erörterten scheinen mir zur Ermittlung der Freilegungskosten tatsächlich nicht zu bestehen.«[72]

Gestärkt durch die Rückendeckung der Experten wird Tamms nun auch in der Öffentlichkeit offensiver. Auf Hochtouren laufen inzwischen die Vorbereitungen für eine Planungs-Ausstellung, die in der Nachkriegsgeschichte wohl einmalig ist. Allein das Stadtmodell, das die Zukunft Düsseldorfs zeigt, ist mehrere Meter lang und besteht aus zahlreichen, ineinander verschraubbaren Teilmodellen. Auch der Geschichte der Stadt ist in dieser Ausstellung breiter Raum gewidmet. An alten Karten und Stichen ist die Entwicklung der Stadt ablesbar, eine Entwicklung, die in den vorgelegten Planungen die vernünftigste Fortsetzung zu finden scheint. Minutiös wird diese erste große Städtebau-Ausstellung der Nachkriegszeit vorbereitet. In bestechender Grafik werden Pläne gefertigt und von Hand koloriert; neben den sorgfältig präsentierten Entwürfen und Photographien erscheint zur Ausstellung als kleine Kostbarkeit in bibiophiler Manier ein Büchlein *Stadtplanung Düsseldorf,* in dem Tamms ausführlich seine Planung erläutert.[73] Generalstabsmäßig – wie gewohnt – sind auch Zeitplanung und Pressearbeit aufeinander abgestimmt. Die erhoffte überregionale Anerkennung soll den Konsens in der Stadt verstärken.

Offensive der Planung

Am 1. Oktober 1949 eröffnet der Oberstadtdirektor die Ausstellung im *Ehrenhof* der Stadt mit einem Wort der Erleichterung: »Nun ist diese Zeit der öffentlichen Diskussionen um eine noch in Entstehung begriffene Planung ebenso endgültig vorbei wie die Beratungen hinter verschlossenen Türen, die uns seit Jahren beschäftigt und in Atem gehalten haben.«[74] Dankbar weist er darauf hin, daß diese Offenlegung des Neuordnungsplans doch weit geringere Eingriffe in die Stadtstruktur zeige, als dies in den ersten Planungen unmittelbar nach dem Krieg vorgesehen war. »So haben wir uns denn in dem Ihnen vorliegenden Plan in erster Linie darauf beschränkt, die Gefahrenstellen in unserem Stadtgebiet auszumerzen, Fehler der Vergangenheit zu korrigieren und doch dabei die mit Sicherheit voraussehbare Entwicklung des Verkehrs nicht außer acht zu lassen. Wir glauben, daß wir mit diesem Plan auch vor unseren Nachfahren einstmals bestehen können.«

Die Ausstellung wird für Tamms ein voller Erfolg. Die Bürger der Stadt strömen in Scharen zum Ehrenhof, Besucher aus dem In- und Ausland

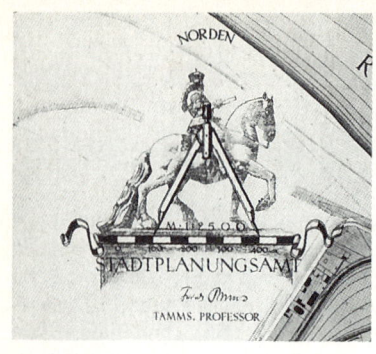

Signet des Neuordnungsplans von 1949   Konstanty Gutschow, Friedrich Tamms

Friedrich Tamms: Neuordnungsplan Düsseldorf 1949

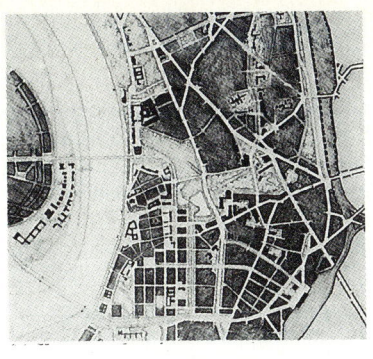

Konstanty Gutschow:
Neuordnung 1948

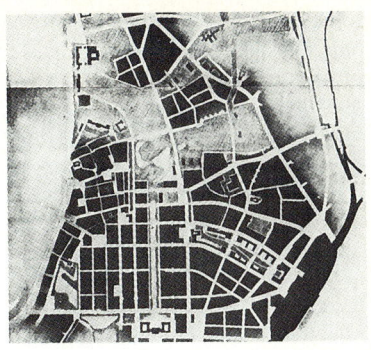

Bernhard Düttmann:
Aufbaustudie 1947

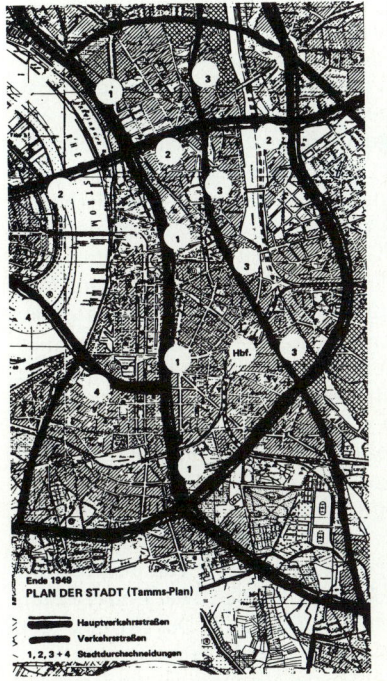

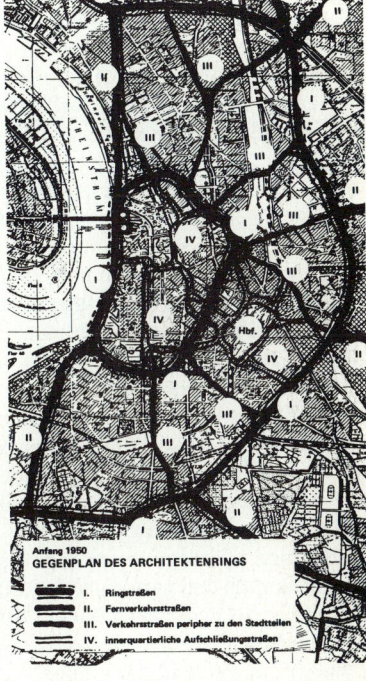

Vergleich der Planung von Friedrich Tamms mit dem Vorschlag des
Architektenrings Düsseldorf

353

drängen sich zwischen den Plänen und Vitrinen. Doch auch die Vorträge zu Fachfragen locken Besucher von weit her. So spricht zum Beispiel am 10. Oktober Hettlage zum Thema »Was kostet die Durchführung der Planung?« und versichert seinen Zuhörern die Seriosität der Tammsschen Planung, über die man sich keine Sorgen zu machen brauche: »Als Düsseldorfer Steuerzahler würde ich bei diesem Stadtbauplan beruhigt schlafen. Vergegenwärtigen wir uns doch, daß diese Stadt die größten Chancen hat, eine Weltstadt zu werden.« Und der Oberstadtdirektor setzt, an die Adresse kleinmütiger Kritiker gewandt, hinzu: »Düsseldorf ist kein Dorf, auch wenn man manchmal den Eindruck hat, daß das Dörfliche noch stark in manchen Köpfen spukt. In dieser Stunde und dank der Entscheidung für die Zukunft unserer Stadt kommt es darauf an, daß wir uns der Tatsache bewußt werden, daß wir eine Großstadt sind, die eine ungeheure Zukunft vor sich hat. An unserer Generation liegt es, die Voraussetzungen zu schaffen, daß die Zukunft nicht verbaut wird.«[75]

Derart mahnende Worte mögen manchem auch noch nachgeklungen sein, als am folgenden Tag zu einer großen öffentlichen Diskussion in die Rheinhalle eingeladen wird, die für Tamms zu einem Triumph werden soll. Nach Begrüßung des Publikums durch den Oberbürgermeister ergreift der Geschäftsführer der *Düsseldorfer Industrie- und Handelskammer* das Wort zur Unterstützung der Planung; selbst der Vertreter der Heimatvereine *Düsseldorfer Jongens* und *Aalde Düsseldorfer* zeigt sich einsichtig und unterstützt die großzügig angelegte Neuplanung. Für den *Bund Deutscher Architekten* bestätigt Professor Köngeter, daß sein Verband der Vorlage einmütig zugestimmt habe. Auf seine Art wiederholt er Tamms' plausible Argumentation: »Manch einer von uns hätte sich an manchen Krankheitsherden unseres Gefüges einen weit radikaleren Eingriff gewünscht, doch muß man zugeben, daß das unter den heutigen Umständen nicht leicht ist.«[76] Als wichtigstes »Lebenselement« sieht er den Verkehr, aus dessen Anforderungen sich zwingend weitere Bindungen ergäben: »Der Organismus muß vom Verkehr durchblutet werden, damit die einzelnen Zellenkerne, nämlich die Baublocks, lebensfähig bleiben. Dieser notwendige Verkehrsraum ist in der vorliegenden Planung nicht zu üppig bemessen, er ist vielmehr der unbedingten Notwendigkeit angepaßt und beschränkt sich darauf. Nachdem das Werk des Verkehrs in diesem Plan bestimmt wurde, erfüllt uns mit banger Sorge: Wie wird es mit der Ordnung der Blockbauten werden. (...) Die Erfahrungen aus der Vergangenheit und unsere gegenwärtige Lage erfordern heute von uns, daß wir uns gedanklich und wirtschaftlich umstellen vom Begriff der Einzelparzelle zum Begriff der nächsthöheren Einheit im Baublock. Der einzelne muß sich einordnen zu einer großen Gemeinschaft aller Beteiligten.«

Nach einem Aufruf zur großen Koalition der Vernünftigen folgt auf den Vertreter der Architektenschaft der des Gewerkschaftsbundes, der begeistert daran erinnert, wie Tamms die Besucher durch die Ausstellung geführt hatte: »Wir haben den Eindruck gehabt, daß die Arbeit von Herrn Professor Tamms wirklich ein Musterwerk der Planungsarbeit darstellt.« Der Gewerkschaftsvertreter fordert ergänzend eine strukturelle Zuordnung von Wohnort und Arbeitsplatz sowie eine Vermehrung billigen Wohnraums und wünscht abschließend »Herrn Professor Tamms ein gutes Gelingen«.[77]

Die Diskussionsveranstaltung war ein voller Erfolg. Zweitausend Menschen waren anwesend, die Presse war des Lobes voll. Für den 14. Oktober wurde ein Vortragsabend angekündigt, der weiteren Kollegen aus dem Umkreis des alten Wiederaufbaustabs Gelegenheit geben sollte, sich demokratisch zu präsentieren: Hans Freese, der bereits bei der Neugestaltung der Reichshauptstadt zum engeren Kreis der Speer-Planer gehörte, kann inzwischen als Rektor der Technischen Universität Berlin angekündigt werden, gemeinsam mit Hans Mehrtens, vom Wiederaufbaustab zur Planung des Ruhrgebiets vorgesehen und nun an der Technischen Hochschule Aachen als Professor tätig. Mehrtens beginnt seinen Vortrag über »Stadtplanung in Deutschland« mit einem vieldeutigen Rückblick, der wie eine Erinnerung an bessere Zeiten geklungen haben mag: »Wir Deutsche haben eine merkwürdige Eigenschaft. Immer wieder, wenn wir uns innerhalb einer großen Chance unserer Geschichte befinden, dann spüren wir eine Kraft, die erlaubt, die Welt dem Willen einer Vorstellungskraft unterstellen, Wunsch- und Traumland realisieren zu können. Diese Eigenschaft ist Tragödie unseres geschichtlichen Daseins. Immer wieder sind wir daran gescheitert, daß wir uns in dieses Wunsch-und Traumland begeben haben.«[78]

Nach einigen allgemeinen Bemerkungen zur Stadt als »Organismus« lassen Mehrtens' Worte aufhorchen: Im Frühjahr 1948 sei von der französischen Militärregierung durch General Koenig eine hohe Kommission für Architektur und Städtebau gebildet worden, der neun deutsche und sieben französische Architekten angehörten. Diese Kommission habe sich zunächst Grundlagen für die gegenseitige Verständigung erarbeitet, dann habe man an einzelnen Städten deren Wiederaufbau-Konzepte untersucht und dabei gravierende Unterschiede – auch ein Qualifikationsgefälle zwischen den Planern – festgestellt. In Mainz, Koblenz, Trier, Speyer, Worms, Freudenstadt sei die Planung schon weit gediehen. »In Mainz lagen die Verhältnisse besonders schwierig. Dort hatte ein französischer Architekt ein Projekt ausgearbeitet, das an der Situation vorbeischlug und dort eine Untergrundbahn vorsah, in einer Stadt von mittlerer Größe und Funktionsbereichen, die auch in Zukunft keine größere Entwicklung zuließen, ganz im Gegensatz zu den Städten des Nordens, vor allem im Industriegebiet, deren Weiterentwicklung noch nicht abzusehen ist. In Mainz gingen die Meinungen sehr stark auseinander, und die französische Militärregierung lehnte den Plan des Architekten ab, weil sie selbst das Utopische des Planes einsah.«[79]

In Mainz war tatsächlich soeben ein Versuch der radikalen Anwendung der städtebaulichen Prinzipien Le Corbusiers gescheitert. Von einem solchen Schreckbild utopischer Planung konnte nun das Düsseldorfer Konzept deutlich abgehoben werden: »Was mir an diesem Plan einen außerordentlichen Eindruck macht, das ist die Einfachheit und Klarheit der gegebenen Ordnung, die von einer Überzeugungskraft ist, wie sie vielleicht zum ersten Male so einprägsam vor Augen tritt. Verglichen mit der Arbeit, die wir in der Kommission hinter uns haben, liegt hier eigentlich ein Ergebnis vor, wie wir es uns für manche Stadt erträumten, aber noch nirgendwo mit einer so überzeugenden Weise gestaltet fanden wie hier.«[80] Mehrtens beendet seinen Vortrag mit einem Plädoyer für Tamms' Planung sowie mit einer Ermutigung an den Technischen Beigeordneten der Stadt, auf dem eingeschlagenen Weg zu bleiben und zügig in die Zukunft weiterzugehen: »Ich möchte wünschen, Herr Dr. Schreier, nachdem Sie diese verschiedenen Durchbruchsschlachten geschlagen haben, daß Sie auch wirklich zur Auswirkung dieses ersten Erfolges kommen und die nächste Etappe Sie so befriedigen möge, wie es in den letzten vierzehn Tagen in weiten Kreisen der Fall gewesen ist.«

Als zweiter Gast an diesem Abend spricht Hans Freese. Er erinnert an seine Zeit als Düsseldorfer Stadtbaurat für Hochbau in den zwanziger Jahren und beglückwünscht die Stadt zu der von Tamms vorgelegten Neuordnungsplanung. Besonders gelungen sei die Verkehrsplanung, in der sich die »uralte menschliche Weisheit« von »Scheidung und Typik« wiederfinde: »Vor dem Verfasser des Düsseldorfer Planes muß ich eine Verbeugung machen, daß er nach dieser uralten und menschlichen Weisheit so klar verfahren hat. Das ist in der Hand des wirklichen Arztes das Heilmittel gegen die Unordnung unserer Städte.«[81] Aber nicht nur einfühlsamer Arzt soll er sein, dieser Stadtplaner, sondern auch ein standfester »Steuermann«, der zum Wohle des »Organismus Stadt« auf voller Fahrt in die Zukunft die Richtung hält, auch wenn verschiedenste Interessen und politische Strömungen das sprichwörtliche Boot, in dem alle sitzen, ins Wanken zu bringen drohen: »Wenn der Steuermann weiß, was er will, wird er durchkommen. Wenn aber der Steuermann von inneren Strömen hin- und hergerissen wird, ist es schwer, dem wilden Ansturm des Meeres zu widerstehen.« In einer bildbeladenen Sprache wird die Tätigkeit des Planers heroisch dramatisiert und Verständnis gefordert für Kontinuität auch dann, wenn sie in dieser Phase politischer Umbrüche wenig zeitgemäß erscheinen könnte, da die alliierten Besatzungsmächte mit neuen Leitbildern bewährte Traditionen infragestellen – wie zuvor am Beispiel der französischen Planung für Mainz angedeutet worden war. »Wenn wir uns die Vorschläge mancher Utopisten gegenüberstellen, die am liebsten mit irgendeinem Raster über solche Stadtpläne hergingen, dann muß ich sagen: Das wollen wir nicht; wir wollen den trotz aller Zerstörungen erhaltenen Eigencharakter unserer Städte auf alle Fälle bewahren. Das entspricht dem deutschen Empfinden.

Damit sei nicht gesagt, daß ich einer hemmungslosen Tradition das Wort reden möchte. Nein, wir wollen unsere Städte auch gesund und lebendig haben. Darin besteht die große Aufgabe, diese beiden Dinge miteinander zu vereinigen.«[82]

Als dritter Redner an diesem Abend spricht als Vertreter des BDA Nordrhein-Westfalen »Baurat Roßkotten«, der im Vorjahr mit Dustmann, Hentrich und Heuser das Graf-Adolf-Haus entworfen hatte. Dankesworte von seiner Seite nun dafür, daß auch freie Architekten in die städtische Planung mit einbezogen worden seien. Und immer wieder: Respekt vor den Leistungen der planenden Verwaltung. »Wir Deutsche sind nun einmal von einer gewissen Besessenheit in unserer Arbeit. Ich glaube, daß auch aus dieser Stadtplanung eine gewisse Besessenheit zur Aufgabe spricht, für die wir Architekten nur dankbar sein können.«[83] Das Schlußwort spricht Tamms, der die zwei Wochen der Ausstellung als »Weg zwischen Utopie und Wirklichkeit« charakterisiert.

Die Ausstellung wird auf vielfachen Wunsch noch um vierzehn Tage verlängert und verzeichnet schließlich 25 000 Besucher, als sie im November abgebaut wird. Zu den letzten Führungen am 31. Oktober hatten sich »Dr. Adenauer, Köln, Baudirektor Reichow, Hamburg, und Journalisten der Zeitung *Die Welt*« angemeldet.[84]

Die gesamte Präsentation wird danach in großformatigen Abbildungen festgehalten, in einer schweren Kassette mit Prägedruck und Leinenbezug zusammengefaßt und ausgewählten Adressaten überreicht. Eine Sternstunde kommunaler Öffentlichkeitsarbeit blieb der Erinnerung bewahrt. Nun mußte der Erfolg dieser Schau, die die Bürger und ihre Vertreter tief beeindruckt hatte, in Politik und Beschlüsse umgesetzt werden. Nach der breit angelegten Offenlegung der Planung waren bis zum Ablauf der Einspruchsfrist am 14. November immerhin 265 Eingänge zu verzeichnen, von denen allerdings mehr als die Hälfte reine Grundstücksinteressen betrafen. Nur 58 betrafen städtebauliche Fragen und waren daher vom Planungsamt zu bearbeiten. Neben Vorschlägen für andere Verkehrsführungen und Platzgestaltungen stößt Tamms auch auf Spitzfindigkeiten: »Warum gibt man den beiden Hochhäusern im Plan, geradezu auffallend, die Grundrißform HH? – Ist diese etwa für den Entwurf von Kleinwohnungsgrundrissen besonders günstig und zu empfehlen? – Genügt die Erklärung ›Hochhäuser‹? (...) Blickt nicht schelmisch aus dem HH das ›Heil Hitler!‹ solcher Planung hervor, das man bekanntlich schon längst ausgemerzt hat?«[85] Neben Schreiben von Architekten, die auch in Düsseldorf die Ideen Le Corbusiers vertreten sehen wollen, finden sich Meinungsäußerungen, die den ungebrochen selbstbewußten Optimismus der Planung insgesamt in Frage stellen: »Die Stadtplanung schlägt der Tatsache ins Gesicht, daß Deutschland den größten Krieg verloren hat. (...) Man gehe ins Ausland, besehe Städte Englands und Frankreichs! Dürfen wir diese Völker mit Neid und Ärger gegen uns erfüllen? (...) Die Vergangenheit hat uns gelehrt, wie töricht es ist, auf lange Sicht zu planen. Die Ausblicke in die Zukunft bestätigen diese Erfahrung: Vielleicht wird eine Atombombe in mehr oder weniger kurzer Zeit alles auslöschen, was die Stadtplaner getan haben!«[86]

Derartige Überlegungen können Tamms allerdings kaum beeindrucken. Stolz berichtet er wenig später den Kollegen des »Anholter Kreises« über seine »Methodik der Stadtplanung«, in der die gezielte Öffentlichkeitsarbeit selbst Teil der Planung geworden ist – von der »vorbereitenden Fühlungnahme mit der Öffentlichkeit« und dem gezielten Kontakt mit einflußreichen Verbänden »in statu nascendi« eines Konzepts bis hin zu dessen Präsentation in großer Ausstellung mit Rahmenprogramm.[87]

Nach der Schließung der Ausstellung setzte eine neue, nicht minder intensive Arbeitsphase ein. Nun waren Widerstände »niederzuringen«, Gespräche zu führen und Ausschüsse zu überzeugen. Denn schon im Frühjahr 1950 sollte die gesamte Neuordnungsplanung von der Stadtverordnetenversammlung verabschiedet werden. Ein Termin folgte dem anderen, bis Tamms schließlich am 28. April 1950 Gelegenheit gegeben wird, vor den Stadtverordneten ausführlich seine Planung vorzustellen. Er erläutert deren Grundlagen und skizziert den Zeithorizont, um dann auf die einzelnen Aufgabenfelder einzugehen. In der anschließenden Diskussion zeichnet sich trotz Kritik im Detail quer durch die Parteien ein breiter Konsens ab, auch wenn manchen vielleicht ein ähnliches Unbehagen beschleicht wie den SPD-Bürgermeister Glock: »Man hat überhaupt allzu sehr den Eindruck, als ob das Unglück, das durch den Krieg über uns hereingebrochen ist, gewissermaßen als glückliches Schicksal betrachtet wird, da wir nun die Möglichkeit haben, in großzügiger Weise wieder aufzubauen.«[88]

Doch fügt er selbst hinzu, daß solche Skrupel und handlungshemmende Nachdenklichkeit in einer Zeit drängender Modernisierung und unverhofft rasch spürbaren Aufschwungs wohl fehl am Platz seien: »Ich muß weiter sagen, es gibt hier eine gewisse Dynamik, die sich aus der *Konkurrenz* der einzelnen *Städte* ergibt, möglichst in großzügiger Weise wieder aufzubauen, und jeder hat die Sorge, irgendwie ins Hintertreffen zu geraten, irgendwie in dieser Großzügigkeit nicht mitzukommen.«

Der Vertreter der KPD drängt auf rasche Abstimmung, da er angesichts der ablaufenden Bausperre in jeder weiteren Verzögerung der Neuordnung die zersplitterten Privatinteressen wieder gegen das Gemeinwohl vordringen sieht. Selbst der Zeithorizont der Planung ist ihm zu weit gegriffen: »Das Tempo der Stadtplanung muß beschleunigt werden, und wir tun gut daran, unverzüglich an diese Arbeiten heranzugehen, die Stadt großzügig zu gestalten, besser noch, als sie bisher gewesen ist, wiederaufzubauen, dafür zu sorgen, daß das Leben in dieser Stadt und der Verkehr in dieser Stadt besser und flüssiger wird. Von Seiten der kommunistischen Stadtverordnetenfraktion wird alles geschehen, jeden Plan, die Stadt fortschrittlicher, moderner und besser zu gestalten, zu unterstützen.«[89]

Bei einer Enthaltung und einigen Änderungsvorbehalten wird der Neuordnungsplan nach ganztägiger Debatte am Abend des 28. April 1950 beschlossen. Nun bricht sie eigentlich erst an, die »Ära Tamms«, die sprichwörtlich wurde. »Gebaut wird immer und an vielen Stellen. Doch entscheidende Weichenstellungen sind nicht allzu oft möglich. Das moderne Düsseldorf erfuhr sie in den beiden ersten Jahrzehnten nach dem Zusammenbruch. Es ist jene Zeit, die bei Planern und Journalisten als die ›Ära Tamms‹ bezeichnet wird.«[90] So wird man sich in der Festschrift zu Tamms' 75. Geburtstag an eine weitere große Zeit dieses Architekten erinnern.

Widerstände

Neben den Geschäftsleuten und Hauseigentümern, die sich zum Innenstadt- bzw. Bahnhofsausschuß zusammengeschlossen hatten, und einer Vielzahl von kritischen Einzelstimmen war es vor allem eine Gruppe Düsseldorfer Architekten, die mit drängenden Fragen zur Zukunft der Stadt für Unruhe sorgte und zum Widerstand gegen die vorgelegte Neuordnungsplanung aufrief.

Aufgeschreckt durch die große Ausstellung im Ehrenhof, war einigen der in Düsseldorf ansässigen freien Architekten nicht entgangen, daß mit diesem Plan auf Jahrzehnte hin die Weichen der Stadtentwicklung gestellt wurden. Nach mehreren Besuchen der Ausstellung diskutierten sie die Konsequenzen. Insbesondere die neue Parallelstraße zur Königsallee und die an starren Fluchtlinien entwickelte Gebäudeverdichtung erregten ihren Unmut, erinnerten die axiale Straßenanlage und die geplanten Dominanten doch allzu deutlich an die Neugestaltungsplanungen im *Dritten Reich*. Selbstverständlich hatten sie gemeinsam auch die große Versammlung in der Rheinhalle am 11. Oktober besucht, in der Oberbürgermeister Gockeln die Bürger aufgefordert hatte, möglichst bald zur vorgelegten Planung Stellung zu nehmen, da ja die Einspruchsfrist am 11. November ablaufen würde. In hektischer Betriebsamkeit hatte man sich auch im Kreis der Architekten nach dieser Versammlung mehrfach getroffen, hatte die Planung und mögliche Alternativen erörtert. Jedoch war abzusehen, daß die Zeit zu knapp war, um bis Mitte November eine wirksame Gegenplanung aufzustellen, zumal am vorliegenden Plan ein großer Amtsapparat mit allen Hilfsmitteln drei Jahre lang beschäftigt gewesen war.

Um in dieser heiklen Situation dennoch nicht klein beizugeben und Widerspruch schon gegen die Grundzüge der Planung anzumelden, entschlossen sich die Architekten, ebenfalls in einer breit angelegten Kampagne möglichst rasch in die Öffentlichkeit zu gehen und lautstark Protest zu erheben, um später nicht vollends verstummen zu müssen. Mit diesem Ziel schlossen sich am 27. Oktober, noch während die Ausstellung im Ehrenhof zu sehen war, zehn Architekten zum *Architektenring Düsseldorf* zusammen und erinnerten damit an jene Konfrontation am Vorabend des Nationalsozialismus, als sich mit Schultze-Naumburg und Schmitthenner an der Spitze *Der Block* gebildet hatte, um die Tätigkeiten des *Rings* moderner Architekten zu blockieren. Nun verstand sich in umgekehrtem Frontverlauf der Düsseldorfer *Ring* als Korrektiv gegen die wiedererstarkten Kräfte der Vergangenheit, die – wieder in Amt und Würden – ungleich einflußreicher waren als jene zumeist jungen Leute, die oft eben erst aus dem Krieg heimgekehrt waren, sich bislang als Architekten kaum hatten bewähren können und nun auf einen neuen Aufbruch in eine moderne demokratische Gesellschaft hofften. Um neben ihrer Kritik an der vorgelegten Neuordnungsplanung auch eigenen Hoffnungen Ausdruck zu geben, verfaßten sie eine mehrseitige Grundsatzerklärung, in der sie Prinzipien eines modernen Städtebaus skizzierten, die es auch in Düsseldorf zu realisieren gelte.

Im Mittelpunkt von Stadtplanung habe nicht ein gestalterischer Ordnungsanspruch zu stehen, sondern der lebendige Mensch mit all seinen Bedürfnissen, heißt es emphatisch.

»Es sind daher zu berücksichtigen:

Erstens vor allem die Bevölkerung mit ihren tausendfachen Ansprüchen, Lebens- und Arbeitsgewohnheiten usw.,

zweitens gut erhaltene Baudenkmäler und andere erhaltungswürdige Bauten, selbst einfache Mietshausgruppen, die noch bestehen und einen materiellen Wert repräsentieren,

drittens außerdem geographische, topographische und klimatische Gegebenheiten.« [91]

Das Dokument mit dem Titel »Grundlagen und Prinzipien des Städtebaus« schließt mit einer Reihe kritischer Fragen zum vorgelegten Plan, die sogar die gefeierte Öffentlichkeitsarbeit in ihrer Substanz bezweifeln: »Waren sämtliche Düsseldorfer Bürger oder ihre speziell für die Stadtplanung gewählten Vertretungen, auch die nicht materiell Interessierten, an der Entwicklung des Planes beteiligt?«

Begleitend zu diesem Grundsatzprogramm wird ein Rundschreiben formuliert, das zugleich als Gründungsurkunde des *Düsseldorfer Architektenrings* die Unterschriften aller Mitglieder trägt: »Die Stellungnahme beschränkt sich auf die Aufführung der nach Ansicht der unterzeichneten Architekten unbedingt zu beachtenden Grundsätze fortschrittlichen Städtebaues.« Weiter heißt es: »Unseres Erachtens sind die aufgeführten Grundsätze in der Düsseldorfer Stadtplanung nicht beachtet und die unterzeichneten Architekten halten es für ihre Pflicht, ihre Stimme zu erheben und den Plan als ganzes abzulehnen.« Unterzeichner sind W. Brink, G. Benninghofen, J. Lehmbrock, B. M. Pfau, W. Plücken, H. Plum, K. Schweflinghaus, E. Stelmaczyk, A. Vietze, B. Weil. [92]

Brief und Stellungnahme erreichen politische Spitzenvertreter in der

Bundes- und Landesregierung, den Ministerpräsidenten und den Kultusminister, die Lokal- und Fachpresse, bekannte Kollegen wie Rudolf Schwarz, den BDA und vor allem jene Architekten, deren Werk sich die Jungen verpflichtet fühlen und auf deren Hilfe sie auf längere Sicht rechnen, auch wenn viele von ihnen im Exil sind: Walter Gropius, Mies van der Rohe, Martin Wagner. Weiter werden Briefe adressiert an Le Corbusier und die CIAM. Die Avantgarde von vorgestern wird wieder auf den Plan gerufen; ein Jahr später werden die Unterzeichner von Martin Wagner, im amerikanischen Exil inzwischen Professor an der Harvard University, einen ermutigenden Zuspruch erhalten, der weit ausblickende Vorahnungen enthält: »Sehr verehrte Kollegen, ich freue mich von Ihnen zu hören, daß sie den Ring nun doch gegründet haben, und nicht müde geworden sind, dem Neuen einen Weg zu bahnen. Halten Sie durch! Ihre Chancen kommen! Die Maskerade von Köln, Frankfurt, Hamburg, Kassel, Hannover, Berlin und wo man hinsieht, kann den Karneval unserer Tage nicht überleben! Sobald der Lastenausgleich Gesetz geworden ist, sobald die neuen Lasten der aufrüstenden Verteidigung in die Erscheinung treten werden, und sobald man daran gehen muß, in Mark und Pfennige die Detailpläne für konkrete Bauherrn auszuarbeiten, werden jene Mittsommernachtsträumer des Städtebaus schon gewahr werden, daß Städtebau nicht nur Lebensbau, sondern auch Wirtschaftsbau und Bauherrenbau ist! Aber wo sind denn Ihre Bauherren? Also: Halten Sie durch!«[93]

Inzwischen hat auch die Presse auf den Protest reagiert und gibt dem Aufruf breiten Raum. In der überregional verbreiteten Zeitschrift *Baurundschau* erhält einer der Unterzeichner, Alfred Vietze, noch im November Gelegenheit, unter dem Titel »Kritik an der Düsseldorfer Stadtplanung« die wichtigsten Argumente der Stellungnahme zusammenzufassen. Als Prinzip der Moderne hebt er auch die Sicherung lokaler Besonderheiten und des Milieus einer Stadt hervor, die durch den starren, an Fluchtlinien orientierten Traditionalismus der Düsseldorfer Durchbruch-Planer gefährdet sei. Knapp werden Grundsätze resümiert: »Städtebau ist das Gegenteil einer Geheimkunst, mit der man die Bürgerschaft vor eine vollendete Tatsache stellt. Die wesentlichen Prinzipien: Erfordernisse des Einzelmenschen, das Milieu, das auf dem Gepräge einer Stadt beruht, und somit auch die Lage, ferner das Klima, das die Organisation der Wohnungen und der Freiflächen wie auch die Verbindung mit der umliegenden Landschaft bestimmt, die Funktionen einer Wohngemeinschaft, die sich in Verwaltung, Arbeitsplätzen und Stätten der Erholung und Kultur usw. auswirken, vor allem auch Verkehrsbewegung und Gesamtaussehen, sind Grundlagen einer jeden Stadtplanung. Der heutige Städtebau kann sich nicht in der Neuanlage von Korridorstraßen erschöpfen.«[94] Dem gegenüber wird das Bild einer heiter beschwingten Moderne entworfen: »Eine mit allen verfügbaren Kräften geformte Stadt muß nicht aus Hochhäusern allein bestehen. Sie entwickelt sich aus dem wundervollen

Gegensatz von niedrigen und hohen Bauten, von bisher üblichen Straßenformen und offenen Verkehrswegen mit zurückspringenden Geländefreiflächen, zwischen vom Verkehr unberührten Fußgängerwegen und Kreuzungen, die der Fußgänger nicht betritt.« Abschließend heißt es: »Von diesen Grundsätzen ist bei der Düsseldorfer Stadtplanung so gut wie nichts zu bemerken. Die schönsten Freiflächen sind für Parkplätze reserviert, anstatt Hoch- und Tiefhausgaragen vorzusehen. Der Verkehr muß sich so entwickeln, als gäbe es in der Zukunft keine Fußgänger. Der Versuch, ein Kulturzentrum und eine City zu schaffen, ist überhaupt nicht gemacht. Selbst für die Verwaltung sind nur unzureichende Vorkehrungen getroffen, indem man ein Rathaus andeutete, das mit seinen Innenhöfen einem mittelalterlichen Baumeister alle Ehre machen würde.«

Fast verzweifelt nutzen die Architekten des Rings jede Möglichkeit, eine Gegenöffentlichkeit zur amtlichen Öffentlichkeitsarbeit herzustellen, wobei sich von Woche zu Woche die Tonlage verschärft und die Kritik an der starren Verdichtung der Stadtstruktur prägnanter wird. Anfang 1950 erscheint in der katholischen Wochenzeitschrift *Michael* ein Artikel des *Architektenrings,* in dem Entwicklungen der sechziger Jahre nahezu visionär als Schreckbilder aufscheinen, die bereits in den Planungen der unmittelbaren Nachkriegszeit angelegt sind:

»Trotz der gewaltigen Zerstörungen haben unsere Städte ihre alten Einwohnerzahlen schon wieder erreicht, und die Zahlen steigen weiter! Aus den ehemals zweigeschossigen Gründerzeit-Häusern mit fünf Räumen werden viergeschossige mit zwanzig Räumen usw. Mit dem Nutzeffekt vervielfacht sich die Bevölkerungszahl auf gleicher Grundfläche. Heute wimmelt es von Menschen – und morgen? Morgen zieht die Prominenz vollständig ins Grüne der Vororte! Und der Durchschnittsbürger?

Viele Stadtplaner registrierten solche Entwicklungstendenzen, um zu beweisen, daß ihre Stadt ›Zukunft‹ hat. In Gemeinschaft mit den Managern entsteht die Vorstellung einer Millionenstadt, einer Hauptstadt mit prächtigen Straßen und prächtigen Häusern, mit Fontänen und Denkmälern, mit Vergnügungsrummel und Autogewimmel, mit enormen Umsätzen und gewaltigen Verdienstmöglichkeiten!

Der Durchschnittsbürger hat ein anderes Anliegen. Er ist die Enge seiner Notwohnung satt und möchte in seinen vier Wänden allein sein. Er will sich entfalten können und Ruhe, Licht, Luft, Sonne und eine ständige Verbindung zur Natur haben. Er will Kinderspielplätze und kurze, ungefährliche Schulwege, kurze Versorgungswege zu den Geschäften und vor allem einen würdigen Arbeitsplatz, den er bequem erreichen kann.

Aber unsere Großstädte werden nicht aus der Sicht der einzelnen Menschen, sondern unter dem Aspekt des Profits entwickelt. Dafür sorgen Gesetze und wohlerworbene Rechte an Bodenbesitz und Baubeständen, an Hypotheken, an Wertsteigerung und Zinsendienst: lauter Zahlen, Sachen und Zwecke, die mit einer nahezu uneingeschränkten Grundstücksausnutzung die Bevölkerungsdichte ins Unerträgliche steigern und so die Entfaltung des einzelnen Menschen verhindern.

Wem nützen diese Rechte noch? Die Trümmerbesitzer können damit nichts anfangen; sie sind in ihrer Armut – wie alle – den Profitjägern ausgeliefert.«[95]

Trotz heftiger Appelle im Vorfeld der anstehenden politischen Entscheidungen lassen sich für die Forderungen des *Architektenrings* kaum Bündnispartner finden. Selbst der Vertreter der KPD wird sich bei der Debatte der Stadtverordneten am 28. April 1950, Wochen später, über die »Jungarchitekten« nur mokieren und in ihnen eine *Fünfte Kolonne* von Privatinteressenten vermuten, die mit der Verzögerung der Beschlüsse nur den Fortschritt aufhalten und den Ablauf der Bausperrenfrist überspringen wollen.

Dennoch, die Publikation der Gegenvorstellungen schafft Unruhe, besonders der Artikel von Vietze in der *Baurundschau* hat für Wirbel gesorgt. Tamms muß reagieren. Heftig protestiert er beim Verlag der *Baurundschau*, »weitere Maßnahmen«[96] behalte er sich vor. An den Senior der Ring-Architekten, Bernhard Pfau, richtet er im Januar 1950 einen Brief, in dem er seiner Abscheu gegen den Angriff auf seine Planung Ausdruck gibt. »In diesem Aufsatz versucht Herr Vietze, in einer schamlosen und unsachlichen Form meine immerhin sachliche Arbeit in den Schmutz zu ziehen. Da man in Düsseldorf weiß, wer Herr Vietze ist, mag sich mancher über die Art und Weise dieses Angriffes nicht wundern. Ich selbst nehme jedoch Gelegenheit, Ihnen gegenüber meinen Widerwillen zum Ausdruck zu bringen, den ich gegen solche Methoden hege, da Herr Vietze seine Ausführungen unter dem Deckmantel des Architektenrings Düsseldorf gestaltet hat.«[97] Tamms empfindet diese »hetzende und verhetzende Kritik« als »Anspeien« seiner Person und warnt vor weiteren Angriffen. Wechselseitige Unterstellungen verschärfen den Konflikt; der *Architektenring* schließt sich noch enger zusammen.

Am 21. Januar 1950 lassen sich zehn Unterzeichner offiziell und amtlich als Vereinigung bestätigen – allerdings ohne Vietze und Weil; an ihre Stelle treten Louis Schoberth und Maximilian Reisinger. Den Versuchen zur Versachlichung der Auseinandersetzungen ist wenig Erfolg beschieden. Am 14. Januar, mehr als drei Monate vor der entscheidenden Ratssitzung, wendet sich der Ring an die Stadt mit der Bitte um Überlassung von Planungsunterlagen zur Erarbeitung von Alternativvorschlägen. Für die damals beträchtliche Summe von 110 Mark wird ihnen ein kleiner, für umfassende Planungen ungenügender Teil der Unterlagen angeboten. In einer an den Oberbürgermeister gerichteten Beschwerde heißt es dazu später: »Nach längerem, fruchtlosen Briefwechsel mit den verschiedensten Dienststellen der Stadt haben wir uns dann am 27. 3. 1950 mit dem abschriftlich beigelegten zweiten Schreiben erneut an Sie gewandt, in der Hoffnung, bei Ihnen Verständnis zu finden. Darauf haben Sie uns ebenfalls nicht geantwortet und unsere Bitte auf kostenlose Überlassung der erforderlichen städtischen Unterlagen ignoriert. Am 20. 4. 1950 haben wir Sie trotz alledem mit dem schriftlich beiliegenden dritten Brief persönlich zur Besichtigung des von uns auf unsere Kosten fertiggestellten Gegenvorschlags eingeladen. Darauf haben Sie uns wiederum nicht geantwortet! Am 26. 4. haben wir Ihnen die bereits anfangs erwähnte Petition überreichen lassen. Darauf haben Sie uns nicht geantwortet! Trotz des enttäuschenden und bedauerlichen Resultats betonen wir hiermit nochmals ausdrücklich, daß wir den Kampf um die glückliche Gestaltung der Stadt Düsseldorf mit aller uns zur Verfügung stehenden Kraft auf einer fachlichen Ebene in aller Öffentlichkeit weiterführen werden.«[98]

Inzwischen war die Zeit davongelaufen. Zwar hatten einige Besprechungen zwischen Vertretern des Rings und der Stadt stattgefunden, doch war die Petition, vor den Stadtverordneten den Gegenvorschlag persönlich vortragen zu dürfen, abgelehnt worden. Der dringende Brief vom 26. April war, wie kaum anders zu erwarten, negativ beschieden worden. Damit verpuffte auch die Wirkung der öffentlichen Planungs-Präsentation, die am 24. April in den Räumen des *Deutschen Werkbundes* in Düsseldorf stattgefunden hatte. In der Stadtverordnetenversammlung erhob sich keine Stimme für die Planung der »Jungarchitekten«.

Trotz bitterer Enttäuschung war jedoch der Elan nicht gebrochen. Der Brief an den Oberbürgermeister vom 10. Mai gerät zur erneuten Kampfansage, die den Gegner nun klarer nennt. »Sehr geehrter Herr Oberbürgermeister! Wir haben mit tiefem Bedauern festgestellt, daß unserer – an Sie als Vorsitzenden der Stadtverordnetenversammlung gerichteten – Petition nicht stattgegeben wurde. Nach unserer festen Überzeugung ist der dadurch zustande gekommene Stadtplan für die Stadt Düsseldorf ein Unglück. Im übrigen erlauben wir uns darauf hinzuweisen, daß uns *Ihr Verhalten* besonders unfair erscheint.«[99]

Der Einspruch gegen die Neuordnungsplanung war vorerst vergebens. Nun richtete sich die Aufmerksamkeit des Rings auf deren Realisierung, wobei die Architekten nachträglich noch einige Merkwürdigkeiten feststellten. Wer hatte denn die Technische Hochschule entworfen, die im Neuordnungsplan so gewaltig unweit des Rheinufers lag? Von wem stammten die Hochhäuser, die aus dem Stadtbild aufschießen sollten? Ein neuer Briefwechsel mit der Stadt setzt ein, in dem der Ring herauszubekommen versucht, »welche Wettbewerbe oder wettbewerbsähnlichen Projekte zur Zeit laufen und seit 1947 gelaufen sind. Dabei interessieren uns sämtliche öffentlichen, engeren und internen Planungs- und Studienaufträge, Ausschreibungen, Wettbewerbe und wettbewerbsähnlichen Projekte mit den Namen der Preisrichter, mit den Resultaten – soweit sie vorliegen – und den Preisen, Honoraren und sonstigen Vergütungen, die von der Stadt geleistet worden sind.«[100]

Man fühlt sich ausgeschlossen. Im Kreis der an Wettbewerben und Aufträgen bisher Beteiligten finden sich die Ring-Architekten nicht wieder;

man bittet um Berücksichtigung, will man sich doch auch selbst stärker in der beruflichen Praxis beweisen können! Allmählich verbreitet sich im *Ring* das Gefühl, in einem Netz unsichtbarer Gegner gefangen zu sein. Unbehagen beschleicht auch andere Architekten, die allenfalls mit dem *Ring* sympathisieren, aber über die politischen Entwicklungen in Düsseldof zunehmend beunruhigt sind. So schreibt der Architekt Walter Köngeter, Professor an der Staatlichen Kunstakademie und Vorsitzender des BDA, im Juni 1950 einen langen Brief an den Rechtsanwalt Werner Schütz, den einflußreichen Vorsitzenden des Kulturausschusses der Stadt und später (1954-1962) Kultusminister des Landes Nordrhein-Westfalen. Schütz hatte sich schon bald nach Kriegsende erfolgreich darum bemüht, den damals politisch stark angefeindeten Gustaf Gründgens von Berlin nach Düsseldorf zu holen, und dürfte auch an Tamms' Berufung durch den Beigeordneten Schreier nicht unbeteiligt gewesen sein.

Im Sommer 1950 hielt Schütz wohl die Zeit für gekommen, prominenten Künstlern des *Dritten Reichs* Absolution zu erteilen. Anläßlich einer Künstler-Ehrung sprach er sich für eine öffentliche Rehabilitierung prominenter Nazi-Künstler aus. Er forderte, den im *Dritten Reich* bevorzugten Künstlern ihre sogenannten »Belastungen« immer dann zu vergeben, wenn sie sich zwar »im Politischen geirrt«, aber »im Künstlerischen gehalten« hätten. Einen derart »toleranten« Standpunkt vertritt auch Köngeter, doch beobachtet er merkwürdige Folgen der in Düsseldorf so öffentlich proklamierten Toleranz: »Heute, fünf Jahre nach der Machtabnahme, nachdem die gröbsten Trümmer beseitigt sind und wenigstens die Sichtung der aufbauenden Elemente beginnt, findet sich im Düsseldorfer Raum eine Anzahl prominenter Kämpfer für die Kunst des Dritten Reiches zusammen und beginnt sich zu einer Art Stoßtrupp zu formieren. Ich beobachte diese Tendenz mit besonderer Besorgnis auf meinem Sektor der Baukunst. Düsseldorf scheint mit ein besonderer Anziehungspunkt für derartige Kräfte zu sein. Ich möchte hier nicht darauf eingehen, woran das liegt, kann aber soviel feststellen, daß wir rein quantitativ diesen Nachschub nicht nötig hätten.«[101] Deutlich trennt Köngeter zwischen politischer Gesinnung und künstlerischer Kompetenz, teilt ausdrücklich Schütz' Meinung zur Rehabilitierung der Prominenten. Ausgeschlossen davon aber möchte er jene Opportunisten sehen, die »ohne Anstand« jedem Regime ihr künstlerisches Geschick zur Verfügung stellen. »Wir haben aber auch Künstler, die sich vom Parteipolitischen völlig ferngehalten haben (sie sind auch heute in aller Form entnazifiziert), die aber ihre Kunst und ihre Begabung der Kunst des Dritten Reichs begeistert unterworfen und verkauft haben. Ob dies aus Geltungsbedürfnis oder aus ehrlicher Überzeugung geschah, mag dahingestellt bleiben. Ein schwerer Irrtum jedenfalls, von dem man sich nicht so leicht erholen kann (früher ging so ein Mann in ein Kloster und dann in sich). Es gab auch Künstler, welche ein sehr feinnerviges Gewissen für ihre Aufgaben und Verpflichtungen besaßen. Diese lebten in den Jahren des Dritten Reiches in aller Bescheidenheit, oft unter kümmerlichen Verhältnissen und haben an sich und ihrer Kunst weitergeschafft. Als der Krieg kam, hat man sie ganz einfach zu Soldaten gemacht. Es bestand kein Bedürfnis, sie als künstlerisch wertvolle Substanz zu schonen und zu erhalten. Es muß also festgestellt werden, daß die offizielle künstlerische Substanz des Dritten Reiches durch den Krieg am wenigsten gelitten hat, am schwersten jedoch diejenige des ernsten und gewissenhaften Künstlertums, das sich unverdrossen um einen echten Ausdruck unserer Zeit bemühte. Wir müßten also, um unser künstlerisches Potential wieder aufzuladen, auf die aus dem Dritten Reich verbliebenen Reserven zurückgreifen. Können wir das verantworten? Ich bin nicht der Meinung.«

Tatsächlich wird Düsseldorf zu einem Zentrum der ehemaligen Nazi-Prominenz. Nicht nur der wegen seiner Härte besonders berüchtigte Gauleiter Florian kann hier in Ruhe seinen Lebensabend verbringen, auch Arno Breker, wohl berühmtester Künstler des *Dritten Reichs* und enger Freund Albert Speers, findet hier ebenso eine neue Heimat wie Speers Rivale Hermann Giesler. Auch in der Lokalpresse werden 1950 Fragen nach dem Zusammenhang von Stadtgestaltung und Personalpolitik gestellt; auf einen kritischen Artikel über die »Schematisierung des Straßenbildes« mit Anspielungen auf die amtlichen Stellen[102] antwortet der beim Stadtplanungsamt tätige Architekt Groote mit einem Lob auf die differenzierten Fassadenfolgen unter dem Titel »Eine Wertung des Düsseldorfer Stils im neuen Straßenbild«[103]. Dieser Artikel ruft den heftigen Protest des *Architektenrings* hervor, der nun in derselben Zeitung ebenfalls ausführlich öffentlich Position beziehen darf, und zwar für eine »an menschlichen Bedürfnissen« orientierte Planung: »Gemessen an dieser Aufgabe werden alle Stilsorgen lächerlich, denn eine Übereinkunft in gleiche Fassadengestaltungsmerkmale ist nach einem Jahrhundert übelster Stilnachahmung sowieso nicht mehr denkbar. Das an die Funktion, an die Zwecke, an die menschlichen Maße und an die Menschenwürde gebundene Bauen öffnet uns viel weitgehendere Möglichkeiten, die von dem Extrem der Wohnmaschine ebenso weit entfernt sind wie von dem formalen ›Düsseldorfer Stil‹, denn das neue Bauen beschränkt sich nicht nur auf die zwei Dimensionen der Fassaden, sondern schließt die dritte Dimension des Raumes und die vierte Dimension der Zeit in sich ein.«[104] Und im stachligen Schlußsatz heißt es: »Vorsicht also mit jedem Stilwollen und besondere Vorsicht mit den Kräften eines Stilwollens, die uns das Tausendjährige Reich wohlerhalten übrig gelassen hat.«

Der Düsseldorfer Streit

In diesen Monaten des Jahres 1950 wächst durch wechselseitige Verdächtigungen die Spannung zwischen den Architekten, die von Amts wegen das Sagen haben, und jenen, die sich zunehmend aus der gestalterischen Praxis in ein Lager wirkungsloser Querulanten abgedrängt sehen. Und so wirkt in diesem explosiven Klima wie ein Zündfunke die Nachricht, daß ein weiterer prominenter Architekt des *Dritten Reiches* in eine führende Stellung nach Düsseldorf berufen worden ist: Julius Schulte-Frohlinde.

Da Tamms in unvermindertem Tempo an der Umsetzung seiner Planung arbeitet, die sich zunehmend in Hochbaumaßnahmen konkretisiert, soll schnellstens die Stelle des Direktors im Hochbauamt besetzt werden. Gewonnen hat Tamms für diese Stelle vom 1. Januar 1952 an ausgerechnet den bekannten Architekten Schulte-Frohlinde, der als *Leiter des Baubüros der Deutschen Arbeitsfront* die Projekte von Robert Ley überwachte und u. a. das Schloß Erwitte in Westfalen zur NS-Schulungsburg umgebaut hatte. Als Ende 1951 diese Nachricht aus Bremen durchdringt, wo Schulte-Frohlinde sich inzwischen wieder erfolgreich als freier Architekt etabliert hatte, löst der *Architektenring* Großalarm aus. Anfang 1952 wird eine umfangreiche Stellungnahme vorbereitet, in der die Berufung Schulte-Frohlindes in einem weiteren Zeithorizont der unseligen deutschen Vergangenheit betrachtet und angegriffen wird. Ihr Text [105] lautet:

»Es gibt keinen Staat in der Welt, der sich eine so starke Bevormundung des einzelnen Menschen in Bezug auf die bauliche Gestaltung erlaubt wie der deutsche, und es gibt nur wenig Baubeamte, die auf diese Bevormundung verzichten.

Sie fühlen sich als Retter der Kultur und verwirklichen in Wahrheit die stereotype Massenhaftigkeit, weil sie die viel zitierten 80% an unzureichenden Bauanträgen ins Mittelmaß hinauf korrigieren und jeden fortschrittlichen Entwurf nach Möglichkeit aufs Durchschnittliche zurückschrauben.

Sie pressen die von Natur aus mannigfaltigen verschiedenen Bauprogramme der Bürger in ihre schematischen Baublöcke, so, daß der Eine mehr bauen muß als er braucht und der andere mit dem erlaubten Volumen nicht auskommt.

Diese ›Gemeinnutz geht vor Eigennutz Baumenschen‹ mit der stillen Papierkriegsgewaltanwendung existieren in Deutschland seit 70–80 Jahren. Sie haben die anerkannt fürchterliche Bauentwicklung vom Ende des vorigen Jahrhunderts an Stück um Stück genehmigt. Jede ohne baupolizeiliche Anwendung entstandene Schrebergartensiedlung ist besser, als die berüchtigten Stadtvergrößerungen dieser Baulöwen. Sie bereiteten auf ihrem Gebiet dem Nationalsozialismus den Boden und haben in der 1000jährigen Zeit erstaunliche Triumphe gefeiert.

Die wenigen fortschrittlichen Baubeamten mußten mit der Elite der freien Architektenschaft – wie Martin Wagner, Ernst May, Mies van der Rohe,

Gropius und vielen anderen – nach der Machtübernahme 1933 Deutschland verlassen. Sie stehen heute in den freien Ländern an erster Stelle und haben durch die Ausbildung der Jugend einen weitreichenden Einfluß auf die gesamte internationale Architektur erhalten.

Die in Deutschland zurückgebliebenen Gleichgesinnten haben sich in der Industrie- und Landesplanung verkrochen oder mußten sich aus der Öffentlichkeit zurückziehen, da sie ihren Grundsätzen treu bleiben wollten. Es gibt nur wenige von ihnen, die aus echter wirtschaftlicher Not in die Partei gegangen sind, um dann groteskerweise der Entnazifizierung zum Opfer zu fallen.

Es läßt sich denken, daß im NS-Staat nur den ›Echtesten‹ die Parteibauten und Schulungsburgen überlassen wurden. Diese Brutstätten des Terrors lassen auch in ihrer äußeren Gestalt an Gewalttätigkeit nichts zu wünschen übrig. Diese ›Echtesten‹ sind mit der Beendigung des Krieges durchaus nicht gestorben. Nach einem mehrjährigen Schweigen möchten sie ihren mit Heimatstil verbrämten Neoklasssizismus – möglichst mit stiller Gewalt auf dem Wege der Bürokratie – wieder in Schwung bringen.

Unter den großen Städten Deutschlands hat Düsseldorf den traurigen Ruhm, diese Kulturspitzen des damaligen Systems in seine Aufbauarbeiten einzuspannen. Es geht hier nicht darum, etwa einem Menschen wegen der Zugehörigkeit zur Partei oder sonst einer Organisation den Prozeß zu machen, sondern darum, ob wir erkannt haben, wie tief die nationalsozialistische Vorstellung von Baukultur sich von der der Demokratie unterscheidet. Die Baulöwen der Parteibauten haben sich in ihrer Baugesinnung nicht geändert. Sie haben – wenn sie alt genug sind – diese Gesinnung schon vor dem Auftreten Hitlers gehabt und werden sie auch heute nicht ablegen. Wäre es nicht besser, sich bei der neuen Gestaltung unserer Stadt jener Männer zu bedienen, die mit Hitlers Kommen emigrieren oder untergrund gehen mußten, und deren kulturpolitische Vergangenheit keine Zweifel aufkommen läßt?

Die Liste der uns vorliegenden germanischen Kulturritter, die in oder für Düsseldorf tätig sind, beängstigt uns sehr. Wir sehen darin ein Symptom unserer Zeit und möchten verhindern, daß sich diese Clique über den Weg einer Rehabilitierung des unglückseligen Entnazifizierungsverfahrens wieder in die leitenden Stellungen drängt.

Wir protestieren darum dagegen, daß der Erbauer der NS-Schulungsburg Erwitte und Schöpfer des Reichsparteitaggeländes, Professor von Hitlers Gnaden, Schulte-Frohlinde, die Geschicke der Düsseldorfer Bauverwaltung lenken soll. Der Architektenring Düsseldorf.«

Die Berufung Schulte-Frohlindes war eine Kampfansage nicht nur an den *Architektenring*. Der später so genannte Düsseldorfer Architekturstreit war eröffnet. Dabei wurde die umstrittene Berufungspolitik nur als ein weiteres Symptom verhängnisvoller Kontinuität betrachtet, die sich in dieser Stadt so auffällig verdichtete. Nach langen Recherchen hatten Mitglieder des Rings eine für sie »beängstigende Liste« zusammengestellt, die sie zur Ergänzung an befreundete Architekten und Journalisten weitergaben, um herauszufinden, wie sich der Zusammenhalt der dort aufgeführten Architekten organisierte:

Die Liste nennt an erster Stelle Tamms, »früher beim Arbeitsstab Speer, jetzt Stadtplaner Düsseldorf.

Dr. Hentrich und Hans Heuser, früher Rasthäuserbauten und Planungen Achse Berlin. Jetzt ein Dutzendmal Wettbewerbspreisträger, sofern Tamms Preisrichter war.

Baurat Piepenburg, früher Bauleiter der Reichskanzlei, jetzt Bauleiter der Heuser- und Hentrichbauten.

Wolters, früher Arbeitsstab Speer und Architektur-Schriftleiter von ›Kunst im Dritten Reich‹, heute Preisträger im Altstadtwettbewerb Düsseldorf (Preisrichter Tamms) und Unterstadtplaner für einzelne Stadtteile.

Prof. Dustmann, früher Chefarchitekt der HJ, jetzt erster Preisträger in den Wettbewerben Gemeinschaftsbank und Kreishochhaus (Preisrichter Tamms).

Baurat von Groote, früher Architekturmitarbeiter beim ›Schwarzen Korps‹, heute städtischer Sachwalter der Altstadtpflege.«

In einer vagen Ahnung der Zusammenkünfte im »Anholter Kreis« vermutet man, daß der Kern des Zusammenhalts der Genannten ein »Dorstener Kreis« sei und fragt: »Was weiß man vom Dorstener Kreis?« Erst später wird »Dorsten« gestrichen und handschriftlich durch »Coesfeld« ersetzt.[106] Die Antworten auf die Fragen und weiteren Initiativen des *Architektenrings* sind spärlich und bedrückend. So antwortete ein offenbar älterer Herr in einem anonymen Schreiben, in dem er an Städten des Ruhrgebiets eine dichte Verflechtung von ehemals prominenten Architekten und Stadtplanern aus dem *Dritten Reich* aufzeigt: »Nehmen Sie es mir nicht übel, daß ich Ihnen nicht meinen Namen nenne. Ich bin im Kampf gegen diese Kamarilla müde geworden. Der Architekt, der in Deutschland glaubt, im Sinne Wagners, Mays und anderer bauen zu können, wird verfemt und hat bald keine Aufträge mehr. In großen Städten, wie Düsseldorf, Köln etc. mag es möglich sein, sich zu behaupten, hier ist es ausgeschlossen. Wenn ich nicht so alt wäre, wüßte ich, was ich zu tun hätte.«[107]

Seit dem 1. Januar 1952 ist Schulte-Frohlinde in Düsseldorf tätig, zunächst nur auf Probe, nach einem halben Jahr soll er fest angestellt werden. Im März läuft die Kampagne des *Architektenrings* gegen sein Verbleiben auf vollen Touren. Es wird eine Erklärung verfaßt, die mit der Bitte um Unterstützung im In- und Ausland verbreitet wird. Briefe mit Unterschriften bedeutender Architekten von Dominikus Böhm über Max Taut und Hans Scharoun bis hin zu Rudolf Schwarz treffen ein, Ermutigungen und Danksagungen für diese Aktion, die von einigen als längst überfällig empfunden wird. Doch auch Absagen mit ausführlichen Begründungen treffen ein. Der eine möchte nach Jahren der Verfolgung endlich seinen Frieden haben und

ERKLÄRUNG!

Am 1. Januar 1952 ist Prof. Schulte-Frohlinde als Oberbaudirektor
nach Düsseldorf berufen worden. Er soll die Leitung des städt.
Hochbauamtes und des Bauaufsichtsamtes übernehmen. Ein entscheidender Einfluss auf die bauliche Entwicklung in Düsseldorf wird
von ihm zu erwarten sein.

Die Düsseldorfer kommunale Baupolitik hat in den Jahren seit 1949
die Baugesinnung des Dritten Reiches mit derart offener Eindeutig-
keit vertreten und gefördert, daß dies in Deutschland bereits
sprichwörtlich geworden ist. Wiederholt, jedoch ohne sichtbaren
Erfolg, wurde von berufenen Seiten auf diesen untragbaren Zustand,
welcher das freie Spiel und eine zeitgemässe Entwicklung gestalten-
der Kräfte unterbindet, hingewiesen.

Prof. Schulte-Frohlinde ist aufgrund seiner Tätigkeit im Dritten
Reich und nach dem Kriege als ausgesprochener Vertreter der im
Dritten Reich gepflogenen Baugesinnung bekannt. Selbst bei loyaler
Duldung dieser Gesinnung und Anerkennung der fachlichen Fähigkeiten
Prof. Schulte-Frohlindes kann sein Einsatz in Düsseldorf, an einer
für die bauliche Entwicklung der Stadt so einflussreichen Stelle
und unter den in Düsseldorf herrschenden Verhältnissen, nicht gut-
geheissen werden. Man muß in dieser Berufung eine offene Demonstration für die Baugesinnung des Dritten Reiches und eine Versteifung
des Kurses in der kommunalen Baupolitik erblicken.

In ernster Sorge um die freie Entwicklung schöpferischer Kräfte
sind die Unterzeichneten der Meinung, daß unter den oben erwähnten
besonderen Umständen eine Berufung Prof. Schulte-Frohlindes in die
Düsseldorfer Bauverwaltung nicht tragbar ist.

.... *Stgt.* ...., den ... 28/4/52 ....

Professor Dr. Ing. R. Döcker

hofft auf einen neuen Anfang, ein anderer möchte sich von personalisierten Kampagnen fernhalten. Bei Bartning ist es eine Sache des persönlichen Stils, die ihn an der Unterzeichnung hindert, bei Hans Schwippert resignierte Nachdenklichkeit, die ihn zu jedem lauten Protest auf Distanz gehen läßt: »Nehmen Sie es bitte nicht als Hochmut, sondern als das beklagenswerte Ergebnis einer Erfahrung, die einfach weiß, daß der Angriffsgeist einer Fronttruppe und die Überlegungen eines Stabs zweierlei Maße sind. Und was ich in diesem anderen Stockwerk, auf das ich nicht mutwillig kletterte, sondern verschlagen wurde, tat und tue, um nicht nur Begleiterscheinungen, sondern die große tiefsitzende allgemeine schwere Erkrankung, den allgemeinen Geist, der wider uns ist, zu bekämpfen, kann ich nicht an die großen Glocken hängen. Und ich bin längst dabei, hierfür auch auf das Verständnis der Freunde zu verzichten.«[108]

Doch gibt es auch Schreiben, denen die nackte Angst vor der wiederentfalteten Macht einstiger Hoheitsträger anzumerken ist. Ein ehemaliger Kollege Schulte-Frohlindes berichtet über dessen Machtentfaltung als BDA-Vorsitzender in Bremen gleich nach dem Krieg. Den Bremer Hintergrund hatte die *Neue Bauwelt* schon im Februar 1952 mit knappem Schlaglicht beleuchtet, als sie in der Rubrik »Persönliches« kurz über die neue Karriere Schulte-Frohlindes berichtete und nachsetzte: »Professor Schulte-Frohlinde war nach dem Kriege in seine Heimatstadt Bremen zurückgekehrt und leitete dort als erster Vorsitzender die Landesgruppe des BDA. In Bremen sieht man, wie wir hören, den markanten Vertreter eines mit Neoklassizismus gemischten Heimatstiles ungern scheiden.«

Als im Sommer 1952 eine anonyme Denkschrift mit Angaben zur Vergangenheit verschiedener in Düsseldorf tätiger Architekten verbreitet wird, formuliert Tamms eine Antwort, in der er auch auf seine Verbindung zu Schulte-Frohlinde eingeht: »Nach dem Kriege ist mir Herr Schulte-Frohlinde wieder begegnet, als die BDA Landesgruppe Nordrhein-Westfalen vor etwa zwei Jahren eine Architektur-Ausstellung von Arbeiten ihrer Mitglieder in Düsseldorf öffentlich zeigte. Gleichzeitig fand eine Sitzung des Gesamtvorstandes des Bundes Deutscher Architekten in Düsseldorf statt. Anläßlich des Empfanges des Vorstandes durch den Herrn Oberbürgermeister im Hotel Eden in Düsseldorf traf ich als Miteingeladener der Stadtverwaltung unter anderem Herrn Schulte-Frohlinde. Ich bin ihm im vorigen Sommer noch einmal begegnet, als in Hannover unter der Schirmherrschaft der Professoren Gropius (USA) und Bonatz (Türkei) ein Versöhnungstreffen verschieden gerichteter, aber in der Öffentlichkeit bekannter Architekten stattfand. Ich bedaure, mich nicht als Freund von Professor Schulte-Frohlinde bezeichnen zu können.«[109]

In Düsseldorf jedenfalls ist Schulte-Frohlinde willkommen. Hier setzt man ebenso demonstrativ wie trotzig auf Kontinuität, angeblich, um zwischen restaurativem Wiederaufbau und überstürztem Modernismus einen Mittelweg zu finden. In einer Pressekonferenz stellt der Vorgesetzte von

Tamms, der Beigeordnete Schreier, seine Sicht des Architekturstreits dar. Die *Düsseldorfer Nachrichten* berichten am 6. März 1952: »So stünden sich heute die Vertreter des Wiederaufbaus des Alten – System Goethehaus Frankfurt –, die Vertreter des Ausgleichs, darunter vor allem der BDA, und die Neutöner, ›die Langhaarigen‹, die nur mit Stahl und Glas arbeiten wollen, gegenüber. Eine Behörde, die öffentliche Mittel verwaltet, dürfe sich aber bei aller Aufgeschlossenheit nicht auf Experimente einlassen.«[110]

Die Pressekonferenz zu Ehren und zur Amtseinführung von Schulte-Frohlinde als Düsseldorfer Baudirektor bringt freilich nicht nur den *Architektenring* in Rage, auch Köngeter erhebt bei Schreier persönlich Einspruch dagegen, daß Vertreter des modernen Bauens als dilettierende »Neutöner« und »Langhaarige« denunziert werden. Und Lehmbrock berichtet für den Architektenring an die *Bauwelt* in Berlin: »Das ist der unerhörte Ton, auf den wir geantwortet haben. Nicht nur der Architektenring, sondern auch namhafte Persönlichkeiten der übrigen Düsseldorfer Architektenschaft und des BDA haben sich gegen die Berufung von Schulte-Frohlinde gewehrt, weil durch die Personalpolitik der Stadt seit Jahren einseitig Vertreter einer Baugesinnung herangezogen werden, die im Dritten Reich offiziell war. Wir möchten verhindern, daß in einer Stadt, die sich selbst Tochter Europas nennt, noch mehr Reichskanzleiabklatsch und Altstadtsanierungsrummel als damals verwirklicht wird.«[111]

Während sich die Gemüter weiter an der Person Schulte-Frohlindes und der von ihm vertretenen Baugesinnung erhitzen, ist der nächste Krach schon programmiert. Was die »Neutöner« als »Altstadtsanierungsrummel« bezeichnen, soll einen neuen Glanzpunkt erhalten: Die Planung des Rathauses am Rande der Altstadt ist eine der ersten Aufgaben, die an den neuen Baudirektor vergeben wird, ohne daß dies zunächst weiter bekannt wird. Doch der Zufall will es, daß die Pläne vorzeitig publik werden und den Streit um den Zusammenhang zwischen politischer und künstlerischer Gesinnung weiter entfachen.

Ende 1951 hatten die freien Architekten Düsseldorfs nach vielfachem Anlauf durchsetzen können, daß eine kleine Gutachtergruppe von – durchaus nicht nur »modernen« – Architekten zur Beratung bei wichtigen Projekten der Stadt hinzugezogen wurden. Bei der Besprechung im November 1951 war neben dem Oberbürgermeister auch der Oberstadtdirektor anwesend; es wurde vereinbart, daß die Gutachtergruppe auch an einem Bürohaus-Neubau und beim Erweiterungsbau des Opernhauses beteiligt werden sollte. Als es einige Wochen später zum Konflikt um Schulte-Frohlinde kam, wurde diese Gruppe, die mit beratender Funktion ausgestattet war, nicht mehr zusammengerufen. Auf Drängen einiger Architekten kam es dann Anfang Juni 1952 zu einer Sitzung des Gremiums, bei der es hoch herging; man fürchtete, daß die unbequemen Architekten von der Stadtverwaltung ausgeschaltet werden sollten. Als sich die Versammlung turbulent auflöste, sah ein Architekt zufällig auf einem Plan Teile des Entwurfs für einen Rathaus-

Neubau von Schulte-Frohlinde, den er entsetzt registrierte, sofort ohne weiteres Aufsehen »mitgehen ließ« und später der Presse zuspielte. Das Nachrichtenmagazin *Der Spiegel* zitiert Tamms: »Erst lädt man sie zur Besprechung ein und dann klauen sie einem die Pläne.«[112]

Anfang August platzt die Bombe. In großer Aufmachung wird in der Presse der heimattümelnde Entwurf unter der Schlagzeile »Düsseldorfer Klassizismus triumphiert – Warum restauratives Bauen in einer fortschrittlichen Stadt?« präsentiert.[113] Dazu heißt es im Kommentar der Zeitung: »Sogar dem Laien wird beim Anblick dieses ›Werkes‹ des städtischen Hochbauamtes klar, daß damit der in der ganzen Bundesrepublik und schon im Ausland unter dem Namen ›Düsseldorfer Klassizismus‹ bekannte Baustil auf die Spitze getrieben wird. – Gleichzeitig überreichte die Architekten- und Künstlergruppe der Presse eine Erklärung.« In dem fett gedruckten Text der Erklärung heißt es: »Es geht darum, daß eine anständige und demokratische Handhabung öffentlicher Kulturfragen anstelle einer eindeutigen Cliquenwirtschaft gesetzt wird, die zur Zeit das freie Spiel der Kräfte einengt und zu einer aufdiktierten und das geistige Leben einschränkenden ›Kultur‹ führt. Diese kleine Gruppe beeinflußt seit Jahren die Personalpolitik der Stadt. Die Männer, die durch diese Gruppe geholt wurden, entscheiden Wettbewerbe, vergeben Aufträge und ziehen Gutachter heran, und das alles geschieht in einem Kreis von wenigen Personen. Dabei geben sich die maßgebenden Leute der Stadt einen Anstrich von Toleranz, indem sie zu den Wettbewerben Persönlichkeiten neuzeitlicher Auffassungen heranziehen, die sich jedoch durch das Übergewicht der restaurativen Kräfte niemals durchsetzen können.«[114]

In der vorhergehenden Pressekonferenz, über die mehrere Zeitungen breit berichten, wurde darauf hingewiesen, daß auch »namhafte und in der ganzen Welt bekannte Bildhauer, wie Prof. Gies, Prof. Mataré, Prof. Marcks, Zoltan Skekessy, es in jüngster Zeit trotz hoher Honorare abgelehnt haben, an solchen Wettbewerben als Teilnehmer oder Juroren mitzuwirken.« Der Widerstand gegen die Düsseldorfer »Cliquenwirtschaft« wächst. Wieder werden Erklärungen verfaßt und verteilt, diesmal nicht nur vom *Architektenring*. Der öffentliche »Einspruch gegen den Rathausneubau in Düsseldorf« wird auch vom BDA, von der neuen *Rheinischen Sezession,* vom *Architekten- und Ingenieurverein* sowie vom *Deutschen Werkbund* unterzeichnet. Doch dieser Einspruch bleibt ebenso erfolglos wie der Widerstand gegen die Berufung Schulte-Frohlindes. Das Rathaus wird gebaut, der neue Direktor sucht neue Tätigkeitsfelder. Neben der Planung neuer Schulen baut er mit seinem alten Freund und Meister Paul Bonatz das Opernhaus um und erweitert den Kreis seiner Mitarbeiter um vertraute Kollegen aus früheren Zeiten.

Trotz heftiger Anfeindungen fühlt man sich fest im Sattel, in Düsseldorf, am Ende des Jahres 1952. An einer dichten Mauer aus Dickfelligkeit und kollegialer Verschwiegenheit prallen die Angriffe zumindest äußerlich ab. Man hat schon anderes überstanden, und man bestärkt sich wechselseitig nicht nur im beruflichen Erfolg, sondern auch in persönlicher Anerkennung und im weiter wachsenden Selbstbewußtsein. Im Frühsommer 1952 reisten Tamms und Wolters gemeinsam nach Italien, um von den Alltagsgeschäften Abstand zu gewinnen. In abendlichen Gesprächen lassen sie Ereignisse der letzten Jahre an sich vorüberziehen und kommen in Erinnerung an den 50. Geburtstag von Hanns Dustmann, den ehemaligen *Reichsarchitekten der Hitlerjugend* (HJ), zu einer bezeichnenden Bilanz, die sie dem Jubilar in Form eines Gedichtes[115] von Amalfi aus postalisch nach Düsseldorf übermitteln.

Hanns Dustmann zum 50. Geburtstag

An einem Regentage,
Der mich versonnen macht,
Da sitz' ich, sing' und sage,
Da hab' ich nachgedacht.

Hab' nachgedacht im Kloster,
In eines Kreuzes Gang,
Statt eines Paternoster
Mir dieses Lied gelang:

Ich dachte Deiner Jahre,
Der strammen fünfzig voll,
Wie Du gelassen Haare
Durch Zeiten hart und moll.

Du kamst in meine Kreise
als Freund und Architekt
Zunächst nur scheu und leise,
Dann hast Du Blut geleckt.

Vergessen war die »Gilde«, –
Ein Intermezzo nur –
Auch Gropius, der Wilde,
Liess in Dir keine Spur.

Das Dritte Reich mit Dröhnen,
Es brach nun an – o Gott –
Mit Macht und hohen Löhnen:
Du kamst in die Hajott.

Es stritten sich die Grössten
Um Deinen Künstlerstift,
Aus dem sie Schönstes lösten:
Du stiegest hoch im Lift.

Ach, diese grossen Zeiten!
Ach, aller Lust und Schmerz!
Was taten sie bereiten,
Bewegeten das Herz!

Mit Griffel und Zigarre,
So saß'st Du manche Nacht
Und schobst an Deiner Karre –
Was hat sie Dir gebracht?

Sie brachte Dir im Ringen
Kein äusserliches Gut:
An innerlichen Dingen
Doch bracht' sie Halt und Mut.

Mit diesen in der Tasche
Kamst über Dreck und Speck,
Wie Phönix aus der Asche,
Du über alles weg.

Du spitztest neu den Griffel,
Schlugst im Vorübergehn
Dem Läst'rer auf den Schnüffel,
Ließ'st neue Bauten sehn.

Der Schöpferdrang sitzt drinnen,
Es nimmt ihn keiner Dir:
So schaffst Du nun von innen
Und Neues drängt herfür. (...)

So will ich Dir denn heute
Den Glückwunsch überbringen:
Mit festlichem Geläute
Soll's aus Amalfi klingen.

Mit unbeirrbarem Standvermögen hat »Steuermann« Tamms Kurs gehalten, obgleich die Presse gegen ihn und seine Kollegen stürmische Kampagnen gestartet hat. Im Oktober 1952 erscheint ein groß aufgemachter Bericht im Nachrichtenmagazin *Der Spiegel*[116], der den Rathausneubau zum Anlaß nahm, auch die personalpolitischen Hintergründe in Düsseldorf aufzudecken und Spottverse zu zitieren:

> »Aller Anfang ist der Ziegel
> Und dann später der Zement,
> Aber nichts hält so zusammen
> Wie ’ne Clique, die sich kennt.«

Im Text des Düsseldorfer »Kom(m)ödchen« heißt es weiter:

> »Was hätt’ der Hitler für ’ne Freud,
> wenn er noch da wär.
> Er brächte Düsseldorf erst auf den
> rechten Schwung.«

> »In der Landeshauptstadt da kommt man glatt
> hoch ins Stadtbauamt obenan.
> Bedingung ist nur, daß man ’ne Spur
> an der Reichskanzlei mitgebaut hat.«

Aufgezählt werden nun die Namen von Wolters, Rimpl, Dustmann, Pinnau – unter Nennung ihrer früheren Tätigkeiten. Nach einem Verriß des Rathaus-Entwurfs als gebauter Erinnerung an den »größten Baumeister aller Zeiten« folgt eine Kritik auch an der Tammsschen Planung, die den Abriß eines Teils der Altstadt vorsah und dort inzwischen eine neugebaute Altstadt mit mittelalterlichen Giebelhäusern auf modernisiertem Stadtgrundriß entstehen ließ. Auch diese Attacke wird von den Düsseldorfer Amtsträgern durchgestanden, sind sie doch politischer Rückendeckung – oder zumindest: Indifferenz – sicher; vom Oberbürgermeister bis zum Bundespräsidenten und Bundeskanzler, die der *Ring* schon bei der Bestellung von Schulte-Frohlinde um Intervention gebeten hatte, ist ebenso wenig zu hören wie vom britischen Kulturoffizier und vom Kardinal Frings, die ebenfalls angeschrieben worden waren.

Wandlungen

Auch wenn der vom *Architektenring* erwartete Sturm der Entrüstung in Deutschland ausblieb, haben doch die Angriffe ihre Spuren hinterlassen. Auch im alten Kreis beginnt man zu spüren, daß mit dem wirtschaftlichen »Wiederaufstieg« Westdeutschlands und besonders dieser Stadt, daß mit veränderten sozialen und kulturellen Bedingungen der Planung auch neue architektonische Formen gefragt sind. An einem Frühlingstag 1953 läßt sich Tamms, wie fünf Jahre zuvor, zu gewagten Visionen verlocken und skizziert nun selbst auf großem Bogen in lockeren Kreidestrichen sein Bild von einem modernen Düsseldorf, das sich mit Gruppen aufragender Hochhäuser markant von der Rheinebene absetzt. In der zeichnerischen Manier eines Kokoschka entstehen Impressionen einer Stadt-Utopie mit breit gelagerter Flußlandschaft und Türmen bis zu 180 m Höhe. Der handschriftliche Titel des phantastischen Plans: »Sire, geben Sie Gedankenfreiheit!«

Weitere Schritte auf dem Weg in die Zukunft stehen an. Auf den neuen Grundlagen des Landes-Aufbaugesetzes vom April 1952 ist ein Leitplan zur Stadtentwicklung aufzustellen, der systematische statistische Erhebungen in den verschiedenen Bereichen städtischen Lebens voraussetzt und zu zeitlich wie räumlich weit ausgreifenden Perspektiven zwingt. Mit der Erstellung eines Leitplans, der im Juli 1954 dem Rat der Stadt übergeben wird[117], beginnt eine neue Epoche, die von einer Demonstration gestalterischer Modernisierung des Stadtbildes bestimmt ist und den Kritikern zeigen soll, daß man auch dazu mühelos in der Lage ist. Höhepunkt des neuen Düsseldorf wird das große *Dreischeibenhaus* des Thyssen-Konzerns, das von Helmut Hentrich mit seinem neuen Partner Petschnigg nach einem Wettbewerb ausgeführt wird. Bereits mit dem 1950 errichteten *Drahthaus* haben sich Hentrich und Partner wieder in die Formensprache der Moderne eingefühlt, und das *Aluminiumhaus* steht in seiner schlichten Eleganz jenen anderen Bauten nicht nach, die in Düsseldorf eine Fortsetzung und Weiterentwicklung des in den dreißiger Jahren abgebrochenen Neuen Bauens bezeugen – durch Architekten wie Paul Schneider-Esleben, Bernhard Pfau und andere.

Die Kollegen der ehemals und immer noch mächtigen Gegenseite spüren die neue Herausforderung und stellen sich ihr. Man zeigt, daß man auch anders kann. Nicht umsonst sind Tamms und Hentrich in ihrem Studium bei Poelzig durch eine kultivierte Schule vielgestaltiger Formensprachen gegangen. Und so ist ihnen auch jener Geist einer nachgeholten Moderne nicht fremd, der in Düsseldorf in hervorragenden Bauten Gestalt annimmt. Bereits 1950 war nach dem Entwurf von Bernhard Pfau, dem exponierten Repräsentanten des *Architektenrings,* das *Haus der Glasindustrie* gebaut worden. Mit diesem Bau war ein Zeichen für die ästhetische und konstruktive Weiterentwicklung des Neuen Bauens der Weimarer Ära gesetzt. Wie ein Signal des Aufbruchs zu einer neuen Moderne in Deutschland wirkt ein anderes, ebenfalls 1950 entstandenes Gebäude: die Hochgarage am Lichtplatz von Paul Schneider-Esleben, wie Pfaus Bau von heller Transparenz; das sichtbare Spiel der Konstruktion läßt durch die Darstellung des Ablaufs der Kräfte die Schwere der Materialien und die Trivialität der Funktionen zugleich erscheinen und vergessen.

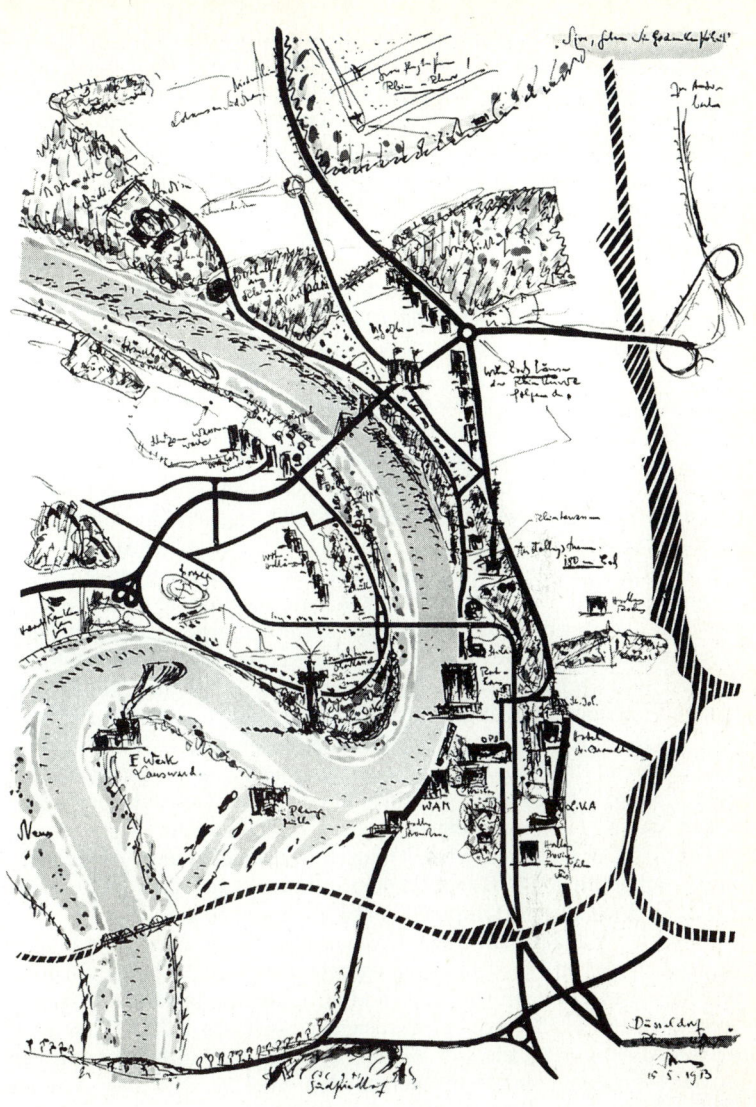

Eindrucksvoll stellt sich so in Düsseldorf eine Moderne vor, die nach langer Atempause wieder Luft zu holen beginnt. Die Beispiele machen Schule, und auch jüngere Architekten versuchen in ihren Entwürfen jene Wirkung einer gleichsam schwebenden Leichtigkeit zu erzielen, mit der die Architektur der frühen fünfziger Jahre sich von der Bodenschwere und dem Steinkult des Bauens im *Dritten Reich* zu verabschieden sucht. Ein neuer Anfang wird sichtbar, den auch die älteren Kollegen nicht verpassen wollen. Ehrgeizig versuchen sie sich an die Spitze der Bewegung zu setzen und können mit gestaltenreicher Virtuosität bald eigene Leistungen vorweisen. Die von Schulte-Frohlinde entworfenen Schulen wirken leichter, dehnen sich in sanfte Biegungen aus, werden auf Betonpfeiler gestellt und vom Boden gelöst. Die von ihm entworfene *Europahalle* läßt eine gewellte Betondecke auf einem Betonskelett schweben; als Wände spannen sich hohe Glasfenster zwischen die Stützen. Und auch die von Schulte-Frohlinde und seinem Mitarbeiter Heyne entworfene große *Ausstellungshalle* der Stadt wirkt wie ein Bekenntnis zu gläsernen Flächen und offener Skelettbauweise, im Geist verwandt dem amerikanischen Generalkonsulat, das 1954 nach Entwürfen von Skidmore, Owings und Merrill mit Otto Apel, dem ehemaligen Mitarbeiter Speers, in Düsseldorf entsteht.[118]

In großer Geste spannen sich inzwischen drei »Harfen« über den Rhein, die »Düsseldorfer Brückenfamilie«, von Tamms selbst entworfen, ein eleganter Beitrag zur neuen Moderne in Deutschland. Auch Gutschow hat in Düsseldorf auf die in den dreißiger Jahren verlassenen Wege des Neuen Bauens zurückgefunden, auf denen seine früheren Arbeiten zu hervorragenden Wettbewerbsergebnissen geführt hatten. 1955 erzielt er den zweiten Preis bei einem Wettbewerb, der ihm einen großen Auftrag einbringt: Für die *Börse,* die *Industrie- und Handelskammer* sowie den *Rheinisch-Westfälischen Kassenverein* ist ein umfangreicher Gebäudekomplex zu planen, dessen Kern ein dreigeschossiger Tresorbau sein wird. Gemeinsam mit Godber Nissen entwickelt Gutschow nach über neun Zwischenlösungen schließlich eine Gebäudekomposition, aus der sich ein dreizehnstöckiges Hochhaus als Leitpunkt zum Bahnhof abhebt.

Düsseldorf wandelt sein Gesicht. Verwundert würde Albert Speer durch die Straßen und an Baustellen entlang gehen, wenn er das neue Stadtbild mit jenen Darstellungen vergleichen könnte, die ihm in seiner Spandauer Gefängniszelle 1955 vorgelegt werden. Seit Monaten läßt ihm die *Berliner Gedenkbibliothek* alle vier Wochen zwei Architekturbücher zugehen. Im Mai 1955 stößt er in einem Buch mit dem Titel *Der Hochbau,* Ausgabe 1953, »auf die ersten Repräsentationsbauten der Nachkriegszeit an Düsseldorfs Luxusboulevard, der Königsallee«, wie er in sein Tagebuch notiert: »Der ›Benrather Hof‹ ist gute Mittelware. Das Bankhaus Trinkaus, von Hentrich entworfen, der einst zu meinen Architekten gehörte; mit den vierkantigen, durch Glasflächen ausgefachten Doppelsäulen erinnert der Bau an die für Berlin geplante OKW-Fassade«.[119]

Helmut Hentrich u.a.: Bank Trinkaus   Helmut Hentrich u.a.: Drahthaus

Bernhard Pfau: Haus der Glasindustrie   Paul Schneider-Esleben: Hochgarage

In der amerikanischen Zeitschrift *American Builder* findet Speer »mit Verblüffung« viele deutsche Namen: »Gropius, Mendelsohn, Neutra, Breuer, Mies van der Rohe. Natürlich kenne ich sie alle. Als ich in Berlin bei Tessenow studierte, arbeiteten viele von ihnen sozusagen einige Korridore weiter, und zumindest machten ihre Entwürfe hier und da Furore. (...) Jetzt sehe ich, daß aus der extravaganten Experimentalarchitektur jener Jahre so etwas wie der Stil der Epoche geworden ist. Wenn ich der Zeitschrift glauben kann, ist zum ersten Mal so etwas wie ein Universalstil im Entstehen, der von London bis Tokio, von New York bis Rio reicht. Das ganz und gar Erstaunliche für mich aber ist, daß er aus Berlin kommt, sozusagen vom gleichen Flur der Kunstakademie. Vor allem Mies und Gropius scheinen in den USA die Wirkung in die Breite gehabt zu haben, die ihnen in Deutschland versagt blieb.«[120] – Versagt blieb?

Noch mehr mag ihn verblüfft haben, daß auch seine einstigen Mitarbeiter sich inzwischen diesen »Stil der Epoche« zueigen gemacht hatten. Mit Blick auf den unerwarteten Siegeszug einer merkwürdig formalisierten Moderne schreibt Alfons Leitl, der in der Zeitschrift *Baukunst und Werkform* eben noch den »Düsseldorfer Architekturstreit« leidenschaftlich kommentierte, in melancholischer Selbstironie: »Werden wir jetzt, um unserer Sache treu zu bleiben, nicht mehr *für* sondern *gegen* die moderne Architektur kämpfen müssen? Vielleicht nicht gerade das, aber wenn es schon immer oberflächlich und fragwürdig war, die Modernität der Bauwerke und ihrer Urheber nach laufenden Metern moderner Baustoffe und Konstruktionen zu beurteilen, so wird eine so einfache Formel von Tag zu Tag fataler. Das mag für manchen sehr bedauerlich sein, denn Faustformeln sind immer praktisch. Man trennt sich ungern von ihnen. – Wir sind genötigt, genauer hinzusehen. Da ist diese prächtige Halle. (...) In der Mitte aufstrebend sechs schlanke Stahlbetonpfeiler, dazwischen alles Metall und Glas. Davor stehen schlanke Fahnenmasten, und die bunten Tücher wehen froh im Wind. Das ist wunderschön und ganz modern. Aber irgendetwas ist uns doch nicht ganz behaglich, etwas streift an Eindrücke, an Erinnerungen. Was ist es nur? Sind es die wuchtigen seitlichen Flächen, das mit Recht so beliebte Fleisch? Ist es das plattenartige Quadermuster oder quaderartige Plattenmuster? Oder der ein wenig zu groß angelegte Gestus? Wir müssen das irgendwo schon einmal gesehen haben. – Jawohl, haben wir! Und jetzt wissen wir auch, wo. Aber wir behalten es für uns ...«[121]

Tatsächlich wird in *Baukunst und Werkform* 1953 eine neue Front eröffnet, die nicht mehr die Auseinandersetzung mit der Vergangenheit, sondern die Rettung des humanitären Gehalts der modernen Bewegung zum Thema hat, um nicht zuzulassen, daß diese sich auf bloße Übernahme eines leeren Formenkanons reduzieren läßt. Doch dazu später. Wie rasch und gründlich indessen das Bild Düsseldorfs von einer ostentativen Modernität bestimmt wird, zeigt eine große Bilanz des Nachkriegs-Bauens,

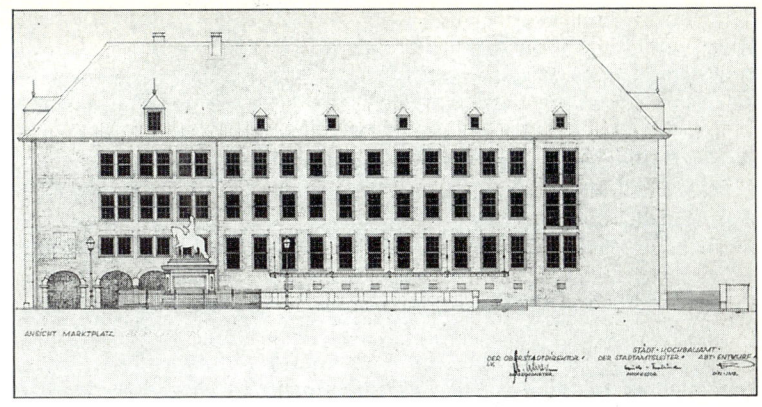

Julius Schulte-Frohlinde: Entwurf für das Rathaus in Düsseldorf

Konstanty Gutschow u.a.: Börse

Helmut Hentrich u.a.: Thyssen-Haus

die in einem Sonderheft der *Bauzeitung – Deutsche Bauzeitung* 1959 mit vielen Abbildungen veröffentlicht wird.

In dem einführenden Kommentar, »Düsseldorf – unter der segensreichen Hand eines Fachmanns« überschrieben, heißt es in einer umständlich steifen Würdigung mit merkwürdigen Wechseln im Schriftbild: *»Die Stadtverwaltung war so verantwortungsbewußt,* das Geschick der fast 700 000 Düsseldorfer *Fachleuten höchster Rangordnung* nach 1945 von vorneherein, verbunden mit der erforderlichen Autorität, *anzuvertrauen,* mit dem Ergebnis, daß die großen Durchbrüche im Zuge der Berliner Allee, dann zwischen Stein- und Friedrich-Ebert-Straße mit etwa 400 m Länge, die Straßenerweiterungen der Schadowstraße und der Benrather Straße, letztere auf 25 m, und schließlich die Neuordnung der Innenstadt zwischen Hauptbahnhof und Altstadt *bei der Marktstabilisierung schon geplant waren und sofort angefaßt werden konnten mit dem in diesem Heft gezeigten bestaunenswerten Ergebnis.* Was in anderen Städten ein Dutzend Jahre zu spät vorgeschlagen wird, eine Hochstraße über die Stadt hinweg: hier entsteht sie. Die dem Verkehr kürzlich überantwortete ›Nordbrücke‹ ist die weithin sichtbare Krönung solcher von kultiviertem Geiste getragener Tatkraft.«[122]

Bei der Errichtung der Hochstraße kann Tamms seiner »Leidenschaft« als Brückenbauer freien Lauf lassen und sich bewährter Techniken auch in der Überzeugung der Skeptiker bedienen: Wohl einmalig im Nachkriegsdeutschland ist das Holzmodell, das im Maßstab 1:1 die Jan-Wellem-Hochstraße schon in Originalgröße zeigt, bevor sie gebaut wird. Innerhalb weniger Jahre kann sich Düsseldorf – eben noch als Hort der Reaktion scharf angegriffen – als Schaufenster einer wagemutigen Modernität präsentieren, mit großer Ausstrahlung auch auf die Entwicklung anderer Städte. Seit Ende der fünfziger Jahre gilt die Planung in Düsseldorf als Lehrstück fortschrittlichen Städtebaus, übertroffen allenfalls durch das Beispiel Hannover, wo seit 1948 Rudolf Hillebrecht neue Maßstäbe setzt.

Stellungswechsel

Mitten aus der Arbeit im Wiederaufbaustab war Rudolf Hillebrecht 1944 zum Heer abkommandiert worden und 1945 in Kriegsgefangenschaft geraten. Mit 80000 anderen Gefangenen wird er auf einem Flughafengelände in Aibling gefangengehalten, bis eines Morgens aus einem Lautsprecherwagen sein Name aufgerufen wird. In ein CIA-Camp bei Freising gebracht, wird er scharfen Verhören unterzogen; man hofft, ihn durch seine Tätigkeit im Wiederaufbaustab als Zeugen in den Nürnberger Prozessen verwenden zu können. Da seine Aussagen für die Alliierten jedoch unergiebig bleiben, wird er entlassen und kehrt im Oktober 1945 nach Hannover zurück, in seine Heimatstadt, deren Zerstörung er im Oktober 1943 selbst miterlebt hatte.

Damals hatte er sich geschworen: »Menschenskind, wenn es mal an den Wiederaufbau geht, ganz egal unter welchen Umständen, dann mußt Du in Hannover mit dabei sein.« In einem Brief hatte er an den Stadtbaurat Elkart, der in enger Verbindung mit dem Wiederaufbaustab gestanden hatte, geschrieben: »Sehr geehrter Herr Elkart, wenn es soweit kommt, daß wir an den Wiederaufbau unserer Städte denken können, bitte erinnern Sie sich an mich, ich würde gern mitmachen.«[123]

Doch zunächst kam es anders. Bei einem Besuch in Hamburg wird er kurz nach seiner Ankunft zur britischen Militärbehörde zitiert und zur *Building-Branch of the Economic Division* in Minden beordert. Da die britische Politik 1946 noch von einer Wiederherstellung des Deutschen Reichs als Grundlage einer durchgreifenden Neuordnung der deutschen Gesellschaft ausging, bestand die Absicht, eine Zentralverwaltung einzurichten. Britische Offiziere hatten daher in den relativ unzerstörten Städten Minden, Pyrmont und Lemgo neue Verwaltungsstellen etabliert. Hier arbeiteten ausgesuchte deutsche Experten bereits an einem Wiederaufbaugesetz, das auf getrennten Wegen in zwei Ämtern vorbereitet wurde. Zum einen im *Zentralamt für Arbeit,* dem Philipp Rappaport vorstand, der in Verbindung mit dem *Gesamtverband gemeinnütziger Wohnungsunternehmen* und mit Julius Brecht, Wilhelm Dittus und Ludwig Wambsgans den später berühmten *Lemgoer Entwurf* ausarbeitete, der ab 1949 den Aufbaugesetzen einzelner Bundesländer als Modell dienen sollte; Dittus und Wambsgans waren mit dieser Aufgabe aufgrund ihrer Tätigkeit im früheren *Reichsarbeitsministerium* bereits bestens vertraut. Zum anderen arbeitete Hillebrecht nun im *Zentralamt für Wirtschaft* auf der Grundlage eines Entwurfs, den ihm Johannes Göderitz, ehemals Leiter der *Akademie für Städtebau* in Berlin und nun Stadtbaurat in Braunschweig, vorgelegt hatte.

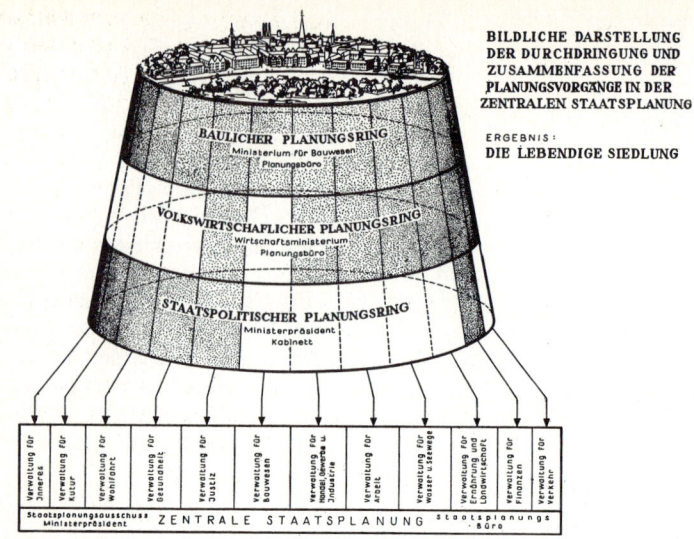

Rudolf Hillebrecht, Arthur Dähn: Schema zur Organisation des Wiederaufbaus, Hamburg 1947

Modell der zerstörten Stadt Hannover

Diesem Zentralamt stand Viktor Agartz vor, der dem linken Flügel der SPD angehörte und später die Leitung des wirtschaftswissenschaftlichen Instituts der Gewerkschaften übernahm.[124]

Bei allen Unterschieden war beiden Gesetzesentwürfen doch *ein* Grundsatz gemeinsam: Es galt als entscheidend, daß ein planvoller Wiederaufbau deutscher Städte nur auf Grundlage der Möglichkeit einer entschädigungslosen Enteignung von Grundeigentümern durchführbar sei. Und genau an diesem Punkt aber sollten die Entwürfe bald scheitern. Als sie dem Beirat für die Britische Zone in Hamburg zur Beratung vorgelegt wurden, scheiterten sie nach heftigen Kontroversen schon am Einspruch deutscher Politiker, die diesem Beirat angehörten. Die Weichen wurden früh gestellt. Aber auch die Militärbehörden blockierten die Entwürfe, war nach dem Regierungswechsel in England doch inzwischen die sozialistisch orientierte Labour-Party durch die konservative Regierung unter Churchill abgelöst worden. Politische Querelen wurden absehbar.

Als Hillebrecht, Verfechter einer starken Zentralverwaltung, eigenständig eine Konferenz mit dem Ziel einberuft, die Bildung eines zentralen Bauministeriums mit weiten Befugnissen vorzubereiten, wird er umgehend aus seinem Amt entlassen. Die Hoffnungen auf eine zentrale Bauverwaltung gibt er trotzdem nicht auf. Er wechselt nach Hamburg, wo er als Sekretär für Bau- und Wohnungswesen im Zonen-Beirat eingesetzt wird: ein Posten, der etwa dem eines Staatssekretärs in einem Bauministerium entspräche. In diesem Amt erlebt Hillebrecht nun hautnah die Auseinandersetzungen zwischen den Alliierten, in denen sich eine deutliche Machtverschiebung zwischen der englischen und amerikanischen Politik vollzieht, die für die Entwicklung Deutschlands entscheidend wird. Nach Einrichtung der Bizonenverwaltung unterlaufen die Amerikaner die Bemühungen der Engländer um eine übergreifende Zentralverwaltung; 1946 werden die Bundesländer gebildet und damit auch die Gesetze zum Wiederaufbau zur Ländersache.

Programmatischen Ausdruck finden Hillebrechts Hoffnungen noch in einem Buch, das er zur Vorbereitung einer zentralistischen Verwaltungsorganisation im Jahr 1947 mit Arthur Dähn schreibt und 1948 in der Schriftenreihe des BDA in Hamburg publiziert. Darin heißt es: »Der Aufbau unseres Landes kann nicht aus der Perspektive von vier Zonen oder 18 Ländern erfolgen, sondern nur im Rahmen Europas oder der Welt und aus einer einheitlichen deutschen Perspektive. So sprechen wir von deutschen zentralen Institutionen. Der zweite Vorbehalt betrifft die Frage einer staatlichen Planung und Lenkung, die heute in der Innenpolitik die Deutschen zu spalten scheint. Wenn wir hier von zentraler Staatsplanung, von Planung, Lenkung und Ordnung im Bauwesen sprechen, so meinen wir, daß die gewaltigen Aufgaben des Aufbaues – nicht nur die technisch-volumensmäßig, sondern in weit tieferem und umfassenderem Sinne gewaltigen Aufgaben – nur durch ›Planwirtschaft‹ zu meistern sind. Es ist im Rahmen dieser Überlegungen völlig nebensächlich, ob man die Grundsätze einer Planwirtschaft nur zeitlich beschränkt angewandt wissen will oder nicht: Man wird auf jeden Fall zustimmen, daß unsere Generation nur aufbauen kann, wenn sie planvoll wirtschaftet, und die Initiativkräfte der einzelnen im Rahmen eines übergeordneten Gesamtplanes sich auswirken.«[125]

Solche Auffassungen waren 1948 im Zeichen des heraufziehenden Kalten Krieges zwischen Ost und West bereits unzeitgemäß. Im Zuge der Sicherung überkommener Eigentumsverhältnisse und liberalistischer Wirtschaftsverfassung im Westen wurde der Begriff der ›Planwirtschaft‹ propagandistisch zur Gleichsetzung von Faschismus und Kommunismus genutzt. Unter diesen Bedingungen war die Hoffnung auf Durchsetzung einer humanitär-sozialistischen Planwirtschaft, wie sie einigen Planern und Politikern zu dieser Zeit noch vorschwebte, kaum mehr als eine Idee.[126] Dies wurde zunehmend auch Hillebrecht deutlich, der anfangs noch große Erwartungen in die Bildung eines Bauministeriums für die Bizonenverwaltung gesetzt hatte; in der Hoffnung auf eine ministerielle Laufbahn war er der Aufforderung, sich um die neu ausgeschriebene Stelle eines Stadtbaurats in Hannover zu bewerben, zunächst nicht nachgekommen. Die Trümmer seiner Vaterstadt vor Augen, änderte er seine Position und erklärte: »Was da aus der Bizone wird, weiß der liebe Gott, aber keiner von uns. Mich reizt es doch viel mehr, direkt an die Arbeit zu gehen. Statt dieser verdammt abstrakten Auseinandersetzungen um Verordnungen und Gesetze, dann lieber an die Arbeit vor Ort!«[127]

Unter etwa achtzig Bewerbern wurde Hillebrecht 1948 zum Stadtbaurat gewählt. Zunächst waren die Ämter zu organisieren. Das »Stadterweiterungsamt« stand noch ganz in der Tradition der Aufgaben des 19. Jahrhunderts. Parallel zur organisatorischen Neuordnung des Amtes, bei der Hillebrecht die besten Kräfte auch aus anderen Dienststellen um sich sammeln kann, bereitet er eine andere organisatorische Ebene als Basis des Wiederaufbaus vor. In Einzelgesprächen und Treffen mit einflußreichen Bürgern und Verbandsvertretern unterstützt er die Gründung einer Aufbaugemeinschaft, die als Bündnispartner der Verwaltung Planungsinitiativen in die Realität umsetzen kann.

Als Sohn einer alteingesessenen Hannoveraner Familie findet Hillebrecht rasch Zugang zu den Vertretern verschiedenster Gruppen. Seine Antrittsbesuche als neuer Stadtbaurat führen ihn auch zu den weiterhin maßgebenden Industriellen, so etwa zu den Firmen Continental, Bahlsen und Sprengel. Noch sind die großen Betriebe meist Familienunternehmen mit traditionsreichen Bindungen an diese Stadt; hier werden in persönlichen Gesprächen Verabredungen getroffen, die über Jahrzehnte gültig bleiben. Mit seinem nüchternen Pragmatismus und weitreichenden Zukunftsplänen findet Hillebrecht rasch Zugang auch zu unterschiedlichen politischen Parteien und Interessenverbänden, zu Vertretern der Mieter ebenso wie zu Haus- und Grundeigentümern, zur Industrie- und Handelskammer wie zu den Gewerkschaften.

Vorbild für diese intensive Arbeit im Vorfeld der Planung waren Initiativen in Bremen. Dort hatte Wilhelm Wortmann, Hillebrecht noch aus der Zusammenarbeit mit Gutschow gut bekannt, gemeinsam mit dem Kaufmann Iversen jene legendäre Aufbaugemeinschaft unterstützt, die den Wiederaufbau Bremens weitgehend zu einer Sache der Bürger machte. Wortmann war von 1934 bis 1945 als Stadtplaner in Bremen tätig, von 1936 bis 1945 Landesplaner in Bremen; der Wiederaufbaustab hatte ihn für die Planung Bremens vorgesehen. Nachdem er im Juli 1945 als Baudirektor aus dem städtischen Dienst ausscheiden mußte, machte er sich daran, die im Krieg gebildeten *Luftschutzgemeinschaften* und nun als *Aufbaugemeinschaften* aktiven Vereinigungen Bremer Bürger zu beraten. 1946 übernahm er die technische Leitung dieser Gruppen, die über die Zukunft der Stadt berieten.

In den Luftschutzkellern hatten sich unter dem Druck existentieller Not und wechselseitigen Aufeinanderangewiesenseins während der Bombenangriffe nachbarschaftliche Bindungen und soziale Beziehungen in einigen Gruppen derart gefestigt, daß diese Erfahrungen auch nach dem Kriege die Grundlage gemeinsamer Lebensbewältigung bildeten.[128] Bereits im Juni 1945 hatte Wortmann Planungsvorstellungen entwickelt und einigen Kollegen seine grundsätzlichen Gedanken zum Aufbau der Wohngebiete dargelegt.[129] Seine weiteren Pläne und Absichten wurden in dem regelmäßig erscheinenden *Mitteilungsblatt Bremischer Wiederaufbau-Organisationen* gedruckt[130], Bremen wurde Vorbild.

Innerhalb kurzer Zeit war das Bremer Modell des Wiederaufbaus durch selbstorganisierte Bauherrengemeinschaften so weit bekannt geworden, daß sich Hillebrecht beim Initiator der Aufbaugemeinschaft im Oktober 1948 zu einem Besuch anmeldet und ihn bittet, »sich freundlich für die Beratung eines für den Aufbau Hannovers besonders interessierten Kreises zur Verfügung zu stellen«.[131] Hillebrecht schreibt: »Die Arbeit des Vereins ›Aufbaugemeinschaft Bremen‹ erscheint mir so fruchtbar und im Prinzip so richtig, daß ich den allergrößten Wert darauf legen möchte, daß die hannoverschen Herren einen möglichst tiefen Einblick in die Bremer Arbeit tun dürfen. Ich wäre Ihnen außerordentlich dankbar, wenn Sie sich hierfür zur Verfügung stellen würden, und ich habe weiter die Bitte, ob es möglich ist, daß auch einige andere Herren des Vereins für eine Diskussion mit den hannoverschen Herren sich freimachen könnten. An einer solchen Aussprache von Mann zu Mann liegt mir ganz besonders.«

Tatsächlich werden die Herren aus Hannover am 3. November 1948 in Bremen freundlich empfangen und mit eindrucksvollen Worten begrüßt: »Wir wissen um die Wahrheit des Wortes, welches ein bekannter Städtebauer aussprach: ›Nur die Völker, die ihre großen Städte organisieren können, werden auf die Dauer im internationalen Wettstreit ihren Platz bewahren.‹ Dieses Wissen und das Erleben des erschütternden Zusammenbruchs war richtungsweisend für unsere Arbeit.

1. Denn nicht der Einzelne wird die vor unserer Generation liegenden Aufgaben meistern können.

2. Unsere Aufgabe kann auch nicht diktiert werden von oben herab.

3. Sie muß wachsen von unten her aus dem Herzen heraus. Wir müssen bereit sein zur gemeinsamen Tat.

So entstand die Aufbaugemeinschaft Bremen aus einer kleinen Straßengemeinschaft, die ihren Anfang 1945 nahm, und ist dann gewachsen von Straße zu Straße. 1946 schlossen sich die kleinen Wiederaufbaugemeinschaften zusammen zu dem Verein W.-G. Stadtmitte Bremen e. V. und erfaßten damit die gesamte Stadtmitte. Im Juli dieses Jahres wurde die Arbeit auf ganz Bremen ausgedehnt zur ›Aufbaugemeinschaft Bremen‹. Der Gemeinschaftsgedanke und die Einsatzfreudigkeit für die Gemeinschaft ist in der Vergangenheit Bremens immer eine lebendige Tatsache gewesen.«[132]

Bereits im November 1948 gelingt es Hillebrecht in Hannover, »die Grundeigentümer und Mieter, aber auch die Gewerkschaften, die Industrie- und Handelskammer und andere Interessengruppen« zusammenzubringen: »Das war für diese Zeit ganz ungewöhnlich. Alle Beteiligten haben dann auch sehr aktiv mitgezogen: So entstanden die Aufbaugemeinschaften und auch Aufbaugenossenschaften für Bauquartiere der Innenstadt.«[133]

Basis der Aufbaugemeinschaften war ein eingetragener Verein, in dem Firmenvorstände wie Hans Bahlsen und Bernhard Sprengel, Günther Beindorff vom Pelikan-Werk und der Messe-Direktor Blume mitwirkten. Dieser Kreis traf informell Absprachen in dem »Interesse, daß es vorankommt mit der Stadt, und daß es vernünftig vorankommt«. Daß wirklich »vernünftig« geplant wurde, blieb nun nicht allein der Aufmerksamkeit und Kompetenz Hillebrechts überlassen. Ähnlich wie Wortmann sich nach 1945 in Bremen zur Verfügung stellte, sollte auch in Hannover für planerische Fachberatung der Aufbaugemeinschaft gesorgt sein; diese Aufgabe übernimmt Hillebrechts früherer Chef Gutschow.

Hier in Hannover bietet sich durch Hillebrechts Vermittlung für Gutschow ein neues Tätigkeitsfeld, in dem er sich wieder voll einsetzen kann. Als Berater der Aufbaugemeinschaft gibt er bereits 1949 eine von ihm bearbeitete Schrift, *Beiträge zur Aufbauplanung der Innenstadt,* heraus. Etwa zur gleichen Zeit, in der er für Tamms die Pläne zur Neuordnung Düsseldorfs bearbeitet, entwickelte er Pläne für Hannover, die in dieser Publikation der Aufbaugemeinschaft einen ersten Niederschlag finden. Dabei setzt er sich zunächst programmatisch von den unter Karl Elkart entstandenen Aufbau-Planungen aus der Zeit *vor* 1945 ab, dem Mann also, mit dem er wenige Jahre zuvor von Berlin und Wriezen aus darüber korrespondierte. Jetzt kommentiert Gutschow distanziert: »Schon während der Krieges,

Blick aus dem Café Kröpcke im Zentrum Hannovers. Zeichnung 1949

Modell zum Wiederaufbau Hannovers

bevor noch die Zerstörungen ihr Werk vollendet haben, beginnen die Wiederaufbauplanungen. Diese ersten Planungen tragen die für jene Zeit bekannten, weil befohlenen Züge, die auf formal-repräsentative Bildwirkungen abzielen; die unvermeidlichen Achsen fehlen nicht. Daneben kennzeichnet die Planung ein gesunder, wenn auch von großem Verwirklichungs-Optimismus getragener Leitgedanke, eine breite, die Herrenhäuser Schloßgärten mit dem Maschsee verbindende Grünzone zwischen der Kernstadt und die wesentlichen Stadtteile, Ricklingen und Linden, zu legen.«[134] An diesen »gesunden Optimismus« will Gutschow nun anknüpfen, und so finden sich in dem Büchlein der Aufbaugemeinschaft konkrete Vorstellungen für Stadtbereiche, die noch völlig in Trümmern liegen. So zeigt etwa eine Zeichnung in fiktivem Ausblick aus dem Café Kröpcke – im damals völlig zerstörten Zentrum der Stadt – eine Umgebung, in der die Leuchtreklamen mit bekannten Firmennamen schon den wirtschaftlichen Aufschwung vorwegnehmen. Stolz macht in demselben Büchlein die Firma Sprengel gegenüber der Titelseite Reklame. Und während die Gründung der Bundesrepublik kaum vollzogen ist, gibt ein Herr Buhmann von der gleichnamigen Handelsschule in seiner Reklame bekannt, daß »Fleiß und Erfolg« auch weiterhin gefragt sein werden.

Es gelingt Hillebrecht und seinen Mitarbeitern, dem Rat der Stadt bis zum 5. Dezember 1949 einen Aufbauplan für die Innenstadt vorzulegen, der noch am selben Tage einstimmig genehmigt wird. Die Pläne hatte Hillebrecht wirkungsvoll mit Lichtbildern erläutert, doch wurde seine Arbeit längst allseits geschätzt; schon früh konnte er über Machtbefugnisse verfügen, die mit seinem Amt keineswegs verbunden waren. So ordnete er etwa Anfang 1949 ein Jahr Urlaubssperre für sämtliche Mitarbeiter an, um bis zum Jahresende eben diese Pläne fertigstellen zu können. Der Aufbau drängte.

Neben der administrativen und planerischen Tätigkeit der städtischen Ämter ziehen mit Gutschows Hilfe auch die Aufbaugenossenschaften nach, in denen die Voraussetzungen für die Realisierung der großzügigen Planungen geschaffen werden. So haben sich im Oktober 1949 etwa 80 bis 90 Grundeigentümer in der Umgebung der Kreuzkirche auf ein gemeinsames Vorgehen geeinigt. Freiwillig haben sie sich ihrer Eigentumsrechte begeben, eine Genossenschaft gegründet und damit den Weg für eine städtebauliche Neuordnung freigegeben. Unter Gutschows Leitung planen nun verschiedene Architekten die neue Bebauung und erarbeiten gleichzeitig praktikable Umlegungs- und Finanzierungsverfahren. Die Kreuzkirchenbebauung ist 1951 abgeschlossen. Sie wird neben dem »Constructa-Block« als eines der bekanntesten und beispielgebenden Projekte Hannoveraner Planung einem breiten Publikum vorgestellt. Auch bei der Neugestaltung ganzer Quartiere leistet Hillebrecht vorbildliche Arbeit, wobei er internationale Entwicklungen aufzunehmen weiß. Noch in der Nacht nach dem Ratsbeschluß vom 5. Dezember fährt er mit deutschen Fachkollegen auf eine Studienreise nach Schweden, wenig später auf Einladung der britischen Besatzungsbehörde nach England, um sich dort neueste Planungen anzusehen.[135]

Schon 1950 wird in der Fachzeitschrift *Die neue Stadt* die Wiederaufbauplanung Hannovers als besonders zukunftweisend vorgestellt. Nach einführenden Bemerkungen über die in anderen Städten »verpaßten Gelegenheiten« wird insbesondere der Versuch »der Einschaltung aller interessierten Kreise, also auch der Grundbesitzer, nicht nur in die Durchführung, sondern bereits in die Planung« hervorgehoben.[136] Ausführlich wird auf die Gutachten und Wettbewerbsbeiträge hingewiesen, auf die sich Hillebrechts Planung stützte, bevor sie in die Ausführungsphase überging. Besondere Beachtung wird besonders der Beitrag der Aufbaugemeinschaft finden: »In dieser dritten Phase begnügt sich die Aufbaugemeinschaft nicht damit, die städtischen Pläne kritiklos zu übernehmen, sie setzte vielmehr eine eigene Planungsstelle ein, die sich einer großen Anzahl ehrenamtlich tätiger Blockarchitekten bediente mit Konstanty Gutschow, einem bekannten und bedeutenden Fachmann, an der Spitze. Die Durchführbarkeit des Planes wird im einzelnen unter die Lupe genommen. Praktisch spielt sich die Sache so ab, daß abschnittweise die städtische Planung innerhalb der Aufbaugemeinschaft mit den interessierten Grundbesitzern und Blockarchitekten durchgesprochen wird. Durch den beratenden Gesamtplaner wird die Verbindung mit dem Stadtbauamt gewährleistet.«

Es gelingt Hillebrecht und Gutschow, die Planung voranzutreiben und mögliche Widerstände schon im Vorfeld öffentlicher Konflikte zu unterlaufen. Mit Hans Stosberg, einem engen Mitarbeiter und Freund des Stadtbaurats, bilden sie ein gut trainiertes Team, das auch ohne planungsrechtliche Voraussetzungen eigenständig Entscheidungen treffen kann. So wird schon Ende 1949 mit dem Bau des Tangentensystems der Verkehrsplanung begonnen, obgleich ein Flächennutzungsplan erst 1950 vorliegen wird. Und um in Konkurrenz zu Frankfurt und Köln die Bedeutung Hannovers als Messestadt zu sichern, werden »freihändig« Anweisungen zu entsprechenden Straßenbauten gegeben. Da die Bebauung der Innenstadt relativ flach und das Verkehrsaufkommen gering gehalten werden soll, steuert Hillebrecht mit Stosberg über Strukturpläne und Grundstückskäufe auch die Standortpolitik der Stadt. In Verhandlungen etwa mit der Preussag-Hauptverwaltung, die aus Berlin nach Hannover ziehen will, sowie mit Vertretern von Continental, deren Verwaltungsgebäude zerbombt ist, werden neue Standorte festgelegt und neue Stadt-Räume geschaffen. »Die eine Hälfte von uns war Planer, die andere war Liegenschaftskaufmann. So haben wir immer gleich an die Realisierung gedacht, aber wie die Makler haben wir auch Tauschgrundstücke im Auge gehabt.«[137]

Schon früh ging so die Wiederaufbauplanung in weit ausgreifende Standort- und Entwicklungsplanung über. Besonderes Anliegen Hillebrechts war dabei eine großräumige Verkehrsplanung, die das Grundgerüst seiner Vision einer *Stadtlandschaft Hannover* bilden sollte. Großzügig geschwungene Verkehrsbänder würden bis in die Stadtmitte hinein ein neues Architektur- und Raumerlebnis vermitteln, das sich vom Erlebnis der steinernen Stadt des 19. Jahrhunderts mit ihren starren Achsen und Platzanlagen grundsätzlich unterscheiden sollte: »Dieses Schwingen habe ich als ein Gefühl unserer Zeit empfunden, im Kontrast zum Gefühl des Marschierens oder des Geradeausgehens. Ich bin heute noch der Meinung, daß das richtig ist, und daß man den Raum heute ganz anders erlebt als im 19. Jahrhundert.«[138] Eindringlich erinnert Hillebrecht an die Brandnacht vom Oktober 1943, in der die alte Stadtstruktur für Tausende von Menschen zur tödlichen Falle geworden war. »Wenn man miterlebt hat, wie Tausende von Menschen auf den Straßen verbrannt und zusammengekrümmt wie kleine Pakete gelegen haben, dann konnte dieses Erlebnis mitbestimmend sein für die Dimensionierung von Schneisen – von Schneisen, die man sich schon aus ökonomischen Gründen nur als Straßen- und nicht als Grünschneisen erlauben konnte.«[139] Auch dies mag ein Motiv für die Weite der städtischen Freiräume in Hannover sein: »Die Weite war für uns damals ein Charakteristikum unserer Aufbauvorstellungen. Wir haben damals immer von der ›Stadtlandschaft‹ gesprochen.«

Innerhalb weniger Jahre war Hannover so zum oft zitierten Beispiel fortschrittlicher Stadtplanung geworden. Von den unkonventionellen Verfahren der Bürgerbeteiligung und -beratung über die neuen Verwaltungsgebäude bis hin zu der an ausländischen Vorbildern geschulten Verkehrsplanung konnte sich Hannover sehen lassen. Und da Hannover als Messestadt geradezu darauf angewiesen war, auch im internationalen Vergleich wahrgenommen zu werden, reifte schon früh der Gedanke, die Planungserfolge möglichst rasch einem weltweiten Publikum vorzuführen.

Für 1951 wird eine große Ausstellung mit dem Anspruch konzipiert, deutsche Aufbauleistungen erstmals international zu präsentieren. 1950 wird dafür ein Gelände an der Zufahrt zur Messe ausgewiesen, auf dem eine städtebauliche Neuplanung mit eigenständiger Erschließung und 500 Wohnungen im Rahmen des Sozialen Wohnungsbaus mit 25 Läden und 50 Garagen untergebracht werden soll. Für diese Aufgabe wird ein Wettbewerb ausgeschrieben, der neben der städtebaulichen Planung auch den Wohnungsbau umfaßt. Zudem sollen Vorschläge für die Grundstücksumlegung auf diesem zerstörten Stadtgebiet vorgelegt und verbindliche Kostenangebote für das Gesamtprojekt einschließlich der Aufschließungskosten ermittelt werden. Noch im selben Jahr werden insgesamt 32 Arbeiten eingereicht. Zwei Planungen werden mit einem ersten Preis ausgezeichnet. Neben der Arbeit von Friedrich W. Krämer, Professor in Braunschweig, ist es die Planung von Gutschow, die auch in der Fachpresse entsprechende Würdigung findet: »Wenn überhaupt, so wäre eigentlich nur über die städtebaulichen Lösungen zu diskutieren, unter denen die mit Recht an erster Stelle ausgezeichnete Arbeit K. Gutschows zu nennen ist.«[140]

Dennoch melden sich skeptische Stimmen. Gutschows städtebauliche Lösung sei zwar hervorragend, doch seien im Wohnungsbau sämtliche Beiträge »in einem traditionellen Schema dermaßen festgefahren«, daß ein internationaler Vergleich nicht gerade zugunsten der Deutschen ausfallen würde.[141] Man müsse sich schleunigst auf die Suche nach neuen Lösungen begeben, auch wenn der Abstand zu anderen Ländern noch erheblich sei. »Damit würde man sich auch nur einer Aufgabe anschließen, die die übrige westliche Kulturwelt längst aufgenommen hat. (...) Ist dieser massive, eintönige Kasernenstil wirklich Ausdruck unseres Wollens oder ist auch er nur Bequemlichkeit?«

Die Ausstellung *Constructa* wird im Sommer 1951 unter großer Beteiligung eröffnet. Hannover wird zu einem Ort internationaler Begegnung. Von großen Schautafeln zur Regionalentwicklung über die gebauten Beispiele der Nachkriegsplanung bis zu Grundrißvarianten im Wohnungsbau, die in Modellen im Maßstab 1 : 1 in großen Ausstellungshallen dargeboten werden, reicht die Übersicht über neue Tendenzen in Architektur und Stadtplanung. Innerhalb kurzer Zeit zieht die Ausstellung Tausende von Besuchern aus dem In- und Ausland an, darunter auch einige der prominenten Architekten, die das *Dritte Reich* im Exil überlebt hatten.

Die *Constructa* wird zum Symbol eines neuen Anfangs, den Hillebrecht auch auf einer anderen Ebene zu dokumentieren versucht. Gemeinsam mit Werner Hebebrand arrangiert er ein Treffen von mehr als vierzig Architekten, bei dem sich auch die Antipoden Gropius und Bonatz begegnen sollen. Eingeladen sind sowohl einige der vor 1945 geschmähten »Modernen« wie Gropius und Scharoun, als auch prominente Architekten des *Dritten Reichs,* wie Schulte-Frohlinde, Wolters und Tamms. Von diesem Treffen in Hannover sollte ein Signal für die friedliche Koexistenz unterschiedlicher politischer Auffassungen und Bau-Gesinnungen ausgehen und Zeichen setzen für die junge Republik.

Vermittlungsversuche

Von diesem Architektentreffen in Hannover ist eine persönliche Aufzeichnung[142] von Rudolf Wolters überliefert, die in der Authentizität der Darstellung noch nach Jahrzehnten von Rudolf Hillebrecht bestätigt wurde.

»Mit Schreiben vom 3. Juli 1951 hatten Stadtbaurat Prof. Hillebrecht und Prof. Hebebrand etwa 45 Architekten ›angesprochen‹ und sie nach Hannover eingeladen zu einem Gespräch mit Gropius und Bonatz. Das Schreiben war versöhnlich gehalten. Einige wenige Architekten, die im Dritten Reich massgebend mitgearbeitet haben, waren auf der Liste, unter anderem Schulte-Frohlinde, Tamms, Gutschow, Wortmann und ich selbst.

Eingeladen und erschienen waren unter anderem: Bonatz, Istanbul; Gropius, USA; Deckert, Falke, Graubner, Hebebrand, Hillebrecht, Hübotter, Hannover; Göderitz, Braunschweig; Giefer, Bernhard Wagner, Frankfurt a. M.; Leitl, Trier; Wortmann, Bremen; Schulte-Frohlinde, Bremen; Walther Schmidt, Augsburg; Mehrtens, Schachner, Aachen; Hirtzel, Lauterbach, Matern, Kassel; Hassenpflug, Reichow, Hamburg; Tamms, Köngeter, Düsseldorf; Leonhard, Stuttgart. Nicht erschienen waren unter anderem Bartning, Fahrenkamp, Scharoun, Schwarz, Schwippert, Gustav Wolf. Gutschow hatte es abgelehnt, weil er, wie er schrieb, erneute Angriffe befürchtete. Nach Aussage von Hebebrand haben Eiermann, Trautwein und Völkers abgelehnt, weil ich eingeladen sei. Hillebrecht bestritt dies.

Wir trafen uns um 17 Uhr in Hannover in einem Privathause und gruppierten uns zwanglos um Gropius, der dort mit zwei amerikanischen Professoren und mit dem Sohn von Martin Wagner, Bernhard Wagner, an einem kleinen runden Tich sass.

Kurz vor Beginn betrat Bonatz den Raum, zum Teil reserviert begrüsst, meist mit grosser Freude aufgenommen. Er stellte sich Gropius vor: Bonatz. Zur allgemeinen Überraschung wurde offenbar, dass der dreiundsiebzigjährige Bonatz und der neunundsechzigjährige Gropius, beide ein Begriff für die deutsche zeitgenössische Baukunst, sich hier zum ersten Male in ihrem Leben begegneten. Rührend zu beobachten, wie verlegen und bescheiden, reserviert und doch freundlich sich beide begrüssten und mit durchaus eingezogenen Krallen lächelnd nebeneinander Platz nahmen.

Hillebrecht eröffnete das Gespräch mit einer Begrüssungsansprache, wobei er auch auf den Sinn dieser Zusammenkunft zu sprechen kam. Man habe eine Reihe von Architekten eingeladen, von denen man wisse, dass sie leidenschaftliche Bauleute seien und ihrem Beruf mit Leib und Seele anhingen. Man wolle hier vergessen, in welche ›Gruppen‹ man die einzelnen einrangiere, nur der Ernst der Arbeit dürfe alle vereinigen. Hillebrecht nannte einige Beispiele aus letzter Zeit: wie man einen Kollegen öffentlich angegriffen habe, weil er einen jüdischen Stammbaum habe, einen anderen, weil er in Russland und daher Kommunist gewesen sei, einen anderen wiederum, weil er im Dritten Reich mitgearbeitet habe. Mit den beiden Letzten meinte er offensichtlich Hebebrand und Gutschow, ohne dies auszusprechen.

Hillebrecht kam dann auf das Bauen unserer Zeit. Es sei nur möglich, modern zu bauen, das heisse, so, wie es die Zeit verlange. Während der Hitler-Zeit habe Hitler seinen Willen dem Bauen aufgeprägt, wie jede politische Macht vor ihm. Man könne aber heute, wie das vielfach noch zu sehen sei, nicht mehr so bauen wie im Dritten Reich: Kapitelle, Gesimse und Sockel müssten verschwinden. Diese Gesinnung müsse alle vereinigen und hier dürfe es keine Kompromisse geben.

Hillebrecht sprach sehr improvisiert, ohne dem Gespräch eine besondere Richtung oder einen abgrenzenden Rahmen zu geben.

Noch improvisierter sprach anschliessend Hebebrand, der einige Worte Hillebrechts unterstrich und dann meinte, man solle sich zum Wort melden, er sehe bereits einige ›Chorführer‹, wie z. B. Leitl und Wolters; da beide jedoch mit dem Kopf schüttelten, wolle er Gropius das Wort erteilen.

Gropius, Typ eines ernsten schöngeistigen Menschen, dankte mit halblauter Stimme und führte etwa folgendes aus: Er freue sich, soviel Initiative in Deutschland zu sehen, so viel Eifer und Enthusiasmus bei den Architekten. In seinem Leben, besonders in Amerika, habe er so manches erfahren, was alte Grundsätze umgestossen habe. So habe er früher geglaubt, man könne eine internationale Bauform schaffen. Er habe in seinem langen Leben erfahren, dass dies ein Irrtum sei. Alles Bauen müsse aus den jeweiligen Gegebenheiten, der Landschaft, dem Volk, den Gewohnheiten usw. erarbeitet werden, und so sei es nur natürlich, dass das Bauen sehr verschiedene Formen annehme, wenn man auch dem Bauen des Abendlandes ganz allgemeine Eigentümlichkeiten jedes Zeitalters ansehe. Wenn Hillebrecht meinte, man müsse kompromisslos in der Form sein, so könne es passieren, dass wir wieder in einen Jugendstil gerieten, der auch nur von der Form ausgegangen sei. Er seinerseits müsse sagen, dass das Leben und Schaffen eines Baumeisters voller Kompromisse steckten.

Anschließend sprach der Landeskonservator von Hannover, Prof. Deckert: Man müsse wieder Mut fassen nach allen Irrungen und Wirrungen, und es dürfe nicht so sein, dass sich der eine Teil der Menschen in dem Jammertal der Erde einfach ›wohl fühle‹, wie das der Existenzialismus mache, indem er sich in diesem Jammertal häuslich einrichte und ›Angst‹ habe. Der andere Teil der Menschen des vorhandenen Jammertals stecke den Kopf in den Wüstensand. Er könne nicht bezweifeln, dass wir uns tatsächlich in einem Jammertal befänden, wir dürften uns jedoch nicht einem Pessimismus hingeben, sondern müssten, wie der Psalmist sage, die Wüste erwandern und einen Brunnen bohren.

Man sei hier zusammengekommen zu fruchtbarem Gespräch und zu aufbauender Arbeit. Obwohl er Landeskonservator sei, bekenne er sich zum modernen Bauen. Auch er unterstrich, man müsse nun endlich mit den Kapitellen und Gesimsen aufhören und müsse den Kampf gegen die aufnehmen, die nicht den modernen Bauwillen unserer Zeit zum Ausdruck brächten. Er selbst habe vor kurzem den Ehrendoktor für May vorgeschlagen und die Fabrik in Alfeld von Gropius unter Denkmalschutz gestellt.

Hierauf erwiderte Bonatz ziemlich scharf, dass es unmöglich sei, derartige Verallgemeinerungen zu statuieren. Er habe in seinem langen Leben immer wieder feststellen müssen, dass dies eine unsinnige Forderung sei. Bei jeder konkreten Aufgabe müsse man von den ganz besonderen Gegebenheiten ausgehen. Dies mache die Lebendigkeit des Lebens überhaupt erst aus.

Gropius bemerkte darauf, dass man immer Respekt vor der Leistung eines anderen haben müsse, auch wenn sie einem selbst nicht immer ganz nach der Mütze sei. Man merke der Leistung an, ob sie ehrlich sei oder nicht. Er selbst sei nicht mit allem einverstanden, was Bonatz gemacht habe, aber er habe Respekt vor seiner Leistung und er hoffe, dass Bonatz auch vor seiner Arbeit den gleichen Respekt habe, was Bonatz mit einem freundlichen Lächeln quittierte.

Gropius sprach u. a. auch noch von der ganz anderen Arbeit in Amerika und dass dort die Arbeit der Mannschaft, des Teams, immer grössere Formen annehme. Man arbeite dort in Gemeinschaften mit Architekten und Ingenieuren und komme immer mehr dazu, sogar als Unternehmer aufzutreten, da der Bürger keinen Architekten wolle als Vertrauensmann wie in Deutschland, sondern den Architekten, der das Haus schlüsselfertig zum festen Preis verantwortlich anbiete.

Tamms sprach anschliessend über die innere Ordnung und die daraus sich ergebende äussere Ordnung. Im übrigen sei das Mannschaftsarbeiten bei der Autobahn mit Erfolg exerziert worden. Hierzu äusserte sich auch Dr. Leonhard als einziger anwesender Bauingenieur, der sagte, dass der Bauingenieur den Streit der Architekten um die Form gar nicht begriffe und dass die Ingenieurarbeit immer eine anonyme, eine Mannschaftsarbeit sei.

Reichow meldete sich dann zum Wort, während sich inzwischen viele Hände heben, und versuchte lang und breit darzulegen, warum er im Dritten Reich eigentlich gar nicht dabei gewesen sei. Diese Auslassungen machten einen sehr unangenehmen Eindruck.

Das Schlusswort sprach dann Hillebrecht, da Gropius keine Zeit mehr habe und uns verlassen müsse.

Anschliessend Treffen in einer Weinstube mit Abendessen. Der grösste Teil der Teilnehmer erschien wieder, ausser Gropius und Hillebrecht, der seine Gäste von da ab allein liess.

Ich sass an einem Tisch zusammen mit Männern, die bisher meine ausgesprochenen Widersacher waren, insbesondere Leitl, Hebebrand und Köngeter. Die Zahl derer, die nach dem Kriege ausgesprochen feindlich gegen mich standen, war nicht ganz gering. Ich geriet sehr bald in ein Kreuzfeuer und überlegte zeitweise, da das Feuer mit dem Alkoholkonsum zunahm, ob ich das Lokal nicht verlassen sollte. Ich ging dann einige Zeit an den Tisch zu Bonatz, Schulte-Frohlinde und Tamms, die mit den drei Amerikanern zusammensassen, dort aber kein erfreuliches Gespräch hatten. Von Hebebrand wurde ich an den anderen Tisch zurückgeholt, wo ich erklärte, ich werde mich nunmehr stellen, wenn ich mir drei Helfer wählen dürfe, da ich allein dem ganzen Haufen gegenüber wehrlos sei. Nachdem mir dies von Hebebrand zugestanden war, wählte ich mir unter grossem Gelächter der Tafel meine bisher erbittertsten Gegner, nämlich Hebebrand, Leitl und Köngeter, welch' letztere sich anfänglich sträubten. Inzwischen brachte ich den immer noch gegnerischen Leitl, der mich auf frühere Schriften hinwies, zum Schweigen, als ich ihn andeutungsweise an einen

Aufsatz über die Bauten des Dritten Reiches erinnerte, den er selber früher geschrieben hatte. Er war augenblicklich still. Auch Köngeter schwieg, als ich ihm sagte, dass mir alles bekannt sei, was er gegen mich in Düsseldorf geäussert habe. Ich habe trotzdem nichts gegen ihn. Im Laufe des Abends griff mich Schaller heftig an, ebenfalls mit Bezug auf den Beruf des Baumeisters. Ich fuhr sofort dazwischen (...) Alles übrige besorgte für mich Hebebrand, der weitere Parteigenossen am Tisch entdeckte, nachdem auch ich inzwischen festgestellt hatte, daß zahlreiche der Hauptschreier gegen mich in irgendeiner Form ›dabei‹ gewesen waren.

Es folgten dann, während ich mich erschöpft zurücklehnte, einige Ansprachen auf meine Menschlichkeit während des Dritten Reiches, es sprach Hebebrand, dann Schaller mit viel Getön und großen Armbewegungen und schließlich zu meiner größten Überraschung Walther Schmidt, Stadtbaurat in Augsburg und Herausgeber der Zeitschrift ›Bauen und Wohnen‹. Als Beispiel seine Erklärung: Er sei 1939 zu mir an den Pariser Platz bestellt worden. Ich habe ihm ein Schreiben vorgelegt, wonach er antifaschistischer Haltung und übler Hetze angeschuldigt worden sei. Ich habe ihm dies Schreiben zu lesen gegeben und dann, als er mich zitternd angesehen habe, das Schreiben in den Papierkorb geworfen und ihm gesagt, er könne getrost nach Hause gehen. Ich fand dies rührend von Schmidt, an den ich mich in keiner Weise mehr erinnern konnte.

Als bester Redner des Abends meldete sich der bisher mir unbekannte Prof. Hirtzel, der den Versuch machte, ein vernünftiges Gespräch auf die Beine zu stellen. Seine mehrfachen kurzen Äußerungen waren das Beste, was am Abend gesprochen wurde, ebenso wie einige sehr schlagfertige Bemerkungen von Schulte-Frohlinde, der sich äußerst geschickt gegen Widersacher wehrte.

Als angenehme Erinnerung an diesen Abend habe ich Unterhaltungen mit Tamms, Bonatz und Wortmann, der lange mit mir zusammensaß, in Erinnerung.

Das geistige Niveau war im übrigen nicht sehr hoch, weitaus niedriger jedenfalls als bei den Unterhaltungen, die der Anholter Kreis in Coesfeld hatte.

Am anderen Vormittag mit Bonatz, Tamms, Wortmann, Mehrtens und Schulte-Frohlinde auf der Constructa (wo wir am Abend vorher Niemeyer getroffen hatten).

Schlechter Besuch auf der Constructa, die weit außerhalb Hannovers liegt, überragende Leistungen fielen nicht auf. Die Landesplanungshalle von Niemeyer war eine der besten; sehr schön auch die Pläne der Österreicher.

Mit Bonatz, Tamms und Mehrtens zu Mittag gegessen und gegen 16 Uhr Hannover verlassen.

Mit Bonatz hatte ich in Hannover ein Treffen in Coesfeld abgemacht und ihm gesagt, dass der sogenannte ›Coesfelder Kreis‹, von dem in Hannover viel die Rede war, sehr viel toleranter sei und dass wir einen Sockel bis zu 50 cm Höhe zuliessen. Bonatz hatte daraufhin sofort seinen Besuch in Coesfeld angekündigt.

Am 1. August traf Bonatz ein, für unser Büro ein ausserordentliches Ereignis. Es herrschte insbesondere deswegen gehobene Stimmung, weil wir an diesem Tage die Nachricht bekommen hatten, dass uns der erste Preis im Wettbewerb Polizeipräsidium Dortmund einstimmig zugesprochen war. Als die Nachricht gegen 9 Uhr kam, liess ich die Arbeit im Büro sofort einstellen und alle Anstrengungen auf den ›Grossen Bahnhof‹, den ich Bonatz versprochen hatte, richten (...) Vor dem Büro in der Beguinenstrasse hatte ich eine Wache aufgestellt, die mich beim Herannahen des Autos von Bonatz sofort benachrichten sollte. Es klappte wie am Schnürchen. 18.00 Uhr wurde mir der Wagen gemeldet. Ich eilte auf die Strasse und hielt den Wagen mit einem lauten Halt, da er das Haus vermutlich nicht finden konnte, an.

Der Alte entstieg wie immer voll guter Laune seinem Fahrzeug. Ich verwickelte ihn in ein kurzes Gespräch, um den Vorbereitungen im Garten unseres Bürohauses noch etwas Zeit zu lassen. Als der Trommelwirbel einsetzte, führte ich Bonatz in das Tor unseres Gartenhofes, wo er nicht nur ob des Anblickes, der sich ihm bot, zusammenzuckte, sondern durch einen von Hubert Hübschen ausgelösten Kanonenschlag, der die Trommel verstummen liess und einem durch Hubert Hübschen ausgeführten Trompetensignal Raum gab, mit der friderizianischen Fanfarenmelodie: Wir alle waren in der Partei. Am Eingang des Hauses waren zehn Männer in weissen Zeichenkitteln und mit präsentierter Reißschiene angetreten, während ein Flaggenmast die Hausfahne langsam am Mast des Einganges hisste. Diese Fahne wurde seit der Berliner Zeit der Viktoriastrasse zum ersten Mal wieder gezeigt: Weisses V mit gekreuzten Knochen auf schwarzem Grund.«

Ein Jahr später ist der Ablauf des Architektentreffens in Hannover noch in Tamms' lebendiger Erinnerung, als er am 27. Juli 1952 dem Düsseldorfer Oberstadtdirektor eine Erwiderung auf die Vorwürfe formuliert, die sich in der anonymen Denkschrift Düsseldorfer Architekten finden. Tamms wehrt sich gegen den Vorwurf, bestimmte Architekten mit traditionalistischen Gestaltungsneigungen oder gar schlechthin den »Neoklassizismus« zu bevorzugen, woran angeblich auch eine bestimmte, rückwärts gerichtete politische Haltung zu erkennen sei. Tamms schildert in seinem Brief an den Oberstadtdirektor den Anlaß des Treffens in Hannover und führt aus: »Bei allen Debatten dieser Art wird seit einiger Zeit stillschweigend vorausgesetzt, daß die sogenannten ›modernen‹ Architekten diejenigen seien, die sich zur Zeit des Dritten Reiches von jeder Parteitätigkeit ferngehalten hätten, während die traditionsverpflichteten Architekten Parteigenossen und SA-Kämpfer gewesen seien. Demzufolge müsse also der Kampf gegen das Hitlertum notwendigerweise den Kampf gegen die Tradition im Bauen einschließen. Es sei deshalb eine Forderung des heutigen politischen Lebens, mit der Vernichtung dieser Architekten noch den Hang zum Traditionellen und damit den Rest des Nationalsozialismus, als einer heute nicht gewollten politischen Form, auszurotten. Schon das Zusammentreffen in Hannover zeigte, daß diese Dinge nicht so einfach sind. Es stellte sich sehr bald heraus, daß von den sogenannten ›modernen‹ Architekten die größere Anzahl ehemalige Parteigenossen und SA-Männer waren, während von den ›traditionsverpflichteten‹ Architekten zahlreiche nicht der Partei angehört hatten. Auch bei der merkwürdigen Liste der ›freiheitlich-demokratischen Architekten‹, die dem anonymen Schreiben an den Herrn Oberstadtdirektor beiliegt, konnte mit Leichtigkeit festgestellt werden, daß die größere Anzahl der genannten Architekten ehemalige PGs, Mitglieder der SA oder der HJ gewesen waren.«[143] Nach dieser Beweisführung klärt Tamms auf: »Die bequeme Simplifizierung: modern – demokratisch, traditionell – nationalsozialistisch zieht also nicht. Das geistige Gespräch geht quer durch die politischen Reihen. Es ist unpolitisch. – « Und er fährt fort: »Deshalb schien es uns in Hannover sinnlos zu sein, unter diesem weiten Aspekt auf die Frage nach der Berufsberechtigung angeblicher früherer PG-Architekten einzugehen. Diese Frage ist durch das Bonner Grundgesetz geregelt und jeder Architekt hat, sofern er nicht strafrechtlich verfolgt wird, ein Naturrecht auf Ausübung seines Berufs, wie jeder andere Berufstätige auch. Jeder, der diese Dinge anders sehen möchte, greift in das Beschlußrecht der politischen Vertretungen ein. Diese haben in allen deutschen Ländern längst über dieses Problem entschieden.«

Mit der Verlagerung der inhaltlichen Diskussion über die Entwicklung der Architektur auf eine formalrechtliche Ebene, auf der jede Kritik als ein potentieller Rechtsbruch und Angriff gegen ein »Naturrecht« denunziert werden kann, weiß Tamms die Anpassung von Architekten an wechselnde politische Systeme als »natürliche« Haltung von Künstlern zu legitimieren, die zur Realisierung ihrer Pläne stets auf Bau-Herren angewiesen sind – gleich, unter welchen Bedingungen. Fragen nach einer tieferen politischen Moral lassen seiner Meinung nach wohl eher auf einen Mangel an Intelligenz oder Gestaltungskraft schließen: »Eine Zeit sucht ständig nach ihrem Ausdruck. Die Klugen, die Intelligenten, vor allem die Schöpferischen sind immer auf dem Wege, diese Form zu finden. Sie suchen sie stets von neuem und so entstehen da, wo geistig-lebendige Kräfte am Werk sind, immer neue Formen. Auch jetzt. Das Dritte Reich ist vorüber. Eine neue Demokratie ringt um ihre Form. Sie ist vielgestaltig.« Tamms kommt zum Schluß: »Kein Architekt in Düsseldorf und von außerhalb kann sagen, er sei seiner geistig-künstlerisch-religiösen Einstellung wegen unterdrückt worden. Es herrscht echte Duldsamkeit.«[144]

In mühsam beherrschter Duldsamkeit leben und arbeiten mit Blick auf eine notwendigerweise *gemeinsame* Zukunft in vielen gesellschaftlichen

Lebensbereichen der neuen Republik Täter und Opfer, Verfolger und Verfolgte nebeneinander; in breitem Einverständnis wird die stille Duldung pragmatisch als Voraussetzung des Wiederaufbaus akzeptiert. Demgegenüber gibt der Düsseldorfer Architekturstreit nur einen kurzen Widerschein von Brüchen im Konsens des selbstverordneten Schweigens über die jüngste Vergangenheit – ein Schweigen, das in einigen Jahren als selbstverständliche Voraussetzung des wirtschaftlichen und politischen Erfolgs der Bundesrepublik betrachtet wird.

Dialoge

Das Architektentreffen in Hannover sollte einige der Beteiligten noch lange beschäftigen. Hillebrechts Initiative zur Versöhnung der verfeindeten Lager wurde aufgegriffen. Alfons Leitl forderte Rudolf Wolters auf, den Disput der »Chorführer« öffentlich fortzusetzen, und zwar in Form eines Briefwechsels über die jüngste Geschichte und mögliche Zukunft deutscher Architektur. Leitl, selbst Architekt und Stadtbaurat a. D., war Herausgeber der neu gegründeten Zeitschrift *Baukunst und Werkform,* deren erstes Heft im Sommer 1946 erschien und mit Autoren wie Otto Bartning und Rudolf Schwarz bereits früh zum Sprachrohr für eine traditionsbewußte und behutsame Moderne geworden war. Schon früh hatte man sich dort programmatisch gegen eine personalisierte Abrechnung mit der *Architektur des Dritten Reiches* gewehrt; um sich den drängenden Fragen der Zeit »sachlicher« nähern zu können, hatte man eine Veröffentlichung der Nachkriegskarrieren prominenter *Architekten des Dritten Reiches* abgelehnt[145] und sich damit – begreiflicherweise – nicht nur Freunde gemacht. Nach den Begegnungen und Gesprächen in Hannover sah Leitl nun eine Chance, in Auseinandersetzung mit Wolters öffentlich Zeichen für einen anderen Umgang mit der Vergangenheit zu setzen. Nach einem Besuch Leitls in Coesfeld einigten sich beide auf einen Dialog in Briefen, der noch im Herbst 1951 beginnen sollte.

Zur Vorbereitung dieses Unternehmens, dessen historische Bedeutung auch Wolters sehr wohl bewußt ist, sucht er Rat bei vertrauten Freunden aus seinem »Lager«. Denn nicht nur freundschaftliche und alte kollegiale Bindungen bestehen weiter, sondern auch eine »gereinigte« politische Übereinkunft über Handlungsmöglichkeiten und -perspektiven in der neuen Republik. In einem Brief an Tamms berichtet Wolters ausführlich über das Gespräch mit Leitl und bittet um eine Stellungnahme. Sie fällt skeptisch aus. Wolters' Brief erreicht Tamms während dessen September-Urlaub auf der Nordseeinsel Spiekeroog. Hier hat er Zeit, Wolters' Vorschläge gründlich zu überdenken und eingehend zu kommentieren. Es sei nur gut, heißt es in der langen Antwort vom 18. September 1951, wenn »zwischen zwei Lagern« ein Friedenszustand erreicht werde, und nur gut sei zweifellos auch, daß es zu einem weiteren Treffen zwischen beiden gekommen sei, »obschon ich immer noch staune, daß Leitl so ausführlich zu Dir gekommen ist«.[146] Gerade das weckt Tamms' Mißtrauen. Hinter den von Leitl vorgetragenen guten Absichten vermutet er einen noch undurchschaubaren Plan. Er bezweifelt, daß »Leitl und sein Anhang aus lauter Liebe zur Sache eine solche Aussprache suchte«. Er empfiehlt, den Düsseldorfer Rechtsanwalt Werner Schütz ins Vertrauen zu ziehen und sich von diesem beraten zu lassen. Er mag nicht so recht an die Kraft der guten Absichten glauben, denn es sei »keineswegs Liebe, was die anderen zu uns treibt; es ist im letzten Grunde Macht, Macht über die öffentliche Meinung in Deutschland, Macht über die öffentlichen Aufträge, Zugangsmöglichkeiten zu den großen Privataufträgen, die in den großen Städten Westdeutschlands vergeben werden. Und um das zu erreichen, müssen einige Bastionen erobert werden. Eine solche ist Düsseldorf. Vielleicht im Augenblick die wichtigste, und deshalb stehen wir beide im Vordergrund der Auseinandersetzung. Alle übrigen sind schon ausgeschaltet. Wir noch nicht. Wir haben noch Einfluß oder schon wieder! Daher auch der Widerstand gegen meine Berufung an die Akademie Düsseldorf. Es ist alles klar und wird immer klarer. Das Netz ist verzweigter als wir denken und in unseren eigenen Reihen waren diejenigen darunter, die über alles berichteten, was sich in unserem Kreise abspielte. Deshalb ist es auch gut, daß wir den ›Coesfelder Kreis‹ nicht mehr haben.«

Trotz solcher Projektionen empfiehlt Tamms, die gegebene Chance zu nutzen und eine Auseinandersetzung zu suchen, die aber sorgfältig vor jedem Schritt zu diskutieren sei, um sich nicht in Gefühlsseligkeit und falscher Sicherheit zu wiegen: »Der Briefwechsel, den Du mit Leitl vereinbart hast, wird kein einfaches Briefschreiben sein, in dem zwei Bekannte persönlich ein Problem von zwei Seiten anschauen. Es ist ein Briefwechsel zwischen zwei Lagern. Es stehen mehr dahinter als die zwei Schreiber, und ich bin gewiß, daß Leitl seine Aktion mindestens mit Schwarz erörtert, wenn nicht mit noch einigen anderen seines Kreises.«[147] Da es um mehr geht als um die persönliche Geschichte, Schuld oder Unschuld eines Rudolf Wolters, und überhaupt alles bloß Persönliche zurücktreten sollte, empfiehlt Tamms, die Diskussion intern zu erweitern, in der Öffentlichkeit aber nur die exponierten Vertreter der Lager sprechen zu lassen. Um zunächst einmal intern Bilanz zu ziehen und später objektivierte Positionen veröffentlichen zu können, nimmt Tamms den Brief seines Freundes zum Anlaß, sechs Jahre nach Kriegsende selbstkritisch Rückschau zu halten: »Wir beide wissen heute doch nur zu gut, daß wir auf einem Weg waren, der nicht zum Guten führte.« Nein, angesichts des Krieges, der gefallenen Söhne, des Verlusts von Heimat und Vaterland komme »nicht viel Gutes heraus für das Phänomen Hitler, wenn ich auch mir denken kann, daß in 50 Jahren die Menschheit anders urteilt, ebenso wie wir heute anders über Napoleon urteilen, den seine Mitzeit verfluchte und verjagte«.

Nachdrücklich wird hier jene mentale Abspaltung beschworen, auf der das ungebrochene Selbstbewußtsein der Experten in ihrem »Lager« beruht: Deutlich zu trennen von der Geschichte und den Folgen des *Dritten Reiches,* zu trennen auch von den Leidenschaften, mit der das »Phänomen Hitler« selbst in ihrem Kreise noch umstritten werde, sei der Weg ihrer Tätigkeit als Fachleute, als begeisterte Architekten: »Man kann nicht die Richtigkeit eines Weges danach beurteilen, was Geschichte darauf gehäuft hat. Das sind fremde Dinge, die den Weg nicht anfechten können.«

Sie seien schließlich keine Opportunisten gewesen, sondern verführte Idealisten, die mit dem Nationalsozialismus ein »Reich der Kunst« kommen sahen: »Wir haben ehrlich eine Zeit lang daran geglaubt, daß die Schaffenden, die Schöpferischen, die Architekten und Künstler in den Mittelpunkt des staatlichen Lebens gestellt werden sollten. Das war viel, nie dagewesen, fast der Staat Platos. Es wurde anders und damit der gute Glaube, das reine Gefühl, unsere ›Naivität‹ zum Gespött.« Wie die Zusammenkunft der Architekten in Hannover gezeigt habe, sei es Zeit für einen neuen Anfang, denn »dort hätte wirklich eine Gemeinschaft der ›vom Bauen leidenschaftlich Besessenen‹ entstehen können.« Trotz aller Differenzen habe es deutliche Zeichen der Versöhnung gegeben; »die beiden Helden der Veranstaltung, Gropius und Bonatz, haben sich öffentlich ihre Hochachtung versichert und Anerkennung vor dem Schaffen des anderen ausgesprochen. Das war keine Phrase, das war echt und menschlich gemeint.« Es sei an der Zeit, sich endlich freimütig zu bekennen, fordert Tamms: »Hier sind wir. Wir waren einige Zeit lang im Dunkeln. Aber wir haben es überwunden. Jetzt sehen wir wieder Licht und wir arbeiten nach diesem Licht. Wollt ihr uns kennen und mit uns arbeiten, oder wollt ihr es nicht. Wenn nicht, werden wir unseren eigenen Weg gehen und es wird uns dieselbe Sonne bescheinen, die auch eure Arbeit bescheint.«

Um nun die Richtung dieses Weges auszumachen und den neuen Aufbruch vorzubereiten, zieht Tamms Bilanz im eigenen Lager und gibt eine Übersicht über die Eignung der bisherigen Weggefährten, den neuen Weg mitzugehen. Deutlich unterscheidet er zwischen jenen, die stehengeblieben seien und noch immer »an dem alten Strick weiterziehen«, und jenen, die einen neuen Anfang mitbegründen könnten und »nach einem neuen, unserer Zeit gemäßen Weg suchen sollten«.[148] Als solche Weggefährten nennt er Rimpl, Schulte-Frohlinde, Wortmann und – vor allen anderen – Gutschow: »Mir scheint er einer von den wenigen Systematikern zu sein, längst reif für einen Lehrstuhl, und ich halte es nach wie vor für einen allgemeinen Verlust, daß er seine eigentliche Begabung, nämlich: systematisch zu sammeln und zu ordnen, nicht im Rahmen einer Technischen Hochschule ausübt. Er ist der eigentliche ›Wissenschaftler‹ unter uns, mehr als Neufert. Um ihn ist es ein Jammer und um ihn würde ich auch kämpfen. Wenn er sagt, er war nicht ›dabei‹, so stimmt das bei ihm noch am meisten. Er war immer ein Sonderling, auch in Wriezen.«

In knappen Bildern charakterisiert Tamms einige der Kollegen: von Dustmann über Hentrich und Heuser bis hin zu Rimpl – oft mit wenig schmeichelhaften Worten. Auch wenn er mit vielen noch freundschaftlich verbunden sei, habe er sich doch von einigen weit entfremdet. Neue Anstöße seien wichtig, um das Lager zu stärken und durch Bauen zu beweisen, daß mit ihnen auch bei der Gestaltung der Zukunft zu rechnen sei. »Sinn hat nur, durch Bauen zu beweisen, was man denkt, fühlt, leistet . . . Bauen, Bauen und nochmals Bauen, das sind echte Bekenntnisse, mehr als alles Papier!« Pläne dazu hat Tamms nicht nur in Düsseldorf: »Ich hoffe, daß ich bald auch aus meiner Reserve heraus kann. Ich habe mir die Unterlagen des Theater-Wettbewerbs in Kassel kommen lassen. Vielleicht ist das was, eventuell für uns beide? In Hamburg ist jetzt die Stelle eines Oberbaudirektors (Nachfolge Fritz Schumacher: Hochbau, Planung, Bauaufsicht) ausgeschrieben. Besoldung B 4! Soll ich, soll ich nicht? Wir müssen darüber sprechen, wenn Du zurück bist.«

Mit Blick auf die auch von Tamms erhoffte produktive Koexistenz aller »vom Bauen leidenschaftlich Besessenen« entwickelt Wolters ein Konzept für den Brief an Leitl, der jedoch im Rahmen seiner Möglichkeiten von einer größeren Offenheit und Selbstkritik geprägt ist, als Tamms ihm dies empfohlen hat. Am 29. September 1951 schreibt ihm Wolters: »Es mag richtig sein, daß hinter Leitl Schwarz steht, und daß beide etwas im Schilde führen, was vorläufig noch nicht zu übersehen ist. Ich möchte daran aber nicht glauben, und ich möchte den Briefwechsel nicht von vorneherein mit dieser Vorstellung belasten. Ich will so offen wie möglich sein und will mich selbst dabei nicht schonen. Wie weit das Ganze einen Sinn hat, wird sich dann von selber zeigen.« Auch was die Zurechnung von Personen zu verschiedenen Lagern angeht, ist Wolters für eine deutlichere Unterscheidung: »Es wird ein Briefwechsel zwischen zwei Lagern sein, so schreibst Du. Das ist auch sicher die Meinung von Leitl. Es ist aber nur insofern ein Briefwechsel zwischen zwei Lagern, als ich im Dritten Reich dem Lager Hitler – Speer angehörte und Leitl heute dem Lager Gropius – Schwarz, wenn ich es so nennen darf. Ich möchte mich aber auf keinen Fall mit *dem* Lager identifizieren, das heute noch unter dem Eindruck der Herrschaft des Dritten Reiches weiterarbeitet. Das willst Du ja auch nicht. Auf ›Freunde‹ kann bei diesem Briefwechsel keine Rücksicht genommen werden. Ich will mich aber bemühen, möglichst keine Namen zu nennen. Die persönliche Freundschaft von Mensch zu Mensch muß sich nicht unbedingt mit dem Zusammengehen in der Auffassung von Inhalt und Form unseres heutigen Bauens decken.«[149]

Auch in anderen Punkten werden Meinungsunterschiede deutlich, etwa, wenn Wolters schreibt: »Hitler hat uns nicht verführt. Wir alle waren Hitler, wir waren es nur viel weniger idealistisch, die Hitler-Bourgeoisie in uns hat uns verdorben. Insofern erkenne ich eine Kollektiv-Schuld unseres Volkes an, und nicht nur das, sondern eine Kollektiv-Schuld unserer

Zeit, unserer ganzen Welt. Es ist also müßig, darüber zu streiten, wer von den einzelnen mehr oder weniger Schuld hat. Sie haben alle Schuld, auch Schwarz und Leitl ebenso wie Tamms und Wolters. Ich muß es daher auch bei dem Briefwechsel mit Leitl ablehnen, die Schuldfrage des einzelnen zu erörtern.«[150]

Gut vorbereitet möchte sich Wolters endlich der Auseinandersetzung stellen. Am 1. Oktober 1951 schreibt er an Leitl, daß er dessen weitreichende Fragen etwa nach den geistigen Voraussetzungen des Bauens im *Dritten Reich* so umfassend nicht beantworten könne, wie Leitl dies im Vorgespräch gefordert hat. »Um dieses Thema möglichst zu begrenzen, bliebe jedoch die Frage zu beantworten, wie ich selbst dazu kam, das Bauen des Dritten Reiches zu vertreten, und worin ich dessen geistiges Fundament zu sehen glaubte (1). Sodann wird es notwendig sein, die heutige Situation zu umreißen (2).«[151] Um die heutige Situation als neuen, gemeinsamen Ausgangspunkt vorzustellen, argumentiert Wolters: »Nachdem das Dritte Reich zerstört ist, ist auch der Inhalt des Bauens dieser Herrschaft zerstört. Da der heutige Staat auf ähnlicher weltanschaulicher und politischer Grundhaltung beruht, wie der Staat von 1918 bis 33, ist es verständlich, daß die bauliche Form der Zeit von 18 bis 33 wieder Gestalt gewinnt. Da aber die Herrschaft des Dritten Reiches ungeheuer stark war und die Herrschaft unseres neuen Staates noch allgemein erkennbarer Lebenssäfte entbehrt, ist es kein Wunder, daß die Formen der vergangenen Herrschaft immer noch äußerst stark sind und das Bild unseres heutigen Bauens entscheidend mitbestimmen. Das liegt natürlich nicht in erster Linie am Architekten, sondern ebenso am Bauherrn. Es scheint uns also heute eine starke neue geistige Grundlage, eine allgemeine innere Ordnung zu fehlen, aus der allein eine klare und wahre äußere Form herauswachsen kann. Wir sehen vielmehr den geistigen Wirrwarr unserer Zeit sich auch in der baulichen Form widerspiegeln. Die Frage, die uns alle angeht, kann daher nur die sein: Wo ist eine neue innere Ordnung, wo ist die uns allen gemeinsame große geistige Grundlage? (3).« Am 25. Oktober antwortet ihm Leitl, der »Aufbau Ihres beabsichtigten Briefes« scheine ihm »in der gedachten Form durchaus interessant« und es sei ihm sehr recht, ihn bald zu erhalten.[152]

Auf diese Ermutigung hin beginnt Wolters, den ersten Teil seines Konzepts zu bearbeiten. Am 9. November 1951 richtet er an Leitl einen Brief[153], der erst im Herbst 1952 in *Baukunst und Werkform* veröffentlicht wird, ein Dokument deutscher Geschichte, deutscher Mentalität.

»Ich will heute nun den ersten Teil des von mir umrissenen Themas behandeln: Wie ich selbst dazu kam, das Bauen des Dritten Reiches zu vertreten und worin ich dessen geistiges Fundament zu sehen glaubte. Ich werde, wie ich schon andeutete, nicht zu weit zurückgreifen, obschon dies eigentlich notwendig wäre. Ich will vielmehr da beginnen, wo ich als werdender Architekt die Dinge selber miterlebte.

1925 kam ich nach ersten vier Münchener Semestern nach Berlin, wo Poelzig der maßgebende Lehrer war und ein weiterer vakanter Lehrstuhl an der Hochschule besetzt werden sollte. Zur Debatte standen Mies van der Rohe und Tessenow. Ich trat in den Diskussionen der Studentenschaft für Tessenow ein, nachdem ich ihn in einem Vortrage des Kunstgewerbevereins kennengelernt hatte, obwohl ich Gebautes von ihm kaum kannte und der formalen Auffassung Mies van der Rohes damals näher stand. 1926 entschied sich der Kultusminister für Heinrich Tessenow, der nun mein Lehrer wurde und dem ich mit wachsender Begeisterung anhing. Sie wissen dies aus der kleinen Schrift, die ich beim Tode Tessenows für einige Freunde verfaßt habe.

Es ging mir damals in erster Linie um eine gültige *äußere Form* der Architektur, und ich versuchte, mir irgendein formales ›Rezept‹ anzueignen, ohne mir darüber klar zu sein, daß einer solchen überhasteten Festlegung jede innere Notwendigkeit fehlen mußte. Da kam Heinrich Tessenow im rechten Augenblick. Er wirkte auf mich befreiend. Er gab kein Rezept. Er schob vielmehr alles Formale mit sanfter Hand beiseite und versuchte, uns von jeder vorgefaßten Formvorstellung loszulösen. Er war ein zäher Kämpfer gegen jede ›Richtung‹. So lehnte er die einseitig orientierten Mitglieder des Berliner ›Ring‹, dem er selber dem Namen nach angehörte, leidenschaftlich ab. Er lehnte jeden Architekten ab, der auf eine Formfestlegung gesteigerten Wert legte: Kreis und Schmitthenner ebenso wie Gropius und Mies van der Rohe. Er hatte zwar freundliche Beziehungen zu Bonatz auf der einen, zu Martin Wagner und Oud auf der anderen Seite. Aber auch sie bewegten ihn nicht. Der Einzige, von dem er selber sagte, daß er ihm etwas zu geben habe, war Le Corbusier.

Nach dem Examen arbeitete ich zwei Jahre im Privatbüro Tessenows in der Akademie, promovierte bei ihm und vervollständigte meine Ausbildung in einem kleinen Berliner Baugeschäft als Bauführer, um dann bei der Reichsbahndirektion Berlin für weitere zwei Jahre Beschäftigung zu finden.

Während dieser fünf Jahre nach dem Examen verdiente ich so gut wie kein Geld. Ich bekam gelegentlich in der einen oder anderen Position einen Unterhaltszuschuß von 100 oder 150 Mark. Die Reichsbahndirektion zahlte mir nichts, da die Arbeit von Jahr zu Jahr abnahm und Neueinstellungen gegen Bezahlung nicht vorgenommen wurden. Obwohl ich von Hause aus auf Geldverdienen nicht unbedingt angewiesen war, wurde mir dieser Zustand jedoch unerträglich.

Ich hatte mich bis dahin, wie übrigens auch später, politisch in keiner Weise betätigt. Ich ärgerte mich lediglich über die politische Entwicklung, über den Staat, der seine Erwerbslosen mit Geld unterstützte, anstatt sie arbeiten zu lassen. Dieser Ärger steigerte sich im Laufe der Zeit fast zum Haß gegen das politische System. Das Gefühl der Unsicherheit und des Unbefriedigtseins wuchs mit dem hoffnungslosen Blick in die Zukunft von Jahr zu Jahr. Ich schwankte zwischen völliger Apathie und fanatischem Arbeitswillen.

Da trat für mich in der Zeit des größten politischen Tiefstandes eine entscheidende Wendung ein.

Anfang 1932 wurde ich, obwohl ich mich bereit erklärte, ohne jede Bezahlung weiterzuarbeiten, von der Reichsbahndirektion Berlin entlassen. Gleichzeitig wurde mir der Hinweis gegeben, nach Rußland zu gehen, da die Russen ›Spezialisten für Bahnhöfe‹ suchten.

Ich meldete mich bei der Vertretung des russischen Verkehrskommissariates in Berlin und war bereits sechs Wochen später als Einzelgänger auf dem Wege nach Moskau.

Ich war kein Kommunist, aber ich war für die sozialistische Staatsform begeistert. Hier war ein richtungweisender Bauherr, hier waren große Aufgaben, hier wurde meine Arbeitskraft gefordert – und gewertet.

Ich brachte ein Jahr in Nowosibirsk bei der Planungsabteilung der Neubaudirektion der sibirischen Eisenbahnen zu. Nach einem Gastspiel am Projekt des Hauptbahnhofs Nowosibirsk bearbeitete ich die Planung der sibirischen Hochschulstadt für Verkehrsingenieure, sodann den Bebauungsplan für eine neue sibirische Stadt von 30000 Einwohnern. Diese letztere Aufgabe war für mich außerordentlich aufregend. Ich hatte ein ganzes städtisches Gebilde zu entwerfen, und zwar ohne jede Rücksicht auf private Interessen, eine Stadt, die in jeder Hinsicht so zweckmäßig und so schön wie möglich werden konnte. Hier gab es keine privaten Grundstücksparzellen, auf die bei der Planung Rücksicht zu nehmen war, keinen Großgrundbesitz, keinen Besitz der Kirche oder anderer starker Institutionen, die einem Planen für das allgemeine Wohl hätten entgegenstehen können. Bauherr war der Staat.

Meine traurigen Berliner Erlebnisse waren bald vergessen, und nach der notwendigen Eingewöhnung in die ungewohnten äußeren Verhältnisse und nach der Erlernung eines kleinen Wortschatzes der russischen Sprache lebte ich voll und ganz dieser einmaligen neuen Aufgabe. Der ausländische Ingenieur wurde damals von den Russen gut behandelt, ein politischer Druck bestand für ihn kaum, so daß ich mich in meiner äußeren Freiheit nicht beeinträchtigt fühlte.

Die städtebauliche Arbeit baute sich auf Richtlinien auf, die von deutschen Architekten in Rußland ausgearbeitet waren und die für mich ein sehr handfestes Material bildeten. Da es sich um die schwierige Organisation einer Stadt handelte, und da ich von Tessenow her zu einem vorbehaltlosen Arbeiten ohne formale Bindungen erzogen war, gab es bei der Arbeit eigentlich nur Schwierigkeiten des Technischen, Organisatorischen, Wirtschaftlichen. Das Formale trat ganz in den Hintergrund. Es war mir auch fast gleichgültig, da ich das Übergeordnete, den zweckmäßigen Bau der Stadt für eine geschlossene städtische Gemeinschaft als wesentlich ansah. Es ergab sich von selbst, daß die öffentlichen Gebäude, die

Schulen, Krankenhäuser und Gemeinschaftsbauten an ihrem richtigen Platz standen: es gab keine Möglichkeit, sie durch – sagen wir – Persil- oder Coca-Cola-Bauten in den Hintergrund zu drängen.

So interessierte es mich bei der Schwierigkeit der Gesamtüberlegungen auch in keiner Weise, daß May ein starkes formales Prinzip, das des Zeilenbaues in der Nordsüdrichtung, überbetonte. Es interessierte mich auch nicht, daß in Moskau mit Glas und Stahl gebaut wurde, oder bei uns in Nowosibirsk vornehmlich Holz verwendet werden mußte: und ebensowenig ging mich der Ukas Stalins an, der den Russen die griechischen Formen ins Gedächtnis rief und die Fassaden der öffentlichen Gebäude mit Märchensäulen verklebt sehen wollte. Ich war weder mit den Zeilen Mays und den Glasbauten Le Corbusiers einverstanden, noch mit den Säulen Stalins und seiner Leningrader Akademie-Architekten – mir schien dies alles, wie gesagt, unwichtig zu sein im Hinblick auf das übergeordnete große Städtebauliche, auf die allgemeine, nur das öffentliche Wohl ansprechende Ordnung des Gesamten: die Überordnung, Zuordnung oder Unterordnung des einzelnen Gebäudes nach seinem tatsächlichen Gewicht, dessen Maße nur das öffentliche Interesse bestimmte. Mitte 1933 ging ich nach Berlin zurück, da mit der Machtergreifung Hitlers auch in Rußland ein Wandel eingetreten war in der Behandlung ausländischer Spezialisten. Ich mußte außerdem zurückkehren, da ich infolge von Ernährungsschwierigkeiten heruntergekommen war und mich einem weiteren Angriff auf meine Gesundheit in Sibirien nicht aussetzen konnte. In Deutschland war inzwischen alles anders geworden. Ich stand dem Neuen zunächst abwartend gegenüber, da ich mir nicht denken konnte, daß der neue Staat von Bestand sein würde und das Ausland den Nationalsozialismus sich ohne Behinderung werde entwickeln lassen.

Es kam aber anders.

Noch im Jahre 1933 fand ich nach einer kurzen Entbolschewisierungsprozedur durch den NS-Führungsstab der Reichsbahn eine Stellung wieder, und zwar diesmal einen bezahlten Posten bei der Reichsbahndirektion in Berlin.

Im Laufe der Zeit bekam ich einen langsam größer werdenden Respekt vor dem Nationalsozialismus, den ich immer mehr als eine echte Volksbewegung zu sehen glaubte. Als unerhörte Befreiung empfand ich den Rückgang der Arbeitslosigkeit und vor allem die Beseitigung der politischen Parteien, für die ich mich nie hatte und sicher auch nie werde erwärmen können. Es bahnte sich in Deutschland auf soziologischem Gebiet etwas Ähnliches an, was ich in Rußland bereits erlebt hatte. Nur schien mir das neue deutsche System bei weitem nicht derart rigoros dem Einzelnen gegenüber zu sein wie in Rußland.

Ende 1937 holte mich Speer, den ich seit meinem Studium gut kannte, an die neue Behörde des Generalbauinspektors. Ich ging mit etwas gemischten Gefühlen, da ich immer noch nicht recht an eine wirkliche Aufwärtsbewegung glauben wollte, obwohl ich bereits mit staunenden Augen die ersten tausend Kilometer einer Autobahn greifbar vor mir sah. Was ich zuerst nur vom Hörensagen wußte, die Absicht zum Bau einer gewaltigen Prachtstraße in Berlin, flößte mir kein großes Zutrauen ein.

Auch der neue Klassizismus, der hier und da auftauchte, machte mich stutzig. Ich konnte mich mit dieser Architektur gar nicht befreunden, und ich freute mich daher, daß ich in Berlin wieder an eine *städtebauliche* Aufgabe kam, deren überragende Größe diese äußere Form des einzelnen Bauwerks unwichtig machen mußte. Daß dies tatsächlich so war, sah ich bald.

Was mich damals aber ganz besonders in Anspruch nahm, war die Tatsache, daß die städtebauliche Neuordnung nicht nur wirtschaftlicher, organisatorischer oder technischer Natur war, sondern im höchsten Maße eine soziologische Angelegenheit, und zwar eine wirklich echte. Die Errichtung der öffentlichen Gebäude, der Bauten der Gemeinschaft, rangierte an erster Stelle. Das war für uns junge Architekten, die gläubige Optimisten waren und gern dem Allgemeinwohl dienen wollten, eine großartige, nie dagewesene Sache. Fast war dies der Staat Platos. Der Architekt stand im Dienste eines Auftraggebers, der zuerst an das Ganze dachte.

Und für mich selbst war das Gefühl des Großen und Schönen um so zwingender, als ich nach meinem Examen in eine Zeit tiefsten politischen und arbeitlichen Niederganges geraten war. Für mich waren die Worte, die Hitler 1935 in seiner Kulturrede in Nürnberg fand, tatsächlich eine Verheißung.

Das klingt heute natürlich sehr eigenartig. Alles liegt schon traumhaft weit zurück: man möchte meinen, es wäre gar nicht gewesen. Aber damals war es für mich und für Millionen anderer eine Realität. Ich stand mitten drin und war hineingekommen, ohne fast zu wissen wie: ich war beinahe hineingestolpert über die sogenannte Systemzeit und über Rußland, über Zeiten und politische Systeme, die im schärfsten Kampf zueinanderstanden, die voneinander so verschieden waren, wie man es sich kaum vorzustellen vermag.

Und ich stand insgesamt dem neuen Wollen positiv gegenüber mit großem Optimismus, in festem Glauben an ein Gelingen. Vom Reißbrett war ich weggeholt und war nur noch dirigierend tätig, und zwar in erster Linie auf städtebaulichem, das heißt auf dem übergeordneten Gebiet.

Ebenso wie in Rußland war auch in Deutschland die Gesamtordnung jetzt das Allerwichtigste. Die Form des einzelnen Bauwerks trat in den Hintergrund. Immer mehr wurde ich der festen Überzeugung, daß dieser Wille zur Gesamtordnung auch zur Ordnung des Einzelnen, also zu einer echten und wahren Form führen müsse. Auch jetzt behagte mir Einzelnes nur wenig. Ich stand oft fassungslos manchem Entwurf gegenüber. Aber immer wieder sagte ich mir, daß dies nur ein Übergang einer Zeit des Ringens um echte Form sein müsse, die ja so schnell gar nicht gültig gefunden werden könnte. Sie konnte nur allmählich mit der Verfestigung des inneren politischen Aufbaues wachsen. Und an diesem politischen Aufbau, am

Programm, das der Nationalsozialismus vorgelegt hatte, zweifelte ich nicht: auch wenn schon manches Unzulängliche sichtbar wurde. Das Programm baute sich auf einer Idee auf, die mir wert schien, sich dafür einzusetzen: Der Aufbau einer großen volklichen Gemeinschaft, deren oberstes Gesetz Dienst am Wohl des Gesamten sein sollte. Ich glaubte darin *ein hinreichendes geistiges Fundament* zu sehen, für das zu kämpfen und zu arbeiten sich lohnte.

So habe ich denn nebenbei als Schriftleiter der ›Baukunst im Dritten Reich‹ das Bauen dieser Zeit vertreten. Ich habe dabei manches veröffentlicht, zu dem ich selbst kein unbedingtes Ja sagen konnte, das ich sogar ablehnte. Aber ich habe mir dabei eben immer wieder gesagt, daß es auf dieses Einzelne nicht entscheidend ankomme, sondern daß es das gesamte Große sein müsse, das ich vertrat.

In meiner letzten Schrift ›Vom Beruf des Baumeisters‹, die ich 1942 schrieb, veröffentlicht 1943 mit Vordatierung des Verlages 1944, habe ich noch mit Überzeugung das nationalsozialistische Bauen, insbesondere den neuen Städtebau vertreten. Ich wollte und konnte nicht glauben, daß dieses Regime ebenso wie das Wilhelms II. und das von 1918 bis 1933 zugrundegehen müsse.

Ich weiß heute, daß ich mich damals, ebenso wie andere, die führend beteiligt waren, mit jugendlichem Leichtsinn über manches hinweggesetzt habe. Mancher Zweifel wurde nicht ernst genommen. Das Scheinwerferlicht, der blendende Kegel, in dem wir uns bewegten, ließ alles andere in tiefen Schatten sinken.

Allerdings sind mir auch damals kaum Architekten entgegengetreten, die sich klar und deutlich gegen das, was wir vertraten, äußerten. Von denen, die heute die Neunmalklugen gewesen sein wollen, und die mir damals begegnet sind, hat mir kaum einer ein ernstes Wort der Kritik geäußert. Gewiß, jeder lebte in der Angst, dies könne gefährlich sein – aber es hat sich bis heute keiner bei mir gemeldet, den ich damals wegen eines freimütigen Wortes scharf angefaßt hätte. Ich glaube vielmehr, daß es bekannt war und ist, daß Denunziationen bei mir unter den Tisch fielen.

Der Einzige, den ich damals als Gegner empfand, und der sich mit allergrößter Offenheit mir gegenüber aussprach, und der mich angriff von Mann zu Mann, war Bonatz. Dies nebenbei.

In den letzten beiden Jahren vor 1945 war die nationalsozialistische ›Baukunst‹, wenn wir sie so nennen wollen – auch für mich erledigt. Auch Speer hatte mir darüber deutliche Worte gesagt. Er hatte seinen Apparat aufgelöst bzw. auf ein Mindestmaß zusammenschrumpfen lassen und mir die Leitung des Arbeitsstabes ›Wiederaufbauplanung zerstörter Städte‹ übertragen. Während dieser Zeit gab es keine ›Prachtplanung‹ mehr. Wir erarbeiteten Richtlinien für einen systematischen Wiederaufbau und bereiteten etwas völlig Neues vor, was leider zu Ende des Krieges nicht zur Auswirkung kommen konnte.

Dies wäre in großen Zügen das, was ich zum ersten Punkt unseres Themas zu sagen hätte. Ich habe mich freimütig geäußert. Vielleicht geben Sie Ihrerseits eine Darstellung zum gleichen Thema.

Mit freundlichem Gruß!

Ihr R. Wolters«

Leitl läßt sich mit einer Antwort Zeit. Am 4. Januar 1952 schreibt er Wolters, daß mit dessen Brief ihre Korrespondenz lediglich einen Auftakt gefunden hätte; er könne sich inhaltlich aber erst äußern, wenn er auch die anderen Teile der Disposition bis hin zu aktuellen Fragen ausgeführt vorliegen sähe. Etwas unwillig reagiert Wolters am 13. Februar 1952 und bedauert, daß der Briefwechsel immer noch nicht »richtig in Fluß kommen will«.[154] Eine lebendige Diskussion sei nur dann zu erwarten, wenn Leitl auf seine Gedanken auch reagiere und nicht eine geschlossene Abhandlung einer anderen gegenüberstehe. »Manchmal kommt es mir vor, als ob unsere Korrespondenz unter dem Motto stünde: Wer läßt die Katze aus dem Sack?« Dennoch erkläre er sich zu weiterer Vorleistung bereit und setzt seinen Bericht fort[155], in dem er seine Sicht der Nachkriegsentwicklung skizziert, die allerdings nicht veröffentlicht wird:

»Dabei darf ich zunächst über meine eigene Tätigkeit nach dem Kriege sprechen. Ich war nämlich wieder tätig – und zwar schon unmittelbar nach der Kapitulation. Selbstredend war mir dabei von Anfang an klar, daß ich nach dem Zusammenbruch des Dritten Reiches, das ich in meinem Fachgebiet voll mitvertreten hatte, keine leitende, öffentliche Stellung einnehmen konnte. Es drängte mich jedoch zur Tätigkeit mehr als zuvor, und mir ist nie einen Augenblick lang der Gedanke gekommen, daß dieses Streben nach Tätigkeit falsch oder etwa unangebracht sei. Ich betrachtete das Tätigsein nicht nur als ein Naturrecht, auf das jeder Mensch Anspruch hat, sondern ich sah und sehe in ihm vielmehr ein höchstes moralisches Gebot.

Ich ging ›zu den Müttern‹. In meiner münsterländischen Heimat fand ich die kleinen Städte durch alliierte Terrorangriffe zerstört vor. Hier begann ich eine mühsame städtebauliche Wiederaufbauarbeit, zunächst allein mit meinem Freunde Berlitz. Langsam vergrößerte sich unser Büro und wuchs im Laufe der vergangenen sechs Jahre zum heutigen abgerundeten und einsatzfreudigen Arbeitsinstrument heran.

Wieder, wie bisher in meinem arbeitlichen Leben, stand das Städtebauliche an erster Stelle. Voraussetzungen und Aufgaben waren jedoch andere. Einmal zwang die Not zu sparsamsten Überlegungen, zum anderen war der Auftraggeber nur in verschwommenen Umrissen erkennbar. Ich sah nun, wie schwierig es ist, Städtebau zu treiben, wenn mit geringsten Mitteln gewirtschaftet werden muß, und wenn alle mitreden wollen. Dazu wurde offenbar, daß die letztvergangene Zeit ungeheuer stark nachwirkte – im Guten wie im Schlechten. Der Wille zum Städtebau, das heißt, der Wille zur planerischen Gesamtordnung war überall, selbst in kleinsten Dörfern in starkem Maß vorhanden. Der sozialistische Anteil am Gedankengut des Nationalsozialismus hatte tiefe Wurzeln geschlagen. Ich sah dies als ein gutes Erbe des Dritten Reiches an. Aber auch ein sehr schlechtes Erbe machte sich bemerkbar. Der Hang, diktatorisch einzugreifen, war ebenso überall zu finden: Bei Bürgermeistern, bei Landräten, bei Parteien und bei Behörden. Jede Gruppe strebte nach unumschränkter Macht und versuchte, die anderen mundtot zu machen. Die Demokratie, die für Recht und Freiheit zu kämpfen vorgab, bediente sich diktatorischer Waffen. Sie wurde zu dem, was wir ›Demokratur‹ nennen.

Jeder einzelne wehrte sich natürlich gegen diese neuen diktatorischen Maßnahmen und verfocht sein Recht auf Freiheit. Der Individualismus stand dem Städtebau, der nur auf gemeinnütziger Basis aufbauen kann, entgegen und erwirkte derartig groteske Bestimmungen wie den Art. 14 des Grundgesetzes (Gewährleistung des Eigentums; W.D.), der das städtebauliche Aufbauwerk der jüngeren Vergangenheit um Jahrzehnte zurückzuwerfen droht. Zwar bemühten sich die einzelnen Länder, mit Aufbaugesetzen an den deutlich sichtbaren roten Faden anzuknüpfen, der durch alle Städtebauarbeit seit 1900 bis zu unserer Zeit durchgelaufen war. Das umfangreiche städtebauliche Gesetzeswerk wurde dadurch jedoch nur noch komplizierter. So sehen wir heute eine verworrene Situation vor uns. Natürlich zeigt auch die künstlerische Form im Städtebau ein ungeordnetes Bild insofern, als verschiedene ›Richtungen‹ zutage treten. Das scheint mir aber nicht allzu wichtig zu sein, da handgreifliche Notwendigkeiten dem Städtebau das Gesicht in erster Linie aufzwingen, wenn auch vorgesetzte Behörden, Schulen und Autoren vielfach hartnäckig ganz bestimmte formale Anschauungen durchzusetzen versuchen.

Entscheidend für eine gültige Form bleibt die innere Ordnung und der auf ihr basierende politische Wille.

Wie vollzog sich in dieser verwirrten Zeit das Bauen?

Auch hier ist der Wille des Bauherrn zunächst maßgebend. Leider steht dasselbe, rücksichtslose Kleinbürgertum, das gleicherweise die Weimarer Demokratie und den Nationalsozialismus ausgehöhlt und zerstört hatte, wieder auf den Beinen und gibt als Bauherr seine Direktiven. In ihm befinden sich ebenso viel konservative Elemente als modische Neuerer. Als kaum sichtbare Minderheit zeigt sich hin und wieder eine Elite, die vergebens versucht, unserer baulichen Arbeit ein geistiges Fundament zu setzen. Und diese Minderheit ist zudem in Gruppen aufgespalten, die sich im Kampfe gegeneinander zu erschöpfen scheinen.

So kommt es, daß das kleinbürgerliche Element wieder der tonangebende Bauherr ist und sich durch seine von ihm selbst gewählten Architekten baulichen Ausdruck schafft.

Das Bauen der vergangenen Jahre spiegelt diese Situation deutlich wider. Man braucht nur um sich zu blicken. Die Form der Architektur ist ebenso ungeordnet wie unser heutiges Zusammenleben.

Es hat meines Erachtens keinen Zweck, irgendeine Form erzwingen zu wollen, wenn vorher nicht eine geistige Grundlage, und zwar eine sehr allgemeine Grundlage und ein sich aus ihr erwachsender politischer Wille vorhanden ist.

Es spricht für den Architekten, daß er eine innere und eine äußere Ordnung anstrebt. Und es scheint mir fast, als ob der Architekt dem Politiker und Staatsmann hierin voraus ist. So glaube ich die heutige Situation zu sehen, die ich allerdings nur flüchtig umrissen habe. Die Frage, die uns alle angeht, (der dritte Punkt meiner Disposition) wäre nun zu beantworten:

Wo ist eine neue innere Ordnung, die für eine große Mehrheit allgemein gültig sein könnte?

Bei unserer Unterhaltung, die diesen Briefen vorausging, hatte ich den Eindruck, daß Sie eine bestimmte geistige Grundlage unseres modernen Bauens zu sehen glauben. Ich wäre Ihnen dankbar, wenn Sie sich nun ausführlich äußern würden. Mit freundlichem Gruß!«

Leitl arbeitet lange an einer Entgegnung, die nach Wolters' Bericht über den Zeitraum *bis 1945* im Herbst 1952 in *Baukunst und Werkform* veröffentlicht wird. Im Mai bestätigt Leitl den Eingang des Briefes von Wolters und schreibt ihm: »Unser Gespräch ist ins Stocken geraten, aber es liegt nicht eigentlich daran, daß ich die Katze im Sack festgebunden hätte. Ich hatte nur gehofft, daß einige von den Gedanken, die Sie mir seinerzeit ausgesprochen hatten, nämlich ihre Auffassung über die Zuordnung bestimmter Bauformen zu bestimmten politischen Formen, in dem zweiten Brief zum Ausdruck kommen würden.«[156] Leitl bedauert, daß dies nicht im erwarteten Ausmaß der Fall gewesen sei, zeigt aber dennoch Interesse an der Fortsetzung des Gesprächs, das in diesem ersten Abschnitt bald veröffentlicht werden solle. Allerdings habe sich die Lage durch die Düsseldorfer Ereignisse inzwischen etwas verändert: »Die Berufung Schulte-Frohlindes hat allenthalben Erregung und Diskussion ausgelöst, und ich habe in dem in wenigen Tagen erscheinenden Heft dazu Stellung genommen. Ich habe mich entschieden gegen die Berufung Schulte-Frohlindes nach Düsseldorf ausgesprochen, und insofern habe ich, um auf die berühmte Katze zurückzukommen, dieser freien Lauf gelassen, so daß keine Mißverständnisse entstehen können. Sie werden jedoch sehen, daß ich Herrn Schulte-Frohlinde nicht wegen seiner früheren Tätigkeit in dem Düsseldorfer Amt für fragwürdig halte, sondern wegen seiner Haltung in der neuesten Zeit. Nach dieser nämlich ist zu erwarten, daß er eine heute nicht angemessene Arbeits- und Denkmethode in die Praxis eines öffentlichen Amtes übertragen wird. Ich möchte versuchen, in die jetzt am Einzelfall entflammte Diskussion die notwendigen Unterscheidungen zu bringen. Deshalb könnte ich mir denken, daß der vorjährige Versuch Hillebrechts eben jetzt eine gewisse Aktualität hat und durch unser Gespräch zu einem zwischenzeitlichen Ergebnis geführt werden könnte.«[157]

Mit der Publikation des ersten Briefes von Wolters ist tatsächlich der Auftakt zu einer heftigen öffentlichen Diskussion gegeben, in deren Verlauf jedoch Leitl selbst und später auch Rudolf Schwarz auf die Seite des »Rechten« gedrängt werden und in die Schußlinie von Kritikern geraten, die ihnen eine allzu konziliante Haltung gegenüber den Architekten des *Dritten Reiches* vorwerfen. Daß er sich mit seinem Versuch einer Diskussion zum Verhältnis von fachlicher Kompetenz und politisch-moralischer Verantwortlichkeit der Architekten im neuen Deutschland gefährlich zwischen den Fronten bewegt, ist Leitl beim Formulieren seiner Entgegnung auf Wolters bewußt. Er schreibt:

»Meine Zurückhaltung hing mit denselben Erwägungen und Bedenken zusammen, die mir auch im Vorjahre den Entschluß, zu der Aussprache nach Hannover zu gehen, nicht leicht gemacht haben. Es schien mir, daß die ehemaligen Nationalsozialisten in Deutschland unseres verständnisvollen Entgegenkommens nicht mehr bedürfen. Ja, bei den großen Erfolgen, die sie allenthalben im öffentlichen Leben, in den Parteien und bei Berufungen zu verzeichnen haben, könnte eine allzu entgegenkommende Gesprächsbereitschaft gar als Schwäche ausgelegt werden. So wollte ich auch jetzt keinesfalls dem Gedanken Nahrung geben, unsere oder meine persönliche Gesprächsbereitschaft hänge auch nur entfernt damit zusammen, daß manche Positionen inzwischen wieder in die Hand von Sachwaltern des Dritten Reiches oder ihnen Geistesverwandter übergegangen sind. Die Menschheit urteilt rasch und vergißt rasch: Vor einigen Jahren waren wir erstaunt zu sehen, mit welcher Unbefangenheit die Vorkämpfer von gestern sich um einflußreiche Ämter bewarben, und ich hielt es für angebracht, etwas dagegen zu sagen. Dafür wurden mir die heftigsten Vorhaltungen gemacht, ja, ich wurde sogar für den Fall, daß ich nicht sofort ›meine Angriffe einstellte‹, in meiner beruflichen Existenz bedroht: heute mag die gegenteilige Haltung, die Bereitschaft zur Aussprache, beanstandet werden.«[158]

Trotz aller Bedenken und Gefährdungen betont Leitl – bisweilen in einer befremdlich »völkischen« Diktion – die Notwendigkeit einer kritischen Selbstreflexion der Architekten, um nicht durch ein verengtes Gestaltungsverständnis ohne Blick auf die politischen Bedingungen und sozialen Folgen des Bauens die Chancen des Neubeginns zu vertun. Besonders fatal erscheint ihm in diesem Sinne die – unter Architekten offenbar noch weit verbreitete – wehmütige Erinnerung an die Verbindung von künstlerischem Gestaltungsanspruch und staatlicher Ordnungsmacht im *Dritten Reich,* die auch im Brief von Wolters anklingt: die Sehnsucht der Architekten nach dem starken Bauherren.

»Konnte die Ordnung Hitlers wirklich auf die Dauer faszinierend sein, dem es mit den öffentlichen Bauten und den an erster Stelle rangierenden Bauten der Gemeinschaft weitgehend auf eine Selbstdarstellung der Macht ankam? Das irrsinnige Repräsentationsbedürfnis jener Zeit ist wie eine Krankheit im Blute unseres Volkes zurückgeblieben. Wir dürfen uns deshalb nicht wundern, wenn ausländische Besucher zurückschrecken vor der Maßlosigkeit eines Aufbaus, in dem sich zwar großer geschäftlicher Erfolg des Handels, der Industrie, der Versicherungen und der Banken ausspricht, aber wenig soziale Breitenwirkung.«

Daß sich diese neue Maßlosigkeit so rasch verbreiten konnte, führt Leitl nicht zuletzt auf das ungebrochene Selbstverständnis jener Architekten zurück, die damals wie heute durchgängig ihren Einfluß zu sichern wüßten und ohne erkennbare Skrupel von politischem Repräsentationsbedürfnis auf die Darstellung wirtschaftlicher Macht umzuschalten vermochten.

»Es hatte 1945 den Anschein, die Architekten des Dritten Reiches wollten nach der Katastrophe einfach weitermachen. Es war mir interessant, daß Sie mir dies nachträglich selbst bestätigten, zugleich auch eine Erklärung dafür gaben. Es erschien Ihnen selbstverständlich, daß der Neuaufbau nun zwangsläufig nach den Plänen vor sich gehen *müßte,* die schon ausgearbeitet waren (Sie erwähnten diese auch in Ihrem Brief), und daß der Erfolg dieser Pläne in der bewährten Organisation gesichert sei.

Die andern jedoch konnten – entschuldigen Sie den Ausdruck – die Unverfrorenheit nicht begreifen, die, scheinbar ungerührt durch den Zusammenbruch der Fundamente, sich auf eine Qualifikation berufen wollte.«

Angesichts der faktischen Folgen dieser »Unverfrorenheit« und der vollzogenen »Wiedergewinnung der Machtpositionen« schlägt Leitl einen Burgfrieden vor, um die Streitpunkte der Vergangenheit produktiv an Zukunftsproblemen auszutragen und damit gleichsam auch eine »Entgiftung« der Fachdebatten vorzunehmen.

»Nun aber sollen und müssen wir miteinander auskommen, die Erfolgreichen und Gläubigen von damals und die Zweifler. Die Auswirkungen jener Zeit sind nicht zu Ende. Nichts wurde eigentlich so recht bereinigt, wie es in dem Unwetter einer revolutionären Auseinandersetzung vielleicht bereinigt worden wäre. Ich hatte oft den Eindruck eines schleichenden Giftes im Kreislauf der Ideen. Der Bürger blickt heute erschreckt auf, wenn er wie im Falle Düsseldorf Debatten hört, deren Zwischen- oder Untertöne ihm unbehaglich sind.«

In versöhnlicher Geste wünscht sich Leitl zum Schluß seines Briefes: »Es wäre wirklich schön, wenn wir die Gewißheit hätten, daß nach sieben Jahren Krieg im Busch der Streit nur noch um die jeweils beste Lösung unserer gemeinsamen Probleme ginge.« Dieser Wunsch und dieses Angebot vom Herbst 1952 haben nicht die von Leitl erhoffte Wirkung. Den einen kommt die versöhnende Geste zu spät, den anderen noch immer viel zu früh. Zu tief brennen in manchem die Wunden der Auseinandersetzungen während der letzten Jahre, von der Erinnerung an die Zeit davor ganz zu schweigen.

Die Veröffentlichung der Briefe von Wolters und Leitl provoziert auch in Düsseldorf hitzige Debatten, wo die Verbindung Tamms – Wolters vor dem Hintergrund ungebrochener Machtkartelle betrachtet wird. So wird Leitl bei einem Besuch in Düsseldorf sofort auf seinen Brief an Wolters angesprochen und um persönliche Stellungnahme in einem Kreis aufgebrachter Kollegen gebeten. Bernhard Pfau bittet ihn, im *Architektenring* zu erscheinen, doch es kommt nicht zu diesem Treffen. Erbittert schreibt Josef Lehmbrock im Dezember 1952[159] an Leitl: »Ich muß Ihnen gestehen, daß mich besonders zwei Punkte Ihrer Antwort an Wolters enttäuscht haben. Ist es notwendig, Herrn Wolters selbst zum Spaß einen ›Mann von überlegener Intelligenz‹ zu nennen und sich darüber zu wundern, daß solch ein Mann sich zum Wortführer einer zweifelhaften Sache gemacht hat? Wer sich Wolters neue Entwürfe ansieht und dazu seinen sehr aufschlußreichen Brief gelesen hat, der kann sich m.E. darüber nicht mehr wundern. Tamms, dessen Fähigkeiten und Energien Sie so sehr schätzen, hat eine schreckliche Planung für Düsseldorf gemacht, gegen die wir uns seit Jahren wehren. Tamms hat vor allen Dingen die Fähigkeit, seinen Plan mit stiller Gewalt durchzusetzen. Wir werden darunter noch sehr viel zu leiden haben.«

Auch an anderen Orten verstummen bald die zukunftsgerichteten Erörterungen möglicher Perspektiven sozialer Verantwortlichkeit von Architekten. Einerseits eröffnet die unerwartete Wirtschaftsentwicklung, die vom Marshall-Plan bis zu den für Westdeutschland ökonomisch günstigen Folgen des Korea-Krieges stets neuen Auftrieb erhält, so viele Erfolgs- und Handlungsmöglichkeiten, daß unter dem Druck einer überbordenden Bau-Praxis theoretische Reflexion wie eine grüblerische Verweigerung vor den Herausforderungen der Zeit erscheint – und sich auch entsprechend denunzieren läßt. Zum anderen sollte der schnelle Aufschwung nicht durch das lähmende Gewicht der unbewältigten Vergangenheit belastet werden. Gegen solchen, inzwischen weit verbreiteten Konsens versucht Rudolf Schwarz mit polemischer Provokation anzugehen. Zu Beginn des Jahres 1953 eröffnet er in *Baukunst und Werkform* eine Debatte um notwendige Revisionen der »mit stiller Gewalt« durchgesetzten Dogmen »modernen« Bauens, das durch die gedankenlose Selbstgefälligkeit der Architekten des Wirtschaftswunders zum starren Formalismus gerasterter Massenbauten zu verkommen begann.

Wie Leitls tastende Initiative blieb auch dieser Versuch einer neuen Positionsbestimmung erfolglos, war er doch in seinem grüblerischen Ernst in doppelter Weise unzeitgemäß. Angesichts der überall entstehenden Neubauten kam die Forderung nach geschichtsbewußter Selbstbescheidung zu spät und geriet zudem in ein Netz von Mißverständnissen; gemessen an den tiefen Verletzungen und Empfindlichkeiten der über Jahrzehnte »kaltgestellten« Architekten des Neuen Bauens ließen sich die Versuche einer kritischen Bilanz der Moderne allzu leicht als Verlängerung der Verdikte der NS-Propaganda mißverstehen. Für eine sorgsame Kritik der unbeabsichtigten Folgen der fehlgeschlagenen Reformbewegungen war die Zeit offensichtlich nicht reif.

Das Scheitern der selbstkritischen Bilanz und zukunftsoffenen Korrek-

tur der Architekturentwicklung veranschaulicht ein weiterer Architektenstreit, der nach 1945 in Stuttgart ausgetragen wurde. Er kann einen weiteren Einblick in das geistige Klima jener Jahre vor 1953 eröffnen, denen
ein langes Schweigen folgte, das bis weit in die sechziger Jahre hinein jede
substantielle, historisch-kritische Architekturdiskussion in Deutschland
lähmen sollte. Dazu ein weiterer Rückblick.

Verhärtungen

Etwa zur selben Zeit, als sich Albert Speer als *Minister für Rüstung und Kriegsproduktion* erste Gedanken über die Einrichtung eines Wiederaufbaustabes gemacht haben mag, die dann Ende 1943 erfolgte, wurden ähnliche Überlegungen auf ganz anderer Seite angestellt. Am 8. Mai 1943 schreibt der Stuttgarter Architekt Richard Döcker an Hugo Häring, den ehemaligen Sekretär des Berliner Architekten-Rings, der inzwischen in Berlin eine *Private Schule für Gestaltung* betreibt: »Mir ist zum Beispiel völlig unverständlich, warum nicht jetzt als wichtigste Maßnahme ein kleines, aber sehr produktives Zentralbüro oder ähnliches geschaffen wird, das mit wenigen Leuten (ca. 20 Mann) die Aufgabe sich stellt, für die Zukunft des Wiederaufbaus der Zerstörungen, wenigstens in Mitteleuropa – generelles, grundsätzliches aller dieser Probleme zu sammeln, zu entwickeln, vorzubereiten, zu sichten usw. und eventuell sogar an den Stellen, die klar liegen, Neuordnung systematisch anzusetzen in Richtlinien, Schemen, Grundsätzen für das Neue, das die Zukunft verlangen wird und muß. Eine solche Arbeitsgruppe beeinträchtigt die Totalität des Kriegseinsatzes in keiner Weise, im Gegenteil, sie könnte schon jetzt das Durcheinander des Arbeitseinsatzes und die vielerlei Methoden der Behebung der Schäden ausrichten, lenken und ordnen. Jetzt ordnen und bestimmen es die Juristen oder Fachleute ohne jede persönliche Kenntnis der Vielheit der Aufgaben und ihrer Verästelung! Jetzt schaltet jeder Gauleiter auf eigenes Gutdünken – ohne jede höhere Lenkung. Gelder, Materialien werden ausgegeben, Arbeitseinsätze hin und her geschoben, Dinge angefangen und wieder eingestellt usw. Was eben so bei Willkür und Launen nicht anders sein kann.«[160]

Seit 1933 hatte sich der als »Baubolschewist« diffamierte Döcker nur mühsam durch kleinere Bauprojekte über Wasser halten können. Ende der dreißiger Jahre blieben selbst die bescheidensten Aufträge aus; zudem litt Döcker unsäglich an den politischen Verhältnissen in Deutschland und dem immer weiter sich ausbreitenden Krieg. Im Oktober 1939 schrieb er in sein Tagebuch: »Mein Wille zum Leben ist wohl noch vorhanden – aber fast ohne Interesse am Weiterbestehen – man ist also lebendig begraben!«[161]

Um neuen Lebensmut zu finden, begann Döcker 1939 mit 45 Jahren das Studium der Biologie, eingeschrieben an der TH Stuttgart. Doch zwei Jahre später ist er als Architekt wieder gefragt. Im September 1941 wird er vom *Reichsstatthalter in der Westmark* und *Chef der Zivilverwaltung in Lothringen, Abteilung für den Wiederaufbau,* für Orts- und Gebäudeplanungen im Wiederaufbaugebiet Saarpfalz eingesetzt; ab Oktober 1943 wird ihm sogar die Leitung des zentralen Entwurfsbüros in Saarbrücken einschließlich der Außenstellen Metz und Bergzabern übertragen.

Neben diesen Tätigkeiten, die sich vor allem auf landwirtschaftliches Bauen richten, entwirft Döcker weitere Perspektiven des Wiederaufbaus, entwickelt Pläne für Montagebauten und Baunormen, über die er mit Häring korrespondiert. Dabei schreibt er offen auch über die ständige Angst vor einer Einberufung zur Wehrmacht, »eine Tätigkeit, für welche wir sicher keine Voraussetzungen mitbringen, aber auch keinerlei Lust!«[162]

Im Hinblick auf künftige Aufgaben möchte er die Fortsetzung und Erweiterung seiner Arbeit sichern: »Es scheint mir aber doch so zu sein, daß Erfahrungen, Beobachtungen wie Ergebnisse der bisherigen Arbeit so sind, daß nur ganz wenige in Deutschland diesen Überblick, sowohl über die Aufgaben der Planung, des Wiederaufbaues, der Raumordnung und deren Entwicklung wie über die Art und Zweckmäßigkeit der Organisation usw. haben können. Dies alles geht verloren, wenn wir wieder untertauchen im Privaten oder bei einer Dienstleistung, die hundert andere ebenso gut und recht tun können. Und damit geht es der Sache verloren.«

Konsequent versucht er, Häring für die Vorbereitung eines Zentralbüros für den Wiederaufbau zu gewinnen. In seinem Brief vom 8. Mai 1943 spielt er einige Möglichkeiten organisatorischer Absicherung durch. »Wenn ich überlege, welche ministerielle Seite in Frage käme?:

1. Landwirtschaftsministerium scheidet aus (...)

2. DAF – Ley – Spiegel? – scheiden auch aus, weil eigentlich deren Aufgaben anders liegen müßten. –

3. SS – Himmler – Prof. Konrad Meyer – hätten die Macht sich einzusetzen, sehen aber die Dinge mehr unter nur landwirtschaftlichen, rassemäßigen und damit nicht ausreichenden Gesichtspunkten –

4. Ministerium Speer – Organisation Todt – könnten in Frage kommen. Wenn Speer Einsicht hätte, müßte er es schon getan haben, oder er sagt, daß Rüstung allein wichtig sei –?

5. Innenministerium – ? – wäre wohl am ehesten zuständig und sachlich das gegebene –

hat es Sinn, ein Exposé auszuarbeiten und den Versuch zu machen, eine oder mehrere der fünf Stellen zu interessieren und dann welche?«[163]

Döcker fügt hinzu: »Man kann sicher den Standpunkt einnehmen, gar nichts zu tun und abzuwarten, da ja Dinge und Ereignisse sich entwickeln und gestalten, wie man es bei den kühnsten Annahmen, Voraussetzungen und Hoffnungen nicht voraussehen kann. Da aber ja schließlich alles weitergeht, meine ich, man sollte immer sich so einrichten, wie wenn das, was man nicht voraussehen kann, gar nicht wäre, das heißt, es kommt ja so, wie es kommt, ohne daß man viel daran ändern kann. Bitte überlegen Sie mal, was Sie von Ihrem Berliner Stand aus sehen und raten können oder zu erfahren in der Lage sind und lassen Sie dann bald etwas hören.«

Häring scheint von Döckers Vorstößen zu diesem Zeitpunkt nicht sehr erbaut zu sein. In einem Brief vom 18. Mai 1943 rät er zunächst deutlich von der Veröffentlichung der Vorschläge für eine Typenfabrikation von Häusern ab, und zwar mit dem vieldeutigen Hinweis: »Wir gehen Verhältnissen entgegen, die die Voraussetzungen schaffen für ein gestalterisches Bauen, wie wir es uns immer gewünscht haben. In solcher Situation bedeutet aber Ihr Normenwerk nur eine Belastung.«[164] Deutlich hatte er in seinem Brief vom 15. Mai bereits signalisiert: »Was Ihre Arbeiten angeht, so halte ich jede Bemühung, sie heute zu verwenden, für zwecklos. Sie werden gegebenenfalls ihren Zweck späterhin erfüllen, aber im Augenblick kann ich mir nicht vorstellen, daß es überhaupt einen Sinn hat, diese Arbeiten in breitere Kreise zu bringen. Ich vermerke insbesondere den letzten Absatz Ihres Briefes vom 8. 5., den Sie nur konsequent zu Ende zu denken brauchten.«[165] Dieser letzte Absatz hieß: »Bitte überlegen Sie mal, was Sie von Ihrem Berliner Stand aus sehen...« Was Häring dort sah, veranlaßte ihn, Döcker ernsthaft davon abzuraten, sich in der absehbaren Endphase des *Dritten Reichs* noch durch Publikationen zu exponieren.

Entsprechend diesem Rat arbeitet Döcker im Verborgenen weiter, stellt Grundsatzüberlegungen an und wartet mit einer Fülle von Gedanken und Plänen das Kriegsende ab. Ab Frühjahr 1945 formuliert er in mehreren Schriften seine Überlegungen zum Wiederaufbau. Nein, nicht Wiederaufbau soll es heißen, sondern Aufbau: »Unsere Zukunft – die Regierung des Aufbaues« überschreibt er im April die erste Fassung eines Grundsatzprogramms.[166] Dabei wird deutlich, daß ihm das neue Bauen nach dem Kriege gleichsam zum äußeren Symbol einer grundsätzlichen Erneuerung Deutschlands insgesamt werden soll. Fast schwärmerisch endet der Text mit den Sätzen: »Es handelt sich also um eine bedeutende, ernste und eine große Sache, die einem Ideal der Zukunft dienen soll. Es geht nicht um Recht und Besitz, nicht um Geld und Verdienst, Handel oder Wirtschaft als dem Ausschlaggebenden, weshalb jenen Gebieten nicht mehr die Rolle, die sie bisher zu spielen gewohnt waren, zugestanden werden kann. (...) Es handelt sich um die Sache aller, um die Sache gegenüber der Ich-Welt des Menschen, die zum Leben hinzukommt, so wichtig fast wie die Luft zum Atmen. Es handelt sich um die Sache der bleibenden Werte, die die Einrichtung der Zukunft vieler Generationen, den Neubau einer Welt bedeuten. Und diese neue Welt – muß und wird gebaut werden – moderner, d.h. behaglicher, richtiger als alles was bisher war, mit jenen Freiheiten und Freuden, die die Menschen bisher vermissen mußten – diese alte Welt wird *neu! Uns* bleibt die Vorbereitung.«

In einer anderen Schrift vom gleichen Monat setzt sich Döcker rückblickend mit dem Bauen im *Dritten Reich* auseinander, um davon deutlich die abgerissenen Ansätze des Bauens vor 1933 abheben zu können und für die künftige Ausbildung von Architekten wieder fruchtbar zu machen. Euphorisch reformuliert Döcker die Grundsätze des Neuen Bauens und verfolgt ihre Anfänge zurück bis zum Jugendstil: »Die erste wesentliche Regung der Neuzeit, die die Fesseln der historischen Stile eruptiv zu sprengen begann, war der Jugendstil der 90er Jahre des letzten Jahrhunderts. Wieviel davon noch heute lebt, wissen die meisten gar nicht.« Diese verschütteten Traditionen wieder bekannt zu machen und – keineswegs dogmatisch – in einem neuen Bauen wieder lebendig werden zu lassen, ist Absicht einer weiteren Erinnerung: »Eine andere kleinere Erneuerungsbewegung waren die Bauten, die die Anhänger der Anthroposophie gebracht haben. Vielleicht aber waren die Werke zu wesenhaft, zu pflanzlich, um der Tektonik des Bauens, dem Stoff und der Technik wie der Ökonomie gerecht werden zu können. Vielleicht auch waren sie zu sehr besessen, formalistische Bemühungen in sittliche und philosophische Werte – Geistigkeit in Materie – symbolhaft zu übersetzen. Jedenfalls die Bewegung stockte, trotz der fruchtbaren Gedanken und – ihr Bauen wurde dann im Reiche Hitlers zugunsten der Steil- und Schemahäuser – ›einfach‹ verboten.«[167] Döcker zieht eine Bilanz des Neuen Bauens: »Aus alledem aber entstand allmählich zaghaft und doch unerschrocken das, was man ›moderne Architektur‹ – und später in Deutschland mit ›Kulturbolschewismus‹ bezeichnete, was von dem Staat des letzten Jahrzehnts geächtet, verhöhnt und verfolgt wurde. Europa, ja die Welt kümmerte sich zwar nicht darum. Sogar im damals verbündeten Italien wurden die Bauten des Faschismus im ›Stil Tedesco‹ – im ›Deutschen Stil‹ erstellt. Holland, mit eine Wiege dieser Bauauffassung, erstellte ganze Stadtteile, was übrigens auch in Deutschland zum Teil der Fall war. Auch Polen, Schweden, Finnland, Norwegen, Frankreich und Österreich, ja England und Amerika, also die ganze Welt baute begeistert den neuen ›Stil des neuen Bauens‹ mit allen Schrecken und Freuden.«

Dieses Neue Bauen nun wohlüberlegt und ohne Schrecken, zum Wohl eines befreiten Volkes in einem neuen Deutschland wieder zur Geltung kommen zu lassen, macht sich Döcker zur Aufgabe. Und tatsächlich scheint er mit raschem Erfolg seine Absichten bald in Taten umsetzen zu können. Durch die veränderten politischen Verhältnisse und seine vielseitigen Erfahrungen als Architekt wird Döcker – 1945 bald Vorsitzender des BDA – mit wichtigen Aufgaben betraut. Am 1. Mai 1946 wird er, als erster Baudirektor der Stadt Stuttgart, durch Oberbürgermeister Arnulf Klett zum ersten Leiter der *Zentralstelle für den Aufbau Stuttgarts* (ZAS) ernannt.[168] Nach einer Vielzahl schriftlicher Selbstverständigungen über *Allgemeines zum Aufbau* tritt Döcker sein neues Amt mit großer Energie und eigenwilligen Vorstellungen an; Stellvertreter ist sein langjähriger Freund und Kollege Walther Hoss, der mit ihm schon Wiederaufbauplanungen im Saargebiet und in Lothringen bearbeitet hatte. Döcker fühlt sich nicht nur für den Aufbau Stuttgarts verantwortlich. Wie bereits in seinen Briefen 1943 angedeutet, möchte er einen engen Austausch zwischen allen fortschrittlichen geistigen Kräften in ganz Deutschland – und wenn möglich, noch darüber hinaus – organisieren. Da die Nachkriegswirren persönliche Begegnungen noch kaum gestatten, sieht er in der Herausgabe einer Fachzeitschrift als Forum des Meinungsaustauschs ein geeignetes Mittel.

In Absprache mit Klett und dem Bürgermeister Hirn plant er, neben seiner Tätigkeit in der Zentralstelle die Zeitschrift *Die Stadt von morgen* herauszugeben. Im August 1946 wirbt er dafür in einem programmatischen Anschreiben an befreundete Kollegen: »Die Zertrümmerung der alten Städte als kriegerisches Geschehen bedeutet auch einen Zerfall und ein Ende einer Kulturepoche. Sie verpflichtet nicht nur zu einer Wiederherstellung dessen, was einmal war (Wiederaufbau!), sondern zu einem Aufbau und zu einem Anfang als Phase kommender Dinge – als die Stadt von morgen!«[169] In seinem ausführlichen Schreiben benennt Döcker die wichtigsten Punkte, von allgemeinen Erörterungen über die Probleme des Aufbaus »in einem fachlichen Sinn« bis zur Organisation der Aufbauarbeit und der gesetzlichen Grundlagen. Vorbilder für die Zeitschrift sieht er in *Das Werk,* der Publikation des *Schweizerischen Werkbundes,* und in der früher erschienenen Zeitschrift *Die neue Linie.*

Parallel zu diesem Unternehmen bemüht sich Alfons Leitl in gleicher Absicht um eine Zeitschrift, die den Namen *Das neue Bauen. Ein Forum für Baukunst und Werkgestaltung* tragen soll. Im August schreibt Leitl an Döcker: »Sie soll einen Querschnitt durch die gegenwärtige Situation des Bauens und die Aufgabe des Architekten geben.«[170] Trotz dieser Ankündigung arbeitet Döcker zunächst an der Vorbereitung seiner Zeitschrift weiter. Doch kommen erste Gegenstimmen. So meint Hugo Häring, »daß zwei Zeitschriften, die in vielen Dingen über denselben Stoff berichten und im wesentlichen auch dieselbe Haltung einnehmen werden, heute nicht zu schaffen sind. Wir können nur mit wenigen ernsthaften Mitarbeitern rechnen und es sind immer dieselben und außerdem haben sie allerhand anderes noch im Kopf als zu schreiben. Offen gesagt, es wird keine recht vom Fleck kommen.«[171] Häring schlägt vor, sich auf *eine* Zeitschrift zu konzentrieren, Leitl den Vortritt zu lassen und sich an dessen Projekt zu beteiligen. Statt zu schreiben, sollte Döcker seine Energie lieber an anderer Stelle einsetzen; dazu hat Häring weitere Pläne mit ihm.

Seit 1945 muß über die Zukunft der Technischen Hochschule Stuttgart neu nachgedacht werden. Auch einige Lehrstühle in der Architekturabteilung sind neu zu besetzen. Vakant ist der Lehrstuhl von Bonatz, der in der Türkei bleibt; von der Lehre suspendiert sind die als aktive NSDAP-Mitglieder bekannten Architekten Schmitthenner und Tiedje. Zur Vorbereitung seiner Entscheidungen holt sich der verantwortliche Kultusminister Theodor Heuss Rat bei Hugo Häring, den er noch aus seiner Werkbund-Zeit kennt. Mit seiner Meinung zu den Stuttgarter Verhältnissen hält Häring nicht zurück: »Die Baugesinnung, die an der TH herrscht, ist repräsentativ für das ganze Land und bestimmt die Baugesinnung des Nachwuchses. Es geht um diese Baugesinnung. Sie ist heute restlos und eindeutig schmitthennerisch-bonatzisch, wie die gesamte württembergische Architektenschaft. (. . .) Die kommende Generation hat also in Stuttgart nicht einmal die Möglichkeit, sich mit dem Probem des neuen Bauens auseinanderzusetzen. Ist das nicht eine peinliche und beklemmende Situation, die keine Hoffnung läßt, daß sich in Deutschland ein wirklich antifaschistischer Geist der Erneuerung entwickelt?«[172] Wie Häring weiß, ist für eine Berufung auf den Städtebau-Lehrstuhl der Münchner Professor Abel im Gespräch, Bonatz' früherer Assistent. »Stuttgart braucht keinen Abel, sondern einen Kain! Für Kains Rolle wäre Döcker nicht ungeeignet. Sie beurteilen ihn schon ganz richtig (ob man ihm allerdings pädagogische Fähigkeiten absprechen darf, weiß ich nicht). Aber gerade seine organisatorischen Fähigkeiten sind hier am Platz und noch viel mehr sein klarer Sinn und seine unbeugsame Haltung. Und wenn Sie noch einen klugen, behutsamen, gepflegten und überlegenen Mann brauchen, so denken Sie an Bartning, unseren Kirchenbauer, der in Heidelberg wirkt und, so möchte ich glauben, auch zu haben wäre. Der wäre eine Zierde für Stuttgart.«

Obwohl Heuss einer Berufung von Schmitthenner wohl nicht abgeneigt ist, entscheidet er sich zunächst für Döcker. Dieser erhält wenige Monate später eine Professur für Städtebau, die er am 1. Januar 1947 antritt. Mit höchstem Mißtrauen hatte er vor seiner Berufung Gerüchte verfolgt, die von der bevorstehenden Wiedereinstellung seines Erzrivalen Schmitthenner munkelten. Über dessen vermutete Aktivitäten notiert er 1946: »Jetzt, Anfang 1946 noch, dirigiert er aus dem Hintergrund (aus der französischen Zone, er ist Elsässer von Geburt und macht geltend, mehreren seiner Landsleute von Straßburg aus, wo er einen großen Auftrag als Pg. hatte, das Leben gerettet zu haben, usw.) die Besetzung der Lehrstühle an der Architekturabteilung der TH-Stuttgart und hofft selbst, seinen Lehrstuhl wieder einnehmen zu können. Vermutlich findet er zu letzterem Vorhaben eine geneigte Einstellung beim derzeitigen Kultusminister Heuss, wenn nicht sogar schon dessen grundsätzliche Zustimmung vorliegt.«[173] Im Zusammenspiel der alten Hochschulkollegen Abel, Bonatz, Schmitthenner, Tiedje und Volkart sieht Döcker eine Verschwörung, die gegen jeden Einfluß des Neuen Bauens alte Machtpositionen sichern und ausbauen will. Leidenschaftlich nimmt Döcker daher gleich zu Beginn seiner Tätigkeit an der Technischen Hochschule den Kampf gegen die – wenn auch nur vermuteten? – Machenschaften der alten Kollegen der *Stuttgarter Schule* auf.

In einer Zwischenbilanz seiner Personalpolitik hält er Ende 1947 – als Abteilungsvorstand – in einem Bericht fest: »Eine sogenannte ›Schule‹ steht und fällt mit Persönlichkeiten, die zur Bildung einer solchen geführt haben. Nachdem der Lehrkörper der Architekturabteilung fast ausnahmslos neu sich konstituieren wird und nachdem die Architekturlehre dieser Stuttgarter Schule der Entwicklung des baulichen Gestaltens eher Hindernis statt Förderung war (von politischen und weltanschaulichen Bindungen wird abgesehen), so muß der künftige Lehrkörper, wenn er von Rang werden will, seine eigene Auffassung und Haltung aus seinen Persönlichkeiten heraus bilden.«[174] Für neue Berufungen werden neben dem Bildhauer Mataré die Architekten Gutbier, Köngeter und Gutbrod vorgeschlagen, doch ist noch nichts entschieden. Döcker schreibt daher an das Rektorat der Technischen Hochschule: »Betr. Wiederberufung von Prof. Paul Schmitthenner (...) Schmitthenner hat über anderthalb Jahrzehnte nichts unterlassen (gerade seine Parteizugehörigkeit hat ihm dies ganz besonders ermöglicht), jede Absicht einer zeitgemäßen oder fortschrittlichen Architekturauffassung zu unterbinden, zu diffamieren und zu verbieten, so daß die Entwicklung architektonischen Gestaltens in Deutschland wesentlich durch seine Person und Stellung verhindert wurde. Man kann nun von Schmitthenner im Alter von 64 Jahren weder erwarten noch ihm zumuten, daß er seine über ein ganzes Leben lang vertretenen Auffassungen aufgibt oder ändert, da eine Persönlichkeit wie Schmitthenner sich weder aufgeben noch ändern kann.«[175]

Da eine Entscheidung weiterhin ausbleibt und der Vorgang, von vielen Gerüchten weit in die Öffentlichkeit getragen, weiterhin in der Schwebe bleibt, nimmt sich einen Monat später die Presse der Sache an. Unter der Überschrift »Der Fall Schmitthenner« heißt es in der *Süddeutschen Zeitung* im März 1948 nach einer Reihe von Zitaten aus Schmitthenners 1934 erschienenem Buch *Baukunst im neuen Reich* unter ironischer Anspielung auf den eben mit ›politischer Entlastung‹ erfolgreich abgeschlossenen Entnazifizierungsprozeß: »Vor einiger Zeit wurde nun auch Schmitthenner vor die Spruchkammer zitiert und auf Kosten der Staatskasse freigesprochen. Ob der Freispruch zu Recht oder Unrecht erfolgte, steht hier nicht zur Diskussion. Er ermöglicht jedenfalls Herrn Schmitthenner, sich künftig ungehemmt als freier Architekt zu betätigen. Der württembergische Unterrichtsminister aber fühlt sich zu mehr verpflichtet: zu einer Art Wiedergutmachung, zur Wiedereinsetzung des so glanzvoll freigesprochenen Hochschullehrers und seines Sekundanten Tiedje, obschon in der Fakultät sehr gewichtige Gründe dagegen geltend gemacht wurden. Es ist in der Tat nicht einzusehen, daß ein aus welchen rein politischen Gründen auch immer freigesprochener Lehrer der Architektur von neuem berufen werden soll, von dem man weiß, daß ihm im Kampf um die modernen Bauformen jeder Sinn für eine sachliche Diskussion fehlt und von dem man eine Erziehung der jungen Architektenschaft zu unvoreingenommener Prüfung der modernen Bauprobleme nicht erwarten kann, von dem man vielmehr befürchten muß, daß er den Nachwuchs weiter im Sinne des nationalsozialistischen Heimatstils erzieht.«[176]

Einige Studenten setzen sich *für* Schmitthenner ein und melden sich zu Wort. Der Streit um den »Fall Schmitthenner« zieht weitere Kreise und beschäftigt bald auch die Fachpresse. Auch Rudolf Pfister nimmt sich im konservativen *Baumeister* der Sache an – zur Unterstützung Schmitthenners; im zweiten Heft von *Baukunst und Werkform* meint Franz Meunier dagegen sarkastisch: »Allmählich wird es uninteressant und peinlich, über die alten Nazis zu reden. Erstens ist es schon so lange her, und zweitens haben wir andere Sorgen. Die Besatzungsmächte, die mit großer Gründlichkeit die Entnazifizierung in Gang gebracht haben, versichern angesichts der heutigen Weltlage, daß ein gutes und freundschaftliches Zusammenwirken mit den Deutschen ihnen wünschenswert ist, und wir selbst sind im allgemeinen zu der Erkenntnis gekommen, daß es wohl schwierig ist, eine nichtgemachte Revolution, an der wir alle hätten teilnehmen müssen, die aber aus technischen Gründen nicht stattgefunden hat, auf dem Aktenwege nachzuholen.«[177]

Nur noch an Döckers vehementem Widerstand scheint die Berufung Schmitthenners zu scheitern. Döcker jedoch bleibt trotz vielseitigen Drängens auch im Schreiben an den neuen Kultusminister Bäuerle, dem er über persönliche Gespräche mit Schmitthenner berichtet, standfest. Es gehe nicht allein um die Berufung Schmitthenners, sondern auch darum, längerfristig die Architekturabteilung der Technischen Hochschule nicht dem Einfluß der Lehre traditionalistischen Bauens zu überlassen: »Weiter darf ich darauf aufmerksam machen, daß bei einer Wiedereinsetzung Schmitthenners die Gruppe Schmitthenner (d. h. die drei Professoren, die PG. waren mit Volkart zusammen, also mindestens vier) die Mehrheit in der Abteilung haben und somit die Dinge der Unterrichtung und alles weitere wie während des Dritten Reiches entscheidend beeinflussen und bestimmen können.«[178] Schmitthenner wird nicht berufen. Doch die anderen, ihm nahestehenden Kollegen kommen. Döcker hat einen Pyrrhus-Sieg errungen und beginnt sich in der Hochschule mehr und mehr zu isolieren: ein verbitterter, gereizter und höchst verletzlicher Mann.

Während Döcker sich im Kampf gegen den Geist Schmitthenners durch seine rigorose Haltung mehr und mehr auf verlorenem Posten sieht und inzwischen vielen als unbequemer Querulant gilt, gibt er doch die Hoffnungen auf einen baldigen Durchbruch des Neuen Bauens zu den großen Aufgaben künftigen Städtebaus nicht auf. Im Laufe des Jahres 1948 versucht er verstärkt, Beziehungen zwischen den noch verbliebenen Kollegen des alten Berliner Architekten-Rings zu festigen und auch international wieder Kontakte aufzunehmen. Auch die CIAM sucht er für die Unterstützung der deutschen Kollegen des Neuen Bauens zu gewinnen, indem er mit Siegfried Giedion und mit Walter Gropius korrespondiert; letzteren hatte er bereits während dessen Deutschland-Aufenthalt 1947 getroffen.

Ein besonderer Stachel und Ansporn zu diesen ausgreifenden Aktivitäten mag zudem ein Brief gewesen sein, den im Dezember 1947 Martin Wagner, der ehemalige Berliner Stadtbaurat, nun Professor für Städtebau an der Harvard University in Cambridge, an ihn gerichtet hatte. Wagner antwortet auf einen Brief vom Oktober, in dem sich Döcker über eine mangelnde Wirkung seiner Tätigkeit als Hochschullehrer beklagt hatte: »Sie sagen nun, daß alle Ihre Hingabe an Ihre Schule ohne Ergebnis sei, und daß – so schließe ich aus Ihren Zeilen! – auch die Arbeit anderer Pioniere nur den Effekt habe, die Reaktion auf kulturellem und geistigem Gebiet zur Entfaltung zu bringen.«[179] Scharf verurteilt Wagner die in Döckers Brief anklingende Larmoyanz und wendet die dabei angesprochene politische Entwicklung gegen den Autor; ja, er geht so weit, den zunehmenden Einfluß der restaurativen Kräfte auch in Architektur und Stadtplanung nicht zuletzt auf das Versagen jener »Modernen« zurückzuführen, die nicht radikal genug Position beziehen würden: Weder zur Bodenreform noch zur Wohnungsfrage seien tatsächlich konsequente Standpunkte benannt worden, die auch in politischer Aktion deutlich erkennbar und zu öffentlichen Themen geworden seien. Stattdessen würde man sich an ästhetischen Oberflächenphänomenen wundreiben und liefe Gefahr, die moderne Bewegung auf Stilfragen zu reduzieren. »Wundern Sie sich also nicht, wenn die Reaktion wieder hochkommt, und wenn ein neuer Typ von Generalen Ihnen sagen wird, was wirtschaftlich und politisch erforderlich ist, was Ihnen dann ästhetisch erlaubt sein wird. Das Prinzip der école des beaux arts – auch wenn es im Bauhaus-Gewand erscheinen sollte! – ist nicht genug, um unsere Zeit zu ›gestalten‹!«[180]

Mit diesen Vorwürfen hat Wagner seinen Kollegen tief getroffen, der doch selbst nach schweren Kämpfen für wirksame Einschränkung und Regulierung der Privatinitiativen zum Wiederaufbau in heftigem Streit mit dem Oberbürgermeister aus seiner Funktion als Leiter des Zentralen Amtes für den Wiederaufbau Stuttgarts ausgeschieden war, nachdem er wiederholt die Grenzen seines politischen Handlungsspielraums zu spüren bekommen hatte. Enttäuscht hatte er im Oktober an seinen Berliner Kollegen Hans Scharoun geschrieben: »Gewiß – ich sehe keine Hoffnung. Wir Deutsche werden auch diese letzte und einmalige Chance verstreichen lassen und zeigen nicht nur, wes Geistes Kind wir sind, sondern daß die Gier des Profits – wie in der jüngst vergangenen Epoche – der ›Weisheit‹ letzter Schluß ist! Und nun? Was machen wir? – Bis jetzt schauen wir ja zu – als passive Mitglieder einer traurigen Gemeinschaft um sich schlagender Geschäftemacher und jener Meute von Kompromißlern, die die Seele des Deutschen bevorzugt vertreten!«[181]

Um dieser »traurigen Gemeinschaft« wirksam entgegentreten und neue Positionen erkämpfen zu können, schlägt Döcker vor, gleichsam eine Ober-Instanz der Fachkompetenz zu schaffen, die ungeachtet der alltäglichen Querelen auf längere Sicht Einfluß nehmen könnte auf die Planung des Wiederaufbaus deutscher Städte: »Es wäre unsere Aufgabe, von den THs aus diese Institution zu schaffen, dann Forderungen zu stellen und sie durchzusetzen unter eventuellem Gebrauch internationaler Hilfen und Beispiele, um die Herren zu blamieren und der Lächerlichkeit zu überführen. Stattdessen verbünden wir uns mit dergleichen oder nehmen sie ernst! Unsere Zukunft ist die Regierung des Aufbaus, und uns vom Fach bleibt nur die Aufgabe der besten Vorbereitung. Diese ist in den nächsten 10 Jahren etwa in der Hauptsache zu leisten. Mit Betriebsamkeit und betonierten Provisorien auf ›Widerruf in 5 Jahren‹ (was ad infinitum verlängert wird), mit Baracken- und Budenstädten hat das nichts zu tun.«[182]

Gerade weil Döcker diese weit ausgreifenden Perspektiven selbst skeptisch betrachtet, muß ihn der Brief von Scharoun, den er wenige Tage später erhält, mit Freude erfüllt haben. In seinem Schreiben vom 24. Oktober 1947 berichtet sein Berliner Kollege von der Gründung eines *Instituts für Bauwesen* im Rahmen der *Deutschen Akademie der Wissenschaften,* in der für verschiedene Planungsbereiche Abteilungsleiter aus Ost und West eingesetzt würden, die durchweg dem Neuen Bauen verpflichtet seien und von Berlin aus auf die weitere Bauentwicklung in ganz Deutschland Einfluß nehmen sollten. »Für Siedlungswesen ist Prof. Mächler eingesetzt, für Wohnungswesen Prof. Taut und Effenberger, für Arbeitsstätten Prof. Henselmann, für Versorgung Wils Ebert, für Gestaltung Prof. Scharoun, für Erziehung Hugo Häring und für Normung Prof. Wagenfeld.«[183]Döcker wird aufgefordert, dem Kuratorium dieser neuen Gründung beizutreten. Auch Scharoun ist der Meinung, daß eine solche Institution eine weite überregionale Ausstrahlung haben könne; noch ist sogar an die Entwicklung übergreifender Aufbaukonzepte – über die sich abzeichnende Trennung in eine Ostzone und drei Westzonen hinweg – gedacht. Wie Döcker versucht auch Scharoun internationale Kontakte zu knüpfen. Im Dezember 1947 berichtet er:»CIAM, internationaler Kongreß für modernes Bauen, ließ mir durch das Sekretariat mitteilen, daß man mir riete, unter meiner Initiative in Deutschland eine kleine Aktionsgruppe zu bilden. Diese Gruppe solle durch praktische Gruppenarbeit überzeugen, daß sie sich in den Richtlinien des CIAM bewegt. Das solle dann zu einer späteren Zusammenarbeit an gemeinsamen Problemen der CIAM führen. Glauben Sie, daß dieser Weg beschritten werden solle? Als Ausgangsliste der Mitglieder der Gruppe könnten diese vielleicht dienen: Döcker, Ebert, Eiermann, Friedrich, Häring, Haesler, Hebebrand, Wassili Luckart, Ludwig, Scharoun, Schwarz, Taut. Wären Ihnen diese Namen genehm, hätten Sie Änderungswünsche oder Ergänzungswünsche? Welche Bezeichnung sollte man dieser Gruppe geben? Ist es zweckmäßig, auf den Ring zurückzugreifen?«[184]

Die Initiativen Scharouns ermutigen Döcker, sich weiter um überregionale Verbindungen zwischen den Architekten des Neuen Bauens zu bemühen, zumal sich die Beziehungen zwischen Vertretern konservativer Positionen offensichtlich schneller verdichten und ihr Einfluß in vielen deutschen Städten weiter zunimmt. So wird bekannt, daß Schmitthenner schon im Herbst 1946 vom Mainzer Oberbürgermeister mit einer Gegenplanung zur demonstrativ modernen Neugestaltung von Mainz durch den französischen Architekten Marcel Lods, der ganz den Maximen Le Corbusiers folgte, beauftragt worden war. Und mit Erschrecken stellt Döcker bei einer Einladung durch die französischen Besatzungsbehörden fest, daß

Schmitthenner, wieder auf der Seite der Sieger, eine einflußreiche Position erobert hat. Im August 1948 schreibt er an Scharoun: »Ich nehme an, daß Sie wissen, daß am 6. 8. in Baden-Baden eine Zusammenkunft französischer und deutscher Städtebauer bei General Koenig war. Zu dieser Konferenz, die die Bebauungspläne der Städte Mainz, Koblenz, Freiburg, Freudenstadt fürs erste beraten hatte, waren Vertreter der TH Stuttgart, Karlsruhe, Aachen, Hannover, München, u. .. *Bärlin* eingeladen bzw. berufen. (...) Wie kommt es, daß Sie als der Inhaber des Lehrstuhls für Städtebau nicht Berlin vertreten haben? Sie müssen das sofort ändern, umso mehr als die Herren Bonatz aus Ankara, Schmitthenner über diesen und sonst die Herren Abel, Me[h]rtens mit Dübbers zusammen fünf Mann hoch das Lager der Traditionellen und Reaktionäre vertreten haben! So was sollte nicht ›passieren‹. Die Zusammenkunft soll alle Vierteljahr wiederholt werden, die nächste schon Ende September, damit Bonatz noch vor seiner Rückreise nach Ankara wieder teilnehmen kann, denn er ist ja der – ›bedeutendste‹ – Städtebauer! Also sehen Sie zu, wie Sie das machen und in Ordnung bringen!«[185] Angesichts dieser Entwicklungen drängt die Zeit: »Von Häring und – Ring hat man seither nichts gehört, sehen Sie, so kommen wir ja nicht weiter. Die anderen stehen da anders zusammen, und sind da, wenn es das Geringste zu behaupten gilt.«

Aber Häring ist unterdessen nicht untätig. Im September 1948 verschickt er grundsätzliche Überlegungen zur weiteren Zusammenarbeit, für die sich inzwischen auch Otto Bartning interessiert. »Betr.: Zusammenschluß der architekten des neuen bauens. Aus verschiedenen gründen ist eine zusammenfassung der architekten des neuen bauens erwünscht. Das dritte reich hat durch seinen kampf gegen die neue baugesinnung erreicht, daß alles, was früher von ihnen geschaffen worden war, nicht nur in berufskreisen, sondern auch in den breiten kreisen der öffentlichkeit vollkommen unbekannt ist. Die jugend weiß überhaupt nichts mehr von der gedankenwelt, aus der heraus die bewegungen des werkbundes und des rings entstanden sind. Alle veröffentlichungen aus dieser zeit sind verschwunden. Die bewegung steht sozusagen wieder vor einem anfang, dem heute größere widerstände entgegenstehen als zu beginn des jahrhunderts, da die kulturideen des dritten reichs eine tiefe feindschaft gegen alle geistigen bewegungen gezüchtet haben. Unser ganzer süden steht geschlossen gegen das neue bauen, und das heißt, daß die nationalsozialistische baugesinnung hier ausschließlich das feld behauptet. Die situation fordert eine zusammenfassung und verständigung der architekten des neuen bauens, um in die öffentlichkeit wirken zu können und in den fragen der erziehung des nachwuchses zur geltung zu kommen.«[186] Häring weist darauf hin, daß auch »aus menschlichen gründen im interesse unserer arbeit« eine engere Kooperation erwünscht sei und überdies von ausländischen Kollegen eine Vertretung der Kreise des Neuen Bauens erwartet würde, »durch die unsere verbindungen mit dem ausland wieder in gang kommen könnten«.[187]

Deutlich warnt er allerdings davor, sich lediglich mit der »wiederaufrichtung des alten rings« zu begnügen; inzwischen stellten sich ganz andere Aufgaben und Fronten als damals. Der Kern der neuen Verbindung sollte aus den acht alten Ring-Mitgliedern bestehen, »die das dritte reich überlebt haben: bartning, döcker, häsler, lauterbach, scharoun, max taut, tessenow und häring. Gleichzeitig bitten wir Sie, uns ihrerseits auch jüngere kollegen zu benennen, die sie für geeignet halten, dem neuen kreis anzugehören. Wir denken zunächst an o. e. schweizer – karlsruhe, vorhoelzer, hebebrand, eiermann.«

Die Risiken dieses Unternehmens sind Häring sehr wohl bewußt. Die Jahre der Isolation, der Verhärtung und Bitterkeit haben an den in Deutschland gebliebenen Kollegen gezehrt; in vielen Bereichen haben sie sich nicht nur untereinander, sondern auch jenen entfremdet, die im Ausland ein neues Wirkungsfeld suchten. Zudem wurden Unterschiede auch zwischen den Entwicklungen in den verschiedenen Ländern deutlich, die das Wort von der »internationalen Bewegung« kaum mehr gültig erscheinen lassen. Vorsichtig schreibt Häring: »In den kreisen des neuen bauens, in der ganzen internationalen bewegung sind doch sehr tief liegende verschiedenheiten erkennbar, die früher keine rolle spielten, die aber heute durch die situation, in der die geistige krise steht, von besonderer wichtigkeit geworden sind, und die zu auseinandersetzungen führen müssen.«[188] Dennoch schlägt Häring vor, die Bemühungen um Kooperation zu intensivieren, für die er jedoch klare Bedingungen setzen möchte: »Was unsere stellung zum ausland angeht, so sollte sie in keiner weise in abhängigkeit geraten (wie das seinerzeit der ciam dem ring gegenüber anstrebte, indem der ciam unter der führung corbusiers und giedions den ring schließlich ausschaltete, obwohl der ring der eigentliche urheber des ciam und seine erste tragende gruppe war).«

Wie tief tatsächlich die Enttäuschungen, Verletzungen sind und wie schwer schon die ersten Schritte eines weiteren Zusammengehens fallen, zeigen Giedions Briefe an Döcker. Trotz ihres sehr distanzierten Tons wird darin Unterstützung zugesagt: »Ich gebe ohne weiteres zu, daß man sich ›draußen‹ keine rechte Vorstellung von den kulturellen Schwierigkeiten‹ macht, die Sie zu bestehen haben. Es gibt da nur einen Weg, zu einer Lösung zu kommen, das ist ein auf's Schärfste gesiebter Zusammenschluß von positiv gesinnten Architekten in Deutschland, die nicht aus Konjunkturrücksichten sich wieder der CIAM erinnern, sondern die, wie Sie, das Opfer auf sich nahmen, abseits zu stehen.«[189]

Am scharfen Aussieben allerdings möchte sich auch die CIAM gleichsam als moralische Instanz beteiligen. Zur Vorbereitung einer CIAM-Tagung in London schreibt Giedion im Juni 1948 an Döcker: »Es gehörte, glaube ich, nun zu Ihrer Pflicht, daß Sie mit einer geschlossenen Liste, mit *sauberen* Namen nach London kommen. Es würde in England einen sehr schlechten Eindruck machen, wenn Sie anstelle dessen mit Klagen kommen müßten, daß man in Deutschland nicht zwei Leute unter einen Hut bringen kann.« Wer jedenfalls nicht unter diesen Hut paßt, wird in einem handschriftlichen Nachsatz mitgeteilt: »Häring hat 1930 in Brüssel den CIAM unter Protest verlassen und wird seitdem nicht mehr als Mitglied betrachtet. Jedenfalls werden Sie z.B. Corbusier nicht auf einer Zusammenkunft erwarten dürfen, an der Häring teilnimmt.«[190]

Döcker reist nicht zu dieser Tagung nach London. Und auch die anderen Initiativen verstricken sich mehr und mehr in einem Gestrüpp wechselseitiger Vorbehalte und Empfindlichkeiten, so daß eine wirklich wirkungsvolle, überregionale und internationale Kooperation kaum noch zustande kommen kann. Daß eine produktive Neubesinnung auf die Perspektiven eines sozial verantwortlichen Aufbaus in einer neuen Republik nicht nur an den wieder erstarkten reaktionären Kräften und überkommenen Machtstrukturen, sondern auch an wechselseitigen Vorwürfen zwischen den Opfern des Faschismus *in* Deutschland und denen scheiterte, die Deutschland nach 1933 verließen, kennzeichnet eine besondere Tragik deutscher Geschichte. Dies kann anhand einiger Texte aus dem Briefwechsel Martin Wagners im folgenden nur angedeutet werden.

Schon früh hatte Martin Wagner Döckers Erwartungen gedämpft, daß gerade im Bereich des Städtebaus von den Tätigkeiten der Emigranten wichtige Anstöße für den künftigen Aufbau in Deutschland zu erwarten seien: »In Amerika ist Städtebau nur auf unseren Schulen ›interessant‹, aber in der Praxis ohne jede Bedeutung.«[191] Wagner läßt erkennen, wie eng sein eigenes Wirkungsfeld ist. Trotz mehrfacher Versuche, eine Schrift über *City Rehabilitation* zu publizieren, habe ihm bisher jeder Verleger abgesagt; der Inhalt sei »zu ›radikal‹«. Umso mehr Erwartungen richtet er nun seinerseits auf die weitere Entwicklung in Deutschland. Deutlich klingt in seinen Briefen die Enttäuschung darüber durch, daß seine Kollegen – wie es ihm scheint – die Chancen des politischen Umbruchs in Deutschland nicht konsequent genug nutzen: »Fürchtet ihr euch vor der Demokratie? Fürchtet ihr euch vor jenen Feldwebeln der Parteien, die euch sagen wollen, wie man eine Schlacht schlägt – eine Schlacht gegen die Reaktion?«[192] Das Neue Bauen nach 1945 habe sich neuen Problemen zu stellen, neue politische Aufgaben zu übernehmen. Ungeduldig mahnt Wagner seine deutschen Kollegen, sich nicht mit formalen Reprisen aus der Zeit vor 1933 zu begnügen, die eben nicht mehr – wie damals – gleichsam von selbst mit politischen Inhalten verbunden seien; es sei Selbstbetrug, wenn man sich nur auf die Formen des Neuen Bauens beziehe und meine, schon damit eine politische Position einzunehmen.

Im Sommer 1950 sieht Wagner bereits große Chancen vertan, da von der ehemaligen Avantgarde so offensichtlich keine neue Begeisterung bei der Jugend entfacht worden sei: »Ich habe nun genug Studenten, auch von Ihrer Schule, gesprochen, und glaube zu wissen, warum die Jugend nichts von euch wissen will! Warum? Weil ihr ihr Formen ohne Inhalt bietet, weil ihr keine Religion, keine Philosophie, keine Weltanschauung, keinen Standpunkt in den Knochen habt! Darum!«[193] Gerade der architektonische Kunstanspruch, mit dem die Exponenten der früheren Avantgarde in Westdeutschland und anderswo inzwischen vereinzelt ihre Projekte präsentieren, läßt ihn geradezu verzweifeln: »Döcker, sehen Sie denn nicht, daß die Kunst von Häring, von Scharoun, von Mies ein Frevel an unserer Zeit ist? Wenn Sie überhaupt ansehbar gemacht werden soll, muß sie doch aus den teuersten Materialien bestehen und mit der teuersten Handarbeit hergestellt werden! Und das muten Sie alle einer Zeit zu, in der Milliarden hungernder Menschen auf dem ganzen Erdenrund aufstehen, um sich das Recht auf Nahrung, auf Kleidung und auf Wohnung zu erkämpfen?«

In ungläubiger Verzweiflung sieht Wagner seine Kollegen in Westdeutschland schon auf resignativem Rückzug vor dem mächtigen »Marsch der Reaktion«, den Döcker immer wieder beklagt. – Gerade diese empfindsame Wehrlosigkeit nach den Jahren der Unterdrückung ist für den Kollegen im Ausland unverständlich: »Härings Flucht in seine innere Einsamkeit ist typisch für euch alle!«, schreibt Wagner im Juni 1950 an Döcker.[194] Der antwortet auf diese Vorwürfe sofort und versucht eindringlich zu schildern, wie sehr sich einige Kollegen angesichts der Ereignisse der letzten Jahre schon wieder als Opfer fühlen, als Opfer fühlen *müssen*.

Gerade ein Jahr sei vergangen seit der Gründung der Bundesrepublik, doch sei im Prinzip alles beim alten geblieben: »Sie machen uns Vorwürfe, gerade uns, die wir hier ausgehalten haben, wovon Sie sich sicher keine Vorstellung machen können. Glauben Sie ja etwa nicht, daß die Situation dieser Wenigen heute wesentlich anders ist als zu Hitlers Zeiten! – Die reaktionären Kräfte (wie sollte es auch anders sein) sind genauso vorhanden, sind in den Machtpositionen der Beamtung, der Regierung, und alles ist wie einst. Der kleine Unterschied, daß der eine oder andere von uns nur offiziell betitelt wurde (was schließlich eben nicht mehr gut anders ging), hat gar nichts zu bedeuten – reine Ausnahme!! – Ohne jede Bedeutung für Entscheidungen oder Entschlüsse!«[195]

Eindringlich schildert Döcker Repressionen, denen er ausgesetzt bleibt; ein Auftrag, der 1931 erteilt und 1934 aus »politischen Gründen« wieder entzogen worden sei, werde durch Aktenvermerke von 1934, 1936 und 1939 aus denselben, weiterhin offenbar gültigen »politischen Gründen« weiter blockiert, da diese amtliche »Verfügung doch zu beachten wäre . . .«.[196] Döcker beklagt das Unverständnis derer da »draußen« und trifft dabei einen Ton, der eine Fortsetzung des Dialogs unmöglich zu machen droht: »Aber gerade Ihr, die ihr draußen seid, ihr habt uns hocken lassen, das muß schon einmal gesagt werden, ihr hättet uns stützen können. Man kann ja nur sehr schwer für sich selber immer reden. Doch das ist jetzt alles vorbei und wäre auch viel zu spät und daher völlig nutzlos. Die andere Seite hat sich saturiert, sitzt fest und reitet und fährt so sicher!«[197]

Ohne die Hilfe von außen sieht er die kritisierte »innere Einsamkeit«

Richard Döcker mit Studenten in Stuttgart, um 1950

R. Döcker: Haus Döcker,
Wiederaufbau

P. Schmitthenner:
Frankonia-Versicherung

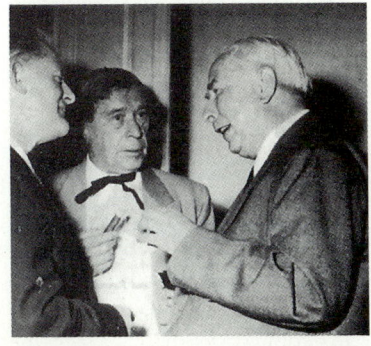

Paul Schmitthenner mit Theodor Heuss

Paul Schmitthenner mit Paul Bonatz

sich weiter verfestigen, denn es gebe »keine kritische Partei, keine fortschrittliche, es gibt nicht einmal ein Organ, in dem kritische Stimmen zum Ausdruck kommen könnten, es gibt auch kein Fachorgan von Rang und von Gesinnung!«[198] Empört weist Wagner Döckers Klagen zurück, »daß wir, wir ›Flüchtlinge‹ ihn haben ›hocken‹ lassen! Wer lacht da? Mann! Mann! ›Kommen Sie doch herüber‹! – so sagen Sie! Gottvoll! Wie leicht gesagt! Wollen Sie mir das Reisegeld geben? Ich habe keins! Ich bin selbst hier nicht ›Amerikaner‹ geworden! Immer noch arbeite ich für etwas, das einen Wert in sich selbst trägt und an der Börse nicht gehandelt wird: Menschlichkeit! Ich habe es übrigens so oft versucht, auf Kosten der Amerikaner oder der Deutschen herüberzukommen, aber dann immer gefunden, daß mich beide lieber in Boston als in Berlin oder Bonn oder Bamberg sehen mögen!«[199]

Beharrlich bleibt Wagner bei seiner Forderung, daß auch über persönlich bittere Erfahrungen hinweg die soziale Verantwortung des Architekten gerade in dieser welthistorischen Situation neu zu entfalten wäre – und nicht auf das Festhalten an einem bestimmten, unter ganz anderen historischen Bedingungen entwickelten Formen-Kanon der Architektur zu reduzieren sei. Döcker wolle »mit Malern, Dichtern und Bildhauern um die Wette streiten« und sehe nicht, »daß er Baumeister ist, Baumeister eines neuen Lebens, eines Lebens, das die Russen uns verasien und die Amis uns verwestien wollen. Gibt es dazwischen nichts zu erfinden, nichts zu verteidigen, und nichts zu schaffen?«[200] Nein, von draußen dürfe Döcker da keine Hilfe erwarten. Erst recht nicht aus den USA. »Nur eine Gegenfrage: Wo ist denn *hier* die Intelligenz? Ich würde bestimmt nicht auf Sie und viele meiner deutschen Kollegen herumtrommeln, wenn ich Amerika für die Gestaltung unserer Visionen reif hielte! Das einzige Land, in dem es sich lohnen würde, das Letzte hinzugeben, das man hat, das ist eben Deutschland!«

Die Hoffnungen auf einen gemeinsamen Neubeginn nach 1945 und das Vertrauen in die Kraft der »internationalen Bewegung« ist 1950 gebrochen. Resigniert schreibt Döcker an Gropius: »Aus der deutschen CIAM-Gruppe ist bis jetzt nichts geworden.«[201] Zu gelähmt und zersplittert waren die Kräfte in Deutschland, die durch die Teilung in Ost und West weiter auseinandergerissen worden sind. Und halbherzig bleibt auch die Hilfe von außen, wie ihm Sigfried Giedion bereits 1948 angedeutet hatte: »Der CIAM hat infolge seiner ganzen Zusammensetzung und mit Rücksicht auf sehr reale politische Probleme im Osten sich gewisse Reserven aufzuerlegen. Aber Sie dürfen überzeugt sein, daß wir bemüht sind, soweit als möglich entgegenzukommen.«[202]

Bei allen Bemühungen: Das Entgegenkommen reichte offensichtlich nicht aus. Döcker spürt die Vergeblichkeit seiner Hoffnungen, und düstere Bilder stellen sich ein. 1950 schreibt er an Gropius: »Irgendwo besteht die große Sorge vor einem neuen Krieg! (Ich glaube zwar nicht daran, weil ich es für vollkommen idiotisch halte, immerhin, durch viel Dummheit ist die Welt immer gegangen).«[203] Auch wenn der befürchtete Krieg ausblieb, bestätigten sich andere Ängste. Die konservativen Kräfte behielten weiter die Oberhand, politisch wie kulturell. Und einige der ehemals so bodenständigen Kollegen begannen sogar, die Ausdrucksformen des Neuen Bauens zu übernehmen und damit neuen Ruhm zu ernten. Wagner hatte recht behalten: Durch Mangel an neuer inhaltlicher Bestimmung waren nun die Formen sogar für die Gegenseite verfügbar geworden.

Selbstzweifel und Einsamkeit bestimmen die nächsten Jahre – nicht nur im Leben Döckers. Wie eine abschließende Bestätigung der schlimmsten Befürchtungen um den Geist der jungen Republik mußte ihm ein Ereignis erscheinen, das Jahre später, im Juli 1958, die Presse beschäftigte. In glanzvollem Rahmen und im Beisein des Bundespräsidenten Theodor Heuss wurde eine der höchsten Auszeichnungen, die in der Bundesrepublik zu vergeben waren, an Paul Schmitthenner verliehen: Der Orden *Pour le mérite – Friedensklasse – für Wissenschaften und Künste.* Es ist die Blütezeit des Wirtschaftswunders, und über das große kulturelle Ereignis berichtet die Presse: »Die Sitzung der Friedensritter des Ordens Pour le mérite in Bonn, diese Szene, in der sich gesellschaftliche Repräsentation und geistiger Anspruch verbinden, ist zu einem Höhepunkt der Bonner Ereignisse geworden. Ein illustres Publikum ist in der festlichen Aula der Bonner Universität versammelt: Mitglieder der Bundesregierung und Abgeordnete des Bundestags, zahlreiche Chefs der diplomatischen Missionen, Vertreter der Kirchen und vieler Organisationen, Professoren, hohe Offiziere mit dem Pour le mérite der Militärklasse, unter dem feierlichen Schwarz ein paar auflockernde Farbflecke – die bunten Gewänder indischer Damen. Alles erhebt sich, während der Zug sich in den Saal begibt, voran der Bundespräsident, der die Strapazen seiner Amerikareise offensichtlich leicht überwunden hat.«[204]

Unter dem Beifall der Anwesenden hält der Ordensritter Schmitthenner seinen Festvortrag unter dem Titel »Tradition und Fortschritt in der Baukunst«, seine Schlußabrechnung mit dem Neuen Bauen, »polemisch« – wie er selbst sagt – und plakativ festgemacht gerade an jener Ikone, an der junge Architekten soeben ein neues Raumempfinden zu schulen begannen: an Le Corbusiers Kapelle von Ronchamp. Bereits in seiner im *Dritten Reich* publizierten Schrift *Baukunst im neuen Reich* hatte sich Schmitthenner den berühmten Architekten als Gegner auserkoren.[205] Le Corbusiers neuer, gleichsam programmatischer Bau wird ihm zum Gegenbeispiel einer verlorenen Ordnung, die mit dem Ende des Zweiten Weltkriegs zerstört worden sei. Schmitthenner überläßt es den Zuhörern, selbst zu beurteilen, ob die bis dahin geltende Ordnung nicht doch eine bessere Welt repräsentiert habe.

Während Schmitthenner für sein Plädoyer für traditionsgebundenes Bauen Applaus erntet, wird jedoch nahezu überall in der Republik eben jener formale Funktionalismus gepflegt, den nicht nur entschiedene Konservative wie Schmitthenner mit guten Gründen leidenschaftlich bekämpften, sondern auch jene Vertreter des Neuen Bauens, die aus diesen Hüllen und Rastern längst Geist und Seele ihrer früher formulierten Ansprüche ausgetrieben sahen. Gegen das künstliche »Verwestien« der Städte hatte nicht nur Wagner vergeblich polemisiert; auch andere Versuche einer selbstkritischen Revision der Moderne blieben unter dem Druck drängender Investitionen und der geschmeidigen Beugsamkeit vieler Architekten ohne Erfolg.

Auf den Podium

Seit der Beschleunigung des Wiederaufbaus in den Jahren 1948/1949 war in vereinzelten Schriften und Vorträgen bereits vorsichtig vor einer aufs Formale verkürzten und allzu technizistischen Wiederaufnahme von Ansätzen des Neuen Bauens bzw. funktionalistischer Strömungen in Architektur und Stadtplanung gewarnt worden. Dazu hatten sich Architekten zu Wort gemeldet, denen keineswegs eine Nähe zu einem durch Nazi-Propaganda entstellten Konservativismus zu unterstellen war. So schrieb etwa der Herausgeber einer der ersten Fachzeitschriften nach dem Krieg, Walther Schmidt, als Architekt selbst dem Neuen Bauen verpflichtet, schon Ende 1947 in *Bauen und Wohnen* – übrigens kurz nach der Tagung in Darmstadt, auf der Ernst Neufert für konsequente Baunormung plädierte – gegen die grassierende »Rasteritis« an, die sich unter Architekten ausbreite. Ironisch schildert er einen – fiktiven – Besuch bei einem Freund und Kollegen: »Nun, solange es noch gar keine genormten Bauteile gibt, auf die sich der Raster beziehen könnte, ist die Frage schnell beantwortet: Dieses Verfahren kann nicht sinnvoll sein. Aber – so fragen wir uns weiter – wäre das Rasterverfahren sinnvoll, wenn es schon solche Teile gäbe? Übt sich etwa unser Freund nur schon im voraus für die Zeit, die einmal kommen soll? Praktiziert er still für sich schon das künftige Verfahren? Wird einmal das karierte Papier – Pauspapier, in den verschiedenen Maßstäben kariert – zwangsläufig zur Ausstattung eines Architektenbüros gehören?«[206] Solche Beobachtungen verbinden sich für Schmidt mit der Befürchtung, seine Kollegen könnten sich nach den Jahren verhängnisvoller Ideologisierung und politischer Instrumentalisierung der Architektur nun stillschweigend in ein scheinbar ideologieresistentes, mechanistisches »Denken des Rasters« flüchten, das die Architektur ihrer ästhetischen wie auch sozialen Qualitäten berauben würde. »In jedem Mechanismus liegt die Tendenz zur Vollendung der Funktionen, auf die hin er geschaffen ist. Auch ein Mensch, der sich einem Mechanismus verschreibt, unterstellt sich dem Zwang, das seine zu tun, um die Funktionen des Mechanismus zu vollenden. Um des Systems willen. Vernunft oder gar subtilere Regungen, wie ästhetische Erwägungen oder freie Formvorstellungen, werden schwerlich aufkommen können, wenn es um die Perfektionierung des Systems geht.« 1948 warnt Schmidt in einem anderen Aufsatz vor einer »Restauration des Funktionalismus«[207], der bei kalter »Gleichgültigkeit gegen Werte des Gemüts« bloß einem »oberflächlich-sportlichen Lebensoptimismus« Ausdruck gebe. Gerade davor sei das Nachkriegs-Deutschland zu bewahren.

Bereits im April 1947 hatte sich Rudolf Schwarz in einer Grundsatzerklärung zum Wiederaufbau Kölns gegen jede bloß technisch optimierte und an Prinzipien eines rigiden Funktionalismus orientierte Stadtplanung gewandt. Er ging so weit, Parallelen zwischen einem technokratisch verkürzten Verständnis vom Neuen Bauen und jener Nazi-Technokratie zu ziehen, die seiner Ansicht nach in fataler Kontinuität in die Nachkriegs-Planungen hineinwirke. »Es gibt sehr modern tuende Architekten, die ihre Stadt gern zu einer vollendeten Maschine durchformen möchten, wozu dann wohl gehört, daß eine große Zahl von Wohnungen zu Termitenhaufen zusammengefaßt werden, die aus vielen Stockwerken getürmt sind, und in denen man den Familien fast alles genommen hat, was je ihren Inhalt ausmachen konnte.« Schwarz fährt fort: »Ich persönlich glaube nicht recht an solche Sachen, und sie scheinen mir in ihrer Art wieder zu beweisen, daß es so nicht geht, denn der alte Mensch, dieses museale Exemplar, ist noch da und hat noch alle seine alten Vorlieben, und es bleibt wohl nur übrig, ihn entweder auszutilgen oder ihn in Gottes Namen eben laufen zu lassen. (...) Und wenn man ihn schon laufen läßt, dann muß man ihm auch seinen Raum lassen und dem verdoppelten Menschen zulieb die Stadt verdoppeln, den einen Maßstab von dem andern sauber ablösen, den einen Inhalt vom andern, das eine Weltbild vom andern, und sie dann wieder in einer neuen Form vereinigen, die beide umfängt und beide überragt. (...) Man wird dem verdoppelten Menschen eine verdoppelte Stadt zuplanen und beide kunstvoll zusammenfassen müssen, daß die Technik zu ihrer Hochform kommt und der Mensch wieder darin zu Haus ist. Das scheint mir die eigentliche Aufgabe des neuzeitlichen Städtebaus zu sein, aber es ist verständlich, daß die Technizisten – und das waren im Grund ja auch die Planer des Dritten Reiches, viel mehr als sie ahnten – zu ausschließlich den Dingen der Technik verfielen.«[208]

Mit Währungsreform und Marshall-Plan, schnellem Wiederaufbau und rasanter Wirtschaftsentwicklung bestätigen sich Schwarz' Befürchtungen. Und so nimmt er die Gelegenheit wahr, an einer Tagung teilzunehmen, bei der erstmals in der neuen Republik in weit gespanntem thematischem Rahmen und interdisziplinärer Besetzung Grundsatzfragen des Bauens erörtert werden sollen.

Genau einen Monat, nachdem die Teilnehmer des Architektentreffens in Hannover auseinandergegangen waren, findet auf der Darmstädter Mathildenhöhe im August und September 1951 anläßlich der 50. Wiederkehr der Ausstellung der Künstlerkolonie, die 1901 die Blüte des Jugendstils dokumentiert hatte, eine Veranstaltung statt, die als *Darmstädter Gespräch* weit über diese Stadt hinaus öffentliche Aufmerksamkeit fand.[209] Ein Jahr zuvor waren die *Darmstädter Gespräche* mit dem Generalthema »Das Menschenbild in unserer Zeit« begonnen worden. Mit dieser Veranstaltung war die große Sommerausstellung der *Neuen Darmstädter Sezession* verbunden, in der ein großer Anteil ungegenständlicher Arbeiten die wiedergewonnene Verbindung deutscher Kunst zu internationalen Bestrebungen dokumentierte. Werke von Willi Baumeister, Werner Gilles, Karl Hartung, Johannes Itten und vieler anderer stark abstrahierender Künstler erregten die Gemüter und führten zu heftigen Kontroversen um die Einschätzung der modernen Kunst, wobei die Parallelen der Entwicklungen in verschiedenen künstlerischen Gattungen – einschließlich der Architektur – offensichtlich bereits 1950 wieder ein verbreitetes Unbehagen an der Moderne verstärkten.

Schon in der Eröffnungsrede kam der Gesprächsleiter, der Darmstädter Kunsthistoriker Hans Gerhard Evers, zur Sache: »Wir haben eine Zeit erlebt, vor 1933, in der die damalige junge Kunst, damals Expressionismus, neue Sachlichkeit, Bauhaus-Stil genannt, ungehindert sich äußern und mit anderen geistigen Strömungen ringen konnte. Dann kam eine Zeit, in der das alles totgeschwiegen und statt dessen eine Kunst mit gegenständlichen Formen gefordert wurde. Wir haben wiederum den Gegenschlag erlebt, daß seit 1945 die sogenannte ›Kunst der Gegenwart‹, die gegenstandslose, abstrakte, surrealistische Richtung, nicht nur sich ungehindert äußern kann, sondern auch noch das Ansehen, den Schwung einer zu Unrecht unterdrückten Geisteshaltung entfaltet. Nun erleben wir seit zwei Jahren, daß mit erneuter Schwere die Bedenken gegen diese ›moderne‹ Kunst geäußert werden, von Männern, deren Stimme schwer ignoriert werden kann.«[210]

Um möglichen Mißverständnissen oder Verdächtigungen vorzubeugen, stellt Evers seinen weiteren Ausführungen voran: »Nach vielen Erfahrungen können wir aber heute sagen, daß das ›Unbehagen an der modernen Kunst‹ unabhängig von der politischen Einstellung ist, daß es ein charakteristischer Zustand unserer heutigen kulturellen Lage ist.«[211] Schon bald nach dieser Eröffnung nimmt die Veranstaltung den Charakter eines Tribunals gegen die modernen Strömungen an; von »Krankhaftem« und »chaotisch Entglittenem« ist die Rede. Durch Schmährufe aus dem Publikum ist es etwa dem Maler Willi Baumeister kaum noch möglich, sein improvisiertes Plädoyer für das Neue und gegen die alten Gegner zu beenden. Mehrfach droht die Diskussion sich in persönlichen Attacken aufzulösen. Unversöhnlich stehen sich Gegner und Befürworter moderner Kunst gegenüber, die den einen – wie dem Frankfurter Philosophen Theodor W. Adorno – noch nicht radikal und konsequent genug erscheint, den anderen dagegen bereits als Beweis für einen unwiederbringlichen »Verlust der Mitte« der menschlichen Kultur gilt. Während Adorno Verbindungen zwischen bildenden Künsten und Musik herstellt, bemühen sich andere Diskussionsteilnehmer, Beispiele moderner Architektur als Beweise für die Mechanisierung und Entstellung menschlichen Lebens durch »das Abstrakte« anzuführen: Leuten wie Hans Sedlmayr wurden *Bauhaus* und *Funktionalismus* gleichsam zu Synonymen für eine menschenfeindliche Welt.

In Zurufen – »Heil Hitler!« – wird Sedlmayrs konservative Haltung mit der eines Schultze-Naumburg verglichen; die Wogen wechselseitiger Empörung schlagen hoch. Unversehens waren in den Gesprächen über die Darmstädter Kunstausstellung Positionen einer Architekturdiskussion zu hören, die ebenso unversöhnlich blieben wie die Kontroversen insgesamt. Und so nimmt es nicht wunder, daß noch im gleichen Jahr 1950 Pläne für ein neues *Darmstädter Gespräch* entstehen, das sich ausschließlich dem Bauen widmen soll, – diesmal verbunden mit einer Ausstellung von Entwürfen und Modellen, für die man namhafte Vertreter verschiedener Richtungen – vom klaren Funktionalismus eines Otto Ernst Schweizer über die expressive Formensprache eines Hans Scharoun bis zu Paul Bonatz als ehemaligem Lehrer der *Stuttgarter Schule* – gewonnen hat. Ihr Können soll sich an realen Situationen und Planungsvorhaben in Darmstadt bewähren; ihre Entwürfe sollen Gegenstand und Hintergrund der Diskussionen über neue Strömungen in Architektur und Städtebau sein.

Das Thema der Tagung – »Mensch und Raum« – war von Otto Bartning benannt worden. Als Vermittler zwischen möglichen Fronten sollte er auch die Gesprächsleitung übernehmen. Verantwortlich für die Abteilung »Meisterbauten«, in der die Entwürfe für die Bauvorhaben in Darmstadt erarbeitet und anläßlich des Gesprächs ausgestellt wurden, war der Darmstädter Oberbaudirektor Peter Grund.[212]

Die Darmstädter Veranstaltung wurde zu einer programmatischen Schau der Moderne, doch ohne wirkliche Folgen. Vielleicht war es den Erfahrungen aus der Tagung im Vorjahr zu verdanken, daß das Spektrum der Meinungen zwar differenziert, doch eingeschränkt war: Neben Bartning, Schwippert, Mies van der Rohe, Scharoun, Taut und anderen exponierten Vertretern der modernen Bewegung waren, außer Bonatz und Grund, keine Architekten geladen, die durch ihre Tätigkeit im *Dritten Reich* öffentlich als »belastet« hätten gelten können. Durch die sorgsam vermiedene Polarisierung zwischen »Traditionalisten« und »Modernen« sollte das Forum für eine produktive Auseinandersetzung in Richtung auf eine künftig gültige Moderne bereitet werden, statt einer – wie man hätte befürchten können – polemisch gefärbten Aufarbeitung der Vergangenheit Raum zu geben. Mit der Einladung einiger konservativ eingestellter und doch der Moderne zugerechneter Architekten, wie Rudolf Schwarz, gelang es, die Vielfalt von Ansätzen darzustellen, die es in diesem »Lager« neben der blinden Fortschrittsgläubigkeit der zwanziger Jahre auch noch gegeben hatte und die nun in empfindsamer Nachdenklichkeit Wandel und Fortsetzung suchten. Denn Konservative wie Otto Bartning und Rudolf Schwarz hatten trotz ihrer Wendung gegen jeden platten Funktionalismus nie ein Bündnis mit dem erschlichenen Traditionalismus der NS-Propaganda geschlossen, waren aber andererseits schon früh für eine Revision jener Moderne eingetreten, die ihnen allzu kalt und starr mechanistisch zu werden drohte.

In einer großen Ausstellung über den Zeitraum von 1901 bis 1951 wird mit Werken von Behrens über Gropius und Le Corbusier bis zu Rudolf Schwarz der Heroen der Moderne gedacht und das Jahr 1951 als ein neuer Beginn proklamiert: Die Aufbruchbewegung der ersten drei Jahrzehnte dieses Jahrhunderts soll aufgenommen, doch aus neuen Herausforderungen weiterentwickelt werden. In der ersten programmatischen Rede setzt der Karlsruher Professor Otto Ernst Schweizer diesen neuen Beginn sowohl von den Traditionen des 19. Jahrhunderts als auch von denen im Nationalsozialismus weiter wirksamen ab: »Wir sind heute nicht mehr die Menschen der Steinstadt, deshalb können für uns auch die Formen der Steinstadt nicht mehr verbindlich sein. Wir wollen heute, daß Innen- und Freiraum sich durchdringen, daß die Weite, ja die Unendlichkeit in unsere Gestaltung einbezogen wird. Bei all dem kann uns die Technik eine verläßliche Helferin sein; aber es ist nötig, daß sie gelenkt und geleitet, daß sie wieder auf den Menschen als ganze Person bezogen wird, damit sie nicht eigengesetzlich ihren Weg zerstörend fortsetzt.«[213]

Gegen den starren, versteinerten Raum in aufgezwungener Ordnung wird das freie Spiel der Phantasie gesetzt. Nach der Bodenschwere monumentaler Baukunst wird nun eine »Tendenz zur Entmaterialisierung« festgestellt; in Bildern werden Beispiele für »Abstraktionen der Materie« gezeigt, die sich – wie etwa ein schlanker Funkturm – neuesten Konstruktionen und Techniken verdanken.[214]

Ohne solche Begeisterung für den ästhetischen Reiz neuer technischer Möglichkeiten zu teilen, unterstreicht Rudolf Schwarz in seiner anschließenden Rede die Scheidung vom Geist starrer Ordnung der steinernen Städte, der die früheren Epochen beherrschte, – nicht ohne einen heftigen Seitenhieb auf die notorische Bereitwilligkeit der Architekten-Profession, sich auf die jeweiligen Anforderungen der gesellschaftlichen Auftraggeber allzu rasch einzulassen: »Diese Vorstellung des abstrakten Systems, des Gitterwerks, das der menschliche Geist sich entwirft, um darein sich selber zu pferchen, ist vielleicht das aufschließendste Bild, unter dem man die damalige Zeitsituation erkennen könnte, und dieser wirkliche, wenn auch nicht gute Weltwille wendete sich auch an den Architekten, und was konnte er denn anderes bestellen, als eben dieses Gehäus und dieses Gitter, den großen Menschheitskerker, und die Architekten lieferten ihn pünktlich. Was ist denn die Massenstadt des endenden 19. Jahrhunderts oder, sagen wir der 80er, 90er Jahre, anderes als der völlig adäquate Ausdruck dieses Gitters und Kerkers mit ihrem System von Kontrollgängen, ihren Straßen, wo man die Menschenmasse kontrollieren und im Zaum halten kann, und den ringsum umzäunten quadratischen oder dreieckigen Häuserblökken und den Mietskasernen, wo man die Menschheit in Behälter füllt, ohne Rücksicht darauf, was sie biologisch oder menschlich oder seelisch oder irgendwie sonst nötig habe, nur noch Silos und Magazine für Menschen, die keine Menschen, sondern Arbeitskräfte oder Rands, wie der Engländer sagt, sein dürfen. Das wurde verlangt vom Architekten, bestellt, geliefert und bezahlt.«[215] Und wie im Vorgriff auf aktuelle Diskussionen drei Jahrzehnte später fügt Schwarz hinzu: »Da aber die Architektur eigentlich sich zu Höherem berufen fühlte, gab man ihr auch diese höheren Aufgaben, bestellte, lieferte und bezahlte auch diese. Man beauftragte sie, diese Scheußlichkeiten zu dekorieren und der Vergangenheit ihre hohen Embleme abzunehmen und sie als Tempelgiebel auf die Bank aufzukleben, als gotische Fiale auf das Gebäude des Postamtes, ein Raub, den die Zeit am Heiligen tat, denn der Tempelgiebel war einmal der Wohnort der Götter an der Stirn des Tempels, die Fiale trug einmal der Dom.«

Vehement wendet sich Schwarz gegen jeden Ansatz bloß mechanischer Produktion und Rezeption gebauter Umwelt. Er hält ein eindrucksvolles Plädoyer für eine Architektur als Baukunst, die gleichwohl nicht in historisch überkommene Muster zurückfallen dürfe, auch nicht in die Muster der in den zwanziger Jahren erprobten Nur-Sachlichkeit: »Aber es gibt das doch auch, die Baukunst vorab als Kunst, und ich glaube, das ist doch das, was wir von dem faszinierenden Spruch an der Bildhauerakademie lernen könnten: Daß der Architekt manchmal sich in den Dienst dieser Sache Kunst stellen muß, eben um der Sachlichkeit willen, und daß es Aufgaben auf dieser Erde gibt, die nichts anderes verlangen, als schön zu sein. Daß es Zeiten im Leben der Völker und des einzelnen und der Dinge gibt, die den berechtigten, den sachlich berechtigten Anspruch haben, nichts auszudrücken als ihr eigenes Schönsein, ihr Frohsein und auch vielleicht ihre Schwermut zum Tode. Das gibt es, und dafür müssen wir uns einsetzen, und zwar im harten Gegensatz einsetzen gegen die sehr beredten Wortführer des Konstruktivismus, des Technizismus, des künstlerischen Materialismus und wie alle diese Irrlehren heißen.«[216]

Nachdrücklich unterstützt auch der Soziologe Alfred Weber die Bitte von Rudolf Schwarz, die Bewegung der zwanziger Jahre in geistiger Vertiefung und offener Toleranz gegenüber anderen Versuchen weiterzutragen. Moderne Architektur dürfe sich nicht auf angewandte Hygiene und Fabrikkonstruktivismus reduzieren lassen, aber auch nicht in der Attitüde gekränkter Unschuld mit universellem Geltungsanspruch auftreten: »Die ganze heutige Architektur ist tatsächlich unaufhörlich polemisch. Sie setzt sich mit einer polemischen Gebärde zwischen die alten Formen dazwischen: ›Ich will nichts mit euch zu tun haben‹, obgleich sie sich sagen müßte, daß sie dadurch, daß sie in dem gleichen Raum ist, sehr viel mit ihnen zu tun hat. Sie setzt sich mit ihrer weißen Farbe zwischen alle farbgetränkten früheren architektonischen Gebilde dazwischen, mit ihrem verdammten Weiß, und sagt: ›Ich bin die unbefleckte Jungfrau, ihr seid alle verdorben.‹ Das ist Polemik. Die wirkliche Architektur hat eine duldsame Vornehmheit.«[217] Eine Architektur der Vermittlung, ja der Synthese wird gefordert.

Bereits in seiner Rede über den Wiederaufbau Kölns im April 1947 hatte Rudolf Schwarz ausgeführt, daß der historisch verkleidete Technizismus des Bauens im *Dritten Reich* den unseligen Teil des Aufbruchs der zwanziger Jahre fortgeschrieben habe. Nun sei es an der Zeit, sich nicht auf den Technizismus jener Jahre, sondern auf die innere Emphase solcher Bewegungen zu beziehen, die aus seiner Sicht von einer geistigen, ja religiösen Haltung geprägt und auf ein kosmisches Ganzes hin bezogen sein müsse. »Es möchte vielleicht sein, daß die tragende Idee, unter der unsere Baukunst als Baukunst gedeihen und leben könnte, ein Sozialismus wäre – aber ein Sozialismus, der um Gottes willen getan wird, der endlich das Leid und das Unrecht, das die Menschen sich selber zufügen, beseitigt, nicht aus materialistischen Gründen, sondern um endlich Gottes Willen zu erfüllen, und ihm eine in Ordnung gebrachte, ins Rechte gebrachte Welt wieder zurückgibt.«[218]

Eine Architektur der Offenheit, Befreiung und Freiheit der Menschen, die nur noch inneren Bindungen und einem Ethos der Nächstenliebe zu gehorchen habe – darin verbinden sich die hier ausgesprochenen Sehnsüchte im Gefühl universeller Grenzüberschreitungen, die Egon Eiermann allerdings allzu wörtlich nimmt und auf den Boden der Tatsachen zurückführen möchte: »Je mehr ich also in die Zukunft schreite, je mehr ich blind an sie glaube, umso besser wird sie sein, und so beurteilen Sie das auch, was geschieht, die Flüge von hier in einigen Stunden nach Amerika, beurteilen Sie, daß die Grenzen fallen werden, weil alles darauf hindeutet. Beurteilen Sie danach unsere städtebaulichen Planungen, nicht auf Atombombenangst, nein, auf die Folge einer Weitzügigkeit und einer Weltoffenheit, wie wir sie bis jetzt noch nicht kannten.«[219]

Mit seiner forciert optimistischen Weltsicht nimmt Eiermann eine Kontroverse auf, die sich während der Tagung anbahnte. Als prominenter Redner nach Darmstadt geladen war auch Martin Heidegger, Philosoph aus Freiburg, dessen frühe Unterstützung des Nationalsozialismus nicht vergessen war. In seiner kurz »Bauen, Wohnen, Denken« betitelten Rede beschreibt er esoterisch Bauen als Wohnen, Haus als Heimat: »Nur wenn wir das Wohnen vermögen, können wir bauen. Denken wir für eine Weile an einen Schwarzwaldhof, den vor zwei Jahrhunderten noch bäuerliches Wohnen baute. Hier hat die Inständigkeit des Vermögens, Himmel und Erde, die Göttlichen und die Sterblichen, einfältig in die Dinge einzulassen, das Haus gerichtet.«[220]

Hier war sowohl zur Position von Schwarz als auch zur schwärmeri-

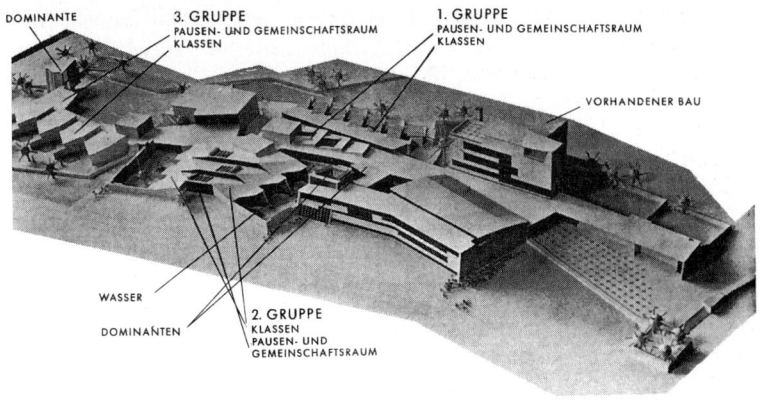

Hans Scharoun: Entwurf für den Bau einer Volksschule in Darmstadt, 1951

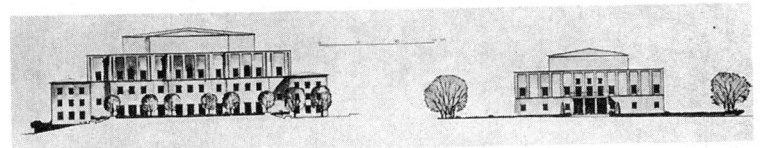

Paul Bonatz: Entwurf für den Bau einer Tonhalle in Darmstadt, 1951

441

schen Universalität der Ansprüche anderer Redner eine Gegenposition formuliert, die im folgenden von Dolf Sternberger scharf seziert wird. Ironisch kritisiert er Heideggers »Versuch zur Überwindung der Heimatlosigkeit durch die Idee des Heims als Organismus«, in dem der Mensch »wie die Seele im Körper« wohnen solle[221]: Damit falle man zurück in die romantischen und realitätsblinden Sehnsüchte des Jugendstils, die schließlich nicht zufällig von unterschiedlichen Interessen in Dienst genommen worden seien. »Es war ja so, daß diese Hausorganismen tatsächlich Schutz bieten sollten gegen den Lärm und die Wirrnis der industriellen Gesellschaft. Sie wollten inwendig blühende Inseln, Enklaven inmitten des allgemeinen verwirrenden Verkehrs sein, fest angewurzelte Wesen, die ihrerseits keinen Teil hatten an der allgemeinen Mobilität, am allgemeinen Tausch- und Warenverkehr. Eine Sehnsucht nach absoluter Seßhaftigkeit hat sich zu verwirklichen gestrebt, ein geradezu radikaler Trieb zur Befestigung und Verwurzelung« – und als ahnte er die Entwicklung der kommenden Jahre voraus, warnt Sternberger implizit vor dem »Jargon der Eigentlichkeit«[222] in der Rede Heideggers ebenso wie vor der gängigen Terminologie der Planer: »Wir wollen uns auch nicht in architektonischen Planphantasien eine Art von menschlicher Pflanzengemeinschaft ausdenken oder ein in wabenartigen Stadtquartieren, Gemeinden und Nachbarschaften ruhig geordnetes, fest gebanntes, angewurzeltes, unbeweglich gewordenes Volk.«[223]

Von den Plädoyers gegen Ortsbindung und Bodenschwere und für einen eigenständigen Aufbruch in die neue Zeit läßt sich auch Otto Bartning mitreißen, der das Gespräch gar mit einer Liebeserklärung beschließt: »Was lieben wir? Ich kann nur (...) aussagen über das, was in mir selber ist, das ist mir das einzig Verläßliche, und ich liebe das Freie, das Leichte, das Offene und möchte gern alle Menschen in das Freie, Leichte, und nach dem Freien, nach dem Grünen und Offenen hineinversetzen, das ist meine Liebe. Und dieser Liebe muß ich von Vorurteilen frei nacheifern, und ich glaube, es gibt an sich nur diesen Weg.«[224]

In solch schwärmerischem Klima muß zuvor nicht nur Heidegger, sondern auch Bonatz unwohl gewesen sein. Offenbar geht ihm das viele Gerede zu weit: »Um das Begriffliche lassen sich viele Worte machen – das Schöpferische entzieht sich dem Zugriff durch Worte, man kann es so wenig fassen wie den Stein der Weisen.«[225] Auch das Denken müsse ein Ende finden, soll es das Schöpferische nicht zerstören. Als Beispiel für diese Befürchtung wählt er sich aus dem Kreis der Gäste die Planung von Hans Scharoun, dessen für Darmstadt entworfener, fast anarchisch aufgelockerter Schulbau ihm ein Beweis für die Auflösung natürlicher oder traditionell vorgegebener Ordnung durch allzu viel intellektuelle Ansprüchlichkeit ist: »Herr Scharoun, seien Sie mir bitte nicht böse, wenn ich die Schule, die Sie gemacht haben, als ein Beispiel des Zerdenkens anführe – ich hoffe, wir dürfen uns mit Erlaubnis des Vorsitzenden ein wenig anpflaumen, es wäre langweilig für die Zuhörer, wenn wir uns nur Liebenswürdigkeiten sagten. In diesen komplizierten Organismus sind so vielerlei Absichten hineingeheimnist, das Präparat Kind wird erst von links, dann von rechts bestrahlt, vertikal geordnet, horizontal zusammengefaßt, nach streng wissenschaftlichem System mit Zusätzen versehen und behandelt – ich kann es mir nicht anders denken, als daß zum Schluß nur noch der Homunculus herauskommt, und ich denke mit beglückter Erleichterung an die normale Volksschule in Rappoltsweiler im Elsaß, in der ich mit 60 anderen Buben in einer normalen Klasse saß. Ich habe die Vorstellung, daß ich in den drei Jahren dort das Nötigste alles gelernt habe.«

Tatsächlich stellte Scharouns Schulentwurf gleichsam ein Gegenprogramm zu Bonatz' axialsymmetrischer Anlage einer imposanten Konzerthalle dar, die in ihrem streng repräsentativen Aufbau Widerspruch geradezu provozieren mußte, einen Widerspruch, den Bonatz auch verbal herausfordert: »Zur Formgebung und Stilhaltung: Sie steht auf der Klassik. Die Klassik wurde gestern hier als überwunden erklärt. Aber es ist, glaube ich, kein Fehler, wenn immer wieder einige sich mit ihr beschäftigen, insbesondere bei Aufgaben, die einen hohen festlichen Rang erreichen sollen.« [226]

In dieser Runde bleibt Bonatz Außenseiter, gespannte Feindseligkeit ist zu spüren, etwa wenn sich Scharoun gegen Bonatz' Angriffe wehrt und grundsätzlich wird: »Darin bestehen die beiden Gegensätze des Schöpferischen, und ich stehe nicht an zu sagen, daß Herr Bonatz in der Hauptsache aus dem Additiven heraus wirkt und arbeitet – ich aus einer anderen Ecke heraus, nämlich aus dem Strukturierenden. Das sind Dinge, die eben einfach unterscheiden. Aber sie führen ja beide zu etwas: Wenn bei mir zu einer Maschine für den Homunculus, dann bei ihm zu einem Tintenfaß mit einem Deckel, den man aufklappen kann. Ich darf in diesem Zusammenhang, Kollege Bonatz, noch sagen: Wer sich mal mit der neuen Musik oder auch mit der Malerei eines Picasso, eines Braque usw. auseinandergesetzt hat, sieht auch hier, daß verschiedene Zeit-Zustände in einer neuen Zeitkonkretisierung aufeinander abgestimmt sind – so, daß verschiedene Bewußtseinsebenen gewissermaßen gleichzeitig tätig und wirksam sind oder verschiedene Tatsachen zu *einer* Wirklichkeit bringen.« [227]

Zu einer weiteren Klärung und Bewährung der gegensätzlichen Positionen in Auseinandersetzung um die Qualität des tatsächlich Gebauten allerdings kommt es nicht mehr: Weder Scharouns Schule noch Bonatz' Tonhalle oder das Rathaus von Grund werden ausgeführt; tatsächlich gebaut werden als »Meisterbauten« die eher unverbindlichen Entwürfe – etwa ein Ledigenheim von Neufert und ein Krankenhaustrakt von Bartning. Auch in Darmstadt fruchtete die Bitte wenig, die während des Gesprächs der Frankfurter Architekt Alois Giefer »an alle die Bauherren oder an die Öffentlichkeit, an die Politiker« richtet: »Lassen Sie uns auch etwas mehr Zeit zum Planen, denn das ist ja die entsetzliche Krankheit heute, daß wir keine Zeit mehr haben, und die Dinge, um die es geht, können nicht in drei, vier, fünf Tagen geschaffen sein. Da gehört viel, viel mehr dazu. Und alle guten Dinge sind immer entstanden in einem langen Nachdenken und Formen und Überlegen.«[228] Zum »langen Nachdenken« ließ das anbrechende Wirtschafts»wunder« den Architekten kaum noch Zeit.

Mit Blick auf den drängenden Bedarf und die rasant verbesserten wirtschaftlichen Möglichkeiten sieht Giefer bereits einen Qualitätsverlust der Architektur angelegt, der Jahrzehnte später dem Schuldenkonto einer polemisch vereinheitlichten »Moderne« zugeschrieben werden wird: »Es ist möglich heute, daß Millionen-Bauten ausgeführt werden, wobei nur, um das Raumprogamm aufzustellen, die Leute, die Politiker, sechs Monate haben und den Architekten dann die Aufgabe gegeben wird, in sechs Tagen es zu erledigen. Das ist ein vollkommen unmöglicher Zustand. Und wenn wir uns dagegen wehren, und nicht nur dann, werden die Dinge von großen Gesellschaften oder von ähnlichen Institutionen, wie Schnellbauämtern, gelöst, und es wird bestimmt nicht das Beste dabei herauskommen, was wir wollen.«

Wirtschaftlicher Druck und Wohnungsnot, drängende Bauherren und Schnellbauämter verhinderten nicht nur in Darmstadt den Durchbruch zu einer nachdenklichen Revision der Moderne in Richtung auf eine humane Architektur für eine neue, wahrhaft demokratische Gesellschaft. Das *Darmstädter Gespräch* blieb ein Zwischenspiel.

Angesichts dieser Entwicklung, die sich in den gebauten Resultaten immer weiter von den geistigen und moralischen Prämissen entfernte, die unmittelbar nach Kriegsende vielerorts proklamiert worden waren, drängte Rudolf Schwarz bald zu einer neuen, kämpferischen Standortbestimmung der deutschen Architektur. Nachdem schon die Auseinandersetzung mit der sogenannten Nazi-Architektur im Sande verlief und auch Leitls Briefwechsel mit Wolters keine weiter in die Zukunft reichenden Klärungen erbracht hatte, sollte mit Blick auf eine künftige Architektur nun eine andere Linie deutscher Vergangenheit aufgenommen und zum Thema öffentlicher Diskussion gemacht werden: die Programme und Projekte des Neuen Bauens, wie sie vor allem von Gropius im *Bauhaus* zusammengefaßt worden waren und die inzwischen – wie es Schwarz schien – eine verspätete und für die neuen Aufgaben des weiteren Aufbaus verhängnisvolle Wirksamkeit entfalteten. Da die traditionsorientierten Nazi-Architekten bei aller personellen Positionssicherung doch gestalterisch an Einfluß verloren oder inzwischen selbst der Moderne huldigten, sollte 1953 endlich das mißbrauchte Erbe des Neuen Bauens einer kritischen Betrachtung unterzogen werden.

Doch schon der Auftakt zu dieser längst anstehenden Auseinandersetzung fiel so polemisch aus, daß durch Entladung der aufgestauten Emotionen eine Wiederaufnahme differenzierter Diskussionen von vornherein erstickt wurde. Tatsächlich markiert die später so genannte »Rudolf-

Schwarz-Debatte« eher das Ende als den Beginn architekturtheoretischer Positionsbestimmungen in der jungen Republik.

Während Alfons Leitl sich 1952 noch im Düsseldorfer Architektenstreit publizistisch engagiert, bedrängt ihn Rudolf Schwarz, in der Zeitschrift *Baukunst und Werkform* eine neue Front zu eröffnen, und legt einen Text vor, der dem verantwortlichen Redakteur großes Unbehagen bereitet.[229] Dennoch stimmt Leitl der Veröffentlichung des Artikels zu. Er erscheint 1953 mit dem programmatischen Motto »Bilde Künstler, rede nicht« im Januarheft der Zeitschrift, nicht ohne daß Leitl zuvor seinen Bedenken wortreich Ausdruck verliehen hätte.

In heftigen Worten zieht Rudolf Schwarz auf seine Weise Bilanz: »Ich meine, so bis zum ersten Weltkrieg wäre alles ganz ordentlich verlaufen. In den letzten Jahren hat man ja eine dicke Mauer durchgebrochen und nachgesehen, was dahinter war. Diese Mauer hatten die Funktionalisten aufgebaut, indem sie besonders den jüngeren Menschen aufgeredet hatten, mit ihrem Auftreten datiere das Jahr 1, und vorher sei alles wüst und leer gewesen, und als sie geöffnet wurde, bekam man den Blick frei auf ein in tausend Hoffnungen sprießendes junges Europa der Jahrzehnte vor dem Krieg.«[230] Leidenschaftlich ruft Schwarz zur Wiederentdeckung und -aneignung lebendiger Traditionen der Baukunst auf, die man nicht »einem Herrn Tamms aus Düsseldorf« überlassen dürfe: »Die Meister des tausendjährigen Reiches sind zu den Hütern der Tradition geworden, die die Antike pflegen, und dann gibt es noch schwatzhafte Scharlatane (…) Wir wollen ihnen ihre Buckelquadern und Architrave nicht zu leicht machen: Die Tradition haben wir.«

Hauptangriffsziel von Schwarz bleiben dennoch »die Funktionalisten«, deren Sammelpunkt er im *Bauhaus* sieht. Scharf greift Schwarz vor allem die propagandistische Tätigkeit des Bauhauses an, als deren verquere Folgewirkung ihm wohl viele der achtlos entworfenen Nachkriegsbauten erscheinen mochten; die »unerträgliche Phraseologie« des Bauhauses konnte nun auch den neuen Technokraten zur Legitimation ihrer reduzierten Architekturkonzeptionen dienen. »Einen großen Erfolg hat das Bauhaus sicher errungen, einen publizistischen. So widerlich seine Ideologien waren, den Literaten mundeten sie wie Honigmilch, und im Handumdrehen war es definiertes Dogma des gesamten Federvolks, daß lebendige Baukunst eben die des Bauhauses sei, und daß nur der ein wirklich neuzeitlicher Baumeister sei, der mit der abendländischen Überlieferung gebrochen habe.« Doch nicht genug damit. Nach Anspielungen auf den »Jargon der Komintern«, der zeitweise im *Bauhaus* geherrscht habe, greift Schwarz auch Walter Gropius an: »Es ist ein ergreifender Anblick, wenn ein Baumeister endlich, endlich seinen Glaswürfel bekommt, mag auch der Vorwand dazu ein Fabrikbau sein, und es ist beruhigend und beinahe metaphysisch notwendig, wenn es ihm von oben hereinregnet und das ganze als Treibhaus funktioniert.«[231]

Bei aller Berechtigung der Kritik besonders an der verspäteten Wirkung des Bauhauses war eine solche Polemik dennoch unzeitgemäß, galt das *Bauhaus* im Rückblick vielen doch als Symbol einer anderen, besseren Zukunft, die dem deutschen Faschismus zum Opfer gefallen war. Und wurden mit Gropius nicht auch andere Opfer der Nazidiktatur verhöhnt, die zur Emigration gezwungen oder zur Untätigkeit verdammt waren? Kein Wunder, daß gerade jenen Architekten, die auch im Bauen soeben die Prominenten des *Dritten Reiches* wieder zu neuer Macht kommen sahen, die Angriffe auf das *Bauhaus* wie ein Sakrileg, wenn nicht gar als Kumpanei mit den Machthabern von gestern erscheinen mußten. So schrieb Richard Döcker empört an Gropius und sandte ihm ein Exemplar des Artikels von Schwarz. Ohne eine weitere Auseinandersetzung zu suchen oder die beim Architektentreffen in Hannover angedeutete Revision seiner Vorstellungen von einer internationalen Architektur weiter auszuführen, antwortet Gropius aus der Entfernung verletzt: »Ich bedaure, daß es in Deutschland immer noch oder schon wieder möglich ist, den andersdenkenden Kollegen durch Unterstellung falscher Motive und in einer Sprache anzugreifen, die nur im Falle äußerster Provozierung verzeihlich wäre. In unserer durch rapiden Verkehr schrumpfenden Welt sind wir Erdbewohner vor die gemeinsame Aufgabe gestellt, in sachlichem Austausch einen geistigen Generalnenner für unsere irdische Symbiose zu finden. Unfruchtbare, chauvinistische Polemiken sind nur ein Zeitverlust und halten die menschliche Entwicklung auf. Ich liebe konstruktive Kritik weil sie anregt, aber auf diesen Angriff möchte ich mit Goethe antworten: ›Laß dich nur zu keiner Zeit/zum Widerspruch verleiten/Weise fallen in Unwissenheit/wenn sie mit Unwissenden streiten.«[232]

Die Debatte um Schwarz hatte weit über die Kreise der Architekten hinaus öffentliche Beachtung gefunden; Artikel und Kommentare waren erschienen. Um die leidenschaftliche Diskussion jedoch nicht nur im Wirbel wechselseitiger Polemik zu halten, sondern ihr eine konstruktive Wendung zu geben, meldet sich Schwarz noch einmal öffentlich in eigener Sache zu Wort und versucht, durch eine versöhnende Neudefinition des zuvor so scharf angegriffenen Funktionalismus ein Vermittlungsangebot zu machen. Er fordert eine »Kunst, die souverän mit ihrem Stoff schaltet und waltet, sich an dem freien Spiel von Baugliedern und Körpern ergötzt, sie benutzt wie der Musiker seine Tonfolgen, sie auf- und abklingen läßt und doch in einem letzten Gleichgewicht befriedigt und uns dabei oft so anspricht, als hörten wir hier den eigensten Klang unserer Zeit. Man sollte doch das schulmeisterliche Nachrechnen lassen, den Geist seinen frohen Spielen überlassen, die oft geradezu der technischen Voraussetzungen spotten und sich über alle ›Funktionen‹ hinwegsetzen. Wie ärmlich sind doch die Einwände, die man oft gegen Wright vorbringt. Aber, da nun einmal die schlechte Lehre da ist, sollte man ein neues Wort dafür finden. Ich habe noch keins, ›Dynamismus‹ klingt scheußlich.«[233]

Doch Schwarz' Versuch einer verbindenden Neubestimmung des Kunstanspruchs im Funktionalismus bleibt vergeblich, wird so nicht weitergeführt. Zu persönlich, zu hart und zu leidenschaftlich hatte er seine Kritik an einer technizistisch verkürzten Moderne vorgetragen, als daß er auf produktive Antwort und Fortsetzung der Debatte hätte rechnen dürfen, obgleich die Zeit für eine kritische Zwischenbilanz der modernen Bewegung längst reif war. Schon seit den Anfängen des Wiederaufbaus hatten sich verschiedene Autoren mit dem prekären Verhältnis von Tradition und Moderne in Deutschland auseinandergesetzt und vor einem unbedachten Anknüpfen an die Entwicklungen vor 1930 gewarnt. Freilich gerieten auch sie dadurch leicht in den Geruch, im Kern gemeinsame Sache mit den ehemaligen Gegnern des Neuen Bauens zu machen. Doch sprachen inzwischen ja nicht nur verbale Programme, sondern auch viele Bauten sichtbar für jene bescheiden zurückhaltende »Synthese« zwischen zukunftsbewußter Moderne und regionalen Traditionen, wie sie von vielen Architekten in jenen Jahren gefordert wurde. Dabei vermochte man in einer leichten, geschwungenen, auch dem Ornament wieder zugetanen Gestaltung sogar auch wieder an jene Phasen der Bau- und Kunstgeschichte zu erinnern, die sowohl den Puristen der Moderne als auch später dem Nationalsozialismus ein Greuel gewesen waren. Im Versuch einer Neubestimmung der Architektur jenseits karger Nur-Sachlichkeit war sogar der Jugendstil um 1950 wiederentdeckt worden, um die neu aufkeimende »organhafte Architektur« in längerfristigen Entwicklungswellen interpretieren zu können.

In einem Heft von *Baukunst und Werkform,* das dem Angriff von Schwarz auf das Bauhaus vorausging, schrieb Ulrich Conrads: »Es ist wohl zu leichtfertig, alles dies, diese Rückgriffe und diese Rückbesinnung, als Modeerscheinung unserer Jahre anzusehen. Nach Jahrzehnten, in denen man theoretisch und faktisch säuberlich auseinandergedacht und auseinandergelegt hat, was im Jugendstil einmal als sich Ergänzendes angesehen, wenn auch nicht in einer einheitlichen Lösung gefunden wurde, ist es nur zu natürlich und zu zwingend, erneut den Blick auf das zu wenden, was zu Beginn des Jahrhunderts als Versprechen auftrat. Nicht daß man sich zurückfände zu der Gestaltungsweise der Jahrhundertwende, aber man richte den Blick auf das Grundsätzliche, und – von uns aus gesehen – zugleich auch auf das Versäumte. Und das ist eben dies: daß man das Rationale, Konstruktive, Statische herauszog aus den im Jugendstil verbundenen Elementen und damit in einen Purismus reinsten Wassers hineintrieb.«[234]

Doch diese Versuche einer Revision der Moderne durch Rückblicke und Rückbesinnung auf die Zeiten vor den zwei Weltkriegen klangen 1953 bereits aus, kaum daß sie begonnen hatten. Der »Sturm der Entrüstung«, der auf die Wortmeldung von Rudolf Schwarz folgte, war der letzte Sturm vor einer langen Ruhe als Denkpause in pragmatischer Emsigkeit, in der das »Wirtschaftswunder« und die damit vorgegebenen Perspektiven kaum mehr Zeit und Gelegenheit für Reflexionen und Diskussionen boten. Rasant verbesserte Auftragslage und wirtschaftliche Erfolge ließen Fragen und Skrupel zurücktreten, die doch immer wieder an Wunden rühren mußten, die die Zeit nun endlich heilen helfen sollte. Über viele Jahre fand sich niemand mehr, der den bequemen Burgfrieden des folgenden Jahrzehnts in Frage gestellt hätte – bis Ende der sechziger Jahre Fehlentwicklungen und mangelnde Selbstkorrektur in Architektur und Stadtplanung so offensichtlich wurden, daß neben neuen Konflikten auch alte Feindschaften wieder aufbrechen konnten.

Ende einer Ära

Nach Festigung der politischen und ökonomischen Grundlagen der neuen Republik hatte die wirtschaftliche Entwicklung in der ersten Phase des westdeutschen Wiederaufbaus 1951/1952 einen Höhepunkt erreicht, der im nächsten Konjunkturzyklus noch weit übertroffen wurde. 1955 stieg der reale Zuwachs des Bruttosozialprodukts auf 12 Prozent und markierte damit die höchste Wachstumsrate in der Geschichte der Bundesrepublik. Einen starken Schub hatte der Aufschwung durch den Koreakrieg erhalten, der den westdeutschen Exportunternehmen den Zugang zum Weltmarkt öffnete. Der Marshall-Plan wirkte weiter, eröffnete neue Horizonte.

Mit der erklärten Bindung an den Westen und steigendem wirtschaftlichen Erfolg war Mitte der fünfziger Jahre die quälende »Bewältigung« der faschistischen Vergangenheit kaum mehr ein Thema öffentlicher oder fachlicher Diskussionen. Die »Kollektivscham« (Theodor Heuss) über die Verbrechen der Vergangenheit wurde überlagert vom Stolz auf das seit 1945 Erreichte. Das Ende des Wiederaufbaus wurde absehbar. Zu Ende ging damit die Phase jener auch ästhetischen »Entnazifizierung«, die in den frühen fünfziger Jahren zu der merkwürdig beschwingten Modernität und demonstrativen Leichtigkeit der nachfaschistischen Architektur geführt hatte, welche heute als »typisch fünfziger Jahre« gilt: Um die neuen Bauten deutlich von »Hitlers Baukunst«[235] absetzen zu können, wurde noch den wuchtigsten Baukörpern durch ausschwingende Vordächer und Treppenläufe, durch schlichte Rasterfassaden und ausgeklügelte Asymmetrien ein gestalterisches Gegenprogramm zu den Regeln der *Baukunst im Dritten Reich* aufgeprägt.

Inzwischen paßte das Kleid der Bescheidenheit nicht mehr so recht zum Selbstbild der neureichen Republik, besonders dem ihrer führenden Unternehmen. Mit dem Thyssen-Hochhaus in Düsseldorf – damals noch Phoenix-Rheinrohr-Haus genannt – war 1957 ein erstes Zeichen für eine neue Phase der Architektur gesetzt, in der gezielt Anschluß an internationale Entwicklungen in der westlichen Welt gesucht wurde. Der expandierende Phoenix-Rheinrohr-Konzern hatte sich für einen Standort in der Mitte Düsseldorfs entschieden und die Stadtverwaltung unter Druck gesetzt, den neu entstehenden Jan-Wellem-Platz für die Pläne des Konzerns freizugeben. »Heute wäre ein Bauplatz an dieser Stelle kaum noch durchsetzbar«, kommentieren die *Düsseldorfer Hefte* 1985, »aber damals näherte man sich gerade dem Höhepunkt der Wachstums-Euphorie. Man war wieder wer, und wollte das auch zeigen. Es galt, potente Wirtschaftsunternehmen zu sich zu ziehen. Außerdem wünschte sich Planer Tamms für seinen neuen Jan-Wellem-Platz, der als Kulminationspunkt des gesamten innerstädtischen Verkehrs gedacht war und sich auch so entwickelt hat, eine besondere Bebauung.«[236] Den ersten Preis des ausgeschriebenen Wettbewerbs gewann im Dezember 1955 ein Entwurf von Hentrich und Petschnigg, der allerdings noch nicht das später berühmte *Dreischeibenhaus* vorsah: Als Alternativlösung eingereicht, hatte dieser Entwurf keinen Zuspruch gefunden, da er sich nicht an die Grenzen des vorgesehenen Grundstücks hielt.

Doch wie Hentrich protegierte auch Tamms den abgelehnten Entwurf. Um die Bauherren von dessen Qualität zu überzeugen, beschloß man eine gemeinsame Reise in die USA. Dort wollte man die aktuellen Tendenzen des Hochhausbaus erkunden und besuchte dazu das international renommierte New Yorker Architekturbüro Skidmore, Owings & Merrill, dessen Bauten als Vorbilder galten. Auf amerikanischen Rat hin wurde hier die Form des Düsseldorfer Gebäudes beschlossen, dem viele weitere Hochhäuser von Hentrich, Petschnigg und Partnern in allen Teilen der Welt folgten.

Die Reise in die Vereinigten Staaten hatte nicht nur bei den Düsseldorfern tiefe Eindrücke hinterlassen. Viele Planer und Architekten traten in jenen Jahren Auslandsreisen an; die USA wurden ein bevorzugtes Ziel. Berichte über die Expansion des »tertiären Sektors« der Wirtschaft mit seinen Verwaltungsbauten, Banken, Versicherungen usw., die sich in der *city* zum *central business district* verdichteten, begannen vielerorts die Experten zu beschäftigen, Ende der fünfziger Jahre läßt sich geradezu ein Reise-Boom feststellen. Auch Tamms verfaßte weitere Berichte, um Anregungen aus dem Ausland weiterzugeben; die erwarteten Veränderungen der Stadtstruktur sollten planvoll gesteuert werden. Neue Orientierungen zeichneten sich ab. Als die »zwei Hauptthemen« künftiger Stadtentwicklung formuliert Tamms im *Leitplan der Stadt Düsseldorf 1957:*

»I. Auflockerung der Innenstadt durch große offene Stadträume, die neue städtebauliche Schwerpunkte bilden und dem heutigen Verkehr Rechnung tragen.

II. Schaffung von Hochhäusern an solchen neuen Schwerpunkten, um die Stadt aus der nivellierenden Horizontale in die Vertikale zu führen.

Diese neuen *Stadträume* werden durch große und leistungsfähige Straßen verbunden sein. In Düsseldorf folgende städtebauliche Schwerpunkte:

1. Um den Schwanenspiegel herum sammeln sich die *Bauten des Staates,* das Parlamentsgebäude mitten im Park umschließend. Es fehlt noch

die Staatskanzlei. Pläne dafür sind in der Ausführung. Das Hochhaus des Aufbauministeriums leitet über zu

2. den *Hochbauten am Rheinufer.* Das neue Mannesmannhochhaus wird mit dem alten Peter-Behrens-Bau und dem Haus des Landschaftsverbandes den südlichen Teil der Rheinuferfront beherrschen. Der Mittelabschnitt soll von dem geplanten *Rathauskomplex* eingenommen werden.«[237]

Die Zeichen der Wirtschaft standen auf Wachstum, die Architektur sollte folgen. In Düsseldorf und anderswo. Eine weitere Signalwirkung ging 1957 von Berlin aus, wo im »Schaufenster des Westens« unter Beteiligung international bekannter Architekten aus vielen Ländern das Hansa-Viertel erbaut wurde. Mit der Auslöschung des strengen Grundrisses der zertrümmerten Stadt durch freistehende »Dominanten« zwischen »fließenden« Freiräumen – so die Leitbegriffe damaliger Stadtplanung – sollte sowohl der starren Stalin-Allee im Osten Berlins als auch der schlichten Improvisation auf vorhandenen Resten, die den frühen Wiederaufbau gekennzeichnet hatte, eine Alternative entgegengesetzt werden. Große Ausstellungen im Rahmen der *Interbau Berlin 1957* zogen eine erste Bilanz und gaben Ausblick: Veranstaltet in Verbindung mit der *Deutschen Akademie für Städtebau und Landesplanung,* zeigte die Ausstellung *Deutscher Städtebau 1945-1957* in einer Retrospektive die Leistungen des Wiederaufbaus; gleichzeitig präsentierte man unter dem Titel *die stadt von morgen* eine Übersicht über Zukunftsprobleme, die auf dem Weg vom Aufbau zum Umbau der Städte erwartet wurden. In der Einleitung des gleichnamigen Buches *die stadt von morgen,* das 1959 unter *Förderung durch das Bundesministerium für Wohnungsbau* erschien, wird festgestellt, »daß die Städte mit der Entwicklung unserer immer perfekter werdenden technischen Welt und mit dem wünschenswerten Dasein der menschlichen Gesellschaft in dieser Welt immer weniger übereinstimmen. In überkommenen Stadtgefügen verkrustet, verharren unsere Städte in steinernen und grundstücksgebundenen Traditionen und versagen gegenüber den Aufgaben, die unsere Zeit an sie stellt. Unsere Städte ›funktionieren‹ nicht mehr.«[238]

Mit dem raschen wirtschaftlichen Aufschwung in der Bundesrepublik verstärkte sich der ökonomische Druck auf die Städte. Gerade erst fertiggestellt, schienen viele Zentren den neuen Entwicklungen eher Hemmnisse entgegen- als günstige Entfaltungsmöglichkeiten bereitzustellen. So war seit einigen Jahren bereits die »Sanierung« der gerade erst wieder bewohnbaren Innenstädte zum umstrittenen Thema geworden. Die Konzentration von Arbeitsplätzen in den Zentren und die rapide Steigerung des Verkehrs bei immer längeren Pendelstrecken zwischen Wohnung und Arbeitsplatz verlangten nach neuen Planungskonzepten; »neue Leitbilder *die Stadt – morgen«* wurden gesucht.[239]

Neue Fragen und Probleme lösten die überkommenen Gestaltungsvorstellungen auf. Der Umbau der Innenstädte, die Neuorganisation des Verkehrs und die Expansion der Großstädte zu amorphen Gebilden, die sich zu Stadt-Regionen ausweiteten, drängten seit Mitte der fünfziger Jahre auf ein neues Planungsverständnis, das weniger von konkreten Bildern des künftig Gebauten als vielmehr von Entscheidungen zwischen abstrakten Entwicklungsbedingungen ausging: von Verkehrsfrequenzen, Verdichtungsziffern, Beschäftigten- und Einwohnerzahlen, vor allem von genauer Kenntnis rechtlicher Regelungen und politischer Entscheidungsprozesse, die in den Jahren davor oft noch durch informelle Absprachen ersetzt worden waren. Gewohnte Leitvorstellungen und Verfahren versagten angesichts der neuen Probleme, die mit der raschen Ausweitung des tertiären Sektors der Wirtschaft – Handel, Banken, Verkehr usw. – und dem beschleunigten Verstädterungsprozeß verbunden waren. Rückblickend berichtet Rudolf Hillebrecht:»Wenn Sie sich die Daten zur Bevölkerungsentwicklung in Hannover ansehen und feststellen, daß es 1939 470 000 Einwohner gab, 1945 im Mai 270 000, und daß diese Stadt 1957 schon auf 557 000 Einwohner gewachsen ist ohne jede Eingemeindung, wird das Bedrohliche deutlich: Diese Ziffern steigern sich bis 1960 auf 575 000. 1954 hatten wir schon 35 000 Einwohner mehr als vor dem Krieg, so daß wir uns fragten: ›Mein Gott, wo soll das hinführen?‹ Wir hatten sehr enge kommunale Grenzen, 420 Einwohner im ha – das lag nach der Bundesstatistik mit Düsseldorf an der Spitze.«

Die Forderung nach rascher »Verdichtung« der Städte trat in den Vordergrund der Diskussionen, wie Hillebrecht ausführt:»So kam es bald zum Bruch mit unseren bisherigen Leitbildern. Die ›Urbanitäter‹ und Verdichter traten auf und sagten: ›So geht es nicht weiter, Nachbarschaften sind Scheiße! Auch die aufgelockerte und gegliederte Stadt! Wir müssen verdichten!‹ Ich hatte unter dieser Verdichtung immer einen qualitativen Begriff verstanden, die ›Verdichter‹ aber verstanden es immer bloß quantitativ. Aus ganz verschiedenen politischen Ecken wurde nun plötzlich geschossen auf die ›Auflockerung und Gliederung‹ und die ›verdammten Einfamilienhäuser‹ – da ging es auch los gegen Lücke (den damaligen Bundesminister für Wohnungsbau; W.D.), der damals seine hohe Zeit hatte: Das war mitten in seiner Amtsperiode, und so ist es zu der Wende gekommen, die dann ihre extremen Formen angenommen hat, etwa im Osdorfer Born oder im Märkischen Viertel.«[240]

In seinem Aufsatz über den *Neuaufbau der Städte* gab Rudolf Hillebrecht schon 1957 einen Rückblick auf die Zeit des Wiederaufbaus, die nun in eine Phase bewußter Neugestaltung überzugehen habe: Grundlage dafür sei eine weit vorausblickende Struktur- und Entwicklungsplanung, die vor allem der Dynamik der Wirtschaft Rechnung zu tragen und Entfaltungsmöglichkeiten zu steuern habe: »Über allen Stadtplanungen, insbesondere über den Planungen für die Stadtkerne, mußte die Frage der Entwicklung der Wirtschaftsformen, der Produktionsmethoden und des Lebensstandards stehen. Sine ira et studio war die Erkenntnis, daß die USA in diesen Formen und Methoden der übrigen Welt vorangeeilt waren. So schwer auch eine Prognose sein mochte, so war doch mit einer ähnlichen Entwicklung über kurz oder lang auch bei uns zu rechnen. Würden auch Unterschiede zwischen Amerika und Europa im Lebensstandard, in den Produktionsmethoden und in den Wirtschaftsformen bestehen bleiben, so würden sie aller Voraussicht nach doch nur gradueller Natur und weniger wesensmäßiger Art sein. Wir durften also aus der amerikanischen Entwicklung Schlüsse im Grundsätzlichen und, soweit ihre Fehler erkennbar waren, Lehren im Speziellen ziehen. Die Antwort auf unsere Frage, ob der ›Trend‹ der Funktionstrennung im Wirtschaftsprozeß sich fortsetzen würde, dürfte wohl eindeutig bejaht werden. Das bedeutete, daß gerade im Stadtkern immer weniger Baulichkeiten mit gemischter Nutzung (z. B. Läden, Büros, Wohnungen im gleichen Haus) Platz haben würden und sollten.«[241]

Gleichzeitig warnte Hillebrecht: »Sicher bietet die Skyline amerikanischer Städte, so erregend und eindrucksvoll sie auch ist, kein Vorbild; denn sie ist das Abbild einer geistigen Verfassung, die nicht erstrebenswert erscheint und die Amerika selbst zu überwinden sich anschickt. Auf der anderen Seite dürfte ein völliger Stadtneubau nicht an der Verpflichtung vorübergehen, die wir der Zukunft gegenüber haben. Sie würde uns auch auferlegen, der Hoffnung Raum zu lassen und eine Komposition zu wählen, deren Akzente die Zukunft zu setzen hätte. Wir sollten das ehrliche Bekenntnis unseres Unvermögens, heute eine städtebaukünstlerisch gültige Aussage mangels eines allgemeingültigen überragenden geistigen Anliegens machen zu können, nicht scheuen. Dieses Bekenntnis dürfte fruchtbarer sein als jede Selbsttäuschung.« Auch wenn damit zugleich die gestalterische Einheitlichkeit und sinnstiftende Einprägsamkeit der Stadtbilder zunächst weiter zerfalle, die in Zukunft »von großer Vielfalt der Formen« bestimmt sein würden, könnten endlich neue Bedürfnisse artikuliert, könnte der Freiheit des Einzelnen und der Pluralität der Gesellschaft gebührend Ausdruck gegeben werden.

Im Rückblick auf die »in versteinerte Monumentalität gebannten räumlichen Vorstellungen« zum Bauen im *Dritten Reich* deutet Hillebrecht an: »Es ist schwer zu schildern, welcher geistigen Anstrengungen es bedurfte, um sich jener Fesseln zu entledigen, die das politische Pathos erzeugt hatte.« Inzwischen seien diese Fesseln gelöst: »Der Städtebau unserer Zeit wird von der Idee der Freiheit getragen, und diese geistige Konzeption unterscheidet ihn von der Vergangenheit. Das augenblickliche Bild unserer Städte ist verwirrend, weil gar zu vieles noch Stückwerk ist und gar zu oft der erzwungene Kompromiß die Gestaltungsabsicht verzerrt. Anderes ist ungewohnt und bestürzend, wie beispielsweise die Form der dem Verkehr dienenden Plätze.« Hillebrecht erläutert: »Die alten gewohnten Plätze waren in sich geschlossene Räume, für den Aufenthalt der Menschen bestimmt. Sie unterlagen anderen Anforderungen und Gestaltungsgesetzen als die Plätze des Verkehrs, die wir heute benötigen. Nicht, daß wir heute im Stadtkern keine Plätze für den Aufenthalt, das besinnliche Verweilen brauchen. Im Gegenteil. Wir wollen sie nicht entbehren. Aber der Verkehrsplatz ist ein neues Bedürfnis, und er verlangt ihm allein gemäße, allerdings höchst ungewohnte Formen. Seine Dimensionen und Formen werden von der Dynamik der Zeit bestimmt und bringen ein neues Gestaltungselement in das Stadtbild. Ein solcher Platz wird anders erlebt als der ›statische‹ Raum des alten Platzes und darf deshalb auch andere Formen haben, die den Gestaltungsprinzipien entsprechen, die der moderne Verkehr entwickelt hat.«[242]

Die Entwicklungen in Produktion, Konsum, Handel und Verkehr fordern neue Konzepte.[243] Die Planer sind ratlos. Doch sind bald neue Formeln zu Sicherung der Kompetenzansprüche gefunden: *Die Wirtschaft wird Zeitgeist.*

Neue Perspektiven der Architektur und Stadtentwicklung werden 1960 unter dem Motto *Erneuerung unserer Städte* gemeinsam mit Wissenschaftlern und Politikern während der 11. Hauptversammlung des Deutschen Städtetages diskutiert; in seinem einführenden Vortrag zum Thema »Koordinierte Planung« sagt Hillebrecht: »Die heutige Situation wird ursächlich durch *Strukturveränderungen der Wirtschaft* hervorgerufen und gekennzeichnet, hinter denen als Triebkraft die geistige Wandlung unseres Weltbildes steht, von der zu sprechen jetzt keine Zeit ist, kurz durch Veränderungen, für die Rationalisierung, Mechanisierung, Automation (...) Merkmale primärer Art sind.« Hillebrecht unterstreicht die These eines Vorredners: »Das organische Wachstum der Städte hat sein Ende erreicht.« Er stellt fest: »Die Wirtschaft entwickelt mit der ihr eigenen Dynamik neue Formen der Produktion und der Produktionsverteilung«, und diese könne man nicht durch Wünsche und Empfehlungen außer Kraft setzen. Er zitiert die Vorteile wirtschaftlicher Konzentration und städtischer Ballung, und er empfiehlt: »(...) von den Eiferern gegen die Stadt und ihre Erscheinungsform muß man eine volkswirtschaftlich begründete stichhaltige Argumentation verlangen. Sentiments und Ressentiments können sie nicht ersetzen. Wenn allerdings – wieder einmal – aus emotionalen Assoziationen ein politisches Glaubensbekenntnis werden sollte, so ist jede sachliche Erörterung der Probleme ebenso fehl am Platz wie vor nicht allzu ferner Zeit gegenüber dem gleichermaßen politischen Glaubensartikel vom ›Blut und Boden‹. Eine solche romantisierende, sich philanthropisch-philosophisch gerierende, dilettierende ›Bewegung‹ würde die kritische Situation, in der wir uns befinden, allerdings auf das Gefährlichste verschleiern und vernebeln.«[244]

In nüchterner Anerkennung habe man sich den wirtschaftlichen Realitäten zu stellen, Glaubensbekenntnisse seien nicht gefragt: Endlich konnte man jeder bloß emotional oder gar weltanschaulich begründeten Kritik an den Städten und ihrer Architektur die harten Fakten und Erfordernisse einer expandierenden Volkswirtschaft entgegenstellen. Pragmatisch sei nun mit den neuen Bedingungen zu rechnen; in der von Hillebrecht eingeleiteten und von Klaus Müller-Ibold bearbeiteten Studie *Städte verändern ihr Gesicht*[245] wird 1962 die Vision von weiträumigen Stadtregionen skizziert, deren Haupt- und Nebenzentren durch leistungsfähige Verkehrsbänder verbunden sind. Mit dieser Publikation war ihnen die Popularisierung der Thesen des Soziologen und Nationalökonomen Jean Fourastié gelungen, der in der Ausweitung des tertiären Sektors *Die große Hoffnung des XX. Jahrhunderts*[246] sah und den Übergang in eine urban geprägte Freizeitgesellschaft prognostizierte. Solche Empfehlungen zur urbanen Verdichtung der Stadtstrukturen unterstützte auch Wilhelm Wortmann, seit 1956 Ordinarius für Städtebau, Wohnungswesen und Landesplanung an der Technischen Hochschule Hannover. 1962 erschien in der einflußreichen *Schriftenreihe der Deutschen Akademie für Städtebau und Landesplanung* sein Aufsatz »Die Reurbanisierung, der Weg zu einer neuen Gestalt der Stadt«[247]. Den Bildern der aufgelockerten Stadt werden nun Forderungen nach gezielter Steuerung der fortschreitenden Konzentration entgegengesetzt, die freilich mit schwerwiegenden Veränderungen der gesamten Stadtstruktur und tiefgreifenden Verkehrsproblemen verbunden sind.

Die Zeichen der Zeit sind erkannt: 1959 hatte Hans B. Reichow mit großem Erfolg sein Buch *Die autogerechte Stadt*[248] herausgebracht. Schon der Titel umreißt ein neues Leitbild der Planung. Breit nimmt sich die Presse der Thematik an – und einschlägige Interessengruppen ziehen nach. »Wann werden unsere Städte autogerecht?« fragt die von einer Automobilfirma herausgegebene Illustrierte *Rhombus:* Reichows Planung für die Sennestadt wird als erster autogerechter Stadtentwurf vorgestellt. Als weiteres Vorbild wird Hannover genannt: »Mit fast unverminderter Geschwindigkeit kann man vom Ruhrgebiet und von Bremen aus, ohne andere Straßen zu kreuzen, den inneren Stadtring erreichen, auf dessen Knotenpunkten die Automobile durch riesige Kreise ampellos in die gewünschte Richtung geschleust werden. Der in der Zukunft erforderlich werdende Straßenraum für aufgeständerte Expreßstraßen in der Innenstadt, für Unterpflaster-Straßenbahnen, für Parkhäuser und Tiefgaragen ist von Professor Hillebrecht schon vor mehr als fünf Jahren vorausschauend reserviert worden. Darüber hinaus hat man in Hannover aus dem Schicksal der zu schnell gewachsenen amerikanischen Großstädte gelernt, den Stadtkern entlastet und verkehrserzeugende Hochhäuser an den Rand der City verbannt.«[249] 1960 wird Rudolf Hillebrecht mit der Auszeichnung *Goldener Dieselring* geehrt.

Als weiteres Beispiel weitblickender Planung wird in jenen Jahren immer wieder Düsseldorf genannt, wo insbesondere die in der Stadtmitte aufgeständerten Hochstraßen Aufsehen erregten. Sie werden auch im Sammelband *Hochstraßen. Beispiele aus deutschen Städten* vorgestellt, der 1960 im *Beton-Verlag* erscheint. Die zweite, erweiterte Auflage dieses

Buchs ist 1967 um ein Vorwort ergänzt, in dem Friedrich Tamms gemeinsam mit Fritz Leonhardt seine Erwartungen zukünftiger Stadtentwicklung skizziert: »Der Umbau, dem unsere Städte um die Mitte des 19. Jahrhunderts ausgesetzt waren, als die Eisenbahnen in sie eindrangen, war sicherlich nicht größer als der, dem sich unsere heutigen Städte gegenübergestellt sehen – dieses Mal im Zeichen des Autos. Stadtautobahnen, niveaufreie Kreuzungen, Trennung von Schiene und Auto, Hochstraßen und Tunnels – alle diese Erfindungen können dazu beitragen, daß die Stadt der Zukunft eine besser organisierte sein wird als die heutige. Demzufolge wird sich die Zahl der Hochstraßen vermehren.«[250]

Auch Reichow wirbt weiter für die Idee der autogerechten Stadt. Im Sommer 1962 hält er einen Vortrag im Seminar seines früheren Mitarbeiters Fritz Eggeling, nun Professor an der TU Berlin, über *Das Pensum des Städtebaus heute,* in dessen Mittelpunkt ein Plädoyer für kreuzungsfreie Straßen steht, mit denen er die »allgemeine Erstarrung« des Verkehrs »auf weite Sicht vermeiden und der Flüssigkeit des Verkehrs im Sinne des griechischen Ideals ›Alles im Fluß‹ die Weichen stellen will«. Reichow führt aus: »Den autogerechten und menschenwürdigen Idealfall bei Neuanlagen realisieren, heißt zugleich, das Optimum für den Umbau und die Kompromisse in den vorhandenen Städten entwickeln. Denn auch diese müssen den Trend zum Optimismus haben, um auf die Dauer unseren Ansprüchen zu genügen. Und wenn auch oft nur im übertragenen Sinne, so lassen sich doch die im Dienste der Verkehrssicherheit liegenden Vorzüge der Kreuzungsvermeidung und des sinnfälligen und zwingenden Vorfahrt-Regulativs ebenso wie die der vom Fahrverkehr getrennten Fußgängerwege beharrlich, wenn auch langsam, auf alte Städte übertragen.«[251] Indem wirtschaftlicher Dynamik Priorität eingeräumt und auch die Stadtstrukturen – alles fließt – als disponibel betrachtet wurden, veränderten die Städte tatsächlich ihr Gesicht, verloren sie weiter ihre historisch gebildete Physiognomie. Allerdings schneller und anders, als von den Planern erwartet.

Verkehrsschneisen, Kahlschlagsanierungen, ungebremste Spekulation in den Zentren und bauindustrielle Massenproduktion in den Außenbereichen entstellten das Gesicht der Städte dergestalt, daß Jahre später die Planer ihre früheren Absichten bisweilen nicht mehr wiederzuerkennen vermochten. Im nachhinein riefen ihre Entscheidungen in der Öffentlichkeit statt Begeisterung auch Proteste hervor. Inzwischen sprach man schon von einer zweiten Zerstörung deutscher Städte nach dem Wiederaufbau. Sarkastisch bemerkt Rudolf Wolters bereits 1963 in seiner Schrift *Es geht ums Ganze:* »Der Zuzug der Flüchtlinge und das merkwürdige Steuersystem, das die Städte von der Gewerbe- und Lohnsummensteuer leben läßt, veranlaßte sie, möglichst viel Gewerbe an sich zu ziehen. Mit den neuen Industrieansiedlungen wuchsen aber die Ausgaben meist weit über das, was durch die Einnahmen der Gewerbesteuern gedeckt werden konnte. Eine leider auch wiederauflebende Großmannssucht ließ die Städte im Zuge des Aufstieges der Wirtschaft nach größerem Betrieb und damit nach dichterem Verkehr und steigender Einwohnerzahl streben. Anstatt die zerstörten Stadtkerne von neuer Bebauung möglichst freizuhalten, verdichtete man sie durch Erzeuger zusätzlichen Verkehrs. Mit Hochhäusern, die bei uns Mode wurden, als man ihre Nachteile in Amerika bereits erkannt hatte, gab man unseren alten Städten Brocken zu schlucken, die sie in keiner Hinsicht verdauen konnten. Inzwischen operiert man an den Darmverschlingungen herum, die durch die Überfütterung mit zusätzlichem Ziel- und Quellverkehr hervorgerufen wurden. Die moderne Stadtzerstörung ist an zahlreichen Stellen noch heute in vollem Gange.«[252]

Der Tertiärisierungsschub der sechziger Jahre hatte das Bild der Städte neu geprägt, die überkommenen Formen gesprengt. Infolge des tiefgreifenden wirtschaftlichen Strukturwandels waren viele Bewohner ländlicher Gebiete in die industriellen Ballungsräume gezogen, die inzwischen weit über die traditionellen Grenzen hinausgewachsen waren und großräumige Stadtregionen bildeten. An den Rand und in das Umland der Städte wanderten zudem jene Teile der innerstädtischen Bevölkerung, die sich dort eine bessere Wohnqualität erhofften als in den Zentren, in denen ein Verwaltungsturm nach dem anderen entstand, Bauten, die anfangs noch als Zeichen von Wohlstand und Modernität gefeiert wurden.[253]

Gefeiert wurden dabei auch die Architekten und Planer, die mit ihren Entwürfen der neuen gesellschaftlichen Entwicklung anschaulich Ausdruck gaben, mehr noch: Entwicklungsperspektiven materialisieren konnten. Mit wechselndem gestalterischem Repertoire und planerischen Instrumentarien hatten einige von ihnen über Jahrzehnte hinweg in pragmatischen Kompromissen den jeweils herrschenden gesellschaftlichen Verhältnissen Rechnung getragen: Voraussetzung für die Realisierung ihrer Pläne, deren Durchsetzung den »vom Bauen leidenschaftlich Besessenen« wiederum als Grundlage der nächsten Erfolge galt. Ein Erfolg zog den anderen nach sich, der wachsenden Reputation folgten Ehrungen und Auszeichnungen.

Auf die weltweite Anerkennung, die Helmut Hentrich und seine Partner seit dem Bau des Düsseldorfer *Dreischeibenhauses* genossen, folgten weitere Aufträge und Projekte, die anderen Architekten als Vorbild und Muster galten: In Hamburg entstand das *Unileverhochhaus* am Dammtor und das *Finnlandhaus* an der Esplanade, in Leverkusen das *Bayerhochhaus,* in Berlin das *Europa-Center;* Hochhäuser für Banken und Versicherungen folgten. Die Reihe der Verwaltungsbauten in den Zentren westdeutscher Städte wurde ergänzt durch Großprojekte im Ausland. In Johannesburg wurde das turmartige *Standard Bank Centre* zu einem neuen Merkmal in der Silhouette der Stadt, in der die Hochhäuser der *Highpoint Hillbrow* weitere Akzente setzten; in Kimberley, Südafrika, erhob sich das *Diamant Sorting Building* an der *Hentrich Street*. In 13 Städten Westdeutschlands und Südafrikas erbaute das international bekannte Großbüro Hentrich, Petschnigg und Partner (HPP) insgesamt über 40 Hochhäuser; in verschiedenen Teilen der Welt wurden Zweigbüros eröffnet. Helmut Hentrich wird schließlich durch die Landesregierung Nordrhein-Westfalen zum Professor ernannt und erhält den großen Ehrenring der Landeshauptstadt; 1981 wird ihm die Tessenow-Medaille in Gold verliehen.[254]

Internationale Anerkennung und Aufträge konnte in den sechziger Jahren ein anderer Architekt verzeichnen, der 1960 in einer Illustrierten unter dem Titel *Menschen unserer Zeit* portraitiert wird: Ernst Neufert. Seine *Bauentwurfslehre* hatte durchschlagenden Erfolg und wurde in alle Weltsprachen übersetzt, Neufert gilt als Deutschlands bekanntester Architekt von Industriebauten. »Seine weltweite Bedeutung kennzeichnen die hohen Ehren, die Professor Ernst Neufert zuteil wurden. Nur zwei seien hier genannt: Er ist ›ehrenwertes korrespondierendes Mitglied‹ des Royal Institute of British Architects und (...) als einziger deutscher Architekt korrespondierendes Ehrenmitglied der königlich-spanischen Akademie der Wissenschaften und Künste in Barcelona geworden.«[255] Die Reihe der Ehrungen ließe sich fortsetzen: Neufert wurde zum Professor h.c. und zum Doktor h.c. der Universität Lima ernannt und Ehrendoktor der Universität Innsbruck, Träger des Großen Bundesverdienstkreuzes mit Stern der Bundesrepublik Deutschland und sonstiger hoher deutscher und ausländischer Orden. Besonderer Wert wird in dem Portrait aus dem Jahre 1960 auf die Internationalität seines Wirkens gelegt, die ihm in seiner Vergangenheit schwere Probleme bereitet habe, wie es in der Illustrierten nach dem Bericht über seine Weltreise heißt: »Herzliche Gastfreundschaft, Vorträge an Universitäten und vor Architekten in Istanbul, Karatschi, Hongkong, Hawaii, Nord- und Mittelamerika zeichneten diesen Reiseweg. Seine Weltoffenheit vertrug sich auch nicht mit dem Nationalsozialismus. So mußte er wie Bartning seinen Lehrstuhl in Weimar verlassen. Eine Lehrtätigkeit wurde ihm überhaupt im ›Dritten Reich‹ untersagt. Es folgten Jahre produktiver Bautätigkeit als Industriearchitekt, vor allem auch als Publizist auf seinem ureigensten Gebiet.«[256]

Als Publizist auf seinem ureigensten Gebiet profilierte sich inzwischen auch Herbert Rimpl. 1959 veröffentlicht er sein einflußreiches Lehrbuch *Verwaltungsbauten*[257], das auch einige Beispiele aus dem Oeuvre Hentrichs zeigt. Rimpl hatte sich durch Großbauten für Verwaltungen, Versicherungen und das Bundeskriminalamt in Wiesbaden einen neuen Namen gemacht; er hatte sich eingestellt auf die »im Eiltempo fortschreitende Entwicklung der Technik« und die Erfordernisse der Wirtschaft, die er in seinem Buch beschreibt. Daß er neue Entwicklungen aufgeschlossen begleiten und sich nicht mit quälenden, arbeitshemmenden Rückblicken aufhalten würde, hatte sich schon 1953 in seiner programmatischen Schrift *Die geistigen Grundlagen der Baukunst unserer Zeit* abgezeichnet. Zwischen Forderungen nach einer Wiedergewinnung pantheistischer Religiosität hatte er dort schwärmerisch festgestellt: »Die Morgenröte ist da. Wir beginnen ganz neu, die Formen der Vergangenheit vermögen uns weder im Städtebau noch im Hochbau Wegweiser oder gar Vorbild zu sein. Wir wissen, daß wir keine endgültige Weltanschauung besitzen (...).«[258]

Erst mehr als ein Jahrzehnt später regte sich wieder Protest gegen die Resultate des allzu pragmatischen »Neubeginns« nach 1945. Kritik wurde laut. 1965 erschien Alexander Mitscherlichs Pamphlet *Die Unwirtlichkeit unserer Städte. Anstiftung zum Unfrieden*[259], das eine Kettenreaktion von Planungskritik und Architektenschelte bewirkte, der sich die Gescholtenen schließlich selbst anschlossen, um auf die tieferen Ursachen der beklagten Fehlentwicklungen hinzuweisen. Angesichts der durch kommunale Instanzen und ihre Vertreter inzwischen weitgehend unbeeinflußbaren ökonomischen Interessen und ihrer Durchsetzungspraxis stellt Rudolf Hillebrecht etwa am Beispiel des Ihme-Zentrums in Hannover fest, »daß wir in schwer zu beschreibender Weise überrundet und überfahren worden sind, und das wäre so früher nicht möglich gewesen«.[260]

Das nackte Geschäftsinteresse überlokal agierender Investoren, anonymisierte Entscheidungsprozesse und fortschreitende Bürokratisierung in privaten wie öffentlichen Institutionen hatten jedenfalls die gewohnten Muster der Kooperation inzwischen längst aufgelöst. Zudem verschärften sich die Verteilungskonflikte: Die Fortschreibung der stürmischen Entwicklung der Nachkriegszeit in den Prognosen der frühen sechziger Jahre ging ins Leere, die Realität fiel hinter die Erwartungen zurück. Die Jahre 1966/67 waren von wirtschaftlicher Rezession gekennzeichnet. Dünn wurde das Eis, auf dem sich die Planer bewegten, seit sie sich nach dem Verlust ihrer alten Leitbilder auf die normative Kraft des Faktischen verlassen hatten – und die Zukunft in deren bruchloser Verlängerung sahen.

1967 schrieb Friedrich Tamms, der nach 1945 so viele Klippen umschifft hatte, an den Soziologen Edgar Salin: »Unsere Erfahrungen und Methoden der letzten 20 bis 30 Jahre spiegeln sich von selbst in die Zukunft. Dabei schauen wir trotz des täglichen Kleinkriegs nach Zeichen am Horizont aus, zu denen wir unser Schifflein hinlenken könnten. Wir graben in allen möglichen Publikationen herum, um dem möglichst nahe zu kommen, was die kommenden Jahre vermutlich bringen werden. Wir brauchen Prognosen!«[261] Auf eine Fortschreibung von Erfahrungswerten solle er sich nicht mehr verlassen, antwortet Salin. Und Tamms sieht ein: »Die Einwohnerzahlen der großen Städte gehen zurück, die Beschäftigtenzahlen sinken. Es scheint so, als ob auch die sogenannten Zuwachsindustrien rückläufig sind und daß von Prognosen über große Zeiträume hinweg wenig, für Stadtplanung und Stadtentwicklung kaum etwas zu halten sein wird. Für uns Planer, die wir gern die Hilfe benachbarter Wissenschaften in Anspruch nehmen möchten, taucht damit die bange Frage auf, von welcher Seite denn reale Grundlagen für die Entwicklungsplanung bezogen werden könnten«, schreibt er 1967 in einem Aufsatz über *Stadtentwicklung und Realität*.[262]

Friedrich Tamms (stehend) mit Vertretern der Stadt vor Plänen zur neuen Messe 1969. Im Hintergrund: Bild der Beratung der Pläne zur Ausstellung »Gesolei« (1924 – 1926)

Städtebauliches Modell zum Entwurf für ein Regierungsviertel an der Haroldstraße

Den wirtschaftlichen Strukturwandlungen und ersten Krisen in der Bundesrepublik folgten politische Veränderungen; die Bildung der Großen Koalition und die Ausweitung staatlicher Steuerungs- und Kontrollmöglichkeiten zogen lauten Protest nach sich. Nicht mehr als selbstverständlich wurde hingenommen, was »von oben« vorgegeben wurde – in der »großen« Politik wie in lokalen Konflikten wurden Fragen gestellt, war Legitimation gefordert. Ansprüche wurden an der Wirklichkeit, Pläne zur Stadtentwicklung an der gesellschaftlichen Realität gemessen. In diesem Klima mißtrauischer Unruhe brachen auch alte Konflikte wieder auf, auch in Düsseldorf.

1968 erschien in der *Bauwelt* eine Satire, die die demonstrative Modernität der Düsseldorfer Planung glossierte und in unverkennbaren Anspielungen die Vergangenheit von »Professor Bumms« und seines Kollegen »Schmidt-Trauerweide« beleuchtete: »Während Schmidt-Trauerweide den Strömungen der Zeit bis zu seiner Pensionierung trotzte, löste Professor Bumms das Problem der Anpassung.« Durch Auslandsreisen und breite Information sei Bumms zu neuen Erkenntnissen gekommen: »Das Ergebnis war ein ganz neuer Bumms, denn als das Moderne anfing modern zu werden, konnte unser großer Städtebauer, wie beim Wettlauf zwischen Hasen und Swinegel, ausrufen: ›Ick bün schon do!‹.«[263] Um im Trend der Zeit möglichst weit vorne zu liegen, habe Bumms seine Stadt mit überdimensionierten Planungen überzogen. Der Text greift Tamms kaum verhüllt an. Tamms reagiert empört. Die *Bauwelt* habe einen Artikel publiziert, der mit »bewußten Unterstellungen, Verdrehungen von Tatsachen und mit geradezu pathologischer Mißgunst verfaßt« sei. In seinem Protest wird Tamms durch namhafte Düsseldorfer unterstützt, darunter auch Bernhard Pfau, ehemals Wortführer des *Architektenrings,* der seinen Brief nun als *Mitglied der Akademie der Künste Berlin* unterzeichnet.[264] Josef Lehmbrock, *Vorsitzender der Bezirksgruppe BDA Düsseldorf* und *Delegierter des Werkbund-Rates der Bundesrepublik,* verschärft indessen noch den Angriff auf Tamms, indem er weiteres Material nachträgt – ein später Nachhall des Düsseldorfer Architekturstreits früherer Jahre, zu spät: Tamms' Dienst für die Stadt ist beendet.

Das Ende der legendären »Ära Tamms« ist erreicht. Am 1. Dezember 1969 wird er aus seinem Amt verabschiedet. »Immer wieder standen Sie im Kreuzfeuer der Kritik«, hebt der Oberbürgermeister in seiner Ansprache hervor: »Es ist sicher richtig, daß Sie außerhalb Düsseldorfs zeitweise mehr Anerkennung gefunden haben als in der eigenen Stadt.«[265] Mit nachdenklichem Unterton und Zeichen von Selbstzweifel zieht Tamms 1969 Bilanz, sieht in dem Ende seiner Karriere zugleich eine ganze Generation abtreten, um der nächsten den Weg zur Gestaltung der eigenen Zukunft freizugeben. 1969 schreibt er *Zur Situation:* »Unsere Zeit fordert die Prüfung unbegründeter Autorität, gleichzeitig aber die Stärkung jener Autorität, die bereit ist, sich durch Leistung und Initiative täglich zu erneuern und zu behaupten. Das heißt nichts anderes, als daß jede Position durch nie aufhörenden Nachweis von sinnvollem Tun verteidigt und durch erfolgreiche Teilnahme an der Klärung von uns konfrontierenden Problemen erhärtet werden muß. Der Dialog ist in den letzten Jahren lebhafter geworden, auch lauter, und vor allem breiter als manch ›Gesetzter‹ anerkennen möchte. Aber die Welt entwickelt sich nun einmal ohne Rücksicht auf den Einzelnen – mag er noch so sehr auf Rechte pochen oder mit Verdiensten beladen sein. Sie folgt ihrem Gesetz, das weniger in der Sache begründet ist, als in den Menschen selbst, von denen immer wieder gesagt wird, daß ›die Revolution ihre eigenen Kinder fresse‹, oder allgemeiner: die Jungen werden die Älteren ablösen und neue Ziele setzen.«[266]

Schlußworte, doch nicht die letzten.

Noch lange gaben die Älteren den Ton an. Die Ablösung ließ auf sich warten.

Die neuen Ziele blieben vorerst die alten: Unter dem Druck drängender Aufgaben und Investitionen waren inzwischen jüngere Architekten und Planer zum Zuge gekommen, die in betriebsamer Tüchtigkeit ein Erbe übernahmen, dessen Geschichte sie kaum interessierte. Ihre Ausbildung hatten sie in jenen fünfziger und sechziger Jahren erhalten, in denen das Nachfragen als unschicklich galt. Die Themen waren gegeben, die Ziele gesteckt. In Erwartung weiteren Wirtschaftswachstums trug *Die große Hoffnung des XX. Jahrhunderts* weiter, bis die rasche Folge ökonomischer, politischer und kultureller Krisen Ende der siebziger Jahre neue Orientierungen forderte.

Längst waren die Schüler von einst Lehrer geworden und prägten durch ihre Bauten, Büros, Berichte und Bücher eine nächste Generation von Architekten und Planern, denen jedoch durch die partielle Ausblendung der Sozialgeschichte ihrer Profession, der Lebensgeschichte ihrer Lehrer und deren Einbindung in den wechselvollen Prozeß gesellschaftlicher Entwicklung eine wesentliche Dimension historischen Bewußtseins verstellt blieb. Ohne quälende Fragen nach dem Woher und Wohin wurden pragmatische Entscheidungen getroffen, erfolgreich Kompromisse geschlossen und neue Karrieren begründet. Mit wachem Sinn für die jeweils aktuelle Realität und wechselnde »Strömungen« ohne tragende Traditionen wurde von den Jungen eine elegante Balance zwischen dem forsch domonstrierten Selbstbewußtsein eines kompetenten »Fachmanns« und der erwachenden Ratlosigkeit gefunden – Rollenspiel, gelebter Funktionalismus. Tänzer auf dünnem Eis, neuen Verführbarkeiten ausgesetzt und zugewandt: unsere Wirklichkeit, ohne Leitbild. Parva Aesthetica, bestenfalls.

Nun also wieder die Frage: Wie hätte man selbst gehandelt, wo einen Standort gefunden, damals, in jener Zeit universeller Verunsicherung, vor mehr als einem halben Jahrhundert, als die großen Vereinfacher auftraten, mit eingängigen Erklärungen und lockenden Versprechen? Denn: Wie und mit welchen Folgen handeln wir heute, angesichts aller uns bekannten Greuel in der Welt und der inzwischen vermeidbaren Not? Wieder Komplizen?

Es gibt keine »Gnade der späten Geburt«, die uns von der Last der Fragen befreite, die wir nicht nur den Älteren, sondern täglich uns selbst zu stellen haben: auch und gerade unter dem Druck weltweit verschärfter Verteilungskämpfe und Zukunftsängste, die – wieder einmal – zu blinder Tüchtigkeit oder kaltem Zynismus verleiten. Aber zurück zum engeren Blickfeld, zur Aktualität der Retrospektive.

Seit weder bewährte Berufsroutinen noch mißbrauchte Sozialwissenschaften Halt geben können, wächst die Unsicherheit. Und unsichere Zeiten machen den Hochstapler zum »Zeittypus« *par excellence*[267] – das Kostüm wird gewechselt. Die Propheten der Modernität werden zu Priestern der Kunst. Eine neue, alte Option auf der Flucht vor einer unerträglichen Wirklichkeit, wie Max Horkheimer am Beispiel der Architekten feststellte: »Die Figur des Fachmanns, des Vermittlers fortgeschrittener Fertigkeiten, paßt im Grunde nicht zur Marktwirtschaft. Sie weist einerseits auf das Vergangene, als nur der Priester den Weg zum allgemein Erstrebten wußte, andererseits auf eine Zukunft, in der reibungslos der unerhört komplizierte gesellschaftliche Mechanismus funktioniert und der Gedanke individueller Freiheit und Autonomie überholt und sinnlos geworden ist.«[268]

Da die technizistischen Utopien derzeit keine Nachfrage finden, wendet sich der Blick zurück – auf die Kunst als Ersatzreligion. Die Geschichte der Architektur wird als Hagiographie gelesen, in der es wieder Meister und Jünger, Sünder und Heilige gibt. Dabei richtet sich die Glorifizierung wie die Kritik vor allem auf die *Personen* und ihre *Werke,* auf die *Produkte,* nicht auf die *Prozesse* planerischer Tätigkeit als Teil der politischen Kultur einer Gesellschaft, an der sich auch die Integrität des eigenen beruflichen Handelns messen ließe. Diese beruhigend verkürzte Sicht folgt alten Mustern und vertrauten Deutungen; das Material für ein neues Heldenepos deutscher Geschichte liegt vor: in Nachrufen, Ehrungen, Festansprachen, Selbstdarstellungen. In den verklärenden, nicht erklärenden Erfolgsbilanzen erscheinen die Biographien zumeist nahezu unberührt von der realen Geschichte. Die Resultate der planerischen Tätigkeit werden abgelöst von den gesellschaftlichen Bedingungen, wechselnden Machtverhältnissen und Entscheidungsstrukturen, unter denen sie entstanden – und erscheinen als eigenständige Ergebnisse der Gestaltungs- und Durchsetzungskraft einzelner. Ungebrochen werden dabei zumeist vertraute Muster der Selbststilisierung und der Heroisierung historischer Vorbilder übernommen – und geben der nächsten Generation uneinholbare Maßstäbe zur Entfaltung ihrer beruflichen Identität vor: Auch die eigene Lebensgeschichte wird demnach als Kette individueller Erfolge und Mißerfolge betrachtet, kaum auch als geschichtliches Handeln im Rahmen übergreifender gesellschaftlicher Wandlungsprozesse. Biographien werden bereinigt, individuelle Planungsideologien und Architekturauffassungen werden verallgemeinert als »Theorie«, gar »Philosophie« ausgegeben – wie man heute über die »Philosophie« einer Firma spricht.

In scharfer Abgrenzung einzelner Perioden und dafür stellvertretender Personen wird die Geschichte der Architektur und Stadtplanung auf eine Abfolge großer Gestalten und ihrer Werke reduziert und weit von der Alltagspraxis abgehoben – bis heute. »Der deutsche Städtebau wurde in den ersten 40 Jahren dieses Jahrhunderts geprägt durch den vom Bauen und von der Architektur her geformten, umfassend gebildeten und in intuitiver Schau arbeitenden Fachmann«, heißt es in einer Würdigung der Tätigkeit Rudolf Hillebrechts in einer Schrift des Deutschen Städtetags 1975. »Wohl als hervorragendste Erscheinung dieses universellen Stadtbaumeister-Typs darf der in Bremen geborene Fritz Schumacher gelten, der der großen Schwesterstadt Hamburg nahezu 25 Jahre in seiner breiten Wirkungskraft gedient hat. Dies waren auch die Quellen, aus denen die nachfolgende Generation der Städtebauer schöpfte. Diese Generation, ebenso in Architektur und Bauen ausgebildet wie darüber hinaus umfassend gebildet, stand Ende des Krieges vor einer unvergleichlichen Situation: Die einst blühenden Städte waren zu Ruinenlandschaften zerfallen. Diese Situation war vor allem für den Städtebau geradezu eine Herausforderung! Einige deutsche Städte hatten das große Glück, aus dieser Generation auf jeweils eine hervorragende Persönlichkeit zurückgreifen zu können.«[269]

Durch ihre unbestrittenen fachlichen Leistungen und deren beeindrukkende Präsentation gaben solche »hervorragenden Persönlichkeiten« langfristig wirksame Orientierungen vor, setzten Maßstäbe und prägten Muster beruflicher Reputation, die auch den Jüngeren verbindlich blieben: von ihnen nun zumeist eingesetzt im individuellen Kampf um Einfluß und Macht, ohne die bindenden Netze der »Schulen« und ihrer geistigen Traditionen; freischwebend, und doch gemessen an den Vorbildern im Zwielicht unaufgeklärter Geschichte.

Noch lange schrieb etwa Friedrich Tamms neue Aufsätze, hielt Vorträge im Rundfunk, an Hochschulen und Akademien. Als Vorsitzender der *Landesgruppe Nordrhein-Westfalen* der *Deutschen Akademie für Städtebau und Landesplanung* hatte sein Wort Gewicht; gemeinsam mit Wilhelm Wortmann veröffentlichte er 1973 das Buch *Städtebau – Umweltgestaltung: Erfahrungen und Gedanken*[270], das auch einem breiten Publikum die Höhepunkte der eigenen Arbeit vorführte. 1974 erschien sein Buch *Von Menschen, Städten und Brücken*[271], das seine wichtigsten Schriften sammelte – von dem frühen Aufsatz *Das Große in der Baukunst* bis zu dem *Über moderne Kampfmittel – ziviler Bevölkerungsschutz* betitelten Text reicht das Spektrum der Themen. Die Vita des Architekten präsentiert sich im Buch gereinigt, lebensgeschichtliche Brüche sind nivelliert, nicht nur bei Tamms. »Friedrich Tamms, geboren 1904 in Schwerin (Mecklenburg), studierte Hochbau, Brückenbau und Städtebau an den Technischen Hochschulen München und Berlin, wo er als Dipl.-Ing. abschloß. Ab 1929 war Tamms im Brückenbauamt der Stadt Berlin tätig, ab 1935 als freischaffender Architekt und Berater der Deutschen Reichsautobahn. Gleichzeitig, bis etwa 1948, führte er städtebauliche Arbeiten und technische Bauten im Reichsgebiet durch und erhielt zwischenzeitlich einen Lehrstuhl für Hochbau an der TH Berlin. 1946 wurde er nach Ankara berufen.«[272] Nach einer Aufzählung verschiedener Funktionen, die Tamms seit seinem Amtsantritt in Düsseldorf ausübte, heißt es dann weiter: »Zahlreiche Ehrungen unterstreichen seine Bedeutung: Er ist Ehrenbürger der Universität Düsseldorf und wurde mit dem Goldenen Ehrenring der Stadt Düsseldorf ausgezeichnet. 1966 erhielt er den Fritz-Schumacher-Preis der FVS-Stiftung, Hamburg, 1969 die Cornelius-Gurlitt-Denkmünze der Deutschen Akademie für Städtebau und Landesplanung, 1970 die goldene Ehrenplakette der Industrie- und Handelskammer zu Düsseldorf und das große Verdienstkreuz des Verdienstordens der Bundesrepublik Deutschland.« Herausgeber dieses Buches, das 1974 zu Tamms' 70. Geburtstag erschien, war die *Deutsche Akademie für Städtebau und Landesplanung*. Ihr Präsident, Rudolf Hillebrecht, hat das Vorwort geschrieben, Wilhelm Wortmann das Nachwort, das die Vielseitigkeit des »Stadtbaumeisters« betont.

Genau zehn Jahre zuvor hatte Wilhelm Wortmann einem anderen Kollegen eine Laudatio auf dessen Wirken als Architekt und Planer gehalten:

»Der Vorsitzende des Kuratoriums der Fritz-Schumacher-Stiftung, Professor Hillebrecht, hat mich gebeten, die Laudatio für Sie, lieber Herr Gutschow, zu übernehmen und vor diesem Kreise darzulegen, was uns, die Mitglieder des Kuratoriums, bewogen hat, Ihnen einen der beiden Fritz-Schumacher-Preise dieses Jahres zuzuerkennen.« Und im Rückblick auf die gemeinsame Vergangenheit erinnert Wortmann: »Sie wagten (...) mit jungen Jahren das Risiko des freien Berufes und gewannen durch Ihre Arbeit im freien Wettbewerb bald einen mit Achtung genannten Namen. Aufgrund Ihrer fachlichen Leistungen wurden Sie zehn Jahre später zu dem Wettbewerb für die Neugestaltung des Elbufers zusammen mit namhaften Architekten der älteren Generation aufgefordert und mit dem ersten Preis ausgezeichnet. In Ihrem Büro waren in diesen Jahren viele Kollegen tätig, die heute an Hochschulen lehren oder an verantwortlichen Stellen in unseren großen Städten wirken. Auch später ist Ihr privates Büro stets zugleich Lehrstätte gewesen. Einen Tag möchte ich in dieser Stunde noch erwähnen, den 4. November 1944, Fritz Schumachers 75. Geburtstag«. Im Gedenken an den gemeinsamen Lehrer fährt Wortmann fort: »Wir versammelten uns in dem bescheidenen Arbeitsraum. Schumacher war erfreut und bewegt. Seine Dankesworte wurden durch das harte Feuer eines Fliegerangriffes jäh gestört. Schumacher unterbrach, äußerlich unberührt von dem, was sich draußen ereignete, und fuhr dann, als *der Spuk* vorüber war, fort, ohne den gedanklichen Faden verloren zu haben; eine souveräne Haltung, die ihn bis zu seiner Todesstunde ausgezeichnet hat. Seitdem sind nun 20 Jahre verflossen. Diese Jahre sind ausgefüllt von uns alle tief packendem und rüttelndem Erleben und von Arbeit *in dem uns so lieben Beruf.* Sie haben in diesen Jahren vielen Städten bei ihren Aufgaben geholfen. Auch die Stadt Hannover ist Ihnen für Ihre Beiträge zum Aufbau dankbar. Als einer der wenigen freiberuflich tätigen Planer haben Sie sich mit besonderer Liebe auch der kleineren Städte angenommen, die des fachmännischen Rates so sehr bedürfen.«[273]

Auch wenn Gutschow in der Nachkriegszeit von öffentlichen Vertretern seiner Heimatstadt Hamburg und von Kollegen in dieser Stadt eher gemieden wurde, war ihm andernorts doch hohe Anerkennung entgegengebracht worden. Vor dieser Laudatio, mit der ein *Preis für Städtebau* als Auszeichnung der von der *Stiftung FVS zu Hamburg* geschaffenen *Fritz-Schumacher-Stiftung* durch die *Technische Hochschule Hannover* vergeben wurde, hatte Gutschow bereits eine andere hohe Ehrung erfahren: Wegen seiner Verdienste um den Ausbau der Hochschulen hatte ihm auf Vorschlag von Tamms 1962 die Landesregierung von Nordrhein-Westfalen den Titel eines Professors verliehen. Die gleiche Auszeichnung erhielt 1964 sein Kollege Hans B. Reichow, der auf viele weitere Ehrungen verweisen konnte.[274]

Mit einer Fülle höchster Auszeichnungen wurde schließlich jener frühere Mitarbeiter Gutschows bedacht, der in den vier Jahrzehnten nach 1945 zum wohl einflußreichsten Planungsexperten in der Bundesrepublik geworden war: Rudolf Hillebrecht. Mit jeweils einstimmiger Wahl war er 1948, 1960 und 1972 in seinem Amt als Stadtbaurat in Hannover bestätigt worden; seine Erfahrungen in der kommunalen Praxis konnte er durch Nebentätigkeiten in vielen Institutionen erweitern und weitergeben. Mit über vierhundert Veröffentlichungen hat Hillebrecht wesentlichen Einfluß auf Theorie und Praxis der Stadtplanung in Deutschland genommen. Durch Verleihung zahlreicher Ehrenmitgliedschaften, von Bundesverdienstkreuzen, Orden und Preisen würdigte man seine Verdienste. Besonders auf ihn, doch auch auf den Kreis der zuvor betrachteten Freunde und Kollegen treffen die Worte des Oberbürgermeisters von Hannover zu, der 1985 Rudolf Hillebrecht zu dessen 75. Geburtstag bestätigte: »Sie hatten sich Ihrer Aufgabe mit Leib und Seele verschrieben.«[275]

Diese Aufgabe allerdings, so hatte Hillebrecht schon früh bemerkt, erfordert eine immer breitere Kenntnis gesellschaftlicher Zusammenhänge, wenn die Möglichkeiten einer bewußten Gestaltung der räumlichen Umwelt ausgeweitet und nicht auch noch durch die Planer selbst eingeschränkt werden sollen: sei's durch Selbstüberschätzung, sei's durch Resignation. Er gibt zu bedenken: »Fritz Schumacher, der bedeutende Baumeister Hamburgs im ersten Drittel unseres Jahrhunderts, bezeichnete den Städtebau als die Kunst des Möglichen. Knapper und besser zugleich kann das Eigentümliche der Stadtbaukunst im Gegensatz zu der Freizügigkeit anderer Künste nicht definiert werden. Das Mögliche wird durch eine ganze Reihe von Faktoren bestimmt, die weitgehend dem Willen des Künstlers entzogen sind und deren Beeinflussung Kenntnisse und Fähigkeiten verlangt, die üblicherweise einem einzigen Menschen nicht zugemutet werden.«[276]

Hillebrecht warnt davor, in künstlerischer Selbstüberschätzung ein starres »Modellbild« künftiger Städte aufzurichten und damit den Blick auf die gesellschaftliche Wirklichkeit zu verstellen, wie dies schon einmal in Deutschland geschehen ist: »Die ›unbegrenzten Möglichkeiten‹, die totalitäre Regime dem Städtebau geboten haben, erwiesen sich bisher als verhängnisvoller für das Kunstwerk Stadt als die Grenzen des Möglichen, die uns die Wirklichkeit immer neu zieht.« Er weiß, wovon er spricht.

Der Weimarer Republik folgte das *Dritte Reich* als neue Wirklichkeit, den Trümmern der Wiederaufbau. Die bitteren Lehren des Krieges wurden Fundamente des Aufbaus, auf die sich unser Alltag gründet, der inzwischen neue Sehnsüchte und Verführbarkeiten weckt. Wieder erwachen Träume von einer großen Ordnung, von neuer Würde und höherem Sinn jenseits der beschädigten Alltäglichkeit. Doch was uns weitere Wirklichkeit wird, ist offen – von uns zu gestalten, in gemeinsamer Verantwortung auch für künftige Generationen, mit höchster Aufmerksamkeit. Denn unsere Verfehlungen heute werden irreparabel sein. Die Zerstörung der Welt erlaubt keinen Wiederaufbau – und keinen rettenden Nachruf.

[1] A. Speer, Denkschrift an Adolf Hitler über den »totalen Krieg« vom 12. Juli 1944, IfZ

[2] A. Speer, Denkschrift an Adolf Hitler über die »Selbstverantwortung« vom 20. September 1944, IfZ

[3] A. Speer, Erinnerungen, a.a.O., S. 453

[4] A. Speer, zit. in: G. Janssen, a.a.O., S. 314

[5] K. Gutschow, 10 Jahre Architekt, a.a.O., S. 17

[6] H. Dustmann, Brief vom 19. 1. 1945, ND/LD

[7] A. Speer, Erinnerungen, a.a.O., S. 466f.

[8] A.a.O., S. 500

[9] A.a.O., S. 594

[10] A.a.O., S. 501

[11] A.a.O., S. 507f. Beeindruckt berichtet Speer von der äußerst zuvorkommenden Behandlung durch die amerikanischen Offiziere – »Very pleased to see you.«

[12] Vgl. hierzu die Schlußworte Speers im Nürnberger Prozeß, in denen das *Dritte Reich* als deutsches Schicksal und die Deutschen als von Hitler Verführte erscheinen: Der weitere Ausgang ist ungewiß; die Speers bleiben. »Hitler und der Zusammenbruch seines Systems haben eine ungeheure Leidenszeit über das deutsche Volk gebracht. Die nutzlose Fortsetzung dieses Krieges und die unnötigen Zerstörungen erschweren den Wiederaufbau. Entbehrung und Elend sind über das deutschen Volk gekommen. Es wird nach diesem Prozeß Hitler als den erwiesenen Urheber seines Unglücks verachten und verdammen. Die Welt aber wird aus dem Geschehen lernen, die Diktatur als Staatsform nicht nur zu hassen, sondern zu fürchten. Die Diktatur Hitlers unterschied sich in einem grundsätzlichen Punkt von allen geschichtlichen Vorgängern. Es war die erste Diktatur in dieser Zeit moderner Technik, eine Diktatur, die sich zur Beherrschung des eigenen Volkes der technischen Mittel in vollkommener Weise bediente. (...) Frühere Diktaturen benötigten auch in der unteren Führung Mitarbeiter mit hoher Qualität, Männer, die selbständig denken und handeln konnten. Das autoritäre System in der Zeit der Technik kann hierauf verzichten. (...) Wir waren erst am Beginn dieser Entwicklung.« A. Speer, zit. in: A. Teut, a.a.O., S. 373

[13] K. Gutschow, Gedankensplitter zu einem allgemeinen städtebaulichen Wettbewerb zur Gewinnung von Ideen für die Gestaltung der Hamburger Innenstadt, Hamburg im September 1945, AG

[14] K. Gutschow, Brief vom 30. Mai 1945, AG

[15] A.a.O., S. 2

[16] A.a.O., S. 3

[17] F. Schumacher, Brief vom 2. Juni 1945 (Abschrift), AG

[18] K. Gutschow, Brief vom 17. September 1945, AG

[19] K. Gutschow, Gesprächsnotiz vom 16. September 1945, AG. Darin heißt es: »10.30 Uhr bei Bürgermeister Petersen in Reinbek auf der Gartenterrasse. Zuerst mit Meincke, anschließend in Anwesenheit von Jürgen Petersen. Der Bürgermeister berichtet von der Weisung des Militärgouverneurs, die praktischen Wiederaufbaufragen in die Hand von Gutschow zu legen. Sachdienlich begrüße er diese

Entwicklung, politisch mache sie ihm schwere Sorge. Zwar hätte er den Eindruck, daß damit die Wiederaufbauarbeit in die richtigen Hände käme und die ›fürchterlichste Verwaltung‹, die Bauverwaltung, ihm weniger Sorgen bereiten würde, andererseits würde nach außen geradezu der Eindruck entstehen, die Nazis kommen wieder.«

[20] A. a. O.

[21] Protokoll der Ausschußsitzung vom 25. September 1945, AG

[22] A. a. O.

[23] K. Gutschow, Brief vom 1. Oktober 1945, AG

[24] Ders., Brief vom 12. Februar 1946, AG. Gutschow fährt fort: »Irgendwelche Bemühung (…) ernster Männer ist unter den heutigen Voraussetzungen hoffnungslos, sie werden zerrieben für nichts und wieder nichts. Nun wird Langmaack einmal wieder in einer Art und Weise beschossen, daß ich mich nur wundere, wie er diese Attacken bisher übersteht. Wenn es nur zu etwas nutze wäre! – Schon im Oktober gab ich dem Bürgermeister den Rat, die Torpedanten und Saboteure einer sachlichen Arbeit auf die Stühle, da Verantwortung zu tragen ist, zu setzen. Ohne diese Krisis wird nicht hindurchzukommen sein. Auf weite Sicht ist mit der Methode der Sache doch am besten gedient.«

[25] A. a. O.

[26] A. a. O.

[27] K. Gutschow, Brief, vermutlich vom Juni 1946, o. D., AG

[28] A. a. O.

[29] A. a. O.

[30] K. Gutschow, Brief vom 23. September 1946, AW

[31] R. Wolters, Brief vom 13. Februar 1952 an Alfons Leitl, AW

[32] H. Rimpl, Brief vom 4. Mai 1946, AW

[33] Auf eine Denkschrift zum »Aufbau in Deutschland« von Rudolf Hillebrecht antwortet Wolters in einem Brief an Hillebrecht vom 9. Juli 1946, AW. Er gratuliert ihm zu dem »Mut (…), daß Sie ein sehr autoritäres Bauregiment vorschlagen. Die Verhältnisse erfordern dies ja heute zweifellos ebenso sehr wie im Kriege.«
1948 wird Rudolf Hillebrecht mit Arthur Dähn das längst vorbereitete Bändchen »Fundamente des Aufbaus« herausgeben und über den BDA Hamburg verbreiten lassen.

[34] R. Wolters, Coesfeld. Fragen und Antworten eines Städtebauers, Coesfeld 1974, S. 41

[35] A. a. O., S. 107

[36] P. Bonatz, Brief vom 18. Juli 1946, AW

[37] F. Tamms, Brief vom 3. September 1946, AW

[38] F. Tamms, Brief vom 14. Januar 1947, AW

[39] Als umfassenden Tagungsbericht vgl.: IKIA. Ansprachen, Vorträge, Zusammenfassungen, hrsg. von W. Brecht, Darmstadt 1949

[40] E. Neufert (Hrsg.), Der Architekt im Zerreißpunkt. Vorträge, Berichte und Diskussionsbeiträge der Sektion Architektur auf dem Internationalen Kongreß für Ingenieurausbildung (IKIA), Darmstadt 1948, S. 7f.

[41] A. a. O., S. 91 u. a.

[42] A. a. O., S. 76ff.

[43] A. a. O., S. 91

[44] A. a. O., S. 212f.

[45] A. a. O., S. 213, Hervorhebung (!) W. D.

[46] Architekten-Treffen in Anholt in Westfalen vom 23.–25. August 1947, Protokoll vom 1. September 1947, S. 1, AD

[47] A. a. O., S. 2

[48] A. a. O.

[49] A. a. O., S. 13. Zuvor hieß es: »Der Fürst erklärte sich liebenswürdigerweise bereit, wiederum die nötigen Räume zur Verfügung zu stellen. Auch der Bürgermeister der Stadt, Rentmeister Harling, begrüßte diesen Vorschlag und sprach die Hoffnung aus, für die zukünftige wirtschaftliche Gestaltung der Stadt Anholt Anregungen aus diesen Tagungen zu gewinnen.«

[50] E. Neufert, Brief vom 27. November 1947, S. 2, AW

[51] Vgl. die reiche Bibliographie in: H. B. Reichow, Stadtplanen und Bauen durch fünf Jahrzehnte, Hamburg 1969

[52] H. Stephan, Brief vom 10. Juli 1945, Staatsarchiv Bremen, Hervorhebung (!) W. D.

[53] R. Wolters, Brief vom 17. Dezember 1949, AG

[54] P. Bonatz, Leben und Bauen, Stuttgart 1950; vgl. insbes. S. 150 ff.; dazu auch: H. Giesler, Ein anderer Hitler, a. a. O., S. 302 ff.

[55] Diese Episode (vgl. den Abschnitt *Verhärtungen*) bleibt in Bonatz' Erinnerungen S. 282 ff. unerwähnt.

[56] Dritte Anholter Tagung vom 25.–28. August in Coesfeld, Niederschrift von R. Wolters, LHBD und AD

[57] R. Wolters, Brief o. D., zitiert in: Dritte Anholter Tagung, a. a. O. Wolters empfiehlt, den »großen, räumlichen Gedanken« zu retten: »Ich würde lediglich versuchen, ohne aus meinem Architektenherzen eine Mördergrube zu machen, den Bau zu lassen, wie er ist, lediglich dem Direktionsgebäude einen anderen Zweck zuweisen und dadurch versuchen, dem Bauherrn entgegenzukommen ...«

[58] R. Wolters, a. a. O., S. 10

[59] F. Tamms, zit. in: Dritte Anholter Tagung, a. a. O., S. 11

[60] S. 3 des Schreibens 50-0/1430/50 des Oberstadtdirektors über »Die Unterbringung von Flüchtlingen im Stadtgebiet Düsseldorf«, Nachdruck in: Dritte Anholter Tagung, a. a. O.

[61] R. Wolters, Maria Veen. Ein Weg aus der deutschen Enge, Coesfeld 1948, zit. in: Dritte Anholter Tagung, a. a. O.

[62] A. a. O., S. 9 f.

[63] Ausschnitte aus dem Briefwechsel zwischen R. Wolters und H. Sedlmayr sind zit. in: Dritte Anholter Tagung, a. a. O.

[64] Am 25. April 1951 schreibt R. Wolters an F. Tamms, AW: »Mein alter Traum ist und bleibt natürlich zunächst einmal der Kunstwart-Ersatz. Hier käme alles darauf an, den Herausgeber zu finden, eine Persönlichkeit von umfassendem Wissen und hoher Geistigkeit.« Alternativ schlägt Wolters eine Zusammenarbeit zwischen ihm, W. Schütz und F. Tamms vor.

[65] Notiz vom 27. April 1944, AG/SH

[66] Friedrich Tamms. Ein Baumeister und seine Stadt. Materialien zur Düsseldorfer Stadtentwicklung, hrsg. von der Landeshauptstadt Düsseldorf 1979, S. 2

[67] Denkschrift des Haus- und Grundbesitzervereins Düsseldorf e. V. an die Stadtverwaltung Düsseldorf vom 20. April 1948, Stadtarchiv Düsseldorf (SD)

[68] Antwortschreiben von F. Tamms, o. D., S. 2 f., SD

[69] K. Gutschow, Innenstadt Düsseldorf, 21. November 1948, S. 5, AG

[70] Flugblatt des Innenstadt- und Bahnhofs-Ausschusses, o. D., SD

[71] A. a. O.

[72] Denkschriften und Gutachten über Freilegungskosten zum Neuordnungsplan der Landeshauptstadt Düsseldorf, hrsg. von der Stadt Düsseldorf, o. D., S. 65

[73] F. Tamms, Stadtplanung Düsseldorf. Beiheft zur Ausstellung, Düsseldorf 1949

[74] Ansprache des Oberstadtdirektors am 1. Oktober 1949, SD

[75] K. M. Hettlage, Was kostet die Durchführung der Planung? Vortrag am 10. Oktober 1949, SD

[76] Die Stadtplanung im Lichte der Öffentlichkeit. Der Diskussionsabend in der Rheinhalle am 11. Oktober 1949, S. 15 f., SD

[77] A. a. O., S. 16 f.

[78] Stadtplanung in Deutschland, Vortragsabend in der Ausstellung am 14. Oktober 1949, SD

[79] A. a. O., S. 4

[80] A. a. O., S. 5

[81] H. Freese, ebda., S. 10

[82] A. a. O., S. 6.

[83] A. a. O., S. 12

[84] Terminplanung zur Ausstellung, SD

[85] Zitiert von F. Tamms in dem Exposé zu den zum Neuordnungsplan eingegangenen ständtebaulichen Anregungen und Bedenken vom 15. Dezember 1949, S. 5, SD

[86] Zitiert von F. Tamms in: Die Methodik der Stadtplanung in Düsseldorf, S. 5, in: Dritte Anholter Tagung, a. a. O.

[87] A. a. O.

[88] Stadtverordnetenversammlung Düsseldorf, stenographischer Bericht über die Versammlung am 28. und 29. April 1950, S. 19, SD

[89] A. a. O.

[90] Friedrich Tamms. Ein Baumeister und seine Stadt, a. a. O., S. 1

[91] Erklärung des Architektenrings Düsseldorf vom 27. Oktober 1949. Einzelne Hinweise zur Geschichte des Architektenrings wurden mir in mehreren Gesprächen von Josef Lehmbrock 1984/1985 mitgeteilt, der auch Materialien des Architektenrings aus seinem Archiv (AL) zur Publikation zur Verfügung stellte.

[92] Das offizielle Gründungsprotokoll mit Stempel vom Oberstadtdirektor wurde am 21. Januar 1950 unterzeichnet. Zum Geschäftsführer wurde Josef Lehmbrock ernannt.

[93] M. Wagner, Brief vom 14. November 1950, AL

[94] Baurundschau, Heft 23/1949

[95] Der Architektenring, Stadtplanung – so oder so? Vom Dienst des Menschen beim Neubau unserer Städte, in: *Michael* vom 8. Januar 1950, Nachdruck in: Architektur der 50er Jahre in Düsseldorf. Eine Ausstellung des Stadtmuseums und des BDA-Düsseldorf, Katalog, Düsseldorf 1982, S. 19 f.

[96] F. Tamms, Brief vom 5. Januar 1950, AL

[97] A. a. O.

[98] J. Lehmbrock, Brief vom 10. Mai 1950, AL

[99] A. a. O.

[100] J. Lehmbrock, Brief vom 20. November 1950, AL

[101] W. Köngeter, Brief vom 5. Juni 1950, AL. Darin erinnert Köngeter an die Grundsätze des Deutschen Werkbundes von 1947: »Es handelt sich nicht mehr um die ästhetische Veredelung einer gesicherten Lebensform, sondern darum: Sinn und

Gestalt des Daseins im heutigen Deutschland zu erkennen und zu formen. Wenn wir unsere Aufgabe so auffassen, und dies müssen wir tun, um kulturell nicht zu versakken, müssen wir auch den leisesten Einfluss der Kunst des dritten Reiches ablehnen.«

[102] Düsseldorfer Nachrichten vom 20. Juli 1950

[103] Düsseldorfer Nachrichten vom 22. Juli 1950

[104] Schematisierung und Düsseldorfer Stil, in: Düsseldorfer Nachrichten vom 14. August 1950

[105] Architektenring Düsseldorf, Stellungnahme zur Besetzung der Baudirektorenstelle in Düsseldorf, vervielf. Ms. vom Februar 1952, unterzeichnet von W. Kaufhold, J. Lehmbrock, B. M. Pfau, AL

[106] J. Lehmbrock, Liste o. D., wahrscheinlich März 1952, AL

[107] Anonymer Brief, o. D., AL

[108] H. Schwippert, Brief vom 14. Mai 1952, AL

[109] Anlage zum Schreiben Tamms' an den Stadtdirektor der Stadt Düsseldorf vom 2. Juli 1952, AW

[110] Düsseldorfer Nachrichten vom 6. März 1952

[111] J. Lehmbrock, Brief vom 3. Mai 1952

[112] Der Spiegel vom 29. Oktober 1952, S. 31

[113] Westdeutsche Neue Presse vom 11. August 1952

[114] A. a. O.

[115] F. Tamms, R. Wolters, Brief vom 25. Mai 1952, AW

[116] Der Spiegel, a. a. O., S. 30

[117] Der Entwurf zum Leitplan Düsseldorf 1954, hrsg. vom Oberstadtdirektor der Stadt Düsseldorf o. J.

[118] Vgl. P. E. Wentz, Architekturführer Düsseldorf, Düsseldorf 1975, Nr. 33. Auf S. 619 seiner Spandauer Tagebücher erwägt Speer in der Notiz vom 2. Oktober 1964: »Karl Piepenburg, mein ehemaliger Oberbauleiter, der im Jahre 1938 zur pünktlichen Fertigstellung der Reichskanzlei wesentlich beigetragen hat, besitzt ein großes Baubüro in Düsseldorf. Er hat ausrichten lassen, daß er mir gern zur Verfügung stünde, wenn ich nach meiner Entlassung Aufträge suchte. Auch Otto Apel, einst mein engster Mitarbeiter, zählt zu den arrivierten Architekten, vor kurzem hat er den Gebäudekomplex der amerikanischen Botschaft in Bonn gebaut. Auch er erklärte sich bereit, nach meiner Freilassung mit mir zusammenzuarbeiten. Die Nachrichten beruhigen mich zwar; gleichzeitig aber verstärken sie den Zweifel, den ich unlängst zu formulieren versuchte. Damit meine ich nicht nur, daß es schwer sein wird, als Sechzigjähriger in den Ateliers meiner inzwischen etablierten ehemaligen Mitarbeiter Fuß zu fassen; ihre Pläne und Bauten, die ich im ganzen sehr anständig finde, bestätigen doch mein Gefühl, daß meine Zeit eigentlich abgelaufen ist.«

[119] A. Speer, Spandauer Tagebücher, Frankfurt am Main, Berlin, Wien 1975³, S. 416

[120] A. a. O., S. 417

[121] A. Leitl, in: Baukunst und Werkform, Heft 1/1953, S. 5. Ironisch schreibt Leitl: »Eine furchtbare Ahnung, die uns seit längerer Zeit schon verfolgt hatte, wurde zur Gewißheit: *Die Moderne hat sich offensichtlich durchgesetzt.*« In diesem Heft beginnt die Debatte um R. Schwarz' Kritik an der Moderne.

[122] Düsseldorf. Sonderdruck aus: »Die Bauzeitung – Deutsche Bauzeitung«, Heft 5 und 8/1959, S. 3

[123] R. Hillebrecht, in: Stadtbauwelt 72/1981, S. 348. Einige der folgenden Zitate

und Informationen entstammen einer Reihe von Gesprächen, die der Verfasser im Sommer 1981 mit R. Hillebrecht, M. Guther, H. Schmeissner und W. Schmidt führte. Eine überarbeitete und stark gekürzte Fassung dieser Gespräche wurde in der Stadtbauwelt, Heft 72/1981, veröffentlicht.

[124] Vgl. C. Schneider, a. a. O., bes. S. 19 f.

[125] R. Hillebrecht, A. Dähn, Fundamente des Aufbaus, Hamburg 1948, S. 13. Zur Entstehung der Schrift heißt es im Vorwort vom Juli 1947: »Wir haben uns seit über einem Jahr mit diesem Problem beschäftigt. Wir haben getrennt und zu verschiedenen Zeiten, im Mai, August, Dezember 1946, Ausarbeitungen über dieses Thema einem begrenzten Kreis von Interessierten aus allen Berufszweigen zugänglich gemacht und seitdem mündlich und schriftlich die Fragen der Organisation des Aufbaues erörtert. Die Zahl unserer Mitarbeiter ist daher groß. Wir müssen es uns versagen, sie einzeln namentlich hier aufzuführen.«

[126] Vgl. A. Hillebrecht, in: Stadtbauwelt, a. a. O., S. 356: »Von den Fachoffizieren des Military Government mußte alles genehmigt werden. Kurzum, das war anders als in der amerikanischen Zone, wo wir uns wunderten, wie lustig dort gebaut wurde: ›Laissez-faire, laissez-aller‹ – das ist zwar französisch, aber danach handelten die Amerikaner. Ich kann nur sagen: Gottseidank, daß wir das ›License-System‹ der Engländer hatten. Denn dies verhinderte das Bauen ohne Plan. Wenn wir Vergleiche anstellten z. B. mit Stuttgart, wo sich in dem Talkessel vieles in kürzester Zeit verfestigte, schon vor der Währungsreform, so konnte das bei uns gar nicht passieren, denn ›unsere‹ Engländer machten Planwirtschaft. Planwirtschaft, die in unserer Bevölkerung aufs Schärfste verurteilt war, weil darunter die Planwirtschaft des Dritten Reiches verstanden wurde: die Kontingentierung von Material und Lebensmitteln. Davon wollte die Bevölkerung natürlich nichts mehr wissen, während wir, die Planer, uns insgeheim sagten: ›Hoffentlich machen die Engländer noch tüchtig weiter.‹ Das war ein großer Unterschied zu der amerikanischen Zone.

1948, nach der Währungsreform, gab es plötzlich Materialien und auch Handwerker, denn jetzt funktionierte nicht mehr der Schwarzmarkt, sondern jetzt drehte es sich um Lohn und Gewinn. Da begann sich eine neue Stimmung zu formieren, die Notüberwindung verwandelte sich in ein ›So, jetzt wollen wir aber etwas für die Dauer schaffen!‹ Da bildeten zuerst Grundeigentümer und Ladenmieter eine Einheit, die ihre Geschäfte aufbauen wollten; nicht mehr Wohnungsbau war das Erste, sondern der Aufbau der Wirtschaft.« Zu den unterschiedlichen außenpolitischen Konzeptionen der Alliierten und ihren Auswirkungen vgl. H. P. Schwarz, Vom Reich zur Bundesrepublik, Stuttgart 1980[2]; sowie: R. Badstübner, S. Thomas, Entstehung und Entwicklung der BRD, Köln 1975, J. Gimbel, Amerikanische Besatzungspolitik in Deutschland 1945–1949, Frankfurt am Main 1971; E. U. Huster u. a., Determinanten der westdeutschen Restauration 1945–1949, Frankfurt am Main 1972; M. Overesch, Deutschland 1945–1949, Düsseldorf 1979

[127] R. Hillebrecht, in: Stadtbauwelt 72/1981, S. 349

[128] A. a. O., S. 355

[129] Einen weiten Rückblick gibt W. Wortmann, Die Lebensgesetze einer Stadt, Vortrag, gehalten in der Aufbaugemeinschaft am 6. März 1984, in: Der Aufbau. Bürger und Staat, 38. Jahrgang, Heft 1/1984

[130] Im Dezember 1947 erschien erstmals das Mitteilungsblatt des Vereins Wiederaufbau-Gemeinschaften Stadtmitte Bremen unter dem Titel »Der Wiederaufbau«, aus dem die Zeitschrift »Der Aufbau. Bürger und Staat« hervorging.

[131] R. Hillebrecht, Brief vom 13. Oktober 1948, Archiv Aufbaugemeinschaft Bremen (AAB)

[132] Text der Ansprache am 3. November 1948, AAB

[133] R. Hillebrecht, in: Stadtbauwelt, a. a. O., S. 355

[134] K. Gutschow (Bearb.), Stadtmitte Hannover. Beiträge zur Aufbauplanung der Innenstadt, hrsg. von der Aufbaugemeinschaft Hannover e. V. mit Unterstützung des Stadtbauamtes, Hannover 1949, S. 15. Zur Einführung heißt es auf S. 9: »Mag eine Stadt auch noch so zerstört und äußerlich scheinbar das Feld frei sein, sie *neu* aufzubauen, so stecken doch andererseits in den verbliebenen Existenzgrundlagen viele fortwirkende Kräfte, die zu einem *Wieder*aufbau drängen. Mögen die Häuser zerstört sein, mag der Blick über Trümmerfelder schweifen und nur da und dort noch auf aufragende, ausgebrannte Ruinen treffen, im Grund und Boden, in den von altersher gezeichneten Straßenzügen, den Eigentumsgrenzen und den Besitzern, ihrem Wollen und Wirken sind noch unzerstörte Kräfte am Werke, die den Aufbau stark beeinflussen. Weit zurückliegende städtebauliche Vergangenheit zeugt fort.«

[135] R. Hillebrecht machte in den Gesprächen mit dem Verfasser im Juli 1981 auch darauf aufmerksam, daß besonders die Kenntnis der englischen New Towns und der dort beobachteten Entwicklungen wichtige Anstöße für die Planung des Wiederaufbaus gab.

[136] W. Dierschke, Hannovers Wiederaufbauplanung, in: Die neue Stadt, Juni 1950, S. 228 f.

[137] R. Hillebrecht, in: Gesprächsprotokoll, Juli 1981

[138] Ders., in: Stadtbauwelt 72/1981, S. 371

[139] A. a. O.

[140] H. Hennig, Ist der Constructa-Wettbewerb geeignet, Deutschland international zu repräsentieren?, in: Die neue Stadt, September 1950, S. 367

[141] A. a. O.

[142] R. Wolters, Architektentreffen in Hannover am 21. Juli 1951, Niederschrift Coesfeld, 24. Juli 1951, AG

[143] F. Tamms, Brief vom 27. Juli 1952; vgl. auch F. Tamms, Der Geist der Restauration?, Schrift vom 22. September 1952, AW

[144] A. a. O.

[145] Im Heft 1/1949 der von A. Leitl herausgegebenen Zeitschrift Baukunst und Werkform ist zu lesen: »Eine Anregung, der wir nicht folgen werden, empfiehlt uns, eine *Liste der prominenten Architekten* des Dritten Reiches zu veröffentlichen und in zwei Rubriken zu vermerken erstens ›was sie waren‹, zweitens ›was sie sind‹. Wir werden, so gerne wir Anregungen interessierter Leser nachgehen, eine solche Liste, wie gesagt, nicht zusammenstellen. Aber nachdenklich macht die Idee immerhin, denn sie stammt von einem Architekten, dessen berufliche Leistungen und dessen Charakter ihn über den Verdacht erheben, auf solche Weise den Kreis konkurrierender Fachgenossen verringern zu wollen. (...) Jeder weiß, daß irgendwelche Mitgliedschaften und Beschäftigungen wenig genug bedeuten konnten, und es ist müßig, über die Vor- und Nachteile, die Mißliebigkeit, die Unpopularität oder gar die Ungerechtigkeit von amtlichen und gerichtlichen Verfahren zu streiten, die ja meist nur äußerliche Disziplinar- und Strafmaßnahmen bringen, nichts aber am Geiste ändern. Wir alle oder die meisten von uns sind keine Helden gewesen, oder doch nur sehr partiell. Sonst wären wir nicht mehr da. Wir haben alle irgendwo gesteckt, und gearbeitet haben wir auch. Die Arbeiten, die wir zu leisten hatten, taten wir in einem gleichgeschalteten Deutschland, für gleichgeschaltete Stellen. Ob wir

Industriebauten planten, landwirtschaftliche Siedlungen, Unterkünfte für Arbeiter oder Baracken, Heeresbauten oder Autobahnbrücken – wir saßen alle auf dem gleichen braungestrichenen Schiff. Unsere U. K.-Stellungen trugen die Unterschriften von Wehrwirtschaftsführern, Gauleitern oder SS-Führern (auch meine eigene). Denn die Unterschriften von Wilhelm Pieck, Konrad Adenauer oder Kurt Schumacher hätten damals wenig Wirkung gehabt. Es wäre ein schweres Mißverständnis, wollte man annehmen, heute, nachdem wir die ersten schweren Notjahre der Nachkriegszeit getragen haben, sollten verspätete persönliche Rechnungen über das Vergangene aufgemacht werden. Darum geht es nicht. Personen und Persönlichkeiten als solche interessieren in dieser Hinsicht nicht. Sie interessieren nur insoweit als sie bestimmte Ideen vertreten. Sind es heute die gleichen wie gestern, dann verlangt dies und auch die Persönlichkeiten, die sie vertreten, die öffentliche Aufmerksamkeit. Es geht ausdrücklich um ein sachliches Anliegen, um die Frage, ob es möglich ist, einen Un-Geist zu überwinden und mit seinen äußeren und inneren Folgen fertig zu werden. Auf dem Gebiete der Kultur – wobei wir Kultur nicht etwa als den Kreis der Zuständigkeiten verstehen, den bestimmte Ministerien ressortmäßig verwalten, sorgfältig abgezirkelt nach Referaten, sondern als die geistige Atmosphäre, in der sich unser ganzes Leben abspielt – sind wir jedoch beinahe geneigt oder genötigt, festzustellen: das Dritte Reich ist nicht vorüber, es dauert fort und muß erst noch überwunden werden.«

[146] F. Tamms, Brief vom 18. September 1951, AW

[147] A. a. O.

[148] A. a. O.

[149] R. Wolters, Brief vom 29. September 1951, AW

[150] A. a. O.

[151] R. Wolters, Brief vom 1. Oktober 1951, AW

[152] A. Leitl, Brief vom 25. Oktober 1951, AW

[153] R. Wolters, Brief vom 9. November 1951, in leicht gekürzter Fassung, die auf Wolters' Darstellung der Berliner Neugestaltungspläne verzichtet, veröffentlicht in: Baukunst und Werkform, Heft 9/1952; hier zitiert.

[154] R. Wolters, Brief vom 13. Februar 1952, AW

[155] A. a. O.

[156] A. Leitl, Brief vom 7. Mai 1952, AW

[157] A. a. O.

[158] A. Leitl, Gespräch zwischen den Fronten. Antworten auf einen Brief/Zum Düsseldorfer Architekturstreit, in: Baukunst und Werkform, Heft 10/1953

[159] J. Lehmbrock, Brief vom 16. Dezember 1952, AL

[160] R. Döcker, Brief vom 8. Mai 1943, ND/KD

[161] R. Döcker, Notiz im Oktober 1939, ND/AADKB

[162] R. Döcker, Brief vom 8. Mai 1943, ND/KD

[163] A. a. O. Ein Planungsstab H. Himmlers, der dem Stabshauptamt des »Reichskommissariats für die Festigung des deutschen Volkstums« untergeordnet war, stand unter der Leitung des SS-Oberführers Konrad Meyer. Er war seit 1932 Mitglied der NSDAP, seit 1933 in der SS, seit 1934 ordentlicher Professor für Ackerbau und Landpolitik an der Universität Berlin, seit 1955 Inhaber des Lehrstuhls für Landbau und Landesplanung an der Technischen Universität Hannover; vgl. J. Wolschke, G. Gröning, a. a. O., S. 18

[164] H. Häring, Brief vom 18. Mai 1943, ND/KD

[165] H. Häring, Brief vom 15. Mai 1943, ND/KD

[166] R. Döcker, Unsere Zukunft – Die Regierung des Aufbaues, April/Mai 1945, ND/AADKB

[167] R. Döcker, Vom Planen und Bauen der kommenden Zeit, April 1945, ND/ AADKB. Döcker erinnert an den »Regionalismus« nationalsozialistischer Prägung: »Noch ein Beispiel, welche Folgen die Verirrung des letzten Jahrzehntes hätte haben können – aus der Tätigkeit des Wiederaufbaues, einst in Lothringen aus den Jahren 1941–1943. Die dortigen Dörfer haben flachgeneigte, ziegelgedeckte Dächer von etwa 18–20 Grad. Das Dorfbild ist von einer Geschlossenheit und Einheit, eingeschmiegt und verwachsen in das hügelige Land, wie es besser überhaupt nicht sein kann. Diese flachen Dächer, nach der parteipolitischen Meinung undeutsch, sollten daher abgerissen werden und an ihre ›Stelle steile Dächer von 55–60 Grad kommen. Man glaubte damit diese Dörfer ›deutsch‹ zu machen. Die Absicht ist zwar gescheitert, nicht an den Mitteln, sondern an grundrißlichen und städtebaulichen Eigentümlichkeiten des Lothringer Dorfes – und an der Zeit!«

[168] Diese Tätigkeit übte R. Döcker bis zum 31. Dezember 1946 aus. Unter Hinweis auf »Meinungsverschiedenheiten zwischen dem Oberbürgermeister und mir hinsichtlich der Auffassung, was Aufbau ist«, schreibt Döcker am 26. Februar 1947 (ND/AADKB) an den Bürgermeister Hirn: »Welche dieser Auffassungen richtig wäre, stünde zunächst den Fachleuten zu, dann auch einem Gremium des Gemeinderates der Stadt, wobei ich mindestens die Möglichkeit und Gelegenheit haben müßte, auch meine Auffassung klarzulegen. Dies wurde nicht ermöglicht. Ich wäre in der Lage gewesen, die Leistungen der ZAS wie meine Tätigkeit und meine Auffassung zu vertreten, Gerüchte aufzuklären und die wirklichen Schuldigen zu nennen. Dies wurde verhindert und mit unrechtmäßigen Methoden gehandelt, so daß mir besonderes Unrecht angetan wurde.«

[169] R. Döcker, Gedanken und Vorschläge für eine Zeitschrift »Die Stadt von morgen«, Stuttgart, 30. August 1946, ND/AADKB. Angesichts der Probleme des Aufbaus heißt es: »Man steht vor der gewaltigsten Aufgabe, der sich wohl Menschen je gegenübersahen. Es ist vermutlich die letzte geschichtliche Möglichkeit der Umkehr des Sinnes von der Vernichtung und Zerstörung, worauf der menschliche Geist seit Jahrtausenden immer wieder gerichtet war, zur Besinnung auf den Bau für Frieden und Glück.«

[170] A. Leitl, Brief vom 9. August 1946, ND/KD. Einen ersten Brief hatte A. Leitl schon am 8. Oktober 1945 an R. Döcker gerichtet, um ihm über die Versuche zur Neugründung des Deutschen Werkbunds zu berichten: Das Amt des Präsidenten sollte Fritz Schumacher angeboten werden. Am 8. Januar 1946 antwortete Döcker: »Ich mußte den BDA/Wttbg. wieder aufmachen und bin einstimmig auch zum Vorsitzenden gewählt worden und habe viel unter den heutigen Umständen damit zu tun. Der Beruf d.h. seine Ausübung wird gewaltige Verschiebungen erleben müssen, wovon ich bereits einen Anfang und ersten Teil hinter mir habe und mit der Regierung das entspr. durchführe. Das ist aber nur so nebenbei – die Hauptarbeit ist der Aufbau, seine Organisation und seine Problematik. Die Regierung hat leider wenig Ahnung, ist auch nicht besonders guten Willens und es ist genau so wie vor 1933 – Kampf gegen die Reaktion, der Schmitthenner, Bonatz, der Ober- und Ministerialräte, kurz gegen all die, denen deutsche Hitler- und Fassaden-Architektur auf den Leib geschnitten war. Aber Sie können sich ja denken, der Kampf wird heute geführt ohne jede Konzession, aber es braucht alles seine Zeit. Und so gibts natürlich noch manches, was läuft und zu tun ist. Für den DWB habe ich schon im Mai eine

475

kleine Denkschrift aufgestellt, kam aber nicht zu viel weiterem, einfach aus Mangel an Zeit.« ND/KD

[171] H. Häring, Brief vom 24. August 1946, ND/AADKB

[172] H. Häring, Brief vom 14. Februar 1946, ND/AADKB

[173] R. Döcker, Notizen zu P. Schmitthenner, W. Tiedje, P. Bonatz, A. Abel, ND/KD

[174] R. Döcker, Abteilungsvorstand: Vorläufiger Bericht über die Besprechungen in der Architektur-Abteilung anläßlich der Berufungen für die Lehrstühle und der damit zusammenhängenden Umbildung des Lehrkörperplanes, 16. Dezember 1947, ND/KD

[175] R. Döcker, Brief vom 11. Februar 1948, ND/KD: »Wenn die Architektur-Abteilung der TH Stuttgart nach diesem Zusammenbruch als Anfang einer Entwicklung ihrer Arbeit für das Kommende zu einer zeitgemäßen Haltung kommen will – und das ist ihre Aufgabe – so kann sie nicht einfach die frühere ›Stuttgarter Schule‹ fortsetzen.«

[176] Süddeutsche Zeitung vom 31. März 1948

[177] F. Meunier, in: Baukunst und Werkform, Heft 2/1948. Weiter heißt es: »(...) um seinen Gegnern, die sich auf diese Verknüpfung (von Architekturauffassung und NS-Doktrin; W. D.) berufen, nicht Unrecht zu tun, muß man sich wohl doch daran erinnern, daß Schmitthenner diese Verknüpfung in der Kampfesfreude von 1933/34 selbst stark betont hat. Es will dem aufmerksamen Zeit-Betrachter nicht aus der Erinnerung weichen, wie in den ersten Monaten und Jahren der heraufkommenden Morgenröte des Dritten Reiches Schmitthenner als Wanderredner des Kampfbundes für Deutsche Kultur von Stadt zu Stadt zog, und so auch in Berlin Station machte, um vor andächtigen Auditorien, während SA-Männer sorgsam die Säle bewachten, seine vernichtenden Anschuldigungen gegen die moderne ›undeutsche, bolschewistische‹ Architektur zu schleudern: Es wird den Teilnehmern dieser denkwürdigen Sitzungen immer im Gedächtnis haften bleiben, wie damals ein einziger mutiger Mann, der Stadtbaurat Martin Wagner, aufstand und in scharfer und tapferer Rede, trotz der handgreiflichen Bedrohung der schützenden Mannschaften, die unsachlichen Anschuldigungen zurückwies. Mag man Schmitthenners Kunst hoch schätzen, sein handwerkliches Wissen, sein Gefühl für das Idyll, seine poetische Fähigkeit, dies Idyll heraufzuzaubern, eines darf man nicht verkennen und muß es ehrlich seinen Gegnern zugute halten: in der ohnehin unglücklichen, weil mit mangelnder Unterscheidungskraft geführten Diskussion um das Bauen und die Baukunst hat Schmitthenner reichlich Verwirrung gestiftet mit den Schlagworten, die er damals als deutscher Baumeister überall in die architektonische Jugend warf. Und wenn heute diese Diskussion noch nicht zu Ende ist, wenn sie zwar mit weniger politisch klingenden Argumenten, aber mit der gleichen Unklarheit in der Unterscheidung geführt wird, so sollten wir uns nicht darüber täuschen, daß darin im Grunde doch die summarische Geistlosigkeit der vergangenen Jahre fortwirkt.«
Im Baumeister, Heft 4/1948, schreibt indessen R. Pfister: »Ein Versuch, die objektive Wahrheit zu ermitteln – wobei wir nicht verkennen, daß bei Fragen wie der vorliegenden der ›Auffassung‹ neben dem ehrlichen Willen zur Wahrheit immer auch ein Gewicht zukommen wird – ergibt folgendes: Schmitthenners Schrift ›Baukunst im neuen Reich‹, die im Jahr 1933 verfaßt, aber erst 1934 veröffentlicht wurde, und die eine Fülle von Erkenntnissen und Feststellungen enthält, die auch heute noch volle Gültigkeit haben, ergibt klar und deutlich, daß Schmitthenner damals

große Hoffnungen auf das Programm des Nationalsozialismus setzte und sich im Glauben an manche sehr bestechende Sätze aus den ›Kulturreden‹ Hitlers vom neuen Regime eine Erneuerung der deutschen Kultur und insbesondere der Baukultur erwartete, und er gab dieser Hoffnung mit ehrlicher Begeisterung Ausdruck. Diesem schweren Irrtum gab er sich aber nicht – und das ist das Entscheidende – ›mit sicherem Gefühl für die politische Konjunktur‹ hin, deren Ausnutzung er in seiner damaligen Position keineswegs nötig gehabt hätte, sondern aus einem temperamentvollen Idealismus, wie viele andere – und nicht gerade die Schlechtesten der Nation. Er hat seinen Irrtum sehr bald klar erkannt und unter ihm, wie viele andere Idealisten, schwer genug gelitten. Er hat ihn aber auch unter Beweis gestellt und von dem Augenblick ab, in dem er den Abweg der nazistischen Kulturpolitik erkannte, kein Hehl daraus gemacht, daß dies nicht sein Weg sein könne. Schon 1933 hat er einen Ruf nach Berlin zur Übernahme der Staatshochschulen, einer Professur an der TH Charlottenburg und als Referent im Reichskultusministerium abgelehnt. Natürlich tat er das auch ›mit sicherem Gefühl für die politische Konjunktur‹, zumal ihm damals von Goebbels angesonnen wurde, die deutsche Künstlerschaft zu ›reinigen‹. Wenn es wahr wäre, daß Schmitthenner das ›Dritte Reich‹ dazu benutzt habe, seine sachlichen Gegner von damals (die dieselben sind wie heute!) zu unterdrükken, dann hätte er sich diese Gelegenheit sicher nicht entgehen lassen. Ob seine Gegner heute wohl einer ähnlichen Versuchung aus innerem Anstand widerstehen würden?«

[178] R. Döcker, Brief vom 16. September 1948, ND/KD

[179] M. Wagner, Brief vom 8. Dezember 1947, ND/KD

[180] A. a. O.

[181] R. Döcker, Brief vom 10. Oktober 1947, ND/KD

[182] A. a. O.

[183] H. Scharoun, Brief vom 24. Oktober 1947, ND/KD. Vgl. auch H. Henselmann, in: Stadtbauwelt, Heft 84/1984, S. 371

[184] H. Scharoun, Brief vom 19. Dezember 1947, ND/KD

[185] R. Döcker, Brief vom 18. August 1948, ND/KD

[186] H. Häring, Schreiben vom 24. September 1948, ND/KD

[187] A. a. O. Am 4. Oktober 1948 schreibt O. Bartning an R. Döcker, ND/KD: »Richtig ist, nicht den früheren ›Ring‹ wieder zu beleben. Eben darum rate ich dringend, bei der ersten Besprechung außer den alten Ringleuten gleich 3 – 4 neue dabei zu haben. Dabei ist dann zu erwägen, ob die (wahrlich schwer erkämpfte!) juristische Position Werkbund bemüht werden kann, indem wir einfach einen Ausschuß ›Neues Bauen‹ einsetzen. Derselbe könnte dann das ja doch allmählich stumpf werdende Profil des Werkbunds scharf halten.«

[188] H. Häring, a. a. O.

[189] S. Giedion, Brief vom 11. Februar 1948, ND/KD. Dort erinnert Giedion: »Ich verstehe, daß Sie es als ›mitunter schwieriger‹ ansehen, in Deutschland geblieben zu sein als ›draußen zuzusehen‹, aber ich bitte Sie auch nicht zu vergessen, daß verschiedene Italiener, Holländer, Franzosen, Polen, auf jämmerliche Weise in Konzentrationslagern umgekommen sind, und daß es für den CIAM nicht so einfach ist, nun von außen her eine Auslese zu treffen und keine Fehlgriffe zu tun und gerade den Richtigen eine ›Bestätigung der Verbundenheit und Übereinstimmung‹ zukommen zu lassen.«

[190] S. Giedion, Brief vom 8. Juni 1948, ND/KD

[191] M. Wagner, Brief vom 4. August 1947, ND/KD. Er fügt hinzu: »Noch! Es

wird sich ändern! Wenn Sie nach neuen Ideen Ausschau halten, dann werden Sie sie nur auf den Schulen finden, oder Ihre Augen nach England richten müssen. Lassen Sie sich von England das Gesetz über die ›New Towns‹ und das ›Town and Country Planning Act‹ kommen. In beiden finden Sie das, was ich ›modernen‹ Städtebau nenne.«

[192] M. Wagner, Brief vom 8. Dezember 1947, ND/KD. Weiter heißt es: »Lassen Sie sich das Eine sagen, Döcker: Die Politiker der Aktion haben die Waffen, die Sie geschmiedet haben; und die Politiker der Reaktion haben die Waffen, die Sie zu schmieden versäumten! (Wenn ich ›Sie‹ sage, dann meine ich in diesem Fall uns alle, d.h. *alle* Facharbeiter!) Verfallen Sie alle nur nicht in die feige und dekadente Tradition, den ›Professor‹ zu ›entpolitisieren‹! Wenn der Professor nicht Geschichte sieht und macht, dann ist er eben nur ein Pauker, aber kein schöpferischer Geist. Diejenigen Professoren, die sich hier in den U.S.A. dazu zusammenschlossen, die Atombombe zu schaffen, wissen nun, daß sie Verbrecher sind, wenn sie die Handhabung ihrer Waffe den politischen Feldwebeln überlassen würden.«

[193] M. Wagner, Brief vom 6. Juni 1950, ND/KD

[194] A.a.O.

[195] R. Döcker, Brief vom 25. Juni 1950, ND/KD

[196] A.a.O.

[197] A.a.O.

[198] A.a.O.

[199] M. Wagner, Brief vom 14. Juli 1950, ND/KD

[200] A.a.O.

[201] R. Döcker, Brief vom 6. März 1950, ND/KD. In seinem Brief vom 10. Januar 1948 (ND/KD) hatte W. Gropius von seinem Besuch in Deutschland berichtet: »Bevor ich Berlin verließ fuer England, habe ich einen ausfuehrlichen Bericht an General Clay eingereicht. Wie weit es hier oder dort Einfluss haben wird, laesst sich noch nicht uebersehen. Meinen Besuch in Stuttgart habe ich in lebhafter Erinnerung. Ich hatte das Gefuehl, dass es noch sehr lebendig dort ist. Sie duerfen deshalb nicht ungeduldig werden. Wie koennten die Dinge glatt gehen nach dem, was geschah.«

[202] S. Giedion, Brief vom 8. Juni 1948, a.a.O.

[203] R. Döcker, Brief vom 6. März 1950, a.a.O.

[204] Philippika vor den Friedensrichtern/Paul Schmitthenner gegen Corbusier, in: Stuttgarter Zeitung vom 9. Juli 1958

[205] Vgl. P. Schmitthenner, Schönheit ruht in der Ordnung. Betrachtungen eines Architekten über Tradition und Fortschritt in der Baukunst, Rede im Orden Pour le mérite, in: G. Müller-Menckes (Hrsg.), Schönheit ruht in der Ordnung, a.a.O., S. 151 ff. Im Rückblick auf die vertanen Chancen des Wiederaufbaus der kriegszerstörten Städte wiederholt Schmitthenner fast wortgleich Argumente seiner Schrift von 1934: »Die Eile, die mangelnde Ehrfurcht vor dem Leben und mißverstandene Freiheit sind die Krebsschäden. Die neuen, schönen Gestaltungen, die durch neue, sinnvolle Konstruktionen und neue Stoffe gut gelungen sind, werden am falschen Platz zu neuem Formalismus, der heute die seltsamsten Blüten treibt. Konnte man einst, vor 1900, ein Fabrikgebäude in deutscher Renaissance von einer Oberpostdirektion nicht unterscheiden, so fällt es uns heute z.B. oft schwer, eine Schule nicht mit einer Spinnerei zu verwechseln. Die Architekten haben vergessen, daß sie berufen sind, Ordnung zu schaffen. Zur Ordnung gehört in erster Linie, sich einzufügen. Das setzt natürliches Bescheiden voraus. Doch dieses schwindet, wie auch das Gewissen schwindet, das Gewissen der Berufung und der Allgemeinheit gegenüber.«

Eine falsche Auffassung von Baukunst »der Allgemeinheit gegenüber« wirft Schmitthenner Le Corbusier vor: »Daß Ronchamp die meisten Laien beeindruckt, ist zu erklären durch die verblüffende Filmarchitektur, an der ja die Menge ihre Phantasie schult. Das Gebilde Ronchamp ist aber standfest. Es hält. Daß etwas hält, ist nicht das Wesen der Baukunst, es ist bestenfalls das Erste und Selbstverständliche. Daß es Haltung habe, ist entscheidend.«

[206] W. Schmidt, Rasteritis, in: Bauen und Wohnen, Heft 10/1947

[207] W. Schmidt, Restauration des Funktionalismus, in: Bauen und Wohnen, Heft 1/1948

[208] R. Schwarz, Gedanken zum Wiederaufbau von Köln, a.Rh., in: G. Binder (Hrsg.), Grundfragen des Aufbaus in Stadt und Land. Die Referate und Aussprachen der Kölner Arbeitstagung im April 1947, Deutscher Verband für Wohnungswesen, Städtebau und Raumplanung, Stuttgart 1947, S. 8 ff.

[209] O. Bartning (Hrsg.), Mensch und Raum. Darmstädter Gespräche 1951, Darmstadt 1952

[210] H. G. Evers, Eröffnung, in: H. G. Evers (Hrsg.), Das Menschenbild in unserer Zeit. Darmstädter Gespräch 1950, Darmstadt 1951, S. 29 f.

[211] A. a. O.

[212] Oberbaudirektor P. Grund, seit 1933 Direktor der Kunstakademie Düsseldorf, 1937 künstlerischer Leiter der Reichsausstellung »Schaffendes Volk« in Düsseldorf und dort prominentes Mitglied der NSDAP, war seit 1946/1947 für den Wiederaufbau Darmstadts tätig.

[213] O. E. Schweizer, Die architektonische Bewältigung unseres Lebensraumes, in: O. Bartning (Hrsg.), Mensch und Raum. Darmstädter Gespräch 1951, Darmstadt 1952, S. 55

[214] O. E. Schweizer erläutert das Beispiel: »Es wäre natürlich falsch, an solche technischen Anlagen mit Begriffen heranzugehen, die von der Stilarchitektur übernommen sind. Man hat, die Tendenz zur Entmaterialisierung völlig verkennend, die Konstruktionen der Technik mit Steinen ummauert, um so ihren technischen Charakter schamhaft zu verdecken; man hat durch diese Kompromisse nur die Landschaft zerstört oder gefährdet. Wir sollten uns von solchen Rückfällen in die Romantik freimachen. Es ist für einen Menschen unserer Zeit schön und begeisternd, diese neuen Formen, die noch keine Generation vor uns gesehen hat, in der Landschaft auftauchen zu sehen.«

[215] R. Schwarz, Das Anliegen der Baukunst, in: O. Bartning (Hrsg.), a. a. O., S. 63. Gleichzeitig warnt Schwarz vor einer Auffassung von Kunst als Surrogat für Religion: »Es gibt die Vorstellung – und sie stammt wieder mal von den Ästheten –, daß die Kunst so ungefähr das Höchste, das es gibt, wäre. Den lieben Gott hat man mehr oder weniger abgeschafft, statt dessen ist ein Neutrum Gott eingeführt worden, und der Dienst daran wird vom Künstler zelebriert. So ist die Sache durchaus nicht. Die Kunst feiert die Schönheit, die Blüte, den Sinn der Welt. In Ordnung. Aber auch nicht mehr. In der großen Weltordnung steht auch die architektonische Kunst an bescheidener Stelle und nicht hoch über der Welt der Arbeit.«

[216] A. a. O., S. 70

[217] A. Weber, in: O. Bartning (Hrsg.), a. a. O., S. 96. In Anspielung auf M. Heideggers Vortrag »Bauen, Wohnen, Denken« hatte Weber ausgeführt: »Man muß sich klarmachen: Es ist etwas vollständig anderes, ob ich mich ›dreingebe‹, um mit jemand zu ›wohnen, oder ob ich mich dreingebe, um mit anderen in einer Kirche zu sein, in einem Parlament zu sein, in einer Ratsversammlung zu sein, in einer öffentli-

chen Versammlung zu sein, in einer Arena etwas zusammen zu erleben. Das sind ausgesprochene größere oder kleinere Kollektiverlebnisse, und ehe die Architektur, die moderne Architektur, nicht dazu kommt, diese Kollektiverlebnisse in ihrem Wesen nachzuerleben, aufzunehmen und wiederzugeben, wird sie nicht über den Tadel hinwegkommen, daß sie im ganzen und großen nüchterne Nützlichkeitspredigt ist. Sie wird, solange sie nicht darüber hinwegkommt, immer intellektuell bleiben und polemisch.«

[218] R. Schwarz, Das Anliegen der Baukunst, a.a.O., S. 71

[219] E. Eiermann, in: O. Bartning (Hrsg.), a.a.O., S. 137. Weiter heißt es:»Wenn wir nun damit die Begriffe der Heimatlosigkeit in Kauf nehmen müssen, so tue ich das gerne, denn die Heimat von früher mit Volksliedgesang existiert dann nicht mehr: Ich habe eine neue Heimat, die dann die Welt sein wird unter Umständen.« Unter Umständen – welchen?

[220] M. Heidegger, Bauen, Wohnen, Denken, in: O. Bartning (Hrsg.), a.a.O., S. 83

[221] D. Sternberger, in: O. Bartning (Hrsg.), a.a.O., S. 125

[222] Vgl. T. W. Adorno, Jargon der Eigentlichkeit, Frankfurt am Main 1964

[223] D. Sternberger, a.a.O., S. 127. Scharf fragte Sternberger zuvor:»Was also soll uns eigentlich diese Erinnerung an die Dinge von 1900 in einer Epoche der Zwangsverschleppungen, der Umsiedlungen, der Barackenlager, der Flüchtlinge, der Heimatvertriebenen und der Displaced Persons!«

[224] O. Bartning, in: O. Bartning (Hrsg.), a.a.O., S. 143

[225] P. Bonatz, in: O. Bartning (Hrsg.), a.a.O., S. 90f.

[226] A.a.O., S. 204

[227] H. Scharoun, in: O. Bartning (Hrsg.), a.a.O., S. 95

[228] A. Giefer, in: O. Bartning (Hrsg.), a.a.O., S. 140

[229] A. Leitl, in: Baukunst und Werkform, Heft 1/1953, S. 9f.: »Die vorbereitende Unterhaltung mit dem Autor war schon getrübt gewesen durch einen wilden Verdammungsangriff auf das Bauhaus und die Funktionalisten, über die man in der Tat sehr kritisch denken kann. Wir meinten aber, man könne die Rolle der Funktionalisten in den historischen Ablauf eingeordnet auch wesentlich mäßiger zeichnen als Professor Schwarz es tut, und man könnte sie aufs Ganze gesehen auch nicht so ausschließlich negativ betrachten, in der Überzeugung nämlich, daß auch das scheinbar Negative im Gewebe der Geschichte seinen Sinn gewinnen kann. Deshalb warfen wir dem Autor eine falsche Proportionierung in der Verteilung der Gewichte des Aufsatzes vor. (...) Bei den Thesen, die wir anders sehen, haben wir angenehmerweise die Möglichkeit der Entgegnung, die wir auch im nächsten Heft wahrnehmen wollen, um das von Professor Schwarz geschätzte Gespräch wirklich zu führen.«

[230] R. Schwarz, Bilde Künstler, rede nicht, in: Baukunst und Werkform, Heft 1/1953, S. 11f.

[231] A.a.O., S. 15

[232] W. Gropius, Brief vom 14. März 1953, ND/KD

[233] R. Schwarz, Was dennoch besprochen werden muß, in: Baukunst und Werkform, Heft 4/1953, S. 196. In diesem Aufsatz versucht Schwarz, Mißverständnisse auszuräumen und auf Fragen wie »Gibt es einen ›Bauhausstil‹?« einzugehen. Im selben Heft finden sich zuvor Beiträge unter der Überschrift »Wo liegt eigentlich der Kern der Diskussion um Schwarz?« Bereits das Heft 2–3/1953 war großenteils der »Debatte um Rudolf Schwarz« gewidmet: »Einer gibt dem anderen das Wort weiter. Sieben Stimmen zur Berichtigung des Geschichtsbildes von Rudolf Schwarz.« Darunter finden sich Beiträge von F. Meunier, H. Mäckler, H. Hoff-

mann, P. Klopfer und L. Schoberth. Erst in Heft 10 – 11/1953 klingt die erregte Debatte mit einigen weiteren Artikeln aus, denen A. Leitl, S. 571 ff., »Ein Schlußwort des Herausgebers« hinzufügt: »Wenn es jemandem gelänge, so denke ich mir, die Fronten der Gegner einmal von hinten anzusehen, würde sich dem Auge wahrscheinlich ein seltsames Bild darbieten. Die dräuenden Panzer ästhetischer Weltanschauungen, die schimmernde Wehr der Doktrinen, gehen gar nicht richtig rund herum und bis unten. Es ist nur ein Halbpanzer, mit Bindfaden vorgebunden. Dahinter stehen sie alle in Anzügen von heute, meistens ganz banaler Art, meistens von der Stange. Was geschähe nun, wenn es gelänge, von hinten die Bindfadenschlaufen aufzuziehen? Wir brauchen diesen Gedanken nicht weiter zu verfolgen. Es geschähe gar nichts! Denn jede Front hat eine Gruppe geprüfter, vereidigter und beglaubigter Doktrinäre. Diese haben sich frühzeitig in ihre Blechpanzer einlöten lassen. Sie sorgen, solchermaßen gegen jede Anfechtung geschützt, für Aufrechterhaltung einer sauberen Gegnerschaft und eines ordnungsmäßigen totalen Krieges.

Als ich nun Professor Schwarz in mühsamen Umgehungsmärschen aus der Gosse steigen sah, dachte ich mir, der will sicher an die Bindfadenschlaufen heran. Leider wurde er dann doch zu sehr frontal.«

Insgesamt gerät dieses Schlußwort zu einem trauernden Nachruf auf »die Möglichkeit einer Diskussion«, die Leitl anzustoßen nicht scheute. An Studenten der Architektur, an künftige Kollegen richtet Leitl, S. 576 a/b, folgende Worte: »Als Goebbels mit seinen SA-Männern vor gut zwanzig Jahren – ihr wart damals sicher noch ganz klein – eine ganze Menge guter Literatur auf dem Opernplatz in Berlin verbrannte, da waren die meisten der Feuerwerker wahrscheinlich deshalb so frisch und munter dabei, weil sie das Ganze nicht erst gelesen hatten und nun in Zukunft auch nicht mehr zu lesen brauchten. Heute sind wir weiter. Ihr habt doch schon, ehe ihr zu den Streichhölzern griffet, wenigstens gelesen. Seid mir also umschlungen, ihr fröhlichen SA-Männer der neuen Architektur, die ihr schließlich doch durch einen heroischen Entschluß die Anfechtungen des Zweifels zurückgestoßen und somit wieder innerlich gefestigt an die sauber etikettierten Flaschen der zugelassenen Gedanken herantreten könnt.

Aber vielleicht tue ich hier Unrecht. Vielleicht ist es ganz anders. Gab mir jener Student einer süddeutschen Hochschule den Schlüssel? Er sagte mir: Dieser Streit da um Vergangenes, um das Bauhaus und alle diese Auseinandersetzungen sind ja ganz interessant. Wir Jüngeren, wir Studenten, es tut uns leid, wir können sie nur noch mit dem halben Interesse eines unbeteiligten Zuschauers mit ansehen. Im Grunde geht uns das alles gar nichts an. Was interessieren uns zum Beispiel hier in Stuttgart die Streitereien zwischen Döcker und Schmitthenner? Man soll uns damit in Ruhe lassen. Was interessiert uns eine verknöcherte Architektur-Theorie von 1930? Wir wollen etwas Vernünftiges lernen, und wir wollen das, was wir einmal machen werden, so gut wie möglich machen. Man vermittle uns das beste Werkzeug, weiter nichts!

Ich gestehe, daß dieses Gespräch mich von allen am stärksten nachdenklich gemacht hat. Da versuchen wir nun mühsam irgend etwas über Zusammenhänge, Gesetzmäßigkeiten, Pflichten, Wahrheit und Schönheit herauszukriegen und die jungen Leute sagen uns, ›Reformiert uns lieber den Hochschul-Lehrplan‹. Es hat keinen Zweck, über dieses Nachlassen des geistigen und kämpferischen Interesses zu klagen. Nehmen wir an, die Jugend habe, wenn auch nicht ganz, so immerhin recht, zumindestens hat sie *ihr* Recht. Ich habe deshalb dem Studenten etwas sehr Einfaches geantwortet, und ich möchte es meinen vierundzwanzig Kritikern, die, wie ich zu meinem Vergnügen vernommen habe, zum Teil auch schon wieder zurückgekommen sind, also dieses lesen werden, das Gleiche sagen: Ihr könnt das Interesse und die Aufmerksamkeit der mittleren und älteren Generation, das ist die Generation Eurer Lehrer, Eurer Lehrmeister und Chefs, für Eure Notwendigkeiten fordern. Ihr könnt aber nicht verlangen, daß die Architektur ausschließlich unter dem Gesichtspunkt der Jugend betrachtet werde.«

[234] U. Conrads, Jugendstil, in: Baukunst und Werkform, Heft 9/1952, S. 10

[235] Schon in Heft 2/1946 hatte R. Pfister in seinem Artikel über »Hitlers ›Baukunst‹« die Entwicklung der NS-Architektur auf eine »schicksalhafte« Begegnung Hitler–Troost zurückgeführt. Vor dem Hintergrund personalisierender Schuldzuweisung fragte Pfister rhetorisch: »Gibt es eigentlich eine ›Baukunst des Dritten Reiches‹ im Sinne der Architekturgeschichte, also eine durch gemeinsame Wesensmerkmale geschlossene architektonische Leistung, einen nationalsozialistischen Zeitstil sozusagen? Diese Frage kann eigentlich doch nur mit ›nein‹ beantwortet werden. Die prominenten Bauwerke der Partei zeigen allerdings eine gewisse gemeinsame Stilhaltung, die freilich auf keinerlei echter Neubildung beruht, sondern nur im Negativen zu suchen ist: einen durch Maßstabslosigkeit – was ihr Charakteristischstes ist – aufgeblähten, durch ›tierischen Ernst‹ des Liebenswürdigen beraubten, durch miserable Formgebung im einzelnen verdorbenen eklektischen Klassizismus, einen humorlosen Ausdruck des absolut Unkünstlerischen.« Demgegenüber meint Pfister 1946 festhalten zu müssen: »Die Chronistenpflicht erfordert die Feststellung, daß – abgesehen von der rein privaten Bautätigkeit – auch von Parteistellen mit Hilfe guter Architekten eine ganze Reihe von anständigen und selbst einige ausgezeichnete Bauten errichtet worden sind. Auch hierfür war die Architekturausstellung des Jahres 1940 aufschlußreich. Aber aufschlußreich war es vor allem, daß man in die Seiten- und Nebenräume gehen mußte, um zu sehen, was die H. J., die Arbeitsfront oder die Luftwaffe an guten Bauten geschaffen oder geplant hatte. Auch die meist ausgezeichneten Ingenieurbauten der Autobahnen sind nicht zu vergessen! –«

Entsprechend kommentiert W. Schmidt, Restauration des Funktionalismus, a. a. O., S. 3: »Bestimmend waren weder die einen noch die anderen, sondern Wille und Geschmack eines Einzelnen. Daß sich Wille und Geschmack dieses Einzelnen, des Mannes an der Spitze, nach einer Art von Klassizismus orientierten, mag, außer auf die Nachwirkung Semperscher Wiener Ringstraßenarchitektur, auf ein lokales Münchener Ereignis zurückzuführen sein, das Hitler mit dem Schiffsausstattungsklassizismus des Ateliers Troost zusammenbrachte.« Trotz solcher Vorlieben Hitlers und des Mißbrauchs klassizistischer Formen zur Darstellung der Hitlerschen Willkürherrschaft hält Schmidt fest, »daß sich die Gleichsetzung von Historismus und Faschismus, von Funktionalismus und Antifaschismus nicht aufrechterhalten läßt.«

[236] F. Wiesenberger, Der Patriarch und seine Werke. Helmut Hentrich wird achtzig, in: Düsseldorfer Hefte 11/1985, S. 7 f. Der im Wettbewerb ausgezeichnete Entwurf entsprach in der Konzeption dem Pirelli-Hochhaus in Mailand: »Ein kleiner Pirelli, wenn Sie so wollen, à la Mailand.« H. Hentrich, in: H. Klotz, Architektur in der Bundesrepublik, Frankfurt am Main, Berlin, Wien 1977, S. 114; hier berichtet Hentrich auch über die Reise in die USA. Spätere Reisen westdeutscher Architekten in die USA, die wesentlich zur Ausprägung entsprechender Stadt-und Architekturvorstellungen in der BRD beitrugen, wurden von Verbänden der deutschen Aluminium-Industrie organisiert und gefördert. Im Reisebericht *Aluminium in der*

Architektur der USA, hrsg. von der Aluminium-Zentrale e. V., Düsseldorf 1960, berichten W. Henn und F. Tamms ausführlich über ihre Eindrücke. Im Vorwort heißt es: »Die Verwendung von Aluminium als Baustoff für Industrie-, Verwaltungs- und Wohnhausbauten in den USA – auf den Prokopfverbrauch bezogen – ist zehnmal so hoch wie in der Bundesrepublik. Es lag daher nahe, mit deutschen Architekten eine Reise nach den USA durchzuführen, um diese bemerkenswerte Entwicklung an Ort und Stelle gemeinsam zu studieren. Sie fand auf Einladung der Aluminium-Zentrale in der Zeit vom 24. April bis 15. Mai 1959 statt. Die freundliche Unterstützung seitens der amerikanischen Aluminium-Industrie und der dortigen Architekten hat die Durchführung der Reise wesentlich erleichtert. Unser besonderer Dank gilt den Firmen Aluminium Company of America (Alcoa), Reynolds Metals Company, General Bronze Corp., National Homes Corp., Fuller Comp., Knoll international, N. Y., ebenso dem American Institute of Architects, Direktor E. Purves und den Architekten Harrison und Abramovitz, Mies van der Rohe, E. Saarinen, Skidmore, Owings & Merrill, M. Yamasaki.« Vor dem Abflug der Teilnehmer am 24. April 1959 vom Düsseldorfer Flughafen fand zunächst ein Empfang im Düsseldorfer Industrie-Club statt. »Anschließend werden die Hochhäuser der Mannesmann-AG und der Phoenix-Rheinrohr AG besichtigt. An Hand eines Großmodells erläutert Prof. Tamms die Stadtplanung von Düsseldorf.« Danach, um 22.30 Uhr, Start in die USA.

[237] Oberstadtdirektor der Stadt Düsseldorf (Hrsg.), i. V. Professor Friedrich Tamms, Beigeordneter, Leitplan der Stadt Düsseldorf. Erläuterungen, Düsseldorf o. J., S. 7

[238] K. Otto (Hrsg.), die stadt von morgen. gegenwartsprobleme für alle, Berlin 1959, S. 12

[239] A. a. O., S. 13

[240] R. Hillebrecht, in: Stadtbauwelt, Heft 72/1981, S. 379

[241] R. Hillebrecht, Neuaufbau der Städte, Nachdruck eines Artikels, aus: Handbuch moderner Architektur, Berlin 1957, in: R. Hillebrecht, Städtebau als Herausforderung. Ausgewählte Schriften und Vorträge, zusammengestellt von H. Adrian u. a., in der Reihe *Neue Schriften des deutschen Städtetages,* Stuttgart 1975, S. 62 ff.

[242] A. a. O., S. 71 f. Die Formen der Architektur sollen indes von individueller Vielfalt und jeweils besonderer Funktionalität geprägt sein: »Betrachten wir das im Werden befindliche Stadtbild, so prägen sich im Gegensatz zu der monumentalen Uniformität der Bauten des späten 19. Jahrhunderts und im Gegensatz zu der uniformen Monumentalität der Bauten des Dritten Reiches mehr und mehr in unseren Bauten individuelle Züge aus. Die Architektur der Gebäude läßt unverwechselbar Wohnhäuser, Büro- und Verwaltungsgebäude, Fabriken, Kirchen, Banken, Hotels als eigengesetzliche Bauwerke erkennen, während in den vergangenen 100 Jahren alle diese Gebäude mehr oder weniger einem Schema unterworfen waren und ihre Architektur nicht mit ihrem Gehalt übereinstimmte.«

[243] Vgl. W. Durth, Die Inszenierung der Alltagswelt. Zur Kritik der Stadtgestaltung, a. a. O., bes. S. 61 ff., sowie Stadtbauwelt Heft 72/1981, a. a. O., S. 376 ff.

[244] R. Hillebrecht, Koordinierte Planung, in: Erneuerung unserer Städte. Vorträge, Aussprachen und Ergebnisse der 11. Hauptversammlung des Deutschen Städtetages in Augsburg 1960, Stuttgart und Köln o. J., S. 55 ff.

[245] K. Müller-Ibold, Städte verändern ihr Gesicht. Schriftenreihe *neues bauen – neues wohnen* des Bundesministeriums für Wohnungswesen, Städtebau und Raumordnung, Stuttgart 1962

[246] J. Fourastié, Die große Hoffnung des XX. Jahrhunderts, Köln 1954

[247] W. Wortmann, Die Reurbanisierung, der Weg zu einer neuen Gestalt der Stadt, in: Abhandlungen zum neuen Städtebau und Städtebaurecht. Schriftenreihe der Deutschen Akademie für Städtebau und Landesplanung, Tübingen 1963. Darin schreibt Wortmann, S. 62 f.: »Der Stadtkern verlangt Konzentration aus seiner Forderung nach Kontakt, von dem er lebt, aber auch aus den Forderungen der Verkehrsbedienung. Die in allen großen Städten zu beobachtende Ausweitung der City in angrenzende, ihrem ursprünglichen Zweck nicht mehr entsprechende, ihrer baulichen Substanz nach aber noch gut erhaltene Wohnquartiere aus der Jahrhundertwende bedeutet für den Stadtkern eine ähnliche Gefahr der Auflösung wie die weit in die Landschaft ausgreifende Besiedlung für die Stadtzellen.«

[248] H. B. Reichow, Die autogerechte Stadt. Ein Weg aus dem Verkehrs-Chaos, Ravensburg 1959

[249] Borgward-Rhombus, Heft 3/1960, S. 3

[250] F. Tamms, F. Leonhardt, Vorwort, in: E. Beyer, H. Thul, Hochstraßen. Planung – Ausführung – Beispiele, Düsseldorf 1967, S. 5

[251] H. B. Reichow, in: Theorie und Praxis im Städtebau der Gegenwart. Vortragsfolge Sommersemester 1962. Veröffentlichungen des Zentralinstituts für Städtebau der Technischen Universität Berlin, Berlin o. J., S. 44 f.

[252] R. Wolters, Es geht ums Ganze. Anmerkungen eines Architekten zur kulturellen Situation der Gegenwart, Coesfeld 1963, S. 32 f.

[253] Aus einer Menge vergleichbarer Publikationen sei hier herausgegriffen: E. Böhm (Red.), Dem Phoenix gleich. Bilddokumentation über das Bauschaffen unserer Zeit, Hannover 1966. In der Einleitung schreibt Prof. Dr.-Ing. J. W. Hollatz:»Der weit gestreute und vielfältige Überblick macht deutlich, wieweit es uns gelungen ist, den Anschluß an das internationale Niveau der architektonischen und technisch-konstruktiven Baugestaltung, der im Dritten Reich abrupt abgeschnitten wurde, wieder zu erreichen.« Im Rückblick auf den Wiederaufbau heißt es: »In der Zeit ihrer größten Not wuchsen den Menschen ihre stärksten Kräfte. Der Wille zum Weiterleben trieb zu immer neuem Tun und zu täglich gesteigerter Leistung. Die lange reglementierte Wirtschaft besann sich auf den Wert persönlicher Initiative. Arbeitgeber und Arbeitnehmer warfen ihre geballte Kraft in die Waagschale. Der planende Geist zeichnete die Vision der Zukunft. Aus der Asche des deutschen Brandes wuchsen die Städte von heute, dem Phönix gleich. Er wirkt dynamisch in die Zukunft.« Eine Abbildung des Düsseldorfer Thyssen-Hochhauses ist mit folgendem Kommentar versehen:»In den Himmel schießende Scheiben und Bänder aus Glas und Edelmetallen wirken wie schlanke Plastiken, die das Farben- und Formenspiel der Natur widerspiegeln. Sie scheinen wie entmaterialisiert und visionär verklärt.« Zur Stadtentwicklung jener Jahre vgl. Städtebaubericht 1969, hrsg. vom Bundesminister für Wohnungswesen und Städtebau, Bonn 1969

[254] Vgl. die Übersichten in: HPP (Hrsg.), 50 Jahre HPP Hentrich-Petschnigg & Partner. Architekten, Düsseldorf 1983

[255] Borgward-Rhombus, a. a. O., S. 16

[256] A. a. O.

[257] H. Rimpl, Verwaltungsbauten. Organisation – Entwurf – Konstruktion –Ausgeführte Bauten und Projekte, Berlin 1959

[258] H. Rimpl, Die geistigen Grundlagen der Baukunst unserer Zeit, München 1953, S. 11

484

[259] A. Mitscherlich, Die Unwirtlichkeit unserer Städte. Anstiftung zum Unfrieden, Frankfurt am Main 1965

[260] R. Hillebrecht, in: Stadtbauwelt, Heft 72/1981, a.a.O., S. 379

[261] F. Tamms, Brief, zit. in: F. Tamms, Von Menschen, Städten und Brücken, hrsg. von der Deutschen Akademie für Städtebau und Landesplanung, Düsseldorf, Wien 1974, S. 29

[262] Nachdruck in: F. Tamms, Von Menschen, Städten und Brücken, a.a.O., S. 27ff.

[263] Baustil Stammtisch. Professor Bumms 20 Jahre im Amt oder Undank ist der Welt Lohn. Laudatio von Kunsthistoriker Dr. Schwetz, in: Bauwelt, Heft 24/1968

[264] Vgl. die Leserbriefe zur Glosse »Baustil Stammtisch«, bes. Heft 31–32/1968, sowie den Brief von J. Lehmbrock in: Bauwelt 35/1968

[265] Aus der Ansprache von Oberbürgermeister Willi Becker bei der Verabschiedung am 1. Dezember 1969, zit. in: F. Tamms. Ein Baumeister und seine Stadt, a.a.O., S. 4

[266] F. Tamms, Zur Situation, Nachdruck in: F. Tamms, Von Menschen, Städten und Brücken, a.a.O., S. 147

[267] Vgl. P. Sloterdijk, Kritik der zynischen Vernunft, 2 Bände, Frankfurt am Main 1983, bes. S. 849ff.

[268] M. Horkheimer, Feudalherr, Kunde, Fachmann, in: ders., Zur Kritik der instrumentellen Vernunft, Frankfurt am Main 1974, S. 331

[269] Hans Koschnik u.a., Zum Geleit!, in: R. Hillebrecht, Städtebau als Herausforderung, a.a.O., S. 7

[270] F. Tamms, W. Wortmann, Städtebau – Umweltgestaltung: Erfahrungen und Gedanken, Darmstadt 1973

[271] F. Tamms, Von Menschen, Städten und Brücken, a.a.O.

[272] A.a.O., Umschlagtext

[273] W. Wortmann, Laudatio für Professor Konstanty Gutschow, Hamburg, in: Stiftung F.V.S. zu Hamburg (Hrsg.), Fritz-Schumacher-Stiftung 1964. Verleihung der Auszeichnung durch die Technische Hochschule Hannover, o.J., S. 11f. (Hervorhebungen im Text: W. D.)

[274] 1960 wurde ihm das Große Bundesverdienstkreuz, 1968 der Kurt-Dehio-Preis für Kultur und Geistesgeschichte verliehen. Vorträge und Gastvorlesungen hielt er u.a. in Moskau, Tokio, Belgrad, Zürich, Philadelphia.

[275] Hannoversche Allgemeine Zeitung vom 27. Februar 1985, S. 13. Im Bericht über die Feier zum 75. Geburtstag Rudolf Hillebrechts heißt es nach Nennung der anwesenden Gratulanten: »Bundespräsident Richard von Weizsäcker, dessen Vorgänger Karl Carstens, Bundeskanzler Helmut Kohl und sein Vorgänger Helmut Schmidt, Bundesinnenminister Friedrich Zimmermann, Ministerpräsident Ernst Albrecht schickten Telegramme.«

[276] R. Hillebrecht, Neuaufbau der Städte, a.a.O., S. 39f.

Anhang

Abkürzungen

AEG	Allg. Elektrizitäts-Gesellschaft
DAF	Deutsche Arbeitsfront
GBI	Generalbauinspektor
Gestapo	Geheime Staatspolizei
He	Heinkel
HJ	Hitler-Jugend
Ju	Junkers
KDAI	Kampfbund deutscher Architekten und Ingenieure
KdF	Kraft durch Freude
KfdK	Kampfbund für deutsche Kultur
KZ	Konzentrationslager
NSBDT	Nationalsozialistischer Bund Deutscher Techniker
NSKK	Nationalsozialistisches Kraftfahrkorps
OKW	Oberkommando der Wehrmacht
OT	Organisation Todt
RKK	Reichskulturkammer
SA	Sturm-Abteilung
SS	Schutz-Staffel
TH	Technische Hochschule

Archive und Nachlässe

AAB	Archiv Aufbaugemeinschaft Bremen
AADKB	Archiv Akademie der Künste Berlin/Sammlung Baukunst
AG	Archiv für Städtebau/Niels Gutschow
AG/SH	Abgabe Niels Gutschow im Staatsarchiv Hamburg
AD	Archiv für Dokumente des Wiederaufbaus/Werner Durth
AL	Archiv des Düsseldorfer Architektenrings/Josef Lehmbrock
AW	Archiv Friedrich Wolters
AS	Archiv Willi Schelkes
BA	Bundesarchiv Koblenz
IfZ	Institut für Zeitgeschichte
KD	Archiv Cornelia M. Korfsmeier-Döcker
LHBD	Hess. Landes- und Hochschulbibliothek Darmstadt
ND	Nachlaß Richard Döcker
ND/LD	Nachlaß Hanns Dustmann/Linda Dustmann
NS/ES	Nachlaß Paul Schmitthenner/Elisabeth Schmitthenner

PD	Planungsamt Düsseldorf
SB	Staatsarchiv Bremen
SC	Chronik der Speer-Dienststellen im BA
SD	Stadtarchiv Düsseldorf
SH	Staatsarchiv Hamburg
SS	Stadtarchiv Stuttgart

Zeitschriften und Schriftenreihen

Architektur-Wettbewerbe
Arch +
Bau
Bauen – Siedeln – Wohnen
Bauen und Wohnen
Baugilde
Bauhelfer
Baukultur
Baukunst und Werkform
Baumeister
Baurundschau
Bauwelt/Stadtbauwelt
Der Deutsche Baumeister
Der Spiegel
Der Soziale Wohnungsbau in Deutschland
Der Wohnungsbau in Deutschland
deutsche bauzeitung
Deutsche BauZeitung
Die alte Stadt
Die Form
Die Kunst im Dritten Reich
Die Kunst im Deutschen Reich
Die neue Stadt
Die Straße
Düsseldorfer Hefte
Frankfurter Hefte
Freibeuter
Jahrbuch für Architektur
Jahrbuch Demokratie & Arbeitergeschichte
Kölner Vierteljahreshefte für Soziologie
Kölner Zeitschrift für Soziologie und Sozialpsychologie
Kritische Berichte
Moderne Bauformen

Neue Schriften des Deutschen Städtetages
NS-Monatshefte
Raumforschung und Raumordnung
Reichsgesetzblatt
Schriftenreihe des Bundesministers für Raumordnung, Wohnungswesen und Städtebau
Schriftenreihe der Deutschen Akademie für Städtebau und Landesplanung
Schriftenreihe des Deutschen Nationalkomitees für Denkmalschutz
Siedlungsgestaltung aus Volk, Raum und Landschaft
Vierteljahrshefte für Zeitgeschichte
Wasmuths Monatshefte für Baukunst
Zentralblatt der Bauverwaltung

Abendroth, W., Sozialgeschichte der deutschen Arbeiterbewegung, Frankfurt am Main 1965

Adorno, T. W., Jargon der Eigentlichkeit. Zur deutschen Ideologie, Frankfurt am Main 1964

ders., Ohne Leitbild. Parva Aesthetica, Frankfurt am Main 1967

ders., Studien zum autoritären Charakter, deutsche Ausgabe Frankfurt am Main 1973

Akademie der Künste (Hrsg.), Planen und Bauen in Europa 1913–1933. Von der futuristischen zur funktionellen Stadt, Berlin 1977

dies. (Hrsg.), Brüder Luckhardt und Alfons Anker. Architekten der Moderne, Berlin 1990

Akademie für Raumforschung und Landesplanung (Hrsg.), Handwörterbuch der Raumforschung und Raumordnung, 3 Bände, Hannover 1970

Albers, G., Entwicklungslinien im Städtebau. Ideen, Thesen, Aussagen 1875–1945: Texte und Interpretationen, Düsseldorf 1975

Aluminium-Zentrale e. V. (Hrsg.), Aluminium in der Architektur der USA, Düsseldorf 1960

Aly, G., Roth, K. H., Die restlose Erfassung, Berlin 1984

ders., S. Heim, Vordenker der Vernichtung. Auschwitz und die deutschen Pläne für eine neue europäische Ordnung, Hamburg 1991

Arendt, H., Eichmann in Jerusalem. Ein Bericht von der Banalität des Bösen, Reinbek 1978

Badstübner, R., S. Thomas, Entstehung und Entwicklung der BRD, Köln 1979[2]

Backes, K., Hitler und die bildenden Künste. Kulturverständnis und Kunstpolitik im Dritten Reich, Köln 1988

Bartetzko, D., Illusionen in Stein, Frankfurt am Main 1985

ders., Verbaute Geschichte. Stadterneuerung vor der Katastrophe, Darmstadt, Neuwied 1986

Bartning, O. (Hrsg.), Mensch und Raum. Darmstädter Gespräch 1951, Darmstadt 1952

Bayerische Akademie der Schönen Künste/Architektursammlung der Technischen Universität München (Hrsg.), Süddeutsche Bautradition im 20. Jahrhundert, München 1985

Benevolo, L., Geschichte der Architektur des 19. und 20. Jahrhunderts, 2 Bände, München 1964, TB München 1978

Benjamin, W., Das Kunstwerk im Zeitalter seiner technischen Reproduzierbarkeit, Frankfurt am Main 1972

Berger, P. L., T. Luckmann, Die gesellschaftliche Konstruktion der Wirklichkeit. Eine Theorie der Wissenssoziologie, Frankfurt am Main 1970

ders., B. Berger, H. Kellner, Das Unbehagen in der Modernität, Frankfurt am Main, New York 1975

Bergmann, K., Agrarromantik und Großstadtfeindschaft, Meisenheim 1970

Berndt, H., Das Gesellschaftsbild bei Stadtplanern, Stuttgart, Bern 1968

dies., u. a., Architektur als Ideologie, Frankfurt am Main 1968

Bettelheim, C., Die deutsche Wirtschaft unter dem Nationalsozialismus, München 1974

Beyer, E., H. Thul, Hochstraßen. Planung – Ausführung – Beispiele, Düsseldorf 1967

Beyme, K. v., Der Wiederaufbau. Architektur und Städtebaupolitik in beiden deutschen Staaten, München 1987

ders., W. Durth, N. Gutschow, W. Nerdinger, T. Topfstedt, Neue Städte aus Ruinen. Deutscher Städtebau der Nachkriegszeit, München 1992

Bill, M., Wiederaufbau. Dokumente über Zerstörungen, Planungen, Konstruktionen, Zürich 1945

Binder, G. (Hrsg.), Grundfragen des Aufbaus in Stadt und Land. Die Referate und Aussprachen der Kölner Arbeitstagung im April 1947. Deutscher Verband für Wohnungswesen, Städtebau und Raumplanung, Stuttgart 1947

Blankertz, H., Bildung im Zeitalter der großen Industrie, Hannover 1969

Block, F. (Hrsg.), Probleme des Bauens, Potsdam 1928

Boberach, H. (Hrsg.), Meldungen aus dem Reich. Die geheimen Lageberichte des Sicherheitsdienstes der SS, 17 Bände, Herrsching 1984

Bodenschatz, H., Bahn frei für das neue Berlin, Berlin 1987

Boelcke, W. A. (Hrsg.), »Wollt Ihr den totalen Krieg?« – Die geheimen Goebbels-Konferenzen 1939–1943, Stuttgart 1967

ders., Deutschlands Rüstung im Zweiten Weltkrieg. Hitlers Konferenzen mit Albert Speer 1942–1945, Frankfurt am Main 1969

Böhm, E. (Red.), Dem Phoenix gleich. Bilddokumentation über das Bauschaffen unserer Zeit, Hannover 1966

Böhme, H., Prolegomena zu einer Sozial- und Wirtschaftsgeschichte Deutschlands im 19. und 20. Jahrhundert, Frankfurt am Main 1969[3]

ders., Deutschlands Weg zur Großmacht. Studien zum Verhältnis von Wirtschaft und Staat während der Reichsgründungszeit 1848–1881, Köln 1972

Bollnow, O., Mensch und Raum, Stuttgart 1963

Bonatz, P., Leben und Bauen, Stuttgart 1950

ders., F. Leonhardt, Brücken, Königstein/Ts. 1951

ders., E. Wehner, Reichsautobahn-Tankanlagen, Berlin 1942

Borchardt, K., Grundriß der deutschen Wirtschaftsgeschichte, Göttingen 1978

Borngräber, C., Stil Novo. Design in den 50er Jahren, Frankfurt am Main 1979

Bracher, K. D., Die Auflösung der Weimarer Republik. Eine Studie zum Problem des Machtverfalls in der Demokratie, Villingen 1960[3]

Brenner, H., Die Kunstpolitik im Nationalsozialismus, Reinbek 1963

Broszat, M., Der Staat Hitlers, München 1992[13]

ders., K.–D. Henke, H. Woller (Hrsg.), Von Stalingrad zur Währungsreform. Zur Sozialgeschichte des Umbruchs in Deutschland, München 1989

Bullock, A., Hitler. Eine Studie über Tyrannei, Düsseldorf 1964

Bundesministerium für Raumordnung, Bauwesen und Städtebau (Hrsg.), Ideen – Orte – Entwürfe. Architektur und Städtebau der Bundesrepublik, Berlin 1990

Burgdörfer, F., Volk ohne Jugend. Geburtenschwund und Überaltern des deutschen Volkskörpers, Berlin 1932

Campbell, J., Der Deutsche Werkbund 1907–1934, Stuttgart 1981

Christaller, W., Die zentralen Orte in Süddeutschland, Jena 1933

Czichon, E., Wer verhalf Hitler zur Macht? Zum Anteil der deutschen Industrie an der Zerstörung der Weimarer Republik, Köln 1967

Conrads, U., Programme und Manifeste zur Architektur des 20. Jahrhunderts, Gütersloh 1964

Cramer, J., N. Gutschow, Bauausstellungen. Eine Architekturgeschichte des 20. Jahrhunderts, Stuttgart 1984

Dahrendorf, R., Gesellschaft und Demokratie in Deutschland, München 1965

Deutscher Städtetag (Hrsg.), Erneuerung unserer Städte. Vorträge, Aussprachen und Ergebnisse der 11. Hauptversammlung des Deutschen Städtetages in Augsburg 1960, Stuttgart, Köln o. J.

Deutscher Verein für Wohnungsreform (Hrsg.), Handwörterbuch des Wohnungswesens, Jena 1930

Deutscher Werkbund (Hrsg.), Jahrbuch des Deutschen Werkbunds 1913, Jena 1913

ders. (Hrsg.), Jahrbuch des Deutschen Werkbunds 1914, Jena 1914

ders. (Hrsg.), Das Haus der Freundschaft in Konstantinopel, mit einer Vorrede von Theodor Heuss, München 1918

ders. (Hrsg.), Die Zwanziger Jahre des Deutschen Werkbunds, Gießen 1982

Diefendorf, J. M. (Hrsg.), Rebuilding Europe's Bombed Cities, London 1990

Diel, L., Mussolini. Duce des Faschismus, Leipzig 1937

Dilthey, W., Über das Studium der Geschichte der Wissenschaften vom Menschen, der Gesellschaft und dem Staat, in: ders., Gesammelte Schriften, Band V, Stuttgart, Göttingen 1964[4]

Diner, D. (Hrsg.), Ist der Nationalsozialismus Geschichte ? Zu Historisierung und Historikerstreit, Frankfurt am Main 1987

Dülffer, J., u. a., Hitlers Städte. Baupolitik im Dritten Reich. Köln, Wien 1978

Durth, W., Zur gesellschaftlichen Funktion von Kritik und Theorie der Stadtgestaltung, Diss. TH Darmstadt, Darmstadt 1976

ders., Die Inszenierung der Alltagswelt. Zur Kritik der Stadtgestaltung, Braunschweig 1988[2]

ders., N. Gutschow, Träume in Trümmern. Planungen zum Wiederaufbau zerstörter Städte im Westen Deutschlands 1940–1950, Band 1: Konzepte, Band 2: Städte, Braunschweig, Wiesbaden 1988

Elias, N., Die höfische Gesellschaft, Neuwied und Berlin 1969

ders., Über den Prozeß der Zivilisation, 2 Bände, Frankfurt am Main 1976

Eschenhagen, W. (Hrsg.), Die neue deutsche Ideologie – Einsprüche gegen die Entsorgung der Vergangenheit, Darmstadt 1988

Estermann-Juchler, M., Faschistische Staatsbaukunst. Zur ideologischen Funktion der öffentlichen Architektur im faschistischen Italien, Köln, Wien 1982

Evers, H. G. (Hrsg.), Das Menschenbild in unserer Zeit. Darmstädter Gespräch 1950, Darmstadt 1951

Falter, J. W., Hitlers Wähler, München 1991

Feder, G., Der deutsche Staat auf nationaler und sozialer Grundlage, München 1923

ders., Das Programm der NSDAP und seine weltanschaulichen Grundlagen, München 1927 ders., Die Aufgaben der Technik beim Wiederaufbau der deutschen Wirtschaft, Berlin 1933

ders., Die neue Stadt. Versuch einer Begründung einer neuen Stadtplanungskunst aus der sozialen Struktur der Bevölkerung, Berlin 1939

Fest, J.C., Das Gesicht des Dritten Reiches. Profile einer totalitären Herrschaft, München 1963

ders., Hitler. Eine Biographie, 2 Bände, Frankfurt am Main, Berlin, Wien 1973

ders., Cäsar F. Pinnau. Architekt, Hamburg 1982

Fischer, F., Der Griff nach der Weltmacht, Düsseldorf 1967[3]

ders., Bündnis der Eliten. Zur Kontinuität der Machtstrukturen in Deutschland, Düsseldorf 1979

Fischer, T., Sechs Vorträge über Stadtbaukunst, München, Berlin 1922

Ford, H., Mein Leben und Werk, Leipzig 1923

ders., Das große Heute. Das größere Morgen, Leipzig 1926

Forndran, E., Die Stadt- und Industriegründungen Wolfsburg und Salzgitter, Frankfurt am Main, New York 1984

Forschungsstelle für Ingenieurbiologie des Generalinspektors für das deutsche Straßenwesen (Hrsg.), Atlas standortkennzeichnender Pflanzen, Berlin o.J.

Fourastié, J., Die große Hoffnung des XX. Jahrhunderts, Köln 1954

Frank, H. (Hrsg.), Faschistische Architekturen, Hamburg 1985

Frankfurter Kunstverein (Hrsg.), Kunst im Dritten Reich. Dokumente der Unterwerfung, Frankfurt am Main 1974[2]

Frécot, J., u.a., Fidus 1868–1948. Zur ästhetischen Praxis bürgerlicher Fluchtbewegungen, München 1972

Frei, N., Der Führerstaat. Nationalsozialistische Herrschaft 1933 bis 1945, München 1989[2]

Friedländer, S., Kitsch und Tod. Der Widerschein des Nazismus, München, Wien 1984

Friedrich, J., Die kalte Amnestie. NS-Täter in der Bundesrepublik, Frankfurt am Main 1984

Fritschen, W. v., Von deutscher Baukunst. Baustilkunde in geschichtlichem Aufriß, Leipzig 1939

Fritsch, T., Die Stadt der Zukunft, Leipzig 1896

ders., Antisemitischer Katechismus, Leipzig 1887

Fromm, E., u.a., Studien über Autorität und Familie, Paris 1936, Nachdruck o.J.

Fuchs, G., Der Kaiser, die Kultur und die Kunst. Betrachtungen über die Zukunft des Deutschen Volkes, München, Leipzig 1904[2]

Fuchs, W., Biographische Forschung, Opladen 1984

Gamm, H.J., Der braune Kult, Hamburg 1962

ders., Führung und Verführung. Pädagogik des Nationalsozialismus, Frankfurt am Main, New York 1984[2]

Geiger, T., Die soziale Schichtung des deutschen Volkes, Nachdruck Stuttgart 1967

Geiss, I., Die Habermas-Kontroverse. Ein deutscher Streit, Berlin 1988

Geist, J.F., K. Kürvers, Das Berliner Mietshaus 1945–1989, München 1989

Generalinspektor für das deutsche Straßenwesen (Hrsg.), Vier Jahre Arbeit an den Straßen Adolf Hitlers, Berlin 1937

Giesler, H., Ein anderer Hitler. Bericht seines Architekten Hermann Giesler: Erlebnisse – Gespräche – Reflexionen, Leoni 1977

Gimbel, J., Amerikanische Besatzungspolitik in Deutschland 1945–1949, Frankfurt am Main 1971

Glaser, H., L. v. Prüfendorf, M. Schöneich (Hrsg.), So viel Anfang war nie. Deutsche Städte 1945–1949, Berlin 1989

Gleichmann, P. R., Sozialwissenschaftliche Aspekte der Grünplanung in der Großstadt, Stuttgart 1963

Göderitz, H., R. Rainer, H. Hoffmann, Die gegliederte und aufgelockerte Stadt, Tübingen 1957

Graml, H., K.–D. Henke, (Hrsg.), Nach Hitler. Der schwierige Umgang mit unserer Geschichte, München 1986 und 1988

Graubner, G., Bonatz und seine Schüler, Stuttgart 1930

Gutschow, K., H. Zippel, Umbau. Fassadenveränderung, Ladeneinbau, Wohnhausumbau, Wohnungsteilung, seitliche Erweiterung, Aufstockung, Zweckveränderung. Planung und Konstruktion, Stuttgart 1932

ders. (Bearb.), Stadtmitte Hannover. Beiträge zur Aufbauplanung der Innenstadt, hrsg. von der Aufbaugemeinschaft Hannover e. V. mit Unterstützung des Stadtbauamtes, Hannover 1949

Habermas, J., Eine Art Schadensabwicklung, Frankfurt am Main 1987

Hardach, G., Deutschland in der Weltwirtschaft 1870–1970. Eine Einführung in die Sozial- und Wirtschaftsgeschichte, Frankfurt am Main, New York 1977

Harlander, T., G. Fehl (Hrsg.), Hitlers sozialer Wohnungsbau 1940–1945, Hamburg 1986

Hartmann, K., Deutsche Gartenstadtbewegung. Kulturpolitik und Gesellschaftsreform, München 1976

Häußermann, H., W. Siebel, Neue Urbanität, Frankfurt am Main 1987

Hegemann, W., Das steinerne Berlin. Geschichte der größten Mietkasernenstadt der Welt, Berlin 1930

Heilig, W., Wende im Stadtbau. Einflüsse von Wirtschaft und Soziologie, Braunschweig 1948

Helms, H. G., J. Janssen (Hrsg.), Kapitalistischer Städtebau, Neuwied, Berlin 1970

ders. (Hrsg.), Die Stadt als Gabentisch, Leipzig 1992

Henselmann, H., Drei Reisen nach Berlin. Der Lebenslauf und Lebenswandel eines deutschen Architekten im letzten Jahrhundert des zweiten Jahrtausends, Berlin 1981

Hentschel, V., Wirtschaft und Wirtschaftspolitik im wilhelminischen Deutschland, Stuttgart 1978

Herbst, L., Der Totale Krieg und die Ordnung der Wirtschaft. Die Kriegswirtschaft im Spannungsfeld von Politik, Ideologie und Propaganda 1939–1945, Stuttgart 1982

Herf, J., Reactionary Modernism. Technology, Culture and Politics in Weimar and the Third Reich, Cambridge 1984

Hess, F., Städtebau, Stuttgart 1944

Heuss, T., Hans Poelzig. Das Lebensbild eines deutschen Baumeisters, Tübingen 1948[2], Neuauflage Stuttgart 1985

ders., Friedrich Naumann. Der Mann. Das Werk. Die Zeit, Stuttgart, Tübingen 1949

Hillebrecht, R., Städtebau als Herausforderung. Ausgewählte Schriften und Vorträge, zusammengestellt von H. Adrian u. a., Stuttgart 1975

ders., A. Dähn, Fundamente des Aufbaus, Hamburg 1948

Hilpert, T., Le Corbusiers ›Charta von Athen‹. Kritische Neuausgabe, Braunschweig 1984

Hinkel, H., Zur Funktion des Bildes im deutschen Faschismus, Gießen 1975

Hinz, B., u. a., Die Dekoration der Gewalt. Kunst und Medien im Faschismus, Gießen 1979

Historikerstreit. Dokumentation der Kontroverse um die Einzigartigkeit der nationalsozialistischen Judenvernichtung, München 1989[7]

Hitler, A., Mein Kampf, München 1938[334]

Hochmann, E. S., Architects of Fortune. Mies van der Rohe and the Third Reich, New York 1989

Hoeber, F., Peter Behrens, München 1913

Hohn, U., Die Zerstörung deutscher Städte im Zweiten Weltkrieg, Dortmund 1991

Höhne, H., Der Orden unter dem Totenkopf. Die Geschichte der SS, Sonderausgabe, München o. J., Erstauflage 1967

Hofmann, W., Ideengeschichte der sozialen Bewegung des 19. und 20. Jahrhunderts, Berlin, New York 1979[6]

Holtmann, E., Wie neu war der Neubeginn? Zum deutschen Kontinuitätsproblem nach 1945, Erlangen 1989

Horkheimer, M., Zur Kritik der instrumentellen Vernunft, Frankfurt am Main 1974

Hortleder, G., Das Gesellschaftsbild des Ingenieurs. Zum Verhalten der Technischen Intelligenz in Deutschland, Frankfurt am Main 1970

Hoscilawski, T., Bauen zwischen Macht und Ohnmacht. Architektur und Städtebau in der DDR, Berlin 1991

Howard, E., Gartenstädte von morgen. Das Buch und seine Geschichte, hrsg. von J. Posener, Frankfurt am Main, Berlin, Wien 1968

Howard, M., Der Krieg in der europäischen Geschichte. Vom Ritterheer zur Atomstreitmacht, München 1981

HPP (Hentrich-Petschnigg & Partner, Hrsg.), 50 Jahre HPP, Düsseldorf 1983

Hundt, S., Zur Theoriegeschichte der Betriebswirtschaftslehre, Köln 1977

Hurrelmann, K., D. Ulich (Hrsg.), Handbuch der Sozialisationsforschung, Weinheim, Basel 1980

Huster, E. U., u. a., Determinanten der westdeutschen Restauration 1945–1949, Frankfurt am Main 1972

Irving, D. J., Und Deutschlands Städte starben nicht. Ein Dokumentarbericht, hrsg. von G. Karweina, Zürich 1967

Jäckel, E., Hitlers Herrschaft. Vollzug einer Weltanschauung, Stuttgart 1988

Jäckh, E. (Hrsg.), Der große Krieg als Erlebnis und Erfahrung, Gotha 1916

Jaeggi, U., Die gesellschaftliche Elite. Eine Studie zum Problem der sozialen Macht, Bern, Stuttgart 1960

ders., Kapital und Arbeit in der Bundesrepublik, Frankfurt am Main 1973

ders., u. a., Geist und Katastrophe, Berlin 1983

Janssen, G., Das Ministerium Speer. Deutschlands Rüstung im Krieg, Frankfurt am Main, Berlin 1968

Jaspers, K., Die geistige Situation der Zeit, Neudruck Berlin 1947

ders., Wohin treibt die Bundesrepublik? Tatsachen. Gefahren. Chancen, München 1966

Jobst, G., Leitsätze der städtebaulichen Gestaltung, Tübingen 1949

Kaftan, K., Der Kampf um die Autobahnen. Geschichte und Entwicklung des Autobahngedankens in Deutschland von 1907–1935 unter Berücksichtigung ähnlicher Pläne und Bestrebungen im übrigen Europa, Berlin 1955

Kautt, D., Wolfsburg im Wandel städtebaulicher Leitbilder, Wolfsburg 1983

Keller, R., Bauen als Umweltzerstörung. Alarmbilder einer Un-Architektur der Gegenwart, Zürich 1973

Kershaw, I., Der NS-Staat. Geschichtsinterpretationen und Kontroversen im Überblick, Hamburg 1988

Klages, H., Der Nachbarschaftsgedanke und die nachbarliche Wirklichkeit, Köln, Opladen 1958

Klotz, H., Architektur in der Bundesrepublik, Frankfurt am Main, Berlin, Wien 1977

ders., Moderne und Postmoderne. Architektur der Gegenwart 1960–1980, Braunschweig, Wiesbaden 1984

ders. (Hrsg.), Die Revision der Moderne. Postmoderne Architektur 1960–1980, München 1984

Klueting, E. (Hrsg.), Der Wiederaufbau nach dem 2. Weltkrieg und die Probleme des Denkmalschutzes, Münster 1990

Kogon, E., Der SS-Staat. Das System der deutschen Konzentrationslager, Frankfurt am Main 1960[5]

Kohli, M. (Hrsg.), Soziologie des Lebenslaufs, Darmstadt, Neuwied 1978

ders., G. Robert (Hrsg.), Biographie und soziale Wirklichkeit, Stuttgart 1984

Kracauer, S., Die Angestellten, Frankfurt am Main 1971

ders., Ginster, Frankfurt am Main 1973

Kratzsch, G., Kunstwart und Dürerbund. Ein Beitrag zur Geschichte der Gebildeten im Zeitalter des Imperialismus, Göttingen 1969

Krier, L. (Hrsg.), Albert Speer. Architektur, Brüssel 1985

Kris, E., O. Kurz, Die Legende vom Künstler. Ein geschichtlicher Versuch, Frankfurt am Main 1980

Kühnl, R., Der deutsche Faschismus in Quellen und Dokumenten, Köln 1975

ders. (Hrsg.), Texte zur Faschismusdiskussion 1. Positionen und Kontroversen, Reinbek 1974

ders., Faschismustheorien. Texte zur Faschismusdiskussion 2, Reinbek 1979

ders., Vergangenheit, die nicht vergeht, Köln 1987

Lampugnani, V.M. (Hrsg.), Hatje-Lexikon der Architektur des 20. Jahrhunderts, Stuttgart 1983

ders., Architektur als Kultur, Köln 1986

Lane, B.M., Architecture and Politics in Germany 1918–1945, Cambridge, Mass. 1968, deutsche Ausgabe: Braunschweig, Wiesbaden 1986

Larsson, L.O., Die Neugestaltung der Reichshauptstadt. Albert Speers Generalbebauungsplan für Berlin, Uppsala 1978

Lawaczeck, F., Technik und Wirtschaft im Dritten Reich. Ein Arbeitsbeschaffungsprogramm. Heft 38 der von Gottfried Feder herausgegebenen Nationalsozialistischen Bibliothek, 3. Auflage 1933

Le Corbusier, Städtebau, Berlin, Leipzig 1929

Lenk, K. (Hrsg.), Ideologie. Ideologiekritik und Wissenssoziologie, Neuwied 1961

Lindner, W., u. a., Das Dorf. Seine Pflege und Gestaltung. Die landschaftlichen Grundlagen des deutschen Bauschaffens, Band I, München 1938

498

ders., u. a., Die Stadt. Ihre Pflege und Gestaltung. Die landschaftlichen Grundlagen des deutschen Bauschaffens, Band II, München 1939

Lockot, R., Erinnern und Durcharbeiten. Zur Geschichte der Psychoanalyse und Psychotherapie im Nationalsozialismus, Frankfurt am Main 1985

Ludendorff, P. v., Der Totale Krieg, München 1936[2]

Lüken-Isberner, F., u. a., Stadt und Raum 1933–1949, Kassel 1991

Lukacs, G., Die Zerstörung der Vernunft, Berlin 1954

Ludwig, K. H., Technik und Ingenieure im Dritten Reich, Königstein/Ts. 1979

Lutz, B., Der kurze Traum immerwährender Prosperität. Eine Neuinterpretation der industriell-kapitalistischen Entwicklung im Europa des 20. Jahrhunderts, Frankfurt am Main, New York 1984

Manegold, K. H., Universität, Technische Hochschule und Industrie, Berlin 1970

ders. (Hrsg.), Wissenschaft, Wirtschaft und Technik. Studien zu ihrer Geschichte, München 1969

Mann, G., Deutsche Geschichte im 19. u. 20. Jahrhundert, Frankfurt am Main 1966[2]

Mason, T., Sozialpolitik im Dritten Reich. Arbeiterklasse und Volksgemeinschaft, Opladen 1977

Mattausch, R., Siedlungsbau und Stadtneugründungen im deutschen Faschismus. Dargestellt anhand exemplarischer Beispiele, Frankfurt am Main 1981

Michalka, W. (Hrsg.), Das Dritte Reich. Dokumente zur Innen- und Außenpolitik, 2 Bände, München 1985

Michelis, M. de, Heinrich Tessenow, Stuttgart 1991

Mitscherlich, A., Die Unwirtlichkeit unserer Städte. Anstiftung zum Unfrieden, Frankfurt am Main 1965

ders., M. Mitscherlich, Die Unfähigkeit zu trauern. Grundlagen kollektiven Verhaltens, München 1967

Mittag, M., Thyssenhaus. Phoenix-Rheinrohr AG Düsseldorf, Essen, Dortmund 1962

Moeller van den Bruck, A., Der preußische Stil, Berlin 1916

ders., Das dritte Reich, Berlin 1923

Mosse, G. L., Die Nationalisierung der Massen. Von den Befreiungskriegen zum Dritten Reich, Frankfurt am Main, Berlin 1976

ders., The Crisis of German Ideology. Intellectual Origins of the Third Reich, New York 1976

ders., Der nationalsozialistische Alltag. So lebte man unter Hitler, Königstein/Ts. 1978

Müller, S., Kunst und Industrie. Ideologie und Organisation des Funktionalismus in der Architektur, München 1974

Müller-Menckes, G. (Hrsg.), Schönheit ruht in der Ordnung. Paul Schmitthenner zum 100. Geburtstag, Bremen 1984

Müller-Ibold, K., Städte verändern ihr Gesicht. Strukturwandel einer Großstadt und ihrer Region am Beispiel Hannover, Stuttgart 1962

Muthesius, H., Stilarchitektur und Baukunst, Mülheim a. d. Ruhr 1903[2]

ders., Das englische Haus, 3 Bände, Berlin 1904 f.

ders., Kunstgewerbe und Architektur, Jena 1907

Nationalkomitee Denkmalschutz (Hrsg.), Architektur und Städtebau der fünfziger Jahre, Band 33 und 41 der Schriftenreihe, Bonn 1987, 1990

Naumann, F., Form und Farbe, Berlin 1909

Neue Sammlung. Staatliches Museum für angewandte Kunst (Hrsg.), Profitopolis oder Der Mensch braucht eine neue Stadt, Ausstellungskatalog, München o.J.

Neufert, E., Bauentwurfslehre, Berlin 1936

ders., Baunormung als Ganzheit, Berlin o.J.

ders., Bombensicherer Luftschutz im Wohnungsbau, hrsg. vom Generalbauinspektor für die Reichshauptstadt, Berlin 1941

ders., Der Mieter hat das Wort, hrsg. vom Generalbauinspektor für die Reichshauptstadt, Berlin 1942

ders. (Hrsg.), Der Architekt im Zerreißpunkt. Vorträge, Berichte und Diskussionsbeiträge der Sektion Architektur auf dem Internationalen Kongreß für Ingenieurausbildung (IKIA), Darmstadt 1948

Neumann, F., Behemoth. Struktur und Praxis des Nationalsozialismus 1933–1944, Originalausgabe 1942, in erweiterter Form New York 1944, deutsche Ausgabe: Köln, Frankfurt am Main 1977

Neumark, F., Zuflucht am Bosporus. Deutsche Gelehrte, Politiker und Künstler in der Emigration, Frankfurt am Main 1980

Nerdinger, W. (Hrsg.), Aufbauzeit – Planen und Bauen in München 1945–1950, München 1984

Niethammer, L. (Hrsg.), Lebenserfahrung und kollektives Gedächtnis. Die Praxis der ›Oral History‹, Frankfurt am Main 1980

ders., Entnazifizierung in Bayern, Frankfurt am Main 1972

Nolte, E., Die faschistischen Bewegungen, München 1966

ders., Theorien über den Faschismus, Köln, Berlin 1970[2]

Offenberg, G., Mosaik meines Lebens, Mainz 1974

Otto, K. (Hrsg.), die stadt von morgen. gegenwartsprobleme für alle, Berlin 1959

Overesch, M., Deutschland 1945–1949. Vorgeschichte und Gründung der Bundesrepublik, Königstein/Ts. 1979

Pehle, W.H. (Hrsg.), Der historische Ort des Nationalsozialismus, Frankfurt am Main 1990

Pehnt, W., Die Architektur des Expressionismus, Stuttgart 1973

ders., Das Ende der Zuversicht. Architektur in diesem Jahrhundert, Berlin 1983

Penzler, J. (Hrsg.), Die Reden des Kaisers Wilhelm II, 2. Teil, Leipzig 1904

Petsch, J., Baukunst und Stadtplanung im Dritten Reich. Herleitung/Bestandsaufnahme/Entwicklung/Nachfolge, München, Wien 1976

ders., W. Petsch, Bundesrepublik – eine Neue Heimat? Städtebau und Architektur nach 1945, Berlin 1983

Pfeil, E., Großstadtforschung, Hannover 1972[2]

Pfister, R., Bauten Schultze-Naumburgs, Weimar o.J.

ders., Theodor Fischer. Leben und Wirken eines deutschen Baumeisters, München 1968

Posener, J., Anfänge des Funktionalismus. Von Arts and Crafts zum Deutschen Werkbund, Frankfurt am Main, Berlin 1964

ders., Aufsätze und Vorträge 1931–1980, Braunschweig 1981

Preußisches Finanzministerium (Hrsg.), Bauten der Bewegung, 2 Bände, Berlin 1938f.

Prieberg, F.K., Musik im NS-Staat, Frankfurt am Main 1982

HRH The Prince of Wales, Die Zukunft unserer Städte. Eine ganz persönliche Auseinandersetzung mit der modernen Architektur, München 1990

Prinz, M., R. Zitelmann, (Hrsg.), Nationalsozialismus und Modernisierung, Darmstadt 1991

Rabeler, G. (Bearb.), Wiederaufbau und Expansion deutscher Städte 1945–1960 im Spannungsfeld zwischen Reformideen und Wirklichkeit, Bonn 1990

Rainer, R., Die zweckmäßigste Hausform für Erweiterung, Neugründung und Wiederaufbau von Städten, Berlin 1944

ders., Städtebauliche Prosa, Tübingen 1948

Rasp, H.P., Eine Stadt für tausend Jahre. München – Bauten und Projekte für die Hauptstadt der Bewegung, München 1981

Rathenau, W., Von kommenden Dingen, Berlin 1917

ders., Schriften, Berlin 1965

Recker, M.L., Die Großstadt als Wohn- und Lebensbereich im Nationalsozialismus. Zur Gründung der Stadt des KdF-Wagens, Frankfurt am Main 1981

Reichel, P., Der schöne Schein des Dritten Reiches. Faszination und Gewalt des Faschismus, München, Wien 1991

Reichhardt, H.J., W. Schäche, Von Berlin nach Germania. Über die Zerstörung der Reichshauptstadt durch Albert Speers Neugestaltungsplanungen, Ausstellungskatalog des Landesarchivs Berlin, Berlin 1985

Reichow, H.B., Denkschrift zur städtebaulichen Entwicklung des Groß-Stettiner Raums, Stettin 1939

ders., Organische Stadtbaukunst. Von der Großstadt zur Stadtlandschaft, Braunschweig, Berlin, Wien 1948

ders., Die autogerechte Stadt. Ein Weg aus dem Verkehrs-Chaos, Ravensburg 1959

ders., Stadtplanen und Bauen durch fünf Jahrzehnte, Hamburg 1969

Reichsheimstättenamt der Deutschen Arbeitsfront (Hrsg.), Städtebild und Landschaft, Berlin 1939

Riehl, W.H., Die Familie. Die Naturgeschichte des Volkes als Grundlage einer deutschen Sozial-Politik, Stuttgart, Augsburg 1855[3]

Rimpl, H., Die geistigen Grundlagen der Baukunst unserer Zeit, München 1953

ders., Verwaltungsbauten. Organisation – Entwurf – Konstruktion – Ausgeführte Bauten und Projekte, Berlin 1959

Ringer, F.K., Die Gelehrten. Der Niedergang der deutschen Mandarine 1890–1933, Stuttgart 1983

Rohrbach, P., Der Deutsche Gedanke in der Welt, Düsseldorf, Leipzig 1912

ders., Um des Teufels Handschrift: Zwei Menschenalter erlebter Weltgeschichte, Hamburg 1953

Rosenberg, A., Der Mythus des 20. Jahrhunderts. Eine Wertung der seelisch-geistigen Gedankenkämpfe unserer Zeit, München 1933[11]

Rosenberg, A., Entstehung und Geschichte der Weimarer Republik, Neudruck Frankfurt am Main 1983

Rürup, R. (Hrsg.), Technik und Gesellschaft im 19. und 20. Jahrhundert, Göttingen 1978

Ruhl, H.J. (Hrsg.), Neubeginn und Restauration. Dokumente zur Vorgeschichte der Bundesrepublik Deutschland 1945–1949, München 1982

Salomon, E.v., Der Fragebogen, Hamburg 1951

Schacht, H.J. (Hrsg.), Bauhandbuch für den Aufbau im Osten, Berlin 1943

Schäche, W., Architektur und Städtebau in Berlin zwischen 1933 und 1945. Planen und Bauen unter der Ägide der Stadtverwaltung, Berlin 1991

Schaechterle, K., F.Leonhardt, Die Gestaltung der Brücken, Berlin 1937

ders., u.a., Der Brückenbau der Reichsautobahnen, Berlin, Prag, Wien 1942

Schäfer, G., C. Nedelmann (Hrsg.), Der CDU-Staat 2. Analysen zur Verfassungswirklichkeit der Bundesrepublik, Frankfurt am Main 1969

Schalk, E., Der Wettkampf der Völker, mit besonderer Bezugnahme auf Deutschland und die Vereinigten Staaten von Nordamerika, Jena 1905

Schätzke, A., Zwischen Bauhaus und Stalinallee. Architekturdiskussion im östlichen Deutschland 1945–1955, Braunschweig, Wiesbaden 1991

Schildt, A., Die Grindelhochhäuser, Hamburg 1988

Schivelbusch, W., Geschichte der Eisenbahnreise. Zur Industrialisierung von Raum und Zeit im 19. Jahrhundert, Frankfurt am Main, Berlin, Wien 1979

Schmidt, E., Die verhinderte Neuordnung 1945–1952, Frankfurt am Main 1970

ders., T. Fichter, Der erzwungene Kapitalismus. Klassenkämpfe in den Westzonen 1945–48, Berlin 1971

Schmidt, M., Albert Speer: Das Ende eines Mythos. Speers wahre Rolle im Dritten Reich, Bern, München 1982

Schmidt, W., Ein Architekt geht über Feld. Betrachtungen zur Baugestaltung, Ravensburg 1947

Schmitthenner, P., Die Baukunst im neuen Reich, München 1934

ders., Das sanfte Gesetz in der Kunst in Sonderheit in der Baukunst. Eine Rede, Straßburg 1943

Schneider, C., Stadtgründung im Dritten Reich. Wolfsburg und Salzgitter, München 1979

Schneider, W., »Vernichtungspolitik«. Eine Debatte über den Zusammenhang von Sozialpolitik und Genozid im nationalsozialistischen Deutschland, Hamburg 1991

Schneider, W.C., Hitlers »wunderschöne Hauptstadt des Schwabenlandes«. Nationalsozialistische Stadtplanung, Bauten und Bauvorhaben in Stuttgart. Demokratie und Arbeitergeschichte, Jahrbuch 2, Stuttgart 1982

Schoenbaum, D., Die braune Revolution. Eine Sozialgeschichte des Dritten Reiches, Köln, Berlin 1968

Schönberger, A., Die Neue Reichskanzlei von Albert Speer. Zum Zusammenhang von nationalsozialistischer Architektur und Ideologie, Berlin 1981

Schoenleben, F., Fritz Todt. Der Mensch, der Ingenieur, der Nationalsozialist, Oldenburg 1943

Schrade, H., Bauten des Dritten Reiches, Leipzig 1937

Schulte-Frohlinde, J., u.a., Der Osten. Die landschaftlichen Grundlagen des deutschen Bauschaffens. Band III, München o.J.

Schultze-Naumburg, P., Kulturarbeiten, 9 Bände, München 1908 ff.

ders., Kunst und Rasse, München 1928

ders., Der Kampf um die Kunst, München 1933

ders., Kunst aus Blut und Boden, Leipzig 1934

Schulz, B. (Hrsg.), Grauzonen – Farbwelten. Kunst und Zeitbilder 1945–1955, Berlin 1983

Schumacher, F., Das Wesen des neuzeitlichen Backsteinbaus, München 1919

ders., Kulturpolitik, Jena 1920

ders., Der Geist der Baukunst, Stuttgart, Berlin 1938

ders., Probleme der Großstadt, Hamburg 1940

ders., Lesebuch für Baumeister, Berlin 1941, Neuauflage Braunschweig 1977

ders., Stufen des Lebens. Erinnerungen eines Baumeisters, Stuttgart 1949

Schumann, H. G., Nationalsozialismus und Gewerkschaftsbewegung. Die Vernichtung der deutschen Gewerkschaften und der Aufbau der ›Deutschen Arbeitsfront‹, Hannover, Frankfurt am Main 1958

ders. (Hrsg.), Konservativismus, Köln 1974

Schwab, A., Das Buch vom Bauen, erschienen 1930 unter dem Pseudonym Albert Sigrist, Neuauflage Düsseldorf 1973

Schwarz, F., F. Gloor (Hrsg.), Die Form. Stimme des Deutschen Werkbundes 1925–1934, Gütersloh 1969

Schwarz, H.P., Vom Reich zur Bundesrepublik Deutschland. Deutschland im Widerstreit der außenpolitischen Konzeptionen in den Jahren der Besatzungsherrschaft 1945–1949, Stuttgart 1980[2]

Schwarz, R., Wegweisung der Technik und andere Schriften zum Neuen Bauen 1926–1961, hrsg. von M. Schwarz, U. Conrads, Braunschweig, Wiesbaden 1979

Sedlmayr, H., Verlust der Mitte. Die bildende Kunst des 19. und 20. Jahrhunderts als Symptom und Symbol der Zeit, Frankfurt am Main 1955[2]

Seifert, A., Im Zeitalter des Lebendigen. Natur. Heimat. Technik, Planegg 1943

ders., Ein Leben für die Landschaft, Düsseldorf, Köln 1962

Seleny, G., Am Abgrund, Berlin 1980

Senfft, H., Kein Abschied von Hitler, Hamburg 1989

Senger, A. v., Krisis der Architektur, Zürich 1928

Siedler, W.J., Die verordnete Gemütlichkeit. Der gemordeten Stadt II. Teil, Berlin 1985

Sieferle, R.P., Fortschrittsfeinde? Opposition gegen Technik und Industrie von der Romantik bis zur Gegenwart, München 1984

Silva, U., Ideologia e arte del faschismo, Mailand 1973, deutsche Ausgabe: Frankfurt am Main 1975

Simmel, G., Brücke und Tor. Essays, Dresden 1903

ders., Philosophie des Geldes, München, Leipzig 1907

Sloterdijk, P., Kritik der zynischen Vernunft, 2 Bände, Frankfurt am Main 1983

Smelser, R., Robert Ley. Eine Biographie, Paderborn 1989

Sombart, W., Kunstgewerbe und Kultur, Berlin 1908

Speer, A. (Hrsg.), Neue Deutsche Baukunst, dargestellt von R. Wolters, Berlin 1941

ders., Erinnerungen, Frankfurt am Main, Berlin, Wien 1969

ders., Spandauer Tagebücher, Frankfurt am Main, Berlin, Wien 1975

ders., Architektur. Arbeiten 1933–1942, mit Beiträgen von K. Arndt, G.F. Koch, L.O. Larsson, Frankfurt am Main, Berlin, Wien 1978

ders., Technik und Macht, hrsg. von A.Reif, Frankfurt am Main, Berlin, Wien 1981

ders., Der Sklavenstaat. Meine Auseinandersetzungen mit der SS, Stuttgart 1984

Spengler, O., Der Untergang des Abendlandes, 2 Bände, Neuauflage München 1972

ders., Der Mensch und die Technik, München 1932[2]

Stead, W.T., Die Amerikanisierung der Welt, Berlin 1902

Stern, F., Kulturpessimismus als politische Gefahr. Eine Analyse nationaler Ideologie in Deutschland, Bern, Stuttgart, Wien 1963

503

Stierlin, H., Adolf Hitler. Familienperspektiven, Frankfurt am Main 1975

Stöber, G., Struktur und Funktion der Frankfurter City. Eine ökologische Analyse der Stadtmitte, Frankfurt am Main 1964

Stommer, R. (Hrsg.), Reichsautobahn. Pyramiden des Dritten Reichs, Marburg 1982

Straub, K.W., Architektur im Dritten Reich, Stuttgart 1932

Stürmer, M. (Hrsg.), Das kaiserliche Deutschland. Politik und Gesellschaft 1870–1918, Darmstadt 1976²

Tannenbaum, E.R., 1900. Die Generation vor dem Großen Krieg, Frankfurt am Main, Berlin, Wien 1978

Tamms, F., Stadtplanung Düsseldorf. Beiheft zur Ausstellung, Düsseldorf 1949

ders. (Hrsg.), Leitplan der Stadt Düsseldorf, Düsseldorf o.J.

ders., W. Wortmann, Städtebau – Umweltgestaltung: Erfahrungen und Gedanken, Darmstadt 1973

ders., Von Menschen, Städten und Brücken, hrsg. von der Deutschen Akademie für Städtebau und Landesplanung, Düsseldorf, Wien 1974

ders., Ein Baumeister und seine Stadt. Materialien zur Düsseldorfer Stadtentwicklung, hrsg. von der Landeshauptstadt Düsseldorf 1979

Taut, B., Die Stadtkrone, Jena 1919

ders., Die Auflösung der Städte oder Die Erde eine gute Wohnung, Hagen 1920

Taylor, R.R., The Word in Stone. The Role of Architecture in the National Socialist Ideology, Berkeley, Los Angeles, London 1974

Tessenow, H., Hausbau und dergleichen, Berlin 1916, Neuauflage Wiesbaden, Braunschweig 1985

ders., Handwerk und Kleinstadt, Berlin 1919, Neuauflage Wiesbaden, Braunschweig 1985

ders., Das Land der Mitte, Hellerau 1921

Teut, A., Architektur im Dritten Reich 1933–1945, Frankfurt am Main, Berlin, Wien 1967

Theweleit, K., Männerphantasien, 2 Bände, Frankfurt am Main 1977 und Reinbek 1980

Thies, J., Architekt der Weltherrschaft. Die ›Endziele‹ Hitlers, Düsseldorf 1976

Thomae, O., Die Propaganda-Maschinerie. Bildende Kunst und Öffentlichkeitsarbeit im Dritten Reich, Berlin 1978

Tönnies, F., Gemeinschaft und Gesellschaft. Abhandlung des Communismus und des Socialismus als empirischer Kulturform, Leipzig 1887

Topfstedt, T., Städtebau in der DDR 1955–1971, Leipzig 1988

Treue, W., K. Mauel (Hrsg.), Naturwissenschaft, Technik und Wirtschaft im 19. Jahrhundert, Göttingen 1976

Troost, G. (Hrsg.), Das Bauen im Neuen Reich I, Bayreuth 1938

dies. (Hrsg.), Das Bauen im Neuen Reich II, Bayreuth 1943

Turner jr., H.A., Faschismus und Kapitalismus in Deutschland. Studien zum Verhältnis zwischen Nationalsozialismus und Wirtschaft, Göttingen 1972

Umlauf, J., Deutsches Schrifttum zur Stadtplanung, Düsseldorf 1953

Völcker, O., Dorf und Stadt. Eine deutsche Fibel, Leipzig 1942

Wagner, M., Städtische Freiflächenpolitik. Grundsätze und Richtlinien für Größe und Verteilung der verschiedenen Arten von sanitärem Grün im Stadtplane, unter besonderer Berücksichtigung von Groß-Berlin, Berlin 1915

Walther, A., Neue Wege zur Großstadtsanierung, Stuttgart 1936

Walz, M., Wohnungsbau- und Industrieansiedlungspolitik in Deutschland 1933–1939. Dargestellt am Aufbau des Industriekomplexes Wolfsburg-Braunschweig-Salzgitter, Frankfurt am Main, New York 1979

Wangerin, G., G. Weiss, Heinrich Tessenow. Ein Baumeister 1876–1950, Essen 1976

Weber, M., Wirtschaft und Gesellschaft, Nachdruck der Erstausgabe von 1922, Frankfurt am Main o. J.

ders., Politik als Beruf, München, Leipzig 1919

Wehler, H. U., Krisenherde des Kaiserreichs 1871–1918. Studien zur deutschen Sozial- und Verfassungsgeschichte, Göttingen 1970

ders. (Hrsg.), Imperialismus, Köln, Berlin 1970

ders., Das deutsche Kaiserreich 1871–1918, Göttingen 1973

Wentz, P. E., Architekturführer Düsseldorf, Düsseldorf 1975

Wetzel, H., Stadtbaukunst. Gedanken und Bilder aus dem Nachlaß, hrsg. von K. Krämer, Stuttgart 1962

Wippermann, W., Der konsequente Wahn. Ideologie und Politik Adolf Hitlers, Gütersloh 1989

Wolfe, T., Mit dem Bauhaus leben – »From Bauhaus to our house«, Frankfurt am Main 1984

Wolters, R., Spezialist in Sibirien, Berlin 1933

ders., Albert Speer, Oldenburg 1943

ders., Vom Beruf des Baumeisters. Vom künstlerischen Ringen und Bekennen, Berlin, Prag, Amsterdam 1944

Wulf, J., Die bildenden Künste im Dritten Reich. Eine Dokumentation, Gütersloh 1963

ders., Theater und Film im Dritten Reich. Eine Dokumentation, Gütersloh 1964

Paul Michael Nikolaus Bonatz, geboren am 6. Dezember 1877 in Solgne bei Metz, Kindheit und Jugend im Elsaß. Studium der Architektur an der TH München, 1900 Diplom. 1902–1906 Assistent von Theodor Fischer an der TH Stuttgart, ab 1908 dort Professor als Nachfolger Fischers. 1911–1914 Planung und Bau der Stadthalle Hannover, 1911–1928 Hauptbahnhof Stuttgart, Entwurf zahlreicher Privathäuser. 1926–1936 Beratung der Neckar-Kanalisation mit Entwurf technischer Bauten, 1931–1933 Kunstmuseum in Basel mit Rudolf Christ. Ab 1935 Berater von Fritz Todt für Hochbauten und Brücken der Reichsautobahn, Zusammenarbeit mit Fritz Leonhardt, Alwin Seifert und Friedrich Tamms, Entwurf und Ausführung von Autobahnbrücken u. a. über Elbe, Lahn, Rhein; Musterentwürfe für Autobahn-Tankstellen und Straßenmeistereien. 1936 Gutachten zur Neugestaltung Stuttgarts, 1938 Wettbewerbsbeitrag zur Hochschulstadt Berlin, 1939–1942 Planung des neuen Hauptbahnhofs für München, ab 1940 Leitung der Planung im Auftrag Hermann Gieslers. 1939–1943 Planung Oberkommando der Kriegsmarine im Rahmen der Neugestaltung Berlins durch Albert Speer, 1940–1943 Planung Polizeipräsidium Berlin, 1941 Wettbewerbsentwurf zur Elbufergestaltung Hamburg. 1943 Entwürfe für Rathaus in Göppingen, Universitätsklinik in Berlin, Deutsche Botschaft in Rom. 1943–1946 Berater des türkischen Kultusministeriums in Ankara, ab 1944 Aufenthalt in der Türkei, Planung einer Beamtenwohnstadt in Ankara. Seit 1946 Professor an der TH Istanbul, 1947/48 Planung und Bau der Staatsoper in Ankara. 1948 erster Besuch in Deutschland nach dem Krieg, internationale Gutachter- und Preisrichtertätigkeit, 1951 Treffen mit Gropius, Hillebrecht u. a. anläßlich der Constructa-Ausstellung in Hannover. 1952 Wiederaufbau der Stadthalle Hannover, Bebauungsvorschlag für den Bereich Schloßplatz-Landtag-Theater in Stuttgart, 1954–1956 Planung und Bau Opernhaus Düsseldorf mit Julius Schulte-Frohlinde. 1954 Rückkehr nach Stuttgart, dort stirbt Bonatz am 20. Dezember 1956.

Hanns Dustmann, geboren am 25. Mai 1902 in Diebrock bei Herford, dort Abitur 1922. Studium der Architektur an der TH Hannover, 1928 Diplom. Vom April 1928 bis zum März 1929 beim Preußischen Hochschul-Neubauamt Hannover, danach im Büro von Walter Gropius. Dort mangels Bauaufgaben mit unterschiedlichen Entwürfen – u. a. für die Karosserien der Autowerke *Adler* und das Firmenzeichen – beschäftigt. Ab 1935 selbständiger Architekt, etwa in diesem Jahr auch zum *Reichsarchitekten der Hitlerjugend* ernannt und in Zusammenarbeit mit Baldur von Schirach für die HJ-Bauten zuständig. Durch Speer Beteiligung an Entwürfen und Wettbewerben zur Neugestaltung der Reichshauptstadt Berlin; neben seinem Berliner Büro hält Dustmann in Wien ein Zweitbüro mit etwa 40 Mitarbeitern. Am 1. Februar 1943 Berufung als ordentlicher Professor für Entwerfen an die TH Berlin (bis zum 8. Mai 1945), ab Winter 1943 von Speer zur Wiederaufbauplanung für Düsseldorf, Frankfurt am Main, Mainz und zur Beratung der Planung für Stuttgart sowie Friedrichshafen vorgeschlagen. Nach Kriegsende freischaffender Architekt in Bielefeld. 1953 Verlegung des Hauptbüros von Bielefeld nach Düsseldorf, dort auch Wohnsitz, Zweitbüro in Bielefeld. In seiner erfolgreichen Tätigkeit während der fünfziger und sechziger Jahre plant Dustmann vor allem für Banken, Sparkassen und Versicherungen (Allianz, Victoria und Vorsorge); allein dreißig Banken und Sparkassen sowie zahlreiche Hochhäuser (RWE und Rheinstahl in Essen, Victoria-Areal am Kurfürstendamm mit Café Kranzler, Hauptverwaltung des Deutschen Industrie- und Handelstages in Bonn) entstehen nach seinen Plänen. Dustmann arbeitet als Architekt bis zu seinem Tod am 26. April 1979.

Hermann Giesler geboren 1898 in Siegen/Westfalen. Als Freiwilliger Teilnahme am Ersten Weltkrieg. Nach Kriegsende Arbeit als Maurer, Zimmermann und Schlosser, anschließend Studium in München bei Eduard Pfeiffer und Richard Riemerschmid. Seit 1924 aktives Mitglied der nationalsozialistischen Bewegung, Gründung von Ortsgruppen in Bayern; sein Bruder Paul Giesler, ebenfalls in der NSDAP aktiv, wird 1944 Gauleiter von München-Oberbayern. Hermann Giesler wird 1933 Bezirksbaumeister in Sonthofen und plant die Allgäuer Ordensburg, 1936 Entwürfe für das Gauforum Weimar, später als Adolf-Hitler-Platz ausgeführt. Ab 1937 Professor und stellvertretender Leiter der Bauabteilung der Deutschen Arbeitsfront, 1938 Ernennung zum Generalbaurat der *Hauptstadt der Bewegung* und von Hitler mit der Neugestaltung Münchens beauftragt. Als beratende Mitarbeiter beruft Giesler zur Gestaltung der Brücken Paul Bonatz, der als Berater der Firma Klönne mit der Planung des neuen Hauptbahnhofes befaßt ist, Alwin Seifert zur Gestaltung der Grünflächen, Rudolf Rogler für Wohn-und Siedlungsfragen. Weitere Planungen für Augsburg und die Hohe Schule am Chiemsee, 1940 Auftrag von Hitler zur Neugestaltung von Linz, verschärfte Rivalitäten mit Speer. Tätigkeiten in zahlreichen NS-Organisationen, 1941/42 Leitung der *Baugruppe Giesler* im Baltikum, 1942–1944 Leiter der OT-Einsatzgruppe Rußland-Nord, 1944/45 Leiter der OT-Einsatzgruppe Deutschland VI Bayern und Donaugaue sowie Generalbevollmächtigter für das Bauwesen in diesen Gebieten. Laut Verteilungsplan des Wiederaufbaustabs 1944 Planer und Berater für die Gaue München-Oberbayern, Oberdonau, Sachsen und Schwaben. 1945 als OT-Führer in amerikanischer Kriegsgefangenschaft, vom Herbst 1945 bis Frühjahr 1947 in Gefängnissen, im Mai 1947 vom Militärgericht Dachau im Mühldorf-Prozeß zum Kriegsverbrecher erklärt und zu lebenslanger Haft verurteilt. Nach Haft in Landsberg/Lech 1952 Entlassung, seine Haftzeit wird als Kriegsgefangenschaft anerkannt, Einstellung des Entnazifizierungsverfahrens. Nach der Haftentlassung Arbeit als freier Architekt und Autor. Giesler lebte in Düsseldorf und stirbt 1987.

Johannes Göderitz, geboren am 24. Mai 1888, Studium der Architektur 1908–1912 an der TH Berlin-Charlottenburg, 1913–1918 Ausbildung zum Regierungsbauführer (unterbrochen durch Kriegsdienst). 1919 Zweite Staatsprüfung (Regierungsbaumeister), 1920 Referent beim Oberpräsidium in Berlin. 1921–1933 bei der Stadt Magdeburg, ab 1927 Stadtbaurat, in dieser Funktion 1927 Bau der Stadthalle, 1933 auf Veranlassung der NSDAP in den Ruhestand versetzt. 1936 bis Juni 1945 Geschäftsführer (neben Präsident Reinhold Niemeyer) der Deutschen Akademie für Städtebau, Reichs- und Landesplanung. 1939–1940 Leiter der Arbeitsgruppe ›Organische Stadterneuerung‹, 1943–1944 Mitarbeiter der Landesplanungsgemeinschaft Mark Brandenburg. 26. Juli 1945 bis 31. Mai 1953 Stadtbaurat in Braunschweig, dort im Winter 1945/46 Entwicklung des ›Gliederungsplanes‹ als Konkretisierung des Leitbildes der ›aufgelockerten und gegliederten Stadt‹. 1945–1959 Honorarprofessor für Landesplanung, Städtebau und Wohnungswesen der TH Braunschweig. 1960–1962 Direktor des Instituts für Städtebau und Wohnungswesen, 1960–1970 Lehrbeauftragter für Raumordnung und Landesplanung an der TU Braunschweig. 1960–1967 zahlreiche Veröffentlichungen, u. a. zur ›Sanierung erneuerungsbedürftiger Baugebiete‹. Gestorben am 27. März 1978.

Gerhard Graubner, geboren am 29. Januar 1899 in Dorpat. Studium der Architektur an der TH Stuttgart, 1923 Diplom. 1923–1925 wissenschaftlicher Assistent am Lehrstuhl für Baugeschichte und Bauzeichnen der TH Stuttgart, bis April 1932 Assistent am Lehrstuhl für Entwerfen bei Paul Bonatz. 1927 Regierungsbaumeister, 1932–1939 Privatarchitekt. 1933 Mitwirkung an der Kochenhofsiedlung, 1938/39 an der Reichsgartenschau in Stuttgart. 1939–1942 technische Leitung der Stadtplanungsgesellschaft der Stadt Düsseldorf, am 14. August 1940 mit Wirkung vom 1. Juni Ordentlicher Professor für Entwerfen und Gebäudekunde an der TH Hannover, dort bis 1967 tätig, 1953 Gastprofessur an der Technischen Universität Istanbul. 1943 Vorschläge zur Verbunkerung der Stadt Hannover, Denkschrift *Der Wehrgedanke als Grundlage der Stadtgestaltung und Stadtplanung.* Nach dem Krieg Entwürfe zum Wiederaufbau der Theater in Wilhelmshaven, Bochum und München, 1952 Verwaltungsgebäude der Preußag am Leibnizufer in Hannover, weitere Verwaltungs- und Theaterbauten u. a. in Bochum, Krefeld, Trier und Wuppertal. Graubner stirbt am 24. Juli 1970.

Konstanty Gutschow, geboren am 10. Dezember 1902 in Hamburg. 1921–1922 Studium in Danzig, 1922–1924 in Stuttgart bei Wetzel, Bonatz und Schmitthenner. 1926 Diplom in Stuttgart, Februar 1928 Zweite Staatsprüfung. 1926–1928 bei der Hochbaudirektion in Hamburg unter Fritz Schumacher. Mai 1928 bis März 1929 im Stadtplanungsamt Wandsbek. 1927 Wettbewerbsgewinn in Quedlinburg (mit Wilhelm Wortmann), 1928 Wettbewerbsgewinn Girozentrale Stuttgart (mit Gustav Schleicher), 1929 Vierter Preis im Wettbewerb Spandau-Haselhorst. Seit Januar 1930 freier Architekt. 1932 Buchveröffentlichung ›Umbau‹ (mit Zippel), Bau von 36 Stadtrandhäusern in Hamburg-Horn. 1934 Bau von ca. 10 Einfamilienhäusern, 1936 Bau von Planten un Blomen (erste große Bauaufgabe), 1937 Bau des Kaiser-Friedrich-Ufer Bades, Gartenstadt Farmsen Meilskamp, Gagfah-Siedlung in Wismar, Planung der Sanierung Altona, Wettbewerbsgewinn Deutsche Botschaft in Ankara. 1. Mai 1937 Eintritt in die NSDAP, im August Einladung zur Teilnahme am Elbufer-Wettbewerb. 1936 Ernennung zum Vertrauensarchitekten des Generalbauinspektors für das deutsche Straßenwesen (1942 Gebietsarchitekt Nordwest) und Berater des Oberbürgermeisters von Wismar in städtebaulichen Fragen. Am 26. April 1939 Ernennung zum Architekten des Elbufers, 8. Januar 1941 zum Architekten für die Neugestaltung der Hansestadt Hamburg, 1. Januar 1943 zum Beigeordneten. 18. November 1943 Niederlegung sämtlicher Ämter im Rahmen der hamburgischen Gemeindeverwaltung, 30. November 1943 Berufung in den Arbeitsstab Wiederaufbauplanung zerstörter Städte. Planungen für Hamburg, vom Mai 1944 bis April 1945 auch für Wilhelmshaven und Kassel, Ende 1945 Auflösung des Vertrages mit der Hansestadt Hamburg. 1947 Wettbewerbsgewinn Wiederaufbau Uelzen, Teilnahme auch in Nürnberg, Kiel, Kassel. Ab 1949 Berater der Aufbaugemeinschaft Hannover, 1950 Constructa Baublock in Hannover und ECA-Siedlung. Nach 1952 Bau von Universitätskliniken in Tübingen, Düsseldorf und Hannover, daneben städtebauliche Beratung Hamburger Randgemeinden. 1962 Ernennung zum Professor durch die Landesreierung NRW. Gestorben am 8. Juni 1978.

Werner Hebebrand, geboren am 27. März 1899 in Elberfeld, Abitur 1917 in Marburg an der Lahn, danach Militärdienst und Kriegsgefangenschaft bis 1919. 1919–1922 Studium der Architektur an der TH Darmstadt, dort 1922 Diplom. 1924 Große Staatsprüfung. 1925–1929 Mitarbeiter von Ernst May in Frankfurt am Main, Abteilungsleiter im Städtischen Hochbauamt, danach ein Jahr Privatarchitekt in Frankfurt. 1930 mit der *Gruppe May* in der UdSSR, dort bis 1938 als Architekt und Stadtplaner beim Volkskommissariat der Schwerindustrie und beim Volkskommissariat für Gesundheitswesen. 1938–1941 bei der Wohnungs-AG der Reichswerke Hermann Göring – »konserviert im Rimpl-Laden« –, 1942 für »Fragen der Landesplanung im Osten« dienstverpflichtet durch die Organisation Todt. 1943–1945 Privatarchitekt, Entwurf von Krankenhäusern, u. a. für die Reichswerke. 1945 Kommissarischer Stadtbaurat in Marburg an der Lahn, noch im selben Jahr dort wieder Privatarchitekt. 1946–1948 Stadtbaudirektor und Leiter des Stadtplanungsamtes in Frankfurt am Main. 1948–1952 dort Privatarchitekt, 1950 Berufung auf den Lehrstuhl für Städtebau, Wohnungswesen und Landesplanung an der TH Hannover, dort bis 1952 Professor. 1952–1964 Oberbaudirektor der Freien und Hansestadt Hamburg, Professor für Städtebau an der Staatlichen Hochschule für Bildende Künste in Hamburg. 1960–1966 Präsident der Freien Akademie der Künste in Hamburg. Hebebrand stirbt am 18. Oktober 1966.

Helmut Hentrich, geboren am 17. Juni 1905 in Krefeld, 1924 Studium an der Universität Freiburg, 1924/25 TH Wien, 1925–1928 Architekturstudium an der TH Berlin bei Hans Poelzig, 1928 Diplomexamen. 1929 Schinkelpreis, 1929 Promotion TH Wien. 1930–1932 Ausbildung im Ausland als Mitarbeiter im Büro Goldfinger (Paris) und Norman Bel Geddes (New York), 1933 Ernennung zum Regierungsbaumeister, 1933 Gründung des eigenen Büros, 1935 gemeinsames Büro mit Hans Heuser in Düsseldorf. 1936 Mitglied der Akademie für Städtebau, Reichs- und Landesplanung, Entwürfe für Jugendheime, ab 1938 Mitarbeit an Planungen zur Neugestaltung Berlins und Hamburgs. Nach Heusers Tod 1953 Arbeitsgemeinschaft mit Hubert Petschnigg, 1955–1960 Planung und Bau des Thyssen-Hochhauses in Düsseldorf, 1969 ausgezeichnet mit der BDA-Plakette. 1960 Ernennung zum Professor durch die Landesregierung NRW. 1969 Erweiterung des Büros in HPP Hentrich-Petschnigg und Partner, 1972 Neugliederung des Büros in HPP Hentrich-Petschnigg & Partner KG. Seit 1974 im Beirat der HPP Hentrich-Petschnigg & Partner KG tätig. Seit 1992 besteht die Gesamtleitung aus Hermann Henkel und Rüdiger Thoma als persönlich haftenden Gesellschaftern sowie Hans Joachim Stutz und Michael Zotter. Helmut Hentrich und Hubert Petschnigg sind im Beirat tätig. Wichtige Bauten: Standard Bank Center, Johannesburg 1965–1970, 1970 Award of Merit of the South African Architects; Hauptverwaltung Rank Xerox Düsseldorf 1968–1970, 1972 ausgezeichnet mit der BDA-Plakette; Tonhalle Düsseldorf 1972–1978, 1979 mit dem Europa Nostra Preis ausgezeichnet; Hauptverwaltung Victoria-Versicherungen, Düsseldorf 1980–1986; Olivandenhof Köln 1987/88, 1989 mit dem Shopping Center Award ausgezeichnet; Hansa-Haus Düsseldorf 1987–1989; Preussen Elektra Netzbetrieb Kassel, Borken 1989/90; Forschung und Entwicklung Heidelberger Druckmaschinen AG Heidelberg 1987–1990; Stadtsparkasse Köln – Hahnentor-Center 1987–1991. Helmut Hentrich lebt 1992 in Düsseldorf.

Friedrich Hetzelt, geboren am 26. Juli 1903 in Liegnitz, Abitur 1921. Studium der Architektur an der TH Berlin, 1926 Diplom. 1929 Zweite Staatsprüfung für das Hochbauwesen, 1930 Regierungsbaumeister in der Hochbauabteilung des Preußischen Finanzministeriums, 1936 Regierungsbaurat, 1937 Oberbaurat, 1941 Oberregierungs- und -baurat. 1941/42 Umbau des Palais Prinz Albrecht in Berlin zur Gestapo-Zentrale, nach dem Umbau der alten und dem Neubau der italienischen Botschaft in Berlin erhält Hetzelt 1942 den Titel Professor, wird an den Plänen zur Neugestaltung der Reichshauptstadt und ab Winter 1943 an den Planungen zum Wiederaufbau beteiligt. Mit dem Schreiben Speers vom Februar 1944 ist er als Planer für Kassel und für Duisburg, Essen, Mülheim/Ruhr sowie Oberhausen gemeinsam mit Niemeyer und Rimpl vorgeschlagen, der seinerseits ein Büro in Wuppertal einrichtet. 1945 geht Hetzelt als Beigeordneter für Planen und Bauen nach Oberhausen, 1953 wählt ihn der Rat der Stadt Wuppertal für die gleiche Aufgabe auf zwölf Jahre und verlängert seine Amtszeit später durch Wiederwahl bis zu seinem Ruhestand 1968. In Wuppertal plant er u. a. das Neubaugebiet Uellendahl, die ›Schwimmoper‹, das Opern- und das Schauspielhaus, das im Beisein des Bundespräsidenten Lübke eingeweiht wird. 1969 mit dem Ehrenring der Stadt ausgezeichnet, stirbt Hetzelt am 27. November 1986 in Wuppertal.

Rudolf Hillebrecht, geboren am 26. Februar 1910 in Hannover. Studium der Architektur 1928–1930 an der TH Hannover bis zum Vorexamen, Oktober 1930 bis März 1931 an der TH Charlottenburg bei Tessenow und Jansen, April 1931 bis zum Diplom am 1. Juli 1933 wieder in Hannover. 1929/30 Mitarbeit bei Walter Gropius, mit ihm Januar 1934 bis April 1934 Teilnahme am Wettbewerb für das KdF-Zentrum Berlin-Tiergarten. April 1934 bis Februar 1935 beim Reichsverband der Deutschen Luftfahrtindustrie in Travemünde. März 1935 bis Mai 1936 bei der Flakabteilung Hamburg-Osdorf, danach Ausbildung als Regierungsbauführer in Hannover, Zweites Staatsexamen 1937 in Berlin. Seit April 1937 im Büro von Konstanty Gutschow, Hamburg. Hochbauentwürfe, Wettbewerbe, ab September 1937 ›Bürochef‹. Mitarbeit an Planungen zur Neugestaltung Hamburgs, später im Amt für kriegswichtigen Einsatz unter Leitung Gutschows; ab Mitte Oktober 1943 bis Oktober 1944 Mitarbeit im Arbeitsstab Wiederaufbauplanung zerstörter Städte, danach Soldat. Bis Oktober 1945 in amerikanischer Kriegsgefangenschaft, ab Mitte Februar 1946 von englischen Besatzungsbehörden als Stellvertretender Leiter der deutschen Parallelverwaltung zur Economic Division in Minden, der Abteilung Bauwirtschaft (in Bad Pyrmont) des Zentralamtes für Wirtschaft in Minden eingesetzt. Nach dem Versuch, mit Zustimmung der Ländervertretungen das gesamte Bauwesen der Britischen Zone im August 1946 zu vereinigen, Streit mit dem Leiter des Zentralamtes für Wirtschaft, Viktor Agartz. Kündigung in Minden, ab 1. September 1946 Sekretär für Bau- und Wohnungswesen beim German Advisory Council for the British Zone (Zonenbeirat) in Hamburg. Als Stadtbaurat in Hannover, dort 1948 von den Stadtverordneten einstimmig gewählt, 1960 und 1972 einstimmige Wiederwahl bis zum 28. Februar 1975; danach freiberuflich tätig. Ab 1949 Mitglied des Bauausschusses des Deutschen Städtetages, ab 1952 Ehrenmitglied des Deutschen Verbandes für Wohnungswesen, Städtebau und Landesplanung, 1957 Mitglied des Planungsbeirats für Berlin, ab 1963 Mitglied des Vorstands des Planungsverbandes Großraum Hannover, 1966 Leiter der Forschungsstelle für Stadt- und Regionalplanung im Kommunalwissenschaftlichen Forschungszentrum Berlin. 1951 Honorarprofessor an der TH Hannover, 1958 Dr.-Ing. E. h. der TH Aachen. Zahlreiche Ehrungen, 1964 Mitglied, 1970 erster Vizekanzler des Ordens Pour le mérite für Wissenschaften und Künste. 1972 Camillo-Sitte-Preis, 1980 Ehrenbürger der Stadt Hannover; dort lebt Hillebrecht 1992.

Ernst Neufert, geboren am 15. März 1900 in Freyburg a. U. Nach Schulabschluß dort Maurer- und Zimmerlehre, Gesellenprüfung. Besuch der Baugewerkschule in Weimar, ab 1919 Student bei Walter Gropius am Bauhaus in Weimar. 1922–1924 Bauführer auf den Baustellen von Gropius, 1924 Lehrer an der Bauabteilung des Bauhauses in Dessau, 1925 Berufung als Professor und Leiter der Bauabteilung an der neugegründeten Bauhochschule in Weimar. 1929 Entlassung durch die nationalsozialistische Regierung Frick, ab 1930 Lehrer an der privaten Ittenschule in Berlin und freier Architekt. Ab 1933 Arbeit an der 1936 erschienenen Bauentwurfslehre, 1936–1944 selbständiger Architekt in Berlin, vorwiegend im Industriebau tätig. 1938 von Speer zum Beauftragten für Normungsfragen ernannt, ab 1940 nach Hitlers Erlaß zur Vorbereitung des Wohnungsbaus nach dem Krieg von Speer mit Untersuchungen von Wohnungstypen und Luftschutz im Wohnungsbau beauftragt; seit 1944 ist er für den Bereich Normung im Arbeitsstab Wiederaufbauplanung zerstörter Städte zuständig. Am 19. September 1945 vereinbart Neufert mit der hessischen Landesregierung, den durch Entlassung des ehemaligen Rektors der TH Darmstadt, Karl Lieser, freiwerdenden Lehrstuhl für Baukunst nur zur Hälfte zu übernehmen. Noch 1946 wird Neuferts Stelle in eine volle Professur umgewandelt; neben seiner Lehrtätigkeit erweitert Neufert seine Wirkung als Industriearchitekt und prägt auch durch seine Bauentwurfslehre, die als ein Nachschlagewerk von beispiellosem Erfolg wiederholt neu aufgelegt und in zahlreiche Sprachen übersetzt wird, die Architektur der Nachkriegszeit nicht nur in Deutschland. Planung und Ausführung zahlreicher Industrie-, Hochschul- und Verwaltungsbauten. Bei seiner Emeritierung 1965 ist Neufert Korrespondierendes Mitglied der Königlich-Spanischen Akademie der Wissenschaften und Künste, Korrespondierendes Ehrenmitglied des Royal Institute of British Architects, Professor h.c. und Dr.h.c. der Universität Lima sowie Ehrendoktor der Universität Innsbruck. Er ist Träger des großen Bundesverdienstkreuzes mit Stern der Bundesrepublik Deutschland und sonstiger hoher deutscher und ausländischer Orden. Neufert stirbt 1986 in der Schweiz.

Reinhold Niemeyer, geboren am 25. November 1885 in Peckelsheim. Studium der Architektur in München bei Thiersch und von Seidl, des Bauingenieurwesens in Hannover bei Barkhausen und Blum. Diplom 1912, danach Ausbildung als Regierungsbauführer in Westfalen. Kriegsteilnahme, bis 1919 beim Eisenbahnregiment in Berlin, 1919 Prüfung als Regierungsbaumeister. Überweisung nach Oppeln, dort Geschäftsführer der Wohnungsfürsorgegesellschaft und Leiter der Landesplanung der Provinz Oberschlesien. 1927 Oberregierungs- und Baurat, 1930 Übertritt ins Verbandspräsidium des Ruhrsiedlungsverbandes unter dem 1. Beigeordneten Philipp Rappaport. Zuvor mit Ernst May redaktionelle Leitung der Zeitschrift Schlesisches Heim, nach May's Wechsel nach Frankfurt Übernahme der Redaktion. Im April 1931 Wahl zum Stadtrat für das Bauwesen in Frankfurt am Main (unter Oberbürgermeister Landmann) mit Zuständigkeiten für Hoch- und Tiefbau, Baupolizei und -beratung, Siedlungs- und Planungswesen. In seiner Bewerbung von 1930 hebt Niemeyer seine langjährige, enge Verbindung mit Ernst May hervor. 1934 Ernennung zum Vorsitzenden der Akademie für Städtebau, Reichs- und Landesplanung, 1937 Berufung als Landesplaner bei der Landesplanungsgemeinschaft

Brandenburg. Nach längeren Auseinandersetzungen mit Gauleiter Sprenger und Oberbürgermeister Krebs in Frankfurt scheidet Niemeyer am 4. August 1938 aus städtischen Diensten. Während des Krieges Landesplaner in Böhmen mit Sitz in Prag, 1942 Leiter einer »Forschungs- und Planungsabteilung für den Ostraum«. Gleichzeitig bis Sommer 1945 weiter Vorsitzender der Akademie für Städtebau, hier enge Zusammenarbeit mit Johannes Göderitz, Hubert Hoffmann, Roland Rainer. Bis Kriegsende Mitarbeit im Arbeitsstab Wiederaufbauplanung. 1949/1950 Planung von Espelkamp, Wiederaufbauplanung Paderborn; Planungsbüro in Brackwede. Niemeyer stirbt am 24. Juli 1959 in Brackwede.

Cäsar F. Pinnau, geboren am 9. August 1906 in Hamburg. 1927–1930 Studium in Berlin und München, 1930–1937 selbständige Arbeiten im Büro Fritz August Breuhaus de Groot in Düsseldorf und Berlin. 1938 Atelier in Berlin, Projekt Staatshotel am Tiergarten, Innenausbau und Einrichtung der Neuen Reichskanzlei, Planung Albert Speer. 1939 Innenausbau und Einrichtung der Japanischen Botschaft, ab 1940 Projekte an der Nord-Süd-Achse im Rahmen der Neugestaltung Berlins, Lehrstuhl an der Hochschule für bildende Künste Berlin. Mitarbeit im Arbeitsstab Wiederaufbauplanung zerstörter Städte, im Februar 1944 von Speer als Planer für den Gau Hessen-Nassau vorgeschlagen, als Berater zuständig für den Gau Tirol-Vorarlberg, Planungen für Bremen und Kassel. Ab 1945 selbständiger Architekt mit Ateliers in Hamburg und Frankfurt am Main, in den folgenden Jahrzehnten vorwiegend Planungen für Villenbauten, u. a. für Joachim Fest, Richard Gruner, John Jahr, Alfred Kühne, Rudolf A. Oetker, Willy Schlieker. Industrie-, Hotel- und Versicherungsgebäude, Schiffsentwürfe und -ausstattungen u. a. für Stavros Niarchos und Aristoteles Onassis, 1970–1975 Hochhaus Olympic Tower, Victory Development Corporation Aristoteles Onassis, New York. Internationale Planungen für Brauereien und Reedereien. Cäsar Pinnau stirbt am 29. November 1988.

Roland Rainer, geboren am 1. Mai 1910 in Klagenfurt. 1928–1933 Studium der Architektur an der TH Wien, 1935 Dissertation ›Gestaltung des Wiener Karlsplatzes‹. 1936 Städtebauliche Wettbewerbe in Wien, 1937/38 Forschungsarbeiten an der Deutschen Akademie für Städtebau, Reichs- und Landesplanung: ›Die zweckmäßigste Hausform‹, erschienen 1944; gemeinsam mit Johannes Göderitz und Hubert Hoffmann: ›Die gegliederte und aufgelockerte Stadt‹, fertiggestellt 1944, erschienen 1957. 1939–1945 Kriegsdienst als Gefreiter der Infanterie in Frankreich, Polen und Rußland. 1947 erscheint ›Die Behausungsfrage‹, 1948 ›Städtebauliche Prosa‹ und ›Ebenerdige Wohnhäuser‹. 1950 Mitglied CIAM Austria, 1951 Korrespondierendes Mitglied der Deutschen Akademie für Städtebau und Landesplanung, 1953 Vorstandsmitglied Österreichischer Werkbund, Planung zahlreicher Wohn- und Geschäftsbauten. 1954 o. Professor an der TH Hannover, 1955 o. Professor an der TH Graz. 1956–1980 Meisterschulleiter an der Akademie der bildenden Künste in Wien, 1958–1963 Stadtplaner von Wien. 1960–1962 Rektor der Akademie der bildenden Künste in Wien; dort lebt Rainer 1992.

Hans Bernhard Reichow, geboren am 25. November 1899 in Roggow/Pommern. 1917/18 Teilnahme am Ersten Weltkrieg, 1919–1923 Studium der Architektur an den Technischen Hochschulen in Danzig und München, 1923–1925 Assistent an der TH Danzig. 1926 Promotion zum Dr.-Ing., 1927 Buchveröffentlichung ›Alte bürgerliche Gartenkunst. Ein Bild des Danziger Gartenlebens im XVII. und

XVIII. Jahrhundert‹. 1925–1928 in Berlin freischaffend, dann bei Erich Mendelsohn und im Staatsdienst. 1928–1934 als Stadtplaner bei der Stadt Dresden, 1934–1936 Stadtbaurat in Braunschweig, 1936–1945 Baudirektor der Stadt Stettin, zeitweise freigestellt zur Mitarbeit an der Neugestaltung Hamburgs im Büro von Konstanty Gutschow. Veröffentlichungen, u. a. Vorbereitung des Buches ›Organische Stadtbaukunst‹, erschienen 1948. Ab Mai 1945 freier Architekt und Stadtplaner in Hamburg, u. a. Planung der Sennestadt bei Bielefeld und Hohnerkamp bei Hamburg, zahlreiche Veröffentlichungen, Filme, Vorträge im In- und Ausland. 1964 Ernennung zum Professor durch das Land Nordrhein-Westfalen, 1966 Verleihung des Großen Bundesverdienstkreuzes. Reichow stirbt am 7. Mai 1974 in Bad Mergentheim.

Herbert Rimpl, geboren am 25. Januar 1902 in Mallmitz/Schlesien, Abitur am Realgymnasium in Kaaden/Eger. Studium der Architektur an der TH München, dort Diplom. Promotion zum Dr.-Ing. an der TH Berlin-Charlottenburg. 1925/26 im Büro von Theodor Fischer, München, 1926/27 bei der Rhein-Main-Donau AG, München. 1927–1929 Baureferendar bei der Oberpostdirektion Augsburg, Regierungsbaumeister. 1929–1931 Leiter des kombinierten Baubüros Stadt Hindenburg/Architekt Dominikus Böhm, ab 1931 selbständiger Architekt. Neben dem Büro als freier Architekt zugleich 1934–1936 Leiter der Bauabteilungen der Heinkel-Flugzeugwerke, ebenso 1937–1945 Baudirektor der Bauabteilungen der Wohnungswerke AG Watenstedt-Salzgitter (Reichswerke Hermann Göring) sowie Baudirektor und Geschäftsführer der Montanblock-Baustab GmbH. Während des Krieges übernimmt das Büro Rimpl im Auftrag des Rüstungsministeriums u. a. Planungen für die Krupp-Werke, Geheimaufträge für die Planungen für Industrieanlagen in Frankreich und anderen besetzten Gebieten sowie Aufträge zur unterirdischen Verlagerung von Rüstungsindustrien. Am 20. April 1943 (›Führers Geburtstag‹) erhält Rimpl den Titel Professor. Als »Prüfstelle für Großbauvorhaben des Generalbevollmächtigten für die Regelung der Bauwirtschaft« ist das Büro mit der »Überarbeitung sämtlicher Bauvorhaben der Rüstungsindustrie über 1 Million innerhalb des Großdeutschen Reiches und der angegliederten Gebiete« beschäftigt. Daneben 1944 im Auftrag der Deutschen Akademie für Wohnungswesen (Forschungsstelle des Reichswohnungskommissars, Präsident: Robert Ley) Planungen für die »Entwicklung landschaftsgebundener, dem Wohnbedürfnis am besten dienender Grundtypen, aus denen die Reichstypen festgestellt werden können«: Forschungsauftrag der Abteilung Hausbau, Konstruktion, Normung. Ebenfalls 1944 Mitarbeit in Speers Arbeitsstab Wiederaufbauplanung, Aufträge u. a. für Wuppertal und Remscheid, noch im Januar 1945 mit Wiederaufbauplanungen für Friedrichshafen beauftragt. Nach Kriegsende wird in den ›Persilscheinen‹ zur Entnazifizierung dem Büro Rimpl und seinem Leiter trotz engster Kooperation mit hohen Partei-und Staatsstellen von ehemaligen Mitarbeitern eine »antifaschistische Haltung« bescheinigt, mit der insbesondere durch Personalpolitik und beantragte Freistellungen vom Kriegsdienst das Überleben vieler Architekten ermöglicht worden sei, die nicht der offiziellen NS-Baukultur zuneigten. 1946 verlagert Rimpl sein Büro mit einigen Mitarbeitern nach Mainz, dort Wiederaufbauplanungen. Umzug nach Wiesbaden, dort als selbständiger Architekt tätig: zahlreiche Wohnungs-und Verwaltungsbauten, u. a. Bundeskriminalamt Wiesbaden. Publikationen: Die geistigen Grundlagen der Baukunst unserer Zeit, München 1953; Verwaltungsbauten, Berlin 1959. Rimpl stirbt am 2. Juni 1978.

Willi Schelkes, geboren am 20. Dezember 1904 in Pöchlarn bei Melk/Donau, Volksschule in Krummussbaum, Oberrealschule in Linz. 1925 Abitur, Gärtnerlehre in der Hofgärtnerei Schloß Nymphenburg, München, daneben Besuch von Vorlesungen an der TH München 1927–1929, Vordiplom 1927, dann Wechsel nach Berlin. Studium bei Heinrich Tessenow, Bekanntschaft mit Speer als Assistent Tessenows, 1931 Diplom. Vom Herbst 1931 bis zum Herbst 1932 Mitarbeiter im Büro Speer in Mannheim, dann selbständiger Architekt, bis 1935 in Bürogemeinschaft mit Alfred Giese in Freiburg. 1935 Umzug nach Karlsruhe, eigenes Büro und Leitung des Amtes *Schönheit der Arbeit* für ganz Baden als ehrenamtliche Tätigkeit auf Empfehlung Speers. Im Juni 1937 Umzug nach Berlin aufgrund eines Angebotes von Speer, als Leitender Mitarbeiter beim Generalbauinspektor an der Neugestaltung Berlins mitzuwirken. Dort bis 1945 vor allem mit der Grünplanung beschäftigt. Bei Mobilmachung 1939 eingezogen, Teilnahme am Frankreichfeldzug. 1942 zum Generalstab des Heeres versetzt, dort bis zum 20. Juli 1944. Zwischenzeitlich beim GBI tätig, schließlich zu Speer abkommandiert als Verbindungsoffizier zum Kommandanten von Berlin. Seit März 1942 als Hauptabteilungsleiter in der Planungsstelle des GBI Vertreter von Speer, ab November 1943 mit Giese für die Wiederaufbauplanung Mannheim/Ludwigshafen benannt. Ab Juni 1944 Planungen für Mannheim, bis Schelkes im April 1945 in amerikanische Gefangenschaft gerät. Anfang 1946 freier Architekt in Freiburg, Planung von Geschäftshäusern, Wohnungs- und Industriebauten. Intensive berufspolitische Tätigkeit im Verband freischaffender Architekten, Vorsitzender des BDA Südbaden. Mitarbeit am Architektengesetz, das am 5. Dezember 1955 erlassen wird. Ab 1958 Vorsitzender des Kammerbezirks Südbaden der Architektenkammer. Seit Anfang der siebziger Jahre Mitarbeit im Berufsordnungsausschuß der Bundesarchitektenkammer, 1972–1975 Auflösung des eigenen Architekturbüros, seitdem als Gutachter tätig. Schelkes lebt 1992 in Freiburg.

Paul Schmitthenner, geboren am 15. Dezember 1884 in Lauterburg, Elsaß. Gymnasium in Schlettstadt, Beginn des Architekturstudiums 1902 in Karlsruhe, 1904/05 zwei Semester an der TH München, 1907 nach Studium bei Max Läuger und Carl Schäfer Diplom in Karlsruhe. 1907–1909 Leiter des Hochbauamtes in Kolmar, 1909–1911 Mitarbeiter von Richard Riemerschmid in München. 1911–1913 Leitender Architekt der Gartenstadt Carlowitz bei Breslau, 1913–1918 am Reichsamt des Inneren für den Bau der Gartenstädte Staaken, Plaue bei Brandenburg und Forstfeld bei Kassel tätig. 1918 Berufung an die TH Stuttgart durch Paul Bonatz als Ordinarius für Baukonstruktion und Entwerfen, 1928 Ehrendoktor der TH Dresden (1955 erneute Verleihung). Neben zahlreichen Wohnhäusern und -siedlungen Planungen für das Haus des Deutschtums in Stuttgart 1923–1925, Studentenwohnheim in Tübingen 1928, Fabrik- und Schulbauten. 1933 Eintritt in die NSDAP, Unterstützung der NS-Propaganda, Mitarbeit an der der Stuttgarter Kochenhof-Siedlung, Wohnhäuser und Wettbewerbsentwürfe. Mitarbeit an den Bauten der Reichsautobahn, 1940 Verleihung des Erwin-von-Steinbach-Preises durch die Johann-Wolfgang-Goethe-Stiftung. 1944 nach Zerstörung des Wohnhauses und der TH Stuttgart Umzug nach Kilchberg bei Tübingen, im selben Jahr vom Wiederaufbaustab Speers für die Planung Stuttgarts vorgesehen. 1945 aus dem Staatsdienst entlassen, bearbeitet Schmitthenner Wiederaufbaupläne für Freudenstadt 1946–1949 und Mainz 1947–1949. 1949 Mitglied der Bayerischen Akademie der Schönen Künste, 1952 Mitglied des Ordens Pour le mérite für Wissenschaften und Künste, Ehrenbürger der Stadt Kilchberg, 1953 Emeritierung. Ab 1950 zahlreiche Wiederaufbaupläne, Entwurf Königin-Olga-Bau (Dresdner Bank) in Stuttgart, Bayrische Staatsbank in Nürnberg und am Odeonsplatz in München, Entwürfe für Wohnhäuser, Rathäuser, Schul- und Verwaltungsbauten. 1964 großes Verdienstkreuz mit Stern des Verdienstordens der Bundesrepublik Deutschland, 1971 Umzug nach München. Schmitthenner stirbt dort am 11. November 1972.

Julius Schulte-Frohlinde, geboren am 26. Mai 1894, Studium der Architektur in Stuttgart und München, Teilnahme am Ersten Weltkrieg. Nach dem Architekturstudium Assistent von Paul Bonatz, Mitarbeit in dessen Büro, danach freier Architekt in München und Mitarbeiter von Stadtbaudirektor Adolf Abel in Köln. 1929 Berufung zum Städtischen Baurat nach Nürnberg, Zusammenarbeit mit Albert Speer an der Planung des Reichsparteitagsgeländes. Auf Empfehlung Speers übernimmt Schulte-Frohlinde die stellvertretende Leitung des Amtes *Schönheit der Arbeit* und beginnt im Juni 1934 mit dem Aufbau einer eigenen Zentralen Bauabteilung der DAF unter Robert Ley. Er organisiert die Volksfeste in Berlin, Nürnberg und Hamburg, plant KdF-Städte für die Olympischen Spiele und die Reichsparteitage, eine Reihe von Ausstellungen und den Ausbau der Schulungsburgen in Erwitte, den Bau des Gemeinschaftshauses der DAF sowie die Gauverwaltung in Essen und das Bürohaus der DAF. Ihm wird die Planungsabteilung des Reichsheimstättenamtes unterstellt, er führt Schulungen und Tagungen durch; auch die Einstellung von Architekten bei den Planungsstellen der Gauheimstättenämter und der DAF-Trägergesellschaften wird von seiner Zustimmung abhängig gemacht. Im Auftrag von Fritz Todt als Generalbevollmächtigtem der Bauwirtschaft arbeitet er an typisierten Reichsbauformen und Landschaftsbauformen, entwickelt Konstruktionsblätter für das Bauwesen mit Vorschlägen für das Normen und Rationalisieren im Wohnungsbau. 1938 wird Schulte-Frohlinde von Hitler zum Professor ernannt. Nachdem er als Flieger am Krieg teilgenommen und den Rang eines Majors erhalten hat, übernimmt er in München den Lehrstuhl von German Bestelmeyer und arbeitet mit Hermann Giesler zusammen. Mit Werner Lindner gibt er die Buchreihe *Die landschaftlichen Grundlagen des deutschen Bauschaffens* heraus, in der auch der Band *Der Osten* erscheint. Nach 1945 arbeitet er als freischaffender Architekt in Bremen und wird am 1. Januar 1952 Leiter des Hochbauamtes in Düsseldorf, 1960 erscheint sein Buch ›Baukunst zwischen gestern und heute‹. Ab dem 31. März 1959 im Ruhestand, stirbt Julius Schulte-Frohlinde im November 1968.

Albert Speer, geboren am 19. März 1905 in Mannheim, ab 1924 Studium der Architektur in München, ab 1925 in Berlin an der TH Berlin. Seit 1928 dort Assistent von Heinrich Tessenow. 1932 ist Speer selbständiger Architekt in Mannheim, kehrt wegen des Mangels an Aufträgen jedoch wenige Monate später nach Berlin zurück. 1932 Renovierungsarbeiten im Berliner ›Gauhaus‹ im Auftrag der NSDAP, 1933 Umbau und Einrichtung des Ministeriums von Joseph Goebbels. Es folgen Aufträge zur Gestaltung des Reichsparteitagsgeländes in Nürnberg. Am 3. Januar 1937 wird Speer von Hitler zum Generalbauinspektor für die Reichshauptstadt ernannt, am 8. Februar 1942 zum Rüstungsminister. In der Nachfolge von Fritz Todt übernimmt Speer viele weitere Ämter, beginnt im Winter 1943/44 mit seinem Arbeitsstab die Planung des Wiederaufbaus bombenzerstörter Städte und wird noch im Mai 1945 Reichswirtschafts- und Produktionsminister im Kabinett Dönitz. In den Nürnberger Kriegsverbrecherprozessen wird er 1946 wegen des Einsatzes von

Zwangsarbeitern zu Festungshaft verurteilt. 1966 freigelassen, publiziert Speer neben Beiträgen zur Geschichte des *Dritten Reiches* seine bemerkenswerten ›Erinnerungen‹. Speer lebte in Heidelberg und stirbt 1981.

Hans Stephan, geboren am 2. Januar 1902 in Dramburg, Pommern. Studium der Architektur an der TH Berlin, ab 1928 nach dem 2. Staatsexamen in der Hochbauverwaltung der Stadt Berlin, 1931 Wechsel in das Städtische Planungsamt des Magistrats von Berlin. 1936 im Büro Albert Speers, ab 1937 Mitarbeiter im Büro des Generalinspektors für die Neugestaltung Berlins, Abteilungsleiter für Wohnungsbau. 1940 Berater für den Wiederaufbau norwegischer Städte, ab 1944 im Arbeitsstab Wiederaufbauplanung zerstörter Städte, dort zuständig für die Gaue Bayreuth und Hessen-Nassau. Ab 1948 in der Senatsbauverwaltung Berlin, 1956 Senatsbaudirektor, maßgeblich an der Interbau Berlin 1957 (Hansaviertel) beteiligt. 1960 von seinem Amt zurückgetreten, stirbt Stephan am 28. November 1973 in Berlin.

Friedrich Tamms, geboren am 4. November 1904 in Schwerin/Mecklenburg. Dort Besuch des Realgymnasiums. Studium der Architektur an der TH München bei German Bestelmeyer und Theodor Fischer, 1926 Wechsel an die TH Berlin, Studium bei Hermann Jansen, Hans Poelzig, Heinrich Tessenow. Freundschaft mit Helmut Hentrich, Rudolf Wolters, Albert Speer und anderen Kommilitonen aus den Gruppen um Poelzig und Tessenow. Nach dem Diplom 1929 beim Brückenbauamt der Stadt Berlin, 1934 mit Albert Speer am Umbau der Reichskanzlei beteiligt, im selben Jahr als Architekt zu den Brückenbauten der Reichsautobahn hinzugezogen. Ab 1935 mit Paul Bonatz von Fritz Todt zum Berater für sämtliche Brückenbauten der Reichsautobahn ernannt; 1936 Generalbebauungsplan, Wirtschafts- und Siedlungspläne für die Gauhauptstadt Schwerin. Ab 1938 Entwürfe für Großbauten zur Neugestaltung Berlins unter Speer, ab 1939 Rüstungsbauten. 1941 Ernennung zum Beauftragten Architekten des Generalbauinspektors für die Reichshauptstadt, 1942 zum Ordinarius für Entwerfen von Hochbauten an der TH Berlin, von Adolf Hitler zum Professor ernannt; Arbeit an ›kriegswichtigen Bauten‹ wie Bunkern und Flaktürmen in Hamburg und Wien. Ab 1943 Mitglied des Arbeitsstabes Wiederaufbauplanung zerstörter Städte. Nach Kriegsende Umzug nach Gartow/Lüchow. Versuche, noch im Dezember 1945 die Professur in Berlin wieder aufzunehmen, scheitern 1946 an politischen Widerständen. Danach Fortsetzung der 1944 im Arbeitsstab für Lübeck begonnenen Planung. 1947 scheitert die Berufung zum Stadtbaurat in Ankara an der Ausreisegenehmigung, Verhandlungen mit Vertretern der Stadt Düsseldorf verlaufen erfolgreich: Vom 15. April 1948 an als Leiter des Stadtplanungsamtes für den Wiederaufbau Düsseldorfs tätig. 1954 als Nachfolger von Franz Schreier Beigeordneter der Stadt Düsseldorf, zuständig für Stadt- und Landesplanung, Vermessungswesen, Bauaufsicht und Wohnungsbau. Ab 1958 für zwei Jahre zudem Kulturdezernent, 1960 Dezernent für das gesamte Bauwesen der Stadt. 1966 für weitere 12 Jahre zum Beigeordneten gewählt, 1969 in den Ruhestand. 1964–1968 Präsident der Deutschen Akademie für Städtebau und Landesplanung, vorher zehn Jahre Vorsitzender der Landesgruppe Nordrhein-Westfalen. Ehrenbürger der Universität Düsseldorf, mit dem Goldenen Ehrenring der Stadt Düsseldorf ausgezeichnet. 1970 Goldene Ehrenplakette der Industrie- und Handelskammer zu Düsseldorf und das Große Verdienstkreuz des Verdienstordens der Bundesrepublik Deutschland. Tamms stirbt am 4. Juli 1980.

Fritz Todt, geboren am 4. September 1891 in Pforzheim, studierte von 1911 bis 1914 Bauingenieurwesen an den Technischen Hochschulen Karlsruhe und München. 1917 bis 1918 Soldat, 1919 Diplomexamen an der TH Karlsruhe, Promotion an der TH München mit einer Dissertation über ›Fehlerquellen beim Bau von Landstraßendecken aus Teer und Asphalt‹ zum Dr.-Ing. 1923 Mitglied der NSDAP, 1931 der SA, 1932 Leiter der Fachgruppe Bau-Ingenieure und Landesleiter des *Kampfbundes Deutscher Architekten und Ingenieure.* 1934 erfolgt der Zusammenschluß der von ihm geleiteten Abteilung mit der des Kampfbundes zum *Amt für Technik* und schließlich zum *NS-Bund deutscher Technik* unter seiner Führung. Am 30. Juni 1933 wird Todt von Hitler zum Generalinspektor für das deutsche Straßenwesen ernannt; am 18. Mai 1938 erhält er von Hitler den Auftrag, in Zusammenarbeit mit den zuständigen militärischen Stellen die Planung und Leitung des Baus des Atlantik-Walls durchzuführen. Im ersten Programm von 1938 wird die Planung von rund 12 000 Objekten festgelegt, zu ihrer Verwirklichung wird die *Organisation Todt* (OT) geschaffen. 1940 wird Todt *Reichsminister für Bewaffnung und Munition,* er ist Generalinspektor für Wasser und Energie und übernimmt im Laufe des Krieges weitere Ämter und Aufgaben. Am 8. Februar 1942 stirbt Todt bei einem Flugzeugabsturz.

Rudolf Wolters, 1903 in Coesfeld geboren und aufgewachsen, studiert 1923 zuerst in München Architektur, ab 1924 an der TH Berlin bei Heinrich Tessenow, Hans Poelzig und Hermann Jansen. Nach dem Diplom 1927 arbeitet er im Privatatelier von Tessenow und promoviert 1930 mit einer Dissertation über ›Empfangshallen von Bahnhöfen‹ zum Dr.-Ing. Vom Mai 1932 bis zum Sommer 1933 ist er ›Spezialist in Sibirien‹ – so der Titel seines Reiseberichts über die Erfahrungen eines Architekten in der UdSSR, wo er auch Planern der Gruppe um Ernst May begegnet. Über Arbeitsbeschaffungsmaßnahmen wird er in der Planungsabteilung der Reichsbahn beschäftigt, bis ihn Albert Speer 1937 zur Mitarbeit an der Neugestaltung Berlins gewinnt. In der Dienststelle des GBI ist er neben der Planung für diverse Publikationen über Speer und die *Baukunst im Dritten Reich* journalistisch tätig, wird als *Ausstellungskommissar* mit der Präsentation deutscher Planung im Ausland betraut und organisiert die *Kriegsberichterstaffel der Organisation Todt.* Am 18. Dezember 1943 wird er Leiter des Arbeitsstabes für den Wiederaufbau bombenzerstörter Städte und ist im Frühjahr 1945 gemeinsam mit Heinrich Lübke in verschiedenen Städten unterwegs, um Planungsbüros für einen künftigen Wiederaufbau unter Speers Leitung einzurichten. 1945 beginnt er die Planung für den Wiederaufbau von Coesfeld, richtet dort mit seinem Kollegen Karl Berlitz aus der Dienststelle des GBI ein Planungsbüro ein, knüpft Kontakte zwischen den verstreut arbeitenden Kollegen des aufgelösten Arbeitsstabs und ist in den folgenden Jahrzehnten als Architekt, Planer und Publizist tätig. Wolters stirbt am 9. Januar 1983 in Coesfeld.

Wilhelm Wortmann, geboren am 15. März 1897 in Bremen. 1914 Studium an der TH München, 1916 im Krieg, 1917–1919 in englischer Kriegsgefangenschaft. 1920–1924 Studium an der TH Dresden, vorzugsweise bei Adolf Muesmann. 1922 Praktikum bei Paul Wolf in Dresden. 1924/25 im Büro Emil Högg, der vorher Direktor der Kunstgewerbeschule in Bremen war und stets über Bremer Planungen informiert blieb. 1926/27 bei der Hochbaudirektion in Hamburg unter Fritz Schumacher, u. a. 1927 gemeinsam mit Konstanty Gutschow, mit dem er einen Wettbewerb in Quedlinburg gewinnt und im Oktober die Weißenhof-Siedlung in Stuttgart besucht.

1928–1932 im Stadtplanungsamt Bremen, Mitarbeit am *Generalsiedlungsplan* und Zusammenarbeit mit Fritz Schumacher und Otto Blum. 1932 bis 1934 freier Architekt in Bremen. 1934 bis Juli 1945 als Baurat im Stadtplanungsamt Bremen, nebenamtlich Leiter der *Landesplanungsgemeinschaft Oldenburg-Bremen,* in dieser Funktion Mitwirkung an Planungen für Wilhelmshaven und Emden. Mit Schreiben vom 14. Juli 1940 fordert Gutschow Wortmann auf, als Gutachter am Generalbebauungsplan Hamburgs mitzuwirken und dort eventuell die Landesplanung zu übernehmen. Ende Juli wird Wortmann für die Stadtplanung Bremen und die Landesplanung vom Wehrdienst freigestellt; ab September regelmäßige Mitarbeit in Hamburg. Ab 1944 Mitarbeit an der Wiederaufbauplanung Hamburgs und (im Auftrage Speers) Übernahme der Planung für Emden. Zum 1. August 1945 als Baudirektor aus dem Dienst der Stadt Bremen ausgeschieden. Ab September 1945 Mitarbeit im *Bremer Ausschuß für Bauforschung* und ab 1946 Leiter des Technischen Büros und fachlicher Berater der *Wiederaufbau-Gemeinschaften Stadtmitte.* 1949–1958 Bürogemeinschaft mit Erik Schott in Bremen. 1953 Vorsitzender der *Vereinigung für Städtebau,* 1956–1965 Ordinarius für Städtebau, Wohnungswesen und Landesplanung an der TH Hannover. Planungen für Münster, Heidelberg, Hannover und andere Städte. Wortmann lebt 1992 in Hannover.

Bildnachweise

S. 34: Stadtarchiv Darmstadt, Werkbund-Jahrbuch 1914, S. 78; S. 58, 59, 61: Stadt-
bauwelt, Heft 84/1984 (SBW 84), S. 340–344; S. 64: G. Müller-Menckes (Hrsg.),
a. a. O., S. 47; S. 65: Sammlung Helmut Hentrich; S. 68, 70: ND/KD; S. 85: AG;
S. 92: AW, AG; S. 118: SBW 84, S. 355, A. Teut, a. a. O., S. 118; S. 128: SBW 84,
S. 360, Sammlung Bernhard Hermkes; S. 130: AW; S. 131: AG; S. 135: G. Feder,
Die neue Stadt, a. a. O., S. 462, A. Speer (Hrsg.), Neue Deutsche Baukunst, a. a. O.,
S. 84; S. 139: G. Troost (Hrsg.), Das Bauen im Neuen Reich I, a. a. O., S. 65, 55, 96;
S. 142: A. Speer (Hrsg.), a. a. O., S. 95, Generalinspektor für das deutsche Straßen-
wesen (Hrsg.), Vier Jahre Arbeit an den Straßen Adolf Hitlers, a. a. O., S. 35, P. Bo-
natz, E. Wehner, a. a. O., S. 21, 36; S. 156, 157: G. Troost (Hrsg.), a. a. O., S. 15, 27;
S. 167: H. J. Reichhardt, W. Schäche, Von Berlin nach Germania, a. a. O., S. 38;
S. 171: AS, R. Wolters, Albert Speer, a. a. O., S. 2, Generalinspektor für das deut-
sche Straßenwesen (Hrsg.), a. a. O., S. 5; S. 173: AS; S. 175, 176: AW; S. 179: AS,
H. J. Reichhardt, W. Schäche, a. a. O., S. 26; S. 181, 182, 183, 185: AS; S. 188, 189:
E. Neufert, Baunormung als Ganzheit. Bombensicherer Luftschutz im Wohnungs-
bau, a. a. O., S. 85, 88, AD; S. 196: AS; S. 169: G. Troost (Hrsg.), Das Bauen im Neu-
en Reich II, a. a. O., S. 96, 97, Siedlungsgestaltung aus Volk, Raum und Landschaft,
Heft 9; S. 206, 207, 211, 213, 222: AG; S. 224: Staatl. Landesbildstelle Hamburg;
S. 239: AD; S. 253: Stadtarchiv Lübeck, AG; S. 269: AG; S. 275: AS, SBW 84,
S. 390, Sammlung K. Donat; S. 279: AW; S. 282: SBW 84, S. 424, Paul Schmitthen-
ner, Das sanfte Gesetz in der Kunst, a. a. O., div. S.; S. 283: SBW, S. 425, Foto: AG,
Text: F. Tamms, Das Große in der Baukunst, in: Die Kunst im Deutschen Reich,
1944; S. 310: Imperial War Museum, London; S. 315: P. Kleu; S. 317: E. Andres;
S. 331: G. Kraaz, Der Tänzer auf dem dünnen Eis, Lithographie 1949, Sammlung
W. Schelkes; S. 334: H. B. Reichow, Organische Stadtbaukunst, a. a. O., S. 42, 79
(oben); ders., Die autogerechte Stadt, a. a. O., S. 30 (unten); S. 335: J. Göderitz,
H. Hoffmann, R. Rainer, Die gegliederte und aufgelockerte Stadt, a. a. O., S. 8, 24,
25; S. 341: AW; S. 349, 352: PD; S. 352: AG, PD; S. 353: AG 97, Stadtmuseum u.
BDA Düsseldorf, Architektur der 50er Jahre in Düsseldorf, Ausstellungskatalog,
Düsseldorf 1982, S. 26, 27; S. 370: AL; S. 377: AD; S. 379: SBW 84, S. 374, P. E.
Wentz, Architekturführer Düsseldorf, a. a. O.; S. 381: PD, P. E. Wentz, a. a. O.,
A. Wrubel; S. 384: R. Hillebrecht, A. Dähn, Fundamente des Aufbaus, a. a. O., Anla-
ge 4, Planung und Aufbau in Hannover, Sonderdruck aus Baukunst und Werkform.
Die neue Stadt, Heft 2/1956, S. 1, 15; S. 389: K. Gutschow (Bearb.), Stadtmitte Han-
nover, a. a. O., S. 29, Planung und Aufbau in Hannover, a. a. O., S. 15; S. 431: ND/
KD, Baukultur, Heft 6/1984, S. 22; S. 459: NS/ES S. 441: O. Bartning (Hrsg.),
Mensch und Raum, a. a. O., S. 71, 203; S. 459: AW, PD

BARBARA MILLER LANE

ARCHITEKTUR UND POLITIK
IN DEUTSCHLAND 1918–1945

250 Seiten mit 109 Abbildungen
Gebunden mit Schutzumschlag DM 98,–
ISBN 3-528-08707-2

Die Autorin dieser materialreichen Untersuchung zeigt, welches
Erbe die durchaus nicht einheitliche nationalsozialistische Architek-
tur- und Städtebaupolitik antrat. Sie besteht darauf, daß jede Diskussion dieser Politik deren Quellen in den Bauten und Debatten der
Weimarer Republik aufsuchen muß.

*„Achtzehn Jahre nach der amerikanischen Erstauflage liegt die Studie von
Barbara Miller Lane (...) auf deutsch vor. In der Fachwelt galt diese
kenntnisreiche Einführung in die moderne Architekturgeschichte schon
lange als Standardwerk (...)."*   Die Zeit

vieweg

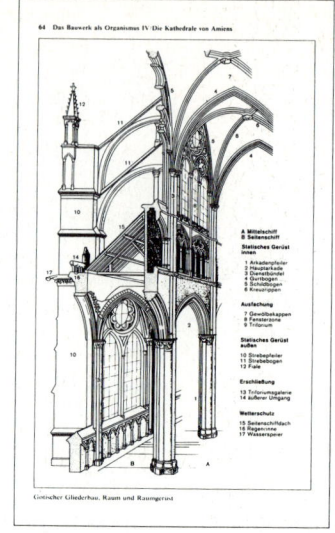

dtv-Atlas zur Baukunst
von Werner Müller und
Gunther Vogel
Tafeln und Texte
Originalausgabe

2 Bände
dtv 3020/3021

Band 1: Allgemeiner Teil
Baugeschichte von Meso-
potamien bis Byzanz.
Mit 130 Farbtafeln.

Band 2: Baugeschichte vom
Mittelalter bis zur Neuzeit.
Mit 134 Farbtafeln.

Aus dem Inhalt:

Band 1: Architektur als
autonomer Prozeß. Bau-
elemente. Das Bauwerk als
Organismus (Fachwerk,
Dorischer Tempel, Kuppelbau,
Gliederbau, Skelettbau). Bau-
geschichte (Mesopotamien,
Ägypten, Ägäis, Griechenland,
Rom, Byzanz).

Band 2: Baugeschichte von der
Romanik bis heute.

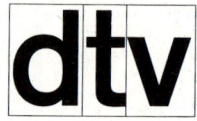